DIE ISRAELISCHE GESELLSCHAFT

DIE ISRAELISCHE GESELLSCHAFT

Von

S. N. EISENSTADT

Professor für Soziologie
an der Hebräischen Universität Jerusalem

Ins Deutsche übertragen von
Efrath B. Kleinhaus

1973

FERDINAND ENKE VERLAG STUTTGART

S. N. Eisenstadt, Professor für Soziologie an der Hebräischen Universität Jerusalem

ISBN 3 432 01751 0

Die Veröffentlichung der englischen Originalausgabe erfolgte 1967 unter dem Titel »Israeli Society« in der Serie »History of Zionism and the Yishuv« des Instituts für das Judentum unserer Zeit an der Hebräischen Universität Jerusalem.

Alle Rechte, insbesondere das Recht der Vervielfältigung und Verbreitung sowie der Übersetzung, vorbehalten. Kein Teil des Werkes darf in irgendeiner Form (durch Photokopie, Mikrofilm oder ein anderes Verfahren) ohne schriftliche Genehmigung des Verlages reproduziert oder unter Verwendung elektronischer Systeme verarbeitet, vervielfältigt oder verbreitet werden.

© Ferdinand Enke Verlag Stuttgart 1973 – Printed in Germany

Druck: Buchdruckerei Eugen Göbel, Tübingen

INHALT

Einführung 1

Erster Teil
DER HISTORISCHE HINTERGRUND

1. Eine Analyse der israelischen Gesellschaft – Problemstellung und Rahmen 19
2. Die Hauptstadien in der institutionellen Entwicklung der vorstaatlichen jüdischen Gemeinschaft in Palästina – Der Hintergrund 24
3. Die Hauptstadien in der institutionellen Entwicklung der vorstaatlichen jüdischen Gemeinschaft in Palästina – Spezifische Merkmale der Haupteinwanderungswellen 30
4. Der institutionelle Aufbau der jüdischen Gemeinschaft in Palästina . . 50
5. Die Gründung des Staates Israel 75

Zweiter Teil
DIE ENTSTEHENDE SOZIALE STRUKTUR

I. Wirtschaftsstruktur, Probleme und Entwicklungen in der vorstaatlichen jüdischen Gemeinschaft in Palästina und im Staate Israel 84
  1. Die Entwicklung der Hauptzüge der Wirtschaft 84
  2. Hauptzüge der Wirtschaftspolitik 116
  3. Leistungsfähigkeit und Schwierigkeiten der israelischen Wirtschaft – Erzeugung, Verbrauch und die Diskrepanz zwischen ihnen. Probleme eines Durchbruchs 130

II. Soziale Organisation und Schichtung 149
  1. Soziale Organisation und Schichtung in der jüdischen Gemeinschaft in Palästina 149
  2. Soziale Organisation und Schichtung im Staate Israel – Neuauftretende Tendenzen 160
  3. Soziale Differenzierung und Sozialpolitik. Widersprüchliche Kriterien und anomische Zonen in der israelischen Gesellschaft 185
  4. Entstehende Gefüge sozialer Organisation und Schichtung 215

III. Bildungswesen, Jugend und Familie 234
  1. Entwicklungen in der jüdischen Gemeinschaft in Palästina 234
  2. Das Bildungswesen im Staate Israel 250
  3. Neue Probleme und Reaktionen 263

IV. Politische Struktur und Institutionen 285
   1. Die politische Struktur des Staates Israel 285
   2. Der Ablauf der Politik in Israel – Die Hauptfragen im politischen Kampf und die Gruppierungen um sie 305
   3. Der Ablauf der Politik und die Kontinuität des Systems 330
   4. Grundmerkmale politischer Abläufe und die Kontinuität des Systems 358

V. Kultur und Werte 365
   1. Kulturelle Renaissance – Institutionalisierung der Kulturtätigkeit . . 365
   2. Meinungsstreit und institutionelle Schemata auf kulturellem Gebiet . . 369

VI. Nichtjüdische Minderheiten in Israel 387

VII. Israel, eine moderne Gesellschaft 403

Ausgewählte Literatur 420

Sachregister 433

EINFÜHRUNG

(geschrieben im Jahre 1970)

I

Dieses Buch wurde im Original bereits 1965 abgeschlossen. Seither haben entscheidende Ereignisse zu vielen wichtigen Veränderungen in der Entwicklung der israelischen Gesellschaft geführt. Das bedeutendste zentrale Ereignis seit damals war natürlich der Sechstagekrieg (5.–11. Juni 1967) mit all den aus ihm folgenden Entwicklungen. Zwar wäre es unmöglich, die in der Zwischenzeit auf allen wichtigen Gebieten des sozialen Lebens in Israel erfolgten Entwicklungen im einzelnen in der gleichen Ausführlichkeit nachzuzeichnen, mit der das vorliegende Buch verfährt; aber es erscheint wünschenswert, die Zeitspanne des Sechstagekriegs und seiner Auswirkungen als wichtige Wasserscheide, durch die diese Entwicklungstendenzeen klarer zum Ausdruck kamen, zu betrachten – und dementsprechend bei der Analyse dieser Tendenzen vorzugehen.

II

Das zentrale und stets gegenwärtige Problem der israelischen Gesellschaft besteht vor allem in der Schaffung einer dynamischen modernen Gesellschaft und kulturellen Ordnung mit der Fähigkeit, den Charakter einer modernen, differenzierten sozialen und wirtschaftlichen Struktur mit der Entwicklung einer neuen kulturellen Identität zu verbinden, – einer Identität, die einerseits tief in der jüdischen Tradition verwurzelt ist, doch gleichzeitig auch sich in einer revolutionären Auflehnung gegen einige ihrer Aspekte befindet; und hierin ist der Inbegriff der zionistischen Bewegung zu sehen. An zweiter Stelle steht die Frage, wie sich diese Vision in einem kleinen, unterentwickelten Land mit fremder und letztlich feindseliger Umgebung verwirklichen läßt.

Dieses Zentralproblem rührte von dem ursprünglichen Antrieb für die Entwicklung der jüdischen Gemeinschaft in Palästina her: er war revolutionär-ideologisch und führte zur Schaffung einer Gesellschaft, deren grundlegende kollektive Identität in ideologischen Begriffen formuliert war.

Die ideologische und elitäre Einstellung der ersten Pioniergruppen, ihre stark transzendentalen Orientierungen und das tiefe Gefühl persönlicher Verantwortung für die Verwirklichung des Pionierideals wiesen der beginnenden Entwicklung dieser Gesellschaft den Weg und bestimmten ihre Symbole und Institutionen.

Diese Pionierideologie brachte umfassende Versuche zur Entwicklung einer spezifischen modernen Struktur mit sich. Die positiven Aspekte der modernen Technologie waren zu verbinden mit der Aufrechterhaltung grundlegender menschlicher und sozialer Werte und ihrer Anwendung in der wirtschaftlichen und sozialen Organisation. Dennoch waren diese Wirtschaftsorientierungen nicht rein sozial oder ideologisch. Sie waren eng verbunden mit nationalen Bestrebungen, bestanden nicht in utopischen Vorstellungen, sondern waren eher integrale Bestandteile zum Aufbau einer neuen Nation.

Dank dieser elitären Orientierungen und der Zusammensetzung der ersten Pioniergruppen bildete sich das vielleicht hervorstechendste Merkmal der jüdischen Gemeinschaft in Palästina, die als »Jischuw«[1] bezeichnet wurde, heraus: ihre »Mitte« entwickelte sich zuerst, die zentralen Institutionen und Symbole kristallisierten sich heraus, bevor die aus breiteren, weniger schöpferischen sozialen Gruppen und Schichten bestehende »Peripherie« entstand. Von dieser durch die elitären und in die Zukunft gerichteten Orientierungen der Pioniersekten aufgebauten »Mitte« erwartete man die Fähigkeit, die »Peripherie«, die sich – wie man hoffte – durch stetige Einwanderung entwickeln und erweitern würde, mit ihrem Geiste zu durchdringen und zu absorbieren.

Dieser »Mitte« waren fortwährende Schwierigkeiten beschieden. Sie ergaben sich aus ihrer eigenen Erweiterung und der zunehmenden Differenzierung der sozialen Struktur der jüdischen Gemeinschaft in Palästina, aus der Notwendigkeit, neue Wellen von Einwanderern zu absorbieren und aus dem Zusammentreffen dieser Orientierungen mit den Aufgaben und der Wirklichkeit in dem Palästina unter der ottomanischen Herrschaft und der Mandatsregierung und später im Staate Israel auf dem starken Veränderungen unterliegenden Schauplatz des Nahen Ostens.

Neben diesen vielfältigen Problemen und Erfordernissen bestand die stetige Spannung zwischen der sozialen und kulturellen Wirklichkeit einer zwar relativ modernen, doch dem Umfang nach kleinen Gesellschaft und den Bestrebungen, Mittelpunkt zu sein für eine kulturelle und soziale schöpferische Leistung, deren Bedeutsamkeit weit über ihre geographischen Grenzen hinausreichte. Diese Spannung diente oft als Antrieb zu kontinuierlicher schöpferischer Leistung; doch sie konnte auch leicht zu einer zunehmenden Stagnation führen.

III

Das Zusammentreffen dieser »Mitte« – oder richtiger dieser Gruppe von Mittelpunkten in der Gestalt verschiedener Kerne von Pioniergruppen und Institutionen – mit all den Problemen formte die Entwicklung der sozialen Struktur der jüdischen Gemeinschaft in Palästina und des Staates Israel und einiger ihrer spezifischen Merkmale als moderne jüdische Gesellschaft.

Einer der wichtigsten Züge ihrer institutionellen Struktur war die anfängliche starke Konzentration öffentlichen Kapitals in den hauptsächlichen Entwicklungssektoren bei gleichzeitiger Ermöglichung einer stetigen Erweiterung des Privatsektors. Das führte auch zu einer spezifisch israelischen Form der sozio-ökonomischen Organisation, vor allem zu den Kollektiv- und Genossenschaftssiedlungen auf dem Land und der starken Verbreitung von genossenschaftlichen Unternehmungen in der Stadt. Dieser Zug findet sich in gewissem Ausmaß auch in anderen sektiererischen und siedelnden Gesellschaften. Doch hier waren die meisten dieser Genossenschafts-

---

[1] »Jischuw« bedeutet im Hebräischen wörtlich Niederlassung. D. Übers.

und Siedlungskörperschaften in gewissem Umfang in den einheitlicheren Rahmen der »Histadruth« eingegliedert, und das war in diesem Ausmaß in anderen Ländern nicht üblich; darin gingen sie über die ursprünglichen agrarischen Absichten der ersten Pioniergruppen hinaus. Hier entwickelten sich die wichtigsten Merkmale der städtischen sozialen Struktur der jüdischen Gemeinschaft in Palästina. Von größter Bedeutung war der Versuch einer Verbindung großer einheitlicher organisatorischer Gebilde, die zur Verwirklichung kollektiver Ziele bestimmt waren, mit den eher »totalistischen«[2] und geschlossenen Sekten oder sozialen Bewegungen einerseits und den differenzierten, funktionell spezifischen Organisationen andererseits.

Der zweite Aspekt der entstehenden sozialen Struktur der jüdischen Gemeinschaft in Palästina war die starke Betonung der Gleichheit und die Ablehnung der Spezialisierung. Er zeigte sich auf zwei Weisen: in dem stark egalitären Trend in der Zumessung der Entlohnung für verschiedene Berufe und darin, daß die Unterschiede zwischen verschiedenartigen Berufen auf ein Minimum herabgesetzt und ein leichter Übergang von einem zum andern angenommen wurden.

Die jüdische Gemeinschaft in Palästina entwickelte auch einige spezifische Merkmale auf kulturellem Gebiet und insbesondere in den Beziehungen zwischen Tradition und Modernität. Hier sind besonders zwei Züge hervorzuheben. Der eine ist die sensationelle Wiederbelebung des Hebräischen zu einer modernen Sprache, die sowohl zur gemeinsamen nationalen Sprache der Gemeinschaft, zur Sprache von Kindergarten, Schule und täglichem Umgang geworden ist als auch ihre Fähigkeit erweist, den Problemen moderner wissenschaftlicher, literarischer und technologischer Anforderungen gerecht zu werden.

Hierin nimmt sie wahrscheinlich einen einzigartigen Platz unter traditionalen Sprachen ein, und das hatte seinerseits wichtige Auswirkungen auf das kulturelle Format der Gemeinschaft.

Daß die »traditionale« religiöse Sprache zur gemeinsamen nationalen Sprache und zum Verständigungsmittel in einer modernen Gemeinschaft wurde, reduzierte die Möglichkeit einer Entwicklung großer Streitigkeiten oder symbolischer Zwiespalte zwischen »Traditionalisten« und »Modernisten« in dieser Gemeinschaft auf ein Minimum und verringerte die kulturelle Abhängigkeit von auswärtigen Zentren als Quellen der Modernität.

In ähnlicher Richtung wirkte sich auch ein anderer Faktor auf kulturellem Gebiet aus: es gelang, in einem frühen Zeitpunkt in der Geschichte der jüdischen Gemeinschaft in Palästina einen Modus vivendi zwischen den weltlichen und den religiösen Gruppen zu finden.

Auf politischem Gebiet entwickelte die jüdische Gemeinschaft als besonders charakteristisches Merkmal eine Reihe von ideologischen, potentiell totalistischen Bewegungen und Organisationen, die ein pluralistisches, auf konstitutionell-demokratischer Legitimität basierendes System ins Leben riefen. Führend in ihm war eine Koalition dieser Bewegungen, die schließlich zu einer in dauernder Führerstellung bleibenden Partei (der »Mapai« – später »Partei der Arbeit«) zusammenwuchsen.

---

[2] »Totalistisch«, ein neuerdings in die angelsächsische soziologische und politologische Literatur eingegangener Begriff, hat einen ähnlichen Sinn wie totalitär, betont jedoch mehr den ideologischen und weniger den organisatorisch-politischen Aspekt.

IV

Aber die Entwicklung der verschiedenen Aspekte der sozialen Struktur der jüdischen Gemeinschaft in Palästina und des Staates Israel war nicht ein einmaliges Geschehen – sie erfolgte in einem kontinuierlichen Prozeß, wurde in jedem Stadium der Entwicklung durch das fortwährende Zusammentreffen der bereits bestehenden Struktur mit den neuen inneren und äußeren Erfordernissen geformt.

Die Situation während dieser Entwicklung und die eigenen Bestrebungen der sich entwickelnden Gemeinschaft brachten laufend neue Probleme und Aufgaben mit sich und verlangten ununterbrochene Anpassung an sie von innen her.

Wenn auch die Notwendigkeit, neuen Problemen ins Auge zu sehen und sie zu bewältigen, für alle modernen Gesellschaften gilt, so ist sie doch akuter in revolutionären und ideologischen Gesellschaften. Außerdem besteht dort die Tendenz, sich in einer recht spezifischen Weise zu entwickeln. Gerade deswegen und auch wegen ihres anfänglichen Antriebs zu Erneuerung und Umformung mögen solche Gesellschaften es schwieriger finden, von innen heraus neue Kräfte zu entwickeln, die über die ursprünglichen institutionellen Prämissen ihrer revolutionären Ideologien hinausgehen.

Die israelische Gesellschaft sah sich – wie jede andere derartige revolutionäre oder ideologische Gesellschaft – vor dieses Problem gestellt; und ihr spezifischer historischer Hintergrund und die Schwierigkeiten, die sie zu bewältigen hatte, beeinflußten die Art und Weise, in der sie darauf reagierte. Diese Reaktionen waren natürlich sehr gemischt und ohne ersichtliches einheitliches Schema, doch scheinen – wie wir sehen werden – manche Reaktionsweisen stärker zu überwiegen als andere.

Die primitivste in der ganzen Entwicklung der israelischen sozialen Struktur erkennbare Reaktionsform ist die einer einfachen statischen Beharrlichkeit – in Form von Versuchen verschiedener Gruppen, die neuen Gelegenheiten zur Förderung ihrer Partikularinteressen zu benutzen.

Doch in der israelischen Wirklichkeit war dieser Typ von Konservatismus in Reinkultur nicht sehr vorherrschend. Er neigte häufig zur Vermischung mit einem stärker »dynamischen« Konservatismus, der nicht unbedingt an relativ enge Interessen bestehender Organisationen gebunden war, sondern versuchte, neue Probleme dadurch zu lösen, daß er ihnen ältere Strukturen anpaßte und dabei das allgemeinere System von Macht, sozialer Organisation, Wertvorstellungen und Ideologien beibehielt.

Die beste Veranschaulichung dieser Einstellung ist die Absorption von Neueinwanderern auf dem Land in Genossenschaften, die nach den Grundsätzen der ursprünglichen Pioniergruppen gebildet wurden, oder die Ausdehnung von Histadruth und Parteibetätigung auf vielfältige soziale Gebiete und die dadurch erreichte Sicherung ihrer relativen Machtpositionen in Israel.

Dieser Konservatismus erwies sich tatsächlich oft als sehr dynamisch in dem Sinne, daß er neuen Problemen offen gegenübertrat und sich bereit zeigte, manche spezifischen Interessen zurückzustellen, um neue Gruppen in die bestehende Organisation aufzunehmen. Aber im allgemeinen erfolgten die Versuche zur Lösung dieser Probleme im Rahmen der bestehenden Institutionen.

Erst spät im Laufe der Entwicklung entfalteten sich in der jüdischen Gemeinschaft in Palästina und in der israelischen Gesellschaft stärker umgestaltende, erneuernde Reaktionsweisen – etwa neue Formen der Ansiedlung oder des wirtschaftlichen Unternehmens oder neue erzieherische, kulturelle und wissenschaftliche Organisationen. Sie entstanden bereits in einer fester begründeten, institutionalisierten Situation und angesichts der schon entwickelten Kräfte eines dynamischen Konservatismus.

Es ist eines der wesentlichen Merkmale der sozialen Struktur der jüdischen Gemeinschaft in Palästina und des Staates Israel – und wir werden dieses Merkmal später noch ausführlicher analysieren –, daß sich nicht nur diese diversen Reaktionsweisen von innen heraus entwickelten, sondern daß sie in struktureller und organisatorischer, aber nicht unbedingt personeller Trennung stetig nebeneinander bestanden.

V

Die Begründung des Staates Israel mit der sie begleitenden Umwandlung des auf Gegenseitigkeit beruhenden freiwilligen politischen Systems in ein auf politischer Souveränität basierendes, die Verwandlung der Führer der diversen Pionierbewegungen in eine herrschende Elite, ferner der Einstrom von Neueinwanderern, die zum Teil aus andersartigen (stärker traditionalen) kulturellen Milieus und mit einer verschiedenartigen Motivation kamen – all das stellte eine wichtige Wasserscheide in der institutionellen Geschichte der israelischen Gesellschaft dar.

Der ursprüngliche erneuernde Antrieb der Führerschaft und der »Mitte« richtete sich nunmehr auf die Probleme der Schaffung einer neuen kohäsiven nationalen Einheit, auf Wirtschaftsexpansion und Absorption, und hieraus folgten eine zunehmende strukturelle Differenzierung und die Entwicklung neuer Organisationen und Strukturen.

Um die Mitte der sechziger Jahre hatte sich dieser revolutionäre Schwung bereits in eine institutionelle Struktur umgesetzt, die ihrerseits neue Probleme und Spannungen schuf und sich auf allen wichtigen Lebensgebieten vor neuen Aufgaben sah.

Auf wirtschaftlichem Gebiet ergaben sich viele Schwierigkeiten aus dem Übergang von einer Wirtschaft mit dem Hauptakzent auf Kapitalaufbringung und -anlage zwecks physischer Ausdehnung zu einer Wirtschaft mit großen Investitionen für technologische Entwicklung.

Der Einstrom von Neueinwanderern aus Gesellschaften mit niedrigerem bildungsmäßigem und technologischem Niveau und die innere Dynamik der Wirtschaft mit ihrem Drang zu höherem Lebensstandard gaben den Anstoß zu zunehmender Differenzierung und Spezialisierung auf beruflichem und wirtschaftlichem Gebiet. Das führte zur Begründung neuer Unternehmungen und kontinuierlicher physischer Expansion der Wirtschaft im Rahmen des bestehenden Systems.

Die partielle soziale Sicherheit, die die Histadruth gewährte, erleichterte die anfängliche Absorption von Einwandererarbeitskraft sowohl in der Landwirtschaft als auch in der Industrie, und zwar in einem Ausmaß, das wohl kaum eine Parallele in anderen Entwicklungsländern hat.

Aber diese Maßnahmen reichten nicht aus, um die Erreichung eines neuen Niveaus wirtschaftlicher und technologischer Entwicklung zu sichern; und die Fähigkeit der

Elite, mit der kontinuierlichen wirtschaftlichen Entwicklung und Differenzierung fertigzuwerden, wurde auf eine schwere Probe gestellt.

Es ergaben sich hier Probleme auf zwei Ebenen; auf der zentralen politischen Ebene wurden sie sichtbar in den von der Regierung unternommenen Versuchen, ihre Gesamtkontrolle über die wichtigeren Wachstums- und Entwicklungsprozesse zu behalten und dabei gleichzeitig zu versuchen, alle verfügbaren Unternehmergruppen auszunutzen, um die physische Expansion der Wirtschaft zu gewährleisten.

Das führte zu der paradoxen Entwicklung eines starken Aufwallens der Spekulation sowohl im privaten als auch im öffentlichen Sektor und daraus folgend zu Versuchen der Elite, die Symptome (wie etwa den demonstrativen Konsum), jedoch nicht die tieferen Ursachen dieser Spekulation zu bekämpfen. Es entstanden auch große Schwierigkeiten dabei, dem wachsenden Verbrauch Einhalt zu gebieten und die israelische Wirtschaft in technologischer Hinsicht auf ein Niveau zu heben, das ihr den Wettbewerb am internationalen Markt ermöglichte.

Die hauptsächlichen Hindernisse, die sich einer strukturellen Transformation von der Sektorenebene her entgegenstellten, wurzelten in dem Konservatismus der Gewerkschaften, die eine gewisse Ähnlichkeit mit den englischen aufweisen und nicht über die Elastizität der schwedischen Gewerkschaften verfügen. Dieser Konservatismus war ein Hindernis für die Arbeitermobilität und den Fortschritt zu höheren Ebenen technischen und fachlichen Könnens.

In ähnlicher Weise führte die Regierungspolitik zu einer Abschreckung der Entwicklung sowohl relativ neuer Unternehmertypen, die von dem ihnen durch die Subventions- und Zollpolitik der Regierung gewährten Schutz am inneren Markt unabhängig sein würden, als auch eines höheren Niveaus wirtschaftlicher Spezialisierung.

Stetiger Druck zu wachsendem Verbrauch seitens einer stark politisierten Wählerschaft hatte eine Vergeudung von Mitteln, die für die Wirtschaftsentwicklung nötig gewesen wären, zur Folge.

Im Gegensatz zu den älteren nichtspezialisierten Rollen, die den Anspruch ererhoben, die einzigen rechtmäßigen Träger allgemeinerer Orientierungen zu sein, wurde es auf allen diesen Gebieten lebenswichtig, neue oder differenzierte berufliche Rollen zu schaffen und neue Wege zu gehen, auf denen die mehr technischen Aspekte solcher Rollen mit allgemeineren kollektiven und wertmäßigen Orientierungen verbunden werden konnten.

Auf politischem Gebiet betrafen die hauptsächlichen Probleme den Grad, in dem die älteren Eliten sowohl neue Gruppen als auch neue Eliten in die »Mitte« eingliedern und elastisch genug sein konnten, um auf neue Druckausübung und Forderungen zu reagieren und dabei ihre eigene Kohäsion und die Fähigkeit zu behalten, einerseits den neuen Problemen und andererseits der pluralistisch-konstitutionellen »Mitte« gerecht zu werden.

VI

Dazu kamen noch die Probleme, die sich aus den wichtigeren Trends der Veränderung in der sozialen Organisation herleiteten. Die zunehmende Differenzierung veränderte die israelische soziale Organisation von Grund auf, vernichtete die relative

Gleichheit verschiedener Berufspositionen und beeinträchtigte die Statushomogenität. Sie veränderte auch die Grundlagen des Zugangs zu diversen neuen – und insbesondere höheren – Berufspositionen und schuf in diesem Zusammenhang neue Spaltungen und Spannungen.

Hier entwickelten sich zwei wichtige Problemgruppen. Die eine umfaßte das »ethnische« Problem, d. h. das Problem der sogenannten orientalischen Gruppen.

Auf allen Gebieten der sozialen Organisation erlangte das Problem der möglichen Spaltung zwischen den neuen orientalischen Gruppen und den europäischen Alteingesessenen eine große Bedeutung.

Dieses Problem wurde am stärksten sichtbar in der Tendenz der orientalischen Gruppen, sich in den niederen Berufs- und Bildungsstufen zu konzentrieren. Hier vollzogen sowohl das Wirtschafts- als auch das Bildungssystem mit größtem Erfolg eine Umstellung, um diese Unterscheidung aufzuheben. Sie schufen neue Spezialisierungsgebiete und neue Gebilde und Organisationen, die einen gemeinsamen Rahmen für Alte und Neue, »Europäer« und »Orientalen«, abgeben konnten.

Infolge der Möglichkeit, daß durch fortgesetztes Versagen im Bereich der Bildung ihre Zurücksetzung zu einem Dauerzustand würde, entwickelte sich in den orientalischen Gruppen – und zwar nicht zuletzt in ihren erfolgreicheren mittleren Staffeln – ein Gefühl der Frustration.

Die Suche nach Lösungen für diese Probleme erfolgte, wie in anderen Gesellschaften, in zwei verschiedenen Richtungen – einerseits führte sie zu einer Elastizitäts- und Wachstumsausdehnung in der sozialen und wirtschaftlichen Struktur und andererseits zu unlösbaren Spannungen und zu Stagnation.

Stärker wachstumsfördernde Maßnahmen bestanden in der Entwicklung neuer spezialisierter Unternehmen und Gebilde von universalistischer Orientierung und Organisation mit sozialen, bildenden und wirtschaftlichen Aufgaben, die die verschiedenen sozialen und ethnischen Gruppen in gleicher Weise zu umfassen trachteten. Mehr zur Stagnation führten die Tendenzen zur Erhaltung der bestehenden Gebilde, in denen sich die Unterschiede zwischen diesen Gruppen stärker ausprägten und gleichzeitig eine Symbolisierung dieser Unterschiede erfolgte. Das hinwiederum ließ Versuche aufkommen, diese Probleme nicht dadurch zu überwinden, daß man den relativ benachteiligten Gruppen zur Erwerbung derjenigen Eigenschaften, die in den diversen (alten oder neuen) universalistischen Gebilden zur Leistung befähigen, verhalf, sondern hauptsächlich dadurch, daß man die Mitgliedschaft in verschiedenen partikularistischen – politischen, ethnischen oder religiösen – Sektoren der Gesellschaft zum Hauptkriterium für den Zugang zu verschiedenen Positionen und den dazugehörigen Einkünften machte.

Diese verschiedenen möglichen Lösungen griffen bereits in das zweite Hauptproblem auf dem Gebiet der sozialen Organisation über – nämlich das Problem der grundsätzlichen Umrisse der entstehenden sozialen Struktur.

Das Hauptdilemma bestand hier in der Entscheidung zwischen einerseits einem relativ hochzentralisierten dynamischen System mit stark bürokratischer monolithischer Organisation, das sich von der sozialistischen Idee herleitete und auf einer Koalition von leitenden Politiker- und Managergruppen mit Facharbeitern und angelernten Arbeitern beruhte und dabei weniger Platz hatte für selbständigere technische und fachliche Gruppen – oder anderseits einer elastischeren und weniger monolithischen Struktur mit stärkerer Differenzierung und größeren Möglichkeiten für die Entwicklung autonomer sozialer Gruppierungen.

Neue Probleme entstanden auch auf kulturellem Gebiet. Eines betrifft das Wesen der grundlegenden kulturellen Identität der israelischen Gesellschaft, insbesondere in ihrer Beziehung zum »Jüdischen«, den jüdischen Komponenten in ihrer Identität und den daraus folgenden Beziehungen zu anderen jüdischen Gemeinschaften; ferner den Platz Israels im Nexus der modernen jüdischen Gemeinschaften einerseits und seiner Beziehungen zu seinen Nachbarn, der arabischen und nahöstlichen Umgebung andererseits.

Das zweite Problem bestand in dem Dilemma zwischen kontinuierlicher, an diversen allgemeineren und internationalen Gemeinschaften orientierter kultureller schöpferischer Leistung und dem möglichen Provinzialismus einer amorphen Massenkultur

Das dritte Problem – oder eine ganze Problemgruppe auf diesem Gebiet – betraf die Art und Weise, in der die Verwirklichung des »staatsbürgerlichen« Image der Gesellschaft – die Transformation aus dem Pionierimage – erfolgte.

Und schließlich entstand hier auch die Möglichkeit einer zunehmenden Spannung zwischen den religiösen Gruppen mit der Tendenz zu stetig wachsender Kampflust und den sensibleren weltlichen Gruppen.

VII

Alle diese Tendenzen waren, wenn auch latent, gegen Ende der fünfziger und in den sechziger Jahren in der israelischen sozialen Struktur enthalten. Sie wurden gewissermaßen zu einem Dauerbestandteil der israelischen Realität. Mittlerweile hatten sich in ihnen auch die wesentlichen Reaktionsschemata herauskristallisiert. Zu dieser Zeit setzte sich die dynamisch-konservative Reaktionsweise als vorherrschend in der israelischen sozialen Struktur durch.

Zur selben Zeit bildete sich auch die strukturelle – aber nicht unbedingt personelle – Trennung zwischen den konservativen und den eher erneuernden Tendenzen als ein Grundzug der israelischen sozialen Struktur heraus.

So erfolgte während dieser ganzen Zeitspanne eine stetige Erweiterung des bestehenden institutionellen Rahmens, und dabei unterlag gleichzeitig dieser Rahmen – und mit ihm seine Symbole – einem sehr interessanten und wichtigen Prozeß der Veränderung. Trotz ihrer Formulierung in den Begriffen der ursprünglich revolutionären (sozialistisch-zionistischen) Ideologie haben sich tieferer Sinn und praktische Bedeutung stark gewandelt.

Die grundlegende Ideologie wurde zu einer allgemeinen Bindung an einige Symbole von sozialer Identität eingeengt. Darüber hinaus beschränkte sie sich auf Wortsymbole und diente nicht mehr als Leitfaden in den konkreten Prinzipien und Kriterien des Handelns.

Diese institutionelle Realität wurde immer stärker durch ihre innere Dynamik – die Dynamik von Eigeninteresse, Macht und Verpflichtungen – gebunden; sie behielt zwar ihre Beziehung zu den ursprünglichen Symbolen, wurde jedoch nicht mehr von ihren ursprünglichen positiven Orientierungen und Verpflichtungen geleitet.

Die Verbindung dieser institutionellen Dynamik mit den »älteren« ideologischen Symbolen führte zu einer Begrenzung der Fähigkeit zu institutioneller Neuerung und Dynamik, oder richtiger, leitete diese in sehr spezifische Kanäle.

Diese Grenzen waren bereits vor dem Krieg sichtbar, doch nach dem Krieg wurden sie in vieler Beziehung verschärft. Jetzt traten die Möglichkeiten sowohl einer institutionellen Immobilisierung und organisatorischen Expansion als auch die von Erneuerung und Umwandlung – mit all ihren Einschränkungen – deutlicher in Erscheinung.

VIII

Der Sechstagekrieg – und besonders die Zeit danach – läßt sich nicht nur im Sinne von militärischen und »äußeren« politischen Begebenheiten und Problemen erfassen. Der Krieg selbst und die Zeit seither können auch als Wasserscheide in der Entwicklung der israelischen Gesellschaft angesehen werden – in mancher Beziehung vergleichbar der Zeit des Unabhängigkeitskrieges und der Staatsgründung. Im Gegensatz zu dieser war jedoch die Zeit des Sechstagekrieges und danach im ganzen gesehen nicht eine Periode der Schaffung gänzlich neuer sozialer Strukturen und Gebilde oder kultureller Symbole. Vielmehr ließen der Krieg selbst und die Entwicklungen seither einige wesentliche Entwicklungstendenzen und Probleme der israelischen Gesellschaft deutlich hervortreten – wie auch die Wege, auf denen sie imstande ist, mit ihnen fertigzuwerden. So haben der Krieg und die Zeit seither – oft an unerwarteten Stellen und in überraschenden Aspekten des israelischen Lebens – sowohl die starken als auch die schwachen Punkte dieser Gesellschaft zum Vorschein gebracht.

Der Krieg, die Zeit unmittelbar vorher und die Zeit danach unterstrichen – als wesentliche Bedingung der bloßen Möglichkeit des Überlebens – die entscheidende Bedeutung für Israel, den Angriffen seiner Nachbarn standhalten zu können, und die Bedeutung von militärischen und Sicherheitserwägungen als Grundgegebenheiten oder Parameter seiner Existenz an sich.

Der Krieg zeigte auch, daß Israel fähig ist, diesen Problemen zu begegnen, daß es über die erforderliche Ausbildung und das Niveau militärischer Tüchtigkeit verfügt, um den Angriffen zahlenmäßig überlegener und technisch besser ausgerüsteter arabischer Feinde zu widerstehen.

Doch seine Überlegenheit auf militärischem Gebiet war offensichtlich auf eine Kombination von zwei Faktoren zurückzuführen, die in den sozialen und kulturellen Grundlagen der israelischen Gesellschaft und dem hohen Niveau technischer und persönlicher Fähigkeiten wurzelten: auf die gute Kampfmoral der Armee und der Gesellschaft als Ganzes. Und so sind wir wieder bei den grundsätzlicheren Aspekten oder Komponenten des israelischen Sozial- und Kulturlebens und bei dem weiteren Bereich innerer und äußerer Probleme, vor denen die israelische Gesellschaft steht, angelangt.

IX

Vielleicht eine der interessantesten Kraftquellen, die in dieser Zeit entdeckt wurde, ist das sehr hohe Niveau von Solidarität und Kohäsion, das sich bereits in der kritischen Zeit vor dem Kriege kundtat und in einem nicht geringen Maße nachher fortsetzte.

Diese Solidarität und Kohäsion, die quer durch die Abgrenzungen ethnischer Gruppen und unterschiedlicher Einwanderungswellen hindurchgingen, schienen im Widerspruch zu stehen zu der Intensität des Problems der »zwei Nationen«, das – wie wir sahen – eines der wichtigsten in der israelischen Gesellschaft ist.

Doch diese Solidarität und Kohäsion manifestierten sich nicht nur in allgemeinem Patriotismus und der Bereitschaft, für das Gemeinwohl Opfer zu bringen. Sie taten sich darüber hinaus auch in Leistungen – zum mindesten auf militärischem Gebiet – kund: in Ausdauer und Kampf, in Koordination und technischen Fähigkeiten. So zeigte sich auch hier, daß zum mindesten auf militärischem Gebiet einige Absorptionsprobleme der Neueinwanderer überwunden waren – auch wenn dieser Erfolg noch zumeist auf die unteren und mittleren Staffeln der technischen Leistung beschränkt war.

Diese Solidarität und Kohäsion haben sich nach dem Krieg fortgesetzt. Ihre Fortdauer, die in gewissem Widerspruch zu der vorangegangenen Zeit zu stehen scheint, wurde durch mehrere Faktoren erleichtert: die fortgesetzte wirtschaftliche Expansion, die zur Integration potentieller Spannungsmomente führte, und die stetig zunehmende Absorption vieler Neueinwanderer auf dem politischen Gebiet.

Doch diese wachsende innere Solidarität und Kohäsion tendierten dazu, die Problematik im Wesen der sozialen und psychologischen Grundlagen dieser Solidarität und Kohäsion stärker hervortreten zu lassen. Und alle diese Entwicklungen führten dazu, daß viele Probleme ans Tageslicht traten, die in der vorangegangenen Zeit, wie wir zeigten, im Verborgenen zu schlummern tendierten.

X

Eines der ersten dieser Probleme war vielleicht das der Komponenten der israelischen Identität und vor allem das Problem des »Jüdischen« in der israelischen Gesellschaft und ihrer Bindungen zu jüdischen Gemeinschaften im Ausland.

Die Entwicklungen während des Kriegs und danach widerlegten mehrere Annahmen über das Wesen dieser Beziehung und über Format und Stärke der jüdischen Komponente in der israelischen Identität.

Einerseits widerlegten sie die von manchen behauptete Schwäche dieser Komponente, doch gleichzeitig erwiesen sie, daß Inhalt und Format dieser Komponente und des Wesens der Beziehungen Israels zu den jüdischen Gemeinschaften im Ausland weit über die üblichen ideologischen Formulierungen hinausgingen.

Zunächst zeigten sie die Tiefe der Bindung der Israelis an das historische jüdische Erbgut und zu gleicher Zeit die Stärke der Solidaritätsbande zwischen dem Staat Israel und den jüdischen Gemeinschaften draußen. Diese Solidarität wurzelte in der gegenseitigen Bindung an die gemeinsame Vergangenheit, wurde jedoch von verschiedenen jüdischen Gruppen auf verschiedene Weise ausgelegt, und in gewissem Sinne wurde sie durch die Vielfalt dieser Auslegungen nur noch verstärkt.

Aber diese Solidarität und gegenseitige Bindung diverser jüdischer Gemeinschaften an Israel waren nicht mehr unbedingt in zionistischem Sinne formuliert, d. h. im Sinne der Notwendigkeit, nach Israel auszuwandern. Zwar nahm die Einwanderung nach dem Krieg zu, doch gemessen an den zionistischen Bestrebungen nur in geringem Maße. Die Einwanderung nach Israel wurde zu einem – und im großen ganzen nicht dem maßgebendsten – der Solidaritätsbande mit den jüdischen Gemeinschaften draußen, die in dieser Zeit geschmiedet wurden.

Auch in Israel selbst stellten Einwanderung und Absorption zwar wichtige Probleme dar, wie aus der Errichtung eines besonderen Absorptionsministeriums hervorgeht; doch letzten Endes war die Einwanderung nur eines unter den vielen Mitteln zur Festigung der Beziehungen zu den jüdischen Gemeinschaften draußen. Andere Arten der Solidaritätsbezeugung – wie etwa die Tagung der »jüdischen Millionäre« und Industriellen, deren Zweck in einer Wirtschaftshilfe an Israel bestand – waren nicht weniger wichtig. Sicherlich gingen sie über die üblichen ideologischen Bekenntnisse hinaus und zeugten gleichzeitig von der großen Vitalität dieser Solidarität. Außerdem verstärkten sie auch die gegenseitigen Gefühlsbindungen der Juden an Israel erheblich und schufen stetig neue Grundlagen für Kritik und Selbsterkenntnis.

Die Zunahme dieser Solidarität und der Bindung der Israelis an die jüdische historische Überlieferung hat im großen ganzen auch die »kanaanitische« Komponente in der Zusammensetzung der israelischen Identität beträchtlich entwertet.

Sie stand gewißlich im Widerspruch zu denjenigen Aspekten des zionistischen Denkens, das in Israel eine gänzlich neue jüdische Gemeinschaft ohne irgendwelche kontinuierlichen Verbindungen – mit Ausnahme derjenigen, die sie veranlaßten, nach Israel auszuwandern – oder Ähnlichkeiten mit anderen jüdischen Gemeinschaften sah. Statt dessen zeigte sich, daß viele, nicht leicht definierbare gemeinsame Elemente weiterbestanden und wiederbelebt wurden.

Sie führte auch zu Versuchen der religiösen Gruppen und Intellektuellen, diese gemeinsamen Elemente in rein religiösem Sinne neu zu interpretieren, als eine Rückkehr zu den Lehren der Orthodoxie – und sie waren bereits in stärker ideologischen Begriffen formuliert. Wenn auch diese Versuche im großen ganzen nur innerhalb der religiösen Gruppen akzeptiert wurden, so betonten sie doch die wachsende Bindung dieser Gruppen an die israelische Realität – auch in einem nicht geringen Maße im Widerspruch zu den üblichen, stärker revolutionären zionistischen Lehren.

Doch gerade die Bedeutung dieser neuen Arten von Bindungen zu jüdischen Gemeinschaften hat die Frage aufgeworfen, ob diese Bindungen einen weitreichenden transformativen Einfluß auf die israelische Gesellschaft haben könnten, oder ob sie nur ihre eigenen strukturellen und eher konservativen Tendenzen verstärken würden.

XI

Diese Entwicklungen haben gleichzeitig auch das ganze Problem der Beziehungen Israels zu seiner Umgebung im Nahen Osten neu aufgerollt.

Der Krieg und seine Nachwirkungen haben gewissermaßen zum erstenmal in relativ konkretem Sinn die Probleme der Beziehungen zwischen Juden und Arabern aufgeworfen und ihre Beziehungen auf eine konkretere Basis als zuvor gestellt.

Auf einer Ebene hat eine derartige Situation die politische Spannung und den Konflikt zwischen den beiden Bevölkerungen intensiviert. Doch diese politische Spannung und Konfliktsituation ist in vielen Beziehungen verschieden von der, die vor dem Krieg zwischen den arabischen Staaten und Israel bestand. Der Hauptunterschied besteht darin, daß Israel, zum mindesten für die arabische Bevölkerung des Westufers – aber nicht nur für sie – nicht mehr nur ein Mythos und Symbol einer in den Nahen Osten verpflanzten fremden Gruppe ist, sondern auch zu einem Teil der täglichen Realität stetiger und relativ reibungsloser laufender Berührung mit der jüdischen Bevölkerung geworden ist. Zwar führte dies nicht notwendigerweise zu einer Verstärkung der »Liebe« der arabischen Bevölkerung zu Israel – und in mancher Beziehung mag es das Gefühl der Spannung und des Konflikts verstärkt haben –, doch es fügte der Beziehung zwischen den beiden Völkern ein Element von Realität und Konkretem hinzu, das vorher nicht vorhanden war.

Angesichts der allgemeinen Politik einer relativ offenen Tür und der Möglichkeit gewisser gegenseitiger Beziehungen zwischen dem Westufer und dem Ostufer des Jordans einerseits und der Möglichkeit eines gewissen Verkehrs zwischen dem Westufer und Israel andererseits hat sich dieses Element der Konkretisierung und Realität unbedingt auch in einem gewissen, allerdings schwer abschätzbaren Maß auf die anderen arabischen Länder übertragen.

In einer paradoxen Weise wirkte es sich auch auf die Situation der eigentlichen israelischen Araber aus. Zum erstenmal seit der Gründung des Staates Israel wurde das fast hermetische Abgeschlossensein einer arabischen Minorität von anderen Teilen der arabischen Welt aufgehoben, und es kam zu einem ziemlich intensiven Kontakt zwischen ihnen. Zum mindesten die ersten Stadien dieses Zusammentreffens verschärften die Problematik ihrer Identität innerhalb der israelischen Gesellschaft und verstärkten sowohl ihr Bekenntnis zum arabischen Nationalismus als auch ihre Ambivalenz gegenüber Israel.

Hier wird der allgemeine Trend wahrscheinlich in einer Verringerung der Unterschiede zwischen der arabischen Bevölkerung des Westufers und der arabischen Minorität in Israel bestehen, obwohl wahrscheinlich manche Unterschiede – insbesondere in der Möglichkeit eines gewissen Modus vivendi mit Israel – noch lange Zeit weiterbestehen werden.

Aber was auch immer das Endergebnis dieser Tendenzen sein mag, so scheint kein Zweifel daran zu bestehen, daß zum mindesten in diesem Stadium der problematische Aspekt der Beziehungen zwischen dem jüdischen und dem arabischen Nationalismus konkretisiert worden ist und nicht mehr – wie vorher – Blindheit oder ein rein stereotyper Mythos vorherrscht.

XII

Jedoch nicht nur in bezug auf die »nationalen« Komponenten der israelischen Identität hat die Zeit nach dem Sechstagekrieg neue Möglichkeiten eröffnet und neue Probleme aufgeworfen. Durch den Krieg wurden auch manche Probleme zur Diskussion gestellt, die sich auf die sozialen und staatsbürgerlichen Komponenten und Aspekte des gesamten Formats der israelischen Identität und ihrer Entwicklungsmöglichkeiten beziehen.

Der Krieg verstärkte notwendigerweise die Sicherheits- und Militärkomponenten in der israelischen Identität erheblich und damit auch den Umfang der militärischen und Sicherheitserwägungen und -einflüsse im wirtschaftlichen, technologischen und sozialen Bereich. Das Ansehen des Militärs in der Gesellschaft erfuhr eine entschiedene Steigerung.

Wie allgemein bekannt, ist auch außerhalb Israels das Militärimage zu einer der Hauptkomponenten der israelischen Identität geworden; in gewissem Grade hat es den Platz des Pioniers eingenommen und dadurch ihm gegenüber auch einen Wandel in der öffentlichen Meinung bewirkt.

Das verstärkt notwendigerweise die Möglichkeit einer Militarisierung der israelischen Gesellschaft. Doch setzten gewisse strukturelle Tatsachen dieser Möglichkeit einen mildernden Einfluß entgegen. Hierunter zunächst die Tatsache, daß die israelische Armee zum größten Teil aus Reserveeinheiten besteht; zweitens die frühe Pensionierung der Offiziere vom Militärdienst und ihr Eintritt in Industriestellungen am zivilen Markt (obwohl dies auch die Durchdringung der zivilen Gesellschaft mit militärischen Elementen verstärken könnte); drittens die Kleinheit des Landes und der hohe Preis an Menschenmaterial, den die Verteidigung verlangt.

So wurde Israel trotz der widrigen Situation nicht zu einer Militärgarnison, sondern eher zu einer Zivilfestung mit einem hohen Grad von Sicherheitsbewußtsein und -empfindlichkeit.

XIII

Doch unabhängig von der genauen Stellung der Militär- und Sicherheitskomponenten in der israelischen Gesellschaft, ging in dem Problem des gesamten Formats, der Grundlagen und des Inhalts der Zividentität ein kontinuierlicher Wandel vor sich, der gewiß in enger Beziehung zur gesamten Sicherheitssituation steht.

Vielleicht die wichtigste geschichtliche Tatsache war hier die Schwächung der ideologischen Komponente der Gesellschaft, die zwar offiziell noch vorherrschte, sich jedoch immer mehr zu zersetzen tendierte – und so gewann die Frage, was an ihre Stelle treten würde, eine immer größere Bedeutung.

Hier traten, wie auf so vielen anderen Gebieten, diverse widersprüchliche Tendenzen viel schärfer zutage. Einerseits konnten allein die Öffnung gegenüber der arabischen Welt und die Verstärkung der Sicherheitserwägungen sowie auch ein neues Offensein sowohl für die jüdischen als auch für nichtjüdische Gemeinschaften zu einer Verstärkung der offeneren, universalistischen Tendenzen und Orientierungen und der Möglichkeit allgemeinerer Verpflichtungen und Bindungen führen; andererseits verursachten sie auch entgegenstehende chauvinistische und popularisierende Tendenzen – von religiösem wie auch weltlichem Nationalismus –, die sich alle um die eher mythischen Beziehungen zu den neuen Territorien konzentrierten und ein Gefühl von Überlegenheit und selbstherrlicher Isolierung von der übrigen Welt verstärkten.

Auch eine Verstärkung der Neigungen zu kulturellem Provinzialismus mit popularisierender Orientierung und einer starren Definition der kollektiven Identität machte sich bemerkbar.

Dieser Provinzialismus äußerte sich leicht in einer zunehmenden Unfähigkeit, Kritik zu ertragen, in mangelndem Interesse an internationalen Angelegenheiten, die Israel nicht direkt betrafen, in blasierter Selbstgefälligkeit und einem Gefühl der Befriedigung darüber, daß Israel den Gipfel der Weisheit erreicht habe.

Eine Verstärkung dieses Provinzialismus konnte leicht durch die konservativeren weltlichen ideologischen Richtungen sowie durch den wachsenden Kampfgeist und die zunehmende Starrheit der religiösen Tendenzen erfolgen. Es gehört wohl zu den ausgesprochen paradoxen Erscheinungen des israelischen Schauplatzes – die in der Zeit nach dem Krieg von neuem hervortraten und sich verschärften –, daß im Gegensatz zu den Entwicklungen in den jüdischen Gemeinschaften im Ausland gerade auf religiösem Gebiet in Israel das geringste Maß an Neuerung zu finden war. Hier sind wir im großen ganzen Zeugen einer zunehmenden Kampfbereitschaft und Starrheit der Orthodoxie, die in mancher Beziehung leicht mit einer popularisierenden weltlichen und auf Sicherheit ausgerichteten Orientierung verschmilzt. Nur wenige, sehr vereinzelte Faktoren aus einigen religiösen Kibbuzsiedlungen oder seitens unabhängiger (parteiloser) religiöser Intellektueller richteten sich gegen diese Tendenz – und im allgemeinen ohne großen Erfolg.

XIV

Diese Probleme und Entwicklungen in bezug auf die Gestaltung der israelischen Identität standen in enger Verbindung mit den Entwicklungen auf dem eigentlich sozialen und wirtschaftlichen Gebiet, wo ebenfalls widersprechende Tendenzen wahrnehmbar waren.

Auf sozialem Gebiet zeigte sich die Tendenz, Organisationen großen Maßstabs zu entwickeln, in denen eine Umwandlung der totalistisch-ideologischen Orientierung der diversen Pionierbewegungen zu großen organisatorischen Blocks erfolgte; diese wurden dominierend in der israelischen Gesellschaft und tendierten zu einer Unterwanderung selbständigerer unabhängiger Einrichtungen – wie etwa Hochschulinstitutionen, Berufsvereinigungen oder unabhängiger Zeitungen.

Sie konnten auch eine Verstärkung erfahren durch das fortgesetzte sozio-politische Bündnis zwischen den israelischen hohen Statusgruppen, den Kreisen der sogenannten privaten »Millionäre«, den Managergruppen des öffentlichen Sektors sowie gelernten und angelernten Arbeitern und den niederen und mittleren Staffeln nichtspezialisierter Büroarbeitergruppen – im Gegensatz zu den mehr technologischen, spezialisierten und wissenschaftlichen Gruppen. Die Hauptstützen des israelisichen sozio-politischen Systems bildeten die ersteren Gruppen.

Es ist somit nicht überraschend, daß auf wirtschaftlichem und sozio-ökonomischem Gebiet im Kontext dessen, was wir als dynamischen Konservatismus bezeichneten, der Circulus vitiosus in der Entwicklung technischer Arbeitskraft aus dem vorhergehenden Zeitabschnitt sich fortsetzte.

Hier ist auch die besondere Absorptionsweise von Neueinwanderern, insbesondere der orientalischen Gruppen, bemerkenswert: diese Absorption erfolgte zunehmend in den öffentlichen Dienst, und zwar auf Kosten mehr technischer Berufe.

Doch zur gleichen Zeit bestand auch eine Tendenz zur Entwicklung einiger widersprüchlicher Strömungen. Ein Teil der Neueinwanderer kam aus den freien und wissenschaftlichen Berufen. Sie wurden zwar zu Anfang in die vielen bestehenden großen Organisationen aufgenommen, können jedoch möglicherweise zu einer Verstärkung der Tendenzen zu selbständigeren Gruppierungen und Institutionen beitragen. Diese könnten auch durch das Wachstum derartiger selbständiger Gruppen innerhalb der bestehenden Bevölkerung verstärkt werden.

XV

Solche widersprüchlichen Tendenzen waren auch auf wirtschaftlichem Gebiet erkennbar.

Unmittelbar vor dem Krieg herrschte ein Konjunkturrückgang mit wachsender Arbeitslosigkeit und einem Investitionsrückgang als Teil eines allgemeineren Plans zur Aufhaltung der Inflationsspirale und einer möglichen Neustrukturierung der Wirtschaft. Diese wies damals einige sehr gefährliche Züge auf, wie Vergrößerung des Defizits der Handelsbilanz, Rückgang der ausländischen Investitionen und ganz allgemein eine relativ geringe Fähigkeit zur Ankurbelung der Ausfuhr und Förderung gelenkter und/oder technologischer Industrie.

Der Konjunkturrückgang hatte einige positive Resultate – wie etwa eine Verbesserung der Zahlungsbilanz hauptsächlich durch Stabilisierung der Einfuhr, eine relative Preisstabilität, eine gewisse Reorganisation von Betrieben, einen Rückgang im Wachstum des privaten Verbrauchs (von 5–6 % auf etwa 1 %) und eine Vergrößerung von Arbeitermobilität und Ausfuhr – doch im ganzen waren seine psychologischen Wirkungen ziemlich negativ, und es ist durchaus zweifelhaft, in welchem Ausmaß er zu einer Neustrukturierung der Wirtschaft beitrug.

Die Situation änderte sich nach dem Junikrieg, der das Aufhören des Wirtschaftsrückgangs mit sich brachte. Im ganzen erfolgten zu dieser Zeit eine relative Industrieentwicklung und -expansion und Versuche zur Neugründung von Industrien, die sich auf fortschrittlichere technologische Grundlagen stützten und besser imstande waren, auf den internationalen Märkten zu konkurrieren.

Von besonderer Bedeutung waren hier diejenigen Anreize zu industrieller Entwicklung, die sowohl direkt als auch indirekt vom Verteidigungsbedarf herrührten. Sie waren besonders in der Metallindustrie, doch auch in einigen anderen Wirtschaftszweigen fühlbar.

Aber hierzu gab es nicht unbedingt eine Parallele auf anderen Gebieten industrieller Unternehmungen, in denen viele ältere Typen der Wirtschaftsbetätigung zu Fortbestand und Expansion neigten und dabei von Subventionen und Zöllen unterstützt wurden.

Außerdem bestand sogar in den technologisch fortgeschritteneren Industrien der Circulus vitiosus von mangelnder gelernter technischer Arbeitskraft einerseits und Überproduktion von einigen Spezialistentypen andererseits weiter und wurde durch die stetige Expansion der akademischen Bildung noch intensiviert.

Während also im großen ganzen in der Nachkriegszeit eine Wirtschaftsexpansion stattfand, blieben einige der grundlegenden Wirtschaftsprobleme – wie etwa das Defizit der Handelsbilanz – ungelöst, und die schwere Belastung durch die Verteidigungsausgaben verursachte ebenfalls eine bedeutende Aufzehrung von Reserven in ausländischer Währung.

So erfolgte ein großer Teil der Wirtschaftsexpansion – mit teilweiser Ausnahme der Verteidigungsindustrien wie auch einiger neuer Versuche von wissenschaftlich basierten Industrien – in einer Weise, die die bestehende Form wirtschaftlicher Unternehmungen vervielfachte, einige von ihnen vielleicht leistungsfähiger machte, aber nicht unbedingt die grundlegende Struktur dieser Industrien oder die Wirtschaftspolitik der Regierung korrigierte. Trotz mancher Liberalisierungsversuche wurde die

Wirtschaftspolitik der Regierung weiterhin von Etatsrücksichten und -praktiken geleitet.

XVI

Im Unterschied zu der stetigen Mischung von Konservatismus und Neuerung, die sich besonders nach dem Krieg auf wirtschaftlichem Gebiet bemerkbar machte, zeigten sich auf dem innerpolitischen Schauplatz in der Zeit unmittelbar vor dem Krieg sowie in der Kriegs- und Nachkriegszeit eine starke konservative Tendenz und zunehmende Immobilisierung. Unmittelbar vor Kriegsausbruch wurde eine Regierung der nationalen Einigkeit gebildet: zusätzlich zu der früheren Koalition traten »Rafi« (die später wieder mit der Partei der Arbeit verschmolz) und »Gachal« in die Regierung ein[3]. Die Regierung der nationalen Einigkeit bestand, wenn auch mit veränderter Verteilung der Ministerien und einer stärkeren Vertretung von »Gachal«, auch nach den Wahlen von 1969 weiter.

Die Bildung dieser Regierung erfolgte ursprünglich als Reaktion auf die Kriegsanforderungen, doch ihr Fortbestand trug erheblich zur Immobilisierung des israelischen politischen Systems bei. Tatsächlich traten auf politischem Gebiet alle Kennzeichen des Konservatismus auf das deutlichste hervor.

Das wurde auf mehrere Weisen offenbar. Zunächst zeigte es sich in der zunehmenden politischen Mobilität und Absorption neuen Personals in den unteren Mittelstufen und, in gewissem Umfang, sogar in den höheren Stufen der politischen Organisationen.

Doch in zweiter Linie entwickelte sich gleichzeitig eine wachsende Atrophie der parlamentarischen Institutionen; es verstärkte sich die Tendenz, jegliche Diskussion über grundlegende Probleme zu vermeiden und sich mit ihnen lediglich ad hoc zu befassen.

Diese Tendenz wurde sowohl auf dem Gebiet der Außenpolitik und der die neuen Territorien betreffenden Politik als auch in der Innenpolitik erkenntlich. Im Innern wurden die Versuche der Aufstellung neuer Normen zur Regulierung von Problemen oder Konflikten – sei es auf dem Gebiet der Arbeitsbeziehungen oder der Wirtschaftspolitik – schwächer und die Tendenz zu Entscheidungen ad hoc noch stärker als zuvor.

Allerdings ließ in der ersten Zeit nach dem Krieg die Intensität derartiger Konflikte nach. Doch später, und besonders in der Zeit vor den Wahlen von 1969, kamen sie mit großer Intensität wieder zum Vorschein, wurden dann aber erneut verdeckt und machten sich bis etwa 1970 nicht mehr intensiv bemerkbar. Das führte oft zu einem Nachgeben auf Druck von verschiedenen Seiten, wobei die Regierung dann einige ziemlich nutzlose Versuche unternahm, ihre Kraft gegenüber einigen schwächeren Gruppen zu demonstrieren.

Die große Stärke des israelischen politischen Systems, die darin wurzelte, daß die meisten Meinungsverschiedenheiten quer durch die Parteien hindurchgingen und auch in der zahlenmäßig vorherrschenden Partei eine wichtige Rolle spielten, konnte

---

[3] »Rafi« wurde im Kabinett durch General Moscheh Dajan vertreten, der ein paar Tage vor dem Krieg – in nicht geringem Maße auf Druck der öffentlichen Meinung – zum Verteidigungsminister ernannt wurde; die »Gachal«-Vertretung bestand aus zwei Ministern ohne Portefeuille (M. Begin und J. Saphir).

somit eine Atrophie vieler der parlamentarischen Institutionen bewirken, als die führende Partei zur Mehrheitspartei wurde und eine wirksame Opposition fehlte.

Das verstärkte die Ambivalenz großer Teile der Bevölkerung zum politischen System und resultierte in einer Abspaltung verschiedener Einstellungen zu ihm. Die Zunahme der Solidarität führte zu einer Apathie gegenüber dem Ablauf der Politik. Gleichzeitig traten einige neue, unabhängigere Kräfte hervor, die durch ihre staatsbürgerliche Haltung Einfluß auf die öffentliche Meinung nahmen (wie beispielsweise in der Angelegenheit des Betriebs des Fernsehens am Sabbat) und einen gewissen Ausdruck gegen die bestehenden politischen Kräfte und Verfahrensweisen zu finden suchten.

Das bedeutete nicht unbedingt, daß das System unfähig war, einige grundsätzliche – insbesondere außenpolitische – Schwierigkeiten zu bewältigen. Es bedeutete vielmehr, daß dies nicht durch die Erneuerung des politischen Systems an sich geschah, sondern durch eine Betonung der konservativeren Orientierungen in ihm, und daß gleichzeitig hiermit eine zunehmende Abtrennung der eher erneuernden Orientierungen vom Bereich der eigentlichen Politik erfolgte.

XVII

So führten die Intensivierung in der Schärfe vieler grundlegender Existenzprobleme der israelischen Gesellschaft und die Notwendigkeit, sie zu bewältigen, dazu, daß in der Zeit nach dem Krieg die Grundtendenzen in ihrer Entwicklung, die Wege, auf denen sie diesen Schwierigkeiten zu begegnen suchte, sowie ihre Stärken und Schwächen schärfer hervortraten.

Insbesondere verschärfte sich der Kontrast zwischen den verschiedenen konservativen und den stärker erneuernden Tendenzen, und ganz besonders traten die Unterschiede hervor in den Prämissen dieser Einstellungen zu den Problemen Israels als einer kleinen Gesellschaft, die eine allgemeinere soziale und kulturelle Bedeutsamkeit anstrebt.

Die konservativere Einstellung neigte zu der Annahme, diese Ansprüche könnten durch die bestehende soziale Struktur und ihr generelles Festhalten an der jüdischen und/oder sozialistischen Tradition verwirklicht werden.

Demgegenüber betonten die mehr umformenden oder erneuernden Tendenzen, der Anspruch Israels auf eine gewisse allgemeinere Bedeutsamkeit dürfe sich nicht nur darauf stützen, daß es durch seine bloße Existenz zu »glänzen« vermag, sondern müsse auch durch seine Fähigkeit einer direkten Beteiligung an diversen sozialen und kulturellen Organisationen außerhalb seiner selbst, durch seine Beziehungen zu jüdischen Gemeinschaften, zu mannigfachen kulturellen, wissenschaftlichen, politischen oder sozialen Gemeinschaften begründet werden. Es wurde stärker hervorgehoben, daß verschiedene Teile der israelischen Gesellschaft die Fähigkeit besitzen, an solchen Gemeinschaften aktiv teilzunehmen und daher ein Gefühl dafür zu entwickeln, wie die stetige Schwierigkeit zu bewältigen sei, ihren Ansprüchen und Normen gerecht zu werden und gleichzeitig eine spezifisch israelische Identität und eigene Orientierungen zu entfalten. Diese Betonung tendierte zu einer Verstärkung des inneren Pluralismus der israelischen Gesellschaft gegenüber den eher monolithischen Tendenzen, die seitens der konservativen Orientierungen gepflegt wurden.

Gleichzeitig haben die Entwicklungen in dieser Zeitspanne auch gezeigt, daß die konservativen Orientierungen einen sehr starken eigenen Dynamismus aufweisen und daß sie, wenn es um die Frage des Überlebens geht, nicht unbedingt als Schwächequellen zu gelten haben, die sich nur mit den unmittelbaren Schwierigkeiten befassen und die dafür notwendigen Mittel aufbringen.

Doch ebenso wurde es offensichtlich, daß das relative Vorherrschen dieser Tendenzen – insbesondere wenn sie mit zunehmendem Nachdruck auf Sicherheit und mit einer wachsenden Bewußtwerdung des Konflikts mit den Arabern einhergehen – zu einer starken Beeinflussung der sozialen und kulturellen Umrisse der Gesellschaft in Richtung auf stärkere Selbstgenügsamkeit führen kann.

Doch darüber hinaus ist es in der Zeit vor und nach dem Krieg auch klar geworden, daß die stetige Spannung zwischen diesen konservativen und den erneuernden Tendenzen, ihre Spaltung und Wechselwirkung, die Hauptstärke der israelischen Gesellschaft, ihres kontinuierlichen Dynamismus ausmachen.

Ihre größte Stärke liegt darin, daß diese verschiedenen Tendenzen nebeneinander bestehen und stets neue Betätigungsbereiche finden konnten. Die Gewißheit derartiger Möglichkeiten stellt für die heutige israelische Gesellschaft den wichtigsten Ansporn dar.

ERSTER TEIL

DER HISTORISCHE HINTERGRUND

1. EINE ANALYSE DER ISRAELISCHEN GESELLSCHAFT – PROBLEMSTELLUNG UND RAHMEN

Einleitung

Das Ziel dieser Untersuchung ist eine systematische Analyse der Entwicklung der jüdischen Gemeinschaft in Palästina[1] von ihren Anfängen um das Ende der achtziger Jahre des vorigen Jahrhunderts bis zum heutigen Tage. Eine derartige Analyse kann natürlich von verschiedenen Gesichtspunkten aus versucht werden. Uns scheint, ihren Brennpunkt sollte die Entwicklung der Gesellschaft des Landes als moderne Gesellschaft mit ihren eigenen spezifischen Problemen und Merkmalen bilden.

Die allgemeinen soziodemographischen und strukturellen Modernisierungsergebnisse in den wichtigeren institutionellen Bereichen sind mittlerweile in der sozialwissenschaftlichen Literatur untersucht worden. Vielleicht die beste umfassende Bezeichnung für die soziodemographischen Modernisierungsanzeichen wurde mit dem Begriff »soziale Mobilisierung« von Karl Deutsch geprägt. Er definierte sie als »den Prozeß, in dem wichtige Gruppen alter sozialer, wirtschaftlicher und psychologischer Bindungen abgetragen und aufgelöst und die Menschen neuen Sozialisierungs- und Verhaltensmustern zugänglich werden«. Er wies auch darauf hin, daß einige ihrer wichtigsten Indizes in der Entwicklung von Maschinen- und Bauwesen, Konsumgütern usw., in der Reaktion auf die Massenmedien, in Wohnortsveränderungen, Verstädterung, in der Aufgabe landwirtschaftlicher Berufe, Schulbildung und Steigerung des Einkommens pro Kopf der Bevölkerung Aspekte des modernen Lebens beleuchten[2].

In ähnlicher Weise werden die hauptsächlichen strukturellen Modernisierungsmerkmale gekennzeichnet als Entwicklung einer weitgehenden Differenzierung, frei verfügbare, nicht an irgendwelche festen, vorgegebenen (verwandtschaftliche, territoriale usw). Gruppen gebundene Mittel, Entwicklung spezialisierter und mannigfaltiger Arten von sozialer Organisation und Entwicklung ausgedehnter nicht-traditionaler »nationaler« oder gar supranationaler Gruppenidentifizierungen. Die gleichzeitige Entwicklung spezialisierter Rollen und besonderer umfassender Mechanismen und Organisationen regulativen und bewilligenden Charakters sind hier ebenfalls

---

[1] Diese Gemeinschaft wird auch als »Jischuw« bezeichnet.
[2] K. W. Deutsch: Social Mobilization and Political Development. American Political Science Review LV, Sept. 1961, S. 494–495.

zu erwähnen. Hierunter fallen Marktmechanismen im Wirtschaftsleben, Wahlen und Parteiarbeit in der Politik und verschiedene bürokratische Organisationen und Mechanismen in den meisten institutionellen Bereichen.

Aber jenseits dieser verschiedenartigen soziodemographischen oder strukturellen Modernitätsmerkmale türmt sich ein größeres und schwierigeres Problem auf. Modernisierung bedeutet nicht nur Entwicklung der mannigfachen Aspekte zunehmender struktureller Differenzierung, sondern auch Entwicklung eines sozialen Systems, das fähig ist, fortlaufenden Wandel zu erzeugen und zu verarbeiten, auch wenn er über seine eigenen ursprünglichen institutionellen Prämissen hinausgeht.

Das Zentralproblem der Modernisierung ist daher die Fähigkeit eines Systems, sich wandelnden Anforderungen anzupassen, sie im Sinne der politischen Entscheidung zu absorbieren und dabei seinen eigenen Fortbestand gegenüber neuen politischen Organisationsformen und ihren Forderungen zu sichern.

Mit anderen Worten, die Modernisierung schafft Probleme eines ununterbrochenen sozialen, wirtschaftlichen und politischen Wachstums; und dieses zeigt seine Bewährung in der Fähigkeit, sich mit kontinuierlichem sozialem Wandel auseinanderzusetzen.

Die entscheidende Bedeutung dieses Problems zeigt sich auch in der Tatsache, daß die meisten modernen Gesellschaften und politischen Systeme sich aus irgendeiner Art revolutionärer Handlung oder Bewegung entwickelten.

Stets bildete eine solche revolutionäre Handlung oder Bewegung den entscheidenden Wendepunkt in dem Durchbruch vom mehr Traditionalen zum Modernen oder im Übergang zwischen den verschiedenen Stadien der Modernisierung. Derart revolutionäre Ereignisse wurden für gewöhnlich als Beginn einer neuen Ära verkündet – einer Ära größerer Freiheit und schöpferischer Kraft und der Errichtung einer sozialen, kulturellen und politischen Ordnung mit der Fähigkeit, beständig weiter zu wachsen und sich zu entwickeln.

In jedem derartigen Fall übten die spezifischen Merkmale und Richtungen des revolutionären Durchbruchs einen starken Einfluß auf die spezifischen Merkmale und den Verlauf der Modernisierung einer gegebenen Gesellschaft aus.

Wie in anderen ähnlichen Fällen weist die israelische Gesellschaft einige Merkmale auf, die nur ihr eigen sind und aus ihrer spezifischen Vorgeschichte, ihren sozialen Zügen und kulturellen Richtungen entstanden. Viele Aspekte ihrer historischen und sozialen Entwicklung sind jedoch mit denen anderer Gesellschaften vergleichbar. Solche Vergleiche können viel zu besserem Verständnis sowohl der einzigartigen Merkmale der israelischen Gesellschaft als auch ihrer Stellung in dem allgemeinen Rahmen der Modernisierung beitragen.

Die jüdische Gemeinschaft in Palästina und der Staat Israel entwickelten sich aus der Tätigkeit der zionistischen Gruppen, die seit Ende der achtziger Jahre in Ost- und Mitteleuropa in Erscheinung traten und ihre spezifische revolutionäre Richtung ausbildeten. Ihre Auflehnung bildete einen Teil der allgemeinen zionistischen Erhebung gegen das jüdische Leben in der modernen Diaspora und in gewissem Ausmaß auch eine Auflehnung gegen die offizielle zionistische Bewegung, die, um im jüdischen Gemeindeleben Wurzeln zu schlagen, Kompromisse in bezug auf die reinen Grundsätze ihrer Ideologie schließen mußte. Die allgemeine zionistische Auflehnung richtete sich gegen die Annahme, ein volles jüdisches Leben und jüdische Tradition ließen sich innerhalb einer fremden modernen Gesellschaft aufrechterhalten. Es war eine grundlegende Doktrin der zionistischen Ideologie, daß die Juden innerhalb eines solchen Rahmens entweder infolge der Unterwanderung ihres Traditions- und Gemeindelebens seitens moderner wirtschaftlicher, politischer und sozialer Kräfte von religiöser und kultureller Vernichtung bedroht würden; oder aber daß ihnen infolge unvollständiger Assimilation und der Unfähigkeit der modernen Gesellschaft, dieses fremde Element zu verdauen, wirtschaftliche, politische und physische Vernichtung drohte.

Die zionistische Ideologie nahm an, daß die Juden nicht imstande seien, an den neuen modernen Gesellschaften vollen Anteil zu nehmen, sondern trotz ihrer Assimilation zu einem fremden Element würden – einem Element, das vielleicht am Ende ausgestoßen oder vernichtet werden könnte.

Daher dachten sie, nur in Palästina könnte eine neue, moderne, lebensfähige Gesellschaft begründet werden und gedeihen. Aber was für eine Gesellschaft stellten sie sich vor?

Auf der rein intellektuellen und ideologischen Ebene finden sich in der zionistischen Literatur zahlreiche verschiedene Antworten von traditionalen, revolutionären, religiösen, weltlichen oder sozialistischen Aspekten her – und ebenso zahlreich sind die Variationen in der Emphase. Klarer vielleicht als die positiven Inhalte dieser Ideologien sind ihre gemeinsamen negativen Elemente – i. e. welche Art von Gesellschaft sie *nicht* wollten. Sie waren gegen die an vielen Orten in Ost- und Mitteleuropa noch existierende traditionale mittelalterliche jüdische Gesellschaft und gegen die verschiedenen Arten von assimilatorischen jüdischen Gemeinschaften, wie sie sich besonders in West- und Mitteleuropa entwickelten. Sie suchten auf verschiedenen Wegen nach einer Synthese zwischen Judentum und Aufklärung oder Modernität. Aber sie lehnten weder die jüdische Tradition noch die Modernität als solche ab. Extremisten wie etwa Brenner oder Berditschewsky versuchten zwar, große Teile der jüdischen Tradition zu negieren, aber auch sie tendierten im großen ganzen dazu, in der jüdischen Geschichte nach neuen Elementen, die wiederbelebt werden könnten, Ausschau zu halten. Und nur wenige verwarfen jede Art von Modernität – allerdings wollten sie sehr oft eine »utopisch-sozialistische« Gesellschaft im Gegensatz zur »Massengesellschaft«. Oft rührten diese neuen Ideen aus der Epoche der jüdischen Aufklärung (»Haskalah«) in Deutschland und besonders in Osteuropa her, die auch eine Modernisierung des jüdischen Lebens und eine Synthese zwischen Modernem und Jüdischem anstrebte. Aber jetzt wurden diese Versuche in nationalem Sinn neuformuliert, im Gegensatz zu den eher assimilatorischen Tendenzen der Haskalah. Sie wiesen große Ähnlichkeit mit den intellektuellen Richtungen und Bewegungen auf, die sich zu jener Zeit in vielen osteuropäischen Ländern zu entwickeln begannen und später in Asien und Afrika Verbreitung finden sollten.

Es gab nur wenige, die genau wußten, welche von den vielen vorgeschlagenen Lösungen sie wählen und welche sie ablehnen oder wie sie das Alte mit dem Neuen – das »spezifisch Jüdische« mit dem »allgemein Menschlichen« – verbinden sollten.

Die relative Betonung der einzelnen Aspekte dieser Ideologie war nach Zeit und Ort verschieden, aber im ganzen stellte dies die zionistische Position dar und insbesondere die Auflehnung, die sich in den verschiedenen Einwanderungswellen nach Palästina manifestierte.

Anders als beim Durchschnitt der modernen jüdischen Einwanderer stand damals für die Einwanderer nach Palästina die Erreichung wirtschaftlicher Ziele oder persönlicher Sicherheit nicht an erster Stelle. Diese Ziele wurden den sozialen und kulturellen Bestrebungen – der Begründung eines neuen Typs einer gänzlich jüdischen, modernen, in der Hauptsache weltlichen, autonomen und wirtschaftlich unabhängigen Gesellschaft – weitgehend untergeordnet. Das Ziel der neuen Gemeinschaft war nicht wirtschaftliche Verbesserung und Hebung des Lebensstandards, sondern vielmehr eine Normalisierung der wirtschaftlichen und sozialen Struktur der Gemeinschaft und die völlige Umkehrung der üblichen jüdischen Wirtschaftsstruktur in der Diaspora. Daher der starke Nachdruck auf der »Rückkehr zum Boden« als wesentliche landwirtschaftliche Basis für die Gemeinschaft, als ihre wichtigste berufliche Fundierung. Hand in Hand mit diesen Versuchen ging eine starke Betonung der sozialen Gerechtigkeit und Sicherheit, insbesondere bei den verschiedenen sozialistischen Sektoren der Bewegung. Diese Sektoren tendierten auch dazu, wirtschaftliche Überlegungen gewissen grundlegenden Prämissen sozialer Solidarität unterzuordnen und die individualistischen und auf Konkurrenz beruhenden Aspekte moderner Wirtschaftsbetätigung zu schwächen. Obwohl also ein starker Ton auf der Begründung einer modernen, wirtschaftlich adäquaten Gemeinschaft lag, war dies nicht in rein wirtschaftlicher oder technischer Beziehung beabsichtigt, sondern eher im Rahmen eines neuen nationalen Gebildes.

Diese Richtungen formten die Bestrebungen der einwandernden Pioniergruppen und legten das Fundament für die ersten Anfänge der modernen jüdischen Ansiedlung in Palästina, aus der dann der Staat Israel erwuchs.

Es ist die Aufgabe dieser Analyse, die Fakten, die die in Israel entstehende Gesellschaft betreffen, zu erhellen: Wie sieht die im Werden begriffene jüdische Gesellschaft aus? Welches sind ihre grundlegenden kulturellen Einstellungen und Kennzeichen? In welcher Weise unterscheidet sie sich von anderen jüdischen Gesellschaften oder von anderen modernen Gesellschaften? Welche neuen Traditionen, Werte und Symbole hat sie geschaffen? Welche alten hat sie fortbestehen lassen? Und wie haben die verschiedenen Sektoren der israelischen Bevölkerung sich an der Schaffung, Erhaltung und Veränderung alter Traditionen beteiligt? Wodurch unterscheidet sich das Jüdische dieser Gesellschaft von anderen jüdischen Traditionen und Lebensweisen? In welcher Beziehung konnte sie anders sein als andere moderne Gesellschaften?

Einige vergleichende Ausgangspunkte

Das vorliegende Buch stellt einen Versuch dar, diese entscheidenden Fragen zu beantworten. Wir werden uns darin durchgehend bemühen, nicht nur eine Beschreibung und Analyse der konkreten Entwicklung der jüdischen Gemeinschaft in Palästina und der israelischen Gesellschaft zu geben, sondern auch einen weiteren Rahmen zu ziehen, der den Vergleich dieser Entwicklung mit anderen modernen Gesellschaften ermöglicht. An die erste Stelle gehört sicherlich ein Vergleich mit den neuen Kolonisationsgesellschaften.

Die Siedlung in Israel läßt sich mit anderen Versuchen der Verpflanzung abendländischer sozialer Institutionen in eine neue, nicht-abendländische Umgebung vergleichen. Im Falle Israels wurde jedoch der Versuch nicht in einem kulturellen

Vakuum unternommen, wie zum Beispiel in Australien, sondern in einem Teil der traditionsgebundenen Umgebung des Nahen Ostens, der alle wichtigeren Merkmale sogenannter unterentwickelter Länder aufwies. Die jüdischen Pioniere tendierten im allgemeinen dazu, sich von dieser Umgebung abzusondern, und sie versuchten, mannigfache europäische Institutionen in ihre eigenen Systeme zu übertragen. Außerdem war, wie bereits angedeutet, diese Siedlungsbewegung nicht in erster Linie durch wirtschaftliche Überlegungen motiviert, sondern durch den Willen, eine nationale und soziale Renaissance – eine veränderte und moderne Gesellschaft – zuwege zu bringen.

Somit läßt sich die israelische Gesellschaft mit anderen Gesellschaften, die sich aus religiösen, nationalen oder politischen Bewegungen entwickelten, vergleichen.

Im Gegensatz zu vielen rein religiösen Sektenbewegungen beabsichtigten jedoch die zionistischen Pioniergruppen nicht, Klosterorden oder Sekten am Rande einer größeren Gesellschaft zu begründen. Statt dessen strebten sie eine neue und voll entwickelte Gesellschaft an. In dieser Beziehung ähnelten sie mehr den puritanischen Kolonisten des siebzehnten und achtzehnten Jahrhunderts in Nordamerika. Anders als die meisten sozialen oder politischen Bewegungen waren Zionismus und Einwanderung nicht auf den Umsturz eines bestehenden herrschenden Systems, sondern auf die Begründung einer neuen Gesellschaft durch Ansiedlung gerichtet.

Die Entwicklung der israelischen Gesellschaft läßt sich auch vom Gesichtspunkt einer Einwanderergemeinschaft aus analysieren. Die jüdische Gemeinschaft in Palästina vor der Staatsgründung und der Staat Israel wurden von Einwandererwellen in einem kontinuierlichen Prozeß der Absorption und Expansion aufgebaut. Dieser Prozeß kann mit anderen Einwanderungsländern verglichen werden und soll später eingehender analysiert werden. Es genüge hier anzuführen, daß die Züge, die ihn von anderen modernen Wanderungsbewegungen unterscheiden, eng mit der weiter oben erwähnten starken nationalen und sozialen Emphase verbunden sind.

Ein weiteres Vergleichskriterium ist das mit »unterentwickelten« Nationen oder »Entwicklungsländern« und mit »neuen Staaten«. Dieser Vergleich ist zweifach. Erstens befaßt er sich mit wirtschaftlichen Entwicklungsproblemen, die auch für Israel von großer Bedeutung sind, insbesondere in Hinsicht auf den Zustrom von Einwanderern aus traditionsgebundenen Milieus. Zweitens ist ein Vergleich angebracht zwischen der Entwicklung der israelischen Gesellschaft und der anderer »neuer« souveräner Staaten, deren Entstehung auf die Institutionalisierung sozio-politischer Bewegungen und die Umwandlung der Führerschaft solcher Bewegungen in eine herrschende Elite zurückzuführen ist, ferner auf die Begründung eines neuen politischen Regimes, das sich aus den mannigfachen Anfängen von Kolonisation und »Sozialbewegung« ableitet.

Diese allgemeinen Tendenzen ermöglichen es uns, die Analyse der Entstehung Israels als einer unter den vielen sich kristallisierenden modernen Gesellschaften vorzunehmen.

Man kann die Entstehung der israelischen Gesellschaft aus dem Zusammentreffen dieser ursprünglichen Ausgangspunkte mit drei entscheidenden sozialen Prozessen erklären.

Der erste davon war die »natürliche« Entwicklung einer andersgearteten und komplexen sozialen Struktur, die aus den Pionieranfängen erwuchs.

An zweiter Stelle standen die Veränderungen in dieser Struktur nach der Begründung des Staates Israel und ihre Umwandlung in einen voll entwickelten Staat und eine voll entwickelte Gesellschaft.

Den dritten Prozeß bildete das Einströmen von Einwanderern mit neuen Verhaltensweisen und Motivationen und ihr Zusammentreffen mit der werdenden Gesellschaftsstruktur.

Somit ist die Begegnung zwischen Neueinwanderern und der in der Pioniersideologie verwurzelten institutionellen Struktur das zentrale Thema unserer Analyse.

Der Konflikt zwischen den sozialen und nationalen Bewegungen einerseits und den Einwandererwellen aus wirtschaftlich mehr traditionsgebundenen Herkunftsländern andererseits liefert also die wichtigsten charakteristischen Merkmale für die Kristallisation Israels zu einer modernen Gesellschaft.

Diese Erwägungen erklären auch die Anlage des Buches. Im ersten Teil, in den Kapiteln 1-4, analysieren wir die Entstehung der sozialen und institutionellen Struktur erstens der jüdischen Gemeinschaft in Palästina vor der Staatsgründung und zweitens des Staates Israel, wie sie sich in den verschiedenen Einwanderungsphasen bis zur Staatsgründung entwickelten. Im 5. Kapitel beschreiben wir kurz die hauptsächlichen Veränderungen in der grundlegenden Struktur von Institutionen und Bevölkerung, die durch die Staatsgründung erfolgten.

Der zweite Teil analysiert die wichtigeren institutionellen Bereiche der heutigen israelischen Gesellschaft – die politische und wirtschaftliche Struktur, Erziehungswesen, Jugend und Familie, soziale Organisation und Schichtung und schließlich den Bereich von »Kultur« und Wertvorstellungen. In jedem dieser Kapitel konzentriert sich die Analyse auf gewisse wiederkehrende Themen. Ein Teil jedes Kapitels dient natürlich der Darstellung der Grundtatsachen und Umrisse der gegebenen institutionellen Struktur als Ausgangspunkt für die Analyse der verschiedenen Tendenzen institutioneller Entwicklung. Zwei wichtige Überlegungen sind vorherrschend. Die eine ist der Versuch zu verstehen, wie die ursprüngliche Pioniersideologie die Entwicklung eines gegebenen institutionellen Bereichs beeinflußte, und die zweite betrifft den Wandel, der in diesen institutionellen Bereichen durch Staatsgründung und Zusammentreffen mit den Neueinwanderern erfolgte.

2. DIE HAUPTSTADIEN IN DER INSTITUTIONELLEN ENTWICKLUNG DER VORSTAATLICHEN JÜDISCHEN GEMEINSCHAFT IN PALÄSTINA – DER HINTERGRUND

In diesem und den folgenden Kapiteln wird der Versuch unternommen, die hauptsächlichen institutionellen Entwicklungen der jüdischen Gemeinschaft in Palästina und der israelischen Gesellschaft zu analysieren, ohne jedoch eine genaue historische Beschreibung dieser Entwicklungen zu geben. Der Hauptzweck ist hier, die für das Verständnis der wesentlichen Merkmale und Probleme der israelischen Gesellschaft wichtigsten Faktoren hervorzuheben.

Der Hintergrund – der »Alte Jischuw«

»Alter Jischuw« ist die Bezeichnung, die für die traditionsgebundene jüdische Gesellschaft in Palästina verwandt wird; der Begriff »Neuer Jischuw« bezeichnet die nationalbewußte moderne Gesellschaft, die sich seit der Ersten Alijah (Einwanderungswelle) der 1880er Jahre entwickelte.

Historisch gesehen geht der Alte Jischuw auf das frühe Altertum zurück, denn mit Ausnahme der beiden Jahrhunderte der Kreuzfahrerherrschaft hatte Palästina immer eine jüdische Bevölkerung. Die im dreizehnten Jahrhundert mit dem Niedergang der Frankenherrschaft beginnenden Einwanderungen gaben dem Alten Jischuw sein Gepräge, wie es in den folgenden Jahrhunderten zutage trat; sie kennzeichneten den Anfang des jüdischen Mystizismus, der mit der in Spanien entstandenen Lehre von der Kabbalah in Verbindung stand. Hierdurch wurde die Sehnsucht nach Palästina als dem Heiligen Land intensiviert, und sie wurde weiterhin verstärkt durch das zentrale Ereignis in der jüdischen Geschichte des Mittelalters, die Vertreibung der Juden aus Spanien im Jahre 1492. Um die Mitte des sechzehnten Jahrhunderts gab es, hauptsächlich in Jerusalem und Safed, Gemeinden spanischer Einwanderer; in ihrem Mittelpunkt standen weise Männer, die einige der klassischen Schriften der jüdischen Lehre verfaßten und durch ihr Leben in Heiligkeit im Heiligen Land für das baldige Kommen des Messias »wirkten«.

Es war ein weitverbreiteter Glaube, daß die jüdische Gemeinschaft in Palästina eine aus dem jüdischen Volk im Exil hervorgegangene Elite darstelle. Man glaubte, die Juden des Heiligen Landes seien durch Gebet und religiöse Taten Gott näher. Im sechzehnten Jahrhundert wurden diese Vorstellungen besonders eindringlich. Sie standen in Verbindung mit dem alten jüdischen Gedanken, daß wenige ausgewählte Männer in jeder Gemeinde ihre Zeit mit Lernen und Gebet zubringen und ganz oder teilweise von der Gemeinschaft erhalten werden sollten. Auf diese Weise wurde die gesamte palästinensische Gemeinschaft zum Status einer religiösen Elite der Weltjudenheit erhoben.

Wirtschaftlich gesehen bedeutete dieses religiöse Ideal, daß die Juden in Palästina vollkommen abhängig waren von der Judenheit in der Diaspora. Diese Unterstützung wies große Ähnlichkeit auf mit den Almosen in anderen religiösen Gesellschaften, bei denen der Geber sich nicht als überlegen oder selbstgefällig empfand und der Empfänger sich nicht dankbar oder untergeben fühlte, weil er Unterstützung annahm. Beide Seiten glaubten, eine religiöse Pflicht zu erfüllen. Diese Unterstützung war gleichermaßen institutionalisiert und ideologisch fundiert. Die Gelder wurden für gewöhnlich von bedeutenden Männern mit religiösem Ansehen, oft berühmten Rabbis, die aus Palästina gesandt wurden, gesammelt. Häufig führten die Gemeinden draußen von sich aus, auch ohne Zutun der Empfänger, systematische Sammlungen durch. In Palästina wurde das Geld nicht so sehr nach den Bedürfnissen der Familien, vielmehr entsprechend dem religiösen Status des Familienoberhaupts verteilt.

Dieses System bestand im wesentlichen unverändert bis tief in das zwanzigste Jahrhundert hinein fort. Allerdings wurden vom Ende des achtzehnten Jahrhunderts an laufend wichtige innere Modifikationen vorgenommen. Religiöse Entwicklungen in den jüdischen Zentren Rußlands und Polens hatten einen Strom jüdischer Einwanderer aus Osteuropa zur Folge. Obwohl sie im Grunde durch dieselben religiösen Beweggründe angetrieben waren wie die orientalischen Einwanderer, löste ihr Erscheinen in Jerusalem und Safed eine Veränderung aus. Die Gemeinden wurden heterogener und teilten sich in europäische (oder aschkenasische) und orientalische (oder sephardische) Gemeinden, wobei letztere homogener waren als die ersteren. Jede aschkenasische Einwanderergruppe organisierte sich nach ihrem europäischen Herkunftsort und richtete ihre Aufrufe um wirtschaftliche Unterstützung hauptsächlich an ihren Heimatort.

Tiefergehende Veränderungen wurden um 1830 eingeführt, als einige westeuropäische Juden der oberen Klassen (wie etwa Sir Moses Montefiore und Adolphe Crémieux) sich für eine produktivere jüdische Wirtschaft einzusetzen begannen. Im Anfang richteten sich diese Bemühungen vornehmlich auf religiöse Betätigungen, wie etwa die Errichtung von Druckereien (für religiöse Bücher), aber später umfaßten sie auch Versuche, lebenswichtige Betriebe wie Mühlen und sogar die Anfänge landwirtschaftlicher Erzeugung einzuführen. Alle diese Arbeiten waren dem religiösen Brauch verbunden und konnten daher aus religiösen Gründen gerechtfertigt werden.

1870 existierten in Jerusalem zwei Zeitschriften, von denen die eine sich offen für Produktivierung einsetzte. Im gleichen Jahr gründete die »Alliance Israélite Universelle« eine landwirtschaftliche Schule in der Nähe von Jaffa. Eine moderne weltliche Schule wurde von deutschen Juden in Jerusalem begründet, und obwohl sie sofort von den Rabbinern in Acht und Bann erklärt wurde, fand sie dennoch Schüler. Im Jahre 1878 wurde die erste landwirtschaftliche Siedlung in Petach-Tikwah errichtet.

Im Laufe des neunzehnten und zu Beginn des zwanzigsten Jahrhunderts wurde die Einwanderung des traditionstreuen Typs fortgesetzt und bestand insbesondere aus Menschen, die buchstäblich aus alten jüdischen Gemeinden in Europa, deren Verfall sie kommen sahen, geflohen waren. Sie hofften, in Jerusalem ein letztes Bollwerk des Traditionalismus zu finden, waren aber paradoxerweise bereits vom Wirtschaftsleben und den Ideen der modernen Welt beeinflußt. So verstärkten sie letztlich die Tendenzen zu wirtschaftlicher Modernisierung und wurden führend in den Siedlungsbestrebungen des Alten Jischuws.

Allerdings blieb der Alte Jischuw noch weit hinter den Entwicklungen des neunzehnten Jahrhunderts in Europa zurück; und als die nationalbewußten Einwanderungswellen einsetzten, wurde die Kluft zwischen dem Alten Jischuw und den neuen Einwanderern offensichtlich.

Die wesentlichen Kennzeichen der modernen Einwanderungswellen

Die Einwanderungswellen nach Palästina erfolgten gleichzeitig mit den großen jüdischen Wanderungen des ausgehenden neunzehnten Jahrhunderts, die zu der Begründung der jüdischen Gemeinden in den Vereinigten Staaten von Amerika, in den britischen Dominions und in Lateinamerika führten. Ein kurzer Vergleich der Einwanderungswellen nach Palästina mit den umfassenderen jüdischen Wanderungsbewegungen dürfte einen nützlichen Ausgangspunkt für eine Analyse bieten.

Bis zu den 1920er Jahren waren die verschiedenen Einwanderungswellen nach Palästina zahlenmäßig von geringer Bedeutung. Zwischen 1880 und 1930 umfaßten sie nicht mehr als 4 Prozent der gesamten jüdischen Wanderung. Erst nach 1930 und nachdem in den meisten westlichen Ländern die Einwanderung starken Beschränkungen unterworfen worden war, stieg der Anteil der Einwanderung nach Palästina auf mehr als 50 Prozent. Von Anbeginn an jedoch wies sie besondere und manchmal einzigartige Merkmale auf.

Vor 1930 waren die Einwanderer meist junge, unverheiratete Menschen oder junge Paare ohne Kinder oder Eltern. Im Gegensatz zu der allgemeinen Tendenz der jüdischen Wanderung setzten sie sich nicht aus ganzen Gemeinden oder Familiengruppen zusammen. Das war am stärksten ausgeprägt vor dem Ersten Weltkrieg und zu Beginn der zwanziger Jahre, doch eine Tendenz dazu dauerte auch in den dreißiger Jahren an.

Erst gegen Ende der dreißiger Jahre und im Verlauf der vierziger Jahre änderte sich durch den Strom von Flüchtlingen vor der Naziverfolgung der Charakter der Einwanderung.

Wie bereits erwähnt, bestanden die Einwanderergruppen hauptsächlich aus jüngeren Menschen, oft Schülern höherer Gymnasialklassen, Universitätsstudenten oder »Externen«, die sich entschieden hatten, ihre gewählte Laufbahn nicht zu verfolgen. Sie erwiesen sich auf manche Weise als junge Intellektuelle. Die meisten von ihnen kamen aus wirtschaftlich gesicherten Verhältnissen und aus Familien, die sich zwar noch an die jüdische Tradition gebunden fühlten, sich aber modernen Tendenzen nicht widersetzten. Sie neigten im Gegenteil dazu, ihre Kinder zum Studium an weltlichen Schulen und Universitäten anzuhalten. Es gab in diesen Familien in der Frage Religion gegen Säkularismus verhältnismäßig wenig Reibungen zwischen der älteren und der jüngeren Generation.

Die ideologischen Formulierungen in den allgemeinen jüdischen Migrationsgruppen konzentrierten sich in der Regel auf Fragen der Absorption in die neue Gesellschaft und versuchten, den Anpassungsprozeß zu rechtfertigen, zu erklären und in gewissem Umfang zu erleichtern[3].

Nur in der zionistischen Bewegung gingen Ideologien der tatsächlichen Wanderung oder »Verpflanzung« voraus und dienten in den Anfangsstadien der Siedlung im neuen Land als Leitfaden. Zwar kristallisierte sich ein großer Teil der Pionierideologie erst als Ergebnis des Zusammentreffens der Einwanderer mit der palästinensischen Wirklichkeit heraus, doch ihre Verwurzelung in den ideologischen Richtungen, die die zionistische Bewegung in der Diaspora entwickelt hatte, war von Bestand.

Die Ideologie der Auflehnung spielte in den Einwanderungswellen nach Palästina und in der Struktur der Einwanderergruppen eine wichtige Rolle. Die »Rebellen« schlossen sich für gewöhnlich zu kleinen, eng verbundenen Gruppen zusammen, die durch verschiedene informelle und halbformale Bindungen zu Vereinen, sozialen Bewegungen und politischen Parteien verbunden waren; in ihnen wurden sie sowohl ideologisch als auch gesellschaftlich auf ihre Einwanderung vorbereitet und in

---

[3] Nur die »Bundisten« und einige von den »Territorialisten« versuchten, eine gründlichere ideologische Belehrung zu geben, doch ihr Einfluß auf die Formung der Einwanderungswellen war sehr gering.

den verschiedenen Berufen, die sie in Palästina ausüben wollten, ausgebildet, wobei das Hauptgewicht auf landwirtschaftlicher Ausbildung lag. Das hervorragendste Beispiel hierfür waren die verschiedenen »Hachscharah«-(Ausbildungs-)Gruppen, die Erfahrung im Gemeinschaftsleben durch die Praxis vermittelten. Aber es gab auch Vorbereitung für die Arbeit in der Industrie, im Bauwesen oder in den freien Berufen. Die Gruppen sonderten sich scharf von ihrer Umgebung ab und nahmen eine neue und intensive, auf Gegenseitigkeit beruhende soziale Identifikation an. Das zeigte sich in den primären Gruppenbeziehungen der Einwanderer, die eine neue soziale Realität anstrebten. Obwohl sie de facto nur kleine, engstens untereinander verbundene Gruppen von jungen Menschen waren, denen es an bestimmten sozialen Rollen oder institutionellen Bindungen fehlte, hatten sie alles, was nötig ist, um sie zu Kernen neubegründeter institutioneller Systeme zu machen. Sie ähnelten verschiedenen mitteleuropäischen aufrührerischen Jugendbewegungen darin, daß sie sich von der Gesellschaft der Erwachsenen abzusondern suchten. Im Gegensatz zu diesen Bewegungen wurde jedoch ihre Auflehnung nicht aufgehoben durch die Notwendigkeit, sich, wenn sie älter wurden, mit dieser Gesellschaft abzufinden. Infolge des Auswanderungsmoments und der Richtung ihrer Auflehnung konnten sie sich von der bestehenden territorialen und institutionellen Struktur ablösen und ihre Auflehnung voll verwirklichen, indem sie eine völlig neue Struktur schufen. Wir finden in ihnen die eigenartige Kombination einer Auflehnungsbewegung mit einer Wanderungs- und Siedlungstendenz, eine Kombination, die eine Neigung zur Veränderung in allen wichtigen Zweigen der gesellschaftlichen Betätigung – in wirtschaftlicher, kultureller und politischer Beziehung – hervorrief.

Diese Merkmale unterscheiden die hauptsächlichen Einwanderungswellen nach Palästina von den üblichen Tendenzen jüdischer und moderner europäischer Wanderungen generell. Sie zeigten sich in größter Deutlichkeit seit den 1920er Jahren und bis in die erste Hälfte der vierziger Jahre, insbesondere in den verschiedenen Pioniergruppen, die sich der landwirtschaftlichen Siedlung zuwandten und sich für »Eroberung der Arbeit« und Erneuerung der hebräischen Kultur und Bildung einsetzten. Zwar wäre es eine grobe Übertreibung zu sagen, daß alle Einwanderer, die in dieser Zeitspanne nach Palästina kamen, diese besonderen Merkmale aufwiesen, aber es besteht kein Zweifel daran, daß sie bei den aktivsten, bei denen, die dem ganzen Land sein Gepräge verliehen, vorhanden waren. Es sei auch daran erinnert, daß während dieser ganzen Zeit in Palästina ein selektiver Prozeß wirksam war, der dazu führte, daß diejenigen, die am stärksten von dem allgemeinen Schema abwichen, dazu neigten, das Land wieder zu verlassen. Erst gegen Ende der dreißiger Jahre zeigten demographische Zusammensetzung und soziale Orientierung der Einwanderer die Tendenz, sich dem allgemeinen Schema der jüdischen Wanderung anzugleichen. Es kamen immer mehr ältere verheiratete Paare mit Kindern, oft ganze Familiengruppen oder Teile von Gemeinden, und ihre Hauptmotive waren die Erreichung wirtschaftlicher Einordnung oder Freiheit von Verfolgung. Trotzdem wurden sie von dem von den Pioniergruppen geschaffenen sozialen Gefüge absorbiert.

Kurze Beschreibung der hauptsächlichen Einwanderungswellen

Die folgende Tabelle gibt eine zahlenmäßige Analyse der verschiedenen Einwanderungswellen seit 1882:

	Jahre	Einwanderer
Erste Alijah [4]	1882–1903	20 000–30 000
Zweite Alijah	1904–1914	35 000–40 000
Dritte Alijah	1919–1923	35 000
Vierte Alijah	1924–1931	82 000
Fünfte Alijah	1932 und weiter bis 1948	265 000 (bis Ende 1944)

Die Erste Alijah wurde durch die erste zionistische Bewegung, die Chowewej Zion, in Rußland und Rumänien eingeleitet; ihre Hauptantriebskraft bildete die Welle von Pogromen, die 1881 Südrußland überflutete. Diese Einwanderer betrachteten die Ansiedlung auf dem Land als eine Grundbedingung für die Erneuerung des jüdischen Volkes. Damals wurden die ersten jüdischen landwirtschaftlichen Siedlungen wie Petach-Tikwah, Rischon-le-Zion, Rosch-Pinnah, Sichron-Ja'akow und Chedera ins Leben gerufen und die Grundlagen der jüdischen Gemeinschaft gelegt.

Die Zweite Alijah bestand hauptsächlich aus Mitgliedern der verschiedenen zionistischen Arbeitergruppen in Rußland und war ein Ausdruck ihrer Enttäuschung durch die Sozialreformbewegung (an der sie aktiv teilgenommen hatten) und die Oktoberrevolution von 1905, die mit Pogromen endete. Als sie nach Palästina kamen, herrschte eine Krise sowohl im Land als auch in der zionistischen Bewegung. Obwohl »Arbeiter« in der Zweiten Alijah in der Minderheit waren, wird sie dennoch als Arbeitereinwanderung betrachtet, da die Initiative und Energie der Arbeiter die ganze Struktur der jüdischen Gemeinschaft veränderte. Es kamen neue Ansiedlungsmethoden auf dem Land zur Anwendung, und es wurde der Grund gelegt für die ganze Struktur der Arbeiterbewegung in Palästina. Zu dieser Zeit begann die Zionistische Weltorganisation ihre Arbeit in Palästina (1908) und die ersten gemischtwirtschaftlichen Dörfer wurden ins Leben gerufen. Auch der Beginn der städtischen Entwicklung fiel in diese Zeit. Die rein jüdische Stadt Tel-Aviv wurde gegründet (1909) und hier und da fanden sich sogar erste Ansätze von Industrie.

Die Dritte Alijah begann, während der Erste Weltkrieg noch tobte, nach der Balfour-Deklaration vom Jahre 1917, die von der jüdischen Welt als die Schaffung eines neuen Ausgangspunktes für die Verwirklichung des zionistischen Ideals aufgefaßt wurde. In dieser Einwanderungswelle überwog das Pionierelement. Sie bebestand aus jungen Menschen, die vor ihrer Abreise nach Palästina durch die Organisation des »Hechaluz« (Der Pionier) ausgebildet worden und bereit waren, jede Arbeit zu tun, die das Land von ihnen verlangen würde, mochte sie auch noch so schwer sein.

Die Vierte Alijah, die 1924 begann, wurde zum Teil durch verbesserte wirtschaftliche Bedingungen in Palästina, die die Aufnahme weiterer Einwanderer ermöglichte, angeregt, und zum andern Teil durch die verschlechterte Wirtschaftslage der jüdischen Gemeinschaft in Polen, die hervorgerufen war durch die Wirtschafts-

---

[4] Das hebräische Wort »Alijah«, das im wörtlichen Sinne Aufstieg bedeutet, hat sich im Sprachgebrauch für Einwanderung und Einwanderungswelle eingebürgert und wird im folgenden als gleichbedeutend mit Einwanderungswelle benutzt. (D. Ü.)

politik der polnischen Regierung mit ihrer Ausschaltung von Juden aus vielen Berufen. Der Hauptfaktor in dieser Einwanderung stammte aus dem Mittelstand, verfügte über geringe eigene Mittel, und der Großteil unter ihnen ließ sich in den Städten nieder und betätigte sich in Handel, Industrie oder Handwerk. Ziehen wir jedoch die absolute Zahl der Einwanderer in Betracht, so überwog auch in diesem Zeitabschnitt das Pionierselement. Dieser Einwanderung folgte eine beträchtliche Auswanderung aus Palästina als Folge einer akuten Wirtschaftskrise, die während dieser Einwanderungsperiode ausbrach.

Die Fünfte Alijah begann zwar 1929, erreichte ihren Höhepunkt jedoch erst 1932, als wieder eine große Einwanderung einsetzte, die zu einem starken wirtschaftlichen Aufschwung führte. Bis 1935 kamen etwa 150 000 Juden – viele von ihnen aus Deutschland –, die erhebliches Kapital mitbrachten und in großem Maßstab zur Entwicklung von Industrie, Handel und Landwirtschaft beitrugen. Von 1936 bis 1940, einer Zeit schwerer Unruhen im Land, wurde die Einwanderung durch die Regierung eingeschränkt, und es kamen nur ungefähr 100 000 Juden, einschließlich etwa 15 000 »illegaler« Einwanderer, ins Land.

3. DIE HAUPTSTADIEN IN DER INSTITUTIONELLEN ENTWICKLUNG DER VORSTAATLICHEN JÜDISCHEN GEMEINSCHAFT IN PALÄSTINA – SPEZIFISCHE MERKMALE DER HAUPTEINWANDERUNGSWELLEN

Dieses Kapitel bringt eine ausführliche Analyse des Einflusses der hauptsächlichen modernen Einwanderungswellen auf die institutionelle Struktur der jüdischen Gemeinschaft.

Die Erste Alijah

Das Jahr 1882 gilt für gewöhnlich als Beginn der modernen jüdischen Wanderungsbewegung, die Millionen Juden aus Rußland nach dem Westen brachte. Den unmittelbaren Anlaß für diese Bewegung bildete der Antisemitismus des zaristischen Rußland, der in den Maigesetzen des Jahres 1881 gipfelte. Die meisten Emigranten wandten sich nach Amerika und Westeuropa, doch eine kleine Minorität (25 000–30 000 im Laufe von zwanzig Jahren) kam nach Palästina. Am bekanntesten unter ihnen waren die Anhänger der »Bilu«-Gruppen, deren Mitglieder die Siedlung Gedera gründeten. Zu Beginn der 1880er Jahre erfolgte eine beträchtliche Siedlungstätigkeit; Rischon-le-Zion, Sichron-Ja'akow, Ekron und Jessod-Hama'alah wurden gegründet.

Die neuen Siedler sahen sich großen wirtschaftlichen Schwierigkeiten gegenüber und konnten damals keinerlei wirkliche und laufende Hilfe von den verschiedenen zionistischen Verbänden in Europa erwarten. Erst in einem späteren Stadium kam ihnen Baron Rothschild mit einem umfassenden Programm, das von speziell zu diesem Zweck ins Land gebrachten jüdisch-französischen Beamten durchgeführt wurde, zu Hilfe. Es befaßte sich mit allen administrativen Einzelheiten auf dem

Gebiete des Finanzwesens, der landwirtschaftlichen Planung und sogar der kulturellen Betätigung. Es basierte die Wirtschaft der neuen Siedlungen fast ausschließlich auf den Anbau von Weintrauben, nachdem Versuche mit Anbau und Verarbeitung verschiedener anderer Obstsorten mißglückt waren.

Diesen Beamten, zumeist assimilierte französische Juden aus dem unteren Mittelstand, waren die nationalbewußten Ideale der osteuropäischen Juden, die sie im allgemeinen als grob und ungebildet betrachteten, nicht vertraut. Dabei waren die Siedler diesen Beamten mehr oder weniger ausgeliefert, ohne Möglichkeit einer öffentlichen Aufsicht über sie. Die Verwaltung durch die Beamten des Barons und Ausführung der landwirtschaftlichen Arbeit durch gedungene arabische Arbeiter erstickten praktisch die nationalbewußten Ideale der Bilu-Anhänger; nur in Siedlungen wie Gedera, die nicht durch den Baron verwaltet wurden, bestanden sie fort. Sogar das Religions- und Erziehungswesen wurde durch die Entwicklung eines weitgehend französisch-levantinischen Schulsystems, das nur wenig Wert auf hebräische Bildung legte, seiner ideologischen Triebkraft beraubt. Versuche zur Erlangung einer gewissen Unabhängigkeit scheiterten, und die unabhängigeren Elemente und viele von den Jüngeren gingen aus den Siedlungen des Barons weg.

Eine zweite Welle von Einwanderern kam 1891, und damals wurden die Siedlungen Rechowot und Chedera mit starker finanzieller Unterstützung seitens der russischen Judenheit gegründet. Auf diese Weise wurde die Bürokratie des Barons weniger fühlbar und die Entwicklung etwas autochthoner. Im Jahre 1900 übertrug Rothschild seine Interessen an eine Siedlungsgesellschaft, die Jewish Colonization Association (JCA). Obwohl auch dies eine philanthropische Organisation ohne besondere nationalen Interessen war, erleichterten ihr öffentlicher Charakter und ihre beschränkteren Mittel eine Überwachung ihrer Beamtenschaft. In ihren zahlreichen Unternehmungen versuchte die JCA auch, Neuerungen auf dem Gebiet der landwirtschaftlichen und sozialen Planung einzuführen. Besonders bemerkenswert waren hier die Farmen zur landwirtschaftlichen Ausbildung. Gegen Ende der Ersten Alijah war die aus der Politik des Barons resultierende Stagnation einem begrenzten Wandel gewichen. Doch die landwirtschaftliche Bevölkerung war demoralisiert, der Umfang der Auswanderung sehr groß und das Gesamtbild traurig.

Zur gleichen Zeit gingen jedoch im städtischen Sektor beachtliche Entwicklungen vor sich. Die jüdische Bevölkerung in Jaffa, die vorher recht unbedeutend gewesen war, hatte beträchtlich zugenommen und bestand fast ausschließlich aus neuen Einwanderern, im Gegensatz zu den traditionalen Elementen, die die Bevölkerung der alten heiligen Städte bildeten. Das Fehlen eines alteingesessenen jüdischen Elements in Jaffa verlieh seiner neuen Bevölkerung einen gänzlich neuartigen Charakter, und das jüdische Jaffa wurde in gewissem Sinne zum gesellschaftlichen und kulturellen Zentrum für die neuen Siedlungen. Die Stadt absorbierte viele, deren ursprüngliche Versuche, auf dem Land zu siedeln, gescheitert waren. Palästinensische Zweigstellen verschiedener prä-zionistischer und zionistischer nationaler Organisationen wurden in Jaffa errichtet; am wichtigsten unter ihnen war die Begründung des ersten Büros der Anglo-Palestine Company (später Bank) im Jahre 1903. In der Zwischenzeit waren auch viele lokale Institutionen, wie etwa eine Bibliothek (1885) und ein Krankenhaus (1891), gegründet worden. In den achtziger Jahren begann die Entwicklung einer Anzahl jüdischer Viertel mit einer blühenden hebräischen Kultur. Sie wurden von früher über die alte arabische Stadt verstreut lebenden Juden bewohnt. Die Einwanderung von 1891 brachte auch Elemente aus den freien Berufen und dem Handel, die im Wirtschaftsleben Jaffas eine wichtige Stellung erlangten. Die Anfänge der Zitrusexporte am Ende der neunziger Jahre trugen zum Aufstieg dieser Gruppe bei. Das jüdische Jaffa wurde auch zu einem wichtigen Entwicklungszentrum für ein weltlich-hebräisches Schulsystem, das sich sehr stark von dem »französischen« Charakter der Schulen in den Kolonien des Barons unterschied.

Auch in Jerusalem erfolgte während dieser Jahre eine beträchtliche Expansion; dennoch wahrte die Stadt ihren traditionalen Charakter.

Die Zweite Alijah – Einleitung

Obwohl die Erste Alijah zumindest einige Merkmale einer embryonalen sozialen, nach kontinuierlicher Erweiterung strebenden Bewegung aufwies, geriet sie zum größten Teil im Laufe von zwanzig Jahren in ein Stadium einer potentiellen – und sogar tatsächlichen – Stagnation.

Das äußerte sich in einer sehr rapiden Normalisierung und Stabilisierung der wirtschaftlichen und sozialen Struktur der Einwanderer. Eine Fortführung dieser Tendenzen der Ersten Alijah hätte zu einer gänzlichen Absorption der Siedler als lediglich eine weitere stagnierende, privilegierte Gruppe in dem pluralistischen Gefüge der ottomanisch-arabischen Gesellschaft geführt.

Ein Vergleich mit der Entwicklung der Zweiten Alijah, die eines der entscheidensten und formativsten Stadien in der Geschichte der jüdischen Gemeinschaft in Palästina bildet, unterstreicht die Bedeutung dieser Vorgänge.

Kennzeichnenderweise betätigten sich die Mitglieder der Zweiten Alijah von ihrer Ankunft an stets an hervorragender Stelle in öffentlichen Angelegenheiten, und das blieb so bis in die ersten Stadien des Staates. Die Zweite Alijah war in den verschiedenen Eliten, ganz besonders aber in der politischen Elite des Landes, in einem Ausmaß vertreten, das in keiner Proportion zu ihrer tatsächlichen Zahl stand. Darüber hinaus wurde die von ihnen geprägte Ideologie zum Ausgangspunkt für den sozialen und institutionellen Wandel in der jüdischen Gemeinschaft des Landes vor der Staatsgründung und ist in der sozialen und politischen Atmosphäre Israels noch immer fühlbar.

Der Einfluß der Zweiten Alijah war natürlich nicht ihrer zahlenmäßigen Stärke zuzuschreiben – sie bestand ursprünglich aus einer kleinen Gruppe (oder kleinen Gruppen) von nicht mehr als zehntausend Personen, von denen viele das Land nach kurzer Zeit wieder verließen.

Es wäre irrig anzunehmen, die Mitglieder der Zweiten Alijah an sich hätten irgend etwas wesentlich Verschiedenes von dem vermocht, was der Ersten Alijah unter den im ottomanischen Palästina herrschenden Bedingungen gelang. Erst die Ereignisse während des Ersten Weltkriegs und danach – der Zusammenbruch des Ottomanischen Reiches, die Balfour-Deklaration, die Erteilung des Mandats und die Veränderungen in der Struktur der Zionistischen Organisation in Europa und den Vereinigten Staaten – bildeten die entscheidenden Faktoren für eine dynamischere Entwicklung der institutionellen, politischen und wirtschaftlichen Möglichkeiten.

Doch die Bedeutung der Zweiten Alijah liegt darin, daß ihre Mitglieder bereit und fähig waren, zusammen mit der allgemeinen zionistischen Weltführerschaft die entstandenen Gelegenheiten zu ergreifen, um eine neue soziale und politische Wirklichkeit zu entwickeln.

Die Ideale und Organisationsmuster, die sie schufen, wurden in der sozialen Struktur der jüdischen Gemeinschaft beibehalten und fortgeführt und sollten auch ihre weitere Entwicklung leiten und formen. Zwar wird der Zweiten Alijah vielfach eine übertriebene Bedeutung zugeschrieben, doch stellt allein das Vorhandensein dieses Mythos einen wichtigen Aspekt der israelischen Gesellschaft dar.

Im Gegensatz zur Ersten Alijah strebten die Mitglieder der Zweiten niemals nach Normalisierung als Bauern oder Arbeiter. Statt dessen betrachteten sie sich als Vortrupp, der nicht an seiner eigenen unmittelbaren Ansiedlung interessiert war, sondern nur an der Zukunft der gesamten nationalen Gemeinschaft.

Um diesen wesentlichen Aspekt der Zweiten Alijah zu verstehen, ist es notwendig, sich in ihre Herkunft zu vertiefen.

Soziale Herkunft und ideologische Richtungen der Gruppen der Zweiten Alijah

Die Zweite Alijah wurde durch verschiedene Faktoren beeinflußt: die Revolution von 1905, die judenfeindlichen Ausschreitungen, die zu jener Zeit einen Teil der revolutionären und der gegenrevolutionären Leidenschaften in Rußland ausmachten, und die Enttäuschung eines Teils der jüdischen Jugend bezüglich der Möglichkeit, das Judenproblem in der Diaspora zu lösen. Diese Enttäuschung ging auf die Erkenntnis zurück, daß nicht einmal die revolutionären Bewegungen dem Antisemitismus oder antisemitischen Ausbrüchen ein Ende setzten, und daß die revolutionären Gruppen tatsächlich oft derartige Ausbrüche anstifteten – wenn nicht gar ausdrücklich unterstützten. Viele von ihnen gelangten daher zu dem Schluß, daß von einer sozialistischen Revolution oder Reform keine Lösung ihrer spezifischen jüdischen Probleme zu erwarten sei. Diese Schlußfolgerung zog eindeutig nur eine kleine Zahl von Studenten und Intellektuellen, die sich in den Schlingen der revolutionären Betätigung, der fortgesetzten wirtschaftlichen Expansion und des daraus resultierenden Anwachsens assimilatorischer Tendenzen innerhalb der jüdischen Gemeinschaft verstrickt hatten. Sie stand im Gegensatz zu vielen der offiziellen Tendenzen innerhalb der jüdischen Gemeinden und der zionistischen Bewegung, insbesondere dort, wo diese Tendenzen darauf gerichtet waren, an der allgemeinen demokratischen Bewegung in Rußland und Österreich-Ungarn teilzunehmen in der Hoffnung, daß dies die jüdische Gemeinschaft in die Lage versetzen würde, ihren Platz unter den autonomen Gemeinschaften zu finden.

Diese Einstellung erfuhr eine erhebliche Verstärkung infolge der inneren Krise in der Zionistischen Organisation nach Herzls Tod, als der Traum von einer leichten und schnellen diplomatischen Lösung des Palästinaproblems durch Erlangung eines Charters vom Ottomanischen Reich zerschellte. Die Bewegung war außerdem anläßlich des Ugandaprojekts, das die Mehrheit der russischen und osteuropäischen Zionisten und ganz besonders der jüngeren Intellektuellen unter ihnen in scharfen Widerspruch zu Herzl versetzte, durch eine akute Krise hindurchgegangen.

Unter der Führung von Wolfsohn, dem Nachfolger Herzls als Präsident der

Zionistischen Organisation, sah diese sich vor der Notwendigkeit, ihrer Arbeit einen neuen Sinn zu geben. Es wurden daher große Anstrengungen unternommen, neue Mitglieder anzuziehen und der Siedlungsarbeit in Palästina, die während der ersten Zeit der diplomatischen Unterhandlungen etwas vernachlässigt worden war, neue Bedeutung einzuflößen.

Diese neuen Bemühungen milderten in gewissem Ausmaß die Verstimmung der jungen Intellektuellen in Rußland und Österreich über die offizielle apathische Haltung der Bewegung.

Im Jahre 1905 begannen Gruppen dieser jungen Siedler, auf der Suche nach einer neuen Lösung des Judenproblems in Palästina einzutreffen. Ihre Auflehnung erfuhr eine Stärkung durch die Realität des jüdischen Palästina zu jener Zeit – insbesondere die Siedlungen des Barons und die beginnenden städtischen Zentren in Jerusalem und Petach-Tikwah. Die jungen Rebellen sahen in ihnen stagnierende und negative Symbole schneller und leichter Siedlung und selbstgefälliger Zufriedenheit mit der bestehenden sozialen Struktur in Palästina. In ihren Augen konnte das sehr wohl das Ende jeden weiteren Fortschritts bedeuten. Die Auflehnung wurde außerdem geschürt durch tägliche Zusammenstöße mit den alten Siedlern, an die sich die Neueinwanderer um Arbeit wandten. Die Alteingesessenen sahen in den Neuankömmlingen ein fremdes und gefährliches Element.

Natürlich konnten sich diese Pioniere der Zweiten Alijah in bezug auf wirtschaftliche und organisatorische Macht, Erfahrung oder Mittel nicht mit den älteren Siedlern messen – lediglich in der Prägung und Verfolgung von Ideen konnten sie sich Geltung verschaffen.

Sie legten ihren Versuchen, organisatorische Lösungen für praktische Probleme zu finden, ihre ideologische Einstellung zugrunde, und nicht die tagtäglichen konkreten Probleme der Anpassung an die bestehende Umgebung. Diese Einstellung gründete sich auf die allgemeineren Probleme der Gesamtheit des Volkes, als deren Vortrupp sich diese Gruppen fühlten.

Sogar die realistischen Aufgaben, die diese Gruppen auf sich nahmen – Schaffung geeigneter Arbeitsbedingungen für landwirtschaftliche Arbeiter, Errichtung der Verteidigungsorganisation »Haschomer« oder Einführung verschiedener Einrichtungen zur gegenseitigen Hilfeleistung –, hatten vom praktischen Gesichtspunkt aus gesehen nicht viel Wert. Unter den gegebenen Umständen hätten diese konkreten Probleme besser gelöst werden können, wenn sie einen Modus vivendi mit den älteren Siedlern oder mit den verschiedenen Gremien der Zionistischen Organisation gefunden hätten. Ihre ideologische Haltung, die sich sogar auf die geringsten ihrer sachlichen Aufgaben erstreckte, wird erst dann sinnvoll, wenn man sie im Lichte allgemeinerer und radikalerer Probleme betrachtet. Das erklärt auch die auf vielen Druckseiten überlieferten heftigen Debatten, die unter den verschiedenen Komponenten der Zweiten Alijah – dem »Hapoel Hazair« und den »Poalej Zion« – sowie zwischen ihnen und der zionistischen Beamtenschaft und den älteren Siedlern tobten.

Diese Diskussionen müssen als grundlegende Kontroversen über die letztlich richtige Lösung fundamentaler sozialer und kultureller Probleme für eine zukünftige Gesellschaft betrachtet werden, und nicht als Lösungen konkreter Probleme der bestehenden Gruppen.

Der Pionier (»Chaluz«) als Idee

Eine Verbindung von ideologischen und potentiell praktischen Attributen führte zu der wichtigsten kulturellen Schöpfung der Zweiten Alijah: der Vorstellung vom Idealtyp des Pioniers. Die Konturen dieses Typs wurden vorwiegend in dieser Zeit ausgebildet. Spätere Formulierungen, die besser artikuliert sein mochten und vielen Debatten und Interpretationen unterworfen waren, nährten sich alle von der zwar weniger kohärenten, aber viel lebendigeren Idee, die zur Zeit der Zweiten Alijah entwickelt worden war.

Zum Pioniertyp gehört an erster Stelle ein Element von sozialer und persönlicher Selbstaufopferung. Der Pionier ist ein Mensch, der bereit ist, Entbehrungen auf sich zu nehmen und das Leben eines Asketen zu führen. Diese Entbehrungen erfolgten jedoch nicht um ihrer selbst willen – obwohl sehr häufig die Askese zu einem starken sekundären Element wurde –, sondern um der Erfüllung einer Aufgabe willen, die für die Gemeinschaft wichtig ist. Daher das mangelnde Interesse des Pioniers an direktem, unmittelbarem Entgelt in der Form von Stellung, Entlohnung, materieller Bequemlichkeit oder sogar politischer Macht.

Der zweite wichtige Aspekt der Pionieridee ist ihr starker Nachdruck auf landwirtschaftlicher Arbeit – oder körperlicher Arbeit im allgemeinen – und auf Nichtausbeutung anderer. Das erscheint als wesentliches Moment für die Schaffung eines »neuen« Menschen und einer neuen nationalen Entität durch körperliche Arbeit und wird besonders in der Philosophie A. D. Gordons hervorgehoben.

Daher die große Bedeutung, die man dem Leben in einem Gemeinschaftswesen besonderer Art, das der Entwicklung der idealen Gesellschaft günstig ist, beimißt. Diese wird in ähnlichem Sinne aufgefaßt wie bei den utopischen Sozialisten und, in geringerem Maß, auch bei den Marxisten.

Weiter wird sehr großer Nachdruck gelegt auf Selbstverteidigung und Selbstvertrauen, kurz auf die Erlangung der Unabhängigkeit von äußerem Schutz.

Ebenso bewertet wird kulturelle Schöpferkraft und die Erneuerung der hebräischen Sprache und Kultur, wie sie sich in literarischen, wissenschaftlichen und halbwissenschaftlichen Betätigungen (wie etwa Geschichte oder Archäologie) ausdrückt. Eng verbunden hiermit ist die Betonung der aktiven Teilnahme an sozialen und politischen Betätigungen und am Gemeinschaftsleben überhaupt.

»Selbstaufopferung« für die (zukünftige) Gemeinschaft ist im Pioniergeist enthalten – in der Tatsache, daß der »Chaluz« eine Avantgarde ist, die (im buchstäblichen Sinne des hebräischen Wortes »chaluz«) der Gemeinschaft vorangeht.

Diese Ausrichtung auf die Zukunft war im Grunde eine Kombination von elitären und egalitären Ideologien: sie betonte die Gleichheit, die innerhalb der Elitegruppen der Pioniere herrschte und verstärkte damit ihre sektiererischen Tendenzen.

Gleichzeitig jedoch läßt die allgemeinere »konstruktivistische« Ausrichtung der Pionieridee sie zu einem Sammelpunkt persönlicher und kollektiver Identität nicht nur für die Mitglieder der Gruppen, sondern auch für zukünftige Einwanderungswellen werden.

Der in der Pioniervorstellung enthaltene Asketizismus bedeutete keine Flucht vor der sozialen Welt. Er war im Gegenteil eng mit der Arbeit für eine konkrete, wenn auch zukünftige und noch ungeformte, Gemeinschaft verbunden. Die Tatsache, daß diese Pioniersideologie auf eine zukünftige angestrebte, aber noch unerreichte Gesellschaft ausgerichtet war und gleichzeitig soziale Ideale und Werte jenseits jeder gegebenen Realität repräsentierte, ermöglichte ihnen eine Transzendenz der Situationen des »Hier und Jetzt«.

Diese Verbindung verschiedenartiger Elemente verlieh der Pioniervorstellung ihre dynamischsten Aspekte und unterstrich ihren starken Elitecharakter.

Indes lagen in der starken Betonung einer Elite einerseits und in der Auffassung, daß jede gegebene Pioniergruppe notwendigerweise Pionierwerte repräsentiere, andererseits, widersprechende Möglichkeiten.

Es war zu erwarten, daß die Spannungen, die zwischen den verschiedenen Richtungen entstanden, sich verschärfen würden, wenn einmal die soziale Struktur, an deren Schaffung sie selbst mitwirkten, differenzierter und der Kampf um die Macht unvermeidlich würde. Doch zur Zeit der Zweiten Alijah gelangte keine von diesen Spannungen zu voller Entfaltung.

Organisatorische und institutionelle Entwicklungen zur Zeit der Zweiten Alijah

Im Grunde war die Zweite Alijah aus einer Vielzahl von sektiererischen Gruppen junger Leute zusammengesetzt, die versuchten, neue Symbole zu schaffen und neue Lösungen für allgemeinere soziale und nationale Probleme zu finden; ihre eigene praktische Betätigung betrachteten sie als symbolischen Ausdruck für solche Lösungen. Sie sahen ihre Versuche einer Aufstellung mannigfaltiger organisatorischer und institutioneller Systeme im großen ganzen als Experimente an, die den Grundproblemen der entstehenden zukünftigen Gesellschaft Ausdruck verliehen.

Paradoxerweise war dies der Grund, weshalb sie nicht wirklich bereit waren, organisatorische und institutionelle Formen ganz durchzuführen oder ihnen vollen symbolischen Wert und rechtlichen Status beizulegen.

Die Entwicklungsgeschichte der jüdischen Gemeinschaft in Palästina zeigt, daß die Zeit der Zweiten Alijah diejenige Periode war, in der die sozialen, politischen und organisatorischen Betätigungen am stärksten von der Schaffung und Auslegung von Werten beherrscht wurden.

Nichtsdestoweniger wurden die Keime zu vielen Institutionen und Organisationen gelegt – manche durch die sektiererischen »Pionier«gruppen selbst und manche zusammen mit anderen Gruppen in der jüdischen Gemeinschaft

Dazu gehören die ersten Anfänge einer Verteidigungsorganisation, »Haschomer« (1909), die aus ein paar Dutzend Arbeitern bestand. Zieht man die beschränkten praktischen Aufgaben von »Haschomer« in Betracht, so muß der allgemeine, nationale Charakter, den seine Symbole und Losungen erreichten, überraschen.

Ein im Jahre 1909 errichtetes Informationsbüro war als elementares Arbeitsvermittlungsamt geplant. Das Erscheinen von Zeitschriften wurde eingeleitet durch »Hapoel Hazair« (1907) und »Achduth« (1910). Um etwa die gleiche Zeit wurde »Awodah« – ein Vorläufer des Gdud Ha'awodah« (1909–1910) begründet; der Arbeiterfonds »Kupat Poalej Eretz Israel« (1909); »Misrad Ha'awodah«, der Vorläufer der Arbeitsvermittlung (1913); die Organisationen der Arbeiter von Judäa und Galiläa (1911); und das »United Committee of Palestinian Workers«, ein möglicher Kern der späteren »Histadruth« (1913). Es wurde in dieser Zeit auch einige Male versucht, eine die jüdische Gemeinschaft in Palästina als Ganzes repräsentierende Volksversammlung zu schaffen.

Doch die hervorstechendste organisatorische Entwicklung jener Zeit war die Begründung der ersten »Kwuzah« (Kollektivsiedlung) in Dagania und des Kerns zu einem »Moschaw« (Genossenschaftssiedlung) in Merchawia.

Die Konzeption dieses Typs von Pionierleben, der zu einem der wichtigsten Symbole der »richtigen« Lebensweise werden sollte, bestand nicht von Anfang an in dieser Weise. Sie wurde als Lösung für das Problem angesehen, wie man eine Form der Siedlung für junge Menschen mit stark sozialistischen und nationalistischen Bestrebungen ohne Kapital und mit wenig Erfahrung und praktischem Wissen organisieren könnte, die gleichzeitig in der Realität des ottomanischen Palästina ihr Streben nach einem angemessenen Lebensstandard und Kulturleben erfüllen würde.

Obwohl die »Kwuzah« als eine wichtige Lebensform angesehen wurde, verstanden manche, wie etwa der die Religion der Arbeit predigende A. D. Gordon in fast prophetischer Vision, daß die allgemeine Haltung gegenüber der anfänglichen Form der Kwuzah eher experimentierend war. Erst später, zur Zeit der Dritten Alijah, entwickelte sich langsam die mehr sakrosankte Einstellung gegenüber »Kibbuz« und »Kwuzah«.

Wie bereits erwähnt, entwickelte sich eine embryonale Form der Genossenschaftssiedlung unter der Leitung von Franz Oppenheimer in Merchawia. Aber sie war an sich noch nicht ein Muster für Dauerbestand; und der sich später – von Nahalal an – entwickelnde »Moschaw« wurde durch sie nicht erheblich beeinflußt.

Eine weitere, außerordentlich interessante Entwicklung während dieser Zeit war das Einströmen von Juden aus dem Jemen. Einer der Führer der Zweiten Alijah, Sch. Jawnieli, fuhr nach dem Jemen und kehrte mit vielen Einwanderern zurück, die den Hauptkern der »alten« jemenitischen Ansiedlung in Palästina bildeten. Neben der etwas romantischen Vorstellung von dem Hereinholen von weit verstreuten Brüdern war eines der wichtigen Motive hierfür das Hereinbringen von (»echt« proletarischen) Elementen, die gewohnt waren, unter solchen Bedingungen, wie Palästina sie aufwies, zu arbeiten.

Institutionelle Entwicklungen zur Zeit der Zweiten Alijah in den städtischen Sektoren – Tel-Aviv, Erziehungs- und Gesundheitswesen

Die landwirtschaftlichen Pioniere waren nicht die einzigen, die zur Zeit der Zweiten Alijah den Kern für Institutionen und Organisationen legten. Die ersten Anfänge zur Stadt Tel-Aviv wurden 1909 von einer Gruppe alteingesessener Einwohner von Jaffa unter Führung von Meir Dizengoff eingeleitet. Diese Menschen stammten zum größten Teil aus dem Mittelstand und einige von ihnen waren mit der Ersten Alijah eingewandert. Etwa ein Viertel des Projekts wurde von den Siedlern selbst finanziert, und bei dem Rest halfen die Zionistische Organisation und verschiedene Bankunternehmungen. Die Bewohner des neuen Tel-Aviv arbeiteten zuerst weiter in ihren Geschäften, Büros oder Schulen in Jaffa. Es dauerte einige Jahre, bevor Tel-Aviv seinen reinen Vorstadt- und Wohncharakter verlor und Anfänge aufwies zu verschiedenen Berufs- und Wirtschaftsorganisationen, wie sie sich auch in Jerusalem und in geringerem Umfang in Petach-Tikwah entwickelten.

Die dynamischste Entwicklung jener Zeit erfolgte indes zweifellos auf dem Gebiet des Erziehungswesens und begann mit der Gründung des Hebräischen Gymnasiums in Jerusalem und des Herzlijah-Gymnasiums und des Levinski-Lehrerseminars in Tel-Aviv. Mehrere hebräische Kindergärten und Grundschulen bestanden damals bereits dank der Unterstützung durch ausländische Organisationen. Das Erziehungswesen war ein wichtiges Gebiet, auf dem viele ideologische Kämpfe geführt wurden, am hervorstechendsten der Sprachenkampf. Es war ein schwieriges Problem, ob der Unterricht in hebräischer oder deutscher Sprache, wie der philanthropische Hilfsverein der deutschen Juden »Esra« es wollte, erfolgen sollte, und wurde am Ende zugunsten der Hebraisten entschieden. Die Gründung des Herzlijah-Gymnasiums und anderer Gymnasien war also kein isoliertes Ereignis, sondern eine Erfüllung wesentlich umfassenderer kultureller Bestrebungen.

Von großer Bedeutung für das Verständnis der ganzen institutionellen Entwicklung und Struktur dieser Zeit sind gewisse Paradoxe, die sich in den verschiedenen Erziehungs- und Kulturgremien ausbildeten.

Die Ziele des neuen Erziehungswesens richteten sich nicht auf die Übermittlung eines gegebenen kulturellen Erbguts, sondern auf die Schaffung neuer jüdischer Kulturelemente (obwohl zumeist in nichtreligiöser Form) mit dem Besten an universalen modernen Gehalten.

Darüber hinaus zielten die jetzt verfügbaren vermehrten Erziehungsmöglichkeiten über die jüngere jüdische Generation in Palästina, der sie natürlich zugute kamen, auf ein Erziehungssystem für viel weitere Gruppen – möglicherweise die ganze jüdische Jugend in der Diaspora – hin.

In diesem Sinne wies das sich entwickelnde Erziehungssystem deutlich die hervorstechenden Züge der Pioniersideologie auf. Auch die Vorstellung von dem Lehrer als einem »kulturellen« Neuerer und Pionier entstand in diesem Zusammenhang.

Ähnliche Entwicklungen begannen auf dem Gebiet des Gesundheitswesens. Der erste Versuch zur Schaffung eines nationalen Gesundheitsdienstes wurde mit der Schaffung einer Arbeiterkrankenkasse unternommen. Es bildete sich die Vorstellung heraus vom Arzt als Pionier im Unterschied zum normalen Hausarzt.

Parallel zu diesen Entwicklungen unternahm die Zionistische Organisation Aufforstungsprojekte, der Jüdische Nationalfonds kaufte Land, und die Tätigkeit der Banken richtete sich auf Hilfeleistung bei den verschiedenen Formen der Ansiedlung.

Zukunftsbetonte Ausrichtung der Gruppen der Zweiten Alijah – Entstehung neuer institutioneller Mittelpunkte

Die aufgezählten Entwicklungen fassen vielleicht am besten die Hauptunterschiede zwischen der institutionellen und organisatorischen Struktur der Ersten und der Zweiten Alijah zusammen.

Anstatt einer ausschließlich auf die Bedürfnisse der bestehenden Bevölkerung gerichteten Planung legte die Zweite Alijah den Nachdruck auf zukünftige Entwicklungen unter besonderer Betonung ideologischer Aspekte.

Im Gegensatz zur Ersten Alijah wurde Wert gelegt auf die Entwicklung ausgedehnter funktioneller Institutionen – Verteidigungs-, Erziehungs- und in einem gewissen Ausmaß Siedlungs- und Gesundheitswesen –, die für eine noch nicht bestehende Gesellschaft bestimmt waren; und dabei kamen die bestehenden Gemeinschaften zu kurz. Es ist bezeichnend, daß Versuche, eine territoriale Gesamtorganisation der jüdischen Gemeinschaft in Palästina zu schaffen, gänzlich fehlschlugen.

Es entstanden damals wichtige Vorbilder für die zukünftige institutionelle Entwicklung der jüdischen Gemeinschaft und nahmen diese auf manche Weise vorweg. Obwohl zum Beispiel die tatsächliche Zahl der von der Zweiten Alijah begründeten Siedlungen kleiner war als die der Ersten Alijah, war ihre Beziehung zur Zionistischen Organisation und anderen Kolonisationsämtern von völlig andersgeartetem Charakter und enthielt einen Hinweis auf zukünftige Möglichkeiten. In beiden Zeitabschnitten war die Kolonisation in bezug auf Kapital, Arbeitskraft und politischen Schutz notwendigerweise auf Mittel von draußen angewiesen, die in beiden Fällen ursprünglich durch die verschiedenen Ämter der Zionistischen Organisation beschafft wurden. In der ersten Alijah wurden jedoch nach einer kurzen Zeit die meisten dieser Funktionen durch die Verwaltung des Barons übernommen. In der Zweiten Alijah wurden sie von der Zionistischen Organisation und ihrem Vertreter in Palästina, Dr. Arthur Ruppin, der Land Settlement Company (Chewrat Hachscharat Hajischuw) und der Anglo-Palestine Bank durchgeführt. Dr. Ruppin zeigte viel mehr Verständnis für die Siedler und ihre nationalen Bestrebungen als die Verwaltung des Barons. Zwar fehlte es nicht an Spannungen zwischen den Pionieren und Dr. Ruppin und anderen Beamten – insbesondere, da Dr. Ruppin im großen und ganzen den sozialistischen Bestrebungen der Siedler gleichgültig gegenüberstand. Aber die Siedler waren nicht mehr Objekte einer paternalistischen Verwaltung – mochte diese auch noch so wohlmeinend und großzügig sein. Sie waren statt dessen aktive Mitglieder von Parteien oder Gruppen innerhalb derselben Organisation, deren Beamte die Kolonisationstätigkeit in Palästina verwalteten – nämlich der Zionistischen Organisation.

Aus diesem Grunde – und wegen ihrer stark ideologischen Vorstellungen – waren sie immer bereit, ihre Meinungsverschiedenheiten mit der Beamtenschaft nicht nur durch persönliche Beziehungen, sondern auch durch politische Propaganda und politischen Druck im Rahmen der Zionistischen Weltorganisation, der sie alle angehörten, auszutragen.

Die Beziehungen zwischen den Gruppen der Zweiten Alijah – Erste Anfänge einer föderativen Struktur

Trotz der relativ geringen Zahl von Menschen in der Zweiten Alijah entstanden viele Gruppen und Parteien, oder richtiger erste Anfänge von sozialen Bewegungen. Davon waren die wichtigsten »Hapoel Hazair«, »Poalej Zion«, die verschiedenen Berufsorganisationen von Arbeitern in Galiläa, Judäa und Samaria, und später »Ha'awodah«, die separatistische Organisation der alten bürgerlichen Farmer der Ersten Alijah, die für eine rudimentäre Synthese von Landwirtschaft und Kollektivismus eintrat.

Sowohl in ihren ideologischen Auseinandersetzungen als in gewissem Ausmaß auch in ihren persönlichen Beziehungen legten die meisten Gruppen der Zweiten Alijah die ganze sektiererische Intensität und Exklusivität extremer sozialer Bewegungen an den Tag. Trotz ihrer gemeinsamen Ziele glaubte jede Gruppe, sie besitze die alleinige Lösung für alle wichtigeren Probleme, und der Antagonismus zwischen den verschiedenen Gruppen wurde nur unwesentlich durch die Tatsache gemildert, daß sie für die Verwirklichung ihrer gemeinsamen Ziele alle auf Mittel von draußen angewiesen und daher gezwungen waren, in dem gemeinsamen Rahmen der Zionistischen Organisation zu wirken.

Diese unbedingt notwendige Zusammenarbeit half ihrerseits dabei, den föderativen Charakter der Zionistischen Organisation zu formen. Die Zuwendung von Hilfsmitteln erfolgte auf paralleler, wenn auch nicht immer gleicher Basis und gab so jeder Gruppe die Möglichkeit, bei der Zusammenarbeit an gemeinsamen Aufgaben weitgehend autonom zu bleiben.

Diese Bereitschaft zur Zusammenarbeit in wesentlichen Fragen wurde durch die im Grunde positive Ideologie jeder einzelnen Gruppe gefördert. Sie wollten nicht nur die richtige Lehrmeinung einführen, sondern auch konstruktive Siedlungsarbeit leisten, und sie sahen sich als Vorläufer einer umfassenderen nationalen Siedlung und Entwicklung. Außerdem konnte sich ihr revolutionärer Eifer nicht auf den Sturz eines – nicht vorhandenen – politischen Regimes richten, sondern mußte auf die Entwicklung neuer sozialer und wirtschaftlicher Formen abzielen. Ihr Bedarf an Kapital und zusätzlicher Arbeitskraft temperierte die Beziehungen zwischen den Pioniergruppen und den verschiedenen im Keime befindlichen Organisationen und Institutionen auf dem Gebiete des Erziehungs-, Gesundheits- und Bankwesens, die sich nach ungefähr denselben Grundsätzen entwickelten.

Die Beamten dieser Institutionen und die wichtigeren städtischen Gruppen waren sozial und individuell verschieden von den Pionieren. Sie waren den älteren Siedlern verwandter und zumeist ruhige Angehörige der freien Berufe oder Geschäftsleute. Doch sie standen dem Pioniergeist insofern nah, als sie viele seiner Zukunftsziele teilten und ihre eigenen Rollen in einer parallelen, wenn auch nicht identischen Weise sahen. Sie dienten als soziale Brücke zwischen den Pioniergruppen und den älteren Siedlern der Ersten Alijah und des »Alten Jischuws«, und ihre Beschäftigung – besonders auf kulturellem Gebiet – gab ihnen einen gemeinsamen Nenner mit den Pionieren. Schon allein die Tatsache, daß solche organisatorischen Mittelpunkte existierten und die Tendenz hatten, die den meisten Sektoren der jüdischen Gemeinschaft in Palästina gemeinsamen Ziele zu betonen, schwächte die Exklusivität der Pioniergruppen. Dasselbe trifft auf einige der üblichen politischen Betätigungen in der jüdischen Gemeinschaft zu – insbesondere in den Beziehungen zu den türkischen Behörden oder bezüglich der Gründung von jüdischen Schulen.

Ein weiteres Moment in der Festigung der Beziehungen zwischen den verschiedenen Gremien bildete die Migration nach und aus Palästina zur Zeit der Zweiten Alijah. Diese Migration war durch interne politische Gründe, Reibungen mit den türkischen Behörden oder persönliche Gründe verursacht.

Die Tatsache, daß die Auflehnung gegen ihr früheres Leben mit territorialer Verpflanzung und Trennung von ihren Familien verbunden war und daß diese Auflehnung oft im Namen von Idealen erfolgte, die von ihren Eltern – wenn auch weniger intensiv – geteilt wurden, milderte die Spannungen zwischen den Pionieren und ihren Familien und ermöglichte soziale Beziehungen auf einer breiten Ebene; auch brach sie ihrerseits der totalistischen Ausrichtung der Pioniergruppen die Spitze ab.

Es ist jedoch zweifelhaft, ob irgendeine der neuen embryonalen institutionellen und organisatorischen Formen stark genug war zur Schaffung von Bedingungen für die Verwirklichung zukünftiger Entwicklungen. Derartige Bedingungen entstanden erst durch die durchgreifenderen äußeren Geschehnisse nach dem Ersten Weltkrieg. Die Zweite Alijah erwies sich nach Schaffung neuer Schemata und Gelegenheiten als stark genug an innerem Gehalt, um neue Entwicklungen einzuleiten und den meisten späteren ihr Gepräge zu verleihen.

In dieser Kombination von ideologischer Kraft und potentiellem Raealismus lagen die wirklichen Zukunftsmöglichkeiten der Zweiten Alijah. Ihr ganzes Potential, doch auch ihre Probleme, entwickelten sich erst voll in der späteren Mandatszeit.

Das Mandat – sein organisatorisches und institutionelles Gefüge – Dritte und Vierte Alijah

Mit dem Ende des Ersten Weltkriegs und der Schaffung des britischen Mandats über Palästina mit den ihm einverleibten Versprechungen der Balfour-Deklaration trat die jüdische Gemeinschaft in Palästina in eine neue Entwicklungsphase ein. War die Zeit der Zweiten Alijah eine Periode, in der der Akzent auf der Ideologie lag, so leitete das Mandat eine Zeit ein, in der es mehr um die praktische Durchführung der Hauptziele der jüdischen Gemeinschaft in Palästina und die Entwicklung ihrer wichtigeren Institutionen ging. Diese Phase begann mit der Dritten Alijah (1919–1923) und setzte sich bis zur Gründung des Staates Israel fort.

Die soziale und institutionelle Geschichte der jüdischen Gemeinschaft in dieser ganzen Zeitspanne wurde hauptsächlich durch die Wechselbeziehungen zwischen vier grundlegenden Elementen geformt: erstens dem Mandat und der Regierung; zweitens den verschiedenen Organisationen der Zionistischen Weltorganisation und der jüdischen Gemeinschaft in Palästina; drittens den diversen Einwanderungswellen nach Palästina; und schließlich dem ideologischen und institutionellen System, das zur Zeit der Ersten und insbesondere der Zweiten Alijah geschaffen worden war.

Wir beginnen mit einer kurzen Beschreibung der Wechselbeziehungen zwischen der Mandatsregierung, der Jewish Agency (oder der Zionistischen Organisation vor der Begründung der Jewish Agency im Jahre 1929) und den anderen Institutionen der jüdischen Gemeinschaft in Palästina – insbesondere dem Wa'ad Le'umi (Nationalrat) mit den verschiedenen Körperschaften der lokalen Selbstverwaltung.

Das Mandat umfaßte sowohl den jüdischen als auch den arabischen Sektor. Im arabischen Sektor entstand jedoch kein Äquivalent für die Jewish Agency (und erst später ein solches für den Wa'ad Le'umi in Form des »Higher Arab Council«) und war überhaupt das allgemeine Ausmaß der inneren organisatorischen Entwicklung geringer. Im jüdischen Sektor entwickelten sich innere Organisationen wie der Wa'ad Le'umi, der von den meisten erwachsenen Mitgliedern der jüdischen Gemeinschaft gewählt wurde, sowie auch zahlreiche lokale Selbstverwaltungskörper.

Der Wa'ad Le'umi war eine Fortsetzung der bisher fehlgeschlagenen Versuche, eine die ganze jüdische Gemeinschaft repräsentierende allgemeine Organisation zu bilden. Zur Zeit des palästinensischen Feldzugs im Jahre 1918 wurden die Grundlagen gelegt für eine jüdische Repräsentation unter dem neuen Regime. Im Laufe der folgenden Mandatszeit fanden alle paar Jahre allgemeine Wahlen statt, in denen die »Knesseth Israel«, wie die formale Bezeichnung der organisierten jüdischen Gemeinschaft lautete, ihre Vertreter für die »Assefat Haniwcharim« (die »gewählte Versammlung«) wählte; diese ihrerseits wählte den Wa'ad Le'umi als ihr leitendes Organ. Im Jahre 1927 erkannte die Mandatsmacht die »Knesseth Israel« offiziell als eine die jüdische Bevölkerung Palästinas vertretende freiwillige Körperschaft an. Eine Einschränkung in dieser Vertretung erfolgte nur durch die Weigerung des Alten Jischuws, der Knesseth Israel beizutreten, womit er sich formal von der Gemeinschaft der neuen Einwanderer absetzte.

Im Laufe der Zeit entwickelte sich eine mehr oder weniger deutliche Arbeitsteilung zwischen diesen verschiedenen Institutionen und Organisationen. Die verschiedenen nationalen Institutionen der jüdischen Gemeinschaft, die Zionistische Organisation und die Jewish Agency beschäftigten sich in der Hauptsache mit folgenden Angelegenheiten: (1) Entwicklung der jüdischen sowohl ländlichen als auch städtischen Siedlung; (2) Vorkehrungen für die Einwanderung nach Palästina aus den verschiedenen Ländern der Diaspora; (3) Betreuung und Entwicklung der jüdischen Verteidigung – der illegalen »Haganah«, verschiedener halblegaler und legaler Polizeigruppen und im Zweiten Weltkrieg Mobilisierung zur Britischen Armee; (4) Entwicklung einer aktiven »auswärtigen« Politik – hauptsächlich in bezug auf die Mandatsregierung und den Völkerbund – mit dem Ziel, den Umfang der Einwanderung und Siedlung zu vergrößern, die politische Autonomie der jüdischen Gemeinschaft zu erhalten und schließlich den jüdischen Staat zu gründen; (5) Unterhaltung eines autonomen Erziehungssystems; (6) Unterhaltung einer autonomen religiösen Organisation; und (7) Unterhaltung einer gewissen Wohlfahrtspflege, insbesondere eines ausgedehnten Netzes von Gesundheitsfürsorge. Bezeichnenderweise standen die ersten vier Aufgaben unter der Kontrolle der Zionistischen Organisation und der Jewish Agency, die anderen hingegen zumeist unter der Kontrolle des Wa'ad Le'umi und der verschiedenen jüdischen städtischen Verwaltungsbehörden. Auf diese Weise wurde die Tatsache betont, daß die jüdische Gemeinschaft in Palästina zu jeder Zeit nur ein Übergangsstadium in der stetigen Entwicklung des zionistischen Unternehmens darstellte.

Die verschiedenen formalen Aufgaben der Verwaltung des Landes sowie der Unterhaltung von Verkehrswesen, Polizei, Rechtspflege und in gewissem Ausmaß die Kommunalverwaltung waren zumeist in den Händen der Mandatsregierung. Zwischen der Regierung und den jüdischen nationalen Institutionen entstanden Spannungen sowohl in bezug auf die politische Linie in wichtigen Fragen (Einwanderung usw.) als auch auf Gebieten, auf denen eine Überschneidung der Aufgaben erfolgte. Da die jüdischen Institutionen und insbesondere die Jewish Agency sich hauptsächlich mit Siedlungsaufgaben befaßten, die stark durch ihren Zusammenhang mit der zukünftigen Entwicklung gekennzeichnet waren, hatten sie nicht viel mit laufenden Wirtschafts- und Verwaltungsangelegenheiten oder mit der Aufrechterhaltung der Ordnung zu tun. Die einzigen wichtigen Ausnahmen hiervon bildeten die jüdischen Stadtverwaltungen und die Bewilligungen aus den mannigfachen Fonds für Siedlung und »konstruktive« Arbeiten.

Die finanziellen Mittel der jüdischen Organisationen stammten hauptsächlich aus freiwilligen Beiträgen von Juden in der ganzen Welt und in Palästina. Die moralische und soziale Basis dieser Institutionen war im wesentlichen die Bereitschaft der meisten Gruppen in Palästina, ihre politische Autorität zu akzeptieren und mit ihnen in der freiwilligen Teilnahme an gemeinsamen Aufgaben zusammenzuarbeiten, wie etwa in der Verteidigungsorganisation (Haganah), in der Siedlungsarbeit und in verschiedenen Arten des passiven Widerstands gegenüber der Mandatsmacht. Die nationalen Institutionen konnten sich auch auf die zionistische Bewegung in der Welt sowie auf die jüdische und nichtjüdische öffentliche Meinung als potentielle Einfluß-, wenn auch nicht direkte Machtquelle, stützen.

Die hervorstechendsten Merkmale dieser Institutionen entwickelten sich rasch gegen Ende der zwanziger Jahre, und in ihrem Rahmen faßten die Einwanderer der Dritten bis Fünften Alijah in Palästina Fuß.

Entwicklungen zur Zeit der Dritten und Vierten Alijah

Die Dritte Alijah, die in vielen Beziehungen der Zweiten ähnelte, bestand hauptsächlich aus jungen proletarischen Pionieren aus Osteuropa, denen die Auswirkungen von Revolution und sozialem Wandel einen tiefen Eindruck gemacht hatten.

Nach der Gründung einer großen Zahl landwirtschaftlicher Siedlungen sowohl vom Typ des Kibbuz als auch des Moschaw, vorwiegend in der Jisre'elebene, begannen sie auch mit der Besiedlung gebirgiger Bezirke. Die Pioniere waren sehr aktiv im Straßen- und Eisenbahnbau und auch in der Trockenlegung von Sümpfen, hauptsächlich im Norden des Landes, und diese Betätigungen wurden schließlich zum epischen Ausdruck eines Ideals.

Die »Histadruth« (Allgemeiner Arbeiterverband) wurde im Jahre 1920 gegründet, und auch ihre verschiedenen Tochterorganisationen und -siedlungen entstanden zu dieser Zeit. Von diesen seien kurz erwähnt: »Solel Boneh«, die allgemeine Baufirma; »Hassneh«, eine allgemeine Versicherungsgesellschaft; die Arbeiterbank; die Genossenschaftszentrale und «Kupat Cholim«, die Krankenkassenorganisation.

Zur gleichen Zeit erfolgte ein stetiger Ausbau der städtischen Sektoren, und in den Städten begann, ein Proletariat zu entstehen. Tel-Aviv und Haifa wuchsen beständig, und dasselbe traf auf einen Teil der Dorfsiedlungen in der Form der Moschawah zu, in denen sich städtische und halbstädtische Viertel entwickelten. Aber auch das landwirtschaftliche Wachstum der Moschawah, d. h. einer privaten Bauernschaft, setzte sich fort.

Die Wirtschaft der jüdischen Gemeinschaft in Palästina wuchs und verzweigte sich weiter. Im Gegensatz zu den Monokulturfarmen aus der Zeit der Ersten Alijah (zuerst Weinbau, dann Zitrusfrüchte) entwickelte sich jetzt die Gemischtwirtschaft ohne Unterbrechung. Im Industriesektor wurden Fabriken begründet, im Gegensatz zu den kleinen Werkstätten, die bisher vorgeherrscht hatten. So entstanden Elektrizitätswerke, eine Salzfabrik, Getreidemühle, »Schemen«, eine Fabrik für Ölprodukte, das »Nescher« Zementwerk und verschiedene Textilfabriken. Außerdem wurde, besonders zur Zeit der Vierten Alijah, eine große Zahl von kleineren, aber modernen Fabriken errichtet.

Wirtschaftskrisen, die teils auf innere, teils auf äußere Ursachen zurückzuführen waren, verursachten Unterbrechungen in der Entwicklung. Die ernsteste Krise (die Ende 1925 begann) wurde hervorgerufen durch die seitens der polnischen Regierung verfügten Beschränkungen des Kapitalstroms nach Palästina, durch Verfügungen der Mandatsregierung, die die Einwanderung von Kapitalisten abschreckten, und durch das Tempo der Einwanderung, mit dem die Absorptionsfähigkeit der jüdischen Gemeinschaft nicht Schritt hielt. Das Baugewerbe wurde am stärksten betroffen – viele Firmen brachen zusammen, die Arbeitslosigkeit war groß, und drei Jahre lang (1927–1929) überstieg die Auswanderung die Einwanderung.

Der Ausbau der Wirtschaftsstruktur der jüdischen Gemeinschaft erhielt durch die Einwanderung der Fünften Alijah zu Ende der zwanziger und in den dreißiger Jahren einen neuen Auftrieb. Diese Alijah bestand aus einem neuartigen Einwanderertyp und verfügte über mehr privates und öffentliches Kapital, was viel dazu beitrug, die Schwierigkeiten zu überwinden, mit denen die Siedler der Vierten Alijah zu kämpfen hatten.

Obwohl in dieser neuen Einwanderungswelle das Element des Pioniertums geringer war, gewannen gerade in diesem Zeitabschnitt die Arbeitergruppen und -organisationen ein Übergewicht. Um diesen Prozeß zu verstehen, ist es der Mühe wert, die verschiedenen Entwicklungen in den Sektoren der »Arbeiter-Pioniere« von der Dritten Alijah an zu analysieren.

Soziale und ideologische Entwicklungen und Siedlungstätigkeit der Dritten Alijah

Die sozialen und ideologischen charakteristischen Merkmale der Dritten Alijah mit ihrer sozialistischen Pioniertätigkeit ließen sie in vielen Beziehungen zu einer Fortsetzung der Zweiten werden. In bezug auf konkrete soziale Organisation und ideologische Formulierung ging sie jedoch weit über die Zweite Alijah hinaus. Sie wies eine volkstümlichere Zusammensetzung auf, hatte weniger intellektuelle Färbung – obwohl viele intellektuelle Elemente an ihr beteiligt waren. Sie war auch viel heterogener. Wir finden fast von Anfang an eine verhältnismäßig große Vielfalt von Pioniergruppen, sozialen Bewegungen und Parteien, von denen viele bereits in der Diaspora organisiert worden waren. Es entstand zum Beispiel der »Gdud Ha'awodah« (Arbeitsbataillon), in dem Hunderte von auf den Landstraßen des Bezirks Tiberias arbeitenden Pionieren organisiert waren. Sein Ideal bestand darin, eine Gemeinschaft von Arbeitern in Stadt und Dorf zu bilden, die Pionieraufgaben auf sich nehmen würden, indem sie neue Arbeitsbereiche eroberten. Der »Gdud« mit seinem Streben nach wirtschaftlicher Selbstgenügsamkeit wollte sich zu einem Instrument der zionistischen Bewegung machen. Er war von sozialistischem Idealismus durchtränkt und strebte nach Gleichheit in Verbrauch und Erzeugung. Er glaubte auch an die Errichtung größerer Siedlungen, die fähig sein würden, Industriezweige aufzubauen. Hierin unterschied er sich von dem Kibbuz nach dem Muster von Dagania, der sich auf landwirtschaftliche Arbeit beschränkte und das Ideal der kleinen intimen Kommune betonte, in der jeder alle Zweige der Arbeit genauestens kannte. Der »Gdud« begründete schließlich Ejn Charod, den ersten großen Kibbuz.

Die »Kwuzat Ha'emek« war eine andere Gruppe, deren Ideale und Organisation denen des »Gdud Ha'awodah« ähnlich waren. Ein weiterer Siedlungstyp entwickelte sich mit der Entstehung der »Haschomer Hazair«-Bewegung. Diese hatte ihren Ursprung in Polen als eine Art Pfadfinderbewegung, die ihre stark durch den Radikalsozialismus beeinflußten Mitglieder aus Familien des Mittelstands rekrutierte. Die von ihnen begründeten Siedlungen wiesen die gleiche sozialistische Aggressivität auf wie der Gdud Ha'awodah, legten jedoch nicht den gleichen Nachdruck auf sofortige berufliche, demographische und organisatorische Entwicklung des Kibbuz. Sie waren relativ kleine Gemeinschaften, die erhebliches Gewicht auf die soziopolitischen Ziele der Bewegung legten. Der Haschomer Hazair errichtete eine beträchtliche Anzahl kleiner radikaler Kommunen in Kibbuzform mit streng sozialistisch-marxistischer Richtung, von denen die erste der Kibbuz Beth-Alfa war.

In diesen Jahren intensiver Siedlungstätigkeit reorganisierte sich auch die Zweite Alijah zu neuen Ansiedlungskommunen. Manche ihrer Mitglieder vereinten sich mit neuen Einwanderergruppen zwecks Gründung neuer Siedlungen, andere blieben in dem Prozeß der Niederlassung verhältnismäßig selbständig. Sie gründeten kleine und große Kibbuzdörfer sowie auch einen neuen Typ des Kollektivs, den »Moschaw«.

Die Unterschiede zwischen den verschiedenen Kibbuzbewegungen waren nicht nur sozio-ideologisch, sondern bezogen sich auch auf die Vorstellung von den zu erfüllenden Aufgaben – insbesondere in bezug auf Ansiedlung und die Schaffung einer neuen jüdischen Gemeinschaft.

Als Folge dieser Unterschiede löste sich 1925 ein allgemeiner Kibbuzverband kurz nach seiner Gründung wieder auf. Ein paar Jahre später wurden drei verschiedene Kibbuzverbände mit gesonderten Ideologien und politischen Programmen gegründet. Die beiden ersten, »Hakibbuz Hame'uchad«, der die große offene, in einem zentralisierten Verband fest organisierte Kibbuzform befürwortete, und »Hakibbuz Ha'arzi schel Haschomer Hazair« wurden im Jahre 1927 gegründet. Letzterer setzte sich für die kleine und in wirtschaftlichen und sozialen Angelegenheiten autonome »Kwuzah« ein. Zwischen diesen beiden Verbänden bestand ein völliges politisches und ideologisches Einvernehmen in allen Angelegenheiten betreffend die Gesamtbewegung, und sie vertraten einen demokratischen Zentralismus.

Der dritte Verband, »Chewer Hakwuzot«, wurde 1929 gegründet und umfaßte die ursprünglichen, nichtideologischen, autonomen Kibbuzsiedlungen. Er war gewissermaßen ein Kompromiß zwischen den ursprünglichen Prinzipien der Kibbuzautonomie und widersetzte sich der vollkristallisierten und ritualisierten Ideologie. Indessen war man sich darüber klar, daß ohne die Unterstützung einer Jugendbewegung und einer repräsentativen Organisation die Kibbuzeinheiten des »Chewer Hakwuzot« ihre Elitestellung an die anderen organisierten, missionierenden Kibbuzbewegungen verlieren würden.

Es bestand ein sehr fühlbarer Unterschied in der sozialen Atmosphäre der kleinen Kibbuzeinheiten von »Chewer Hakwuzot« und »Hakibbuz Ha'arzi«, deren durchschnittliche Mitgliederzahl zu Beginn der vierziger Jahre 93 beziehungsweise 123 betrug (ohne Einrechnung von Eltern oder besonderen Ausbildungsgruppen), und dem größeren Kibbuz von »Hakkibuz Hame'uchad«, der einen Durchschnitt von 264 aufwies, aber viel größere Schwankungen zuließ (es gab einen Kibbuz, der 1942 über 600 Mitglieder zählte).

Eine zusätzliche Siedlungsauffassung wurde von den Gründern des »Moschaws«

– wie z. B. Nahalal und Kfar Jecheskel – und ihrem Ideologen E. L. Jaffe entwickelt. Sie legten starkes Gewicht auf landwirtschaftliches Pioniertum und die Bauernfamilie als Einheit für eine nationale und soziale Erneuerung, doch das Eliteelement war bei ihnen gemäßigter und sie betonten weniger den Kollektivismus als solchen.

Der »Moschaw Owdim« war, ebenso wie der Kibbuz, auf Boden gelegen, der dem Jüdischen Nationalfonds (»Keren Kajemeth«) gehörte. Doch in der inneren Struktur unterschied sich der Moschaw von den verschiedenen Kibbuzformen mit ihrer Gemeinschaftsordnung, nach der alle »Produktionsmittel« Kollektiveigentum waren, die Arbeit auf kollektiver Basis geordnet wurde und sogar Wohnen, Essen und Erziehung der Kinder gemeinschaftlich geregelt waren.

Im Moschaw wurde das Land gleichmäßig unter die Familien aufgeteilt. Lohnarbeit war verboten, und die Farm war so angelegt, daß die ganze Arbeit von den Mitgliedern des Haushalts geleistet werden konnte. Ein Teil des Bodens verblieb jedoch unter gemeinschaftlichem Anbau – und so mußten die Familien neben der Bearbeitung ihres eigenen Bodens auch zur Bearbeitung des Gemeinschaftsbodens beitragen.

Der Absatz war auf genossenschaftlicher Basis organisiert, es bestanden Einrichtungen für gegenseitige Hilfe, Unterstützungskassen, Vorsorge für Dienstleistungen und meistens auch für Kreditgewährung und Einkauf von Maschinen, Werkzeugen und Konsumgütern.

Gewisse grundlegende Vorstellungen waren Gemeingut aller Bewegungen: Aller Boden war »Nationaleigentum« (d. h. durch den Keren Kajemeth gekauft und an die Pioniere verpachtet), und die Finanzierung ihrer Arbeit erfolgte durch »Nationalkapital«, das durch die Zionistische Organisation und die Histadruth gesammelt und verteilt worden war. Die Arbeiter besaßen kein Kapital, aber ihre ideologischen Bindungen machten sie zu dem einzigen zuverlässigen, zur Entwicklung nationaler Unternehmungen geeigneten Element, das nicht auf Gewinn bedacht war und persönliches Opfer nicht scheute.

Im Namen dieser Prinzipien kämpften die Gruppen innerhalb der Zionistischen Organisation um größere Zuweisung von Mitteln für Ansiedlung durch den Nationalfonds gegen diejenigen, die behaupteten, eine schnelle Kolonisation Palästinas könnte am besten durch Siedler mit Privatkapital erfolgen.

Verlagerung des Schwerpunkts in der Dritten Alijah von der ideologischen Einstellung zur Ausrichtung auf die Aufgabe

Das wichtigste Merkmal der Dritten Alijah im Vergleich zur Zweiten besteht darin, daß sie sich infolge sich wandelnder sozialer Umstände viel stärker auf Ziel und Aufgabe ausrichtete, obwohl die Formulierung und Kristallisation des ideologischen Dogmas und die Diskusssionen über den richtigen Siedlungstyp oder die Probleme der städtischen Arbeiter nicht an Bedeutung verloren. Allerdings wurden diese Diskussionen mehr mit konkreten Aufgaben gekuppelt. Die neue Betrachtungsweise drückte sich auch bei den meisten Führern der Zweiten Alijah aus, die später großen Einfluß in allen Organisationen und Bewegungen der Dritten Alijah ausübten.

Diese Änderung im Nachdruck war zum Teil auf die veränderten Umstände in Ost- und Mitteleuropa und in den jüdischen Gemeinden zurückzuführen, und teilweise auf die vergrößerte Zahl von Einwanderern, die dieser Alijah die Konturen einer sozialen Bewegung verliehen. Viele der allgemeineren sozialen Bewegungen, etwa die verschiedenen »Hechaluz«-Gruppen, hatten sich bereits in der Diaspora organisiert.

Der neue Trend wurde auch durch die sich wandelnden Umstände in Palästina gefördert, wo die Zionistische Organisation die durch den neuen politisch-rechtlichen Rahmen des Mandats geschaffenen Möglichkeiten einer konkreten Betätigung unterstützte.

Infolgedessen wandelten sich die hauptsächlichen Pioniergruppen aus Sekten und Diskussionsgruppen in den Typ der »Magschimim«-(Verwirklicher-)Bewegung, die sich nicht nur mit Ideologie per se beschäftigte, sondern auch mit ihrer Übertragung in die Praxis.

Zu dieser Zeit mußten die verschiedenen Arbeitergruppen und -bewegungen miteinander um ihren Platz in der entstehenden Gesellschaft ringen, und hierdurch wurde die zunehmende Notwendigkeit geregelter gegenseitiger Beziehungen zwischen den verschiedenen Gruppen und Sektoren in der jüdischen Gemeinschaft in Palästina unterstrichen.

Die Entwicklung des »Privatsektors« zur Zeit der Dritten und Vierten Alijah

Wie bereits erwähnt, entwickelte sich der »Privatsektor« in der Landwirtschaft, insbesondere in der Siedlungsform der »Moschawah«, gleichzeitig mit den Kollektivsiedlungen. So erfolgte zu dieser Zeit in der Scharonebene die Gründung mehrerer Siedlungen in der Form der Moschawah. Außerdem machten die älteren Siedlungen aus der Ersten Alijah Fortschritte und der städtische Sektor nahm beträchtlich zu, teils durch die Hilfe der nationalen Institutionen. Im Jahre 1922 begann eine Privatgesellschaft amerikanischer Zionisten, in der neuen Siedlung Ra'anana zu arbeiten. In den folgenden Jahren wurden ähnliche Siedlungen – wie Benjamina, Ramatajim, Herzlija, Magdi'el und Kfar Chassidim, um nur einige zu nennen – gegründet. Die beiden letztgenannten brachten ein neues Element in die jüdische Gemeinschaft. Sie waren von religiös-orthodoxen Zionisten von der Art der »Misrachi«-Anhänger gegründet worden. Das orthodoxe Element war in den alten Siedlungen der neuen Einwanderung vorherrschend gewesen, doch in der Zweiten und Dritten Alijah war es fast nicht vorhanden. Die älteren Siedlungen in der Form der Moschawah –Rischon-le-Zion, Petach-Tikwah und Rechowot – nahmen in diesen Jahren sowohl an Größe als auch an Wohlergehen beträchtlich zu. Petach-Tikwah erreichte im Jahre 1927 eine Einwohnerzahl von 5760.

Die Zitrusindustrie wuchs mit der Einführung moderner Techniken und bildete die wirtschaftliche Basis in der Moschawah. Die Entwicklung in den Städten war beträchtlich, und insbesondere Tel-Aviv absorbierte den größten Teil der Vierten Alijah. Die blühende Bauindustrie half mit Privatkapital bei der Begründung neuer Städte – wie zum Beispiel Afuleh, einem grandiosen Projekt zum Bau eines städtischen Mittelpunkts für die Jisre'elebene.

In diese Zeit fiel auch die Organisation des Industriellenverbands (1925), des zentralen Verbands der Privatindustrie. Kurze Zeit nach seiner eigenen Gründung errichtete der Industriellenverband wichtige Hilfsinstrumente, zum Beispiel eine Bank zur Finanzierung neuer Industrien und eine zentrale Importfirma für den Import von Rohstoffen. Die kleinen Fabrikanten, die seit langem im Land waren und sich schon 1909 organisiert hatten, verzweigten ihre Organisation jetzt und begründeten 1923 eine eigene Bank.

Diese Entwicklungen setzten sich fort und intensivierten sich in den dreißiger und zu Beginn der vierziger Jahre – der Zeit der Fünften Alijah und des Zweiten Weltkriegs.

Die Fünfte Alijah

Die Fünfte Alijah setzte 1932 ein und hatte bis Ende 1944 die Zahl von 265 000 Einwanderern erreicht. Ihre Bedeutung lag nicht nur in ihrem zahlenmäßigen Umfang – obzwar dieser der wirtschaftlichen und organisatorischen Expansion einen sehr starken Auftrieb gab –, sondern in dem veränderten Charakter der Einwanderung selbst. Sie bildete einen wichtigen Wendepunkt in bezug auf die Einwanderung städtischer Elemente und die Entwicklung der städtischen Sektoren, und sie drückte sowohl diesen Sektoren als auch der ländlichen Wirtschaft ihr Gepräge auf.

Während der ganzen Zeit kamen zwar weiter Pioniergruppen des älteren Typs, doch machte sich bei der Fünften Alijah (und zum Teil sogar schon bei der Vierten) eine ausgeprägte Veränderung in der Grundmotivation der Einwanderung bemerkbar. Das deutlich erkennbare Schema sozialistischer Pionierziele verschob sich zu zeitgemäßeren Motivationen hin.

Vielleicht die wichtigste Neuerung dieser Zeit war die Anerkennung »bürgerlicher« Berufe und Maßstäbe in der jüdischen Gemeinschaft.

Der größte Teil dieser Einwanderer ging in die städtischen Zentren und entwickelte neue Zweige und neue Arten wirtschaftlicher Unternehmungen. Zu dieser Zeit wurden größere private Industriekonzerne wie die Ata-Textilfabrik und mehrere Bankunternehmungen gegründet oder erweitert.

Es entstanden neue Typen landwirtschaftlicher Siedlung, in denen die sozialistischen und Gemeinschaftselemente viel schwächer waren. Trotz der starken Betonung der Bedeutung der Landwirtschaft im Rahmen der nationalen Leistung entwickelten sich mehr bürgerliche Richtungen mit Nachdruck auf privater Landwirtschaft.

Diese Veränderungen wie auch das zahlenmäßige Wachstum und die demographische Entwicklung der jüdischen Gemeinschaft erforderten eine Regelung der gegenseitigen Beziehungen zwischen den verschiedenen Sektoren.

Die wirtschaftliche und organisatorische Betätigung der jüdischen Gemeinschaft nahm in der Zeit des Zweiten Weltkriegs beträchtlich zu, und die Wirtschaft Palästinas erhielt die allgemeinen Züge einer Kriegswirtschaft. Als Ergebnis zeigten sich eine allgemeine Inflationstendenz, Vollbeschäftigung und steigende Arbeitslöhne. Am bedeutsamsten war die zunehmende Unabhängigkeit der Wirtschaft der jüdischen Gemeinschaft, die infolge des militärischen Bedarfs der Alliierten immer mannigfaltigere Züge entwickelte. Im Gegensatz zur Zitrusindustrie, die durch den zeitweiligen Verlust der europäischen Märkte litt, wurde die übrige Industrie ausgebaut, nachdem andere Länder des Nahen Ostens infolge der Blockade ihrer eigenen Zufuhr aus fremden Ländern sich an die jüdische Gemeinschaft in Palästina gewandt hatten. Einwanderungsbeschränkungen verursachten eine Stockung in der privaten Bauindustrie. Andererseits wuchs die Landwirtschaft unter künstlicher Bewässerung sehr schnell und die Anbaufläche betrug 1945 das Vierfache der 1936 bearbeiteten Fläche.

Intensivierung äußerer Spannungen

Zur Zeit der Fünften Alijah verstärkten sich die äußeren politischen Probleme derart, daß sie zu einem allmählichen Zusammenbruch der Beziehungen zwischen Juden, Arabern und Mandatsmacht führten. Die internationale Situation verschlechterte sich: der abessinische Krieg, die Zeit vor München und das Anwachsen des aggressiven arabischen Nationalismus trugen alle zu dieser Entwicklung bei. Innerhalb Palästinas spiegelte sich die Verschlechterung in den Unruhen wider, die Anfang 1936 ausbrachen und den Konflikt zwischen Arabern und Juden vertieften.

Die Briten versuchten, verschiedene Lösungen für das Palästinaproblem zu finden. Die erste war die der Peel-Kommission, die die Teilung Palästinas in einen souveränen arabischen und einen souveränen jüdischen Staat mit einer Enklave in Jerusalem empfahl. Infolge arabischen Drucks und der Schwäche der britischen Regierung wurde dieser Vorschlag ad acta gelegt, und eine Reihe von Notbehelfsvorschlägen – alle auf die Einschränkung der jüdischen Einwanderung und Siedlung gerichtet – gipfelte in dem Weißbuch von 1939, das die Einwanderung von und die Landübertragung an Juden beschränkte. Das trug damals viel dazu bei, die antagonistische Einstellung der jüdischen Gemeinschaft in Palästina zur britischen Regierung zu verstärken.

Mit dem Ausbruch des Zweiten Weltkriegs wurde das Problem zeitweise beiseite geschoben und die Bitterkeit verringerte sich etwas. Die jüdische Gemeinschaft beteiligte sich intensiv am Kriegseinsatz. Über 130 000 Freiwillige meldeten sich zu Anfang der Feindseligkeiten bei den jüdischen Behörden, aber die Briten nahmen diese große Zahl nicht an. Schließlich traten 24 000 Freiwillige, in der Hauptsache Haganahmitglieder, in die britische Armee ein und wurden für geplante gemischte arabisch-jüdische Einheiten ausgebildet. Infolge der kleinen Zahl arabischer Freiwilliger waren jedoch die palästinensischen Einheiten faktisch fast ausschließlich jüdisch. Im September 1944 wurde schließlich die Erlaubnis zur Bildung einer rein jüdisch-palästinensischen Brigade mit ihrem eigenen zionistischen Emblem erlangt.

Bei Kriegsende, als das volle Ausmaß der Katastrophe der europäischen Judenheit bekannt wurde, erfolgte eine sofortige Verschärfung des Konflikts zwischen der jüdischen Gemeinschaft in Palästina und den Briten. Es begann ein intensiver Kampf um Einwanderung, der schließlich zu einer Reihe von Geschehnissen führte und in der Gründung des Staates Israel gipfelte. Damals, zur Zeit des intensiven Kampfes um Einwanderung, wurde die (von den Briten) sogenannte illegale Einwanderung organisiert, viele solche Einwanderer wurden an die Küsten Palästinas gebracht, »hereingeschmuggelt« und über Nacht angesiedelt; jedoch andere Einwandererschiffe – wie zum Beispiel das Schiff »Exodus« – wurden von den Briten zurückgeschickt, manche nach Europa, die meisten nach besonderen Lagern in Zypern, und sie wurden zu Symbolen des großen Kampfes.

Alle Bemühungen, einschließlich der illegalen Immigration, wurden während dieser Zeit zunehmenden äußeren Drucks verstärkt. Die öffentliche Meinung wurde in vollstem Maß mobilisiert und jeder verfügbare diplomatische und machtmäßige Druck im Kampf gegen die Briten ausgeübt, um Konzessionen in den wesentlichen Fragen der Einwanderung, Siedlung und Verteidigung zu erlangen.

Zur gleichen Zeit erfolgte eine große Expansion der Kolonisation, und viele neue Siedlungen wurden begründet.

Bis 1936 hatten sich die Siedlungsformen von Kibbuz und Moschaw zahlenmäßig etwa die Waage gehalten; doch in den Jahren 1936–1945 erlangte der Kibbuz ein entschiedenes Übergewicht.

Mit ihrer größeren Ausdehnung veränderte sich die soziale Ausrichtung dieser Siedlungen. Ihr Auftrieb zum Pioniertum nahm eine politische und gleichsam militärische Richtung an und schloß organisierte Verteidigung ein; und ihr Hauptantrieb wurde die Ausdehnung der jüdischen Ansiedlung in neue Gebiete, bevor diese von den Arabern und Briten versperrt wurden. Die rein sozialen Elemente wurden sekundär, obwohl sie einen selbstverständlichen wesentlichen Bestandteil der Siedlung bildeten.

Zusammen mit der Entwicklung der Siedlungen nahm auch die Bedeutung der Verteidigungsorganisation (Haganah) beträchtlich zu. Sie konkretisierte ihre organisatorische Form, viele dienten in ihren verschiedenen Abteilungen, und so wurde sie zu einem wichtigen Sammelpunkt nationaler kollektiver Identifikation.

Gleichzeitig entwickelten sich verschiedene in der Tendenz abweichende militärische Organisationen (die »Etzel«- und »Lechi«-Gruppen), deren Kern sich aus Anhängern revisionistischer Gruppen in der Diaspora (insbesondere der »Betar«-Jugendorganisation) zusammensetzte.

Diese aggressiveren Gruppen absorbierten auch viele unzufriedene Elemente aus der jüdischen Bevölkerung Palästinas. Unter ihnen waren einige orientalische Gruppen der zweiten Generation und einige jüngere Elemente des rechten oder Privatsektors, die sich nicht mit der begrenzten politischen Betätigung ihrer Väter begnügten und gleichzeitig ideologisch und traditionell in Opposition zu den Arbeitergruppen und -bewegungen standen.

Der Zwiespalt und Kampf zwischen diesen Gruppen und der organisierten jüdischen Gemeinschaft bildeten, wie wir ausführlicher später sehen werden, einen entscheidenden Aspekt in der Geschichte und Entwicklung der jüdischen Gemeinschaft in Palästina und des Staates Israel.

4. DER INSTITUTIONELLE AUFBAU DER JÜDISCHEN GEMEINSCHAFT IN PALÄSTINA

Ausbildung institutioneller Schemata – ihre Grundstruktur. Kulturelle Prämissen der Modernität, Modernität und Religion; Wiederbelebung der hebräischen Sprache

Das vorangegangene Kapitel beschrieb die Hauptentwicklungsstadien in der jüdischen Gemeinschaft, behandelte jedoch nur kurz den institutionellen und sozialen Aufbau in der Mandatszeit.

Die jüdische Gemeinschaft entfaltete sich innerhalb des Rahmens von Mandat und arabischer Bevölkerung und war mit beiden eng verflochten. Aber sie gliederte sich in diesen Hintergrund niemals völlig ein, lag doch ihre Existenzberechtigung gerade in der Möglichkeit einer relativ unabhängigen Entwicklung.

Um den Charakter dieser Entwicklung zu verstehen, ist es wichtig, einige ihrer hervorstechenden kulturellen Prämissen, die zur Zeit der Zweiten Alijah entstanden und während der Mandatszeit feste Formen annahmen, zu betrachten. In ihnen zeichneten sich erste, noch unvollständige Ansätze des Charakters der modernen Gesellschaft ab, wie sie sich in der jüdischen Gemeinschaft entwickelte.

Zwei Grundmerkmale sind von entscheidender Bedeutung für das Verständnis der neuen modernen Gemeinschaft: erstens die Beziehung zwischen der kulturellen Ausrichtung und der jüdischen Religion und zweitens die Wiederbelebung der hebräischen Sprache. Die Bildung kultureller Institutionen war zwar das Werk weltlicher, irreligiöser Gruppen, die jedoch in ihrer Haltung nicht militant antireligiös waren. Außerdem hatten religiöse Ideologen wenig Einfluß auf das religiöse Klima des Landes, obwohl sie zu den wichtigen Exponenten des Zionismus zählten. Nur wenige religiöse Persönlichkeiten – wie zum Beispiel der verstorbene Rabbiner Kook – versuchten einige relativ neue religiöse Auslegungen zu geben. Religiöse Kibbuzsiedlungen unternahmen einige Versuche zu praktischen religiösen Neuerungen; aber ihre Bedeutung im internen religiösen Bereich oder in der potentiellen Beeinflussung der weltlicheren Gruppen war geringfügig. Später, besonders nach der Staatsgründung, erschienen sogar diese relativ begrenzten Neuerungen den religiösen Kreisen verdächtig; sie ließen nur wenige Änderungen im überlieferten Gesetz zu, und alle hielten sich durchweg innerhalb der Grenzen der Orthodoxie.

Das Fehlen kämpferisch antireligiöser Gefühle im allgemeinen war auf viele Faktoren zurückzuführen, von denen wir hier nur einige behandeln können. Die Auflehnung gegen »Haskalah« (Aufklärung) und Assimilation schloß notwendigerweise eine Romantisierung der Tradition ein und vereinte oft innerhalb einer einzigen Generation verhältnismäßig traditionstreue Eltern und weltliche Söhne. Das trifft für fast alle großen Führer der zionistischen Bewegung zu.

Darüber hinaus ist die entscheidende Tatsache festzustellen, daß die Juden keine institutionalisierte und organisierte »Kirche« hatten, die mit ihren tiefverwurzelten Interessen sich allen neuen Tendenzen widersetzte und die der Verurteilung leicht als Zielscheibe dienen konnte. Ferner waren von Anfang an viele Rabbiner – wenn auch nicht an hervorragender Stelle – an der zionistischen Bewegung beteiligt. Darauf ist es zurückzuführen, daß in der zionistischen Bewegung die weltliche Einstellung und die Ideologien der großen Mehrheit nicht zu völlig antireligiösen Symbolen und Haltungen führten, obgleich in vielen Schriften und im Kollektivbenehmen jeweils gelegentlich der Nachdruck auf solchen Symbolen lag. Im institutionellen Bereich bildeten die religiösen Gruppen einen Teil der Struktur der zionistischen Bewegung und der jüdischen Gemeinschaft in Palästina, und es mußte ihnen daher Rechnung getragen werden. Nur die Linksgruppen verneinten manchmal die Gültigkeit der religiösen Ansprüche.

Das erklärt zum mindesten teilweise den Modus vivendi, der sich in der zionistischen Bewegung und in der jüdischen Gemeinschaft in Palästina zwischen den religiösen und den nichtreligiösen Gruppen herausbildete. Er bezog sich nicht nur auf den institutionellen Bereich, also die verschiedenen Anordnungen des Oberrabbinats und das Hinnehmen durch die Öffentlichkeit von verschiedenen religiösen Betätigungen und Beschränkungen, sondern erstreckte sich auch auf die Anerkennung der Berechtigung religiöser Gruppen und Richtungen innerhalb der zionistischen Ideologie und Bewegung. Gleichzeitig wurde durch das Fehlen einer inneren Erneuerung auf religiösem Gebiet die kulturelle Erneuerung hauptsächlich auf den weltlichen Bereich beschränkt.

Ein zweites wichtiges Merkmal der kulturellen Sphäre, dessen Bedeutung schwerlich überschätzt werden kann, ist die Wiederbelebung der hebräischen Sprache und ihre Verankerung als gemeinsame Sprache der jüdischen Gemeinschaft in Palästina. Es würde den Rahmen dieser Analyse überschreiten, wollten wir die sozialen und linguistischen Gründe für diesen Erfolg erklären. Entscheidend ist die Tatsache, daß diese Wiederbelebung und Modernisierung in einer in den Annalen moderner Gesellschaften wahrscheinlich beispiellosen Weise geglückt ist. Trotz aller sich in dem Prozeß ergebenden linguistischen Ungereimtheiten gelang die Anpassung des Hebräischen an abendländische Probleme und modernes Leben in einer verhältnismäßig kurzen Zeit. Das bedeutete, daß ein entscheidendes Werkzeug der Verständigung geschaffen war, das weit davon entfernt war, nur nationalem Symbolismus zu dienen, sondern sich vollständig in das Leben des Volkes eingliederte. Schon die erste Generation führte dieses Werk durch, die zweite und dritte gebrauchte Hebräisch bereits als natürliche Muttersprache. Das erwies sich seit der frühesten Zeit der jüdischen Gemeinschaft in Palästina, doch mehr noch seit der Staatsgründung und dem Einströmen neuer Einwanderer, als ungeheuer starkes Mittel zur nationalen Einigung. Wahrscheinlich war die Sprache auch der wichtigste Faktor in der Schwächung der ethnischen Identifikation, fanden doch sogar die verschiedenen ethnischen Symbole und Spannungen ihren Ausdruck immer häufiger in der hebräischen Sprache. Für die erste Generation bildete die Wiederbelebung der Sprache ein ideologisches kollektives Ziel und einen Aspekt kulturell schöpferischer Leistung; später wurde sie zu einem natürlichen Phänomen – zu einer Sprache, die im täglichen Leben gebraucht wird und auch dem Philologen als Objekt dient. Bis zum heutigen Tag ist das Erfinden neuer hebräischer Ausdrücke eine Art nationaler Sport.

Aber Hebräisch wurde mehr als nur ein Verständigungsmittel. Es verhinderte oder verringerte zum mindesten die Entwicklung einer Spaltung zwischen Modernität und Tradition, die sich so oft in anderen Gesellschaften findet. Nachdem seine Vorherrschaft gesichert war, hörten fremde Sprachen auf, Konkurrenten oder Entfremdungssymbole zu sein und wurden lediglich zu Ergänzungen. Die Einführung des Englischen in der Mandatszeit als Hauptfremdsprache erleichterte diesen Prozeß, da es für keine der größeren Einwanderergruppen Muttersprache war. Zwar behielten viele Gruppen im täglichen Gebrauch ihre Sprachgewohnheiten bei, doch waren dies sekundäre und private Erscheinungen, nicht öffentliche institutionalisierte Schemata.

Hebräisch war sowohl die moderne als auch die »traditionale« Sprache, und der Kampf gegen die Vertreter des Jiddischen, die »Jiddischisten«, war in nicht geringem Maße durch die Abneigung motiviert, dem Jiddischen oder irgendeiner anderen Sprache außer Hebräisch folkloristische Werte zuzugestehen. Nachdem dieser Kampf beendet und Hebräisch zur einzigen gemeinsamen Sprache geworden war, gelang es sowohl dem Jiddischen als auch anderen Dialekten, etwas von ihrer Überlieferung beizubehalten, doch sie verloren jegliche gesamtnationale oder ethnisch-symbolische Bedeutung.

Alle sozialen, kulturellen und politischen Spaltungen, die sich in der jüdischen Gemeinschaft in Palästina entwickelten, kamen somit in einer gemeinsamen Sprache zum Ausdruck. Alle Kontroversen zwischen religiösen und weltlichen Gruppen, zwischen Konservativen und Radikalen, fanden in derselben Sprache statt, und nur die ultrareligiösen Gruppen blieben beim Jiddischen. Mehr als das, Hebräisch wurde zur Sprache aller Schichten der Gesellschaft und aller Stufen der Verständigung. Es ist jetzt Unterrichtssprache in Schule, Universität und Technion, Sprache des täglichen Umgangs, nicht mehr eine Sprache des einfachen Volks, die von ihr entfremdeten, selbst in den Sprachen anderer Länder und Überlieferungen verwurzelten Intellektuellen sehnsuchtsvoll in Ehren gehalten wird. Merkwürdigerweise wurde die hebräische Sprache, obwohl ihre Erneuerung durch ideologische Bestrebungen zustande gekommen war, auch zu dem Werkzeug, durch das die antiverbalistische Richtung der zweiten Generation diese selbe Ideologie, ihre Werte und Prämissen voll akzeptierte und in mancher Beziehung von ihren Übertreibungen befreite.

Der institutionelle Aufbau der jüdischen Gemeinschaft in Palästina

Die wichtigsten sozialen Kennzeichen der Mandatszeit waren die stetige Expansion der jüdischen städtischen und ländlichen Siedlung sowie die Schaffung der grundlegenden Institutionen und das Übergewicht der Arbeitergruppen in ihnen.

Zu dieser Zeit kristallisierten sich auch innere Beziehungen zwischen den wichtigeren Gruppen der jüdischen Gemeinschaft und der Zionistischen Organisation heraus mit dem Hauptakzent auf den gemeinsamen Zielen in Politik und Siedlung.

Außerdem bildete sich damals allmählich das Übergewicht der Zionistischen Organisation und der Jewish Agency über die anderen Institutionen im jüdischen Sektor heraus.

Die Entwicklung dieser Gruppierungen wurde gefördert durch das Problem der grundlegenden politischen und wirtschaftlichen Beziehungen der jüdischen Gemeinschaft zur Mandatsregierung einerseits und zum arabischen Sektor andererseits. Die primäre Frage war hier, ob die jüdische Gemeinschaft und die Zionistische Organisation bereit sein würden – wie manche britischen Kreise es anregten –, zu einem Teil der Oberklassen in einer pluralistischen Kolonialgesellschaft und dadurch zu abendländischen »Kolonisatoren« in einer arabischen Wirtschaft zu werden.

Die Entscheidung, eine völlig unabhängige jüdische Wirtschaft zu schaffen, war vielleicht der schicksalsschwerste Schritt in der Entwicklung der jüdischen Gemeinschaft. Die Betonung der politischen Unabhängigkeit führte zu einer unbehaglichen, im Grunde antagonistischen Beziehung zur Mandatsmacht. Diese wurde noch verstärkt durch die ausgedehnte Einwanderung und Siedlungstätigkeit, die zu wichtigen politischen Zielen für alle Sektoren der jüdischen Gemeinschaft und zum Zankapfel zwischen ihr und der Mandatsregierung geworden waren. Hierdurch wurde auch die Selbstverteidigung von einer Angelegenheit der lokalen Sicherheit zu einem lebenswichtigen politischen Problem erhoben.

Diese Entwicklungen verbanden sich eng mit der Suche nach der besten Form für den Aufbau das Nationalheims, und hierauf gründete sich die Tendenz zur Siedlung, die sich auf nationales, durch den Keren Hajessod und den Keren Kajemeth mobilisiertes Kapital stützte.

Mehrere Alternativwege zur Besiedlung des Landes wurden zu Beginn der zwanziger Jahre erwogen. Der erste unter ihnen plante eine schnelle Besiedlung durch Privatinvestitionen großen Maßstabs, wie es der Richter Brandeis und die Zionisten in den Vereinigten Staaten vorschlugen. Dieser Einstellung setzte Professor Weizmann starken und erfolgreichen Widerstand entgegen.

Die zweite Möglichkeit war die einfache Ausdehnung einer auf Privatkapital basierenden Einwanderung, die auf schnelle wirtschaftliche Normalisierung abzielte. Hier wurde die Erfahrung mit der Vierten Alijah entscheidend. Sie bewies, daß bei allem Gewicht einer solchen Einwanderung sie in sich doch nicht bedeutsam genug war, um angesichts widriger wirtschaftlicher Bedingungen eine kontinuierliche Entwicklung zu gewährleisten; auch konnte sie nicht schnell genug wirtschaftliche oder politische Macht entfalten, um eine fortlaufende Absorption neuer Arbeitskräfte zu sichern.

Etwas später versuchten die Revisionisten unter Jabotinsky, ein politisches Klima zu schaffen, das der Entwicklung eines Nationalheims durch eine rein politische Bewegung günstig wäre; diese sollte sich mit politischer Agitation, Organisation der Massen und Einwanderung befassen, jedoch nicht auf dem Gebiet der Ansiedlung arbeiten, da dies, so wurde versichert, die Intensität der politischen Arbeit nur schwächen würde.

Die fehlende Bereitschaft der in der Diaspora ansässigen Juden, in Massen einzuwandern, um die unabhängige Wirtschaft der jüdischen Gemeinschaft anzukurbeln und ihre politische Macht zu stärken, gab den Ausschlag zugunsten einer Pionierlösung, die in der Politik Weizmanns ihren Ausdruck fand und zu Ende der zwanziger Jahre und Anfang der dreißiger Jahre allmählich feste Formen annahm.

Es ist nicht leicht, die historische Streitfrage zu beantworten, ob alle diese – und ganz besonders die beiden letzten – Möglichkeiten von Anfang an zum Scheitern verurteilt waren. Noch ob die Persönlichkeit von Professor Weizmann die dynamischeren Elemente für sich einnahm, wie sowohl von der Brandeis-Gruppe als auch von den Revisionisten behauptet wird. Wie bei so vielen historischen Streitfragen, werden wir wahrscheinlich auch hier die Antwort niemals wissen.

Tatsache ist jedoch, daß das zugunsten von nationalem Pioniertum und Siedlungswerk verlagerte Gewicht die notwendigen Bedingungen schuf für die Vorherrschaft der Arbeitergruppen. Das bedeutete nicht, daß andere Sektoren keine entscheidende Rolle in der wirtschaftlichen Entwicklung der jüdischen Gemeinschaft spielten. Vielmehr wurde die ständige Expansion in den politisch-wirtschaftlichen Sektoren und politischen Organisationen des Landes abhängig von der Kombination von nationalem Kapital und Siedlungsbewegungen.

Durch diesen Wandel wurde die Zionistische Organisation mit der Zeit einflußreicher als der Wa'ad Le'umi, und innerhalb der Zionistischen Organisation gewannen die Arbeitergruppen das Übergewicht. Dieser Trend manifestierte sich zuerst, als Chajim Arlosoroff die Leitung der politischen Abteilung der Jewish Agency in Jerusalem übernahm und Ben-Gurion im Jahre 1935 zum Vorsitzenden ihrer Exekutive wurde.

Wichtiger Wandel im Arbeitersektor – Tendenz zur Einheitlichkeit

Der Erfolg der Arbeitergruppen war durch signifikante Änderungen in ihrer Einstellung und Betätigung bedingt, wobei zwei einander widersprechende Entwicklungen gleichzeitig erfolgten: Zersplitterungen und Spaltungen gingen einher mit einer zunehmenden Einheitlichkeit in der Organisation.

Die Streitigkeiten zwischen den verschiedenen Arbeitergruppen waren scharf und oft bitter. Die totalistischen und semimessianischen Elemente, die diese Gruppen seit der Zeit der Zweiten Alijah aufwiesen, nahmen an Intensität zu. Das zeigte sich in dem wachsenden Wettbewerb um Arbeitskräfte und Kapital und in der Besorgnis, viele der neuen Entwicklungen im städtischen und privaten Sektor würden zu einer Schwächung des Arbeitersektors führen, ihm möglicherweise Mittel entziehen und den Pioniergeist untergraben.

Paradoxerweise entstanden indes neben diesen Tendenzen viele neue vereinheitlichende Organisationen. Die bedeutendste unter ihnen war vielleicht die 1920 – nach langwierigen Verhandlungen zwischen den größeren Arbeitergruppen – erfolgte Gründung der »Histadruth« (Allgemeiner Arbeiterverband), die alle Gruppen und Organisationen umfaßte und bald auf vielen Gebieten Macht und Einfluß gewann.

Grundmerkmale der Histadruth

Die Histadruth war von Anfang an mehr als eine Gewerkschaft oder ein Gewerkschaftsbund. Arbeitsbedingungen und Arbeitsstreitigkeiten hatten in ihren Anfangsstadien eine gewisse Bedeutung, doch sie waren weder vorherrschend noch primär in ihrer Grundauffassung. Zweck der Histadruth war mehr, günstige Bedingungen für die Entwicklung und Organisation einer neuen, privilegierten Arbeiterklasse zu schaffen, als die Interessen einer bestehenden benachteiligten Arbeiterklasse zu schützen.

Zur Schaffung einer Arbeiterklasse, die sich aus Mittelstandselementen zusammensetzte, war in erster Linie die Vorbereitung und Ausbildung der Arbeitskraft erforderlich. Das bedeutete die Bildung verschiedener Einwanderergruppen in der Diaspora und ihre Ausbildung zu landwirtschaftlicher und physischer Arbeit in verschiedenen Vorbereitungs- (»Hachscharah«-) und Pionier- (»Chaluz«-) Gruppen und Ausbildungslagern. Sie erhielten schließlich aus der von der Mandatsregierung gewährten Gesamtquote dann Einwanderungszertifikate, wenn die Zionistische Organisation ihre tatsächliche Einwanderung und endgültige Ansiedlung in den städtischen oder ländlichen Bezirken Palästinas durchführte.

Diese Tätigkeit bezog sich zunächst hauptsächlich auf die Vorbereitung zu landwirtschaftlicher Ansiedlung und wurde dann auf die städtischen Gebiete ausgedehnt, zu denen hin sich das Gewicht der Histadrutharbeit bald verlagerte.

Die Notwendigkeit, eine Arbeiterklasse zu schaffen, erforderte den Aufbau von Wirtschaftszweigen, in denen sie arbeiten konnte. Trotz der erbitterten Anklagen gegen Ausbeuter und Kapitalisten, die die Histadruthführer in Schriften und Reden verlauten ließen, erwies sich, daß die Notwendigkeit der stetigen Beschäftigung und Kapitalbeschaffung zur Erweiterung und Schaffung verschiedener Wirtschaftszweige, wie etwa öffentliche Arbeiten und Transport, ein bedeutend akuteres Problem war als der Kampf gegen die schwachen und nichtvorhandenen Kapitalisten. Die Histadruth selbst wurde zu einem der Zentralpunkte für die Kapitalaufbringung. Natürlicherweise waren ihre ersten Bemühungen auf den landwirtschaftlichen Sektor gerichtet, und sie kämpfte unaufhörlich um Zuwendung von Mitteln durch die Zionistische Organisation. Dadurch entstand die paradoxe Auffassung, Kibbuz- und Moschawmitglieder könnten als Mitglieder der Arbeiterklasse unabhängige Bauern werden – ein Paradox, das eine scheinbare Lösung fand in der Betonung ihrer Zugehörigkeit zu kollektiven Bewegungen und Organisationen der »Arbeiterklasse«.

Aber der Hauptantrieb für die Tätigkeit der Histadruth in der Mitte der zwanziger Jahre war die wachsende Erkenntnis der Bedeutung, die der städtische Sektor für die Ansiedlung und wirtschaftliche Ausdehnung der jüdischen Gemeinschaft hatte. Damit verband sich die Einsicht von der Unzulänglichkeit der Auffassungen von Kibbuz und Gdud Ha'awodah, die den städtischen Sektor quasi zu einem erweiterten Kibbuz organisieren wollten.

Die Errichtung diverser Unternehmer- und halbindustrieller Einheiten in der Histadruth selbst war daher sehr wichtig. Diese Einheiten setzten sich für den Ausbau einiger öffentlicher Unternehmungen für öffentliche Arbeiten und Industrie ein, die sonst vielleicht überhaupt nicht entwickelt oder britischen oder arabischen Unternehmungen überlassen worden wären.

Die erste und wichtigste dieser Unternehmungen war »Solel Boneh«, im Jahre 1921 ursprünglich als Unternehmerfirma für Straßenbau gegründet. Bereits Mitte der zwanziger Jahre war sie groß am Baumarkt beschäftigt und hat sich seitdem stetig ausgedehnt und seit dem Zweiten Weltkrieg ihren Tätigkeitsbereich immer mehr erweitert.

Parallel zu »Solel Boneh« entwickelten sich in der »Chewrat Owdim«, wie die wirtschaftliche Dachorganisation der Histadruth genannt wurde, viele Transportgenossenschaften. Die wichtigsten unter diesen war »Egged«, die 1933 zur Personenbeförderung in Überlandomnibussen organisiert wurde. In den folgenden Jahren der Unruhen und Aufstände entstanden weitere derartige Transportunternehmungen sowohl für Personen- als auch für Güterbeförderung.

Das Einströmen von Privatkapital ermöglichte es »Chewrat Owdim«, im Jahre 1936 die Unternehmung »Mekorot« zu gründen, die als Wasserplaner und -lieferant eine überragende Bedeutung für die jüdische Gemeinschaft erlangte. Im gleichen Jahr wurde infolge des allgemeinen arabischen Streiks die Schiffahrtsgesellschaft »Zim« gegründet.

Die Schaffung und Erhaltung einer Arbeiterklasse erforderten nicht nur die Schaffung von Arbeitsplätzen, sondern auch angemessene Lebens-, Arbeits- und Kulturbedingungen, ungeachtet des asketischen Elements in der Pionierklasse.

Hier gewann die reine Gewerkschaftsarbeit, die sich mit dem Wachstum des städtischen Sektors ausdehnte, an Bedeutung, ohne indes schon die zentrale Tätigkeit der Histadruth darzustellen.

Diese zielte daher darauf ab, verhältnismäßig billigen, langfristig finanzierten Wohnungsbau zu schaffen, sowie ein verzweigtes Netz von Konsumgenossenschaften, die landwirtschaftliche Erzeugnisse vom Land in die Städte brachten und den Erzeugern gewisse Mindestpreise sicherten.

Parallel hierzu entfaltete die Histadruth Sozialversicherungspläne. Es wurde eine

Krankenkasse organisiert, die aus verhältnismäßig kleinen Anfängen zur wichtigsten Gesundheitsfürsorge des Landes heranwuchs.

Die Gründung der meisten dieser Organisationen erfolgte versuchsweise innerhalb verhältnismäßig kurzer Zeit in den zwanziger Jahren als organisatorische Lösungen zu vorwiegend ideologischen Problemen, die indes das Leben relativ großer Gruppen von Menschen berührten.

Dieselben ideologischen Ziele erklären auch die Entfaltung und Bedeutung der erzieherischen und kulturellen Arbeit der Histadruth, die sich von der vorbereitenden Ausbildung bis zu den verschiedenen besonderen Bildungs- und Kulturorganisationen und Pionierjugendgruppen erstreckte. Sie alle zielten darauf ab, eine Pionierarbeiterschaft auszubilden, ihr einen angemessenen Lebensstandard zu sichern und Loyalität zur Arbeiterorganisation zu gewinnen.

Die Histadruth als politische Körperschaft

Mit der Aufstellung dieses weitgezogenen Arbeitsbereichs entstand eine der einflußreichsten wirtschaftlichen und politischen Organisationen in der jüdischen Gemeinschaft in Palästina. Bereits im Anfangsstadium wurde eine besondere Holdinggesellschaft, die »Chewrat Owdim«, gegründet, die als Dachorganisation alle wirtschaftlichen Unternehmungen der Histadruth zusammenfaßte. Viel später wurden diese Unternehmungen so mächtig, daß sie sich jeder wirklichen Kontrolle durch Chewrat Owdim entzogen und es besonderer Anstrengungen bedurfte, um sie wirksam zu kontrollieren. Aber zur Zeit der Gründung und während einer langen Zeit danach war das wichtigste Kennzeichen der Histadruth Vereinheitlichung unter zentraler Leitung — wenn auch diese Leitung sich aus Vertretern verschiedener Gruppen und Parteien zusammensetzte.

Somit war die Histadruth von Anfang an eine politische Körperschaft, die kollektive und politische Ziele verfolgte; die meisten ihrer Entscheidungen, Taktiken und Betätigungen wurden von politischen Erwägungen bestimmt. Rein wirtschaftliche Probleme ordnete man politischen Auffassungen, die in den grundlegenden zionistischen Pioniersideologien wurzelten, unter.

Das Hauptziel der politischen Arbeit und Kämpfe der Histadruth war es, Arbeitskräfte zu gewinnen. Damit verbunden war offensichtlich die Erlangung einer maximalen Zuteilung von Einwanderungszertifikaten für ihre Mitglieder und die Verstärkung ihrer Anziehungskraft auf Neueinwanderer.

Die Notwendigkeit zu gemeinsamem Vorgehen bewirkte einen starken Wandel in der totalistischen und sektiererischen Einstellung der größeren Pioniergruppen und erweiterte ihren Arbeitsbereich. Das führte oft zu ideologischem Konservatismus und verstärkte das Sektierertum einiger Gruppen.

Im Jahre 1930 erfolgte die Gründung der israelischen Arbeiterpartei »Mapai«, die zur größten politischen Partei in der Histadruth wurde; sie setzte sich aus »Achduth Ha'awodah«, »Hapoel Hazair« und ein paar Parteilosen zusammen. Die Gründung von Mapai als einheitliche Partei kennzeichnete den Beginn der Hegemonie der Arbeitergruppen in der politischen Organisation der jüdischen Gemeinschaft in Palästina und in der Zionistischen Organisation.

Organisatorischer Unterschied zwischen dem Arbeiter- und dem Privatsektor

Die Stärke der Arbeitergruppen im Land und in der Zionistischen Organisation wurzelte in der Tatsache, daß sie imstande waren, in der Diaspora politische Anhänger zu finden, die auch gewillt waren, nach Palästina auszuwandern und Siedlungen von zentraler Bedeutung zu errichten; diese hinwiederum konnten als Basis für die Absorption weiterer Einwanderer und für die Ausdehnung der Ansiedlung dienen.

Ihre Wirksamkeit beruhte darauf, daß Berufsumschichtung stark im Vordergrund stand und den Mitgliedern das entsprechende Eigenkapital zur Ansiedlung fehlte, was sie notwendigerweise dazu veranlaßte, sich viel stärker auf die diversen Organisationen der Histadruth und Arbeiterparteien zu verlassen. Diese Organisationen stellten eine wichtige Verbindung zwischen der Diaspora und der jüdischen Gemeinschaft in Palästina dar.

Bei Einwanderern, die nicht bereit waren, ihren Beruf zu wechseln, und die außerdem über ein gewisses Kapital verfügten, lag keine Notwendigkeit für derartige neue Einrichtungen und Organisationen vor. Ihre Beziehungen zu ihren Parteien in der Diaspora waren lockerer und basierten nicht auf starker ideologischer oder organisatorischer Identifikation. Mit Ausnahme der religiösen Arbeiterpartei »Hapoel Hamisrachi« war die Verbindung dieser Gruppen mit Palästina sowohl in bezug auf das Menschenmaterial als auch auf die Organisation viel lockerer und ihre innere Organisation viel schwächer.

Zwar verkündeten die Parteien, insbesondere die »Allgemeinen Zionisten« und der »Misrachi«, einige allgemeine politische und ideologische Ziele, sie befaßten sich jedoch nicht mit der Verfolgung konkreter politischer Ziele wie etwa organisierte Zusammenarbeit mit den verschiedenen privatwirtschaftlichen Gruppen in Palästina.

Private Gruppen von Landwirten und Kaufleuten gehörten hauptsächlich lokalen und städtischen Organisationen an und interessierten sich in erster Linie für die Wirtschaft des Landes.

Die Ortsgruppen betrachteten die Partei der Allgemeinen Zionisten nicht als Vertreterin ihrer Interessen, noch machte die Leitung der Allgemeinen Zionisten den Versuch, diese divergierenden Gruppen zu einem gemeinschaftlichen Parteisystem zusammenzuschließen.

Zu Beginn des Jahres 1940 wurden Versuche unternommen, diese verschiedenen Interessengruppen in einem allgemeinen konservativen Bund, dem »Ichud Esrachi«, zusammenzufassen, der als Gegengewicht zur Histadruth gedacht war. Sein Erfolg war jedoch begrenzt.

Aus den verschiedenen allgemein-zionistischen Gruppen gingen auch viele unabhängige, freidenkende Mitglieder der freien Berufe hervor. Einige von ihnen waren auch mit den Arbeitergruppen verbunden, doch ihre Beziehung zu politischen Gruppen war eine rein individuelle.

Eine umfassendere politische Organisation entstand erst mit der Entwicklung der Partei der »Alijah Chadaschah«, einer 1943 vorwiegend von deutschen Einwanderern des Mittelstands und der freien Berufe gebildeten Partei mit allgemeiner Orientierung.

Nichts hiervon konnte jedoch das Absinken der allgemein-zionistischen Gruppen in der Zionistischen Organisation als Ganzes aufhalten. Ihre Führung als zahlenmäßig bedeutendstes Element auf den Zionistenkongressen (73 % auf dem Karlsbader Kongreß von 1923, 57 % auf dem Baseler Kongreß von 1931) verloren sie auf dem 18. Kongreß in Prag im Jahre 1933, auf dem sie nur noch 44 % der Delegierten stellten.

Ein ähnliches Bild entwickelte sich innerhalb der religiösen Gruppen einschließlich der Misrachi-Partei, mit Ausnahme des Hapoel Hamisrachi (der religiösen Arbeitergruppe), der den Arbeiterparteien näherstand.

Die sich bei den Revisionisten vollziehende Entwicklung verlief anders. Diese Gruppe war 1925 als Ergebnis der Unzufriedenheit mit der Führerschaft Weizmanns geschaffen worden und trat 1935 aus der Zionistischen Organisation aus. Sie bildete viel mehr eine politische Bewegung, die ihrer ganzen Natur nach gegen Pioniertum und Siedlungswesen eingestellt war und keinerlei ausgeprägtes Netz von Interessengruppen entwickelte.

Am Rande der politischen Arbeiterparteien standen solche Gruppen wie »Brith-Schalom« oder später »Ichud«; sie bestanden aus unabhängigen Intellektuellen (wie J. L. Magnes, S. H. Bergmann und I. Epstein) und aus Persönlichkeiten, die in erster Reihe mit den beruflichen und weniger mit den ideologischen und politischen Problemen der jüdischen Gemeinschaft in Palästina verbunden waren (wie A. Ruppin und H. M. Kalvarisky). Ihr Hauptziel war die Herbeiführung guter Beziehungen zu den Arabern, und sie übten scharfe Kritik an der Politik der Zionistischen Organisation.

Die Gegensätze in der politischen Organisation der verschiedenen zionistischen Gruppen und Parteien spiegelten sich auch in der entsprechenden politischen Führerschaft wider. Typisch für den Privatsektor der Allgemeinen Zionisten waren die Führer der »Bewegung« – Persönlichkeiten hohen Kalibers auf den Gebieten der Rednergabe, Diplomatie und Allgemeinbildung, die zur Elite der Allgemeinen Zionisten und der jüdischen Gemeinschaft in Palästina gehörten, den praktischen Alltagsproblemen jedoch entrückt waren, so daß diese auf wirtschaftlichem, beruflichem und verwaltungstechnischem Gebiet von den verschiedenen lokalen Führern betreut werden mußten.

Bereich und Umfang der Probleme, die diese Führer behandeln konnten, waren jedoch notwendigerweise durch das Fehlen eines gemeinsamen Betätigungs- und Interessenrahmens eingeschränkt.

Im Arbeitersektor war die Gesamtentwicklung der Führerschaft anders. Zu Anfang gab es auch in diesem Sektor verschiedene Führertypen und verschiedene Ebenen politischer Betätigung, aber der reine Typ des Führers der Bewegung hatte nur in den mehr sektiererischen Gruppen Bestand. In den meisten Fällen verflochten sich die verschiedenen Ebenen von politischer Betätigung und Führertypen eng miteinander, und sie befaßten sich sowohl mit Problemen der Bewegung als auch mit konkreten Fragen. Diese Merkmale bilden die Hauptgründe für die Stärke der Arbeitergruppen und ihre zunehmende Fähigkeit, eine entscheidende Rolle in der Absorbierung auch von solchen Neueinwanderern, die nicht zum Pioniertyp gehörten, zu spielen. Durch deren Absorbierung wurden die Arbeitsgruppen und -organisationen notwendigerweise von ihren sektiererischen Ursprüngen abgelenkt.

Auf diese Weise wuchs die organisatorische Stärke der Arbeitergruppen stetig, obwohl sie nicht unbedingt eine zahlenmäßige Mehrheit darstellten, und sie zogen immer mehr Neuankömmlinge an.

Im Jahre 1920 umfaßte die Histadruth 11 % der erwachsenen Bevölkerung, im Jahre 1949 waren es 40 %. Die Wachstumskurve der Histadruth verläuft im allgemeinen parallel zu der der jüdischen Gemeinschaft in Palästina als Ganzes und weist so den engen Zusammenhang zwischen Histadruthmitgliedschaft und Einwanderung auf. Diese Tatsache wurde von der Zeit der Fünften Alijah an immer offenkundiger.

Wachstum der institutionellen Struktur der jüdischen Gemeinschaft in Palästina

Nachdem wir die wesentlichen organisatorischen Entwicklungen der jüdischen Gemeinschaft in Palästina analysiert haben, können wir uns nunmehr an die Analyse der institutionellen Gesamtstruktur, wie sie sich bis zum Ende der Mandatszeit entwickelte, begeben.

Hier ist die Wechselwirkung zweier wichtiger Trends festzustellen. Der erste, in den zwanziger Jahren und zu Beginn der dreißiger Jahre, war der Ausbau des Grundgefüges, das sich während der Zweiten Alijah in unvollständiger Form herausgebildet hatte. Es war gekennzeichnet durch den föderativen Charakter der verschiedenen Gruppen und durch die Diskrepanz zwischen den rein ökologischen Gruppen und den ersten Anfängen funktioneller Institutionen und Organisationen.

Der zweite Trend, der sich gleichzeitig entwickelte, war die zunehmende gegenseitige Abhängigkeit der verschiedenen Sektoren in der jüdischen Gemeinschaft trotz des föderativen Charakters ihrer Organisation.

Das zeigte sich im Wachstum der gemeinsamen inneren Märkte, in Arbeitsfragen und -beziehungen, in dem zunehmenden Umfang von örtlichen Angelegenheiten und in der Entstehung verschiedener Wirtschafts- und Berufsorganisationen.

Weitere Punkte gemeinsamen Interesses, die für die Entwicklung der jüdischen Gemeinschaft in Palästina eine zentrale Bedeutung gewannen, waren die Stellung zu außenpolitischen Angelegenheiten, der Kampf um fortgesetzte Einwanderung, Verteidigung und die Erweiterung des Nationalheims.

Trotz dieser zahlreichen Berührungspunkte war jedoch die jüdische Gemeinschaft in Palästina sogar am Ende der vierziger Jahre noch keine unabhängige, selbstgenügsame Gesellschaft.

Die gegenseitige Abhängigkeit der verschiedenen Sektoren und Gruppen voneinander auf manchen Gebieten schloß nicht aus, daß sie unabhängig waren in bezug auf den Zugang zu äußeren Macht- und Kapitalquellen, auf ihre innere Organisation und in gewissem Ausmaß auf ihre innere Wirtschaft und regulativen Mechanismen. Mit der Ausdehnung dieser Gebiete verstärkten sich auch die Berührungspunkte und damit die möglichen Konflikte zwischen den verschiedenen Gruppen, so daß auch das Problem der regulativen Mechanismen zur Behandlung dieser Fragen entstand.

Institutionalisierung der Pioniersideologien – Auswahl von Eliten, Kristallisierung gemeinsamer Symbole

Der beste Weg, dem Problem dieser regulativen Mechanismen beizukommen, ist die Analyse des Konflikts zwischen den grundlegenden Pioniersideologien und dem ständigen Wachstum der institutionellen Struktur der jüdischen Gemeinschaft in Palästina – oder, mit anderen Worten, die Analyse des Institutionalisierungsprozesses dieser Ideologie.

Wie bereits dargelegt, wurden große Teile der institutionellen Struktur der jüdischen Gemeinschaft in Palästina von ideologisch motivierten Siedlungsbewegungen geschaffen. Diese Ideologien lieferten auch weitgehend die Triebkraft zur weiteren Entwicklung.

Offensichtlich konnte jedoch die reine Ideologie nach dem Entstehen einer vielseitigen institutionellen Struktur nicht fortbestehen, insbesondere da gerade die Stärke dieser Ideologie auf den beschränkten Bereich der verschiedenen Gruppen, ihre Unberührtheit von den konkreten Bedürfnissen und Problemen der bestehenden sozialen Struktur und auf die Reinheit ihrer zukünftigen Richtungen und Bestrebungen zurückzuführen war. Eine fortschrittliche, wachsende und differenzierte soziale Struktur schuf notwendigerweise ihre eigenen neuen Gruppen und Probleme und stellte ihrerseits Anforderungen an die Hilfsquellen der Bevölkerung.

Diese Entwicklungen und auch der Wandel in der Motivation der Neueinwanderer sowie das Heranwachsen einer neuen Generation in der jüdischen Gemeinschaft in Palästina schwächten die ideologische Reinheit ab und stellten sie in Frage. All dies verschärfte das Problem, wie das neue Menschenmaterial mit seinen verschiedenen sozialen Motivationen und Richtungen an einige der Grundsätze der Pioniersideologie anzupassen sei.

Es entwickelte sich daher eine selektive Verschanzung von Vorkämpfern der Ideologie in Schlüsselpositionen des sozialen Systems mit dem Ziel, die wichtigeren Aspekte der institutionellen Struktur zu beeinflussen und zu kontrollieren. Eine derartige selektive Verschanzung erfolgte zuerst durch die Bildung verschiedener Elitegruppen und durch die Auswahl von Einzelpersonen als Träger oder wirkungsvolle Symbole der Ideologie. Einen solchen Elitetyp stellten Mitglieder verschiedener Kibbuz- und Moschawsiedlungen dar, die von großen Teilen der Gemeinschaft als Repräsentanten der Pioniersideologie anerkannt wurden.

Eine weitere Manifestation dieser Art war das Überwiegen der Pioniere in den politischen und in geringerem Maße in den wirtschaftlichen und kulturellen Eliten. Mit der zunehmenden Stärke der Arbeiter auf dem politischen Schauplatz der jüdischen Gemeinschaft gelang es ihren Führern, den Mythos der Pionierführerschaft in den meisten Schlüsselpositionen der institutionellen Struktur zu begründen. Anerkennung dieses Prototyps wurde sogar von denjenigen gefordert, die in ihrem eigenen Leben das Ideal nicht befolgen wollten oder konnten. Die gestellten Anforderungen wurden durch die wichtige Tatsache gestärkt, daß keinerlei Gegenmythos von überragender Gültigkeit durch irgendeine andere Gruppe aufgestellt wurde. Das Bedürfnis nach einem derartigen Mythos bestand offenbar auch bei vielen Einwanderergruppen, die im Übergangsstadium irgendeinen Rahmen einer kontinuierlichen kollektiven Identität brauchten.

Ein Symbol in der Suche der neuen Gemeinschaft nach der eigenen Identität war somit gegeben.

Die Begründung verschiedener erzieherischer »Trends« innerhalb des Arbeiterlagers sorgte für die erfolgreiche Verbreitung der Pioniersideologie im Bildungswesen der jüdischen Gemeinschaft. Das war besonders offenkundig in den verschiedenen Jugendbewegungen, die das Pioniersideal in einem Kibbuz als die einzige lohnende Lebensweise und als das wesentliche Identifikationssymbol ansahen.

Ein zweiter Weg, auf dem das selektive Eindringen der Pioniersideologie erfolgte, war durch die kontinuierliche Kristallisation und Anwendung kollektiver, auf der Pioniervorstellung basierender Symbole. Diese Tendenz wurde noch gefördert durch die Auseinandersetzung mit der arabischen Bevölkerung und der Mandatsregierung und die daraus folgende Notwendigkeit einer Erweiterung der Siedlungen.

Der Einfluß der Pioniersideologie berührte die gesamte Lebensweise der jüdischen Gemeinschaft in Palästina. Er zeigte sich in der allgemeinen Wertschätzung, die Gruppenausflüge, Durchforschung des Landes, Rückkehr zur Natur, Jugendbewegung genossen, ferner in der relativ einfachen Kleidung und Lebensweise, die damals in den meisten Gruppen überwog.

Kriterien für soziale Zuwendungen

Neben der selektiven Verschanzung wurde die Pioniersideologie auch zum Kriterium für den Anteil an Stellungen und Entlohnungen auf den wichtigeren institutionellen Gebieten. Auf diese Weise versuchten die Führer der Arbeitergruppen die Probleme zu lösen, die die sich ständig erweiternde und verändernde institutionelle Struktur aufgab.

Mitgliedschaft in den verschiedenen Bewegungen und Festhalten an den kollektiven Symbolen und Werten wurden zu grundlegenden Voraussetzungen für die Anweisung von Stellungen oder die Zuwendung von Mitteln.

Auf politischem Gebiet hinwiederum wurde diese Mitgliedschaft in den Arbeiterbewegungen zur Vorbedingung für die Zulassung zu Elitestellungen und für die Teilnahme an der politischen Arbeit.

Im sozialen Bereich wurden freiwillige Vereinigungen auf allgemeinere Ziele der Bewegung abgestimmt. Das zeigte sich am deutlichsten in den Berufsorganisationen für Lehrer, Ärzte und in gewissem Ausmaß auch Rechtsanwälte, deren Hauptzweck es war, quasi neue hebräische Berufe zum Dienste an der neuen Gemeinschaft zu schaffen. Erst als die zunehmende Entwicklung der jüdischen Gemeinschaft in Palästina eine allmähliche Normalisierung der sozialen und wirtschaftlichen Struktur mit sich brachte, wurden reine Berufs- und Wirtschaftsinteressen vorherrschend.

Wirtschaftlich drückte sich diese Institutionalisierung einer Ideologie in der Betonung des kollektiven Eigentums (z. B. der Histadruth, Genossenschaften usw.) an wirtschaftlichen Unternehmungen aus. Mitgliedschaft in der Histadruth oder einer anderen kollektiven Organisation war eine wichtige Vorbedingung für die Erlangung gewisser Vorteile, etwa einer Wohnung.

Dieser Prozeß war vielleicht am ausgeprägtesten in der Lohnpolitik, die die Histadruth und in geringerem Ausmaß die nationalen Institutionen (Jewish Agency, Wa'ad Le'umi usw.) verfolgten. In der Histadruth war ein Familiengrundgehalt die Regel; das heißt, das Grundgehalt war ungefähr gleich für alle Arbeiter und Angestellten, mit sehr geringen Zulagen für Spezialisierung, Ausbildung usw., und es variierte in der Hauptsache nach Familienstand, Kinderzahl und Dienstalter.

Die nationalen Institutionen waren nicht ganz so extrem, aber auch dort gab es nur sechs oder sieben Gehaltsstufen, die nicht nur auf Spezialisierung, sondern auch auf Dienstalter beruhten und große Familienzulagen einschlossen. Es geschah manchmal, daß der Hausverwalter einer Histadruthinstitution mit sechs Kindern und ausreichendem Dienstalter mehr verdiente als ein Direktor mit nur zwei Kindern. Dieses Entlohnungssystem hatte zwar auf dem freien Markt keine Geltung, doch es ist bezeichnend, daß es in denjenigen Organisationen bestand, die die Hauptverantwortung für Prestige und Macht auf nationalem und sozialem Gebiet trugen.

Angesichts dieser Verhältnisse wird eine Analyse der verschiedenen Lebensstandards in den verschiedenen Schichten der jüdischen Bevölkerung signifikant und zeigt einen doppelten Trend. Die wirtschaftlichen Unterschiede wuchsen mit der Entwicklung der jüdischen Gemeinschaft in Palästina. Im Vergleich zu anderen Ländern waren sie sogar am Ende der Mandatszeit nicht sehr groß; es sei jedoch hier erwähnt, daß die Diskrepanzen innerhalb der nichtorientalischen Mehrheit sogar noch kleiner waren, und daß die orientalischen Juden einen großen Teil der unteren Einkommensstufen bilden.

Absorption und Verteilung der Einwanderer

Die Pioniersideologie manifestierte sich vielleicht am stärksten in der Aufnahme der Einwanderer.

Die jüdische Bevölkerung war eine Gemeinschaft von Einwanderern, die in Wellen in verhältnismäßig kurzen Abständen angekommen waren. Ihre institutionelle Struktur war in einem unaufhörlichen Prozeß der Formung und Entwicklung. Im großen ganzen sah sich das Land vor Probleme gestellt, die allen Einwanderungsländern gemeinsam sind; außerdem mußte es mit spezifischen Problemen fertigwerden, deren Lösung ihm, wie im Fall der orientalischen Juden, nicht immer voll gelang.

Dieser Absorptionsprozeß verdient daher, von verschiedenen Gesichtspunkten aus untersucht zu werden, beginnend mit dem Ausmaß, in dem Einwanderergruppen sich zerstreuten oder in einer spezifischen institutionellen Struktur konzentrierten. Dieses Kriterium wird oft als Grundindex für die Einwandererabsorption verwandt.

Mit der teilweisen Ausnahme orientalischer Juden und einiger europäischer Flüchtlingselemente war der Grad der Zerstreuung innerhalb der institutionellen Struktur ausnahmsweise hoch. Es gab keine starke und fortgesetzte Konzentration irgendeiner bestimmten Einwanderergruppe – weder nach ihrem Herkunftsland noch nach dem Zeitpunkt ihrer Einwanderung. Im großen ganzen entstand die berufliche, politische und soziale Differenzierung innerhalb der jüdischen Gemeinschaft durch die kontinuierliche Neuverteilung der verschiedenen Einwanderungswellen unter die entstehenden institutionellen Positionen und Schichten. Das soziale und kulturelle Erbgut der Einwanderer wurde in großem Ausmaß neutralisiert, und keine wichtigen Positionen wurden durch irgendeinen bestimmten Typ von Immigrantengruppe monopolisiert. Gewiß gab es einige Ausnahmen: die politische Elite war während einer langen Zeit in den Händen von Angehörigen der Zweiten und Dritten Alijah, d. h. zumeist aus Rußland und Osteuropa; andere Einwanderergruppen waren wenigstens zeitweise in bestimmten Berufszweigen vorherrschend, wie die deutsche Einwanderung in den freien Berufen und im Finanzwesen. Aber auch dies waren nur teilweise und im wesentlichen zeitweise Ausnahmen, und die ständige Ausdehnung des sozialen und wirtschaftlichen Systems reduzierte die mit diesem Prozeß verbundenen Spaltungen und Spannungen. Daher wurde die »ethnische« Zugehörigkeit nur selten zum Kernpunkt einer separatistischen Identität innerhalb der Bevölkerung.

Schemata von formaler und informeller Absorption

Eng verbunden mit diesem Prozeß war die Beziehung zwischen formalen und informellen Absorptionsgefügen.

Der rein formale Rahmen des Absorptionsprozesses war in der jüdischen Gemeinschaft in Palästina weniger signifikant als in vielen anderen wichtigen Einwanderungsländern. Das war hauptsächlich auf die Tatsache zurückzuführen, daß dieser Rahmen oft lediglich eine Erweiterung der primären Einwanderergruppen und ihrer grundlegenden sozialen Orientierung darstellte. Die Entstehung der verschiedenen formalen Organisationen ging auf die ersten Gruppen von Pioniereinwanderern zurück; durch die Aufnahme neuer Mitglieder und die ständige Verschmelzung diverser Primärgruppen erweiterten sie sich allmählich, gelangten aber niemals zu voller Entfaltung. Die Ursache hierfür war teils die starke Identifikation der verschiedenen Einwanderergruppen untereinander und teils das Fehlen eines allgemeinen politischen Zwangssystems, wodurch die grundlegende Solidarität mit informelleren Mitteln aufrechterhalten werden konnte. Auf diese Weise wurden Anpassungsschwierigkeiten durch die fortwährende Neubildung diverser Primärgruppen verringert, und es entstanden starke Verbindungen zwischen allen Aspekten dieser Gruppen – Familie, Freunden und Arbeitskollegen – wie auch politischer und sozialer Arbeit. Das gleichzeitige Bestehen derartiger vielfältiger, jedoch untereinander verbundener Gruppen ließ die ständige Neuverteilung der Macht zwischen den verschiedenen Gruppen sowie auch die Aufrechterhaltung ihrer Solidarität und Identifikation mit der Gesamtstruktur zu.

Die Überschneidung von Primärgruppen und institutioneller Organisation der jüdischen Gemeinschaft in Palästina läßt sich sowohl historisch wie auch soziologisch in fast allen Bereichen verfolgen. Sie wird offensichtlich in der Geschichte der Arbeiterbewegung und der Genossenschaftssiedlungen, ferner in den Berufsorganisationen, in den illegalen Verteidigungsorganisationen und sogar in den Schulen und Jugendbewegungen.

In gewissem Ausmaß dienten diese verschiedenen Organisationen als Kanäle für soziale Selektion und Mobilität und dadurch wurde den Einwanderern die Verteilung auf verschiedene Institutionen erleichtert.

Die Absorption innerhalb dieser Organisationen brachte keinen Widerspruch zwischen primären und formalen Beziehungen mit sich und ließ wenig Raum für »ketzerische« Tendenzen.

Institutionelle Absorptionsschemata

Mit der zunehmenden Differenzierung der sozialen Struktur des Landes nahmen die verschiedenen formalen Vereinigungen an Umfang zu und die Zulassung zu ihnen wurde schwieriger.

Dennoch wurde die Absorption von Neueinwanderern stark durch die ursprünglichen Prämissen der sozialen Struktur beeinflußt, wie sich an ihrer tatsächlichen Durchführung zeigen läßt.

(a) Eintritt in bestehende Genossenschafts- und Gemeinschaftssiedlungen als neue Mitgliedern mit den gleichen Vorteilen und Rechten wie sie alten Mitgliedern zustanden, manchmal sogar mit gewissen kleinen Vorrechten wie etwa besseren Wohnbedingungen, höherem allgemeinem Lebensstandard usw.

(b) Gründung neuer Siedlungen – entweder allein oder zusammen mit Mitgliedern früherer alter oder neuartiger Siedlungen. Mit Hilfe nationalen Kapitals und Unterstützung von den hauptsächlichen Siedlungsorganisationen erhielten diese neuen Gruppen die gleichen Bedingungen wie ältere Siedlungen und manchmal sogar bessere Bedingungen als diese.

(c) Absorption in den Städten war zahlenmäßig der wichtigste Aspekt. Hier gab es keine strenge Beachtung des Grundsatzes der gleichen Zuwendung von Vorteilen und Teilnahme an bestehenden Primärgruppen.

Die Stadt war von Natur aus dem freien Spiel der wirtschaftlichen Kräfte und auch ihrer Einwirkung auf die wachsende Entwicklung eines freien Industrie- und Handelsmarktes weiter geöffnet. Doch es entstanden viele institutionelle Einrichtungen, die auf die Schwächung der Wirkung dieser Kräfte abzielten. Die wichtigsten unter ihnen waren die folgenden.

Es gab vor allem die verschiedenen Sozialversicherungssysteme und Arbeiterorganisationen wie Gewerkschaften, Tarifverhandlungssysteme usw., die von der Histadruth und ähnlichen kleineren Organisationen ins Leben gerufen wurden. Die zunehmende Stärke der Gewerkschaften sicherte einen angemessenen, manchmal sogar hohen Lebensstandard. Nur eine sehr kurze Probezeit – etwa sechs Monate – wurde bis zur vollen Mitgliedschaft in der Histadruth gefordert, so daß die meisten Neueinwanderer sehr bald in den Genuß der verfügbaren Vorteile gelangen konnten.

Zweitens erhielten viele Unternehmungen im städtischen Sektor, wie Genossenschaften und kleine Werkstätten, Beihilfen von den hauptsächlichen Siedlungsorganisationen oder aus nationalem Kapital. Das trug dazu bei, den Einfluß der auf Wettbewerb beruhenden Wirtschaftskräfte zu schwächen.

Schließlich gründeten die verschiedenen wirtschaftlichen und sozialen Sektoren der jüdischen Gemeinschaft in Palästina (mit Ausnahme des Arbeitersektors) verschiedene Konzerne wie Banken, Darlehensgesellschaften usw., die den Zweck hatten, ihren Mitgliedern – besonders neuen Mitgliedern – bei der Etablierung zu helfen. In diesem Zusammenhang sind auch die Hilfsgesellschaften und die Tätigkeit der Landsmannschaften zu erwähnen.

All dies verhalf den ankommenden Einwanderern zu verschiedenen Annehmlichkeiten und bewirkte eine Verminderung etwaiger Diskriminierung ihnen gegenüber.

5 Eisenstadt, Die israelische Gesellschaft

Natürlich wurde dadurch nicht die wachsende soziale und wirtschaftliche Differenzierung innerhalb der jüdischen Gemeinschaft aufgehoben, doch die Unterschiede zwischen den verschiedenen Schichten wurden gemildert, und die Hauptsektoren blieben stets offen für neue Einwanderer.

Dieser Absorptionsprozeß von Einwanderern, der fast einzigartig ist in modernen Einwanderungsländern, läßt sich durch zwei Grundzüge in der sozialen Struktur der jüdischen Gemeinschaft erklären. Der erste war die Pioniermotivation und -identifikation der ersten Einwanderergruppen, die Fortdauer dieser Motivation während der dreißiger Jahre und die Vereinbarkeit des Strebens der Einwanderer mit den Forderungen, die an sie von den absorbierenden Gesellschaften gestellt werden.

Diese Vereinbarkeit war zum Teil das Ergebnis einer inneren Bereitschaft seitens der Einwanderer, mit großer Anpassungsfähigkeit sozialen Wandel in allen Richtungen innerhalb der entstehenden institutionellen Struktur auf sich zu nehmen, und zum andern Teil der weitgehenden Ähnlichkeit in der Motivation und sozialen Orientierung der meisten Einwanderer. Diese Ähnlichkeit zeigte sich nicht nur in äußeren Merkmalen, kulturellen Zügen usw., sondern auch in ihrem stetigen Bedürfnis nach Kontakten und Führung in der neuen Gesellschaft.

Ein zweiter Zug war die Tatsache, daß die soziale Struktur der jüdischen Gemeinschaft ein ständiges Bedürfnis nach Neueinwanderern zur Erfüllung ihrer kollektiven Aufgaben aufwies. Da sie nicht über allgemeine Zwangsgewalt verfügte, mußte sie etwaige Ungleichheiten in den Beziehungen zwischen Alteingesessenen und Neuankömmlingen möglichst ausgleichen, um neue Einwanderer anzuziehen.

Zusammen erklären diese beiden Faktoren die Einzigartigkeit des Absorptionsprozesses, seinen glatten Ablauf und die Stärkung der »föderativen Form« in der sozialpolitischen Struktur der jüdischen Gemeinschaft. In gewisser Beziehung jedoch hinderten sie die volle Kristallisation der institutionellen Struktur und die Entwicklung verschiedener dynamischer und progressiver Kräfte.

Die orientalischen Gruppen in der jüdischen Gemeinschaft in Palästina

Die sogenannten orientalischen Gruppen erwiesen sich als teilweise Ausnahmen in diesem Schema. Sie umfaßten Menschen von starker ethnischer Verschiedenheit, fast alles Juden, die aus den Ländern des Nahen Ostens und insbesondere aus dem früheren Ottomanischen Reich nach Israel gekommen waren. Am wichtigsten unter diesen waren die folgenden Gruppen: Sephardim, Perser, Kurden, Babylonier, Jemeniten, Moghrabiten (aus Marokko), sowie Juden aus Buchara, Aleppo, Urfa, Georgien und Afghanistan. Der Begriff Sepharde bezog sich ursprünglich auf alle aus Spanien (Sepharad) stammenden Juden, die in verschiedenen Teilen Nordafrikas, der Türkei, in Griechenland und Ägypten lebten. Sie betrugen 20 bis 25 % der Bevölkerung der jüdischen Gemeinschaft in Palästina, bildeten eine Kategorie für sich und wiesen merkliche Unterschiede gegenüber anderen orientalischen Juden auf. Der Hauptteil der »alten« jüdischen Gemeinde, die vor den Anfängen der Einwanderung in den 1880er Jahren in Palästina lebte, bestand aus Sephardim.

Jedoch viele Sephardim und die meisten der anderen obenerwähnten orientalischen Gruppen kamen später; wenigstens 70 % der ungefähr 70 000 orientalischen Juden (einschließlich Sephardim) kamen nach 1918 nach Palästina zusätzlich zu den annähernd 20 000, die bereits vorher da waren. Ihre Ankunft fiel daher mehr oder weniger mit den hauptsächlichen Einwanderungswellen zusammen. Obwohl es unter ihnen viele wichtige Unterschiede gab, hatte die gemeinsame Bezeichnung »orientalische Juden« nicht nur eine geographische, sondern auch eine spezifische soziologische Bedeutung. Trotz ihrer Unterschiede bildeten sie im Vergleich zu der übrigen jüdischen Gemeinschaft in Israel einen mehr oder weniger einheitlichen soziologischen Block.

Ihr erstes spezifisches Merkmal war, daß sie sich, im Gegensatz zu anderen Gruppen, nicht institutionell zerstreuten. Sie konzentrierten sich unverhältnismäßig stark in gewissen Schichten der institutionellen Bereiche. Das ist aus den Daten über ihre ökologische Konzentration, ihre wirtschaftliche und bildungsmäßige Struktur und das Ausmaß der Endogamie im Vergleich zu anderen Teilen der Bevölkerung ersichtlich. Diese Angaben zeigen eine übermäßige Konzentration orientalischer Juden in den ärmeren Klassen und im unteren Mittelstand, die besonders in bestimmten Vierteln, manchmal Slums, von Jerusalem und Tiberias wohnen. Sie zeigen auch, daß in einem großen Ausmaß ihre eigene Bildungsstruktur beibehalten wurde. Wir sehen auch die Entstehung von ein paar politischen Parteien, die auf ethnischem Empfinden basieren, wie etwa die Jemenitische Partei und der Sephardische Block, obwohl sich keineswegs alle orientalischen Juden zu diesen Parteien bekannten. Wir finden somit, daß sie eine Ausnahme bildeten von dem allgemein hohen Ausmaß der sozialen Integration der jüdischen Gemeinschaft in Palästina.

Neben diesen Kennzeichen wurden gewisse, für Nichtintegration und Spannung symptomatische Verhaltensschemata ersichtlich. Sie bestanden in Jugenddelinquenz, Kriminalität und Unbeständigkeit im Familienleben.

Die Hauptgründe für die relativ schlechte Einordnung der orientalischen Juden in die jüdische Gemeinschaft wurzeln einerseits in ihren spezifischen Motivationen zur Migration und andererseits in ihrem kulturellen und Bildungshintergrund.

Zwar waren viele Sephardim und orientalische Juden (besonders diejenigen, die in späteren Jahren kamen) direkt oder indirekt von dem weltlichen zionistischen Ideal erfüllt, doch traf dies nicht auf die Mehrheit zu. Die beiden Hauptantriebe waren die sich periodisch wiederholenden wirtschaftlichen und politischen Verfolgungen in den verschiedenen Teilen des Ottomanischen Reichs und die unklaren messianischen Hoffnungen, die durch die Balfour-Deklaration wiederbelebt wurden, die Errichtung des Nationalheims usw.

Das jüdische Bewußtsein war bei ihnen zwar sehr stark, doch in anderer Weise als im modernen weltlichen Nationalismus mit einer stark sozialen Ausrichtung, die so kennzeichnend für die zionistische Bewegung war. Es trug mehr den traditionalreligiösen Charakter der mittelalterlichen jüdischen Gemeinden. Eine Berührung mit der Modernisierung in ihren Ursprungsländern hatte meist dazu geführt, diese Identifikation mit der Überlieferung zu intensivieren, und die Einwanderung nach Palästina bedeutete für sie keinen Bruch mit der überlieferten sozialen und kulturellen Struktur. Sie kamen in der Hoffnung, ihre eigene Lebensweise voll und sicher verwirklichen zu können und sahen keine drastische Änderung voraus. Sie waren nicht bewußt darauf vorbereitet, ihre wirtschaftliche und berufliche Struktur oder die Grundsätze ihres sozialen und kulturellen Lebens und ihres überlieferten religiös-jüdischen Empfindens zu ändern. Es fehlte ihnen nicht an positiver Identifikation mit der neuen jüdischen Gemeinschaft in Palästina – ihr traditionaler jüdischer Glaube und ihre messianischen Hoffnungen umfaßten alle Juden. Diese Identifikation war zwar stark genug, um allgemeine Kontakte und ökologische Gruppen zu schaffen, doch diese konzentrierten sich für gewöhnlich in einigen größeren Städten. Die meisten von ihnen beabsichtigten, ihre frühere Lebensweise ohne soziale Absonderung oder politische Unterordnung fortzusetzen. Das erwies sich jedoch im Rahmen der bestehenden jüdischen Gemeinschaft als unmöglich.

Die grundsätzliche Beteiligung der orientalischen Juden am jüdischen Leben in Palästina und ihr Festhalten an ihren alten Lebensformen erklären ihre besondere Stellung als eine gesonderte soziale Gruppe in der sozialen Struktur der jüdischen Gemeinschaft. Ihr Bildungs- und Berufsniveau, das meist unter dem verhältnismäßig modernen Standard der jüdischen Umgebung lag, zwang sie zumeist in die niedrigeren wirtschaftlichen Stufen. Der Einfluß moderner Bedingungen auf sie läßt sich in manchem mit der Berührung zwischen einer modernen fortschrittlichen Wirtschaft und einem »rückständigen« Volk (Bauern usw.) vergleichen. Ihre alte Struktur wurde ständig untergraben, dennoch führte das nicht zu ihrer völligen Eingliederung.

Das zeigt sich am deutlichsten im Verfall der altetablierten Eliten der orientalischen Juden. Ihre Hauptkriterien – Reichtum, altes Familienansehen und traditioneller Lerneifer – waren entweder im Niedergang oder machten einen Prozeß sozialer Umwandlung durch. Reichtum wurde noch immer geschätzt – vielleicht sogar mehr als vorher –, doch die Wege, ihn zu erlangen, waren nicht mehr ausschließlich die herkömmlichen. Die Reichen waren nicht unbedingt an engen Heiratsbeziehungen zu anderen Familien ihresgleichen interessiert. Auch an ihre bisherige soziale Struktur wollten sie nicht gebunden bleiben. Im Gegenteil wurde sehr häufig der Reichtum als ein Mittel zur Erweiterung der sozialen Kontakte angesehen. Das von alters her übliche religiöse Studium wurde als Ziel gesellschaftlicher Errungenschaft sehr schnell abgewertet.

Daß dieser Verfall überlieferter Schemata nicht immer zu vollständiger und geglückter Eingliederung führte, war hauptsächlich auf den noch immer starken Einfluß der alten Wertordnung zurückzuführen. Obwohl sie sich nicht länger aufrechterhalten ließ, verhinderte sie doch die Annahme anderer Rollen in der neuen Gesellschaft.

Jedoch nicht alle orientalischen Juden wiesen diese Symptome sozialer Zersetzung auf. Genaue Statistiken sind zwar nicht verfügbar, doch es ist bekannt, daß es vielen von ihnen gelang, sich neuen Bedingungen anzupassen, wenn sie auch nicht immer die höchsten sozialen Stellungen erreichten. Hierfür gab es drei verschiedene, wenn auch miteinander verbundene Möglichkeiten: Die erste war das unvollständige und vorbehaltlose Aufgehen einer bestimmten Familie oder Familiengruppe in der bestehenden jüdischen Gemeinschaft in Palästina. Die zweite Möglichkeit war die rein formale Erreichung eines angemessenen sozialen Status unter Beibehaltung ihrer spezifischen Überlieferungen und Lebensformen in ihrem Privatleben und kulturellen Gebaren. Auf diese Weise bildeten sie kein störendes Element in der jüdischen Gemeinschaft in Palästina, wenn sie sich auch an ihrer ausdrücklichen Integration durch Schaffung neuer Gefüge nicht voll beteiligten; ihre privaten Gebräuche wurden innerhalb der sozialen Struktur als legitime Alternativen akzeptiert.

Eine dritte Art verhältnismäßig geglückter Anpassung fand sich bei einigen konservativeren und stabileren Elementen in den orientalischen Gemeinden, die für gewöhnlich eng verbunden waren mit den Familien der zweiten Gruppe. Ihr Weg bestand in dem Versuch, die ganze orientalische (zumeist sephardische) Körperschaft als eine legitime Assoziation innerhalb der sozialen Struktur der jüdischen Gemeinschaft zu begründen. So hatte zum Beispiel Palästina im religiösen Bereich zwei Oberrabbiner – einen aschkenasischen und einen sephardischen. Parallelerscheinungen konnte man in Gemeindebetätigung, Gemeinderäten usw. finden. Jedoch nur die konservativeren Elemente verblieben in diesen institutionellen Gruppierungen: im allgemeinen hatten die Versuche, die zerbröckelnden traditionalen Lebensweisen zu reorganisieren, keinen sehr großen Erfolg.

Innere Spannungen in der sozialen Struktur der jüdischen Gemeinschaft. Institutionalisierung der Pioniersideologie

Die vorangegangenen Abschnitte analysierten einige der wichtigeren institutionellen Züge der Gesellschaft der jüdischen Gemeinschaft in Palästina unter besonderer Betonung der Institutionalisierung der Pioniersideologie.

Diese Entwicklungen führten dazu, daß die Ideologie zu einer Art Routine wurde, stärker verbreitet und weniger lebendig in ihren direkten Einwirkungen auf die tagtäglichen Angelegenheiten.

Es entwickelten sich nebeneinander eine zunehmende Diskrepanz zwischen dem symbolischen Ausdruck der Ideologie und ihren allgemeinen Auswirkungen im täglichen Leben einerseits und den ausdrücklich ideologischen Formulierungen im Sinne des vollen doktrinären Ausdrucks andererseits.

Dieser doktrinäre Ausdruck wurde in der Form einer »Kodifizierung« der Ideologie und in der literarischen und politischen Interpretation ihrer »Bedeutung« durchgeführt. Die Kodifizierung der Ideologie, die nun nicht länger einen unzertrennlichen Bestandteil des Lebens der Pioniergruppen bildete, wurde zum Vorrecht der Führer, die inzwischen Elitestellungen in der sich wandelnden sozialen Struktur erlangt hatten.

Dieser Prozeß der Ausbreitung schuf natürlich viele Probleme und Spannungen. Sie rührten aus dem Zusammentreffen der Verfechter der Ideologie mit anderen Gruppen in der Bevölkerungsgemeinschaft her, aus der Entstehung innerer Widersprüche in der Ideologie und aus Versuchen ihrer Verfechter, diese Widersprüche zu überwinden und ihren Macht- und Einflußbereich auszudehnen.

Der größte Widerspruch bestand zwischen dem allgemeinen, diffusen Ideal des Pioniers und seiner Ausrichtung gegenüber einer differenzierten wirtschaftlichen und politischen Struktur, die ein hohes Maß an Spezialisierung und Individualismus erforderte. Offensichtlich konnte man es weiter bringen, wenn man sich nicht ausschließlich kollektiven Zielen widmete; das wurde vielen klar, als sie sahen, wie die einträglicheren Stellungen von denen eingenommen wurden, die einen anderen Weg gegangen waren.

Dieser Widerspruch wurde noch durch das ständige Wachstum des Privatsektors und die Begegnungen zwischen ihm und den entstehenden wirtschaftlichen und beruflichen Körperschaften im Arbeitersektor hervorgehoben.

Als Folge entstand ein starker Wettbewerb und Konflikt zwischen den verschiedenen Sektoren der jüdischen Gemeinschaft. Der Arbeitersektor, der seiner Natur nach viel geeinter und kämpferischer war, bediente sich seiner zunehmenden Macht und seines Einflusses in immer weiterem Umfang. Dieser Kampfgeist verstärkte sich, als seine eigenen inneren Entwicklungen und die zunehmende enge Verbindung und Konkurrenz mit anderen Sektoren einige der in dem Prozeß ideologischer Institutionalisierung enthaltenen Widersprüche und Spannungen ans Tageslicht brachte.

Das erste Gebiet, auf dem der Wettstreit zutage trat, war im Kampf um die Jugend. Er äußerte sich in der Begründung verschiedener Schulrichtungen, von denen jede zu einer anderen Partei oder einem anderen Sektor gehörte. Außerdem entstanden Jugendbewegungen (vorwiegend den Pioniergruppen entstammend) als hauptsächliche kulturelle Zentren, die versuchten, die ganze Jugend mit ihrem Ethos zu durchdringen.

Ein zweiter wichtiger Wettbewerbs- und Konfliktherd entstand in den Berufsorganisationen, die zu wichtigen Treffpunkten zwischen den verschiedenen Sektoren wurden.

Wie wir bereits gesehen haben, entstanden viele dieser Berufsorganisationen als Pioniergruppen. Mit der zunehmenden Entwicklung der jüdischen Gemeinschaft wuchs jedoch auch die Bedeutung beruflicher und wirtschaftlicher Betätigung. Die Berufsgruppen bezogen ihr Menschenmaterial aus verschiedenen Sektoren und wurden so zu einer Art politischen Schlachtfelds für die verschiedenen politischen und und sozialen Gruppen, denen daran lag, ihren Einfluß geltend zu machen.

Die Arbeiterführerschaft versuchte das Problem dadurch zu lösen, daß sie zwei verschiedene, manchmal sich ergänzende, manchmal einander widersprechende Taktiken entwickelte.

Die erste war darauf aus, diejenigen Richtungen in der sozialen Struktur zu stärken, die die Normalisierung des sozialen und beruflichen Systems hinderten.

Das erfolgte durch fortwährende Erweiterung des Siedlungssektors und der verschiedenen nationalen Organisationen. Unter letzteren waren die der Verteidigung gewidmeten besonders wichtig und hielten große Teile der jüngeren Bevölkerung zu bestimmten Zeitabschnitten beschäftigt – vom Gesichtspunkt normaler Berufsentwicklung aus gesehen oft in einem entscheidenden Zeitpunkt.

Die zweite, bedeutendere Taktik war durch die Erweiterung ihrer Organisations- und Machtbereiche und durch ein Monopol in den wichtigeren Machtpositionen innerhalb der jüdischen Gemeinschaft gekennzeichnet.

Diese Tendenz zeigte sich besonders deutlich in den Versuchen, Vorzugsbehandlung bei der Zuteilung von politischer Macht und sozialem Ansehen für diejenigen Gruppen zu sichern, die mit den kollektiven Wirtschaftsinteressen verbunden waren. Dementsprechend entwickelten diese Gruppen viele Eigeninteressen, die von ihren politischen Vertretern unterstützt wurden. Dies wurde aus der Kollektivideologie heraus begründet unter Hinweis auf den nationalen Dienst, den sie der Entwicklung des Landes leisteten. Die daraus anfallenden Vorteile (Wohnungen, Land und sogar Wohnungseinrichtungen usw.) wurden allmählich als Grundrechte angesehen, die den Teilnehmern an Kollektivunternehmungen zustanden, und die Gruppen selbst wetteiferten untereinander um das Ausmaß an Vorrechten, das ihnen gebührte.

An zweiter Stelle, doch für die sich wandelnde Gesellschaft vielleicht noch wichtiger in der Umformung der Ideologie war ihre Verknüpfung mit Macht und Stellung, die der konstruktivistischen Betonung der zwanziger und dreißiger Jahre eigen war. Sie trat mit zunehmendem Wettbewerb zwischen den verschiedenen Sektoren um Zuteilung von Mitteln und Machtstellungen sogar deutlicher hervor.

Das führte notwendigerweise zu einem zunehmenden ideologischen Formalismus und Konservativismus in der Anpassung älterer Werte an die sich ständig wandelnde Realität. Die volle Bedeutung dieser Entwicklungen wurde nicht klar erkannt – erst bei der Gründung des Staates Israel trat sie deutlich hervor.

Die institutionelle Struktur der jüdischen Gemeinschaft – Eine Zusammenfassung

Wir sehen also, daß sich die institutionelle Gesamtstruktur der jüdischen Gemeinschaft am Ende der Mandatsperiode noch nicht voll herauskristallisiert hatte. Obgleich die Trennung zwischen den verschiedenen Sektoren noch anhielt, hatten sich die verbindenden Bezirke beträchtlich ausgedehnt. Und diese Expansion schuf neue Berührungspunkte, Spannungen und Spaltungen, die neue, bisher noch nicht formulierte Prinzipien und Mechanismen erforderten.

Das Verlangen nach einer Regelung wurde für die innere Struktur der jüdischen Gemeinschaft immer wichtiger und stellte, wenn auch vielleicht unbewußt, eine wesentliche Antriebskraft für die Erreichung der Eigenstaatlichkeit dar.

In diesem Zusammenhang gebührt besonderes Interesse den Empfehlungen der Peel-Kommission, die erkannte, daß die jüdische Gemeinschaft in Palästina die potentielle Reife besaß, um die volle politische Verantwortung zu übernehmen und sich zu einer autonomen Gesellschaft zu entwickeln.

Diese Erkenntnis basierte in der Hauptsache nicht auf der bestehenden Struktur der jüdischen Gemeinschaft, sondern vielmehr auf der Einschätzung ihres Potentials als vollausgebildete Gesellschaft. Trotz dieser Berührungspunkte, Konflikte und Probleme wurden indes keine regulativen Mechanismen ausgebildet, die umfassend genug gewesen wären, um allen Problemen gerecht zu werden.

Wie wir gesehen haben, waren die obersten politischen Institutionen der jüdischen Gemeinschaft und der zionistischen Bewegung mehr an außenpolitischen Fragen interessiert als an der Regulierung innerer Konflikte und Interessen, und bindende Regeln wurden nur in verhältnismäßig geringem Ausmaß erlassen. Nur allmählich bildeten sich allgemeingültige Normen aus den ständigen Wechselbeziehungen zwischen den verschiedenen Gruppen heraus, deren Befolgung hauptsächlich auf die intensive Identifikation der verschiedenen Gruppen untereinander und den starken Zusammenhalt zwischen ihnen zurückzuführen war, und nur in viel geringerem Ausmaß auf formale Disziplin. Wo sich eine solche formale Disziplin entwickelte (wie z. B. in der Histadruth oder den verschiedenen Munizipalverwaltungen), berührte sie nicht die Beziehungen zwischen den verschiedenen Gruppen, in denen Identifikation und Loyalität weitgehend durch Ausübung von Druck und Forderung von Gehorsam aufrechterhalten wurden. Dadurch wurde die Kontinuität einer intensiven Identifikation und Solidarität der meisten Gruppen mit den hauptsächlichen kollektiven Symbolen gesichert, jedoch nicht ausreichend für ein einheitliches System von Regeln und Normen Sorge getragen.

Die Auslegung von Normen durch Einzelpersonen oder Gruppen war immer möglich. Die große Abhängigkeit dieser Normen von dem gegenseitigen Einvernehmen der verschiedenen Gruppen war eine potentielle Gefahr für das Bestehen einer einheitlichen Auslegung der verschiedenen geschriebenen oder ungeschriebenen Regeln und stärkte auch die Tendenz zu verhältnismäßiger ideologischer Exklusivität seitens dieser Gruppen und ihre Entwicklung zu Mittelpunkten egoistischer Interessen.

Diese Tendenzen waren damals nicht voll ausgebildet oder wurden nicht klar erkannt, weil die jüdische Gemeinschaft keine ganz einheitliche Gesellschaft war und unter der Mandatsregierung lebte, die einerseits viele der wesentlichen Aspekte des sozialen und wirtschaftlichen Lebens regelte und andererseits die jüdische Gemeinschaft in die Lage versetzte, wenigstens in gewissem Ausmaß ihre Gesamtsolidarität aufrechtzuerhalten.

Alle diese Probleme spitzten sich jedoch nach der Staatsgründung erheblich zu.

Zur selben Zeit entstand die große Spaltung zwischen der »organisierten bestehenden Gemeinschaft« und den Gruppen der »Dissidenten« (»Ȩtzel« und »Leͅchi«). Dieser Kampf stellte einen der Hauptaspekte in der Geschichte der jüdischen Gemeinschaft in Palästina in den vierziger Jahren dar. Im Brennpunkt dieses Kampfes standen einerseits die Beziehungen zu den Briten und andererseits die Akzeptierung eines gemeinsamen politischen Systems. Die organisierte jüdische Gemeinschaft (und ihre inoffizielle »illegale« Armee – die »Haganah«) und die Dissidenten teilten, zum mindesten bis zu einem gewissen Grade, die letzten politischen Ziele – Beseitigung der einschränkenden Bestimmungen über Landkauf durch Juden und Einwanderung, und schließlich Erreichung der politischen Unabhängigkeit. Aber sie wiesen große Differenzen auf in bezug auf das relative Gewicht, das diesen Zielen beizumessen war: die Dissidenten betonten mehr die Erreichung der politischen Unabhängigkeit und insbesondere die anzuwendenden »Mittel«; die organisierte jüdische Gemeinschaft betonte mehr die Kombination von diplomatischer Regelung, Einwanderung und Verteidigung bei einem Minimum an direkter militärischer Aktion, während die Dissidenten gerade auf letztere das stärkere Gewicht legten. Außerdem – und das war an sich von großer Bedeutung – lehnten die Dissidenten das gemeinsame freiwillige politische System der bestehenden Gemeinschaft und die mit ihm verbundene kollektive Disziplin und Verantwortung ab.

Zwar kann kein Zweifel daran bestehen, daß letztlich das Vorgehen von »Haganah« und »Irgun« in gleicher Weise zu der britischen Entscheidung beitrugen, das Mandat aufzugeben und Palästina zu verlassen, doch zu jener Zeit drohte der Konflikt zwischen den Dissidenten und der organisierten Gemeinschaft das Land zu zerreißen und schien manchmal zum Bruderkampf zu führen. Die große Intensität dieses Konflikts ließ sich zum Teil daraus erklären, daß sich die Mitglieder der Dissidentengruppen, wie wir gesehen haben, in nicht geringem Ausmaß aus den Gruppen rekrutierten, die gegenüber der herrschenden institutionellen Struktur als »Außenseiter« galten. Es ist jedoch für das Verständnis der sozialen Struktur der jüdischen Gemeinschaft wichtig, daß sich diese Konflikte nicht auf soziale oder wirtschaftliche Fragen konzentrierten, sondern gerade auf die Sphäre der politischen Solidarität, die den Brennpunkt für die gemeinsame Identifikation bildete und sich über viele der sozialen und wirtschaftlichen Konflikte hinwegsetzte. Die Dissidenten, und zwar sowohl aus den Reihen der Revisionisten, die aus der Zionistischen Organisation ausgetreten waren, als auch aus den Randgruppen der organisierten Gemeinschaft, bestritten im Grunde die Gültigkeit der »föderativen« Struktur der bestehenden Gemeinschaft und somit ihrer politischen Disziplin.

Es war daher kein Wunder, daß die Spaltung später große Bedeutung erlangte, als nach der Gründung des Staates und der ersten klar umrissenen politischen Aufteilung die wichtige Trennungslinie gezogen wurde zwischen denjenigen, die (von der offiziellen Führerschaft) zur Koalition zugelassen und denjenigen, die von ihr ausgeschlossen wurden und sich lange Zeit hindurch als Gegner dieses grundlegenden politischen Schemas empfanden.

Wie bereits mehrfach erwähnt, entwickelte sich die soziale Struktur der jüdischen Gemeinschaft im Rahmen des Mandatssystems. Die Beziehungen zwischen der jüdischen Gemeinschaft und der Mandatsmacht und auch der arabischen Bevölkerung hatten verschiedene wichtige Auswirkungen, die alle bevorstehenden Änderungen überlebten, wie z. B. die Gründung des Staates, die Änderung des grundlegenden institutionellen Systems, die Aufhebung der britischen Herrschaft und Abwanderung großer Teile der arabischen Bevölkerung aus dem neuen Staate Israel.

Sowohl mit dem kleinen herrschenden britischen Kreis als auch mit den Arabern entwickelten sich viele informelle tägliche Beziehungen. Die mit dem englischen Kreis waren für gewöhnlich auf die geistige und politische Elite sowie auf einige der älteren sephardischen Notabeln beschränkt.

Die Beziehungen zur arabischen Gemeinschaft waren viel ausgedehnter, sie bewegten sich von herkömmlichem täglichem Kontakt zwischen arabischen Dorfbewohnern und jüdischen Siedlern bis zu Wirtschaftsbeziehungen zwischen den beiden Gemeinden, und sie schlossen langbestehende Beziehungen zwischen sephardischen und arabischen Notabeln und Zusammenarbeit in lokalen Verwaltungsangelegenheiten ein.

Diese verschiedenartigen Kontakte bestanden trotz der zunehmenden Spannung zwischen den Gemeinschaften während der ganzen Mandatszeit, doch wurden sie, insbesondere in der letzten Zeit, von diesen Konflikten natürlich stark berührt.

Auch über diese ungezwungenen Kontakte hinaus übten die Beziehungen zwischen den verschiedenen Gemeinschaften einen weitreichenden Einfluß aus.

Der britische Einfluß war hauptsächlich auf institutionellem und kulturellem Gebiet fühlbar. Am klarsten ersichtlich wurde er im Rechtssystem, das in vielen seiner grundlegenden Aspekte bis zum heutigen Tag in der Rechtspflege in Israel beibehalten wurde, und in nicht geringem Ausmaß im Bereich der Verwaltung und der Politik.

Darüber hinaus wirkte sich der Einfluß der Engländer am stärksten auf kulturellem Gebiete aus, insbesondere durch die Berührung und Bekanntschaft der jüdischen Gemeinschaft mit der »Außenwelt« des Westens. Diese Kontakte konzentrierten sich immer mehr auf englischsprachige Länder, obwohl die Pioniere und Einwanderer zur Zeit vor der Staatsgründung vorwiegend aus ost- und mitteleuropäischen Ländern stammten und später durch die sogenannte orientalische Einwanderung der »lateinische« oder Mittelmeereinfluß überwog.

Englisch wurde zur wichtigsten Fremdsprache und ist es bis heute sowohl in den Schulen als auch an den Hochschulen geblieben, ungeachtet einer gewissen zunehmenden Ausbreitung auch des Französischen.

Der kulturelle Kontakt mit englischsprachigen Ländern erweiterte sich ständig.

In vielen Kreisen wurden die Begriffe von Staatsbürgerschaft, öffentlicher Ordnung und Schicklichkeit nach englischem Muster geformt. Zwar setzten sie sich in der jüdischen Gemeinschaft und ihren Institutionen nicht durch, doch darf ihr Einfluß nicht unterschätzt werden.

Es erübrigt sich hervorzuheben, daß dieser Einfluß erheblich dadurch verstärkt wurde, daß nach dem Zweiten Weltkrieg nur sehr wenige jüdische Gemeinden in Mittel- und Osteuropa (mit Ausnahme der Sowjetunion, und mit ihnen sind die Beziehungen fast unmöglich) übriggeblieben waren und die wichtigsten jüdischen Gemeinden in den Vereinigten Staaten und in England bestanden. Zum mindesten im ersten Nachkriegsjahrzehnt waren die Zentren der wissenschaftlichen, politischen und wirtschaftlichen Macht nach den Vereinigten Staaten verlegt worden, was die Weiterentwicklung von Tendenzen, die unter dem Einfluß des Mandats begonnen hatten, ermöglichte.

Die Beziehungen zur arabischen Gemeinschaft waren ganz anders – diffuser und weniger artikuliert.

Die sehr moderne Einstellung der zionistischen Bewegung, der es auf Entwicklung ankam, und die zunehmende Feindseligkeit zwischen der arabischen und der jüdischen Gemeinschaft führten dazu, daß es nur sehr wenig positive Identifikation mit den wichtigeren Aspekten der arabischen Kultur oder Lebensweise gab.

Dennoch wurden auf viele Weisen und auf vielen verschiedenen Ebenen Beziehungen zur arabischen Kultur hergestellt, und es gab Anfänge zur Entwicklung einer Gemeinsamkeit.

Eine der bedeutendsten Entwicklungen auf diesem Gebiet war das Ansteigen orientalisch-arabischer und moslemischer Studien im jüdischen Bildungssystem, angefangen vom Universitätsniveau, auf dem das Institut für Orientalistische Studien eine der ersten und wichtigsten Lehrstätten darstellte, bis zur Mittelschule, in der Arabisch als eine der beiden hauptsächlichen Fremdsprachen (die zweite war Französisch) gelehrt wurde.

Außerdem neigte die jüngere »Ssabre«-Generation, und besonders diejenige aus den landwirtschaftlichen Gebieten und Siedlungen, dazu, eine Reihe von Eigenheiten in bezug auf Kleidung, Auftreten und Ausdrucksweise anzunehmen, die große Ähnlichkeit mit den entsprechenden arabischen Äquivalenten aufwiesen.

Unter vielen der orientalischen Gemeinschaften zeigten die Gewohnheiten in Kleidung, Freizeitgestaltung und kultureller Betätigung oft die Tendenz, sich denen der arabischen Gemeinschaften anzunähern, was sich nach der Gründung des Staates durch den zunehmenden Zustrom »orientalischer« Einwanderer noch verstärkte.

Zwar wurden nur einige dieser Züge klar erkannt; doch zweifellos stellten sie einen Brennpunkt für einige der pluralistischen Entwicklungen in dem kulturellen Mosaik Israels dar. Dieses werden wir später analysieren.

5. DIE GRÜNDUNG DES STAATES ISRAEL

Soziale Veränderung der jüdischen Gemeinschaft

Die Gründung des Staates Israel im Jahre 1948 war nicht nur ein wichtiges politisches und historisches Ereignis, sondern stellte auch einen Wendepunkt in der Entwicklung der sozialen Struktur der jüdischen Gemeinschaft dar.

Ihr wichtigstes einzelnes Ergebnis war natürlich die Tatsache, daß die jüdische Gemeinschaft unabhängig wurde und aufhörte, Teil einer dreigeteilten, aus den Schichten der Mandatsbeamtenschaft sowie der jüdischen und arabischen Bevölkerung zusammengesetzten Gesellschaft zu sein.

Die Mandatsmacht zog sich zurück und hinterließ in der sozialen Struktur viele funktionelle Lücken, die geschlossen werden mußten. Die arabische Gemeinde verkleinerte sich, sowohl infolge der Teilung Palästinas als auch infolge des Weggangs großer Teile der arabischen Bevölkerung. Die fliehenden Araber hinterließen viele verödete Städte und Dörfer und viele unbesetzte Stellen in der nunmehr stark geschwächten Wirtschaft.

Alle diese Lücken mußte die Regierung des neuen Staates sofort schließen, obwohl die Übernahme dieser vielen Funktionen durch den Staat den soziologischen Charakter stark veränderte – auch wenn dies damals nicht ganz erkannt wurde und vielleicht sogar auch heute noch nicht.

Diese Veränderungen wurzelten in der Tatsache, daß die alte Teilung der Funktionen zwischen der jüdischen Gemeinschaft und der Mandatsregierung, sowie zwischen den verschiedenen Sektoren innerhalb der jüdischen Gemeinschaft zu bestehen aufgehört hatte.

Am deutlichsten ersichtlich war dies im politischen Bereich: hier oblag dem neuen Staat jetzt nicht nur die Erfüllung politischer Ziele und die Beschaffung von Mitteln und Arbeitskräften, sondern auch die Erweiterung des Verwaltungsdienstes auf allen Gebieten.

Die Etablierung des Parlaments (Knęsseth) und des Gerichtswesens, sowie die Vereinheitlichung und Erweiterung des Verwaltungsdienstes waren daher nicht lediglich technische oder administrative Maßnahmen, sondern hatten tiefgreifende soziale Gesamtwirkungen. Sie verlagerten das politische Gewicht nach innen hin auf den Schauplatz, auf dem der Kampf um die Macht und um die Bewilligung von Mitteln geführt wurde, und sie reduzierten auf ein Minimum den direkten Zugang verschiedener Gruppen zu den Hilfsquellen und Arbeitskräften von draußen.

Das Angehen auswärtiger Quellen um Geld und Anleihen, die bis heute lebenswichtig sind, wurde jetzt durch die zentralen staatlichen Organe geregelt. In ähnlicher Weise bewirkte die Staatwerdung eine Veränderung in der relativen Wichtigkeit der israelischen Organisationen im Vergleich zu denen der Weltjudenheit. Vor dem Bestehen des Staates hatten die die Weltjudenheit repräsentierende Zionistische Organisation und die Jewish Agency eine viel größere Bedeutung als die territorialen Organisationen der jüdischen Gemeinschaft in Palästina. Das hatte sich jetzt geändert. Der Schwerpunkt der Macht verlagerte sich nach den Staatsorganen hin, und die meisten Funktionen der Zionistischen Organisation erlangten untergeordnete Bedeutung.

Eine ähnliche Vereinheitlichung in verschiedenen Aspekten der institutionellen Struktur erfolgte auf den Gebieten der Wirtschaft, Kultur, Bildung und des sozialen Status. Sie alle wurden in zunehmendem Maße den Bedürfnissen und Problemen der sich ständig entwickelnden und erweiternden Bevölkerung angepaßt.

Am bezeichnendsten war, daß die verschiedenen Stellen, die sich mit den Bedürfnissen der bestehenden und der zukünftigen sozialen Struktur befaßten, jetzt zusammengelegt wurden. Obwohl beide Tätigkeiten weitergingen, waren sie nicht mehr institutionell voneinander getrennt.

Die Auswirkungen dieser Vereinheitlichung auf Wertvorstellungen und Ideologie waren erheblich. Die starke Einstellung auf die Zukunft, die bis dahin so wichtig gewesen war, ließ erheblich nach, und ihr struktureller Platz in der Gesellschaft erfuhr einen Wandel.

Man hätte die Staatsgründung als Verwirklichung der Hauptziele der Vergangenheit auslegen können – und manchmal geschah dies. Doch die Erfüllung weiterer Ziele durch den Staat schwächte die Beziehungen zwischen den verschiedenen Gruppen in der jüdischen Gemeinschaft und ihre Hingabe an diese Ziele. Sie brachte natürlich auch eine Verstärkung der Ansprüche auf Bewilligung von Mitteln, die die verschiedenen Gruppen und Organisationen an den Staat stellten, mit sich und veränderte in beträchtlichem Ausmaß die Grundlagen der Solidarität in der jüdischen Gemeinschaft. Anstatt Teile eines Geflechts von engverbundenen Primärgruppen zu bilden, hatte ihre neue Identifikation eine Schwächung der intensiven Ausrichtung zum Kollektivismus und im Anfang sogar des Staatsbürgergeistes zur Folge, und individualistische Einstellungen traten immer stärker in den Vordergrund.

In ähnlicher Weise wurden durch das Entstehen des Staates aus dem föderativen Charakter der verschiedenen Gruppen und Sektoren in der Bevölkerungsgemeinschaft allmählich eigennützige Elemente und Interessenverbände.

Und als die Verfechter der offiziellen – wenn auch gewandelten – Ideologie die Regierenden im Staat wurden, akzentuierten alle diese Entwicklungen natürlich auch die Probleme, Spannungen und Widersprüche, die von der Institutionalisierung einer Ideologie unzertrennlich sind.

Die erfolgte Staatsgründung in einer Kriegssituation sowie die fortgesetzte Feindseligkeit der arabischen Staaten gegenüber Israel und die ständigen Erklärungen ihrer Absicht, den Staat zu vernichten, fügten der jüdischen Gemeinschaft im Staate Israel eine weitere Dimension hinzu.

Das dauernde Bewußtsein dieser Drohung und das darausfolgende Gebot stetiger Wachsamkeit führten zu einem Überwiegen von Sicherheitserwägungen auf vielen Gebieten wie etwa Außenpolitik, Wirtschaftspolitik und sogar gewissen Entwicklungsaspekten.

Wandel in den Schemata der Einwanderung

Die erfolgten Veränderungen brachten keine vollständige Unabhängigkeit der neuen Gesellschaft mit sich; für ihren Menschenbestand war sie weiter abhängig von äußeren Quellen, und ihre Ideologie betonte ausdrücklich das Hereinholen der Exilierten. Das Land öffnete seine Tore weit für die große Masseneinwanderung.

Seit der Unabhängigkeitserlangung (bis 1964) hat sich die Bevölkerung Israels mehr als verdreifacht. Diese einzigartige Masseneinwanderung bildete die zweite größere Ursache des sozialen Wandels, und ihre Wirkungen sind, wie wir sehen werden, in allen institutionellen Bereichen fühlbar.

Tabellen 1–3 geben uns die grundlegenden demographischen Daten für den Wandel in der jüdischen Bevölkerung.

Tabelle 1. Zunahme der jüdischen Bevölkerung aus Einwanderung und natürlichem Zuwachs 15. Mai 1948 bis 31. Dezember 1964

Jahr	Gesamt-bevölkerung (in 1000)	Zunahme (in %)	Prozent der Zunahme aus Einwanderung	natürlichem Zuwachs
Insgesamt 1948–1964	–	211,1	67,6	32,4
1948	649,7	16,8	95,8	4,2
1950	1013,9	18,7	84,8	15,3
1952	1404,4	3,3	23,3	76,7
1955	1526,0	4,2	48,3	51,7
1958	1762,7	2,7	30,7	69,3
1960	1858,8	2,8	33,0	67,0
1962	1981,7	4,4	63,1	36,9
1964	2155,6	3,8	56,8	43,2

Quelle: CBS Statistical Abstract of Israel, Nr. 14, 1963, S. 16, 17. – A.a.O., Nr. 16, 1965, S. 21, Tab. 2/B. Die Berechnungen der Jahre 1948–1960 basieren auf den Zahlen der jeweils anwesenden Bevölkerung, hingegen die Berechnungen für 1962–1964 auf denen der permanenten Bevölkerung.

Tabelle 2. Jüdische Einwanderer und Touristen nach Geburtskontinenten
(Absolute und Verhältniszahlen)
1919–1962

Jahr	%				Absolute Zahlen		
	Europa–Amerika	Asien–Afrika	Insgesamt	Unbekannt	Europa–Amerika	Asien–Afrika	Insgesamt
1919–48	89,6	10,4	100,0	22 283	385 066	44 809	452 158
1948–62	45,4	54,6	100,0	19 432	479 605	575 755	1 074 792
1948	85,6	14,4	100,0	11 856	77 032	12 931	101 819
1949	52,7	47,3	100,0	5 199	123 097	110 780	239 076
1950	50,4	49,6	100,0	1 471	84 638	83 296	169 405
1951	28,9	71,1	100,0	248	50 204	123 449	173 901
1952	28,4	71,6	100,0	3	6 647	16 725	23 375
1953	24,9	75,1	100,0	13	2 574	7 760	10 347
1954	11,3	88,7	100,0	12	1 966	15 493	17 471
1955	7,1	92,9	100,0	5	2 562	33 736	36 303
1956	13,3	86,7	100,0	3	7 305	47 617	54 925
1957	57,5	42,5	100,0	609	39 763	29 361	69 733
1958	55,7	44,3	100,0	1	14 428	11 490	25 919
1959	66,8	33,2	100,0	4	15 348	7 635	22 987
1960	71,0	29,0	100,0	2	16 684	6 801	23 487
1961	52,7	47,3	100,0	3	24 564	22 004	46 571
1962	21,5	78,5	100,0	3	12 793	46 677	59 473

Quelle: a.a.O., Nr. 16, 1965, S. 96, Tab. D/1.

Tabelle 3. Die jüdische Bevölkerung in Israel nach Herkunftskontinenten (in %)
1948–1964

Jahr	Insgesamt	Israel	Geburtsort Asien	Afrika	Europa–Amerika
1948	100	35,4	8,1	1,7	54,8
1950	100	25,8	15,7	6,7	51,8
1952	100	27,1	20,2	7,4	45,3
1953	100	29,2	19,7	7,4	43,7
1954	100	30,9	19,2	7,9	42,0
1955	100	32,1	18,4	9,6	39,9
1956	100	32,9	17,6	11,8	37,7
1957	100	33,4	16,8	12,4	37,4
1958	100	34,6	16,7	12,2	36,5
1959	100	35,9	16,3	12,1	35,7
1960	100	37,1	15,9	11,9	35,1
1961	100	38,1	15,2	11,9	34,8
1962	100	38,5	14,7	13,3	33,5
1963	100	38,8	14,2	14,8	32,2
1964	100	39,4	13,8	14,9	31,9

Quelle: A.a.O., Nr. 14, 1963, S. 44, Tab. 20. – A.a.O., Nr. 16, 1965, S. 46, Tab. 18/B.

Die jüdische Bevölkerung stieg um 211 % von 649 700 im Jahre 1948 auf 2 115 600 im Jahre 1964; und die nichtjüdische Bevölkerung um etwa 67,5 % von 156 000 auf 286 400. Etwa 68 % der Zunahme in der jüdischen Bevölkerung war auf den Wanderungssaldo und insbesondere auf Einwanderung zurückzuführen, und 32 % auf natürlichen Zuwachs (Überschuß der Geburten über die Todesfälle). In der nichtjüdischen Bevölkerung ist die Zunahme fast ausschließlich auf natürlichen Zuwachs zurückzuführen [5].

Fast 38 % der in der Zählung von 1961 gezählten jüdischen Bevölkerung waren in Israel geboren, im Vergleich zu über 35 % in der Zählung von 1948. Die Verhältniszahl der in Israel geborenen Juden sank von 1948 ab infolge der Masseneinwanderung und war Ende 1951 nur 25,2 %. Seither stieg infolge des verringerten Umfangs der Einwanderung und einer steigenden Geburtenzahl der in Israel geborene Anteil der jüdischen Bevölkerung stetig und betrug 1964 39,4 % (Tab. 3).

Von der jüdischen Bevölkerung waren mehr als 49 % der im Ausland Geborenen zwischen 1948 und 1951, 27 % vor 1948 und etwa 24 % nach 1951 eingewandert.

In den Jahren 1919–1948 kamen 89,6 % der 452 158 Einwanderer aus Europa und Amerika und nur 10,4 % aus Asien und Afrika; hingegen kamen in den Jahren 1948–1962 von einer Gesamtzahl von 1 074 792 Einwanderern nur 45,4 % aus Europa und Amerika und 54,6 % aus Asien und Afrika (s. Tab. 2).

Dementsprechend hat sich das Verhältnis der verschiedenen Gruppen in der Gesamtbevölkerung Israels verändert. Der Anteil der europäischen und amerikanischen

---

[5] Die Volkszählung von 1961 zeigte, daß die jüdische Bevölkerung 88 % und die nichtjüdische Bevölkerung 12 % der Gesamtbevölkerung Israels betrug, im Vergleich zu 82 % und 18 % im Jahre 1948.
Von der nichtjüdischen Bevölkerung waren im Jahre 1961 69 % Moslems, 20 % Christen, 10 % Drusen und weniger als 1 % »Andere«.

Einwanderer fiel von 54,8 % der Bevölkerung im Jahre 1948 auf 31,9 % im Jahre 1964; und der Anteil der Einwanderer aus Asien und Afrika stieg von 9,8 % der Gesamtbevölkerung im Jahre 1948 auf 28,7 % im Jahre 1964 (s. Tab. 3). Fügen wir dieser Zahl die von Eltern aus Asien oder Afrika (am 31. Dezember 1964 mehr als 17 % der Gesamtbevölkerung) in Israel Geborenen hinzu, so erhalten wir ein leicht verändertes Bild. Mehr als 45 % der jüdischen Einwohner Israels sind aus afrikanischen und asiatischen Herkunftsländern, 6 % sind Kinder von in Israel geborenen Eltern und die übrigen 49 % der jüdischen Bewohner des Landes sind europäisch-amerikanischer Herkunft [6].

Von allen Einwanderern, die zwischen Mai 1948 und 1961 ins Land kamen, waren 14,6 % aus Rumänien, 13 % aus Polen, 13,3 % aus dem Irak, 12,8 % aus Marokko und Tangier, 5,2 % aus dem Jemen und Aden, 4,5 % aus Algerien und Tunesien und der Rest war in kleineren Zahlen aus anderen Ländern gekommen.

In der zur Diskussion stehenden Zeit kamen weniger als 1,1 % aller Einwanderer aus den Vereinigten Staaten.

Obwohl die große Einwanderung den Anschein erweckte, als ob die Grundmerkmale einer einwanderungsabsorbierenden Gesellschaft beibehalten wurden, ist dies nur teilweise richtig. Das ganze Modell der Absorption und Motivation zur Wanderung hat sich stark gewandelt, und die Analyse dieses Wandels ist für das Verständnis der neuen Struktur von großer Bedeutung.

Die Massenwanderungsbewegung zum Staate Israel unterschied sich im Charakter beträchtlich von der Einwanderung zur Zeit vor der Staatsgründung. Der beste Ausgangspunkt für ihre Analyse ist das Wesen der Krise in den verschiedenen jüdischen Gesellschaften im Ausland, die den Hintergrund für die Motivation zur Wanderung bildete. Wir sahen, daß die frühen Einwanderungswellen sich aus einem verhältnismäßig geglückten Übergang von der traditionsgebundenen jüdischen Gesellschaft zu einem modernen assimilatorischen Lebensstil entwickelt hatten, und daß dieser Übergang nur eine kleine und sehr selektive Gruppe ausreichend beeinflußte, um den Versuch der Schaffung einer neuen jüdischen Gesellschaft in Palästina zu unternehmen. Diese Krise ging quer durch die verschiedenen jüdischen Gemeinden, umfaßte sie aber nicht alle. Das Wesen der Krise unmittelbar vor und besonders nach dem Zweiten Weltkrieg, aus der die Einwanderung nach Palästina und Israel folgte, war von völlig verschiedener Art. Bei all den beträchtlichen Unterschieden in den einzelnen Ländern gab es mehrere gemeinsame Merkmale, die sich in den Hauptmotiven zur Einwanderung widerspiegelten. Die wichtigsten unter ihnen waren: erstens bestand für gewöhnlich eine allgemeine soziale, wirtschaftliche und politische Unsicherheit; zweitens betraf die Krise in der Regel ganze Gemeinden oder Gemeindesektoren und nicht lediglich eine ausgewählte Gruppe; drittens verknüpfte die Fortdauer der existierenden Gemeinden und Gefüge während der ganzen Krisenzeit die Einwanderer natürlicherweise stärker mit ihren bestehenden Werten und Lebensweisen und verhinderte das Entstehen eines neuen, auf die Schaffung einer neuen Gemeinschaft gerichteten Wertsystems.

Alle diese Faktoren übten offensichtlich ihre Wirkungen auf die Wanderungsmotive aus. Nirgends finden wir noch einmal eine so große Bereitschaft zum Wandel

---

[6] A.a.O., No. 16, 1965, S. 42.

oder eine so große Verschmelzung von nationalen, sozialen und wirtschaftlichen Gesichtspunkten wie in den ersten Einwanderungswellen. Das verbreitetste Motiv war jetzt nicht die Schaffung einer neuen Art von Gemeinschaft und Kultur, sondern die Erreichung wirtschaftlicher und sozialer Sicherheit und einer grundlegenden Solidarität mit der bestehenden jüdischen Gemeinschaft, und in dieser Beziehung ist das Verhältnis, das sich zwischen beruflichen Bestrebungen und Veränderungen und der spezifischen Identifikation mit der jüdischen Nation entwickelte, sehr signifikant. Wir sahen, daß in den Pioniereinwanderungen berufliches Ansehen, zum mindesten anfänglich, nach dem Beitrag zur Wirtschaftsstruktur der jüdischen Gemeinschaft in Palästina bewertet wurde, und nicht nach rein wirtschaftlichen, technischen oder beruflichen Gesichtspunkten. Bei den neuen Einwanderern waren berufliche Bestrebungen nicht so direkt mit nationaler Identifikation verknüpft. Ihre Bewertung der Beschäftigungsmöglichkeiten erfolgte für gewöhnlich nach sozialer oder wirtschaftlicher Sicherheit oder wurde nach dem beurteilt, was man als das übliche soziale Prestige eines Berufs bezeichnen kann. Dieser Wandel in der beruflichen Motivation zeigte sich am deutlichsten bei denjenigen Einwanderern, die sich den verschiedenen landwirtschaftlichen Siedlungen anschließen wollten. In den früheren Einwanderungswellen erfolgte die Ansiedlung auf dem Land für gewöhnlich aufgrund starker kollektivistischer Neigungen, verbunden mit dem hohen Wert, der der Landwirtschaft als Faktor in der nationalen Wiedergeburt beigemessen wurde usw. Die neuen Einwanderer motivierten den Übergang zur Landwirtschaft allgemein damit, daß diese (a) relative wirtschaftliche Sicherheit gewährte und (b) in der Bevölkerungsgemeinschaft ein relativ hohes Ansehen verlieh.

Dementsprechend war unter den neuen Einwanderern die Bereitschaft zum Wandel begrenzter und weniger intensiv als in den früheren Zeitabschnitten und beschränkte sich im allgemeinen auf eine Anpassung an die bestehende Struktur und ihre Anforderungen; sie war nicht auf die Schaffung einer neuen Gesellschaft gerichtet.

Wandel in den Absorptionsweisen

Der Wandel in der sozialen Struktur der jüdischen Gemeinschaft – der absorbierenden Gesellschaft – war nicht geringer noch weniger wichtig als der Wandel in der Motivation der Einwanderer und ihrer Bereitschaft zum Wandel. In vielen Beziehungen ging beides Hand in Hand. Das Widerstreben der neuen Einwanderer gegen Veränderung erfolgte gleichzeitig mit der Bürokratisierung der politischen und wirtschaftlichen Macht und der nachlassenden Solidarität der Pioniergruppen in der absorbierenden Gesellschaft. Zusammen schufen sie die Anfangsbedingungen für die Absorption, von denen einige bereits angedeutet wurden und jetzt in etwas größerer Ausführlichkeit herausgearbeitet werden sollen.

Das erste wichtige Merkmal des Wandels in der Absorptionsweise war die Tatsache, daß sie unter der Ägide bürokratischer, formaler Ämter vollzogen wurde. Gleich zu Anfang wurden die meisten Einwanderer von verschiedenen Beamten – der Jewish Agency, der Regierung, der Histadruth usw. – in Empfang genommen; ihre Aufgabe war es, sie zu ihren verschiedenen Ansiedlungsorten zu leiten, ihnen Zuwendungen wie Wohnung, Einrichtung, Lebensmittel, ärztlichen Beistand zu verschaffen und ihnen ganz allgemein zu helfen. Es gab bestimmte Richtlinien für die Gewährung dieser Erleichterungen, und die Einwanderer waren vom rein bürokratischen Gesichtspunkt aus nichts anderes als unpersönliche Gruppen, auf die diese Richtlinien Anwendung fanden. Die meisten Einwanderer erfuhren daher als erstes eine formale, bürokratische Beziehung in ihrem neuen Land, und eine lange Zeit hindurch blieb diese – und ist in manchen Fällen noch immer – für viele von ihnen die wichtigste. Sogar die Einführung in ihre Aufgaben als Staatsbürger erfolgte in der Regel auf bürokratischem Wege – sei es bezüglich des Erziehungswesens, Militärdienstes oder ihrer wirtschaftlichen Rechte. Macht war ein Element, das sich dieser bürokratischen Dimension sehr schnell hinzugesellte. In den späteren Stadien der Absorption wurden viele der Kontakte mit den Vertretern des Landes auf Beamte der verschiedenen politischen Parteien und Organisationen ausgedehnt, die alle begannen, miteinander um den potentiellen politischen Wert des Einwanderers als Wähler zu konkurrieren. Darüber hinaus gab es nur minimalen Kontakt. Mit Ausnahme derjenigen, die Verwandte, alte Bekannte oder Freunde in Israel hatten, konnten nur wenige Einwanderer im Anfang in informellere Kreise des Landes eindringen.

Ein zweites Merkmal war der Bedeutungswandel in den verschiedenen Siedlungsarten als Absorptionsstätten. Siedlungen von der Art des Kibbuz, in denen die Absorption durch Einschluß in bestehende Primärgruppen erfolgte, nahmen an Bedeutung ab. Der verhältnismäßig große Prozentsatz von Kleinsiedlungen weist nicht auf Absorption in bereits bestehenden Siedlungen hin, sondern fast ausschließlich auf Schaffung neuer Siedlungen in Moschawform durch die Einwanderer. Dieser Wandel wird auch durch die Tatsache belegt, daß viele der Einwanderer zumindest im Anfang dazu neigten, sich in besonderen, isolierten Gebieten niederzulassen, in denen sie für gewöhnlich einen hohen Grad von sozialer Homogenität bewahrten. Nicht nur ließen sich viele von ihnen an gänzlich neuen Orten nieder – wie etwa in verlassenen arabischen Dörfern und Städten –, sondern sogar diejenigen, die sich in bestehenden Städten und Dörfern ansiedelten, taten dies in der Regel in neuen Vierteln, in denen sie mehr oder weniger konzentriert und ökologisch verhältnismäßig abgesondert waren. Diese Absonderung war zu Beginn der Masseneinwanderung besonders betont, und wenn sie auch seither etwas verringert wurde durch verschiedene Projekte von Wohnsiedlungen, an denen alte und neue Einwohner beteiligt wurden, so besteht sie doch weiter als wichtiger institutioneller Zug der neuen Einwanderung. Als die Einwanderung zunahm, wurde eine neue Art von besonderer zeitweiliger Unterbringungsvorrichtung im ganzen Land gebaut – das Einwandererlager oder die »Ma'abarah« (Durchgangslager). Die aus Holz- und Blechhütten bestehende »Ma'abarah« versinnbildlichte den krassen Gegensatz zwischen alten und neuen Bewohnern. Eine derartige ökologische Absonderung bedeutete natürlich auch, daß nicht einmal die besonderen Versorgungsleistungen, die die Einwanderer oft erhielten, wie etwa Schulen, Selbstverwaltungsorganisationen usw., Berührungspunkte mit den älteren Bewohnern darzustellen brauchten.

Im Anfang wies auch die wirtschaftliche Verteilung der neuen Einwanderer eine starke institutionelle Konzentration in besonderen Sektoren auf. Es wurden neue Gebiete wirtschaftlicher Betätigung für sie erschlossen, wie etwa öffentliche Arbeiten (Aufforstung, Ausbesserung verlassenen Eigentums usw.); und ganz allgemein nahmen die neuen Einwanderer niedrigere wirtschaftliche Stellungen ein als die älteren Bewohner. Es gab natürlich Unterschiede zwischen den verschiedenen Einwanderergruppen, und mit der Zeit entstand ein gewisses Maß von beruflicher Mobilität und Integration. Aber das Anfangsbild blieb bestehen als die Grundlage der Bedingungen, unter denen die Absorption erfolgte.

Dynamik der Einwandererabsorption und institutionelle Entwicklung der sozialen Struktur

Wie bereits angedeutet, lassen sich die anfänglichen Absorptionsmodelle durch mehrere Tatsachen, die einander beeinflußten, erklären, wie etwa den zahlenmäßigen Umfang der Einwandererbevölkerung, ihre Motive zur Wanderung und den Wandel in der sozialen Ausrichtung der bestehenden Bevölkerungsgemeinschaft.

Diese Situation war jedoch reichlich paradox. Es wurden zwar den Einwanderern einige Grundrechte und Privilegien gewährt auf der Grundlage des vorgegebenen, auf sie zutreffenden Kriteriums als Staatsbürger oder Juden, doch ihr Platz in der sozialen Struktur war relativ niedrig und sie bildeten im Anfang nichts als passive Objekte der bürokratischen Ämter. Infolge dieser paradoxalen Verbindung zwischen den beiden Aspekten der Absorption blieb die Situation nicht statisch. Die den Einwanderern gewährten allgemeinen Bürgerrechte und die grundsätzliche Gleichheit waren in der sozialen Struktur durchaus gesetzlich verankert, und die anfängliche relative Absonderung entbehrte jeder Grundlage sowohl im Gesetz als auch in der Ideologie des Staates, in denen vollkommene Gleichheit aller Bürger und die Aufgabe der Hereinholung der Exilierten betont wurden.

Außer dieser Ideologie und in enger Verbindung mit ihr gab es andere Faktoren, die dazu führten, die anfängliche im Absorptionsprozeß erfolgende Absonderung zu mildern. An erster Stelle unter ihnen standen die verschiedenen Institutionen wie Schulen, Armee usw., die erhebliche Anforderungen an die Einwanderer stellten und ihnen neue, universelle Rollen zuwiesen. Zweitens wurden in der sich entwickelnden wirtschaftlichen Struktur des Staates zusätzliche Arbeitskräfte auf verschiedenen Ebenen der Spezialisierung benötigt. Die alte Bevölkerungsgemeinschaft konnte diese Arbeitskräfte nicht in vollem Umfang stellen, und da keine rechtliche Diskriminierung bestand, wurden viele Einwanderer durch die verschiedenen wirtschaftlichen Schichten der bestehenden Bevölkerung angezogen. Obwohl Einwanderer allgemein leichter von wirtschaftlichem Rückschlag, Arbeitslosigkeit usw. betroffen werden, entstand allmählich eine verbreitete Tendenz zu wirtschaftlichem Fortschritt und beruflicher Mobilität.

An dritter Stelle stand die überragend wichtige Tatsache, daß den Einwanderern politische Grundrechte gewährt wurden, was ihren politischen Wert für die verschiedenen sozialen Gruppen, Parteien usw. erhöhte. Alle diese Gruppen begannen, eine Aktivität unter den Einwanderern zu entfalten, sie in ihre erweiterten Organisationen aufzunehmen und auf diese Weise natürlich viele in ihren Umkreis einzubeziehen.

Der Einfluß all dieser Faktoren brach allmählich die anfängliche Absonderung der Einwanderer und führte zu verschiedenen Mobilitäts- und Integrationsprozessen, die später behandelt werden sollen. Hier sei betont, daß alle diese Tendenzen sich im Rahmen einer formalen, institutionellen Umgebung auswirkten; sie verringerten zwar die Segregation, aber sie basierten nicht auf der intensiven Solidarität und kollektiven Identifikation, die vorher in der jüdischen Gemeinschaft in Palästina bestanden hatte. Es erfolgte daher keine vollständige Verschmelzung zwischen Einwanderergruppen und alten Einwohnern, und jeder Einwanderergruppe blieb es überlassen, sich auf ihre Weise und entsprechend ihren eigenen Fähigkeiten mit ihren spezifischen Absorptionsproblemen auseinanderzusetzen.

Zusammenfassung

Die Staatsgründung bringt uns zum Hauptteil unserer Analyse – dem der Entwicklung und Kristallisation der wichtigeren institutionellen Bereiche in der israelischen Gesellschaft. Mit der Staatsgründung setzte in der von den Pioniergruppen entwickelten institutionellen Struktur eine starke Differenzierung ein. Sie nahm feste Formen an und fand sich einer Bevölkerung mit neuen Motivationen und Einstellungen gegenüber.

Das bringt uns zum zweiten – und umfangreicheren – Teil unserer Analyse, der die Entwicklung und Kristallisation der israelischen Gesellschaft in ihren institutionellen Hauptbereichen – in Wirtschaft, sozialer Organisation und Schichtung, Bildungswesen und Kulturbereichen – zum Gegenstand hat. Die folgenden Kapitel, die diese Gebiete behandeln, beschreiben zunächst kurz die Hauptzüge eines jeden Gebiets und schreiten dann zur Analyse der Entwicklungen und Probleme, die mit dem Übergang von der jüdischen Gemeinschaft in Palästina zum Staate Israel gegeben waren.

Zum Schluß werden wir die zusätzlich entstandenen Probleme analysieren und dann die Stärken und Schwächen untersuchen, die die israelische Gesellschaft bei der Bewältigung ihres Eintritts in neue Phasen der Entwicklung und Modernisierung aufweist.

ZWEITER TEIL

DIE ENTSTEHENDE SOZIALE STRUKTUR

I. WIRTSCHAFTSSTRUKTUR, PROBLEME UND ENTWICKLUNGEN IN DER VORSTAATLICHEN JÜDISCHEN GEMEINSCHAFT IN PALÄSTINA UND IM STAATE ISRAEL

1. Die Entwicklung der Hauptzüge der Wirtschaft

Einführung

Wir beginnen mit einem kurzen Abriß der demographischen, physischen und grundlegenden organisatorischen Struktur der Wirtschaft zur Zeit der vorstaatlichen jüdischen Gemeinschaft in Palästina. Die im ersten Teil des Kapitels gebrachten Tabellen und Beschreibungen behandeln die grundlegenden demographischen Gegebenheiten, dann die Entwicklung der wichtigsten Wirtschaftszweige, ihre institutionellen und organisatorischen Grundzüge und ihre Zugehörigkeit zu den verschiedenen Sektoren (i. e. zum Privat-, Histadruth- oder Staatssektor).

Wir nehmen dann eine Analyse der Veränderungen vor, die auf diesen Gebieten im Anschluß an den Übergang von der jüdischen Gemeinschaft in Palästina zum Staat erfolgten.

Im zweiten Teil dieses Kapitels analysieren wir die Hauptzüge der Wirtschaftspolitik der Regierung und behandeln im dritten Teil die Gesamtwirkung der Entwicklungen und politischen Maßnahmen, die in den vorangegangenen Teilen besprochen wurden, sowie ihren Einfluß auf die Gestaltung der Wirtschaft in bezug auf Produktion und Verbrauch und die Beziehung zwischen ihnen.

Bevölkerungszusammensetzung und -verteilung

In Tabellen 1–3, S. 77–78, wurden einige grundlegende Tatsachen über die Entwicklung und Zusammensetzung der jüdischen Bevölkerung in Palästina vor der Staatsgründung und in Israel aufgeführt; sie können der folgenden Besprechung als Unterlage dienen.

Bevölkerungverteilung

Bis zur Staatsgründung konzentrierte sich die jüdische Bevölkerung vorwiegend in den drei großen städtischen Zentren, die 1948 fast 60 % der Gesamtbevölkerung umfaßten. Der Rest war hauptsächlich auf kleine landwirtschaftliche Siedlungen verteilt. Es gab demnach fast keine mittelgroßen Städte.

Im Jahre 1951 wurde ein Plan für die Verteilung der Bevölkerung ausgearbeitet. Das erste Stadium, das eine zukünftige Bevölkerung von 2 650 000 zugrunde legte, sah vor:

1. Aufteilung des Landes in vierundzwanzig Bezirke – für jeden von diesen wurde »die zukünftige städtische und ländliche Bevölkerung« separat geplant.
2. Die geplante städtische Bevölkerung sollte die Zahl von 2 050 000, die ländliche 600 000 (oder rund 77 % und 23 %) erreichen.
3. Der Plan betonte die Entwicklung von zwei neuen Typen städtischer Zentren:
   (i) Ein städtisch-ländliches Zentrum mit einer Bevölkerungszahl von sechs- bis zwölftausend.
   (ii) Eine mittelgroße Stadt, die als Bezirkszentrum dient, mit einer Bevölkerung von vierzig- bis sechzigtausend.

Diese beiden neuen Typen sollten die Kluft zwischen den großen städtischen Zentren und den kleinen ländlichen Gemeinschaften überbrücken und so einen Sammelpunkt für regionale Integration bieten.

4. Der Plan setzte voraus, daß eine weitere Ausdehnung der drei großen Städte verhindert würde; er verlangte die Verteilung der Bevölkerung auf die beiden Typen der mittelgroßen städtischen Siedlungen.
5. Siebzig neue Stätten für städtische Siedlung wurden bestimmt, von denen ein Teil völlig neu war, ein Teil aus verlassenen arabischen Ansiedlungen bestand um ein Teil nur von einem kleinen Kern jüdischer Siedler besiedelt war.

Im Jahre 1957 wurde das zweite Stadium des Plans augearbeitet. Es basierte auf einer Bevölkerung von 3 000 000 Juden und 325 000 (1961 in 360 000 abgeändert) Nichtjuden. Von dieser Bevölkerung sollten 750 000 oder etwa 23 % in den neuen Entwicklungsstädten angesiedelt werden.

Wie sahen die Ergebnisse dieser Pläne aus? Der Prozentsatz der jüdischen Stadtbevölkerung stieg in der Zeit von 1947–1961 leicht an. Die Landbevölkerung stieg von 18 % im Jahre 1948 auf 20,1 % im Jahre 1964 oder von 120 000 auf 507 000. Jerusalem wuchs um 98 %, Haifa um 87 % und Tel-Aviv nur um 55 %. Somit schien das Hauptziel des Bevölkerungsverteilungsplans – Verringerung des Drucks in der Küstenebene – erreicht. Doch diese Schlußfolgerung ist unberechtigt wegen des enormen Wachstums der kleineren Städte um Tel-Aviv herum, die mit ihm zusammen einen soliden Block von ungefähr 900 000 Menschen bildeten. Diese Städte wuchsen um 200 bis 1250 %: Ramat-Gan um 425 %, Cholon um 403 %, Bnej Brak um 433 %, Bath-Jam um 1244 %, Herzlija um 407 %, Givatajim um 220 %.

Nichtsdestoweniger war das Wachstum der südlichen Bezirke unverhältnismäßig stärker. In der Zeitspanne von 1951–1961 wuchsen diese um 169 %, während die Zentralbezirke nur um 28 % und Tel-Aviv um 41 % zunahmen. Aber der nördliche Teil des Landes, Galiläa, wuchs um nur 40 % und ist noch heute spärlich von Juden bevölkert.

Im Jahre 1961 umfaßten die siebenundzwanzig Entwicklungsstädte (von ihnen werden dreiundzwanzig offiziell so bezeichnet und vier als Einwandererstädte betrachtet), deren Bevölkerung sich auf 273 000 beläuft, 12,5 % der Gesamtbevölkerung.

Trotz der im Plan niedergelegten Forderung gab es fast keine Änderung in der Proportion zwischen Stadt- und Landbevölkerung.

Die Bevölkerungszunahme in den Zentralgebieten war geringer als im Süden, doch nicht als im Norden. Aber die verhältnismäßig starke Zunahme im Süden ist zum Teil auf die außerordentlich spärliche Bevölkerung in diesen Gebieten in der ersten Zeit nach der Staatsgründung zurückzuführen.

Das Wachstum der großen Städte verlangsamte sich – zum Teil wegen geographischer Begrenzungen –, aber ihre Satellitenstädte vergrößerten sich mit unverhältnismäßiger Geschwindigkeit.

Die neuen Entwicklungsstädte sind bisher noch weit von dem Ausmaß entfernt, das für eine jüdische Bevölkerung von drei Millionen geplant ist.

Die Entwicklung der Hauptwirtschaftszweige der jüdischen Gemeinschaft in Palästina und im Staate Israel – Grundlegende Daten

Die folgenden Tabellen geben uns einige der grundlegenden Daten über die Zusammensetzung der Wirtschaftstätigkeit der jüdischen Gemeinschaft in Palästina und im Staate Israel (vgl. Tab. 4 und 5).

Tabelle 4. Verteilung des Volkseinkommens zwischen Juden und Nichtjuden nach Wirtschaftszweigen

	A. Verteilung in jedem Wirtschaftszweig						B. Nach Wirtschaftszweigen			
	1936			1944			1936		1944	
	Volks- einkom- men in Mill. P.P.[1]	Juden (%)	Andere (%)	Volks- einkom- men in Mill. P.P.[1]	Juden (%)	Andere (%)	Juden in Mill. P.P.[1]	Andere in Mill. P.P.[1]	Juden in Mill. P.P.[1]	Andere in Mill. P.P.[1]
Insgesamt	33,8	52,6	47,4	123,0	59,7	40,3	17,8	16,1	73,4	49,6
Bevölkerung (in 1000)	1366,7	28,1	71,9	1739,6	30,4	69,6	in %			
Landwirtschaft	5,6	30,1	69,9	29,5	30,8	69,2	9,4	24,2	12,4	41,1
Industrie, Elektrizität	5,6	64,4	33,5	28,2	88,3	11,7	21,9	12,2	33,9	6,7
Bauwirtschaft	1,9	83,2	16,8	5,6	48,2	51,8	8,7	2,0	3,7	5,8
Handel, Verkehr, Finanzwesen[2]	13,9	59,2	40,8	37,2	64,2	35,8	51,7	35,2	32,6	26,8
Gesundheits- und Bildungswesen[3]	0,9	80,3	19,7	–[4]	–	–	4,1	1,1	–[4]	–[4]
Staat, Ortsbehörden	3,8	23,3	76,7	7,5	36,0	64,0	5,0	18,2	3,7	9,7
Andere Dienstleistg.	1,9	–	–	8,8	77,3	22,7	4,5	6,9	9,2	4,0
Wehrmacht	–[5]	–	–	6,2	53,2	46,8	–[5]	–[5]	4,5	5,8

[1] Palästinensische Pfunde.   [2] und Renten.
[3] Nicht-staatlich.   [4] In anderen Dienstleistungen enthalten.
[5] In Staat enthalten.
Quelle: R. R. Nathan, O. Gass, and D. Creamer, *Palestine Problem and Promise.* Washington, D.C.: Public Affairs Press, 1946. – Jewish Agency for Palestine, *Statistical Handbook of Jewish Palestine, 1947.* Jerusalem, Jewish Agency, 1947.

Tabelle 5. Sozialprodukt und Volkseinkommen
Netto-Sozialprodukt zu Faktorkosten (Volkseinkommen)[1]
nach hauptsächlichen Wirtschaftszweigen 1936–1960 (in %)

	1936	1939	1945	1950	1953	1955	1959[2]	1960
Gesamtbetrag (in Mill. P.P. oder IL)[3]	33,85	75,89	82,0	337,0	1139	1812	3211	3552
%	100,0	100,0	100,0	100,0	100,0	100,0	100,0	100,0
Landwirtschaft, Forstwirtschaft und Fischerei	16,4	19,1	11,8	9,5	11,9	11,5	11,7	11,0
Bergbau, Steinbrüche und Fabrikation	16,0	19,9	36,6	24,0	20,5	22,0	22,2	24,1
Bauwirtschaft	5,5	6,1	4,4	11,9	6,5	7,6	7,2	6,6
Öffentliche Versorgungsbetriebe (Wasser, Elektrizität)	1,4	–[4]	–[4]	–[4]	2,1	1,6	1,7	–
Verkehr und Nachrichtenübermittlung	2,4[5]	5,9	6,2	6,2	7,4	6,7	7,2	7,4
Handel	23,5[6]	12,3	20,8	12,5	10,4	11,3	20,5[7]	28,8
Bank- und Finanzwesen, Immobilien	15,2	14,3		2,4	8,4	7,9	8,1	
Andere Dienstleistungen	5,6	7,4	12,6	18,7	11,4	10,3	–[7]	
Allgemeine staatliche und gemeinnützige Institutionen	14,0	14,9[8]	7,5	14,8	21,4	21,1	21,4	22,2

[1] Für 1936–1939.
[2] Frühe Schätzungen.
[3] Palästinensische Pfunde, Israeli Lira.
[4] Einschl. eines Teils von Verkehr.
[5] Nur Eisenbahnverkehr und Nachrichtenübermittlung.
[6] Wasser für Bewässerung in der Landwirtschaft. Elektrizität im Bergbau usw.
[7] Einschl. Andere Dienstleistungen.
[8] Einschl. in %: 1936: Staat 9,4 %, Ortsbehörden 1,9 % und Gesundheits- und Bildungswesen – nicht vom Staat unterhalten – 2,7 %; 1939: 8,2 %, 3,3 % und 3,4 %.
Quellen: 1936: R. R. Nathan, a.a.O., Kap. 12, Tab. 1, S. 148. – 1945–1950: D. Creamer, *Israel's National Income 1950–1954*, Jerusalem, Falk Project, Tab. 12, S. 33. – CBS, Special Series Nr. 57, 1957, Tab. 10, S. 30. – 1953: CBS *Statistical Abstract* 1957/58, Nr. 9, Tab. F 3, S. 113. – 1955–1959: CBS *Statistical Abstract* 1959/60, Nr. 11, Tab. F 6, S. 126. – 1960: CBS *Statist. Bull. Vol. III, Nr. I*, Tab. c, S. 72.

Die Entwicklung der Wirtschaft zur Zeit der jüdischen Gemeinschaft in Palästina

Wir gelangen jetzt zu einer kurzen Beschreibung der wichtigsten Wirtschaftszweige, angefangen bei der Landwirtschaft.

Wie wir weiter oben gesehen haben, richtet sich die finanzielle Betätigung der jüdischen nationalen Institutionen (etwa 70 % der gesamten öffentlichen Investitionen) in der Hauptsache auf die landwirtschaftliche Siedlung. Zur Zeit der Staatsgründung bebauten Juden ein Gebiet von etwa einer Million Dunam[1], von dem weniger als ein Drittel bewässert wurde. Dieser Anbau erfolgte in etwa 280 landwirtschaftlichen Siedlungen, von denen die Hälfte die Form der Moschawah (kleines Dorf) und des Moschaws (genossenschaftliche Siedlung), und die andere Hälfte die Form des Kibbuz (Kollektivsiedlung) aufwies.

Die vorherrschende Bewirtschaftungsmethode war die der Gemischtwirtschaft. Der gemischtwirtschaftliche Betrieb basierte auf lebendem Inventar (Kühen und Legehennen) und Futteranbau. Zusätzliche Anbauarten waren Obst und Gemüse. Fischteiche waren ein weiterer typischer jüdischer Wirtschaftszweig. Die Entwicklung

---

[1] Ein Dunam ist ein Flächenmaß, das 1000 m² entspricht.

der Gemischtwirtschaft erfolgte sowohl aus wirtschaftlichen als auch aus ideologischen Gründen.

Die Gemischtwirtschaft baute nicht übliche internationale Marktprodukte wie Zucker, Baumwolle und Getreide an; doch sie deckte den Hauptteil des Bedarfs der jüdischen Gemeinschaft in vielen Nahrungsmitteln. Sie ermöglichte den Unterhalt der Familieneinheit und war nicht in großem Umfang auf Lohnarbeit angewiesen. Auf diese Weise erleichterte sie die Aufrechterhaltung der Ideologie der »Eigenarbeit« und der wirtschaftlichen Unabhängigkeit der jüdischen Gemeinschaft.

Gleichzeitig mit der Gemischtwirtschaft wurde die Zitrusplantage als Monokultur entwickelt. Dieser Anbau, der vergleichsweise einen beträchtlichen Vorteil bot, stellte den größten Teil des palästinensischen Exports. Dieser Wirtschaftszweig war vorwiegend in den Händen privater Farmer. Im Zweiten Weltkrieg erfolgte eine schwere Kontraktion von Zitruspflanzungen und -erträgen, die in ganz Palästina auf ein Drittel ihres Vorkriegsumfangs sanken. Es dauerte etwa fünfzehn Jahre, bis die Anpflanzungsfläche von 1939 wieder erreicht wurde.

Die Dürftigkeit an Bodenschätzen und an Investitionskapital, die Freihandelspolitik der Mandatsregierung und der geringe Umfang des inneren Markts verhinderten die Entstehung einer Industrie in großem Maßstab in Palästina. Die bestehenden Unternehmungen arbeiteten unter Bedingungen von Kapitalmangel und unzulänglicher Ausrüstung einerseits und Überkapazität andererseits. Ihren ersten Anstoß erhielt die Industrie in den dreißiger Jahren, als neue Einwandererwellen und Kapital aus Mittel- und Westeuropa kamen. Sie brachten auch die für den Betrieb moderner Industrieunternehmen notwendigen Fachkenntnisse mit. In einigen Branchen – wie etwa der Diamantenschleiferei und der Textilindustrie – war das importierte Fachwissen der Hauptfaktor für ihre Begründung. Im Zweiten Weltkrieg erhielt die Industrie den zweiten großen Auftrieb durch den Schutz der Grenzen vor Konkurrenz und durch Ausweitung der Nachfrage infolge des Bedarfs der Truppen und der Bevölkerung der Region. Textilien und Bekleidung, Metalle und Chemikalien waren die Hauptbranchen, die in dieser Zeit eine Ausdehnung erfuhren. Als der Staat Israel gegründet wurde, wies die jüdische Industrie die typische Struktur einer jungen Industrie in einem Entwicklungsland auf, in dem der wesentliche Teil der Erzeugung vorwiegend aus Konsumgütern wie Nahrungsmittel und Kleidung besteht.

Die Nahrungsmittelindustrie beschäftigte einige 20 % aller in der Industrie beschäftigten Personen und stellte etwa 30 % der Gesamterzeugung her. Andere wichtige Branchen waren: die Metallindustrie (deren Betriebe kleiner waren als in Industrieländern üblich), die chemische Industrie (hauptsächlich aus den Mineralien des Toten Meeres) und die Baumaterialienindustrie (die während des Krieges zurückgegangen war).

Im Durchschnitt beschäftigte 1943 der jüdische Industriebetrieb (ausschließlich Handwerk) einundzwanzig Personen. Etwa die Hälfte aller beschäftigten Personen arbeitet in Betrieben mit mehr als fünfzig Personen. Mehr als die Hälfte der Betriebe beschäftigte weniger als zehn Personen.

Etwa 80 % der Betriebe – mit etwa 40 % aller in der Industrie Beschäftigten – befanden sich in privatem Eigentum und waren Einzelfirmen oder offene Handelsgesellschaften. Private und öffentliche Aktiengesellschaften stellten weniger als ein

Tabelle 6. Der Anteil des »Histadruth-Sektors«[1] an der Gesamtindustrie nach Wirtschaftszweigen

	1939		1959	
	Gesamtzahl (in 1000)	Histadruth-Anteil (in %)	Gesamtbetrag Mill. IL[2]	Histadruth-Anteil (in %)
Insgesamt	156,0	18,7[1]	1964,9	23,3[1]
Bergbau, Steinbrüche	3,7	37,8	37,5	36,8
Nahrungsmittel, Getränke, Tabak	20,6	19,9	347,1	33,0
Textilien	38,0	2,4	266,9	2,2
Bekleidung			184,9	0,3
Holzerzeugnisse	13,2	16,7	116,4	29,9
Papier, Verlagswesen	10,0	8,0	98,7	7,1
Leder und Lederwaren	[3]	[3]	73,4	4,9
Gummi und Plastik	10,2	19,6	51,0	41,2
Chemische Produkte			169,1	20,4
Nichtmetallische Mineralien	8,3	47,0	116,9	67,3
Diamanten	4,1	[4]	92,0	[4]
Metalle	43,6	12,2	179,8	23,6
Maschinen			52,0	
Elektrische Maschinenanlagen			51,4	14,2
Transportausrüstung	4,2	21,4	106,6	[5]
Diverse			21,1	4,7

[1] Einschl. 50,250 Mill. IL und 7140 beschäftigte Personen in Werkstätten in Arbeitersiedlungen und »siedlungseigener« Industrie, die nicht in den separaten Branchen enthalten sind.
[2] Israeli Lira.
[3] In »Textilien und Bekleidung« enthalten.
[4] In »Diversen« enthalten.
[5] In »Metallen« enthalten.
Quellen: Gesamterzeugung: *Bank of Israel Report*, 1959, Tab. 1, S. 128. – Beschäftigte Personen insgesamt. ibid., Tab. 2, p. 129. – »Histadruth«-Angaben: *Industry in the Labour Economy 1959* (Facts and Figures), Nr. 7/CFJL, Economic and Social Research Institute, Tel Aviv, August 1960, S. iii und 5.

Fünftel aller Betriebe dar, beschäftigten aber mehr als die Hälfte der gesamten Industriearbeiterschaft. Der Anteil der Genossenschaften betrug nach den beiden Kriterien nicht mehr als 5 % der gesamten Industrie (vgl. Tabellen 7 und 11).

Gegen Ende der Mandatszeit (1943) befanden sich etwa 70 % der gemischtwirtschaftlichen Farmen, 6,8 % der Zitrusplantagen, etwa 10 % der Industrie, zwei Drittel des Baugewerbes und ein ähnlicher Anteil am Transportwesen im Eigentum des Histadruthsektors.

Einfluß der ideologischen Einstellung auf Wirtschaftsstruktur und -organisation in der vorstaatlichen jüdischen Gemeinschaft in Palästina

Vom rein deskriptiven Gesichtspunkt aus unterschied sich somit die Wirtschaft der vorstaatlichen jüdischen Gemeinschaft in Palästina nicht sehr von einer kolonisatorischen und städtischen Wirtschaft relativ kleinen Maßstabs. Infolge ihrer spezifischen ideologischen und sozialen Ausgangspunkte bildete sie jedoch in ihren wesentlichen sozialen und organisatorischen Merkmalen einige ganz besondere Züge aus.

Die wichtigeren ideologischen Einstellungen auf wirtschaftlichem Gebiet – wie

Tabelle 7. Größe der Industriebetriebe nach Zahl der beschäftigten Personen, 1943–1958

	1943 [1]		1955 [2]		1958	
	Zahl der Betriebe	Zahl der beschäftigten Personen	Zahl der Betriebe	Zahl der beschäftigten Personen	Zahl der Betriebe	Zahl der beschäftigten Personen
Insgesamt	2 120	45 049	6 996	92 900	9 271	118 300
	%	%	%	%	%	%
1– 4 besch. Personen	19,4	2,9	44,6	10,1	52,8	11,6
5– 9 besch. Personen	37,0	11,6	27,9	14,1	23,8	12,2
10– 14 besch. Personen	–	–	9,1	8,3	7,8	7,2
15– 24 besch. Personen	36,1	32,8	8,5	11,9	6,6	9,7
25– 49 besch. Personen	–	–	5,9	15,5	5,0	13,3
50– 99 besch. Personen	3,8	12,8	2,3	11,6	2,3	11,9
100–299 besch. Personen	3,7	39,9	1,4	18,0	1,3	16,8
300 und mehr besch. Personen	–	–	0,3	10,5	0,4	17,3

[1] Nur jüdische Industrie ohne Handwerk.
[2] Gesamte Industrie – Betriebe, die wenigstens einen Arbeiter beschäftigen.
Quellen: 1943: *Statistical Handbook*, a.a.O., S. 217. – 1955: CBS *Statistical Abstract: Nr. 9*, S. 174, Tab. 14. – 1958: CBS *Statistical Abstract: Nr. 11*, S. 192, Tab. 6.

auf den meisten institutionellen Gebieten – waren zur Zeit der Zweiten Alijah ausgebildet worden, entwickelten sich dann weiter und nahmen unter dem Mandat, insbesondere zur Zeit der Dritten Alijah, zuerst feste institutionelle Formen an.

Der erste ideologische Nachdruck lag auf etwas, das man als nationale Wirtschaftsschöpfung bezeichnen könnte – die Schaffung von Branchen, die vom Gesichtspunkt der Herbeiführung einer normalen Berufs- und Wirtschaftsstruktur wesentlich sind. Diese Einstellung hatte verschiedene institutionelle Folgen. Zunächst brachte sie eine starke Betonung der Schaffung derjenigen Teile der Wirtschaft mit sich, die jede normale Wirtschaftsstruktur kennzeichnen und die bei den Juden in der Diaspora besonders fehlten – insbesondere der Zweige der Urproduktion. Hier sprang, wie wir gesehen haben, die Landwirtschaft als einer der wichtigsten und entscheidenden Wirtschaftszweige in die Augen und wurde zum Symbol des nationalen Regenerationsprozesses.

Zweitens: diese Einstellung führte auch dazu, daß Kapital und Einsatz in lebenswichtige Wirtschaftszweige geleitet wurden. Nachdrücklichst gefordert wurde die Schaffung geeigneter Bedingungen für die Entwicklung von Arbeitskräften aus den Reihen der Juden in der Diaspora, die imstande sein würden, diese Wirtschaftszweige zu betreiben.

Die meisten der allgemeinen ideologischen Grundsätze auf diesem Gebiet wurden von einer großen Mehrheit der zionistischen Bewegung geteilt – wenn auch nicht bedingungslos von allen Siedlern in Palästina. Ebenso war es mit einigen der allgemeineren institutionellen Folgerungen aus diesen Grundsätzen – wie etwa dem starken Nachdruck auf Landarbeit, einer gewissen nationalen Siedlung und in gewissem Ausmaß auch der Überführung des Bodens in das Eigentum der Nation. Letztere Bestrebung spiegelte sich in der Gründung und Tätigkeit des »Keren Kajemeth« (Nationalfonds) und der »Chewrat Hachscharat Hajischuw« (Gesellschaft zur Vorbereitung der Ansiedlung) wider und in geringerem Ausmaß auch in den verschiedenen Bankunternehmungen der Zionistischen Organisation zur Förderung der Kolonisation. Doch die spezifischeren sozialistischen Elemente waren zumeist auf den Arbeitersektor beschränkt.

Wie es immer in diesen institutionellen Bereichen geschieht, erfolgten Aufbau, Entwicklung und Kristallisation der Wirtschaft nicht gemäß dem ideologischen Plan oder seinen ursprünglichen organisatorischen Folgerungen. Die konkreten Umrisse der wirtschaftlichen Organisation und Institutionen entwickelten sich durch die Wechselwirkungen zwischen diesen Ideologien und den ursprünglichen Organisationsformen einerseits und den mehr pragmatischen sich im wirtschaftlichen Bereich entwickelnden Kräften andererseits. Diese Kräfte identifizierten sich nicht von Anfang an mit den Grundsätzen der Ideologie.

Die zunehmende Differenzierung der Wirtschaft sowie die den Arbeitersektoren innewohnenden Kräfte trugen notwendigerweise stark dazu bei, die Reinheit der Ideologie und die Möglichkeit ihrer vollen Verwirklichung zu unterwandern.

Die Ideologie hinterließ – wie in allen institutionellen Bereichen – ihre Spuren in der institutionellen Struktur durch einen Prozeß selektiver Verschanzung und Durchdringung, die auf verschiedene Weisen erfolgten – erstens, in der Entwicklung von Bereichen, in denen die institutionellen Folgerungen aus der Ideologie mehr oder weniger genau beachtet wurden und zweitens, in dem starken Einfluß der Ideologie auf allgemeinere lebenswichtige Punkte der Wirtschaft.

Ihren reinsten Ausdruck fand diese Ideologie natürlich in den spezifischen Formen der kollektiven und genossenschaftlichen landwirtschaftlichen Siedlungen und in den verschiedenen Arten von Genossenschaften und öffentlichen und halb-öffentlichen Körperschaften.

Der Einfluß der Ideologie generell auf den wirtschaftlichen Bereich manifestierte sich in der Aufrechterhaltung des Primats sozio-politischer Erwägungen bei der Bewilligung von nationalen wirtschaftlichen Mitteln und der Regulierung der Wirtschaftstätigkeit. Das zeigte sich zuerst in dem starken Nachdruck auf kolonisatorischer Arbeit und in der Entwicklung derjenigen Wirtschaftsgebiete, die vom sozio-ideologischen Gesichtspunkt aus wichtig waren. Zweitens offenbarte es sich in der verhältnismäßig großen Konzentration nationalen und sonstigen öffentlichen Kapitals in gewissen Bereichen der öffentlichen Sektoren, insbesondere in der Landwirtschaft; drittens war es ersichtlich aus dem Überwiegen sozialer und politischer Erwägungen bei der inneren Verteilung öffentlicher wirtschaftlicher Mittel.

Eine der allgemeinsten institutionellen Folgerungen aus der Ideologie drückte sich in dem starken Überwiegen öffentlichen Eigentums am Boden aus. Die Wurzeln hierfür lagen in der Tätigkeit des Keren Kajemeth; sie wurde nach der Gründung des Staates sogar noch intensiviert.

Etwa 92 % der Gesamtfläche Israels befinden sich im Eigentum des Staates und des Jüdischen Nationalfonds und werden von dem 1958 gegründeten Israelischen Grundbesitzamt (Israel Land Authority) verwaltet. Mehr als 80 % des gesamten landwirtschaftlichen Bodens und über 90 % der jetzt von Juden bebauten Gebiete werden von diesem Amt verwaltet. Die Bodenpachtpolitik dieser Behörde ist somit das vorherrschende System in Israel. Das Israelische Grundbesitzamt[1] fordert von den Bauern Pachtbeträge, die weit unter der durchschnittlichen wirtschaftlichen Pacht

[1] Oder der Staat und der Jüdische Nationalfonds vor 1959/60.

liegen, und die Pachtdifferenzen spiegeln nicht immer die Unterschiede in der Bodenqualität wider und umgekehrt. Die Bodenpacht für Dauersiedlung (für 49 Jahre) wird nach Bodeneinheiten berechnet und geht von der Vorstellung aus, daß jede Familie nur soviel Fläche erhalten sollte, wie sie ohne Hilfe von außen bearbeiten kann; daher wird die Größe der Bodeneinheit durch die Größe der Familie, vorhandene Bewässerungsmöglichkeiten und die vorgesehene hauptsächliche Anbauart des neuen Dorfs bestimmt. Auf diese Weise variierte die Bodeneinheit zwischen siebzehn und fünfzig Dunam. Bis vor kurzem betrug die Pacht für eine Bodeneinheit IL 12.-, das heißt zwischen IL 0.25 und IL 1.50 je Dunam. Nach gewissen Berechnungen stellt die Pacht etwa 0,6 % des Rohertrags der landwirtschaftlichen Erzeugung oder etwas unter diesem Satz dar, wenn nur öffentliche Böden der Berechnung zugrunde gelegt werden.

All dies führte allmählich zu einer Herausbildung von etablierten Interessen um die vielen Gruppen herum, die durch diese Entwicklung entstanden waren. Eines der wichtigsten Ergebnisse aus dieser Entwicklung war die Aufteilung der Wirtschaft der jüdischen Gemeinschaft in Palästina und später des Staates Israel in die verschiedenen Sektoren – den Privatsektor (in dem die meisten Unternehmungen Eigentum von Privatpersonen oder -gesellschaften sind) und den Histradruthsektor (der alle die verschiedenartigen Unternehmen der Histadruth umfaßt, wie Genossenschaften, landwirtschaftliche Siedlungen und öffentliche Gesellschaften, die – zumindest offiziell – der Histadruth gehören).

Entwicklung eines wirtschaftlichen Unternehmertums in der jüdischen Gemeinschaft in Palästina

Der institutionelle Einfluß der Ideologie offenbarte sich auch in der Art des wirtschaftlichen Unternehmertums, das sich in der jüdischen Gemeinschaft entwickelte. Der vielleicht wichtigste einzelne Typ des neuen Unternehmers, der in der jüdischen Gemeinschaft in Palästina entstand, könnte als institutioneller Unternehmer-Kolonisator bezeichnet werden. Ein derartiger Unternehmer bekleidete für gewöhnlich eine Schlüsselstellung in einer Siedlung, einem genossenschaftlichen Unternehmen oder einem der öffentlichen oder halböffentlichen Wirtschaftsunternehmen (zum Beispiel in gewissen Fabriken in Histadrutheigentum und den öffentlichen Wassergesellschaften). Sein Hauptinteresse war darauf gerichtet, den Bereich der Wirtschaftstätigkeit und die Aktiven und Gewinne seiner eigenen Gruppe und Organisation auf ein Maximum zu steigern durch die beste Verwendung sowohl der Marktmöglichkeiten als auch der verschiedenen Kapitalquellen, Kredite usw. – insbesondere von den verschiedenen Kolonisationsbehörden. Seine Auffassung von seiner Rolle war indes nicht eine rein wirtschaftliche. Er sah sich als Förderer allgemeiner sozialer Werte der Gesellschaft, der durch die Erweiterung und Entwicklung seiner eigenen Organisation bei der allgemeinen Kolonisationsbewegung und -erweiterung mitwirkte – eine Annahme, die für gewöhnlich in einigen Elementen der Realität entsprach. Er war im allgemeinen nicht ein Bürokrat der üblichen Art. Allerdings entwickelten sich allmählich immer mehr rein bürokratische Manager. Es gab von Anfang an in den meisten dieser Gruppen ein gewisses untergeordnetes technisches und bürokratisches Personal. Der Unternehmer-Kolonisator sah sich eher als gewählten Vertreter seiner Gruppe oder Organisation, als ihren Emissär, und ganz allgemein als wirtschaftlichen Pionier.

Zur gleichen Zeit entstanden in der jüdischen Gemeinschaft in Palästina zwei allgemeine Typen kapitalistischer Unternehmer. Der eine war ein Großunternehmer, der die Fähigkeit besaß, wichtige Möglichkeiten auf dem sich entwickelnden inneren Markt, Exportchancen usw. wahrzunehmen und durch geschickte Verwendung seiner eigenen Finanzmittel sowie zusätzlichen im Land verfügbaren flüssigen Kapitals und einiger von den Siedlungsbehörden gewährter Kredite auszunützen und verhältnismäßig große Industrieunternehmungen in Schlüsselgebieten zu errichten. Gute Beispiele hierfür sind die Ata-Textilwerke und einige der Industriebetriebe, die landwirtschaftliche Erzeugnisse verarbeiten.

Auch dieser Unternehmertyp mußte viele der sozialen Werte die in halböffentlichen Unternehmungen zum Ausdruck kamen, berücksichtigen, wenn auch in etwas verschiedener Weise. In erster Linie bekannten sich die meisten dieser Unternehmer zu den Grundsätzen der Sozialversicherung, der Tarifverhandlungen, der Familienzulagen und der Zulagen für Lebenshaltungskostensteigerungen. Zweitens fanden sie es manchmal vorteilhaft, eine Partnerschaft mit einigen der öffentlichen oder halböffentlichen Unternehmungen einzugehen, für gewöhnlich auf begrenzter Basis und durch Tochtergesellschaften. Diese Tendenz hat sich seit der Gründung des Staates Israel verstärkt. Drittens machten die meisten dieser Unternehmungen Gebrauch von den verschiedenen Vergünstigungen (insbesondere den Finanzkrediten) der Siedlungsgesellschaften und später des Staates, und sie stellten sich in den Dienst der Pioniersideologie. Das zeigte sich in ihrer relativen Konzentration in Industrien von zentraler Bedeutung für die Wirtschaftsentwicklung.

Der zweite sehr allgemeine und heterogene Typ des kapitalistischen Unternehmers, der sich in der jüdischen Gemeinschaft in Palästina entwickelte, war der kleine Industrielle, Kaufmann oder Geschäftsmann, dessen Tätigkeit sich hauptsächlich auf den wachsenden inneren Markt richtete. Sein Tätigkeitsbereich war nicht sehr ausgedehnt, und er war im ganzen eher konservativ in seinem Ausblick. Er hatte für gewöhnlich keinen engen Kontakt mit den hauptsächlichen Siedlungsinstanzen, trat jedoch recht häufig in einen gewissen Wettbewerb mit den öffentlichen Genossenschaften.

Wesentlicher organisatorischer Wandel nach der Gründung des Staates

Durch die Gründung des Staates Israel, die zu einer Vereinheitlichung der wirtschaftlichen Institutionen und zu einer wachsenden gegenseitigen Abhängigkeit der verschiedenen Wirtschaftssektoren führte, die Verfechter der Ideologie an die Macht brachte und die an die Wirtschaft gestellten Anforderungen steigerte, wurde die Gesamtbedeutung der mannigfachen politischen Erwägungen im Wirtschaftssystem intensiviert.

Mehrere wichtige strukturelle Veränderungen in den regulativen Wirtschaftsmechanismen erfolgten durch die Staatsgründung. Die wichtigsten unter ihnen waren die Zunahme der zentralen Planung und direkte und indirekte Staatseingriffe in das Wirtschaftsleben.

Die Mandatsregierung hatte sich faktisch in das Wirtschaftsleben des Landes nicht eingemischt. Ihre Politik drückte sich in Gesetzen, Verfügungen und Erlässen aus, ferner in den hauptsächlichen Wirtschaftshandlungen der Regierung durch ihre Budgets. Das Währungssystem war im wesentlichen dem »Goldstandard«-System in seiner extremen Auslegung gleichgestellt und schloß damit jeden Schutz der einheimischen Produktion aus.

Das gesamte Regierungsbudget betrug wenig mehr als ein Zehntel des gesamten Volkseinkommens, was für gewöhnlich als ein relativ niedriger Satz für Entwicklungländer gilt. Das Budget war im Charakter administrativ, enthielt fast keine Investitionen für wirtschaftliche Entwicklung. Der Anteil der öffentlichen Dienstleistungen war ebenfalls verhältnismäßig gering. Außerdem waren die Budgets in der Regel Überschußbudgets und übten daher eine deflationistische Wirkung auf die Wirtschaftätigkeit anderer Sektoren aus. Etwa zwei Drittel der Versorgungsleistungen der Regierung gingen im Endeffekt an die arabische Bevölkerung.

Im ganzen schädigte diese Politik natürlich den dynamischeren jüdischen Sektor. Die Mandatsregierung war eigentlich nur auf einem Gebiet – dem der öffentlichen Arbeiten – aktiv, und insoweit diese Tätigkeit auf Straßenbau und öffentliche Bauten gerichtet war, trug sie zur Hebung des Wirtschaftslebens bei.

Die unabhängigen Institutionen der jüdischen Gemeinschaft in Palästina versuchten, einige der von den Mandatsbehörden gelassenen Lücken zu schließen. Der Großteil ihrer Budgets war wirtschaftlicher Entwicklung (hauptsächlich in der Landwirtschaft) und öffentlichen Versorgungsleistungen gewidmet. Eine Behinderung bildeten jedoch Geldmangel und die Unmöglichkeit, eine wirksame unabhängige Wirtschaftspolitik durchzuführen.

Im Zweiten Weltkrieg wurde die Schärfe des Problems erheblich gemildert: einerseits wirkte sich die Schließung der hauptsächlichen Welthandelswege als Schutz für die einheimische Produktion aus, und andererseits wurde diese Produktion auch durch den Bedarf einer großen Armee angeregt. Diese Situation zwang die Regierung, sich als wirksamer Verbraucher, Regulator und Überwacher in das Wirtschaftsleben einzuschalten.

Mit der Gründung des Staates Israel hörten alle Beziehungen zur unmittelbaren geographischen Umgebung (einschließlich des Teiles von Palästina, der nicht in Israel einbegriffen war) auf und die Israelische Regierung übernahm die Führung einer neuen und unabhängigen Wirtschaftspolitik.

Die Wirtschaftspolitik der Regierung Israels war in vielen entscheidenden Beziehungen derjenigen der Mandatsregierung entgegengesetzt. Die Regierung betrachtete sich im Prinzip als die oberste Wirtschaftsinstanz sowohl in bezug auf Planung, Förderung und Überwachung des Wirtschaftslebens und in vielen Fällen auch in bezug auf eine direkte Beteiligung.

Die Regierung errichtete starke Zollschranken, die durch Kontingentbeschränkungen des Imports verstärkt wurden, und regte durch diese und andere Mittel die inländische Produktion auf allen Gebieten an. Durch eine Reihe von Verfügungen und Erlässen regelte sie die Erzeugung, den Verbrauch und die meisten anderen Wirtschaftstätigkeiten.

Der Wandel fällt besonders in die Augen in der Zusammensetzung des Regierungsbudgets, das etwa 40 % des gesamten Volkseinkommens und ein Viertel der Gesamtmittel umfaßt. Ein Drittel aller Ausgaben entfällt im allgemeinen auf wirtschaftliche Entwicklungsprojekte. Der Anteil der staatlichen an den gesamten Investitionen in Israel erreichte 80 %, und sogar jetzt, nach mehreren Jahren verminderten Anteils, beträgt er über 50 % (vgl. Tab. 15, 15 a und 16).

Die Gründung des Staates hat einen fast gänzlich neuen Wirtschaftssektor – den Staatssektor – ins Leben gerufen. Dieser Sektor besteht in der Hauptsache aus:

1. Unternehmungen, die gegründet wurden, um dem Staat selbst zu dienen. In dieser Kategorie seien die Staatsdruckerei und das Amt für Öffentliche Arbeiten genannt. Sie stellen Abteilungen in den zuständigen Ministerien dar, und ihre Budgets bilden Teile des ordentlichen Regierungsbudgets.
2. Geschäftsunternehmen. In dieser Kategorie finden wir die meisten der wirtschaftlichen öffentlichen Dienstleistungsbetriebe der Regierung: Verkehrswesen (Eisenbahnen, Häfen), Nachrichtenwesen (Post, Telefon, Telegraf) und die Entwicklungsbehörde, die u. a. für verlassenes Eigentum verantwortlich ist. Diese Unternehmungen werden als gesonderte wirtschaftliche Einheiten betrieben und haben ein besonderes Budget.
3. Staatliche Körperschaften, die von den Staatsbudgets ausgenommen sind und als selbständige öffentliche Aktiengesellschaften betrieben werden. Der Staat besitzt einen Teil (in den meisten Fällen den größten Teil) ihrer Aktien, hat seine Vertreter in den Aufsichtsräten und verfügt in den meisten Fällen auch über eine Stimmenmehrheit. 1960/61 gab es mehr als vierzig Körperschaften dieser Art in Bergwerksbetrieben, Industrie und Handwerk, Wasserwerken und Kraftstationen, Verkehrswesen, Wohnungsbau, Finanzwesen u. a. m. Diese Körperschaften beschäftigten 1960 über 17 000 Personen.
4. Außerdem finden wir verschiedene autonome öffentlich-rechtliche Körperschaften wie etwa die Hafenbehörde und, auf etwas anderem Gebiet, das Landesversicherungsinstitut.

Im Jahre 1960/61 beschäftigte der Staat 58 434 Personen in fester Anstellung (etwa 8 % aller Beschäftigten). Diese Zahl umfaßt alle Beschäftigten in Ministerien und in staatlichen Geschäftsunternehmen. Nicht eingeschlossen sind zeitweilig Beschäftigte, städtische Arbeiter und Angestellte, sowie in staatlichen Entwicklungsgesellschaften und in der Armee in Zivilposten beschäftigte Personen.

Entstehung und Kristallisation der hauptsächlichen Wirtschaftsprobleme.

Die Gründung des Staates verursachte nicht lediglich einen Wandel in der regulativen Organisation der Wirtschaft. Der wichtigste Zug des wirtschaftlichen Wandels war der große Einstrom neuer Arbeitskräfte und dadurch bedingt das Wachstum und die Veränderung in der Zusammensetzung der Bevölkerung (vgl. Tab. 1, 2, 3, 10, 12, 13 und 14).

Das wichtigste unter den neuen Problemen war das der Absorption der Neueinwanderer als produktive Elemente in der Wirtschaft – ein Problem, das aus zwei Gründen eine besondere Schärfe annahm: wegen des relativ niedrigen Niveaus der Allgemeinbildung und Fachkenntnisse bei vielen der Neueinwanderer und wegen des anfänglichen Absinkens der Kapitalreserven im jüdischen Wirtschaftssektor.

Das zweite Problem war das der Erreichung der wirtschaftlichen Unabhängigkeit – d. h. einer günstigen Zahlungsbilanz –, ein Problem, das in der vorangegangenen

Periode offensichtlich nicht von zentraler Bedeutung war, das aber sehr wichtig wurde, als der Staat die Verantwortung für die wirtschaftliche Wohlfahrt trug.

Dieses Problem war engstens mit zwei weiteren Problemen verbunden. Das eine war die Fähigkeit der sich entfaltenden israelischen Wirtschaft, ein hohes Niveau wirtschaftlicher und technologischer Modernisierung zu erreichen, das über das erste verhältnismäßig primitive Entwicklungsstadium, wie es zur Zeit der vorstaatlichen jüdischen Gemeinschaft in Palästina erreicht wurde, hinausgehen würde. Das zweite Problem war hier das Streben nach einem höheren Lebensstandard, der, wie wir später in größerer Ausführlichkeit sehen werden, zu einem wichtigen sozialen Ziel und gleichzeitig zu einem wirtschaftlichen Problem wurde.

Um zu verstehen, wie die israelische Wirtschaft diese Probleme bewältigte, müssen wir erst die grundlegenden physischen Einzelheiten des Wachstums der wirtschaftlichen Struktur der vorstaatlichen jüdischen Gemeinschaft in Palästina beschreiben.

Wachstum der Wirtschaft und ihrer wichtigsten Zweige

Die Tabellen 8–14 zeigen das stetige Wachstum der Wirtschaft und der meisten ihrer Zweige.

Tabelle 8. Netto-Inlandsprodukt zu Faktorkosten[1] nach Hauptwirtschaftszweigen (in %)

	1952 (1)	1954 (2)	1958 (3)	1962 (4)	1964 (5)
Alle Branchen	100,0	100,0	100,0	100,0	100,0
Landwirtschaft, Forstwirtschaft und Fischerei	11,5	12,1	13,0	9,7	9,4
Industrie, Handwerk und Steinbrüche	21,8	22,3	21,6	23,2	24,3
Bauwirtschaft und Öffentliche Arbeiten	9,0	7,6	7,8	7,9	7,8
Versorgungsleistungen und Öffentliche Verwaltung	57,7	58,0	57,6	59,2	58,5

[1] Vor Berichtigung für Lagerveränderungen, Abschreibung und Nettozinsen staatlicher und jüdischer nationaler Institutionen.
Quellen: Spalten (1)–(4): CBS, *The National Income and Expenditure of Israel (1950–62)*, Tab. 59, S. 106–107. – Spalte (5): CBS, *Statistical Abstract*, Nr. 16, 1965, Tab. F/14, S. 176.

Gleichzeitig erfolgten Veränderungen auch in der Organisation verschiedener Wirtschaftszweige. Der Hauptteil der Planung wurde auf die Landwirtschaft verwendet. Anstatt, wie in der Zeit vor der Staatsgründung, individuelle Siedlungen zu planen, gingen die Planungsinstanzen zu einer Gesamtplanung über, und die meisten Veränderungen in der landwirtschaftlichen Struktur sind Ergebnisse dieser Planung. Die Planung wurde von einem Subventionssystem begleitet, dessen Ziel es war, die Erzeugung zu lenken und dem Landwirt ein maximales Einkommensniveau zu sichern.

Das physische Wachstum der Landwirtschaft seit der Begründung Israels ist sehr groß, wie die folgende Tabelle 17 zeigt. Die Erzeugung wuchs um das Vierfache, die bebaute Fläche erreichte vier Millionen Dunam und die bewässerte Fläche 1,3 Millionen Dunam; große Investitionen erfolgten in Wasserwerken und Bewässerung, Maschinen und Geräten, sowie für Landablösung. Die Zahl der landwirtschaftlichen

Tabelle 9. Netto-Inlandsprodukt und Volkseinkommen zu Faktorkosten nach hauptsächlichen Wirtschaftszweigen (in Mill. IL) 1952–1962

	1952	1953	1954	1955	1956	1957	1958	1959	1960	1961	1962
Landwirtschaft, Forstwirtschaft und Fischerei	97,0	127,8	176,1	200,0	244,0	315,7	370,5	384,9	411,8	468,5	507,6
Industrie, Bergwerke und Steinbrüche	184,0	255,2	324,1	398,5	465,4	533,6	615,2	719,8	835,8	1017,4	1216,7
Bauwirtschaft [1]	75,6	84,8	110,5	144,7	155,6	191,4	220,8	234,8	247,6	312,7	412,8
Öffentliche Versorgungsbetriebe (Wasser und Elektrizität)	14,4	24,3	27,3	29,3	38,2	46,6	53,9	67,0	74,5	87,8	100,4
Verkehr und Nachrichtenübermittlung	59,4	76,3	104,5	122,9	150,0	178,5	203,3	237,6	266,0	314,8	400,4
Finanz-, Versicherungs- und Grundstückswesen	19,1	26,3	34,3	45,1	54,0	63,6	75,5	95,5	118,9	154,0	201,0
Wohnungseigentum [2]	44,4	56,0	73,3	96,4	128,7	141,5	155,8	180,1	208,2	251,6	326,2
Allgemeine staatliche und private gemeinnützige Institutionen	157,6	222,2	292,9	372,4	452,4	504,6	563,4	651,6	719,3	839,3	1023,5
Handel	106,1	134,7	170,4	208,0	248,7	291,2	328,5	360,5			
Andere Dienstleistungen	86,3	112,0	141,6	166,8	192,2	222,1	260,7	289,7	729,0	872,0	1060,0
Netto-Inlandsprodukt zu Faktorkosten (vor Berichtigungen)	843,5	1119,6	1455,0	1784,1	2129,2	2488,8	2847,7	3221,5	3610,3	4318,1	5248,6
Minus: Lagerberichtigung [3]	—	—	—	(–)29,0	(–)30,0	(–)32,0	(–)7,7	(–)8,7	(–)12,5	(–)52,2	(–)63,4
Minus: Abschreibungsberichtigung [4]	(–)10,0	(–)26,0	(–)38,0	(–)34,0	(–)51,0	(–)60,0	(–)63,0	(–)59,0	(–)68,0	(–)79,0	(–)191,0
Plus: Nettozinsen von zentralen staatlichen und jüdischen nationalen Institutionen [5]	7,3	11,7	19,2	13,4	16,5	6,6	5,2	5,2	20,8	34,8	48,1
Netto-Inlandsprodukt zu Faktorkosten (berichtigt)	840,8	1105,3	1436,2	1734,5	2064,7	2403,0	2782,2	3159,0	3550,6	4221,7	5042,3
Minus: Netto-Faktorzahlungen ans Ausland	(–)17,2	(–)29,0	(–)34,2	(–)31,5	(–)33,1	(–)46,3	(–)54,3	(–)66,9	(–)68,3	(–)97,0	(–)148,8
Volkseinkommen (= Netto-Sozialprodukt zu Faktorkosten)	823,6	1076,3	1402,0	1703,0	2031,6	2356,7	2727,9	3092,1	3482,3	4124,7	4893,5

[1] Nur Vertragsbauten. [2] Zurechnung. [3] Berichtigung für in den Schätzungen der Kapitalerträge enthaltene Kapitalgewinne und -verluste, die aus den von den Unternehmungen angewandten Systemen der Lagerschätzung herrühren. [4] Berichtigung für die Differenz zwischen Abschreibungsschätzungen, die auf Bilanzangaben basieren, und Schätzungen von Wiederbeschaffungskosten. [5] Subventionszahlung an nicht zum staatlichen Sektor gehörige Institutionen wurde zugerechnet.
Quelle: CBS, *Israel's National Income and Expenditure 1950–1962*, Jerusalem, 1964, Tab. 28.

Tabelle 10. Betriebe und beschäftigte Personen nach Typ der Eigentümerschaft
1933–1964

	1933		1943		1955		1958		1964	
	Zahl der Betriebe	Zahl der beschäftigten Personen	Zahl der Betriebe	Zahl der beschäftigten Personen	Zahl der Betriebe	Zahl der beschäftigten Personen	Zahl der Betriebe	Zahl der beschäftigten Personen	Zahl der Betriebe	Zahl der beschäftigten Personen
Insgesamt	–	–	2 120	45 049	6 996	92 900	9 271	118 300	10 430	178 308
%	100,0	100,0	100,0	100,0	100,0	100,0	100,0	100,0	100,0	100,0
Betrieb mit einem Eigentümer	89	75	48,8	20,5	50,2	18,2	51,8	18,0	50,7	15,1
Teilhaberschaft			29,9	21,4	27,2	18,8	23,5	16,3	22,0	11,5
Priv. Gesellsch. mit beschr. Haftung	5	18	16,9	52,4	16,2	39,6	14,8	39,7	22,2	47,2
Öfftl. Gesellsch. mit beschr. Haftung					1,2	13,7	1,2	12,9	1,6	15,0
Genossenschaftliche Gesellschaft	6	7	4,4	5,7	3,2	5,5	1,8	5,7	1,8	4,7
Betrieb in genossenschaftlicher Siedlung					1,7	2,1	1,0	2,2	1,2	3,4
Andere (staatliche Betriebe und nicht aufgeführte)					0,3	2,1	5,9	5,2	0,5	3,1

Quellen: 1933–1943: *Statistical Handbook*, a.a.O., S. 219. – 1955: CBS *Statistical Abstract*, Nr. 9, Tab. 16, S. 177. – 1958: Ibid., Nr. 11, Tab. 8, S. 193. – 1964: Ibid., Nr. 16, Tab. C/11, S. 416.

Tabelle 11. Größe industrieller Betriebe nach Wirtschaftszweigen
Durchschnittsgröße
(Zahl der beschäftigten Personen)

	1930	1943	1955	1958	1965
Insgesamt	12	21	13	13	9
Bergwerke und Steinbrüche	–	–	28	31	34
Nahrungsmittel, Getränke, Tabak	9	19	15	16	15
Textilien	18	23	17	21	26
Bekleidung	9	15	6	7	5
Holzprodukte	10	9	7	7	5
Papier und Pappe und deren Produkte	13	12	13	15	15
Druckerei und Verlagswesen					11
Leder und Lederwaren	11	15	8	7	3
Gummi und Plastik	–	–	22	24	19
Chemische Produkte	25	27	24	28	24
Nichtmetallische Mineralien	19	27	18	19	15
Diamanten	–	112	14	23	11
Metallische Grundstoffindustrie	11	30	13	14	227
Metallprodukte					9
Maschinen	–	20	16	8	7
Elektrische Maschinen und Anlagen	32	40	20	12	9
Transportausrüstung	–	–	48	13[1]	10
Diverses	12	18	9	7	4

[1] Enthält zum erstenmal »Reparaturen an Fahrzeugen und Motorrädern«, und das ist der Hauptgrund für den niedrigeren Durchschnitt.
Quellen: 1930–1943: *Statistical Handbook*, a.a.O., S. 219. – 1955–1958: CBS *Statistical Bulletin*, Teil b, Bd. 11, Nr. 10, Oktober 1960. – 1965: CBS *Establishments and Employed Persons in Industry, by Branch, Census of Industry, and Crafts*, 1965, Tab. 8, S. 58.

Tabelle 12. Zahl der Betriebe und beschäftigten Personen nach Größengruppen
(in absoluten Zahlen und Prozentsätzen)

	1955		1960–61	
Größengruppe	Betriebe	Beschäftigte Personen	Betriebe	Beschäftigte Personen
Insgesamt in absoluten Zahlen	6 996	92 900	9 754	138 800
Insgesamt in %	100	100	100	100
1– 4 Personen	44,6	10,1	51,7	10,7
5– 9 Personen	27,9	14,1	22,6	10,4
10– 14 Personen	9,1	8,3	8,6	7,2
15– 24 Personen	8,5	11,9	6,7	9,0
25– 49 Personen	5,9	15,5	5,8	13,8
50– 99 Personen	2,3	11,6	2,6	12,4
100–299 Personen	1,4	18,0	1,5	18,0
300 und mehr Personen	0,3	10,5	0,5	18,5

Quellen: 1955: CBS *Statistical Abstract*, Nr. 9, 1957–1958, S. 176. – 1960 1961: Ibid., Nr. 14, 1963, S. 282.

Tabelle 13. Zahl der Betriebe und beschäftigten Personen nach Anfangsjahr der Produktion
(in absoluten Zahlen und Prozentsätzen)
1961–1962

Anfangsjahr der Produktion	Zahl der Betriebe	Zahl der beschäftigten Personen
Insgesamt	9 754	138 800
Gesamtprozentsatz	100	100
Vor 1939	20,6	27,2
1940–1947	13,3	17,0
1948–1951	22,2	19,4
1952–1955	18,1	20,6
1956–1957	8,8	6,0
1958–1960	13,5	8,6
Nicht angegeben	3,5	1,2

Quelle: Ibid., Nr. 14, 1963, S. 283.

Tabelle 14. Beschäftigte Personen nach Berufen (in %)
1955, 1961, 1964

	November 1955	1961 [1]	1964
Alle beschäftigten Personen	100,0	100,0	100,0
Freie Berufe, wissenschaftliche, technische und verwandte Berufe	10,4	11,5	12,3
Administrative Geschäftsführer, Manager und Büropersonal	15,8	14,1	16,0
Händler, Vermittler und Verkäufer	11,3	8,6	8,5
Landwirte, Fischer und verwandte Berufe	17,1	16,9	12,5
Verkehr und Nachrichtenübermittlung	6,0	4,8	5,0
Bauarbeiter, Steinhauer und Bergwerksarbeiter [1]	–	8,0	9,5
Handwerker, Produktionsprozeßarbeiter und verwandte Berufe	29,0	23,8	24,1
Dienstleistungen, Sport und Erholungswesen	10,4	12,3	12,1

[1] 1955 waren Bauarbeiter in einer Kategorie klassifiziert, die Handwerker und Arbeiter in Industrie und Baugewerbe enthielt. Ab 1961 wurde eine neue Berufsklassifikation benutzt. Der Hauptunterschied ist, daß in der neuen Klassifikation Arbeiter als separate Gruppe klassifiziert werden und Lagerhausangestellte als Büroangestellte, während sie in der alten Klassifikation mit Handwerkern, Produktionsprozeßarbeitern und verwandten Berufen klassifiziert worden waren.
Quelle: Ibid., Nr. 16, 1965, Tab. K/16, S. 316–317.

Tabelle 15. Verteilung des Netto-Inlandsprodukts nach Eigentümerschaft und Wirtschaftszweigen 1953 (in %)

	Alle Arten (in Mill IL)	Histadruth-betriebe	Kollektive und genossenschaftliche Siedlungen	Andere Genossenschaften	Einzelfirmen und Privatgesellschaften	Staatssektor
Alle Wirtschaftszweige	1141	7,9	10,3	3,3	53,9	24,7
Landwirtschaft	140	2,0	61,5	–	35,7	0,8
Industrie, Steinbrüche	242	12,6	3,6	3,4	79,0	1,4
Bauwirtschaft	76	18,9	–	–	71,6	9,5
Öfftl. Versorgungsbetriebe						
Elektrizität für Licht und Kraft	18	–	–	–	100,0	–
Regionale Wassersysteme	7	–	–	–	–	100,0
Verkehr und Nachrichtenübermittlung						
Landstraßen, Autobusse	17	–	–	100,0	–	–
Andere	38	–	2,7	4,8	92,2	0,3
Eisenbahnen	4	–	–	–	–	100,0
Häfen	5	–	–	–	38,4	61,6
Handelsflotte	3	–	–	–	100,0	–
Luftverkehr	5	–	–	–	4,5	95,5
Post, Telephon, Telegraph	9	–	–	–	–	100,0
Großhandel	45	20,6	–	–	78,2	1,2
Einzelhandel	77	0,5	–	5,8	91,6	2,1
Bankgeschäft	15	7,7	–	18,2	71,4	2,7
Versicherungen	6	20,3	–	–	76,2	3,5
Staatliche und gemeinnützige Organisationen	250	8,8	–	–	–	91,2
Andere Dienstleistungsbetriebe	134	–	16,4	0,7	82,4	0,5

Quelle: D. Creamer, *Israel's National Income 1950–1954*, Jerusalem, Falk Project und CBS Special Series, Nr. 57, 1957, Tab. 15, S. 40.

Tabelle 15 a. Verteilung des Netto-Inlandsprodukts nach Sektoren und Wirtschaftszweigen 1959 (in %)

	Insgesamt	Staats-sektor	Histadruth-sektor	Privat-sektor
Netto-Inlandsprodukt [1]	100,0	21,5	20,3	58,2
Landwirtschaft, Forstwirtschaft und Fischerei	100,0	0,8	32,0	67,2
Bergbau, Steinbrüche und Industrie	100,0	4,3	22,2	73,5
Bauwirtschaft	100,0	10,6	31,9	57,5
Öfftl. Versorgungsbetriebe (Wasser u. Elektrizität)	100,0	100,0	–	–
Verkehr und Nachrichtenübermittlung	100,0	40,3	37,0	22,7
Bank-, Finanz- und Grundstückswesen	100,0	1,1	9,1	89,8
Handel und andere Dienstleistungen	100,0	1,7	15,8	82,5
Gemeinnützige Institutionen	100,0	–	37,6	62,4
Staatliche Dienstleistungen [2]	100,0	97,0	3,0	–

[1] Da die Zahl für das Nettoinlandsprodukt 1959 aus der Verwendung einer globalen Abschreibungsberichtigung herrührt (vgl. *Israel's National Income and Expenditure 1950–1962*, CBS, Special Series, Nr. 153, Jerusalem, 1964), benutzten wir die Zahl, die in der provisorischen Übersicht für das NIP 1959 erscheint.
[2] Beim Histadruthsektor bezieht sich der Begriff »Staatliche Dienstleistungen« auf Dienstleistungen durch die Histadruthverwaltung, hauptsächlich das Personal des Geschäftsführenden Ausschusses und der örtlichen Arbeiterräte.
Quelle: H. Barkai, *The Public, Histadrut, and the Private Sectors in the Israeli Economy*, Jerusalem, Falk Project for Economic Research, Report Nr. 6, 1961–1963, 1964, Tab. Nr. 4, S. 33.

Tabelle 16. Netto-Inlandsprodukt nach Sektoren 1953–1960

Jahr	NIP (1)	Staats-sektor (2)	Histadruth-sektor (3)	Privatsektor (1)–[(2)+(3)] = (4)
Mill. IL (zu gegenwärtigen Preisen)				
1953 [1]–(1)	1120	217	227	676
1953 (2)	1120	217	201	702
1957	2489	521	513	1455
1958	2848	570	571	1707
1959	3222	695	653	1874
1960	3610	761	737	2112
in %				
1953 (1)	100,0	19,4	20,3	60,3
1953 (2)	100,0	19,4	18,0	62,6
1957	100,0	20,9	20,6	58,5
1958	100,0	20,0	20,0	60,0
(1959) [2]	100,0	(21,5)	(22,3)	(56,2)
1959	100,0	21,6	20,3	58,1
1960	(100,0)	21,1	20,4	58,5

[1] Zeile 1 enthält Creamers berichtigte Angaben für Unterschiede in der Definition der Sektoren. Zeile 2 enthält Creamers berichtigte Angaben für Unterschiede in Sektorendefinition und Schätzungsverfahren. Die Zahl für NIP 1953 entspricht der revidierten Serie für NIP 1950–1962. Creamers ursprüngliche Schätzung des NIP 1953 lautete auf 1141 Mill. IL.
[2] Die Alternativschätzung für 1959 (Zeile 11) wurde durch Anwendung von Creamers Schätzungsverfahren für das Nettoprodukt in Landwirtschaft und Industrie 1953 auf die vergleichbaren Angaben von 1959 erzielt. Bei der Landwirtschaft bedeutet das die Verwendung von Bruttoertragsangaben für jeden Sektor und die Annahme, daß der relative Anteil des Nettoertrags in den betreffenden Gruppen und Sektoren gleich dem relativen Anteil des Bruttoertrags jeder der entsprechenden Gruppen und Sektoren ist. Zwecks Einzelheiten vgl. Creamer, a.a.O., S. 110 und Appendix B unten.
Quelle: H. Barkai, a.a.O.

Tabelle 17. Wert der landwirtschaftlichen Erzeugung zu Preisen von 1948/49
(einschließlich Zwischenerzeugnisse) 1948/49–1963/64

	1948/49	1950/51	1952/53	1955/56	1958/59	1961/62	1962/63	1963/64
				Wert				
Insgesamt	44 413	61 189	81 446	126 730	187 880	236 195	238 674	269 145
Feldfrüchte	6 698	7 951	16 730	27 571	36 693	41 703	40 011	51 423
Gemüse und Kartoffeln	5 338	9 105	13 085	16 245	18 391	19 814	20 519	21 415
Zitrusfrüchte	6 924	8 402	9 507	12 770	16 532	15 362	21 343	20 657
Sonstiges Obst	3 252	2 661	5 358	9 393	13 541	23 960	24 224	31 132
Milch	7 213	9 900	12 735	17 083	24 667	31 267	31 208	32 414
Eier	6 663	10 766	10 147	14 549	29 337	36 988	32 947	37 448
Honig	123	96	167	241	234	211	202	286
Änderungen im Lebendinventar	1 433	1 411	1 012	1 525	2 937	1 532	0	106
Fleisch (Lebendgewicht)	3 775	5 144	6 016	17 853	32 766	49 839	52 582	58 060
Fisch	1 584	3 303	3 439	4 988	5 954	7 716	7 753	9 028
Diverse	1 410	2 450	3 250	4 512	6 828	7 803	7 885	7 176
				Index				
Insgesamt	100,0	138	183	285	423	532	537	606
Feldfrüchte	100,0	119	250	412	548	623	597	768
Gemüse und Kartoffeln	100,0	172	245	304	345	371	384	401
Zitrusfrüchte	100,0	121	137	184	239	222	308	298
Sonstiges Obst	100,0	82	165	289	416	737	745	957
Milch	100,0	137	177	237	342	433	433	449
Eier	100,0	162	152	218	440	555	494	562
Honig	100,0	78	136	196	190	172	164	233
Änderungen im Lebendinventar	100,0	98	70	106	205	107	0	7
Fleisch (Lebendgewicht)	100,0	136	160	473	868	1 320	1 393	154
Fisch	100,0	208	217	315	376	487	489	570
Diverse	100,0	174	230	320	484	553	559	509

Quelle: CBS *Statistical Abstract*, Nr. 16, 1965, Tab. L/18, S. 390.

Siedlungen wuchs auf ungefähr 730 und die Zahl der landwirtschaftlichen Einheiten auf 80 000. Von den 450 neuen Siedlungen waren etwa 300 in Moschaw- und Dorfform und nur hundert in Kibbuzform, so daß der Anteil der Familienfarmen stieg. Außerdem entstand in der verwalteten Farm eine wichtige neue landwirtschaftliche Form. Der Großteil dieser beträchtlichen Erweiterung erfolgte in den ersten Jahren des Staates, als die Landwirtschaft die Hauptabsorptionsquelle für die Masseneinwanderung darstellte. Auf eine Zeit einer relativ niedrigen Wachstumsrate (1952–1955) folgte eine weitere Zeitspanne schnellen Wachstums, hauptsächlich auf dem Gebiete der intensiven Bewirtschaftung. Im Laufe von wenigen Jahren wandelte sich die landwirtschaftliche Erzeugung von Unzulänglichkeit zu Saturierung, Überschüssen und fallenden Preisen.

Diese letztere Tendenz war eine der Ursachen für die Produktionslenkung, insbesondere in bezug auf die Zusammensetzung des Anbaus. Ein anderer Grund war die Erkenntnis der Tatsache, daß das Wasser, und nicht der Boden (wie zu vor-Staatszeiten), der wirklich begrenzte Produktionsfaktor ist, und daß reichlich anbaufähiger Boden übrigbleiben würde, wenn alle Wasserreserven voll ausgenützt wären. Es schien daher notwendig, mehr extensiven Anbau zu planen. Ein weiterer Faktor für die Änderung der landwirtschaftlichen Planung war die große Abhängigkeit von Futtereinfuhr für den Viehbestand. Alle diese Faktoren vereint wirkten sich gegen eine Beibehaltung der Gemischtwirtschaft aus und riefen bereits seit 1953 viele Diskussionen hervor über die Planung neuer Farmtypen – insbesondere der verwalteten Farm – und über den Übergang zu anderen Anbauarten, hauptsächlich Erzeugnissen für die industrielle Bearbeitung wie Zucker und Baumwolle. Das war möglich, weil Subsidien und hohe Zölle die einheimische Produktion schützten. Doch der Anteil der Familieneinheit an der Landwirtschaft hatte im letzten Jahrzehnt zugenommen, trotz der Kritik daran, die es als unvernünftig bezeichnete, die Bebauungsfläche in kleine Felder aufzuteilen, insbesondere wo es sich um Anbau für die Industrie handelte.

Es wurde bereits bemerkt, daß die Zitrusplantagen an Fläche, Ertrag und Export in der Zeitspanne seit Gründung des Staates zunahmen und im Begriff waren, das Niveau von 1939 zu erreichen. Zitrusfrüchte sind jetzt das hauptsächliche, jedoch nicht das einzige landwirtschaftliche Exportprodukt (etwa 25 % des Gesamtexports). Um die Mitte der sechziger Jahre entwickelten sich Exporte einiger anderer landwirtschaftlicher Artikel; die wichtigsten unter ihnen sind Eier, Geflügel sowie einige Obst- und Gemüsesorten.

Direkte und indirekte Staatseingriffe und der Kapitalzufluß von draußen änderten auch die industrielle Struktur. Doch ein Hauptfaktor – die Naturschätze – änderte sich nur wenig. Dabei wurde es den Wirtschaftsbehörden immer klarer, daß die Absorptionsfähigkeit Israels und sein wirtschaftliches Gedeihen von dem Erfolg oder Mißerfolg der Industrialisierung abhingen. Als Ergebnis intensiver Bemühungen in dieser Richtung stieg der Realertrag der Industrie seit der Staatsgründung um das Zweieinhalbfache und die Netto-Inlandsproduktion um ungefähr 170 %. Die jährliche Wachstumsrate der Erzeugung war 12 % und der Nettoproduktion 6–8 %. Die Zahl der Arbeiter in Industrieunternehmungen stieg von 77 000 im Jahre 1949 auf etwa 160 000 im Jahre 1960. Nach einer gewissen Übergangszeit begann auch die Produktivität zu steigen. In der Zusammensetzung der Branchen stellen wir eine relative Verminderung im Anteil der Nahrungsmittel fest, die 1960 nur ein Fünftel der Produktion ausmachten und 15 % der gesamten Industriebelegschaft beschäftigten, ein größeres Gewicht auf Textilien in der Abteilung Textilien und Bekleidung, eine Zunahme im Metallsektor (bis zu einem Fünftel der Produktion und einem Viertel der gesamten Arbeiterschaft) und in anderen Branchen wie Gummi, Papier, Chemikalien und Mineralien. Doch erst vor kurzem führten alle diese Tendenzen zu grundsätzlichen Veränderungen in der Zusammensetzung der Industrie, und seit Ende der sechziger Jahre werden etwa 20 % der gesamten Industrieproduktion exportiert.

Ein Vergleich der durchschnittlichen Größe der Industriebetriebe in den beiden Zeitabschnitten ist schwer durchzuführen, da viele Veränderungen in den bei den Erhebungen angewandten Definitionen und in der untersuchten Bevölkerung erfolgten. Die Durchschnittsgröße eines Industrieunternehmens in der Zeit seit der

Staatsgründung betrug etwa dreizehn Beschäftigte. Das blieb während des ganzen Zeitabschnitts konstant und ist das Ergebnis der gleichzeitigen zahlenmäßigen Zunahme sowohl sehr kleiner als auch sehr großer Betriebe. Mehr als 40 % der Industriearbeiterschaft arbeiten in Betrieben, die mehr als 50 Personen beschäftigen; hingegen beschäftigen mehr als die Hälfte aller Betriebe etwa 10 % der Industriearbeiterschaft, und zwar in der Gruppe von ein bis vier Personen je Betrieb (vgl. Tab. 12 und 13).

Der zunehmende Anteil des Supermarket- und Selbstbedienungssystems, hauptsächlich in Lebensmitteln, verursachte in den letzten Jahren eine kleine Revolution im Einzelhandel. Die Pioniere dieser neuen Verkaufsmethode waren die Konsumentengenossenschaften, und in letzter Zeit sind ihnen Privatunternehmungen nachgefolgt. 1960 waren ungefähr zwei Drittel der Lebensmittelgeschäfte der Genossenschaften nach dem Selbstbedienungssystem organisiert. Einige unter ihnen sind jetzt viel größer als gewöhnliche Läden. Andere große Supermarkets wurden in den letzten paar Jahren von privaten Inhabern gegründet. Nach einer rohen Schätzung beträgt der Anteil aller Supermarkets und Selbstbedienungslebensmittelgeschäfte an den Gesamteinkünften aus dem Einzelhandel in Lebensmitteln etwa 20 %. Diese Entwicklung – die sich noch weiter fortsetzt – spornte die kleinen Lebensmitteleinzelhändler dazu an, Experimente in der Organisation ihrer Geschäfte als Kettenläden zu machen, doch mit wenig Erfolg. Jedenfalls waren sie gezwungen, Niveau und Qualität ihrer Leistungen zu heben.

Die hier skizzierte große physische Ausdehnung der Wirtschaft führte indes nicht zu weitreichenden Veränderungen in der Branchenstruktur.

Wirtschaftsstruktur innerhalb der Branchen

Ein Vergleich der Struktur der jüdischen Wirtschaft innerhalb der einzelnen Branchen vor dem Zweiten Weltkrieg mit ihrer Entwicklung bis 1962 (vgl. Tabellen 5, 8, 11, 14) zeigt nur relativ kleine Veränderungen in der Verteilung der beschäftigten Personen unter den Branchen und in dem Anteil jeder Branche am gesamten Sozialprodukt. Unter dem Einfluß des Krieges erfolgten einige Veränderungen in dieser Struktur, die jedoch im Laufe weniger Jahre wieder verschwanden.

Das macht sich auf verschiedenen wichtigen Gebieten bemerkbar:

1. Etwa die Hälfte aller beschäftigten jüdischen Personen arbeiten in Branchen der Urproduktion oder in sekundären Branchen, d. h. in Landwirtschaft, Bergbau, Industrie und Handwerk, Bauwirtschaft und öffentlichen Arbeiten. Der Anteil dieser Branchen am Sozialprodukt beträgt etwa 40 %. Diese Rate war während der letzten drei Jahrzehnte ziemlich stabil, mit Ausnahme einer geringen Erhöhung während des Zweiten Weltkrieges. Das war hauptsächlich auf das schnelle Wachstum der Industrie zurückzuführen.
2. Die Landwirtschaft beschäftigt im allgemeinen zirka 15 % aller beschäftigten Personen und erzeugt etwas mehr als 10 % des Sozialprodukts. Der Anteil der Landwirtschaft an der Gesamtwirtschaft nahm während des Krieges ab, wies dann in den ersten Jahren des Staates Israel eine Aufwärtstendenz auf und in den letzten Jahren wieder ein Absinken[1].

---

[1] Diese letzte Tendenz ist die Folge einer großen Produktionssteigerung bei einer gleichzeitigen starken Preissenkung.

Der Anteil der Industrie (einschließlich Bergbau und Handwerk) sowohl an der Gesamtheit der Arbeitskräfte als auch am Volkseinkommen beträgt etwas über ein Fünftel. Er stieg während der Kriegskonjunktur auf etwa ein Drittel an und kehrte 1953 zu seiner Normalgröße zurück. Die letzten Jahre weisen eine sehr geringe Wachstumstendenz auf. In naher Zukunft dürfte ein Absinken des Anteils der Landwirtschaft und eine Steigerung des Anteils der Industrie erfolgen als Ergebnis der relativen Saturierung mit landwirtschaftlichen Erzeugnissen und der großen Investitionen in Industrieprojekten.

Die Bauwirtschaft war während der ganzen Zeitspanne 1930–1960 – mit Ausnahme der Kriegsjahre – im Vergleich zu normalen Ländern relativ ausgedehnt. Sie beschäftigte zeitweise ein Zehntel der gesamten Arbeiterschaft und erstellte einen ähnlich großen Anteil am Sozialprodukt. Dieser Zweig ist der unbeständigste in der Wirtschaftsstruktur, da Krieg oder Massenimmigration eine Halbierung oder eine Verdoppelung seines Umfangs herbeiführen können. Von den Gesamtinvestitionen wurden zu Anfang der fünfziger Jahre 40 % und in den letzten Jahren etwa 30 % in Wohnungsbau investiert, eine Tatsache, die die relative Bedeutung dieses Zweiges in der Wirtschaft verstärkt.

3. Dienstleistungsbetriebe (einschließlich Verkehrs- und Nachrichtenwesen) beschäftigten während der ganzen Zeitspanne etwa die Hälfte der gesamten Arbeitskräfte und erstellten etwa drei Fünftel des gesamten Sozialprodukts. Im Vergleich zu anderen Ländern auf ähnlicher Entwicklungsstufe sind das sehr hohe Sätze.

Verteilung der Wirtschaftstätigkeit zwischen den Hauptsektoren

Es dürfte interessant sein zu sehen, wie sich diese Entwicklung zwischen den verschiedenen Sektoren – d. h. zwischen dem Privat-, dem Histadruth- und dem Staatssektor – verteilte.

In den Tabellen 15 und 16 über die Produktion nach Eigentümerschaft der Betriebe finden wir, daß der Prozentsatz von Betrieben in Privatbesitz sank und die Proportion von staatlichen Korporationen stieg, während der Anteil der Genossenschaften und Aktiengesellschaften mehr oder weniger unverändert blieb.

In den letzten Jahren wurden viele staatliche Gesellschaften gegründet. Aber die Bedeutung des Staates auf diesem Gebiet läßt sich nicht in Prozenten der Eigentümerschaft messen, sondern nur in seinem Anteil an den Gesamtinvestitionen (siehe weiter unten), von dem 40–75 % in direkten Investitionen und der Rest in Form von Anleihen und Subventionen erfolgten. Hingegen hat sich der Anteil der direkten Staatsinvestitionen im Laufe der Zeit stetig vermindert.

Vom gesamten Netto-Inlandsprodukt erstellte im Jahre 1953 der Histadruthsektor mehr als ein Fünftel und der Staatssektor ungefähr ein Fünftel[2]. Im Histadruthsektor kamen im Jahre 1960 nur 40–50 % der Produktion aus Betrieben, die der Chevrat Owdim direkt gehörten, der Rest kam aus den landwirtschaftlichen Gemeinschaftssiedlungen und aus anderen Genossenschaften.

In den Produktionszweigen finden wir, daß im Jahre 1953 etwa zwei Drittel der

---

[2] Quelle: H. Barkai, a.a.O.; D. Creamer, a.a.O.; Falk Project und CBS Special Series, No. 57, 1957.

landwirtschaftlichen Produktion aus dem Histadruthsektor stammten (hauptsächlich von Kibbuz- und Moschawsiedlungen), 1959 jedoch nur 32 %[3].

Die Industrie des Histadruthsektors produzierte im Jahre 1953 etwa ein Fünftel der gesamten industriellen Produktion und 1959 etwa 22 %. 1953 stammten etwa zwei Drittel dieser Produktion aus Betrieben, die der Chewrat Owdim direkt gehörten, 1959 aber nur 49,4 %. Unter den sekundären Branchen konzentrierte die Histadruth ihre Betriebe hauptsächlich (und im Verhältnis zu anderen Sektoren) auf Baumaterialien und Mineralien, in denen ihr Anteil an der Produktion ungefähr vier Fünftel des Gesamtumfangs betrug, auf die Metall- und Maschinenindustrie (ein Viertel), Nahrungsmittelindustrie (15 %) und Papierindustrie und Verlagswesen (20 %). Der Anteil der Histadruth an der Bekleidungs- und Textilindustrie sowie an der Diamantenindustrie ist sehr gering; in der Abteilung Bauwirtschaft und öffentliche Arbeiten betrug er ungefähr 20 % der Gesamtproduktion.

Der Anteil des Staatssektors an den Produktivzweigen ist ziemlich gering und zeigt nicht die tatsächliche staatliche Beteiligung an den Kapitalinvestitionen in diesen Branchen. Der Staatsanteil (1953) an der Produktion der chemischen Industrie war 11 %, der Papierindustrie und des Verlagswesens 6 % und an Mineralien etwa 5 %. Einige der großen Firmen, die 1953 in Staatsbesitz waren, sind seither in andere öffentliche oder private Hände übergegangen.

In den Abteilungen Bauwirtschaft und Öffentliche Arbeiten stellt der Staatssektor etwa 10 % der Gesamtproduktion her (hauptsächlich durch die Abteilung für Öffentliche Arbeiten des Arbeitsministeriums).

Die Branchen Verkehr und Nachrichtenübermittlung sind in einer interessanten Weise unter die Sektoren aufgeteilt: der Staat betreibt die Eisenbahnen, den Großteil des Luftverkehrs und alle Mittel des Postverkehrs, der Histadruthsektor den Autobus- und Güterkraftverkehr und der Privatsektor besorgt den Hauptteil der Personenbeförderung auf den Landstraßen, soweit sie nicht in Autobussen erfolgt. Die Häfen wurden vor kurzem der Aufsicht einer öffentlichen Behörde unterstellt, und die Handelsflotte ist unter alle drei Sektoren verteilt. Die öffentlichen Versorgungsbetriebe für Elektrizität und Wasser sind jetzt Staatseigentum.

Von den anderen Dienstleistungen seien noch kurz Handel und Bankwesen erwähnt. Im Großhandel war der Histadruthsektor mit etwa 20 % der Nettoinlandsproduktion beteiligt, doch im Einzelhandel belief sich sein Anteil nur auf 6 %[4]. Der Staatsanteil an diesen Branchen ist unbedeutend.

Der Histadruthsektor umfaßte etwa ein Viertel des Gesamtprodukts der Bankenbranche, etwa 20 % der Versicherungsbranche und etwa 80 % der Versorgungs- und anderer sozialer Fonds – insgesamt etwa ein Viertel dieser Finanzinstitute. Der Staatsanteil am Produkt dieser Betriebe betrug etwa 3 %.

Im allgemeinen können wir beobachten, daß nach verschiedenen anfänglichen Versuchen der Staatsorgane, staatseigene direkte Investitionen und Unternehmungen zu schaffen, nunmehr eine Verschiebung in Richtung auf indirekte Beteiligung durch Teilhaberschaften oder Subsidien erfolgt.

Eine weitere interessante Entwicklung in der israelischen Wirtschaft ist die Ausdehnung des Betätigungsfelds auf verschiedene asiatische, afrikanische und süd-

---

[3] Vgl. Barkai, a.a.O., S. 33.
[4] Sein Anteil an der Lebensmittelbranche ist größer.

amerikanische Länder, in Form von Beteiligungen an Schiffahrts- oder Transportgesellschaften, verschiedenen Arten von öffentlichen Arbeiten (insbesondere auf dem Gebiet der Bauwirtschaft) und weitreichender technischer Hilfeleistung. (1963 arbeiteten ungefähr 870 Israelis als technische Experten in diesen Ländern.) Zwar sind über diese Tätigkeit keine genauen Angaben verfügbar, es scheint jedoch, daß auf diesem Gebiet der Histadruth- und der Staatssektor überwiegen.

Das Wohnungswesen in Israel – Eine Veranschaulichung der öffentlichen Unternehmung

Von besonderem Interesse im Zusammenhang mit der Verteilung der Wirtschaftstätigkeit auf die verschiedenen Sektoren ist die Organisation im Wohnungswesen. Wie wir gesehen haben, hat sich die Bevölkerung Israels seit der Staatsgründung mehr als verdreifacht; somit wurde in dieser Zeit die Wohnungsfrage zu einem der Hauptprobleme für die öffentlichen Behörden. Die in den ersten Jahren erfolgende Masseneinwanderung, die geringe Erfahrung auf diesem Gebiet und der Kapitalmangel führten dazu, daß bis 1951 in großen Massen Kleinwohnungen von geringer Qualität und ohne ausreichende Planung gebaut und eine große Zahl provisorischer Wohneinheiten (aus Holz und sogar Zeltleinwand) aufgestellt wurden. In diesen Jahren erreichte auch die Personenzahl je Zimmer ihren Höhepunkt.

Die Wohnungsfrage wäre noch viel komplizierter gewesen, hätte nicht die Möglichkeit bestanden, einen beträchtlichen Teil der Neueinwanderer in von den arabischen Flüchtlingen verlassenen Häusern unterzubringen. Andererseits fielen das Bauen für Neueinwanderer und eine starke Nachfrage nach Wohnungen für länger ansässige Familien, die sich vorher mit nur unzulänglichen Wohnbedingungen hatten begnügen müssen, in die gleiche Zeit.

Als die Einwanderung sich verlangsamte und man über mehr Erfahrung auf dem Gebiet des öffentlichen Wohnungsbaus verfügte, wurden erhebliche Verbesserungen in der allgemeinen Qualität, den sanitären und elektrischen Anlagen sowie in der Innen- und Außenarchitektur durchgeführt. Die provisorischen Wohneinheiten wurden durch Dauerwohnungen ersetzt und die Wohndichte verringerte sich.

Der Hauptteil des Wohnungsbaus wurde von öffentlichen Ämtern ausgeführt. Fast alle Wohnungen für Einwanderer und ein Teil der Wohnungen für länger ansässige Familien wurden von der Jewish Agency und der Wohnbauabteilung im Arbeitsministerium gebaut. Ein weiterer beträchtlicher Teil wurde durch andere Behörden und Organisationen, wie etwa Histadruth und Wohnungsbaugesellschaften der politischen Parteien und Bewegungen, unternommen.

Der Anteil von Privatunternehmungen am Wohnungsbau blieb während der ganzen Zeit sogar in den größeren städtischen Zentren, in denen das Privatkapital konzentriert war, verhältnismäßig niedrig. Die private Bautätigkeit hat in den letzten Jahren zugenommen, doch noch 1959 waren etwa zwei Drittel der Neubauwohnungen vom Staat (und der Jewish Agency) finanziert worden und ein beträchtlicher Teil des Rests durch andere öffentliche Stellen.

Fast alle Neubauwohnungen für länger ansässige Familien (oder Einwandererfamilien, die ihre erste Wohnung wechselten) waren nicht zur Vermietung, sondern zum Verkauf gebaut worden. Auch bei den Wohnungen für Neueinwanderer setzte man sich zum Ziel, sie wenn irgend möglich an die Familien zu verkaufen. Auf diese Weise kam es dazu, daß in Israel mehr als die Hälfte der Wohnungen jetzt Eigentum der sie bewohnenden Familien sind, und dieser Satz ist zweifellos noch im Ansteigen begriffen.

Der Wohnungskauf bringt das Problem der Kreditgewährung und der Kreditinstitute mit sich, um der durchschnittlichen Familie zu helfen, die große Ausgabe zu tragen. Zu diesem Zweck wurden mehrere Wohnungshypothekenbanken gegründet und mehrere Wohnungssparprogramme organisiert. Die Bemühungen der Regierung, die Bürde der Kreditfinanzierung für den Wohnungskauf in private Hände zu überführen, haben bisher keinen großen Erfolg gehabt.

Allerdings werden durch die Tatsache, daß ein großer Teil der Wohnungen sich unter der Ägide verschiedener öffentlicher Gesellschaften befindet, de facto oft die Eigentumsrechte des Einzelnen eingeschränkt.

Fast das gesamte öffentliche Wohnungswesen wies die Organisationsform der öffentlichen Genossenschaft auf. In den ersten Jahren sahen die Bestimmungen dieser Genossenschaften für ihre Mitglieder und die Wohnungseigentümer starke Beschränkungen, insbesondere im Gebrauch ihrer Eigentumsrechte, vor [5].

In den letzten Jahren wurden die Eigentumsbeschränkungen an den Wohnungen etwas gelockert, aber noch nicht ganz aufgehoben. Neuerdings besteht die Tendenz, den Boden an die Hauseigentümer zu verkaufen, doch bisher wurden in diesem Punkt keine großen Fortschritte gemacht; hingegen wurde durch allgemeinere Bodenverkäufe an das Publikum eine intensive Spekulation und Preissteigerung hervorgerufen.

Entwicklung der Sozialfürsorge und die Beziehungen zwischen den Hauptsektoren

Die Beziehungen zwischen den verschiedenen Sektoren drückten sich auch in der Verteilung der verschiedenen sozialen Versorgungsleistungen aus.

Von den wichtigeren sozialen Versorgungsleistungen kam nur die Volksschule früh unter reine staatliche Zuständigkeit (siehe weiter unten). Im Jahre 1949 wurde die allgemeine Schulpflicht mit kostenloser Volksschule und 1953 ein einheitliches Landesschulsystem eingeführt.

Die Verantwortung für die Wohnungsbeschaffung für Einwanderer und deren Ansiedlung war, wie wir oben sahen, sehr bald vom Staat und der Jewish Agency übernommen worden. Letztere baute auch Wohnungen für Kriegsteilnehmer und

---

[5] Eine Anzahl dieser Genossenschaften gewährte in Wirklichkeit keine vollen Eigentümerrechte an den Wohnungen, hauptsächlich in bezug auf den Verkauf oder die Übertragung in andere Hände. Die hauptsächlichen Beschränkungen (in den Wohnungsgenossenschaften der Histadruth) waren:
1. Jede Übertragung bedurfte der Genehmigung des Genossenschaftsausschusses;
2. Den Mitgliedern der Genossenschaft wurde ein Vorkaufsrecht auf jede geräumte Wohnung gewährt;
3. In jedem Fall war die Übertragung auf Mitglieder der Histadruth beschränkt;
4. Der Verkaufspreis wurde durch einen Sonderausschuß der Genossenschaft bestimmt; die auf diese Weise festgesetzten Preise waren im allgemeinen niedriger als die entsprechenden Marktpreise.

Ein Ausschußmitglied jeder Hausgenossenschaft war ein Vertreter der Histadruth und hatte in einigen Fragen ein Vetorecht.

Ein zweites Problem folgte aus der Tatsache, daß der Boden, auf dem die Häuser erbaut waren, nicht Eigentum der Hauseigentümer war, so daß jede Übertragung auch die offizielle Genehmigung der Bodeneigentümer (des Jüdischen Nationalfonds oder später des Israelischen Grundbesitzamts).

Staatsbeamte. Auch die Histadruth und politische Parteien subventionierten Wohnungsprojekte für ihre Anhänger.

Viel uneinheitlicher wird das Bild auf dem ausgedehnten Gebiet der Sozialversicherung. 1953 erfolgte eine gesetzliche Regelung der ersten Phase eines umfassenden Sozialversicherungsprogramms durch Einführung des Landesversicherungsgesetzes, das Alters- und Hinterbliebenenfürsorge, Geburtenbeihilfe und Arbeitsunfallversicherung vorsieht. Diese obligatorische Versicherung umfaßt alle Einwohner vom vollendeten achtzehnten Lebensjahr an, und zwar sowohl Gehalts- und Lohnempfänger als auch Selbständige und Nichtbeschäftigte. Der Versicherungsfonds wird aus Beiträgen von Arbeitgebern und Arbeitnehmern und einem Subsidium aus der Staatskasse gebildet. Alterspensionen werden im allgemeinen an Männer im Alter von 65, an Frauen im Alter von 60 Jahren an ausgezahlt; eine Fortsetzung der Arbeit um weitere fünf Jahre wird befürwortet. Die Pensionen sind an den Lebenshaltungskostenindex gebunden, so daß eine Preissteigerung den Wert der Versicherungsleistung nicht beeinträchtigt (vgl. Tab. 18).

Die Beschäftigung von Frauen ist durch Gesetz geregelt. Der Arbeitsminister ist ermächtigt, ihre Beschäftigung in gewissen Industrien zu verbieten oder einzuschränken, und Nachtarbeit ist, außer in Ausnahmefällen, verboten.

Eine Arbeitslosenversicherung wurde bisher aus finanziellen Gründen noch nicht

Tabelle 18. Zahl der bewilligten Versicherungsansprüche 1954–1960 des Landesversicherungsinstituts (Zahlen abgerundet)

Art des Versicherungsanspruchs	1959/60	1954–1960
Altersrenten	8 000	47 000
Hinterbliebenenversicherung	2 000	7 500
Beerdigungsbeihilfe	5 500	17 500
Geburtsbeihilfe	51 000	274 000
Wöchnerinnenversicherung	12 000	57 000
Zuschüsse für große Familien	42 000	42 000
Unfall-, Invaliditäts- und Angehörigenversicherung	51 000	222 000
Insgesamt	171 500	667 000

Versicherungsleistungen (in Mill. IL) des Landesversicherungsinstituts

Art des Versicherungsanspruchs	1959/60	1954–1960
Altersrenten	26 900	64 400
Hinterbliebenenversicherung	4 300	10 600
Beerdigungsbeihilfe	400	1 000
Geburtsbeihilfe	4 600	19 800
Wöchnerinnenversicherung	3 800	14 900
Zuschüsse für große Familien	3 500	3 500
Unfall-, Invaliditäts- und Angehörigenversicherung	6 900	24 600
Rehabilitation (Heilbehandlungskosten usw.)	3 800	16 200
Insgesamt	54 200	155 000

Quelle: Anhang zum Bericht des National Insurance Institute 1959/60.

eingeführt. Die Regierung versucht, voraussichtliche Arbeitslosigkeit im voraus zu schätzen und sie durch Arbeitsbeschaffungsprogramme aufzufangen.

Eine Landeskrankenversicherung ist nicht zustandegekommen, und zwar hauptsächlich wegen des von der Histadruth ausgeübten Drucks, da sie ihre »Kupat Cholim« nicht aufgeben wollte; darum blieb dieses wichtige Gebiet von einer direkten Staatskontrolle und -eigentümerschaft ausgeschlossen.

Sowohl die Histadruth als auch die freiwilligen Organisationen, wie (»Hadassa«, die der Pionier der sozialen Medizin in Israel ist; und »Malben«, der von dem Joint Distribution Committee begründet wurde) unterstehen in der Ausübung ihrer Krankenversorgungsdienste nominell der Überwachung durch das Gesundheitsministerium. »Kupat Cholim«, die Krankenkasse der Histadruth, hat mit Staatssubsidien ihre Einrichtungen derart erweitert, daß sie ungefähr zwei Drittel der Bevölkerung versorgt; der Rest wird zum größten Teil von den kleineren Krankenkassen oder von privaten Krankenversicherungen betreut (vgl. Tab. 19). Die Regierung ergänzt

Tabelle 19. In Krankenkassen versicherte Bevölkerung (einschl. Angehörige)

Jahr	Absolute Zahlen							Versicherte Bevölkerung in % der Gesamtbevölkerung
	Allgemeine Krankenkasse der Histadruth	Nationale Krankenkasse	Volkskrankenkasse	Makkabikrankenkasse	Krankenkasse der Allgemeinen Zionisten	Insgesamt	Gesamtbevölkerung	
1951	783 000	100 000 [1]	30 000	–	–	913 000	1 578 000	57,8
1955	1 013 000	133 000	12 000	–	–	1 158 000	1 789 000	64,7
1961	1 478 000	171 000	35 000	76 842	43 200	1 804 042	2 234 000	80,7
1962	1 570 000	–	–	–	–	–		

[1] 1952
Berechnet auf der Grundlage von CBS *Statistical Abstract*, Nr. 14, 1963, S. 156–159.

die Bemühungen privater Körperschaften auf allen Gebieten des öffentlichen Gesundheitswesens und richtet ihr Hauptaugenmerk auf Malariabekämpfung, Sanitätswesen und Nahrungsmittelhygiene, Epidemiekontrolle durch Untersuchungen und Quarantäne, Erweiterung bestehender Krankenhäuser und staatlicher Laboratorien sowie Fürsorge für Mutter und Kind.

Eines der interessantesten und wichtigsten Resultate aus dieser Situation ist, daß es in Israel trotz allen Bestrebens, ein Wohlfahrtsstaat zu sein, keine umfassende allgemeine Gesundheitsversorgung gibt, und daß gewisse Schichten der Bevölkerung – insbesondere Selbständige aus den niederen Ständen oder den unteren Mittelstandsgruppen, wie etwa kleine Hausierer oder Handwerker – von keinerlei Krankenversicherung erfaßt werden.

Ein weiteres wichtiges Versorgungsgebiet, dem die Regierung viel Aufmerksamkeit zuwendet, ist das der Unterstützung und Rehabilitation, und besondere Fürsorge wird verwundeten oder erwerbsbehinderten ehemaligen Kriegsteilnehmern und ihren Familien zuteil. Es wird für Hospitalisierung, ärztliche Behandlung, Rekonvaleszenz, Ausbildung und Umerziehung sowie Wohnung Sorge getragen und den Erwerbsunfähigen oder -behinderten eine Rentenzahlung gesichert.

Wandel im Charakter von Privat- und Histadruthsektor und in den Wechselbeziehungen zwischen ihnen

Wir sehen also, daß die älteren Sektoren – nämlich der Histadruthsektor und der Privatsektor – durch den Ausbau von Staatseingriffen nicht vernichtet wurden. Es soll daher untersucht werden, in welchem Ausmaß diese verschiedenen Sektoren nach der Gründung des Staates Israel weiterbestehen, was sie in der heutigen israelischen Wirtschaft bedeuten und in welchem Ausmaß sie unterschiedliche wirtschaftliche Interessen, Einstellungen und Organisationstypen repräsentieren.

Diese Frage ist besonders interessant im Zusammenhang mit wachsenden Problemen, die allen Sektoren gemeinsam sind – wie etwa Arbeiter- und Organisationsfragen – und die gemeinsames Vorgehen veranlaßt und gemeinsame Organisationen ins Leben gerufen haben. Das spiegelte sich in der Gründung des Produktivitätsinstituts und in gemeinsamen Produktionsausschüssen wider, ferner in Organisationen, die die gleichen Branchen in den verschiedenen Sektoren vertreten (z. B. im Zitrusvermarktungsausschuß).

Außerdem führte schon die Einsetzung administrativer und politischer Staatsorgane als wichtige Regulatoren des Wirtschaftslebens an sich dazu, daß *alle* Sektoren sich dieser Institutionen in zunehmendem Maße bedienten und sich daher in vielen ihrer Einstellungen zu Wirtschaftsfragen notwendigerweise aneinander anglichen. Eine solche Gleichrichtung verstärkte indes oft den Wettbewerb um knappe Mittel und unterstrich so die zunehmende Bedeutung des politischen Drucks als Mittel zu wirtschaftlichem Zweck.

Der sich verringernde Unterschied zwischen den Sektoren war nicht nur auf den zunehmenden Einfluß der staatlichen Verwaltungsbehörden zurückzuführen, sondern auch auf die Tatsache, daß in der ganzen Struktur der Wirtschaft sich wichtige Veränderungen vollzogen. Hierfür gab es mehrere Gründe.

Erstens waren einige Grundlagen schon vorher durch Siedlungsämter oder -tätigkeit gelegt oder aber, wie es mit der Eisenbahn der Fall war, von der Mandatsmacht übernommen worden. Von entscheidender Bedeutung ist der Wandel in der Stellung der Landwirtschaft – in dem Sinn, daß nach der großangelegten anfänglichen Aktion der Jewish Agency zwecks Absorption der verschiedenen Neueinwanderer in Moschawsiedlungen die Landwirtschaft mehr oder weniger ihren wirtschaftlichen Sättigungspunkt erreicht hat.

Zweitens wurde ein eigener Staatssektor errichtet, der mehrere – wenn gewiß auch nicht alle – der früheren Siedlungs- oder Entwicklungsfunktionen übernahm.

Dennoch haben alle diese gemeinsamen Züge die Unterschiede zwischen den verschiedenen Sektoren nicht ausgelöscht; allerdings haben einige dieser Unterschiede sich seit ihren historischen und ideologischen Anfängen stark gewandelt. Ein grundlegendes, allen Sektoren gemeinsames Merkmal ist offensichtlich der Wettbewerb um diverse knappe Mittel innerhalb der Wirtschaft.

Diese Rivalität geht über den üblichen wirtschaftlichen Wettbewerb zwischen Unternehmungen oder Gruppen von Unternehmungen entschieden hinaus und umfaßt weiterreichende Erwägungen betreffend die Größe jedes Sektors und seine Fähigkeit, durch Akkumulation von politischem Einfluß und Macht Vorzugsbehandlung zu erlangen.

Derartige politische Erwägungen überwiegen natürlich in der Histadruth, in der gemeinschaftliches Vorgehen immer leichter ist. Sie lassen sich auch auf einigen Arbeitsgebieten des Privatsektors entdecken, oder auf Arbeitsgebieten, die beiden Sektoren gemeinsam sind, wie in der Organisation und Tätigkeit des Zitrusausschusses, der eine sehr streng monopolistische Überwachung mit voller gesetzlicher Sanktion über Produktion und Verteilung in diesem lebenswichtigen Zweig der israelischen Wirtschaft durchführt.

Neben diesen Ähnlichkeiten lassen sich jedoch vielleicht einige Unterschiede zwischen den verschiedenen Sektoren in ihrer Grundeinstellung zu verschiedenen Problemen der Wirtschaftsbetätigung und -organisation erkennen.

Ein vorgeblicher Unterschied ist der Ton auf »Entwicklung« und die Bereitschaft zu »Kolonisations«- oder nationaler Arbeit. Die Histadruth und neuerdings auch der staatliche Entwicklungssektor behaupten oft, daß bei ihnen die Tendenz zur Entwicklung stärker betont sei, und daß sie eher bereit seien als der Privatsektor, in (zum mindesten auf kurze Sicht gesehen) unrentablen Branchen zu investieren – wie etwa Unternehmungen in Entwicklungsgebieten oder im Ausland (Entwicklungsgesellschaften in verschiedenen afrikanischen und asiatischen Ländern).

Man kann dies als eine Fortsetzung der älteren Kolonisationstradition ansehen, insbesondere in der Betonung der Vorzugsbewilligung von nationalem Kapital für diejenigen Zweige, die vom Gesichtspunkt nationaler Wirtschaftsziele besondere Bedeutung haben.

Nach dieser Prämisse engagiert sich der Privatsektor im allgemeinen nicht im gleichen Ausmaß in solchen Unternehmungen und wendet sich nur dorthin, wo ihm Gewinne gesichert sind. Die Vertreter des Privatsektors tendieren indes dazu, diese Unterstellung zurückzuweisen und behaupten – mit besonderem Bezug auf die Histadruth –, die anscheinende Hingabe an nationale Ziele diene nur dazu, die Macht bestimmter politischer Gruppen zu erweitern. Es wird fernerhin versichert, die Risiken würden meistens durch den Staat und die Volkswirtschaft getragen, und Privatunternehmungen wären bereit und fähig, solche Aufgaben durchzuführen, wenn ihnen dieselbe Vorzugsbehandlung gewährt würde.

Diese Behauptung scheint letzthin zum mindesten in gewissem Ausmaß gerechtfertigt worden zu sein durch die Tatsache, daß – mit Hilfe des staatlichen Entwicklungsbudgets – zumeist Privatunternehmungen in den verschiedenen Entwicklungsgebieten (insbesondere im Süden) mit Erfolg arbeiten. Dadurch wurden auch einige der eher paradoxen Aspekte aufgedeckt, und zwar die zunehmende Abhängigkeit beider Sektoren von den staatlichen Schutzzöllen und ihre große Besorgtheit – besonders offenkundig bei den Fabrikanten nach der Abwertung von 1962 – in bezug auf Versuche, den inneren Markt der internationalen Konkurrenz zu öffnen.

Der Erfolg des Privatsektors auf dem Entwicklungsgebiet hat in der Histadruth nicht wenig Besorgnis ausgelöst. Ihr Generalsekretär, A. Becker, kündigte 1961 einen großen Expansionsplan der Wirtschaftsunternehmungen der Histadruth auf allen Entwicklungsgebieten an.

Wenn auch die Liberalisierung und die wachsende Abhängigkeit von staatlichem Schutz und Staatssubventionen bedeuten, daß die Unterschiede zwischen den Sektoren weniger scharf hervortreten, so werden diese doch noch oft in den Grundauffassungen der Leiter und Unternehmer in den verschiedenen Sektoren betont.

Vielleicht eines der wichtigeren Symptome für diese Unterschiede äußert sich in den Debatten innerhalb der Histadruth über die Rolle des Gewinns und in den ernsthaften Forderungen einiger – wenn auch nicht der erfolgreichsten – Wirtschaftsführer, die Histadruth solle keine neuen Unternehmungen um des Gewinns willen beginnen, und sie solle sogar ältere aufgeben, nachdem sie wirtschaftlich entwicklungsfähig geworden seien.

Die Unterschiede zwischen den Sektoren werden oft in der Ideologie und – in geringerem Ausmaß – in der Praxis der Beziehungen zu den Arbeitern und der Teilnahme der Arbeiter an der Betriebsleitung hervorgehoben. Das wichtigste Unterscheidungsmerkmal ist der Versuch im Industriesektor der Histadruth, eine allgemeinere Beteiligung der Arbeiter an der Betriebsleitung herbeizuführen.

Diese Versuche waren im großen ganzen mehr auf die Ideologie beschränkt als in der Praxis durchgeführt, mit Ausnahme vielleicht in bezug auf die unteren Stufen von Werkproduktions- und Abteilungsausschüssen.

Nur in sehr wenigen Fällen kam eine volle Teilnahme der Arbeiter an der zentralen Leitung einer Gesellschaft zustande. Eines der bekanntesten Beispiele hierfür innerhalb des Staatssektors ist die größte Elektrizitätsgesellschaft, und hier war der Erfolg nicht sehr groß. Die Einbeziehung von Vertretern der Arbeiter in die Betriebsleitung führte zu zunehmender Politisierung, dauernden Spannungen und verminderter Leistungsfähigkeit.

Wenn auch auf dem Gebiet der Arbeiterbeteiligung im Histadruthsektor einige besondere Versuche unternommen wurden, so scheint paradoxerweise auf dem Gebiet der Arbeitsbeziehungen die Situation umgekehrt zu sein. Eine vor kurzem durchgeführte Untersuchung zeigt, daß Arbeiter in Histadruthunternehmungen glauben, ihre lokalen Gewerkschaften und Ausschüsse seien weniger wirksam in der Erreichung verschiedener Vorteile für ihre Arbeiter gerade wegen der Tatsache, daß die Unternehmungen der Histadruth gehören und daher die Gewerkschaften nicht gewillt seien, ihre Forderungen zu erfüllen.

Die Sektoren als politische und wirtschaftliche Systeme

Wenn jedoch die Unterschiede in der konkreten Wirtschaftsbetätigung und -mentalität zwischen den Sektoren sich etwas verwischt haben, so bestehen noch immer einige grundsätzliche Unterschiede in der wirtschaftlichen Gesamtorganisation. Im Staats- und Histadruthsektor liegt – wenn auch auf verschiedene Weisen – großer Nachdruck auf politischer Kontrolle und internen politischen Erwägungen und Bewilligungen, wohingegen diese im Privatsektor eine geringere Rolle spielen. Auf diesem Gebiet gibt es auch viele Unterschiede zwischen dem Staats- und dem Histadruthsektor; letzterer hängt mehr von interner politischer Kontrolle ab und viel weniger von rein wirtschaftlichen Mechanismen.

Das Wesen der in der Histadruth vorherrschenden politischen Leitung zeigt sich hauptsächlich in der Tatsache, daß relative wirtschaftliche Gewinnerwägungen in gewissem Ausmaß von internen und externen politischen Erwägungen überstimmt werden. Die Interessen eines beliebigen Zweiges können, zum mindesten im Prinzip, den Interessen politischer Gesamterwägungen oder zugunsten allgemeiner sozialer oder nationaler Erwägungen geopfert werden.

Dieser sehr weite Umfang der Histadruthbetätigung hat jedoch offensichtlich noch einen zusätzlichen Aspekt. Mit der Entwicklung und Ausdehnung der verschiedenen Konzerne haben ihre Leiter notwendigerweise eine starke Vorliebe für Autonomie entfaltet und oft versucht, den ausgedehnten politischen Rückhalt der Histadruth für die Ausdehnung ihrer eigenen Konzerne auszunutzen.

In einem Fall (im Jahre 1959) reagierte die Histadruth sehr stark gegen diese Tendenz, sich der politischen Gesamtleitung der Chewrat Owdim zu entziehen. Die Histadruth hat jedoch nicht immer Erfolg gehabt mit ihren Versuchen, alle Wirtschaftsunternehmungen, die ihr formal gehören, zu überwachen.

Eines der wichtigsten Beispiele hierfür ist die relative Erfolglosigkeit in der Ausübung einer wirksamen Kontrolle über die Transportgenossenschaften, besonders in bezug auf die Beschäftigung angestellter Arbeitskräfte, die durch die unerschwinglich hohen Preise der Anteile daran verhindert wurden, der Genossenschaft als Mitglieder beizutreten.

In vielen Fällen hatten die Genossenschaften Monopole, die weder von der Histadruth noch von der Regierung ganz gezügelt werden konnten. Die Autobuslinien in Israel, die den Großteil des Beförderungssystems bilden, gehören fast ausschließlich drei großen Genossenschaften, die die wichtigeren Bezirke untereinander aufteilen. Das ist das Ergebnis einer allmählichen Absorption kleinerer Gesellschaften.

Das Hauptproblem ist nicht der direkte Preis, den der Verbraucher für die Dienstleistung zu zahlen hat (er ist relativ niedrig), sondern die Gesamtleistungsfähigkeit der Genossenschaften und insbesondere das Ausmaß, in dem diese den Ersatz von Fahrzeugen und Motoren aus ihren eigenen Gewinnen übernehmen – oder umgekehrt, das Ausmaß, in dem sie vom Staat zu diesem Zweck Subsidien erhalten müssen.

Wie die meisten Genossenschaften in Israel sind auch die Autobusgesellschaften Teile der Chewrath Owdim, doch ist die Autorität der letzteren hier sehr schwach, insbesondere in bezug auf die praktischen Geschäftsmethoden. Die Autobusgenossenschaften haben infolge ihrer Größe und monopolistischen Macht einen hohen Grad von Unabhängigkeit erreicht. Das Ergebnis ist, daß ein öffentlicher Versorgungsdienst sich in den Händen von Privateigentümern befindet und nur geringe effektive Aufsicht durch irgendeine öffentliche Stelle ausgeübt werden kann. Es entstehen zwischen den Genossenschaften und den öffentlichen Behörden viele Konflikte wegen des Niveaus der Dienstleistungen, der Preise und der hohen Löhne und Bezüge der Eigentümer. In Erkenntnis der Notwendigkeit einer wirksamen öffentlichen Kontrolle eines derart monopolisierten Betriebszweigs wurden in den letzten Jahren einige Vorschläge von öffentlichen Körperschaften oder Behörden (hauptsächlich der Chewrath Owdim und der Regierung) unterbreitet, einen erheblichen Teil des Kapitals der Gesellschaften aufzukaufen und auf diese Weise eine wirkliche Kontrolle über diese Dienstleistungen zu erlangen. Die Genossenschaften widersetzten sich diesen Vorschlägen mit der Begründung, die Mitglieder der Genossenschaften würden auf diese Weise mehr oder weniger zu Angestellten werden, die allgemeine Produktivität des Betriebs würde sich vermindern und auf diese Weise der Öffentlichkeit eine Belastung verursacht. Trotz vieler Versuche wurde keiner dieser Vorschläge verwirklicht. Als eine Art Kompromiß wurden die folgenden Schritte unternommen (einige von ihnen noch vor der Verwerfung der erwähnten Vorschläge):

1. Ein Vertreter der Chewrath Owdim wurde in den Vorstand der Genossenschaften entsandt;
2. Es wurde vereinbart, daß keine Lohnerhöhungen oder andere Leistungen an die Mitglieder der Genossenschaften ohne Zustimmung der Histadruth erfolgen würden;
3. Eine »Öffentliche Tarifbehörde (Fahrpreise)« wurde organisiert, um die Buchhaltung der Genossenschaften zu prüfen und über Änderungen der Fahrgelder zu beschließen.

Seit damals sind die Probleme sowohl der Entlohnung der Mitglieder als auch der Fahrpreise ständig Gegenstand öffentlicher Unstimmigkeiten, ohne daß irgendeine wirkliche Veränderung in ihrer Struktur erfolgt wäre. Wenn dies auch zweifellos ein extremer Fall eines Monopols ist, so ist es doch ein Anzeichen für einige der Probleme, die aus der Sektorenstruktur der israelischen Wirtschaft entstehen.

In anderen Fällen hatten derartige öffentliche Monopole die Tendenz, sich nicht nur in einem bestimmten Sektor zu entwickeln, sondern durch gegenseitige Vereinbarungen zwischen den Sektoren. Das beste Beispiel hierfür ist der Zitrusvermarktungsausschuß, der durch Gesetz begründet wurde, um die gesamte Zitrusindustrie zu lenken.

Wir sehen somit, daß die Unterschiede zwischen den Sektoren in gewissem Ausmaß auch in der Zeitspanne seit der Staatsgründung weiterbestehen, daß sich aber gleichzeitig das Ausmaß dieser Unterschiede verringert und ihr Charakter sich verändert hat. Die relativ einfache Dichotomie zwischen dem »Siedlungs«- und dem Privatsektor war immer übertrieben worden und existierte in Reinkultur wahrscheinlich nur als ideologischer Grundsatz; jetzt nahm sie an Bedeutung noch weiter ab.

Die Sektoren haben vielleicht eine gewisse Vorliebe für bestimmte Arten der Wirtschaftsbetätigung behalten, aber vor allem ist ihre Bedeutung vom Politischen her zu verstehen. Sie stellen wichtige politische Spaltungen innerhalb der israelischen Wirtschaft dar, deren Existenz – wie wir noch sehen werden – von großer Bedeutung für den Wirtschaftsablauf ist.

2. Hauptzüge der Wirtschaftspolitik

Einleitung

In der vorangegangenen Erörterung wurde kontinuierlich die große Bedeutung politischer und administrativer Maßnahmen in den verschiedenen Sektoren und insbesondere in dem zentralen System der Wirtschaft als Ganzes betont. Es dürfte daher jetzt angebracht sein, die Mechanismen dieser Kontrolle im einzelnen zu analysieren, um zu sehen, wie sie sich in der israelischen Wirtschaft auswirkt und ihre Konturen formt.

Von einem allgemein typologischen Gesichtspunkt aus ist die israelische Wirtschaft eine reine Marktwirtschaft in dem Sinne, daß sie fast keine autarkischen

Einheiten enthält und daß – mit der teilweisen Ausnahme einiger landwirtschaftlicher Erzeugnisse – die gesamte Produktion für innere und äußere Märkte produziert und nicht innerhalb der Produktionseinheiten konsumiert wird.

Daher besteht der wichtigste regulative Mechanismus der israelischen – wie jeder anderen modernen (sei es auch kleinen) – Wirtschaft in einer Serie von Märkten, von denen die wichtigsten der Arbeitsmarkt, der Gütermarkt und der Geldmarkt sind.

In der Zeit vor der Staatsgründung entstanden, wie wir gesehen haben, aus der Struktur und dem Wesen der Wirtschaftsbetätigung des jüdischen Sektors mehrere spezifische Typen von regulativen Mechanismen in den verschiedenen Sektoren und insbesondere in der Histadruth. Seit der Staatsgründung und der Vereinheitlichung der Wirtschafts- und Marktstruktur nahmen diese verschiedenen regulativen Mechanismen an Wichtigkeit erheblich zu.

Einige der regulativen Mechanismen innerhalb der Sektoren – insbesondere diejenigen in der Histadruth, die wir oben kurz beschrieben haben – blieben bestehen, aber auch sie wurden notwendigerweise immer mehr in den Bereich der zentralen Märkte und der zentralen politischen Regulierung dieser Märkte gezogen.

Die israelische Wirtschaft ist in beträchtlichem Ausmaß politischer Regulierung unterworfen, auch nachdem im Jahre 1952 die sogenannte Politik der »Liberalisierung«, die verschiedene physische Kontrollen abschaffte, eingeführt wurde. Wie wir bereits gesehen haben, wird die Kontrolle nicht durch direktes Staatseigentum an verschiedenen Unternehmungen ausgeübt, sondern in der Mehrzahl der Märkte hauptsächlich durch eine zentrale Kontrolle an wesentlichen Punkten und durch enge Zusammenarbeit – trotz vieler Unstimmigkeiten in Einzelfragen – zwischen dem Staat und der Histadruth.

Die Hauptarten wirtschaftspolitischer Maßnahmen

Unter den wirtschaftspolitischen Maßnahmen stehen ihrer Bedeutung nach an erster Stelle die aus der Währungspolitik im allgemeinen und aus der Kreditpolitik im besonderen folgenden Maßnahmen, die hauptsächlich durch die Bank von Israel und durch die Währungskontrollbehörde durchgeführt wurden, und zwar (bis zur Abwertung von 1962) in Form von mehrfachen Umrechnungskursen.

Die nächstwichtige Gruppe von wirtschaftspolitischen Maßnahmen liegt natürlich auf dem Gebiet der Steuerpolitik und wird vom Finanzministerium durchgeführt; sie besteht aus den verschiedenen direkten Steuern (von denen die wichtigste die Einkommensteuer ist) und aus den indirekten Steuern wie Zöllen, Akzisen und Kaufsteuer.

Die nachstehenden Tabellen 20 und 21 zeigen einige der wichtigsten Aspekte der Steuerentwicklung in Israel auf.

Eine Analyse der Steuerpolitik ergibt:

1. Der Anteil der Steuern am Gesamtbudgeteinkommen hat sich ständig vergrößert.
2. Der Anteil der direkten Steuern (deren wichtigste eine stark progressive Einkommensteuer ist) nahm im Zeitraum von 1949–1957 zu und verringerte sich nachher. Der Anteil der indirekten Steuern nahm bis 1953 ab und ist seitdem gestiegen. Unter den indirekten Steuern nahmen die Zölle in den ersten Jahren

Tabelle 20. Steueraufkommen in Palästina unter dem Mandat
(in %/o des Gesamteinkommens der Regierung) 1934–1944

	Finanzjahre 1934–1939	Finanzjahre 1939–1944
Gesamte Steuern (in %/o des Gesamteinkommens)	83,8	69,6
Einkommensteuer	–	7,7
Boden- und Landwirtschaftssteuern	13,9	12,5
Lizenzgebühren und Strafen	15,6	12,3
Zölle und Akzisen	54,3	37,1
Anderes Einkommen	16,2	30,3
Zuschüsse	9,8	20,2

Quelle: R. R. Nathan, a.a.O., S. 343.

Tabelle 21. Einkommensteueraufkommen im Staate Israel nach Status der Steuerzahler
(einschl. Wehrabgabe)

Jahr	Gesamte Einkommen- steuer in Mill. IL	in %/o	Arbeitnehmer	Selbständige[1]	Gesellschaften
1949–1950	9,3	100	47,3	39,8	12,9
1955–1956	152,9	100	38,0	34,5	27,5
1960–1961	319,8	100	44,5	35,1	20,4
1964–1965	900,9	100	40,6	33,8	25,6

[1] Ab 1961–1962 ist an der Quelle erhobenes Einkommen aus Zinsen eingeschlossen.
Quelle: CBS *Statistical Abstract*, Nr. 16, 1965, Tab. R/7, S. 544–545.

ab und sind seit 1956 im Steigen begriffen. Das ist der Erfolg des »Liberalisierungsprogramms«, das das Quotensystem für Importe durch freie Importe mit hohen Zollsätzen ersetzt. Es ist auch ein Ergebnis des Prozesses wachsender Differenzen zwischen realen und nominalen Wechselkursen.

3. Der steigende Anteil der Zölle in den letzten Jahren stellt eine der Ursachen für den sinkenden Anteil der direkten Steuern dar. Diese Abnahme ist also nicht eine Folge der Steuerpolitik, sondern der Außenhandelspolitik[6].

Das dritte Hauptgebiet wirtschaftspolitischer Maßnahmen ist die Regulierung von Produktion und Handel durch Erteilung von Import- und Exportgenehmigungen, Gewährung von Subventionen und unterschiedlichen Bewilligungen, was natürlich Vorzugsbehandlung verschiedener Unternehmungen und zum mindesten potentiell (und wahrscheinlich auch in der Praxis) auch verschiedener Sektoren beinhaltet.

An vierter Stelle stehen die grundlegenden sozialpolitischen Maßnahmen, die das gesamte Gebiet der Versorgung der Bevölkerung umfassen und sich von Schulung und Gesundheitsdienst bis zum Wohnungswesen erstrecken. Hier sind auch die großen Ausgaben für die Verteidigung zu erwähnen.

Das fünfte ist das Gebiet der Lohnpolitik. Offiziell liegt die Lohnpolitik nicht in den Händen der Regierung, sondern in denen der Histadruth und der Arbeit-

---

[6] Ausführlicher über die sozialen Auswirkungen der Steuerpolitik und -struktur S. 120 f.

geberverbände (insbesondere des Industriellenverbands). Doch wird sie weitgehend von der Regierung beeinflußt, und zwar sowohl weil der Staat einer der größten Arbeitgeber des Landes ist (etwa 59 000 Beschäftigte) als auch weil das Lohnproblem eines der wirtschaftlichen Grundprobleme darstellt.

Im Jahre 1959 wurden die früheren Arbeitsvermittlungsabteilungen der Histadruth unter die Befugnis eines besonderen Arbeitsvermittlungsdienstes gestellt, der zum Arbeitsministerium gehört, aber von einer besonderen öffentlichen Behörde betrieben wird. Nach dem Gesetz muß jeder Lohn- oder Gehaltsempfänger (mit Ausnahme gewisser höherer Beamten) und jeder Arbeitgeber Beschäftigung und Arbeitskräfte durch den Vermittlungsdienst erlangen. Der Arbeitsvermittlungsdienst ist nach geographischen und beruflichen Gesichtspunkten gegliedert.

Besondere Arbeitsvermittlungsämter für Jugendliche sind über das ganze Land verteilt. Neben ihrer Hauptaufgabe, geeignete Arbeit für ihre Bewerber zu finden, versuchen sie, die Jugendlichen in Ausbildungskurse einzureihen und deren Kosten zu decken; außerdem kümmern sie sich um ihre Arbeitsbedingungen. Ferner gibt es auch Abteilungen für alte und für behinderte Arbeitnehmer, und auch für die arabische Bevölkerung gibt es Arbeitsvermittlungsämter.

Weiterhin sorgt der Arbeitsvermittlungsdienst für die Anlernung ungelernter Arbeiter und behandelt ganz allgemein die Frage der Berufsausbildung sowohl für Erwachsene als auch für Jugendliche, die die Volksschule beendet haben.

Für die Beilegung von Arbeitsstreitigkeiten hat das Gesetz eine besondere Regelung getroffen. Zwar ist das Streikrecht nicht eingeschränkt, doch wird befürwortet, die Arbeitsbedingungen durch Kollektivverträge, die beim Arbeitsministerium registriert werden, festzulegen. Einem staatlichen Inspektionsdienst obliegen Überwachung und Ausbau von Arbeitssicherheit und sanitären Bedingungen.

Die letzte wichtige Gruppe wirtschaftspolitischer Maßnahmen stellt die direkte Entwicklungspolitik der Regierung dar. Früher (in den Jahren 1950/51) erfolgten Staatseingriffe in das Wirtschaftsleben auch durch viele direkte Kontrollmaßnahmen – wie etwa Lebensmittelrationierung –, doch in den letzten Jahren hat die Bedeutung dieser Eingriffe abgenommen.

Fiskalische, administrative, soziale und politische Kräfte, die die Ausbildung und Anwendung der Wirtschaftspolitik beeinflussen

Zum Verständnis der Auswirkung der verschiedenen oben beschriebenen Maßnahmen auf die hauptsächlichen Probleme der israelischen Wirtschaft und ihrer Brauchbarkeit für deren Lösung ist es notwendig, die grundlegenden Überlegungen und Kriterien zu analysieren, nach denen diese Maßnahmen formuliert und durchgeführt wurden.

In der Anwendung der Wirtschaftspolitik in Israel lassen sich mehrere derartige Kriterien wahrnehmen. Im Einzelfall ist die tatsächliche Maßnahme für gewöhnlich das Ergebnis eines gewissen Kompromisses zwischen den verschiedenen wirtschaftlichen Richtungen, politischen und administrativen Erwägungen und ausgeübtem Druck.

Der erste und in gewissem Sinne einfachste Faktor in der Wirtschaftspolitik ist die fiskalische Notwendigkeit, wie sie durch den Budgetbedarf der verschiedenen

Ministerien und ihre Forderungen an die Staatskasse bestimmt wird. Hierunter fallen Personal (Gehälter), Mittel für Bau und Unterhalt sowie Beträge für Subventionen und für den Ausbau ihrer eigenen Unternehmungen.

Innerhalb dieser allgemeinen Bedürfnisse gibt es – neben denen für Personalbesoldung – einige konstant auftretende. Der Verteidigungsbedarf ist notwendigerweise eine schwere Belastung für die israelische Wirtschaft. Zweitens bestehen die verschiedenen Ansprüche der Sozialpolitik für Erziehungs-, Wohnungs- und Gesundheitswesen. Schließlich gibt es die ständig wachsenden Forderungen nach allerlei Subventionen, Fonds für Zinsendienst und Rückzahlung von Anleihen.

Diese bilden zusammen die Forderungen oder Ausgabenseite des Budgets, und die Aufgabe der Staatskasse ist es, diese Ausgaben durch Steuern, Anleihen und Mittel von draußen zu finanzieren und eine Dringlichkeitsskala für die verschiedenen Ansprüche aufzustellen.

Welches sind die grundsätzlichen Überlegungen, nach denen die Dringlichkeit bestimmt wird? Erstens, Überlegungen budgetärer Zahlungsfähigkeit, d. h. die Ausgabe, soweit wie möglich, im Rahmen des Budgets zu halten. Das sind aber nur Ausgangspunkte, und de facto sind verschiedene soziale, politische, administrative und wirtschaftliche Überlegungen und Faktoren in der Anwendung wirtschaftlicher Maßnahmen wirksam.

Diese Überlegungen oder Kriterien sind auf allen verschiedenen Gebieten der Wirtschaftspolitik zu finden, wobei manche von ihnen auf einem Gebiet mehr in die Augen fallen als auf anderen.

So sind auf dem Gebiet der Finanzpolitik immer mehrere derartiger Erwägungen außerhalb der rein fiskalischen Bedürfnisse wirksam; diese selbst werden oft durch die Forderungen verschiedener Ministerien weitgehend beeinflußt. Auch sozialpolitische und ideologische Erwägungen spielen offensichtlich eine Rolle. Unter ihnen steht an erster Stelle das Gleichheitsprinzip, das sich in der relativ starken Betonung einer progressiven Einkommensteuer ausdrückt.

Diese Vorstellungen von sozialer Gerechtigkeit werden auch in anderen Steuern offenkundig, wie etwa in der Besteuerung von Auslandsreisen, Kraftfahrzeugen und Treibstoff oder in den neuerdings vorgeschlagenen Steuern auf Großwohnungen, Schönheitssalons und Fahrunterricht; der fiskalische Ertrag dieser Steuern mag gering sein, doch sie sind verwaltungstechnisch bequem, da sie an der Quelle erhoben werden können. Die soziale Orientierung ist ebenfalls aus der Befreiung von Nahrungsmitteln, Büchern und Zeitungen von der Kaufsteuer ersichtlich.

In der letzten Zeit wurden verschiedene neue Steuern mit »sozialen« (d. h. zumeist dem Gleichheitsprinzip entspringenden) Zielen eingeführt. Eine derartige Steuer, die darauf hinzielte, sowohl übermäßige Gewinne aus Bodenspekulation als auch diese Spekulation selbst einzudämmen, war die »Besserungssteuer« von 1963, die sich nach einigen anfänglichen administrativen Schwierigkeiten und Unzulänglichkeiten als relativ erfolgreich in der Erreichung ihres Ziels erwies.

Eine andere, etwas problematischere »soziale« Steuer wurde auf Kapitalgewinne im Jahre 1962 eingeführt und muß ihre Wirksamkeit noch beweisen; ihre erste Wirkung bestand hauptsächlich darin, die junge israelische Börse negativ zu treffen.

Eine dritte derartige Steuer ist die neue Erbschaftssteuer (von 1964), die besonders die mittleren Stufen oder Einkommensgruppen zu treffen scheint.

Eine zweite Erwägung gilt dem potentiellen Einfluß verschiedener Steuerarten auf wirtschaftliche Motivation und Verhalten verschiedener Gruppen – etwa indem sie einen Arbeitsansporn bilden oder die Spartätigkeit anregen, sowie auch der Einfluß der Steuerpolitik auf die öffentliche Moral und Ehrlichkeit. Aber im ganzen schien diesen Erwägungen keine überragende Bedeutung zuzukommen.

Darüber hinaus können auch die Forderungen verschiedener Gruppen (etwa der Landwirte oder der freien Berufe) nach Sonderbehandlung eine Rolle spielen, und zwar entsprechend ihrer politischen oder wirtschaftlichen Bedeutung. Von nicht geringerer Bedeutung in der effektiven Handhabung der Steuerpolitik ist die relative Wirksamkeit des Steuersystems in bezug auf jede Gruppe von Steuerzahlern – und hier liegen die Hauptschwächen bei den Gruppen der Selbständigen und der Gesellschaften.

Derartig mannigfaltige soziale, politische und administrative Kriterien sind auch in der Finanz- und Lohnpolitik wirksam. In der Geld- und Kreditpolitik finden wir, daß Erwägungen zur Eindämmung der Inflation einerseits und die Entwicklungsbedürfnisse (siehe weiter unten) andererseits einen großen Einfluß auf die Kreditregulierung und die verschiedenen Versuche zur Eindämmung des Verbrauchs ausüben.

Diese Faktoren werden jedoch sehr oft gemildert und manchmal sogar hinfällig gemacht durch Ausübung politischen Drucks seitens wechselnder Gruppen zur Erreichung von Lohnsteigerungen und Erweiterung von Krediten und Subventionen.

Von einiger Signifikanz sind hier ideologische Erwägungen über die Bedeutung der staatlichen und administrativen Kontrolle der Wirtschaft. Außerdem wurden die monetären Maßnahmen, und insbesondere die Währungspolitik – zum mindesten im Anfang – auch von dem fiskalischen Bedarf der Regierung beeinflußt.

Die Lohnpolitik wird vielleicht in noch höherem Maße beeinflußt durch die Druckausübung seitens verschiedener Gruppen, durch die Ideologie von der Gleichheit aller und durch die Versuche, einen Kompromiß zwischen diesen Faktoren zu finden, ferner durch die Notwendigkeit, Neueinwanderer zu absorbieren und Anreize für technisches und fachliches Können zu bieten [7].

Die ganze Subventionspolitik – deren Umfang aus Tabelle 22 ersichtlich ist – wird ebenfalls stark von einigen weitgehenden sozialen und nationalen Erwägungen beeinflußt. Sie lassen sich am deutlichsten erkennen in der starken Betonung der Landwirtschaft und in etwas geringerem Ausmaß in der Gewährung besonderer Hilfe an Unternehmungen, die bereit sind, durch Niederlassung in Entwicklungsgebieten Neueinwanderer zu absorbieren. Es wird behauptet, daß auch hier politische Erwägungen zu Sonderbehandlung verschiedener Sektoren führen könnten.

Weitere Erwägungen, die die Wirtschaftspolitik leiten, entspringen der Erfordernis einer Ausdehnung des Handels und der Ausfuhr sowie des Schutzes der einheimischen Industrie als Mittel zur Erreichung der wirtschaftlichen Unabhängigkeit.

So stellt sich z. B. das Ziel der Subventionen an die Landwirtschaft wie folgt dar:

1. Aufrechterhaltung eines angemessenen Preisniveaus für den Verbraucher (und manchmal auch angemessener Preisniveaus für die Berechnung des Lebenshaltungskostenindex). In diese Kategorie schließen wir auch Subventionen auf importierte Nahrungsmittel (wie Getreide und Rindfleisch) ein.

---

[7] Über die wichtigeren sozialen Auswirkungen dieser Politik ausführlicher in Kapitel II.

Tabelle 22. Subvention nach Art und gewährender Behörde (in Mill. IL)
1952–1962

	1952	1953	1954	1955	1956	1957	1958	1959	1960	1961	1962
Gesamtsubvention	7,4	39,1	30,3	76,6	82,9	111,8	128,7	157,6	218,1	257,9	211,7
Subvention der Zentralregierung	–	26,9	9,9	61,2	63,9	102,6	120,2	149,5	194,0	220,1	161,1
Subvention seitens der Nationalen Institutionen	0,1	0,5	1,2	2,0	2,5	3,0	3,3	2,9	3,3	3,0	2,5
Nettozinszahlungen der Zentralregierung und der Nationalen Institutionen	7,3	11,7	19,2	13,4	16,5	6,2	5,2	5,2	20,8	34,8	48,1

Quelle: CBS, *The National Income and Expenditure of Israel, 1950–1962*, Special Series Nr. 153, Jerusalem, 1964, Tab. 44, S. 82–83.

2. Förderung des Anbaus verschiedener Fruchtsorten, Sicherung eines angemessenen Einkommensniveaus für die Landwirte im allgemeinen oder für verschiedene Gruppen unter ihnen, oder Preisstabilisierung für bestimmte Erzeugnisse (besonders Gemüse) in der Überschußsaison.

Die besonderen Maßnahmen auf dem Gebiete des Wohnungswesens, der Mietkontrolle, des Schulwesens usw. werden durch die praktischen Bedürfnisse der Einwanderung bestimmt und nach den Begriffen der sozialen Rechte und der Ideologie der Hereinholung der Exilierten geprägt – soweit wie möglich im Rahmen der bestehenden sozialen Institutionen[8]. Neuerdings wird großer Wert gelegt auf die Schließung der wirtschaftlichen und bildungsmäßigen Kluft zwischen den Alteingesessenen und den Neuankömmlingen (insbesondere aus den orientalischen Ländern).

Auf diesen Gebieten sowie auf denen der Krankenversicherung und -versorgung verbanden sich in Verwaltung und Anwendung grundlegende sozio-ideologische Erwägungen mit anderen, die gruppenegoistischen Interessen verschiedener mächtiger Organisationen entstammten; denn die Organisationen, die auf diesen Gebieten wirkten, waren nicht bereit, die von ihnen hier eingenommenen Positionen aufzugeben.

Dilemmas der Wirtschaftspolitik

Einige grundlegende Probleme oder Dilemmas der Wirtschaftspolitik haben sich mit Beständigkeit durch alle verschiedenen politischen, sozialen und administrativen Erwägungen hindurch erhalten. Sie stehen in enger Verbindung mit der Art und Weise, in der die oben geschilderten wichtigeren Wirtschaftsprobleme behandelt werden.

Das erste wichtige Dilemma besteht zwischen dem, was man die Verteilungsaspekte der Wirtschaft nennen könnte und dem Streben nach Erreichung wirtschaftlicher Unabhängigkeit. Die Verteilungsaspekte betonen das Anwachsen des Verbrauchs, die Bewilligung verschiedener Dienstleistungen und Güter und die Vorsorge

---

[8] Ausführlicher hierüber vgl. nächstes Kapitel.

für mannigfache Annehmlichkeiten und Dienstleistungen an die Bevölkerung. Ideologische Grundsätze, die die sozialen Grundrechte verschiedener Gruppen und ihr Recht zur Ausübung von Druck unterstreichen, sind hiermit eng verquickt.

Im Gegensatz zu diesen Verteilungszielen der Wirtschaftspolitik steht das Ziel der wirtschaftlichen Unabhängigkeit, bei dem viel größerer Wert auf Kapitalakkumulation und -anlage gelegt wird als auf Verbrauch.

Diese Ziele der Entwicklung und der Erreichung wirtschaftlicher Unabhängigkeit enthalten verschiedenartige, manchmal parallele, manchmal aber widerspruchsvolle Orientierungen.

Bedeutende Widersprüche können sich zwischen den verschiedenen zweitrangigen Zielen der Wirtschaftsentwicklung und -unabhängigkeit und zwischen dem Hauptziel und der Betonung der Verteilungsaspekte der Wirtschaft ergeben.

Derartige Widersprüche können zum Beispiel zwischen wachsenden Investitionen und wachsendem öffentlichem Verbrauch entstehen – obwohl manchmal Entwicklungsinvestitionen von sich aus zu inflationistischen Tendenzen führen können. In solchen Fällen kann sich die Betonung der physischen Entwicklung sehr leicht mit den distributiven Orientierungen der Wirtschaft verbinden.

Diesen Orientierungen gegenüber stehen die mit verschiedenem Nachdruck vertretenen Grundauffassungen der Wirtschaftspolitik – Planung und Zentralisation im Gegensatz zu freien Wirtschaftsmechanismen.

Von nicht geringerer Bedeutung waren die Dilemmas oder Widersprüche zwischen einigen der hauptsächlichen in der Wirtschaftspolitik enthaltenen sozialen Ziele – und vor allem diejenigen zwischen kontinuierlicher Wirtschaftsexpansion, Erhöhung des Lebensstandards, sozialer Gleichheit und der Aufrechterhaltung der politischen Vorherrschaft der bestehenden Elite. Die aus diesen Dilemmas entstehenden Probleme werden im nächsten Kapitel behandelt [9].

Anwendung der Wirtschaftspolitik

Wie bereits angedeutet, stellte die tatsächlich durchgeführte Politik natürlich einen Kompromiß dar zwischen den verschiedenen Wirtschaftseinstellungen und der politischen Druckausübung einerseits und den verschiedenen Verwaltungsauffassungen und etablierten Interessen andererseits.

Die konkreten Beratungen und Entscheidungen und ihre Ausführung unterstehen dem Kabinett, den ministeriellen Ausschüssen und den verschiedenen wirtschaftlichen Ministerien (dem Finanzministerium, dem Handels- und Industrieministerium, dem Entwicklungsministerium, dem Landwirtschaftsministerium), von denen jedes in vielen Beziehungen seinen eigenen Bereich mit seinen eigenen etablierten Interessen darstellt. Die Unstimmigkeiten zwischen ihnen werden an das Kabinett und den Ausschuß der Wirtschaftsminister verwiesen, wohingegen andere – besonders die sich auf die Lohnpolitik beziehenden – in den Zentralausschüssen der größeren Parteien (hauptsächlich der Mapai) und der Histadruth oder zwischen der Regierung und diesen Körperschaften diskutiert werden.

Es ist klar, daß die Beratungen und Entscheidungen dieser verschiedenen Gremien durch Druck, der von diversen Gruppen – angefangen von einzelnen Wirt-

---

[9] Vgl. Kapitel II, Teil 3.

schaftsunternehmungen und Vertretern verschiedener Sektoren bis hinauf zu den mannigfachen Regierungsgremien und Ministerien selbst – auf sie ausgeübt wird, und durch allgemeinere wirtschaftspolitische Erwägungen weitgehend beeinflußt werden.

Diese Entscheidungen werden auf verschiedenen Ebenen getroffen – viele der wichtigsten Routineentscheidungen in den mittleren Verwaltungsstufen, hingegen die allgemeineren Entscheidungen über prinzipielle Fragen in den oberen Stufen der Verwaltung durch interministerielle Diskussionen und Ausschüsse.

In welchem Umfang verfolgte die Regierung eine klar umrissene konsequente Politik? Betrachten wir erst die tatsächliche Entwicklung ihrer wichtigeren politischen Maßnahmen.

Hauptstadien in der Entwicklung der Wirtschaftspolitik: 1949–1962

In der ganzen Entwicklung des Staates Israel lassen sich sowohl eine gewisse grundlegende Kontinuität als auch einige wichtige Wandlungen in der Wirtschaftspolitik erkennen.

Die Hauptzüge der Kontinuität finden sich in dem allgemeinen Nachdruck auf physischer Entwicklung, Aufrechterhaltung der Vollbeschäftigung und Bereitstellung von Dienstleistungen (wobei die gewaltigen Verteidigungsausgaben miteinzuschließen sind), sowie in der überragenden Bedeutung, die die Regierung der Lenkung der Wirtschaft einräumt.

In der Wirtschaftsentwicklung Israels lassen sich vier Stadien unterscheiden. Masseneinwanderung und ausgedehnte – allerdings in der Hauptsache improvisierte – Wirtschaftsbetätigung kennzeichneten den Zeitabschnitt von der Staatsgründung im Mai 1948 bis Ende 1951. Hierauf folgte die Neue Wirtschaftspolitik von 1952–1954, die größere wirtschaftliche Stabilität erreichte. Ab 1955 kämpfte das Land mit Bedingungen und Problemen, die denen der ersten Zeit ähnlich, allerdings weniger zugespitzt waren. Erst um 1960 wurde die wirtschaftliche Gesamtsituation wieder recht kritisch, und im Februar 1962 trat eine neue Wirtschaftspolitik in Kraft, als das Israelpfund von einer Dollarparität von IL 1.80 auf IL 3.– per Dollar abgewertet wurde.

Die Belastung, Massen von Einwanderern anzusiedeln, einen Krieg zu führen, ein Verteidigungsheer aufzubauen und ausgedehnte Entwicklungsprojekte zu fördern, erwies sich als zuviel für die israelische Wirtschaft. Die Schwächen zeigten sich hauptsächlich in einer Inflation und in einer ungünstigen Handelsbilanz.

Die Einwanderer wurden zu Konsumenten, sobald sie in Israel ankamen, denn sie mußten mit einem Minimum an Nahrung, Kleidung und Unterkunft versehen werden. Aber die Mehrzahl kam mittellos an und trug nicht sofort zur Güterproduktion bei. Das schuf eine verstärkte Nachfrage nach dem verfügbaren Gütervorrat. Große Verteidigungsausgaben vergrößerten ebenfalls die Kaufkraft, ohne dem Konsumgütervorrat etwas hinzuzufügen. Das langfristige wirtschaftliche Entwicklungsprogramm verstärkte die Nachfrage nach Gütern zum sofortigen Konsum. Schließlich führten unausgeglichene Budgets und Kreditexpansion zu einer spiralhaften Inflation mit steigenden Preisen, Kosten, Löhnen und einem Absinken des Wertes des Israelpfundes.

Die Entwicklung des Außenhandels sah ebenso entmutigend aus. In den Jahren

1949–1951 betrugen die Exporte nur 11–12 % vom Wert der Importe, die jährlichen Handelsdefizite stiegen beständig und erreichten im Jahre 1951 einen Gesamtbetrag von etwa 333 Millionen Dollar. Zu dieser Zeit versuchte die Regierung, die Inflation durch Rationierung, Preiskontrolle und direkte Verwaltungsmaßnahmen zu bekämpfen. Doch diese Bemühungen wurden durch Schwarzmarkthandel und sinkendes öffentliches Vertrauen zunichte gemacht, insbesondere nachdem im Sommer 1950 eine Rationierung von Kleidung und Schuhen eingeführt worden war. Die Dürre des folgenden Winters verschärfte die Situation, und es drohte ein Zusammenbruch der gesamten Währungs- und Preisstruktur. Eine Änderung in der Politik wurde unumgänglich.

Die erste Neue Wirtschaftspolitik wird im allgemeinen mit der offiziellen Abwertung des Israelpfundes am 13. Februar 1952 in Verbindung gebracht. In Wahrheit war sie jedoch viel tiefgreifender, und einige Maßnahmen wurden bereits im Frühling des vorangegangenen Jahres eingeführt. Die Neue Wirtschaftspolitik gab allmählich die direkten Kontrollen, wie die Rationierung, auf und suchte durch indirekte Mittel die Inflation einzudämmen und die Zahlungsbilanz zu verbessern. Die Ausgabe von Schatzwechseln wurde eingestellt und der Versuch gemacht, das ordentliche Staatsbudget auszugleichen. Die Grundlöhne wurden eingefroren und Lohnsteigerungen konnten nur durch höhere Produktivität gerechtfertigt werden; ferner wurde eine Entwicklungszwangsanleihe erhoben. Diese Maßnahmen halfen, die Einfuhr einzuschränken, und verschiedene andere dienten dazu, die Ausfuhr anzuregen.

Die Wirkungen der Neuen Wirtschaftspolitik machten sich – wenn auch nicht sofort – in vergrößerter landwirtschaftlicher und industrieller Produktion und in der Entwicklung einheimischer Rohmaterialien bemerkbar. Zwar gab es zu Beginn ein Ansteigen von Arbeitslosigkeit und Preisen, doch im Laufe des Jahres 1954 sank die durchschnittliche tägliche Arbeitslosigkeit stark ab, das Außenhandelsdefizit fiel von 333 Millionen Dollar im Jahre 1951 auf etwa 198 Millionen im Jahre 1954, eine größere Stabilität von Preisen und Kosten wurde erreicht und das öffentliche Vertrauen wiederhergestellt.

Von 1955 ab störten jedoch verschiedenartige Faktoren wieder die Tendenz zur wirtschaftlichen Stabilisierung. Als Folge von Unruhen in Nordafrika setzte eine neue Masseneinwanderung ein, allerdings nicht in dem Ausmaß wie die erste Einwanderungswelle von 1948–1950. Die Militärausgaben stiegen, um der Drohung der Waffenabkommen zwischen Ägypten und Sowjetrußland und seinen Satellitenstaaten im September 1955 zu begegnen, und der Sinaifeldzug von Oktober/November 1956 war eine weitere Belastung für die israelische Wirtschaft. Das Land wurde wieder stärker von Importen abhängig, und eine vergrößerte Kaufkraft intensivierte den Inflationsdruck.

Das Hauptziel der Wirtschaftspolitik der Regierung bestand von 1955 an darin, durch hohe Investitionsraten eine schleunige Entwicklung und Erweiterung der verschiedenen Wirtschaftszweige zu erreichen, um die Probleme der Einwanderungsabsorption, der wirtschaftlichen Unabhängigkeit und der Hebung des Lebensstandards der Bevölkerung zu meistern. Zweitrangige Ziele waren die Zerstreuung der neuen Bevölkerung, hauptsächlich auf die südlichen Bezirke, und die Erreichung der Selbstversorgung in einigen wesentlichen Gütern.

Um diese Hauptziele bei gleichzeitiger rascher Entwicklung zu erreichen, verfolgte die Regierung vier Hauptlinien der Wirtschaftspolitik.

1. Eine Politik der ausgeglichenen Budgets – eine Bemühung, Überschüsse in den ordentlichen Budgets zu erzielen, um die Ausgaben des Entwicklungsbudgets zu finanzieren. Diese Politik war trotz eines ständigen Anwachsens der öffentlichen Dienstleistungen im allgemeinen erfolgreich.
2. Eine Politik der Vermeidung von Lohnsteigerungen wurde versucht und hatte teilweisen Erfolg.
3. Anregung zum Sparen seitens der Bevölkerung (durch verschiedene Mittel [10]) und Bemühung, das rasche Anwachsen des Verbrauchs einzudämmen.
4. Überwachung von Kreditausweitung und Notenumlauf.

Im Entwicklungsbereich waren die Hauptmaßnahmen:

1. Ausfuhrförderung durch zunehmende Subventionen und andere Mittel.
2. Maßnahmen und Gesetze zur Förderung ausländischer Kapitalanlagen; außerdem große Anleihen zu günstigen Bedingungen aus den Entwicklungsbudgets der Regierung.
3. Direkte staatliche Investitionen, hauptsächlich in Urproduktions- und Dienstleistungsbetrieben wie Bergbau, Kraftstationen, Bewässerungsanlagen, Verkehrswesen usw.

Auf fast allen Gebieten der Staatsbetätigung läßt sich eine klare Tendenz der Liberalisierung und abnehmenden direkten Staatseingriffe in das Wirtschaftsleben erkennen.

Trotz des Sinaifeldzugs und der großen Ausgaben für Sicherheit und Verteidigung können wir feststellen, daß im großen ganzen die Regierungsmaßnahmen Erfolg hatten. Das wichtigste Versagen lag auf dem Gebiet des Sparens und des Verbrauchs. Deshalb, und auch weil sich unabhängig eine Geldausweitung entwickelte, geriet die allgemeine Stabilität wieder ins Wanken, und das führte schließlich zu einer erneuten Änderung der Wirtschaftspolitik. Wir wollen sie die zweite Neue Wirtschaftspolitik nennen.

Die (Zweite) Neue Wirtschaftspolitik – 1962

Am 9. Februar 1962 wurde das Israelpfund abgewertet und statt des Dollarkurses von IL 1.80 ein neuer Kurs von IL 3.– für den Dollar festgesetzt. Gleichzeitig mit der Abwertung wurde ein Plan zur Stabilisierung der israelischen Wirtschaft verkündet.

Während der vorangegangenen Jahre hatte (nach einer kurzen Zeit der Stabilisierung) der Inflationsdruck sich verstärkt und eine vergrößerte Nachfrage hervorgerufen. Die (weiter oben geschilderte) automatische Bindung der Löhne und Gehälter an den Lebenshaltungskostenindex verursachte ein Steigen von Löhnen und Gehältern, woraus, zusammen mit einer wachsenden Nachfrage, eine tückische Preisspirale entstand. Die Regierung versuchte dem durch eine verschleierte Devaluation beizukommen, erhöhte die Zolltarife und gewährte Prämien für Exporte und Kapi-

---

[10] Sparprogramme, Steuerermäßigungen, hohe Zinssätze für Sparkonten, Anreize am Aktienmarkt.

taleinfuhr. Die Hauptursache für diese Maßnahmen waren die relativ großen einseitigen Kapitalüberweisungen. Eine Abwertung hätte der Wirtschaft enorme zusätzliche Beträge von Israelpfunden zugeführt und dadurch den Inflationsdruck verstärkt. Von diesem Gesichtspunkt aus bestand keine Notwendigkeit zu sofortiger und scharfer Einschränkung der Einfuhr, insbesondere da der Anteil der Kapitalgüter an der Gesamteinfuhr stieg. Andererseits wies die Ausfuhr mit Hilfe der Prämien eine stetige Aufwärtstendenz auf; und es gab Debatten und Meinungsverschiedenheiten darüber, ob eine Devaluation zur Anregung der Ausfuhr notwendig sei.

Mehrere Gründe bewegten die Regierung zu ihrem Entschluß, ihre Politik zu ändern:

1. Verwaltungsmäßig wurde es außerordentlich schwierig, das Labyrinth von Wechselkursen zu kontrollieren. Man erreichte eine Phase, in der sogar die Beamten, die sich mit diesen Dingen beschäftigten, sich kaum noch zurechtfinden konnten (geschweige denn das Publikum). Die Rentabilität eines Unternehmens oder einer Handelstransaktion hing oft von der Entscheidung eines Beamten ab und konnte durch die Überzeugungskraft der interessierten Partei beeinflußt werden.
2. Die Regierung war an die Grenze ihrer Fähigkeit gelangt, Prämien und Subventionen ohne Defizitfinanzierung zu decken.
3. Die Kosten- und Preisstruktur der Wirtschaft wurde erheblich verzerrt.

Der letzte Grund war wahrscheinlich der wichtigste. Israel entwickelte sich in beschleunigtem Tempo. Die verzerrte Kosten- und Preisstruktur so zu lassen, wie sie war, hätte bedeutet, die Wirtschaft ohne jedes objektive Kriterium zur Bestimmung der Rentabilität von Investitionen und zur Aufstellung einer Dringlichkeitsskala zu lassen. Die Abwertung bezweckte, Fehlinvestitionen in großem Maßstab zu verhindern.

Wie gesagt, bestand infolge dieser spezifischen Umstände in Israel eine direkte Gefahr, daß die Devaluation den inflationistischen Druck verstärken würde.

Um die Nachfrage im Zaum zu halten, mußte eine Vergrößerung des Geldumlaufs vermieden werden. Eine Hauptquelle dieser Vergrößerung war (und ist noch immer) aus persönlichen Wiedergutmachungszahlungen aus Deutschland, die in den letzten Jahren in einem Umfang von mehr als hundert Millionen Dollar im Jahr einströmten. Außerdem bestanden am Devaluationstag Depositen in ausländischer Währung aus dieser Quelle in Höhe von etwa 130 Millionen Dollar. Der Finanzminister ersuchte in einem Aufruf, keine fremde Währung in Israelpfunde zu wechseln. Es war ein gewaltiges Risiko seitens der Regierung, denn eine Umwechslung in großem Ausmaß hätte für den neuen Wirtschaftsplan verhängnisvoll werden können. Der Aufruf erwies sich – zum mindesten im ersten Jahr – als recht erfolgreich.

Im Jahre 1962/63 konnte die Regierung den Erfolg eines Überschußbudgets verzeichnen. Unter anderm wurde ein Zwangsspargesetz erlassen, das bezweckte, während des ersten Jahres die so erhaltenen Gelder zu immobilisieren.

Anleihen in ausländischer Währung wurden auf ein Minimum reduziert und den Bedürfnissen der Einfuhr angepaßt. Die Umwandlung derartiger Anleihen in Israelpfunde ist streng verboten.

Trotz der Tatsache, daß infolge der Abwertung ein größerer Kredit nötig war, um denselben Umfang von Einfuhr und Produktion zu erzielen, erfolgte keine Lockerung der Bestimmungen über den Bankkredit

Aber der wichtigste Aspekt dieser Politik war, daß es der Regierung gleich zu Anfang gelang, wenigstens in gewissem Ausmaß die Preissteigerungen zu zügeln. Der Industriellenverband erklärte sich trotz der Notwendigkeit, zusätzliche Teuerungszuschläge an die Arbeiter zu zahlen, zur Mitwirkung an diesem Ziel bereit, und die Histadruth verpflichtete sich, im Jahre 1963/64 keine generellen Lohnsteigerungsforderungen zu stellen. Entgegen vielseitigen Erwartungen gelangen der Regierung, zum mindesten bis 1962/63, die Durchführung der meisten dieser Maßnahmen und die Erreichung der Stabilisierung.

Eine gewisse Veränderung der Lage setzte im Jahre 1963/64 ein. Zwar erfolgte in fast allen wichtigeren Wirtschaftszweigen eine Expansion, die Arbeitslosigkeit ging stark zurück, und ein Mangel an geschulter Arbeitskraft wurde in der Wirtschaft fast zur ständigen Erscheinung. Auch der Lebensstandard stieg weiter rapide an, und im allgemeinen herrschten eine relative Preisstabilität, eine Ausweitung des Konsumentenkredits und ein verbreitetes Gefühl wirtschaftlicher Sicherheit.

Wie jedoch eine Übersicht über das Jahr 1963/64 in einer führenden englischen Zeitung nachwies, waren inzwischen die schwachen Bemühungen, die die Neue Wirtschaftspolitik gemacht hatte, um die Hochkonjunktur aufzuhalten und einen größeren Teil der Mittel der Nation auf die Verbesserung ihrer Zahlungsbilanz zu verwenden, stillschweigend aufgegeben worden. Dies geschah infolge der anhaltenden Flut von Kapitalimporten – sowohl aus persönlichen Wiedergutmachungszahlungen als auch aus privaten Investitionen –, über die hinaus beträchtliche Summen auf dem Wege der langfristigen Anleihen erlangt wurden.

Tatsächlich erweiterte sich die Diskrepanz zwischen Einfuhr und Ausfuhr: eine schlechte Zitrusernte und ein allgemeines Nachlassen der Ausfuhrexpansion standen einer steigenden Einfuhr gegenüber. Diese Entwicklung war indes unvermeidlich, wenn die Preisstabilität des Binnenmarktes angesichts der stark steigenden Nachfrage erhalten werden sollte. Die öffentliche Defizitfinanzierung wurde beibehalten. Die Regierung widersetzte sich mit Entschiedenheit Lohnsteigerungen, die über 3 % hinausgingen (um die Erhöhung der Geldeinkommen im Rahmen der Produktionssteigerung zu halten) und sperrte jede Expansion von Bankkrediten. Statt dessen erfolgte eine Krediterweiterung in Form von Wechseln, die außerhalb des Bankenkontrollsystems gehandelt wurden. Und nach dramatischen Konflikten und vielen Streiks, die zum größten Teil von den offiziellen Gewerkschaften nicht unterstützt wurden, erfolgten auch Lohnsteigerungen, die die Sicherheitsgrenze von 3 % überschritten. Die Wirkungen dieser Lohnsteigerungen wurden jedoch nicht sofort fühlbar.

So bildete sich ein neuer Inflationsdruck in der Wirtschaft aus, die in keiner Weise auf weitgehende strukturelle Veränderungen eingestellt schien.

Überschauen wir die allgemeinen Entwicklungstendenzen der Wirtschaftspolitik in Israel, so finden wir, daß im ersten Stadium das Hauptziel in der Sicherung einer Vollbeschäftigung bestand; im zweiten Stadium war das Hauptziel die Verbesserung der Zahlungsbilanz; und im letzten Stadium war es das etwas unbestimmte Ziel, das als »Stabilität« bezeichnet wurde, d. h. die Aufrechterhaltung einer gewissen stetigen Entwicklung ohne Inflation und weitgehende Strukturveränderungen in der Wirtschaft.

Das Ziel der Aufrechterhaltung der Vollbeschäftigung und der physischen Expansion blieb durch alle diese Zeiträume hindurch vorherrschend. Dieses und die Erhaltung der Stabilität des bestehenden politischen Systems bildeten die Hauptrichtlinien der Wirtschaftspolitik. Doch sogar hier scheint es sich nur um Richtlinien und nicht um Prinzipien einer klaren, konsequenten Politik zu handeln.

In dieser Beziehung ist das Bild ziemlich uneinheitlich. Auf manchen Gebieten, wie z. B. dem des Bildungswesens, hat sich eine relativ einheitliche Politik herausgebildet, die von einer relativ gefestigten Verwaltung ausgeführt wird. Jedoch auf den meisten anderen Gebieten ist dies nicht der Fall.

Einer der Gründe hierfür ist die Aufteilung von wirtschaftspolitischen Aufgabengebieten unter verschiedene Ministerien, von denen jedes ein anderes Gebiet behandelt, das ihm oft lediglich aus parteipolitischen Erwägungen zugewiesen wurde.

Zweitens besteht nicht immer eine wirksame Koordination zwischen den Ministerien. Sehr oft widersprechen sich die von den verschiedenen Ministerien angewandten Kriterien administrativer Betätigung – so kann zum Beispiel Hilfeleistung an soziale Fälle durch selbständige Arbeit (besonders durch Zuweisung von privaten Läden, wie dies gelegentlich durch das Wohlfahrtsministerium geschieht) im Widerspruch stehen zu dem vom Arbeitsministerium angewandten Kriterium der Produktivierung.

Drittens unterstehen, wie bereits erwähnt, viele wichtige Gebiete der Sozialpolitik, wie zum Beispiel im Gesundheitswesen, nicht der Regierung – und zwar hauptsächlich aus politischen Gründen –, und dabei greifen sie notwendigerweise auf viele Gebiete über, die von der Regierung behandelt werden und vergrößern auf diese Weise den Mangel an Koordination und die hohen Kosten der Sozialpolitik.

Und zuletzt einer der wichtigsten Punkte, nämlich die »Kapitulation« der Behörden gegenüber politischer oder lokaler Druckausübung – durch Einwanderergruppen, politische Parteien, etablierte Wirtschaftsinteressen –, wodurch sehr oft die Einhaltung einer klaren politischen Linie unmöglich gemacht wird.

Es entsteht der Eindruck, daß das Gesamtbild mehr einer stetigen Anpassung an wechselnde politische, soziale und wirtschaftliche Druckausübung, Situationen und Erfordernisse entspricht als dem einer stetigen allgemeinen politischen Linie. Diese Anpassung wird hauptsächlich durch mehrere untereinander verbundene Erwägungen geleitet – ständig wachsender fiskalischer Bedarf; Versuche der Sicherung maximaler Beschäftigung (wenn auch bei relativ niedrigem Entlohnungsniveau); stetige physische Entwicklung mit dem Ziel, Arbeitsplätze zu schaffen; Einschränkung sozialer und politischer Konflikte und Spannungen auf ein Minimum; Sicherung der politischen Kontrolle seitens der herrschenden Elite und Ausführung einiger ihrer sozialen Ziele; und schließlich, und oft als am wenigsten wichtig, das Ziel der wirtschaftlichen Unabhängigkeit. Ausschlaggebend schienen die erstgenannten Erwägungen zu sein, und das hatte notgedrungen zur Folge, daß im allgemeinen die Durchführungsmöglichkeiten einer klaren und folgerichtigen Politik minimal wurden und im besonderen den für wirtschaftliche Unabhängigkeit und Produktivierung sprechenden Erwägungen ein hohes Maß von Dringlichkeit kaum zuerkannt werden konnte.

3. Leistungsfähigkeit und Schwierigkeiten der israelischen Wirtschaft – Erzeugung, Verbrauch und die Diskrepanz zwischen ihnen. Probleme eines Durchbruchs

Diskrepanz zwischen Erzeugung und Verbrauch – das Hauptproblem der israelischen Wirtschaft

In der vorangegangenen Abhandlung wurde eine Analyse der Kriterien versucht, die die Grundsätze der Wirtschaftspolitik und ihrer Anwendung bestimmen. Wie sieht nun das Gesamtergebnis dieser verschiedenen wirtschaftspolitischen Maßnahmen aus?

Einerseits sind wir Zeugen einer gewaltigen Wirtschaftsentwicklung, eines Prozesses anhaltenden wirtschaftlichen Wachstums, besonders bemerkenswert angesichts der großen Zahl von Einwanderern, die ins Land kamen. Die Schätzungen der Wachstumsrate schwanken zwischen 11 und 13 %, aber alle sind sich einig darüber, daß der Satz sehr hoch ist.

Andererseits jedoch belastet – wie Tabellen 23 und 24 zeigen – das Defizit ihrer Handelsbilanz die israelische Wirtschaft beständig.

Diese Diskrepanz wird meist durch Quellen von draußen – jüdische Spenden aus dem Ausland, Anleihen der Regierung in den USA, deutsche Wiedergutmachungszahlungen usw. – in Schach gehalten.

Dieses Problem ist Gegenstand ständiger öffentlicher Diskussion, was für seine große *politische* Bedeutung spricht.

Wie aus den Tabellen ersichtlich ist, liegt die Ursache für die Diskrepanz nicht in einer Stagnation der Erzeugung – obwohl wahrscheinlich eine viel stärkere Pro-

Tabelle 23. Überschuß der Einfuhr über die Ausfuhr (in 1000 US-$)

	Nettoeinfuhr	Nettoausfuhr	Überschuß der Einfuhr über die Ausfuhr	Ausfuhr als Prozentsatz der Einfuhr
1949	251 906	28 495	223 411	11,3
1950	300 325	35 147	265 178	11,7
1951	381 682	44 754	336 928	11,7
1952	322 261	43 489	278 772	13,5
1953	279 929	57 636	222 293	20,6
1954	287 248	86 300	200 948	30,0
1955	334 453	89 056	245 397	26,6
1956	375 593	106 501	269 092	28,4
1957	432 829	140 127	292 702	32,4
1958	420 930	139 102	281 828	33,0
1959	427 291	176 383	250 908	41,3
1960	495 646	211 276	284 370	42,6
1961	583 912	239 082	344 830	40,9
1962	626 222	271 403	354 819	43,3
1963	663 506	338 285	325 221	51,0
1964	804 102	351 821	452 281	43,8

Quelle: CBS *Statistical Abstract*, Nr. 14, 1963, S. 422; Nr. 16, 1965, Tab. I/1, S. 238–239.

Tabelle 24. Verhältnis des Einfuhrüberschusses zum Gesamtbetrag der zum Inlandsverbrauch zur Verfügung stehenden Mittel, 1950–1963 [1] (in Mill. $)

Jahr	Gesamtbetrag der zum Inlandsverbrauch zur Verfügung stehenden Mittel	Überschuß der Einfuhr über die Ausfuhr	Anteil des Einfuhrüberschusses an Gesamtmitteln (in %)
1950	1045	338	32,3
1955	1529	289	18,9
1960	2203	292	13,2
1963	3061	515	16,8

[1] In Preisen von 1955: $ 1 = 1,80 IL.
Quelle: David Horowitz, Struktur und Tendenz der israelischen Wirtschaft (Hebräisch), Tel Aviv, Massada, 1964, S. 39.

duktionssteigerung möglich gewesen wäre –, sondern darin, daß die Produktion nicht fähig ist, den stetig ansteigenden Konsum einzuholen.

Um die Ursachen für diese ständige Diskrepanz zu verstehen, müssen wir die Hauptkomponenten des Wirtschaftsprozesses, insbesondere die Prozesse von Erzeugung und Verbrauch, analysieren. Da eine ins einzelne gehende technisch-wirtschaftliche Analyse hier nicht angezeigt ist, wollen wir uns nur auf einige allgemeinere Aspekte konzentrieren.

Zusammensetzung der verfügbaren Arbeitskraft und ihre Beziehung zur Produktivität

Versuchen wir, einige der wichtigeren Aspekte des Produktionsprozesses und einige der allgemeineren wirtschaftlichen, sozialen, politischen und ideologischen Faktoren, die die Zunahme und Abnahme der Produktion beeinflussen, zu analysieren.

Diverse Untersuchungen über die Struktur und Verteilung der verfügbaren Arbeitskräfte und ihre Beziehung zur Produktivität, aus denen die Tabellen 25–29 eine zusammenfassende Übersicht geben, gelangen zu folgenden Aufschlüssen:

Tabelle 25. Erwerbsfähige Bevölkerung im Alter von 14 Jahren und mehr (absolute und Verhältniszahlen) im September 1955 [1]; Jahresdurchschnitte 1960 und 1964

Jahr	Gesamtbevölkerung	Zivilarbeitnehmer (in %)	Gesamte Zivilarbeitnehmerschaft (100 %)	Beschäftigte Personen (in %)	Unbeschäftigte Personen (in %)
1955	1 073 800	54,4	100	92,9	7,1
1960	1 258 100	54,1	100	96,1	3,9
1964	1 506 000	54,0	100	96,6	3,4

[1] Im November 1931 betrugen Zivilarbeitnehmer und Militär 30,3 % der Gesamtbevölkerung Palästinas.
Quelle: CBS *Statistical Abstract*, Nr. 16, 1965, Tab. K/2, S. 296.

Die entstehende soziale Struktur

Tabelle 26. Erwerbsfähige Bevölkerung (im Alter von 14 Jahren und mehr) nach Religion und Geschlecht, 1959–1962

Jahr	Juni 1954			Durchschnitt 1958			Durchschnitt 1960			Durchschnitt 1962		
	Insgesamt (in 1000) (1)	Zivilarbeitnehmer (in % der gesamten erwerbsfähigen Bevölkerg.) (2)	Arbeitslose (in % der Zivilarbeitnehmer) (3)	Insgesamt (in 1000) (1)	Zivilarbeitnehmer (in % der gesamten erwerbsfähigen Bevölkerg.) (2)	Arbeitslose (in % der Zivilarbeitnehmer) (3)	Insgesamt (in 1000) (1)	Zivilarbeitnehmer (in % der gesamten erwerbsfähigen Bevölkerg.) (2)	Arbeitslose (in % der Zivilarbeitnehmer) (3)	Insgesamt (in 1000) (1)	Zivilarbeitnehmer (in % der gesamten erwerbsfähigen Bevölkerg.) (2)	Arbeitslose (in % der Zivilarbeitnehmer) (3)
Gesamtbevölkerung	1145,1	49,0	8,6	1313,7	53,2	5,7	1391,9	52,9	4,6	1513,0	54,1	3,7
männlich	578,0	76,5	8,7	661,6	78,7	5,3	700,2	78,1	4,5	760,0	78,7	3,3
weiblich	567,1	20,9	8,2	652,1	27,3	7,0	691,7	27,3	4,9	753,0	29,2	4,8
Juden												
Insgesamt	1046,8	49,4	8,3	1190,1	54,5	5,6	1258,1	54,1	3,9	1369,0	54,5	3,6
männlich	528,1	76,6	8,3	599,3	79,3	5,1	633,0	78,4	3,6	687,0	78,5	3,1
weiblich	518,7	21,7	8,4	590,8	29,4	7,0	625,1	29,5	4,9	681,0	30,3	5,0
Andere:												
Insgesamt	98,3	44,0	11,5	123,6	40,0	7,1	133,8	41,5	13,3	–	–	–
männlich	49,9	75,8	12,7	62,3	72,7	7,3	67,2	75,5	14,2	–	–	–
weiblich	48,4	11,4	3,6	61,3	6,8	4,8	66,6	7,2	4,2	–	–	–

Quellen: 1954: CBS *Statistical Abstract*, Nr. 6, 1954–1955, Tab. 1, S. 117–118. – 1958: a.a.O., Nr. 11, 1959–1960, Tab. 1, S. 300–301. – 1960: CBS *Statistisches Bulletin* (Hebräisch), Teil B, Wirtschaft, Bd. 13, Nr. 4, April 1962, Tab. 1–6, S. 387–390. – 1962: CBS *Statistical Abstract*, Nr. 14, 1963, S. 486 und 488.

Tabelle 27. Jüdische Zivilarbeitnehmer nach Geschlecht, Geburtskontinent und Einwanderungszeit (in %)
(November 1955, Durchschnitte 1958–1963)

Geburtskontinent und Einwanderungszeit	Zivilarbeitnehmer in % der Gesamtbevölkerung im Alter von 14 Jahren und mehr, in Gruppen nach Geburtskontinent und Einwanderungszeit					Arbeitnehmer Absolute Zahlen (1000)
	Nov. 1955	1958	1960	1962	1963	1963
Insgesamt	54,4	54,5	54,1	54,5	53,6	774,9
In Israel Geborene	51,8	50,5	49,7	51,9	50,5	136,7
Im Ausland Geborene – Insgesamt	54,8	55,3	54,9	55,1	54,2	638,2
Eingewandert bis 1947	60,2	60,3	61,3	61,3	60,7	201,5
Eingewandert seit 1948	51,2	52,6	52,0	52,8	51,7	436,7
In Asien und Afrika Geb. – Insgesamt	48,9	49,2	49,7	51,0	50,2	259,3
Eingewandert bis 1947	52,9	52,4	53,6	54,7	51,7	30,7
Eingewandert seit 1948	47,9	48,6	49,2	50,6	50,1	228,6
In Europa und Amerika Geb. – Insges.	58,2	59,0	58,5	58,1	57,3	378,9
Eingewandert bis 1947	61,7	61,7	62,8	62,8	62,7	170,8
Eingewandert seit 1948	54,4	56,3	55,1	55,2	53,6	208,1
Männliche Bevölkerung	80,3	79,3	78,4	78,6	76,5	557,5
In Israel Geborene	64,9	62,9	62,5	65,8	62,7	86,0
Im Ausland Geborene – Insgesamt	83,1	82,6	81,4	81,1	79,8	471,5
Eingewandert bis 1947	89,4	88,6	88,4	88,5	87,5	150,2
Eingewandert seit 1948	78,8	79,2	78,0	78,3	76,6	321,3
In Asien und Afrika Geb. – Insgesamt	77,3	77,1	77,2	77,6	76,0	198,1
Eingewandert bis 1947	81,5	84,2	85,2	84,4	80,8	25,6
Eingewandert seit 1948	76,3	75,9	76,0	76,8	75,3	172,5
In Europa und Amerika Geb. – Insges.	86,4	85,7	84,4	83,8	82,7	273,4
Eingewandert bis 1947	91,0	89,4	89,1	89,4	89,0	124,6
Eingewandert seit 1948	81,2	82,3	80,3	80,1	78,1	148,8
Weibliche Bevölkerung	27,9	29,4	29,5	30,3	30,3	217,4
In Israel Geborene	27,4	37,8	36,8	37,7	38,0	50,7
Im Ausland Geborene – Insgesamt	26,3	27,7	28,1	28,9	28,5	166,7
Eingewandert bis 1947	29,6	30,5	31,6	32,6	32,0	51,3
Eingewandert seit 1948	24,2	26,2	26,6	27,6	27,1	115,4
In Asien und Afrika Geb. – Insgesamt	20,2	20,8	21,8	23,8	24,0	61,2
Eingewandert bis 1947	21,8	18,4	19,2	23,1	18,3	5,1
Eingewandert seit 1948	19,9	21,2	22,2	23,9	24,7	56,1
In Europa und Amerika Geb. – Insges.	29,8	31,7	32,5	32,6	31,9	105,5
Eingewandert bis 1947	31,2	32,6	34,1	34,7	34,8	46,2
Eingewandert seit 1948	28,3	30,9	31,3	31,4	30,0	59,3

Quelle: a a O, Nr. 16, 1965, Tab. K/7, S. 302.

Tabelle 28. Erwerbsfähige jüdische Bevölkerung (im Alter von 14 Jahren und mehr) – Alteingesessene und Neueinwanderer [1] – nach Geburtsort und Geschlecht (1954–1960) (in %)

Jahr/Geschlecht	Insgesamt	In Israel Geborene	Alteingesessene	Neueinwanderer	Alteingesessene Europa und Amerika	Alteingesessene Asien und Afrika	Neueinwanderer Europa und Amerika	Neueinwanderer Asien und Afrika
A. Erwerbsfähige Zivilbevölkerung								
Juni 1954:								
Beide Geschlechter	49,4	43,5	52,8	46,3	60,3	50,2	51,6	43,8
Männer	76,6	59,1	78,1	75,2	91,5	83,2	83,8	74,5
Frauen	21,7	27,4	25,8	18,1	27,9	15,2	21,5	14,8
Juni 1957 [2]								
Beide Geschlechter	55,3	52,2	61,8	52,4	62,5	58,3	56,1	48,6
Männer	80,0	64,6	89,8	78,8	90,3	87,0	83,6	74,1
Frauen	28,3	–	–	–	–	–	–	–
1960:								
Beide Geschlechter	54,1	49,7	–	–	62,8	53,6	55,1	49,2
Männer	78,4	62,5	–	–	89,1	85,2	80,3	76,0
Frauen	29,5	36,8	–	–	34,1	19,2	32,0	22,2
B. Arbeitslose in der erwerbsfähigen Zivilbevölkerung								
Juni 1954:								
Beide Geschlechter	8,3	10,7	5,7	11,1	3,4	7,7	7,9	15,4
Männer	8,3	10,5	5,7	10,9	3,6	7,9	7,8	14,7
Frauen	8,4	11,2	5,4	12,0	2,6	6,5	8,1	18,3
Juni 1957:								
Beide Geschlechter	6,6	8,7	2,9	8,6	(2,5)	(5,5)	6,5	11,2
Männer	5,8	(7,3)	(2,6)	7,7	(2,1)	(5,0)	5,1	10,6
Frauen	8,9	–	–	–	–	–	–	–

[1] Alteingesessene: in Israel Geborene und bis Ende 1947 Eingewanderte; Neueinwanderer: ab 1948 Eingewanderte.
[2] Alteingesessene: wie 1, aber ausschließlich in Israel Geborener.
Quellen: 1954: CBS Labour Force Survey, Juni 1954, Jerusalem, April 1957, Tab. 5, 7, 8, S. 10–14. – 1957: CBS Labour Force Survey, 1957, Jerusalem, Januar 1959, Tab. 10, S. 20–21. – 1960: CBS unveröffentlichte Angaben.

1. In dem Zeitraum von 1931–1959 war die Wachstumsrate der erwerbsfähigen Bevölkerung etwa dieselbe wie die der gesamten jüdischen Bevölkerung (10,5 %).
2. Infolge der großen Zahl der 1948 im Heeresdienst stehenden Personen und der Masseneinwanderung in den Jahren 1948/49 war das Verhältnis der Zivilarbeitnehmerschaft zur Gesamtbevölkerung im Jahre 1948 außerordentlich niedrig, im Jahre 1949 war es ziemlich niedrig und erst im Jahre 1951 erreichte dieses Verhältnis sein früheres Niveau.
3. Von 1931 bis etwa 1944 wurde in der demographischen Zusammensetzung der jüdischen Bevölkerung der Anteil der Erwerbsfähigen zunehmend günstiger. Ungefähr 1944 wurde diese Tendenz umgekehrt und führte zu einer stetigen Verringerung im Verhältnis der Zivilarbeitnehmerschaft zur Bevölkerung.
4. Im allgemeinen führte die große Einwanderung nicht zu übermäßiger Arbeitslosigkeit (abgesehen von der direkten Auswirkung im Jahre 1949); allerdings war

in den ersten sechs bis sieben Jahren das Ausmaß der Arbeitslosigkeit gewiß nicht gering. Zur gleichen Zeit (während des Großteils des Zeitraums 1949–1958) stiegen die Reallöhne.

5. Sehr niedrige Verhältniszahlen des Anteils an der erwerbsfähigen Bevölkerung finden sich erstens in der Gruppe der Männer im Alter von 55 und darüber, die nach 1948 aus Asien und Afrika eingewandert waren, und zweitens bei den aus Asien und Afrika neueingewanderten Frauen von 35 und darüber.
6. Andererseits finden wir in der Gruppe der 14–17jährigen in der jüdischen Bevölkerung eine relativ hohe Arbeitslosigkeit.
7. Es hat den Anschein, daß in Zukunft die Hauptquelle für Zivilarbeitnehmer bei den Hausfrauen liegt.
8. Nichtjuden, die im Zeitraum von 1948–1959 etwa ein Zehntel der israelischen Bevölkerung bildeten, wiesen eine höhere Kinderzahl je Familie auf als die jüdische Bevölkerung, ein niedrigeres Bildungsniveau, höhere Arbeitslosigkeit und einen geringeren spezifischen Anteil an den verfügbaren Arbeitskräften, insbesondere unter den Frauen.
9. Eine Projektion der Bevölkerung Israels in das Jahr 1970 – auf der gegenwärtigen demographischen Zusammensetzung und der Voraussetzung mehr oder weniger unveränderlicher Beteiligungsraten für jede Gruppe nach Alter, Geschlecht, Herkunftskontinent und Einwanderungszeitraum aufgebaut – läßt den Schluß zu, daß der Satz der Zivilarbeitnehmerschaft in der Gesamtbevölkerung von 34,9 % im Jahre 1958 auf 30,9 % im Jahre 1970 absinken wird [11]; allerdings kann sich dies bei einer Änderung der Zusammensetzung der Einwanderung ändern.

Bei einem Vergleich der industriellen Klassifizierung der israelischen Wirtschaft mit der anderer Länder (Klassifizierung sowohl der beschäftigten Personen als auch des Sozialprodukts) fällt in diesem Überblick auch der niedrige Prozentsatz der Landwirtschaft und Fabrikation und der übermäßig hohe Prozentsatz der Dienstleistungsbetriebe auf.

Diese Ergebnisse zeigen, daß vom Gesichtspunkt der Produktion gesehen das große Reservoir an Menschen mit höherer Bildung und fachlichem Können, besonders unter den Alteingesessenen, den Hauptwert darstellte. Aber diese Ergebnisse weisen auch auf gewisse Probleme hin.

Diese Probleme sind an den beiden Polen in der Zusammensetzung der israelischen verfügbaren Arbeitskraft erkennbar – bei der älteren Arbeitskraft (d. h. denen, die vor 1948 kamen) und den Neueinwanderern. Fangen wir zunächst bei letzteren an: hier war das Hauptproblem die Zusammensetzung der Arbeitskraft, der relativ geringe Anteil von Einwanderern an der erwerbsfähigen Bevölkerung. Dieses Phänomen steht im Zusammenhang mit dem niedrigen Bildungs- und Fachniveau und dem daraus folgenden niedrigen Verdienstniveau, sowie in gewissem Ausmaß auch mit der Altersstruktur. Obwohl wir bei all diesen Faktoren eine stetige Besserung verzeichnen können, ist doch im ganzen das Produktivitätsniveau dieser Arbeitskraft relativ niedrig. Sie enthielt seit jeher eine gewisse strukturelle Arbeitslosigkeit, und

---

[11] Quelle: The Falk Project, Fifth Report 1959–60, Project Report 1, S. 133–138; vgl. auch A. Hovne, The Labour Force in Israel, Jerusalem, Falk Project for Economic Research, 1961. Es sei bemerkt, daß die letztgenannten, von Hovne errechneten Prozentsätze sich auf die Gesamtbevölkerung (ohne die Einschränkung von 14 Jahren und mehr) beziehen.

die Gesellschaft sieht sich von einer stetigen Kluft zwischen verschiedenen Teilen der verfügbaren geschulten Arbeitskraft und auch von unzulänglichem fachlichem Niveau bedroht.

Auswirkungen der Absorptionspolitik auf die Produktivität

Eine der wichtigsten Fragen bezüglich dieses ganzen Gebiets ist der Einfluß der Absorptionspolitik auf die Produktivierung der Einwanderer. In den ersten Stadien wurde diese Politik von zwei miteinander verbundenen Prinzipien geleitet – erstens wurde dafür gesorgt, daß für die Einwanderer ein Mindestniveau in bezug auf Wohnungen und wirtschaftliche Bedürfnisse gesichert war und zweitens die Konkurrenz am Arbeitsmarkt zwischen Neuankömmlingen und Alteingesessenen gemildert wurde, um gleicherweise Einwanderer und Alteingesessene zu schützen.

Die wichtigste kontinuierliche Handhabe hierfür war die Beschaffung besonderer öffentlicher Arbeiten für die Einwanderer auf den Gebieten des Straßenbaus, der Aufforstung usw. Das hatte gleichzeitig zur Folge, daß sie vom regulären Arbeitsmarkt ferngehalten wurden.

In den späteren Absorptionsstadien wurden vielfältige Maßnahmen entwickelt, um diesem Problem zu begegnen – wobei die wichtigsten Maßnahmen wohl diejenigen waren, die sich mit der Lenkung und Schulung der Arbeitskraft sowie mit Berufswahl und -ausbildung befaßten.

In diesem Zusammenhang sind die von dem Arbeitsvermittlungsdienst zur Verfügung gestellten diversen Ausbildungsmöglichkeiten zu erwähnen.

Nur wenige unter den Neueinwanderern waren vor ihrer Ankunft im Lande Industriearbeiter gewesen; viele von ihnen, die aus unterentwickelten Ländern kamen, kannten nicht einmal den Begriff der Fabrik. Da die Neueinwanderer das einzige Arbeiterreservoir darstellen, ist es für den Erfolg der wachsenden Industrie Israels wichtig, sie zu einer geschulten Arbeitskraft zu machen.

Daher muß der einzelne Betrieb für sich selbst Einwanderer anlernen und sie für die Rolle des Industriearbeiters erziehen. Der Betrieb trägt gewissermaßen die doppelte Verantwortung für Beschäftigung und Lebensunterhalt des Neueinwanderers, sowie auch für seine Berufsausbildung. Einstweilen hat es nicht viel Sinn zu versuchen, genaue Leistungsnormen aufzustellen.

Obwohl die Industriearbeiterschaft erst im Werden begriffen ist, verfügt sie bereits über einen starken organisatorischen Rahmen – die Histadruth. Die Gewerkschaften sind recht stark, und jeder Personalwechsel muß von ihnen genehmigt werden. Für die Auswahl von Arbeitern ist es von besonderer Wichtigkeit, daß de facto, wenn auch nicht formal, weder Anstellung noch Entlassung in den Händen der Betriebsleitung liegt (wenngleich sich neuerdings eine Tendenz bemerkbar macht, dem einzelnen Betrieb in dieser Beziehung größere Freiheit zu lassen). Da die Histadruth selbst einer der größten Unternehmer und einer der Grundfaktoren und Teilnehmer an der Entwicklung ist, sieht sie sich als Hauptrepräsentanten der allgemeinen Interessen der Nation – eine Einstellung, die Verhandlungen zwischen Betriebsleitung und Gewerkschaften ziemlich erschwert. Außerdem bestand, zum mindesten in den ersten Stadien der Absorption, eine mehr oder weniger ausdrückliche

Tendenz, auf ein relativ niedriges Leistungsniveau pro Arbeiter zu sehen, um die Absorption einer größeren Zahl von Arbeitern zu ermöglichen.

Wie wirken sich nun die verschiedenen Absorptionsmaßnahmen – im ganzen Land oder auf lokaler Basis – auf die Produktivierung der Einwanderer aus? Sind auch keine umfassenden und systematischen Angaben verfügbar, so lassen sich doch verschiedene Anzeichen erkennen.

Einen erleichternden Grundfaktor bildete die soziale Sicherheit, die von den Absorptionsinstitutionen gewährt wurde. Sie verstärkte diejenigen inneren Kräfte unter den Einwanderern, die einem Wandel geneigt und gewillt waren, neue Fachkenntnisse zu erwerben. Sehr wichtig in diesem Zusammenhang war auch die Tatsache, daß die diversen Versorgungsleistungen, wenn sie ordentlich verwaltet wurden, schnell zu einer Hebung des allgemeinen Standards von Gesundheit und körperlicher Leistungsfähigkeit führen konnten. Aber diese grundlegende Sicherheit war nur der erste Schritt, und – wie wir sehen werden – einer, der gewisse Gefahren mit sich brachte. Nur insoweit verstärkende Faktoren sich herausbildeten, gelangten die Möglichkeiten dieser grundlegenden Sicherheit zu maximaler Ausnutzung.

Der zweite erleichternde Faktor war, daß die absorbierende Struktur manchmal soziale Voraussetzungen bot, in denen die neuen Fertigkeiten, Betätigungen und Einstellungen erlernt werden konnten. Die besten Beispiele hierfür sind die landwirtschaftlichen Siedlungen und einige der allgemeinsten sozialen und politischen Organisationen, die sich mit wirtschaftlichen und Arbeiterangelegenheiten befaßten, wie etwa die lokalen Gewerkschaften und die lokalen Arbeiterausschüsse. In all diesen Fällen gelangten die Einwanderer nicht an den offenen Markt mit seinen unpersönlichen Beziehungen und der möglicherweise mangelhaften Organisation, sondern es wurde ihnen ermöglicht, an relativ stabilen sozialen Gruppen teilzunehmen, die viele der neuen Arten wirtschaftlicher Betätigung und Motivationen in einem System neuer sozialer Werte und Anreize umschlossen. Auf diese Weise konnten die Einwanderer vor mancher aus der rapiden Urbanisierung oder Modernisierung folgenden anomischen Erfahrung bewahrt werden.

Jedoch wirkten diese diversen Faktoren und Maßnahmen nicht nur als Erleichterungen im Produktivierungsprozeß neuer Einwanderer. Sie enthielten oft auch manche erschwerenden Momente.

Die allgemein erschwerendste Wirkung war darauf zurückzuführen, daß diverse Dienstleistungen, Rechte und Konsumentenvorteile ohne jegliche klare oder grundlegende Beziehung zu einer Leistung gewährt wurden. Zwar konnte dies in einem gewissen Stadium die minimale Sicherheit und verschiedene andere Voraussetzungen für den Erwerb neuer Fachkenntnis bieten, wie etwa bestimmte Gesundheits- und Bildungsnormen; über dieses Niveau hinaus konnte es jedoch leicht die Produktivierung beeinträchtigen, wenn keine Schritte unternommen wurden, die dies verhinderten. Das konnte auf verschiedene Weisen geschehen. Die Einwanderer konnten unwillig sein, mehr zu arbeiten als für die Aufrechterhaltung ihres derzeitigen Bedürfnisniveaus notwendig war, und insbesondere waren sie nicht bereit zu arbeiten, um Steuern und dergl. zu zahlen. Oder sie waren imstande, ihre Siedlung, Fabrik usw. als Grundlage für weniger produktive Betätigungen, die leicht Geld einbrachten, zu verwenden, wie etwa Schwarzmarkthandel, Hausierertum oder Spekulation in kleinem Umfang.

Eng verbunden hiermit war das Problem der Abhängigkeit von diversen bürokratischen Absorptionsämtern. Das verursachte oft eine Passivität und Gleichgültigkeit in bezug auf Vorwärtskommen und stark aggressive Forderungen der Einwanderer an die Ämter[12]. Alle diese Probleme spitzten sich dann besonders zu, wenn, wie es für gewöhnlich der Fall war, das den Absorptionsämtern zur Verfügung stehende Kapital nicht ausreichte, um eine schnelle Produktivierung der Einwanderer zu erreichen, und daher verausgabt werden mußte, um ein bestimmtes Verbrauchsniveau aufrechtzuerhalten; die Einwanderer selbst waren nicht gewillt, ihre eigenen Mittel zu investieren.

Ein weiteres wichtiges Hindernis, besonders in den Anfangsstadien der Absorption, war mit gewissen, der israelischen bürokratischen Verwaltung eigenen Tendenzen verknüpft. Da Macht und Autorität in den Händen des absorbierenden Sektors konzentriert waren, fielen den Einwanderern nur die passiven Funktionen zu, und sie waren daher äußerst abhängig von den Absorptionsbehörden. Diese Lage der Dinge war besonders auffällig in den diversen Einwandereraufnahmelagern, Übergangsarbeitssiedlungen usw. Eine derartige formale bürokratische und autoritäre Beziehung bildete meistens einen entscheidenden Faktor in der Erregung sozialer und beruflicher Gleichgültigkeit und in der Entwicklung verschiedener anderer negativer Phänomene, wie etwa übertriebene Forderungen, Aggressivität und mangelnde Bereitschaft, in irgendeiner Arbeit durchzuhalten, die von oben auferlegt zu sein schien.

Diese Probleme wurden verschärft durch die Tatsache, daß sich im Laufe der Zeit in den späteren Absorptionsstadien viele Lücken in der Prozedur zeigten, die die Aufnahme vieler Einwanderer in produktive Arbeiten verhinderten.

Ein sehr wichtiges Beispiel solcher Lücken ist der Mangel einer angemessenen Berufsberatung für diverse Gruppen – insbesondere für die jüngeren Einwanderer – oder deren mangelnde Fähigkeit, die vorhandenen Einrichtungen und Erleichterungen auszunutzen. Das wurde gegen Ende der fünfziger Jahre offenkundig, als eine ziemlich große Arbeitslosigkeit in diesen Gruppen auf solche Ursachen zurückzuführen war.

Obwohl einigen dieser Beanstandungen neuerdings durch die Förderung spezieller Berufsberatungskurse begegnet wurde, gibt es wahrscheinlich noch immer Lücken.

Das Unternehmertum und die Gesamtheit der Produktivierungsprobleme bei den Neueinwanderern

Ein weiteres Problem betraf den Typ von Unternehmertum, der von der absorbierenden Struktur am meisten begünstigt wurde. Offensichtlich wurde vielfach formaler und informeller Druck auf die Einwanderer ausgeübt, sich in dieser Hinsicht den im Land bestehenden Typen anzugleichen, und das gilt besonders für den eigentlichen institutionellen Typ des Unternehmertums. Da noch keine verläßlichen statistischen Unterlagen verfügbar sind, können nur einige allgemeine Eindrücke übermittelt werden. Von den drei hauptsächlichen Unternehmertypen in der jüdischen Gemeinschaft in Palästina scheinen nur der erste (der institutionelle) und der

---

[12] Für eine ausführlichere Analyse dieser Probleme vgl. S. N. Eisenstadt, »The Process of Absorption of New Immigrants in Israel«, Human Relations, Bd. 5, Nr. 3, 1954.

dritte (der kleinkapitalistische) unter den Einwanderern vorzukommen. Der zweite Typ, der in großem Maßstab kolonisierende Kapitalist, ist selten, hauptsächlich wegen der sehr kleinen Zahl von Neueinwanderern mit entsprechenden eigenen Mitteln. Die wenigen, die über solche Mittel verfügten, hatten keinen großen Einfluß auf die gesamte Entwicklungsstruktur der Wirtschaftsbetätigung der Einwanderer. Außerdem neigten einige von ihnen dazu, ihr Kapital in verschiedenen spekulativen Unternehmungen anzulegen, anstatt es produktiv zu verwenden.

Viele Einwanderer setzten ihre alte Betätigungsweise fort und wurden zu Kleinunternehmern des dritten Typs. Manche blieben Handwerker des herkömmlichen Typs, aber viele andere wurden in den weniger produktiven Abschnitt der Wirtschaft gezogen, der sich durch die Inflation und das schnelle Wachstum der Bevölkerung erweiterte.

Die neuartigste Entwicklung unter den Einwanderern war die Ausbildung des institutionellen Unternehmertyps – Sekretär einer genossenschaftlichen Siedlung, landwirtschaftlicher Organisator in kleinem Maßstab, Direktor eines genossenschaftlichen Betriebs, Vorarbeiter oder Beamter in einem der größeren bestehenden landwitschaftlichen oder industriellen Unternehmen, Beamter in einem der öffentlichen oder halböffentlichen Unternehmen. Nur wenige dieser Unternehmer gelangten wirklich an wirtschaftliche Spitzenstellungen, doch schon ihr Entstehen an sich war signifikant. Es ist auch bezeichnend, daß diesem Typ gewissermaßen größere Chancen zu produktiver Arbeit gegeben sind als den anderen Typen; allerdings entsteht recht oft ein mehr gemischter Unternehmertyp.

Das Grundproblem ist hier vielleicht die latente, aber dennoch sehr reale Konkurrenz, die zwischen politischer und rein beruflicher Mobilität besteht. In vielen Einwanderersiedlungen – insbesondere solchen, die sich aus orientalischen Einwanderern zusammensetzen – lassen sich die folgenden Erscheinungen beobachten: infolge des von den diversen Absorptionsstellen – lokalen Selbstverwaltungsbehörden, politischen Parteien usw. – ausgeübten Drucks wählen viele der aktivsten Einwanderer die öffentliche Betätigung als den Beruf, der ihnen die größte Sicherheit gewährt, und sie nicht geneigt, sich in irgendeinen Primärberuf einzuordnen. Der Einfluß dieser Einstellung drang auch über die aktive Schicht hinaus in weite Kreise ein, besonders unter den orientalischen Einwanderern, die Büroarbeit im öffentlichen Sektor oder politische Betätigung als bedeutendstes Vorwärtskommen betrachten.

Doch ungeachtet des Erfolgs der diversen konkreten Absorptionsmaßnahmen ist es immer klarer zutage getreten, daß das wichtigste Problem in diesem Zusammenhang das ist, die Leistungsfähigkeit ganzer Teile der Bevölkerung dadurch zu steigern, daß ihr Bildungsniveau gehoben wird. Erst in den allerletzten Jahren ist das Verständnis dafür erwacht, wie wichtig es ist, die Kluft zwischen den orientalischen (neuen) Einwanderern und den länger Ansässigen zu überbrücken, und es wurden besondere Maßnahmen ergriffen, um dem niedrigen Bildungsniveau der orientalischen Gruppen entgegenzuwirken (s. Kap. II).

Von dem Erfolg dieser Maßnahmen hängt letzten Endes die Lösung eines der entscheidenden Probleme der verfügbaren israelischen Arbeitskraft ab.

Indessen haben sich im Laufe der Einwandererabsorption durch die Wirtschaft viele der spezifischen Neueinwandererprobleme mit den allgemeineren Problemen der israelischen Arbeitskraft vermischt. Das bedeutsamste unter diesen ist, wie wir ausführlicher in den folgenden Abschnitten sehen werden, die Fähigkeit der israelischen Wirtschaft, berufliches und technologisches praktisches Wissen, das zum Durchbruch zu einem höheren Niveau der Wirtschaftsentwicklung in Israel erforderlich ist, weiterzuentwickeln.

Es ist dabei paradox, daß sich gerade der relative Erfolg der Wirtschaft, viele Neueinwanderer in ihren niederen und mittleren Schichten sowie hauptsächlich durch die älteren Kanäle des Unternehmertums zu absorbieren, als ein sehr wichtiges Hindernis für die Erreichung eines derartigen Durchbruchs erweisen kann.

Strukturelle Hemmnisse in den Sektoren der alteingesessenen Bevölkerung

Wir können uns nunmehr der Analyse der diversen Faktoren, die die Probleme der Arbeitskraft und Leistungsfähigkeit in der alteingessenen Bevölkerung berühren, zuwenden.

Hier zeigten sich mehrere Grundprobleme – alle zusammenhängend mit dem Bedarf, den die sich ausdehnende Wirtschaft an verschiedenen Sorten geschulter Arbeitskraft mit angemessenem fachlichem Können aufweist –, und das Gesamtbild ist recht kompliziert. Einerseits finden wir eine kontinuierliche Entwicklung neuen fachlichen Könnens, neuer wirtschaftlicher und beruflicher Betätigung und neuer Unternehmungen, wie Tabellen 29 und 30 zeigen. Andererseits sind einige sehr wichtige Engpässe auf all diesen Gebieten entstanden.

Der erste Engpaß ist der der Verteilung der beruflichen Arbeitskraft. Ein Zentralproblem ist hier, wie wir oben gesehen haben, die fortwährende Zunahme der Dienstleistungen – insbesondere derjenigen, die man als administrative Dienstleistungen bezeichnen könnte – und der verhältnismäßig niedrige Prozentsatz von Menschen in Industrie und Landwirtschaft. Das ist in einer hochentwickelten Wirtschaft – und besonders in einer, die hauptsächlich auf importierte Arbeitskraft angewiesen ist – in gewissem Umfang ein natürliches Phänomen. Es besteht jedoch eine recht allgemeine Übereinstimmung unter den Sachverständigen darüber, daß diese Entwicklung in Israel über das hinausgeht, was erwartungsgemäß als wirtschaftlich normal zu bezeichnen wäre. Durch die Konzentration eines zu großen Teils der Arbeitskraft in diesen Dienstleistungen und durch die (daraus folgende) relativ niedrige Leistungsfähigkeit vieler dieser Dienste wird die Berufsentwicklung verzerrt und die Produktivitätsentfaltung verzögert.

Die Gründe für diese Überexpansion in den Dienstleistungen sind für gewöhnlich nicht nur wirtschaftlicher Natur (wie etwa die großen Importüberschüsse in der israelischen Wirtschaft), sondern hängen auch mit sozialen und politischen Faktoren zusammen. Als die wichtigsten unter ihnen erscheinen die hohen Ansprüche auf öffentliche Dienstleistungen, der hohe Grad der Politisierung und Bürokratisierung in der Regierung und in vielen öffentlichen Ämtern, das ständig zunehmende Wachstum bürokratischer Organisationen in verschiedenen Parteien und öffentlichen Institutionen und der daraus folgende Wettbewerb zwischen diesen verschiedenen Organisationen, sich so viele Positionen wie möglich zu sichern

Hinzu kommt die Notwendigkeit, Personal zu absorbieren, das nicht gewillt oder nicht imstande ist, andere Beschäftigungen aufzunehmen, und direkten oder

Tabelle 29. Beschäftigte Personen[1] nach Wirtschaftszweigen und Religionen, 1931–1962

Wirtschaftszweig	PALÄSTINA								ISRAEL							
	1931 Insgesamt	1931 Juden	1942 Insgesamt	1943 Juden	1948 Juden	1954 Juden	1957 Insgesamt	1957 Durchschnitt Juden	1957 Andere	1960 Insgesamt	1960 Durchschnitt Juden	1960 Andere	1962[3] Insgesamt	1962[3] Durchschnitt Juden
Insgesamt (in 1000)	338,3	66,7	595,9	212,0	315,3	474,4	642,2	599,5	42,7	701,8	653,7	48,1	787,9	719,4
%	100,0	100,0	100,0	100,0	100,0	100,0	100,0	100,0	100,0	100,0	100,0	100,0	100,0	100,0
Landwirtschaft, Forstwirtschaft, Fischerei	58,8	18,4	46,7	13,2	14,0	14,7	16,3	14,0	48,8	17,3	15,0	48,4	16,0	12,4
Industrie, Steinbrüche	10,2	21,9	11,8	29,0	30,9	23,4	21,7	22,1	16,5	23,2	23,8	14,4	24,8	26,0
Baugewerbe, Öffentliche Arbeiten	3,6	7,6	10,6	9,2	6,1	9,2	9,8	9,5	14,9	9,3	8,9	14,2	9,6	9,0
Elektrizitäts-, Gas-, Wasserwerke, Sanitäre Dienstleistungen	–	16,3	–	–	–	2,0	2,4	2,5	0,7	2,2	2,3	1,0	2,0	2,2
Handel und Bankwesen	–		–	14,6	13,4	13,1	13,0	13,5	5,4	12,3	12,7	7,5	12,5	13,1
Verkehrsgewerbe, Lagerhaltung	12,6	5,0	11,1	3,8	6,1	6,7	6,9	7,1	3,5	6,2	6,4	3,3	6,1	6,4
Gemeindebetriebe														
Dienstleistungsbetriebe[2]	14,8	30,8	19,8	30,2	29,5	30,9	29,9	31,3	10,1	29,5	30,9	11,4	29,0	30,9
Regierung, Öffentliche Verwaltung Gesundheits-, Wohlfahrts-, Erziehungswesen Religionswesen, Rechtspflege usw.	–	–	–	–	20,1	–	8,1	8,5	2,1	7,9	8,3	3,1	7,4	7,8
	–	–	–	–		–	14,1	14,8	5,4	14,1	14,8	5,0	14,0	15,0
Persönliche Dienste, Erholungswesen	–	–	–	–	9,4	–	7,7	8,0	2,6	7,5	7,8	3,3	7,6	8,1

Anmerkung: »–«=Angaben nicht verfügbar.
[1] 1931–1943: »Eintäglich beschäftigt«; 1948 »arbeitende Bevölkerung« (einschl. Arbeitslose). [2] 1931–1943; enthält u. a. »Freie Berufe« und »Andere«.
Quellen: 1931–1943: R. Nathan, O. Gass, D. Creamer, *Palestine: Problem and Promise*, Washington, Public Affairs Press, S. 144–145. – 1948: *Registration of Population*, a.a.O., Tab. 26, S. 50. – 1954: Labour Force Survey, a.a.O., Tab. 15, S. 24. – 1957: CBS *Statistical Abstract*, 1958–1959, a.a.O., Teil P, Tab. 3, S. 295. – 1960: CBS *Statistical Bulletin*, a.a.O., Tab. 6, S. 390. [3] Quellen: CBS *Statistical Abstract*, Nr. 14, 1963, S. 498–501.

Tabelle 30. Brutto-Inlandskapitalbildung

	1950 (1)	1954 (2)	1958 (3)	1962 (4)	1964 (5)
1. Bruttoinlandskapitalbildung	127,4	415,3	1024	2120	2885
2. Bruttosozialprodukt (zu Marktpreisen)	474,8	1828,9	3574	6652	9341
3. Einfuhrüberschuß	100,7	367,1	624	1368	1649
4. Einfuhr	–	–	1046	2802	3592
5. Ausfuhr	–	–	422	1434	1943
6. Bruttoinlandskapitalbildung als Prozentsatz des Sozialprodukts	26,83	22,71	28,65	31,87	30,88
7. Bruttoinlandskapitalbildung als Prozentsatz des Einfuhrüberschusses	126,51	113,13	164,10	154,97	174,95

Quellen: Spalten (1) und (2), Reihen 1–3. D. Patinkin, *The Israel Economy in the First Decade*, Jerusalem, Falk Project Report, Nr. 14, Falk Project for Economic Research, 1957–1958. – Spalte (3). Bank of Israel, *Annual Report, 1963*, Tab. II-1, S. 12–13. – Spalte (4). Bank of Israel, *Annual Report, 1963*, und *Annual Report, 1964*. – Zeile 1. *Annual Report, 1964*, Tab. V-1, S. 67. – Zeile 2. *Annual Report, 1964*, Tab. II-8, S. 23. – Zeilen 3, 4 und 5. *Annual Report, 1963*, Tab. II-1, S. 12–13. – Spalte (5), Zeilen 1–5. Bank of Israel, *Annual Report, 1964*, Tab. II-1, S. 9.

Tabelle 30 a. Verfügbare Mittel und ihre Verwendung (in %)

	1950	1954	1958	1962
Ausgaben für Privatverbrauch	57,9	55,4	53,7	48,4
Ausgaben für allgemeinen staatlichen Verbrauch	15,5	13,4	14,7	14,9
Bruttoinlandskapitalbildung	24,1	21,4	21,8	21,7
Ausfuhr von Waren und Dienstleistungen	2,5	9,8	8,9	14,7
Ausfuhrsubventionen	–	–	0,9	0,3
Gesamtverwendung verfügbarer Mittel	100,0	100,0	100,0	100,0
Bruttoinlandsprodukt	77,9	74,3	74,0	69,2
Einfuhr von Waren und Dienstleistungen	20,2	24,0	21,1	26,7
Nettosteuern auf die Einfuhr	1,9	1,7	4,9	4,1
Gesamtmittel	100,0	100,0	100,0	100,0

Quelle: CBS, *The National Income and Expenditure of Israel, 1950–1962*, a.a.O., Tab. 2, S. 6–7.

indirekten politischen oder halbpolitischen Druck dadurch ausüben kann, daß es vom Gesichtspunkt der verschiedenen Parteien aus eine potentielle Anhängerschaft oder eine feindselige Gruppe bildet.

Aber darüber hinaus war die starke Vorliebe für Dienstleistungsbeschäftigungen auch einerseits stark durch die berufliche Gliederung der Einwanderer beeinflußt und andererseits durch Veränderungen in der Berufsmotivation, besonders in der ersten Zeit nach der Staatsgründung.

Dies zeigte sich nach der Staatsgründung in der allgemeinen Mobilitätstendenz in Richtung auf Dienstleistungs- und politische Anstellungen.

Zwar machte sich in den letzten Jahren ein Wandel im Sinne einer stärkeren Betätigung in den freien und technischen Berufen bemerkbar, jedoch wirkt er der früheren Tendenz noch nicht in ausreichendem Maße entgegen [13].

---

[13] Eine höchst umfassende wirtschaftliche Analyse dieses Problems findet sich bei Gur Offer, Service Industries in Israel, Advisory Council for the Israel Economic and Sociological Research Project – in co-operation with the List Institute, Basel, Juli 1964.

Produktivitätshemmnisse in der Entwicklung fachlicher Arbeitskraft und in der Arbeitsmoral

Das oben analysierte spezifische Problem war nur ein Teil der allgemeineren strukturellen Hemmnisse, die sich der Produktivierung entgegenstellten.

Wir haben gesehen, daß sich viele neue Unternehmungen entwickelten, insbesondere solche, die größere und kompliziertere Einheiten darstellten. Es scheint jedoch, daß diese Entwicklung nicht nur durch die parallele Entwicklung kleinerer Einheiten, sondern auch durch Unzulänglichkeiten in Organisationstechnik und Management gehemmt wurde.

Hier verbanden sich verschiedene Faktoren und widersetzten sich einem Durchbruch zu technologischen Unternehmungen auf einem höheren Niveau. Derartige wichtige Hemmnisse waren der Mangel an leitenden Arbeitskräften und die fehlende Tradition auf dem Gebiet das Managements sowie die spezifischen Unternehmertypen, die sich in Israel entwickelt hatten – nämlich einerseits solche von relativ kleinen Betrieben, deren Leitung sehr häufig traditionsgemäß in bestimmten Familien lag, und andererseits solche von diversen »institutionellen« (Kibbuz-, Histadruth-) Unternehmen mit sehr intensiv politischer Einstellung und Leitung.

Es wurden viele Versuche unternommen, Fachkenntnisse auf dem Gebiet der Geschäftsleitung und Organisation zu vermitteln, und an erster Stelle standen hier das Produktivitätsinstitut und die Zentrale für Betriebsleitung. Doch häufig erfolgte eine Schwächung der Wirksamkeit dieser Versuche – deren Bedeutung nicht geschmälert werden soll – durch die diversen oben analysierten Aspekte der Sozial- und Lohnpolitik sowie auch durch die allgemeine Wirtschaftspolitik, die Unternehmungen ohne Rücksicht auf ihre Produktivität subventionierte, unter Betonung ihrer Funktion als Beschaffer von Arbeitsplätzen für Neueinwanderer.

Eine weitere entscheidende Schwierigkeit, die in diesem Zusammenhang kontinuierlich aufzutreten scheint, ist einerseits die unzulängliche Versorgung mit geschultem, fachlichem und wissenschaftlich-technischem Personal und andererseits die Unfähigkeit der Wirtschaft, gewisse vorhandene Arbeitskräfte zu absorbieren.

In engem Zusammenhang hiermit steht die parallele Tendenz, sich mit niedrigeren Ausbildungsnormen abzufinden.

Diese Probleme stehen auch in Verbindung mit dem Versuch seitens Regierung und Histadruth, der Entwicklung einer differenzierteren Auffassung der Berufstätigkeit entgegenzuwirken. Von Belang dürfte hier auch die Politik der Histadruth (und der Regierung) in bezug auf Entlohnungsdifferenzen zwischen geschulter und ungeschulter Arbeitskraft sowie zwischen manueller und geistiger Arbeit sein. Diese Politik tendierte wegen ihrer Gleichheitsprämissen dazu, die alteingesessenen geschulten manuellen Arbeiter gegenüber den mehr technischen und fachlichen Gruppen zu bevorzugen.

Obwohl diese Politik nicht allgemein die Entstehung von Lohndifferenzen zwischen geschulter und ungeschulter Arbeitskraft verhinderte, ist oft geltend gemacht worden, sie sei für die Bedürfnisse der diversen fachlichen und technischen Gruppen nicht genügend beeinflußbar gewesen [14]. Es ist auch behauptet worden, diese Politik und die einengende organisatorische Atmosphäre in vielen Betrieben ver-

---

[14] Vgl. z. B. den Bericht in Jewish Observer and Middle East Review, 20. Oktober 1961.

anlasse technische Arbeitskräfte, ins Ausland zu gehen, wo sie leicht viel bessere Bedingungen finden können. Es gibt zwar über diese Probleme keine genauen Untersuchungen, jedoch bestehen viele Anzeichen dafür, daß diese Behauptungen nicht aller Grundlage entbehren [15].

Eine allgemeine Manifestation derartiger struktureller Hemmnisse findet sich auf dem Gebiet der Arbeitsmoral, die in der letzten Zeit ein Zentralthema für viele öffentliche Debatten lieferte.

Die meisten dieser Debatten ergaben nicht nur, daß das Bestehen dieser Probleme im allgemeinen anerkannt wird, sondern auch, daß es in engen Zusammenhang gebracht wird mit dem ganzen Komplex der Sozial-, Wirtschafts- und Lohnpolitik der Histadruth. Zwar gibt es nur wenige Untersuchungen, die die Auswirkung dieser Politik auf die Produktivität analysieren – solche Untersuchungen sind ihrer Natur nach nicht leicht durchzuführen –, doch bestehen Anzeichen dafür, daß in Israel in den Löhnen ein Satz von Sozialleistungen enthalten ist, obzwar nicht unbedingt aufs beste ausgewogen. Die Schwierigkeit, Lohnerhöhungen an Leistungssteigerungen zu binden, die Usance, nach einer relativ kurzen Probezeit (von sechs bis zwölf Monaten) Daueranstellung zu gewähren, und die faktische Unmöglichkeit, Arbeitnehmer zu entlassen, können nachteilige Wirkungen auf die Arbeitsmoral ausüben. Sie können auch nachteilig auf Mobilität und Flexibilität der Arbeitskraft wirken, sowie auf ihre Fähigkeit, sich einer in der Entfaltung befindlichen Technologie anzupassen.

Wirtschaftspolitik und Produktivierung

Als weiteres Hemmnis für eine Steigerung der Leistungsfähigkeit und des Ertrags wird oft die Steuerstruktur mit ihrem starken Nachdruck auf direkten Steuern angeführt. Das ist besonders bedeutsam in Hinsicht auf das relativ niedrige Verdienstniveau und die unzureichende Anerkennung, die Fachkräften und leitendem Verwaltungspersonal zuteil wird. Ein weiterer wichtiger Hemmschuh der Leistungsfähigkeit ist, so wird behauptet, die weitgehende politische Kontrolle und die daraus folgende übertriebene Einschränkung der wirtschaftlichen Konkurrenz und anderer Mechanismen. Derartige Beschränkungen der Konkurrenz werden nicht nur infolge des durch Forderungen der Arbeiter ausgeübten Drucks wirksam, sondern auch durch den Wettbewerb zwischen den Sektoren, bei dem politische Gesichtspunkte überwiegen; das zentralisierte System der Zuweisung wirtschaftlicher Mittel vermehrt im allgemeinen die Möglichkeiten, Vorzugsbehandlungen auf administrativem Wege zu gewähren.

Eine andere oft vorgebrachte Behauptung betrifft die Kaprieen der Entwicklungspolitik. Zuweisung öffentlicher Mittel erfolgt nicht nur an bestimmte größere Entwicklungsprojekte, die vielleicht nur mit staatlicher Finanzierung durchgeführt werden können, sondern manchmal – in Form von Konzessionen – auch an diverse private oder öffentliche Investitoren in Unternehmungen von zweifelhafter wirtschaftlicher Lebensfähigkeit. Dieses System verursacht häufig übermäßige Speku-

---

[15] Eine sehr interessante Seitenlinie zu diesem Problem ist die Bedeutung der verschiedenartigen wirtschaftlichen und technischen Betätigung in diversen afrikanischen und asiatischen Ländern, die vorübergehende Gelegenheit für technische, fachliche und administrative Kräfte boten.

lation, zum Beispiel in Böden, die in den letzten Jahren sehr häufig zügellose Preissteigerungen erfuhren. Eines der paradoxen Ergebnisse dieser Politik – paradox besonders vom Gesichtspunkt der sozialen oder sozialistischen Einstellung der Elite – war die wachsende Tendenz, wirtschaftlichen Großbetrieben Vorzugsbehandlung und Förderung angedeihen zu lassen. Es schien sich hier eine interessante Verschmelzung zwischen den öffentlichen Sektoren und den Großunternehmern im Privatsektor anzubahnen. Die Tendenz der Regierung, indirekt eine Kontrolle über den größten Teil der Wirtschaft auszuüben unter gleichzeitiger Aufgabe – nach einigen anfänglichen Versuchen – der eigenen Betätigung in der Wirtschaft, sowie der Druck seitens des Histadruthsektors schufen eine Situation, in der Großbetriebe und Großunternehmer gegenüber kleineren – sogar genossenschaftlichen – Betrieben entschiedene Vorzugsbehandlung erfuhren.

Außerdem war die Rentabilität und Leistungsfähigkeit vieler staatlicher Entwicklungsbetriebe oft scharfer Kritik des Staatskontrolleurs ausgesetzt.

Das Fehlen einer adäquaten Koordination zwischen den verschiedenen wirtschaftlichen Ministerien, von denen ein jedes seine eigene Klientel und seine etablierten Interessen hat, wird ebenfalls oft als hemmender Faktor erwähnt; desgleichen die ständigen Änderungen in den Einzelheiten und der Durchführung der Wirtschaftspolitik, die bereits weiter oben erwähnt wurden.

Die sozialen und ideologischen Wurzeln der Beziehung zwischen Wirtschaftspolitik und Produktivierung

Welches sind demnach die tieferen strukturellen Wurzeln der mannigfachen Hemmnisse für eine zunehmende Produktivierung?

Als einen der wichtigsten gemeinsamen Nenner läßt sich die mangelnde Ausbildung der verschiedenen wirtschaftlichen beruflichen Rollen – insbesondere der Produzenten – anführen, gleichgültig ob es sich um Arbeiter, leitendes Verwaltungspersonal oder Fachkräfte handelt. Wie wir weiter oben sahen, waren in den meisten dieser Rollen die spezifischen Betätigungen oder Ziele von relativ geringer Bedeutung, und es wurde in ihrer Rollendefinition vor allem ihr Beitrag zu kollektiven Werten und Aufgaben betont. Wir sahen, wie diese Einstellung der Entwicklung diverser vorgegebener Kriterien der Zugehörigkeit zu bestimmten Kollektivitäten (etwa zu einer Partei oder Bewegung oder Siedlung) größeren Wert beimaß als Leistungskriterien auf dem Gebiete der Arbeit.

Diese Einstellung übertrug sich auf verschiedene Weisen auf viele Arbeitsgebiete und konnte die Entwicklung beruflicher Identifikation und Motivation stark beeinträchtigen. Das Problem spitzt sich mit der wachsenden Differenzierung der Wirtschaft und dem größeren Bedarf an geschulter und fachlicher Arbeitskraft zu und kann die Möglichkeit eines Durchbruchs zu einem höheren, modernen Niveau technischer Leistung und Entwicklung negativ beeinflussen.

Solche negativen Einflüsse in bezug auf einen Durchbruch zu höheren Entwicklungsniveaus verbinden sich oft auch mit manchen wesentlichen organisatorischen Erkenntnissen der hauptsächlichen ideologischen und politischen Richtungen auf wirtschaftlichem Gebiet. Hier sind vor allem zu nennen die Tendenz zur Regulierung der Wirtschaft durch Regierungs-, Verwaltungs- und sonstige innerpolitische Maßnahmen, ferner die Schwäche der langfristigen – im Gegensatz zu einer Vielfalt von kurzfristigen – Erwägungen in der Aufstellung und Anwendung derartiger Maßnahmen und die ständigen Verlagerungen in den Einzelheiten und der Anwendung der Maßnahmen.

Eine stetige Quelle von Verlagerungen und inneren Widersprüchen in der Wirtschaftspolitik war die ambivalente Haltung der Elite gegenüber denjenigen Entwicklungsaspekten, die in Verbindung stehen mit einer Steigerung des Verbrauchs und insbesondere unterschiedlichen Verbrauchs, was im Widerspruch steht zu einigen der asketischen und Gleichheitselemente der offiziellen Ideologie.

Die kontinuierliche Ausdehnung des Verbrauchs rief oft Versuche hervor, einige der »übermäßigen» oder »sichtbaren« Aspekte dieses Verbrauchs zu beschneiden oder zum mindesten zu besteuern. In einigen Fällen, wie in der Auferlegung einer Reisesteuer, waren die direkten wirtschaftlichen Folgen nicht schwerwiegend – obwohl die fiskalischen Grenzen solcher Versuche sehr bald offenbar wurden –, jedoch in anderen, wie etwa in der Erhöhung der Post- und Telefongebühren oder der Kraftfahrzeugsteuer, schwächten diese Maßnahmen oft gewisse wichtige technische Aspekte oder Vorteile wirtschaftlicher Entwicklung.

Diese Maßnahmen untergruben oft die Leistungsfähigkeit technischer Einrichtungen, lenkten die Aufmerksamkeit der für die Wirtschaftspolitik Verantwortlichen von manchen entscheidenden technischen Problemen ab (wie zum Beispiel der Planung des Verkehrswesens, das unter der Verstopfung der Straßen durch Kraftwagen litt). Sie verstärkten auch die Tendenz, solche Steuern immer mehr auf Ausgabenkonten abzuwälzen, und die ständigen Verlagerungen in der politischen Linie hatten wahrscheinlich nachteilige Wirkungen auf den Anreiz zum Sparen und die Möglichkeit langfristiger Wirtschaftsplanung durch die Unternehmer.

Planung der Landwirtschaft – Ein wichtiges Beispiel von sozio-ideologischen Einflüssen auf die Wirtschaftspolitik

Einige dieser ideologischen und sozialen Richtungen, sowohl in bezug auf die älteren als auch auf die neueren Bevölkerungsteile finden sich in der Landwirtschaft und ihrem Platz in der Wirtschaftsentwicklung.

Wir sahen bereits, daß nach der Gründung des Staates Israel die Landwirtschaftspolitik unverändert weitergeführt wurde. Während wenigstens vier Jahren (das heißt bis 1952) wurde die landwirtschaftliche Ansiedlung in vollem Tempo – hauptsächlich durch Familienfarmen und Gemischtwirtschaft – in jedem Teil des Landes und auf jeder Bodenart fortgesetzt. Der große Bevölkerungszuwachs im Laufe dieser vier Jahre ermöglichte auch eine große Erweiterung des landwirtschaftlichen Ertrags ohne jegliche ernste Preisstürze oder andere Krisen. Der landwirtschaftliche Sektor genoß eine Zeit relativen Aufschwungs, und die Frage der Rentabilität wurde natürlich nicht gestellt.

Von 1953 an machten sich die ersten Anzeichen einer Saturationskrise in fast allen Erzeugnissen der Gemischtwirtschaft bemerkbar. Die Verdienste der Landwirte begannen, zusammen mit den Preisen, zu fallen, und die Regierung mußte ihre Gewährung direkter Unterstützung an die Landwirte in Form von offenen oder verschleierten Subsidien jährlich vergrößern.

Diese Krise führte zu einer allmählichen Umkehr in der Landwirtschaftspolitik der Regierung und der Jewish Agency. Es war 1953 an der Zeit, mehr wirtschaftliche Faktoren zu berücksichtigen (und nicht nur »natürliche« Faktoren wie die Verfügbarkeit von Boden), wie etwa die Alternativkosten der hochwertigen Produkte der Gemischtwirtschaft (die sich als höher erwiesen als die anderer Erzeugnisse). Auch Klimaunterschiede, Bodenfruchtbarkeit, Verfügbarkeit von Wasser in den verschiedenen Gebieten des Landes, die Vorteile der Spezialisierung und andere Faktoren wurden nunmehr in Betracht gezogen.

Die Produktionskrise in der Gemischtwirtschaft – und die Anerkennung der neuen Bedingungen – hatte die Planung anderer Typen landwirtschaftlicher Siedlung zur Folge; ihre gemeinsamen Merkmale waren die folgenden: Einschränkung der Viehzucht (und infolgedessen des Anbaus von Futtermitteln) und des Gemüseanbaus sowie Übergang zum Anbau von mehreren niedrigbewerteten Produkten zur industriellen Verwertung – und zwar hauptsächlich Baumwolle, Zuckerrüben und Erdnüssen. Dieser Wechsel im Anbau brachte Wasserersparnisse je Bodeneinheit mit sich, und die Bodenfläche je Familie mußte vergrößert werden. Ferner erfordern Produkte für die Industrie eine Erzeugung in großem Maßstab, was der Ansiedlung in kleinen Einheiten widerspricht. Die Planungsbehörden beugten sich diesem Faktor nicht, da sie die Familiensiedlung fortsetzen wollten. Sie versuchten jedoch, Wege zu finden, um genügend große Flächen für den Anbau von Produkten zur industriellen Verwertung zusammenfassen. Die bereits oben erwähnte verwaltete Farm ist einer dieser neuen Wege.

Es besteht kein Zweifel daran, daß dieser Wechsel in der Landwirtschaftspolitik der Regierung die Abwärtstendenz der landwirtschaftlichen Rentabilität aufhielt, wobei allerdings die Notwendigkeit der staatlichen Unterstützung noch nicht verschwand.

Auch die allgemeine Sättigung mit landwirtschaftlichen Produkten führte zu einer wichtigen Änderung in der Siedlungspolitik. Im Gegensatz zu dem während der Mandatszeit verfolgten allgemeinen Ziel, soviel Neueinwanderer wie möglich auf dem Land anzusiedeln, besteht jetzt nicht die Absicht, die landwirtschaftliche Arbeitskraft (die jetzt etwa 12,5 % beträgt) zu vergrößern.

Alle diese Änderungen in der Landwirtschaftspolitik wurden nicht ohne große Debatten durchgeführt, und ein großer Teil dieser Debatten beschränkte sich nicht auf technische und wirtschaftliche Aspekte, sondern befaßte sich mit vielen ideologischen Problemen wie zum Beispiel der Bedeutung der Familienfarm und vor allem der allgemeinen Bedeutung der Landwirtschaft im sozialen und Wirtschaftssystem Israels. Der entscheidende Punkt in dieser Debatte wurde mit dem Problem der landwirtschaftlichen Rentabilität im allgemeinen und der spezifischen Siedlungsform (Kibbuz oder Moschaw) erreicht. Die einen befürworteten hier eine relativ sachliche Erörterung, aber andere erklärten, landwirtschaftliche Siedlungen müßten – wegen ihrer sozial-nationalen Bedeutung – über jede Rentabilitätsrechnung hinaus erhalten und erweitert werden, und die Siedlungen brauchten keineswegs ihre Lebensfähigkeit zu beweisen. Wurde auch eine derart extreme Ansicht selten zum Ausdruck gebracht, so beherrschte sie doch zweifellos weite Gebiete der landwirtschaftlichen Planung.

Ein sehr interessanter und bezeichnender Wandel in der Landwirtschaftspolitik ist in den letzten Jahren zu verzeichnen. Es ist eines der erklärten Hauptziele der offiziellen Politik des Landwirtschaftsministeriums geworden, die Subsidien und Preise in einer solchen Weise zu manipulieren, daß dem Landwirt das gleiche Durchschnittseinkommen, das in anderen Teilen der Wirtschaft erreicht wird, sicher ist.

Entsprechend dieser Politik stehen nicht die relative Produktivität oder Rentabilität der Landwirtschaft und ihr Beitrag zur nationalen Wirtschaft und zum Gesamtwachstum an erster Stelle der Erwägungen. Derartige Produktivitäts- und Rentabilitätsniveaus wurden gewissermaßen von anderen Produktionssektoren erreicht, und das Hauptziel der Landwirtschaftspolitik scheint darin zu bestehen, das Einkommen der Bauern diesen Entwicklungen anzugleichen, offenbar ohne Berücksichtigung ihres eigenen direkten Beitrags.

Dieser Wandel der Politik verleiht der israelischen Landwirtschaft einen politischen Status bezüglich der Zusicherung bestimmter Einkommensniveaus – nicht unähnlich dem in anderen Ländern, etwa den Vereinigten Staaten, doch hier in Israel mit einem viel stärkeren ideologischen Zug oder Beiklang.

Steigender Verbrauch – die Achillesferse der israelischen Wirtschaft

Die vorangegangene Analyse versuchte, einige der strukturellen Hemmnisse aufzuzeigen, die sich einer Produktivitätssteigerung in der israelischen Wirtschaft entgegenstellen.

Wie jedoch bereits angedeutet, ist nicht die Produktion an sich die Achillesferse der israelischen Wirtschaft. Bei allen Begrenzungen, die ihrer Expansion gesetzt sind, hat eine stetige Zunahme ihrer Leistungsfähigkeit und ihres Wachstums stattgefunden.

Es besteht kein Zweifel daran, daß die israelische Wirtschaft auf dem Gebiete der Produktion vor dem Problem eines erfolgreichen Durchbruchs zu einem höheren Niveau der technologischen Erzeugung steht und noch nicht das Stadium erreicht hat, in dem ein solcher Durchbruch möglich ist. Doch weist sie eine stetige Entwicklung auf im Rahmen des bestehenden Niveaus von Kapital, Ertrag, Produktivität und physischer Expansion.

Die wirtschaftliche Achillesferse der israelischen Wirtschaft ist der Verbrauch. Durch den wachsenden Verbrauch wird der Großteil der Produktivitätssteigerung aufgegessen.

Diese Faktoren werden von der Bank von Israel ständig betont, sowohl in ihrem Jahresbericht als auch in den Sonderberichten, die der Präsident der Bank der Finanzkommission der Knesseth beim Vorliegen einer Inflationstendenz unterbreiten muß.

In all diesen Berichten sowie in wirtschaftswissenschaftlichen Untersuchungen wird dargelegt, daß die Zunahme des Verbrauchs durch Kreditexpansion ebenso wie durch relativ unwirksame Eindämmungsversuche der Inflation, die erheblich zur kontinuierlichen Vergrößerung des Defizits der Handelsbilanz beitragen, erleichtert wird.

Dieser wachsende Verbrauch wird stark von den ständigen Lohnsteigerungen und der Erhöhung des Lebensstandards einerseits und von öffentlichen Ausgaben andererseits beeinflußt. Tabelle 31 zeigt die Entwicklung auf diesem Gebiet.

II. SOZIALE ORGANISATION UND SCHICHTUNG

1. Soziale Organisation und Schichtung in der jüdischen Gemeinschaft in Palästina

Einleitung – Problemstellung und Rahmen

Dieses Kapitel analysiert die Grundformen der israelischen Gesellschaft. Wir sahen, daß eines der Hauptziele der zionistischen Ideologie die Schaffung eines neuen Typs moderner Gesellschaft war, einer Gesellschaft, in der manche der Gefahren anderer Gesellschaften vermieden werden sollten. Im Laufe ihrer Entwicklung tauchten jedoch immer mehr Probleme auf, die denen anderer moderner Gesellschaften ähnlich waren, und es entstanden mannigfache soziale Gruppen und Organisationen mit verschiedenen Lebensstilen, Werten und Traditionen. Die aus ihnen hervorgehenden Leistungen mußten in den Begriffen der hauptsächlichen sozialen Entlohnungen – Geld, Macht, Ansehen – bewertet werden. Die israelische Gesellschaft sah sich daher – wie jede andere – vor das Problem gestellt, verschiedene soziale Stellungen zu organisieren und Menschen in diese Stellungen einzuordnen.

In diesem Kapitel wird versucht, diese Aspekte der israelischen sozialen Struktur zu analysieren, angefangen von den kleinen »sektiererischen« Gruppen der Ersten und Zweiten Alijah und übergehend zu der viel differenzierteren Struktur Ende der dreißiger und Anfang der vierziger Jahre.

In einem wichtigen Aspekt unterschied sich die Entwicklung der jüdischen Gemeinschaft in Palästina von normalen, bäuerlichen oder traditionalen Gesellschaften und selbst von den meisten Kolonisationsgesellschaften: in den Anfangsstadien der Entwicklung bildeten ökologische Einheiten und grundlegende vorgegebene Interessengemeinschaften wie etwa Verwandtschaftsgruppen, territoriale oder Klassengruppen usw. nicht den wichtigsten oder am stärksten verbindenden Faktor, aus dem sich spezifischere Gruppen entwickelten und kristallisierten.

Im Anfang waren die grundlegenden Gruppen in der jüdischen Gemeinschaft in Palästina die mannigfaltigen Pioniergruppen und -sekten. Einige ökologische Gruppen der älteren Ansiedlung bestanden während der ganzen Anfangszeit, und die meisten neuen – seien es landwirtschaftliche Siedlungen oder neue städtische Viertel – waren zuerst Abkömmlinge dieser Sekten und entwickelten keine starken eigenen Traditionen oder Identifikationssymbole.

Außerdem brachte der besondere Charakter der Wanderungsbewegung nach Palästina es mit sich, daß sich im Anfang keine starken vorgegebenen Interessengemeinschaften wie verwandtschaftliche oder ethnische Gruppen oder soziale Schichten entwickelten. Erst viel später entstanden solche verschiedenen Kollektivitäten – manchmal von ganz besonderem Typ –, und ökologische Gruppen wie auch vorgegebene Interessengemeinschaften erlangten eine gewisse Autonomie und eigene Tradition. Aber sogar diese waren stark beeinflußt von den Merkmalen der Sekten, von denen sie abstammten; und das wichtigste Merkmal dieser Sekten und Gruppen war vielleicht ihre Ausrichtung auf komplexe soziale, wirtschaftliche, politische und kulturelle Betätigungen, die bald über ihre konkreten Bedürfnisse hinausgingen.

Entwicklungstendenzen im »Privat-« und im »Arbeitersektor«

Von diesen Anfängen aus ging die Entwicklung der sozialen Struktur der jüdischen Gemeinschaft in Palästina in Richtung auf zwei »Idealtypen«, die trotz großer Unterschiede einige gemeinsame Merkmale aufwiesen.

Eines dieser Merkmale läßt sich in den ländlichen und städtischen Siedlungen der Ersten Alijah und in dem Teil der jüdischen Gemeinschaft erkennen, dem die Bezeichnung »Privatsektor« beigelegt wurde. Die zweite Tendenz entwickelte sich aus den stärker sektiererischen Gruppen heraus, die das Lager der »Arbeiter« bildeten. Zwischen diesen beiden bestanden verschiedene Berührungspunkte auf mannigfaltigen kulturellen, erzieherischen und sogar fachlichen Betätigungsgebieten.

Der »Privatsektor« entwickelte bereits zur Zeit der Ersten und Zweiten Alijah – wenn auch gemildert durch die Ausrichtung auf den Dienst an der Nation und auch durch die Entwicklung des Arbeitersektors – eine relativ starke Neigung zu »normaler« d. h. auf wirtschaftlichen Ergebnissen und Familientradition basierender Gesellschaftsorganisation.

Das führte zu stärkerer Betonung funktioneller Gruppen und relativ kleiner ökologischer Einheiten wie etwa der Moschawah und einiger städtischer Bezirke, die Traditionssymbole von ziemlich diffuser Solidarität entwickelten. Infolge ihres geringeren Umfangs und der starken Abhängigkeit aller Gruppen von äußeren Mitteln blieben sogar diese Ausrichtungen nur schwach und bildeten sich nicht voll aus. Die entstehenden mannigfachen wirtschaftlichen, beruflichen und administrativen Organisationen innerhalb des Privatsektors wurden durch den geringen Umfang und die sehr unwesentliche Differenzierung dieser Gruppen eingeschränkt. Ebenso waren auch die sich bildenden vielfältigen freiwilligen philanthropischen oder »lokalen« kulturellen Vereinigungen notwendigerweise in ihrem Umfang beschränkt, es sei denn, sie basierten auf allgemeineren zionistischen Prinzipien.

Das gesellschaftsorganisatorische Schema, das sich innerhalb des aus den sektiererischen Gruppen der Zweiten und den sozialen Bewegungen der Dritten Alijah hervorgegangenen sogenannten Arbeitssektors entwickelte, unterschied sich wesentlich von dem im vorhergehenden Abschnitt beschriebenen.

Die Kristallisierung ökologischer Einheiten war in diesem Sektor verhältnismäßig langsamer. Sogar im Kibbuz und im Moschaw, in denen sich eine sehr entschiedene örtliche Identifikation entwickelte, waren diese Traditionen zuerst stark in eine allgemeinere, nicht-ökologische Bewegung und einen ideologischen Rahmen eingebettet.

Dasselbe traf in einem großen Ausmaß auf die spezialisierten Einheiten und Organisationen zu, deren Ziele, zumindest anfänglich, als allgemeine kollektive Pionierziele galten. Die Mitgliedschaft in den allgemeinen Sekten und Bewegungen war daher viel wichtiger als jede spezifische Qualifikation, die zur Teilnahme an den spezialisierten Gruppen nötig war.

Versuche einer unabhängigeren Entwicklung der einzelnen Organisationen wurden innerhalb der Sekten entschieden verurteilt, um so mehr als die natürliche Entwicklung dieser Gruppen dazu tendierte, autonome neue Ziele zu erzeugen und mannigfache Möglichkeiten der Zusammenarbeit mit verschiedenen Gruppen im Privatsektor zu entwickeln.

Gleichzeitig mit diesen Tendenzen entwickelten die Arbeitergruppen ihre eigene vorgegebene Solidarität. Im Gegensatz zum Privatsektor, dessen Kriterien auf Verwandtschaft, Eigentum und wirtschaftlichen und bildungsmäßigen Errungenschaften beruhten, gründeten sich die des Arbeitersektors vorwiegend auf Mitgliedschaft in den Sekten und Bewegungen, sowie in gewissem Ausmaß auf gemeinsamen Einwanderungshintergrund und gemeinsame politische Zugehörigkeit und Betätigung. Sie hatten für die Entwicklung der Gesellschaftsstruktur der jüdischen Gemeinschaft in Palästina eine große Bedeutung.

Die Struktur der Hauptrollen

Zum besseren Verständnis der besonderen Züge der Gesellschaftsorganisation der jüdischen Gemeinschaft in Palästina lohnt sich eine Analyse der Struktur der mannigfachen Rollen und Rollenvorstellungen sowie der Art und Weise, in der diese von den verschiedenen Gruppen und ihren Eliten definiert wurden.

Um es noch einmal zu sagen: die Wurzeln dieser Tendenzen und Ausrichtungen lagen in der grundlegenden zionistischen und sozialistischen Pioniersideologie und ihren Schlußfolgerungen.

In der anfänglichen zionistischen Ideologie, die in weitem Ausmaß von den verschiedenen Unterabteilungen der zionistischen Bewegung geteilt wurde, herrschte die Vorstellung, daß die volle Entfaltung aller beruflichen, wirtschaftlichen, sozialen, kulturellen und politischen Funktionen von einem Geist nationaler Identifikation und sozialer Gerechtigkeit und Gleichheit durchtränkt sein würde.

Die einzige reale Rolle in diesem Vorstellungsbild war die des Pioniers mit seiner völligen Hingabe an nationale Ziele und Pionierbewegungen.

Selbständigere Forderungen solcher Funktionen – ihr Anspruch auf Ansehen, technische Befähigung oder auf wirkliche Errungenschaft und Leistung – wurden oft von oben herab angeschaut und beschuldigt, die Reinheit der Pioniersrolle zu verletzen. In mehr ideologischen Formulierungen wurde diese mangelnde Ausrichtung auf irgendeine konkrete Aufgabe als Manifestation des Nichtvorhandenseins der »menschlichen Selbstentfremdung«, die für so viele moderne, insbesondere kapitalistische Gesellschaften charakteristisch ist, gesehen. In den mehr realpolitischen Begriffen, die sich zur Zeit der Dritten Alijah herausbildeten, wurden derartige Forderungen nach Selbständigkeit verschiedener Funktionen als Schwächung des politischen Eifers und der Identifizierung mit den verschiedenen Sekten und Parteien des Arbeitersektors angesehen.

Die ideologischen Einstellungen gegen solche Tendenzen wurden auch erheblich verstärkt durch die Angst vor »verfrühter Normalisierung«, wie sie im Fall der Ersten Alijah erfolgt war.

Diese Angst vor verfrühter Normalisierung, verbunden mit stark ideologischen Einstellungen zeigte sich am deutlichsten in einer der entscheidensten Rollen dieser Zeit – der des Landwirts, die sich bereits in der Ersten Alijah herauskristallisierte, in der Zeit der Zweiten Alijah heranreifte und in der Mandatszeit sich voll entwickelte.

Das wichtigste Kennzeichen dieser »bäuerlichen« Rolle war eine Abwertung der beruflichen und »überlieferten« Aspekte des bäuerlichen Lebens zugunsten einer mehr elitären Auffassung der landwirtschaftlichen Arbeit als hauptsächlicher symbolischer Ausdruck des Pioniertums.

Später, zur Zeit der Dritten Alijah, erfolgte eine Festigung dieser elitären Einstellungen in den verschiedenen Kibbuzbewegungen, die auf ideologische Orthodoxie größeren Wert legten als auf landwirtschaftliche Arbeit oder eine ländliche Lebensweise.

Zwar wurde in der Siedlungsform des Moschaws, die zur Zeit der Dritten Alijah begründet wurde, größerer Wert auf Landarbeit und Familienleben gelegt, doch waren diese Tendenzen noch Teil einer sozio-politischen Bewegung und Ideologie.

Eine ähnliche, wenn auch vielleicht weniger intensive Tendenz entwickelte sich innerhalb des Kultur- und Erziehungsbereichs, in dem die Rolle des Lehrers so definiert und entwickelt wurde, daß der Lehrer als kultureller Bestandteil in die allgemeine Pioniersidee eingegliedert wurde.

Rollenbewertung

Eng verbunden mit der Definition verschiedener Rollen waren ihre Bewertung und die Statusniveaus, die in den verschiedenen Sektoren der jüdischen Gemeinschaft in Palästina entstanden.

Die Bewertungskriterien im Privatsektor waren in vieler Beziehung die »üblichen« Kriterien wirtschaftlicher und beruflicher Tüchtigkeit mit etwas stärkerer Betonung von Familienstatus, wirtschaftlicher Stellung und Herkunft. Aber auch in diesem Sektor legte man großes Gewicht auf die nationalen Ziele und den Dienst am Ganzen, obwohl man mehrere der Grundpostulate der Pioniergruppe ablehnte.

In den Pioniergruppen und im Arbeitersektor war die Lage notwendigerweise anders. Dort war das Grundkriterium für die Statusbewertung die Hingabe an die Aufgaben des Pionierkollektivs, und das Ansehen in den Augen der Gemeinschaft bildete das Hauptentgelt. Man ging davon aus, daß materielle Entlohnung – und insbesondere unterschiedliche wirtschaftliche Entlohnung (und sogar Prestige und Macht) – nicht nur unwichtig seien, sondern für das Zusammengehörigkeitsgefühl der Pioniergruppe sogar gefährlich und potentiell spaltend.

Diese Tätigkeitsbewertungen in den Arbeitergruppen und in den ersten Siedlungen waren in ihrer Reinkultur viel mehr für kleine avantgardistische Elitegruppen geeignet als für allgemeinere und funktionell differenzierte Einheiten. Es ist daher kein Zufall, daß sich die vollste Offenbarung dieser Bewertungskriterien in den kollektiven Siedlungen fand. Deshalb war die Aufrechterhaltung dieser Kriterien durch die Elitegruppen sehr davon abhängig, daß die Berufs- und Statusaspekte ihrer bäuerlichen Ausrichtung minimalisiert und ihre Elitestellung in der Ansiedlung und in der Bewegung betont wurden. Innerhalb dieser Gruppen konnten solche Kriterien und Entgelte in voller Reinheit aufrechterhalten werden.

Es ist bezeichnend, daß die Ideologie sich nicht mit dem Problem der Zulassung zu irgendeiner dieser Rollen beschäftigte. Ihre stillschweigende Voraussetzung war, daß die Zulassung zu all diesen Rollen – und insbesondere der Rolle des Pioniers – in gleicher Weise für alle diejenigen offen war, die bereit waren, sie zu übernehmen. Erst später, als die soziale Struktur der jüdischen Gemeinschaft in Palästina wuchs, wurde dieses Problem wichtig und die Tatsache bezeichnend, daß die herrschende Ideologie ihm unvorbereitet gegenüberstand.

Die Vorstellung von der Gesellschaft

Diese Variationen in der sozialen Schichtung waren eng mit der Vorstellung von der Gesellschaft verbunden, die diese Gruppen entwickelten und von ihrer grundlegenden Ideologie ableiteten.

Die verfügbaren Daten sind zumeist auf einen ideologischen Ausdruck beschränkt und beziehen sich notwendigerweise mehr auf den Arbeitersektor als auf den Privatsektor.

Die dort zum Ausdruck gebrachten Ansichten befassen sich hauptsächlich mit einer »klassenlosen« Gesellschaft, die sich aus verschiedenen Gruppen und Bewegungen zusammensetzt und durch gemeinsame Bestrebungen und Tätigkeiten zusammengehalten wird, in der es nur wenig Arbeitsteilung und kleine Unterschiede im Besitz gibt. Diese Vorstellungen waren indes rein ideologisch und utopisch und hatten wenig Beziehung zu der bestehenden Gesellschaft.

Signifikant ist, daß weder in den grundlegenden Ideologien noch in dieser embryonalen Vorstellung von der Gesellschaft auf die Probleme der Machtverteilung oder der Macht als Basis für den sozialen Status in irgendeiner Weise Bezug genommen wurde. Diese Unterlassung war auf den begrenzten Umfang der Siedlungen und Gruppen, auf die stark utopischen Elemente in ihrer Ideologie und die Tatsache, daß die Hauptmittel der meisten Gruppen von außerhalb der jüdischen Gemeinschaft in Palästina kamen, zurückzuführen. Aus dieser Tatsache ergaben sich viele wichtige Auswirkungen auf die entstehende soziale Organisation und Schichtung.

Wechselbeziehungen zwischen Kollektivkörperschaften, Rollenstruktur und Statuskriterien

Die drei hauptsächlichen Aspekte der sozialen Organisation – Wesen der Kollektivkörperschaften, Rollendefinition und Statuskriterien – tendierten dazu, beginnende soziale Unterschiede in Grenzen zu halten, wobei sie sich gegenseitig ergänzten.

Dies war auf verschiedene Faktoren zurückzuführen. Einer war das relativ geringe Maß von Differenzierung in der sozialen Struktur der jüdischen Gemeinschaft in Palästina, und diese Tendenz wurde durch die Tatsache verstärkt, daß die jüdische Gemeinschaft zu jener Zeit sich aus vielen kleinen »parallelen« Siedlungen und Organisationen zusammensetzte, was wenig Raum ließ für die Entstehung beruflicher oder wirtschaftlicher Differenzierung. In den vielen ähnlich zusammengesetzten und doch verschiedenartigen Gruppen gab es wenig Spezialisierung, und sogar die Arbeit der beruflichen und kulturellen Organisationen war nicht auf irgendwelche spezifischen Bedürfnisse, sondern eher auf die einer »zukünftigen« Gesellschaft gerichtet. Nur allmählich entwickelte sich eine konkretere Wechselbeziehung zwischen den verschiedenen Gruppen und damit zunehmend ein Wandel in ihren Aufgaben.

Der zweite Hauptgrund für die begrenzten Unterschiede war in der Ideologie der Pioniergruppe verwurzelt.

Historisch gesehen waren diese beiden Bedingungen eng miteinander verknüpft. Aber jede galt für einen bestimmten Sektor stärker als für einen andern, und darum variierte ihre Entfaltung in den verschiedenen Sektoren und beeinflußte wahrscheinlich spätere Entwicklungen in der Gesellschaftsstruktur der jüdischen Gemeinschaft.

Diese anfänglichen Tendenzen drückten mehreren entscheidenden Bereichen ihr Gepräge auf. Das erste wichtige Merkmal, das die jüdische Gemeinschaft in Palästina mit vielen anderen Kolonisationsländern teilt, war das Nichtvorhandensein einer Aristokratie. Das war nicht nur auf das Fehlen einer besonderen Familientradition zurückzuführen, sondern auch auf die Tatsache, daß ein großer Teil des Bodens und des verfügbaren Kapitals unter der Kontrolle öffentlicher Körperschaften, oft mit Sitz im Ausland, stand. Das zweite Merkmal war die Konzentration von Vermögen in verschiedenen öffentlichen Körperschaften und Organisationen. Drittens wurde die starke Betonung der Gleichheit in der Gesellschaftsstruktur der jüdischen Gemeinschaft schon in diesem Stadium offensichtlich; und viertens war neben der starken Betonung der Gleichheit auch die Betonung der Elite in der Pioniervorstellung verwurzelt. Diese Kombination hatte viele interessante Auswirkungen auf die soziale Struktur und Organisation der jüdischen Gemeinschaft.

Zunehmende Differenzierung in der Mandatszeit – Konkurrenz der Sektoren untereinander. Gefüge von freiwilligen Vereinigungen

In der Mandatszeit wurde die relativ homogene Gesellschaftsstruktur komplexer und mannigfaltiger und unterschied sich deutlich von den älteren Typen der homogenen Sekten und kleinen, »unterentwickelten« ökologischen Gemeinschaften.

Als Folge der wachsenden Expansion der Wirtschaft der jüdischen Gemeinschaft entstanden viele neue Berufe – in Industrie, freien Berufen und Verwaltung. Sie standen mit dem Wachstum vielseitiger ökologischer Einheiten in Verbindung, mit den vielen neuen Organisationstypen und Gruppen, und mit der zunehmenden gegenseitigen Abhängigkeit der verschiedenen Sektoren der jüdischen Gemeinschaft. Auch die Zunahme autonomer Funktionen und spezialisierter Gruppen sowie die wachsende Bedeutung geldlicher und wirtschaftlicher Entgelte beeinflußten diese Entwicklung.

Diese Entwicklungen schufen neue Tendenzen in der Verteilung von Vermögen und Macht und ließen zunehmende Unterschiede zwischen Wirtschaftsgruppen und zwischen den sich bildenden Berufsgruppen entstehen.

Gleichzeitig begannen sich im Privatsektor vorgegebene Interessengemeinschaften auf der Basis von Familienbeziehungen sowie ökologischer und beruflicher Tradition zu entwickeln. Das Interesse an den Kriterien des wirtschaftlichen Status, der beruflichen Leistung und unterschiedlicher Entgelte war in ihnen stärker betont.

Im Arbeitersektor stellten diese Entwicklungen die grundlegenden ideologischen Pionierprämissen in Frage.

Zum besseren Verständnis des Unterschieds zwischen den Sektoren seien kurz die charakteristischen Merkmale der freiwilligen Vereinigungen in der jüdischen Gemeinschaft in Palästina und die Mobilitätsschemata in ihr analysiert.

Die Unterschiede zwischen den Sektoren lassen sich vielleicht am klarsten im Wesen und in der Entwicklung ihrer verschiedenen freiwilligen Vereinigungen erkennen. Diese Vereinigungen hatten mannigfaltige Ziele – kulturelle, literarische, sportliche und der Entspannung dienende, ethnische usw. Es gibt keine genauen Statistiken über sie, aber es ist bekannt, daß ihre Zahl erheblich war. Eine vorläufige Übersicht über die freiwilligen Vereinigungen in Jerusalem zeigt, daß es am Ende der Mandatszeit 1146 verschiedene freiwillige Organisationen gab, die von einfachen philanthropischen Hilfsgesellschaften für die Kinder von Mitgliedern einer Jeschiwah (einer dem religiösen Studium gewidmeten Schule) bis zu über das ganze Land verbreiteten Vereinigungen verschiedener Art reichten.

Die offiziellen Ziele der Vereinigungen der verschiedenen Sektoren wiesen mancherlei Ähnlichkeiten miteinander auf. Einige von rein philanthropischem oder kulturellem Charakter zogen Mitglieder aus beiden Sektoren an. Aber die meisten zentralen Vereinigungen waren gesondert, und jeder Sektor entwickelte sich ein etwas unterschiedliches Gefüge von Betätigungen und Einstellungen. Im großen ganzen wies der Arbeitersektor die folgenden charakteristischen Merkmale auf:

(a) Die meisten seiner Vereinigungen standen in enger Verbindung zu, ja bildeten oft einen Teil von verschiedenen allgemeinen sozialen Bewegungen und Organisationen (Arbeiterbewegungen, zionistischen Organisationen usw.) und politischen Parteien.

(b) Die meisten von ihnen erfüllten gewisse lebenswichtige Funktionen in der Gemeinschaft, wie etwa Wachdienst und Verteidigung (wie im Falle der halblegalen Verteidigungsorganisation »Haganah«, die zum größten Teil aus freiwilligen Gruppen bestand), ärztliche Hilfeleistung (die Rote Davidsterngesellschaft), Sozialfürsorge, Verbreitung der hebräischen Sprache, Hilfe für genossenschaftliche Siedlungen, Förderung des Verbrauchs von einheimischen Erzeugnissen, Entwicklung verschiedener beruflicher und kultureller Betätigungen usw.

(c) Als Folge dieser Funktionen waren die meisten Gruppen eng mit den zentralen sozialen und politischen Funktionen der Gemeinschaft und ihren Macht- und Einflußzentren verbunden.

(d) Die meisten dieser Gruppen sahen in ihrer Tätigkeit einen Beitrag zum zionistischen Ideal der nationalen Wiedergeburt.

In der Mehrzahl der Fälle gab es, ebenso wie in dem dominierenden Wertsystem der jüdischen Gemeinschaft wenig Differenzierung zwischen sozialen, politischen und kulturellen Aspekten und Idealen, obwohl natürlich, je nach der Gruppe, die einen oder die anderen stärkere Betonung erfuhren.

Die meisten Gruppen ermöglichten es ihren Mitgliedern, am politischen und gesellschaftlichen Leben der Gemeinschaft teilzunehmen und verliehen ihnen dadurch das Gefühl, unmittelbar zu ihrer Entwicklung beizutragen und ihre Macht und ihren Einfluß zu teilen. In diesem Zusammenhang ist es wichtig festzustellen, daß ein verhältnismäßig großer Teil der sozialen und politischen Elite sich mehr oder weniger aktiv an einigen dieser Gruppen beteiligte und Einfluß in ihnen ausübte. Auf diese Weise dienten diese Vereinigungen als wichtige Treffpunkte zwischen der Elite und den sozial und politisch aktiveren Schichten der Bevölkerung. Die Beteiligung an diesen Gruppen verlieh ihren Mitgliedern Anerkennung und Ansehen in der Gemeinschaft und begründete und wahrte ihren Status.

Das strukturelle Schema der Vereinsfunktionen im Privatsektor und in den niederen Statusgruppen war etwas anders. Hier war der Zusammenhang zwischen der rein »gesellschaftlichen« Seite und der Beteiligung an den Zentralbereichen der Gesellschaft viel schwächer. In der höheren Schicht der rein wirtschaftlich orientierten Gruppen gab es gewisse Formen gesellschaftlicher, philanthropischer und kultureller Betätigung (z. B. Logen und Klubs), in denen allgemeinere Interessen und kulturelle Richtungen zum Ausdruck kamen, ohne daß unbedingt eine enge Verbindung zu politischen Gruppen bestand. In den unteren Stufen herrschten mehr rein soziale Körperschaften vor, und es gab verhältnismäßig wenig Berührung zwischen Vereinigungen verschiedener Schichten. Es ist wichtig, hier nochmals festzustellen, daß sich in diesem Zeitabschnitt nur sehr wenig »ethnische« Vereinigungen entwickelten, und daß ihr Betätigungsgebiet mehr oder weniger auf gegenseitige Hilfeleistung oder auf das Andenken an ihre Herkunftsorte in der Diaspora beschränkt war.

Mobilitätsschemata

Um die Konkurrenz zwischen den Sektoren voll zu verstehen, ist es wesentlich, die Methoden der Mobilität, und insbesondere der beruflichen Mobilität, zu jener Zeit zu untersuchen. Leider sind genaue und systematische Angaben über diesen Prozeß selten, und daher muß eine Analyse sich zwangsläufig hauptsächlich auf Eindrücke stützen.

Einige charakteristische Merkmale stechen jedenfalls hervor. Die beiden wichtigsten Tatsachen scheinen einerseits das Ausmaß von Ein-Generations- (Intra-Generations-)Mobilität, besonders in der ersten Generation von Einwanderern, und andererseits das Ausmaß von Inter-Generationen-Kontinuität zu sein.

Das Maß von Intra-Generations-Mobilität in der ersten Einwanderergeneration war hauptsächlich durch die kontinuierliche wirtschaftliche Expansion verursacht. Diese schuf mancherlei Kanäle beruflicher Mobilität – hauptsächlich von den relativ undefinierten Pioniersaufgaben wie etwa Bauarbeit usw. zu ausgeprägteren Stellungen wie denjenigen des Industriearbeiters, Büroangestellten usw. –, die sich sowohl im Arbeiter- als auch im Privatsektor entwickelten.

Es ist allerdings durchaus möglich, daß diese Art der Mobilität im Privatsektor etwas geringer war, da in ihm die Menschen von Anfang an eher in »endgültigen« Stellungen unterkamen.

Verfügbare Daten über den Umfang der Inter-Generationenmobilität weisen eine Tendenz zu einer gewissen Kontinuität zwischen dem »Endpunkt des beruflichen Erfolgs« der Eltern und den Bestrebungen oder wirklichen Leistungen der Söhne auf – zum mindesten bis zur Staatsgründung, nach der ein erneutes Ansteigen der Mobilität erfolgte.

Die Information über dieses Problem ist lediglich erläuternd, gibt jedoch Anhaltspunkte dafür, daß es schon damals beginnende Tendenzen zu einer gewissen »Erstarrung« der Inter-Generationen-Berufskontinuität gab und die Anfänge einer gewissen Ausprägung von Statusgruppen in allen Sektoren zu verzeichnen waren.

Es gab natürlich mehrere einschränkende Faktoren in diesen Tendenzen. Einer war der in einem großen Teil der Jugendbewegung üblich ständige Nachdruck auf Eintritt in einen Kibbuz, wodurch ein gewisser – wenn auch relativ niedriger – Prozentsatz von jungen Menschen aus der Jugendbewegung in Kibbuzsiedlungen geleitet wurde.

Ein zweiter war die Tatsache, daß es infolge der Notwendigkeit zu nationalem Wehrdienst – wie etwa in der Haganah, dem Palmach und später in der Jüdischen Brigade – eine Periode des Berufsaufschubs gab, in der junge Menschen aus den regulären Kanälen beruflicher Mobilität herausgenommen wurden und oft zu ihnen zurückkehren mußten oder wollten.

So wurden in den Mobilitätsprozessen auch die Probleme sichtbar, die aus der zunehmenden sozialen Differenzierung und der Konkurrenz zwischen den Sektoren herrührten und das gegenseitige Bewußtsein schärften sowie die Konkurrenz der Sektoren verstärkte.

Institutionalisierungsschemata der Ideologie

Die Führer des Arbeitersektors übernahmen die Aufgaben, die die zunehmende soziale Differenzierung stellte, auf verschiedene Weisen, von denen einige bereits in dem Abschnitt über Methoden der ideologischen Institutionalisierung analysiert wurden. Wir zeigten dort, daß die Institutionalisierung der Ideologie teils durch die Auswahl von Eliten und teils durch den Zusammenschluß von Eliten und Pioniergruppen sowie durch Zuweisung eines symbolischen Elitestatus an die Siedlungen erfolgte (s. Erster Teil, 4, S. 61–62, S. 69–70).

Ähnliche Probleme entstanden auf organisatorischer Ebene dort, wo unter den Berufs- und Wirtschaftsgruppen ein ständiges Streben nach Autonomie bestand.

Die Arbeiterführer begegneten diesen Tendenzen auf verschiedene Weisen unter Berücksichtigung der Tatsache, daß innerhalb des Arbeitersektors viele funktionelle Organisationen bestanden, die diese Autonomietendenzen »absorbieren« und sie dabei innerhalb der Grenzen der allgemeinen monolithischen Struktur der Bewegung halten konnten.

Die Fähigkeit der Histadruth, ihre Gesamtstruktur aufrechtzuerhalten, wurde erheblich erleichtert durch die Tatsache, daß diese Organisationen sich in bezug auf die Zuweisung von materiellen Entgelten und symbolischem Prestige in einer sehr starken Position befanden.

Von besonderem Interesse ist in diesem Zusammenhang die Art und Weise, in der die mit der Entwicklung von Industriearbeitern und der Arbeiterschaft zusammenhängenden Probleme angepackt wurden.

Es entstand allmählich ein Stamm von gelernten und angelernten Industriearbeitern, die in der Bauwirtschaft, in öffentlichen Arbeiten und in der Landwirtschaft beschäftigt waren. Das führte zu einer Verstärkung der Gewerkschaftsarbeit innerhalb der Histadruth sowie zur Entstehung spezifischer Organisationen und »Sektoren« zwecks Behandlung ihrer Probleme.

Auf organisatorischem Gebiet erfolgte dies durch den Ausbau besonderer Sektoren und Organisationen *innerhalb der Histadruth,* die sich mit spezifischen Problemen sowohl auf lokaler als auch auf zentraler Ebene befaßten. In ideologischer Beziehung wurde vielfach versucht, die Industriearbeiter als individuelle Pioniere oder Gruppenpioniere, deren Pflichten und Idealbild nicht sehr von denen des älteren Pioniertyps abwichen, zu definieren.

Von gleichem Interesse waren die nur zum Teil erfolgreichen Versuche, die verschiedenen beruflichen Rollen und Organisationen entsprechend der Pioniervorstellung und innerhalb der Grenzen des Rahmens der Bewegung zu bewerten.

So wurden Lehrer verhältnismäßig hoch bewertet, während den Funktionen des Arztes, und mehr noch denen des Anwalts, deren Verbundenheit mit den kollektiven Zielen geringer schien, weniger Wert beigemessn wurde. Zwar sind keine systematischen Untersuchungsergebnisse über das relative Prestige der verschiedenen Berufe zu jener Zeit verfügbar, doch ist aus vorhandenen Informationen zu entnehmen, daß auf der »ideologischen« Ebene diese Bewertung gewiß zutraf.

Die Funktion des Arbeiters wurde immer mehr in kollektiven Begriffen einer sozialen und politischen Identifikation und weniger noch als im Falle des landwirtschaftlichen Pioniers im Sinne beruflicher und technischer Leistung definiert.

Bewilligungs- und Organisationskriterien im Arbeitersektor

Die Versuche zur Institutionalisierung der Pioniersideologie brachten einige der strukturellen Begleiterscheinungen und potentiellen Widersprüche, die in dieser Ideologie enthalten waren, ans Tageslicht.

Zu jener Zeit nahm die Frage der Zulassung zu verschiedenen Funktionen und der daraus resultierenden Entgelte Bedeutung an.

Trotz der offiziellen Formulierung der Pioniersideologie, die die Wichtigkeit des freien Zugangs für alle zu den Pionieraufgaben betonte, wurde von innen her eine strenge Auswahlpraxis betrieben. Sie fand ihren Ausdruck in der Bedeutung, die der Mitgliedschaft in den verschiedenen kollektiven Organisationen beigemessen wurde und bildete einen wesentlichen Bestandteil der elitären Einstellung. Mit dem wachsenden Problem der Anpassung der Ideologie an die sich entwickelnde Struktur wurde dies noch allgemeiner und bezog sich auf die Bewilligung von Entgelten, auf die organisatorischen Gefüge in den Bewegungen und die unterschiedlichen Lebensweisen im Arbeitersektor. Diese Lebensweisen basierten auf der Mitgliedschaft in verschiedenen Elitegruppen und -bewegungen wie Gemeinschaftssiedlungen, Jugendbewegungen und Arbeitervierteln in den Städten und nur in geringfügigem Ausmaß auf autonomer Klassen- oder Schichtenorientierung.

Die Führer des Arbeitersektors strebten nach Aufrechterhaltung der früheren Homogenität der Statuskriterien. Daher wurde die Mitgliedschaft in diesen Vereinigungen zu einer wichtigen Handhabe für die Zulassung zu verschiedenen Stellungen und Mitteln.

Die soziale Struktur zu Ende der Mandatszeit – Soziale Differenzierung und Ideologie

Gegen Ende der Mandatszeit war die soziale Organisation und Schichtung in der jüdischen Gemeinschaft in Palästina bereits viel komplizierter als in den Anfangsstadien ihrer Entwicklung. Es gab eine größere Anzahl von Kollektivkörperschaften, ökologischen Gruppen, funktionellen Organisationen, freiwilligen Vereinigungen,

Organisationen allgemeiner Bewegungen und Verbindungen, sowie mannigfaltigen vorgegebenen Interessengemeinschaften – und die Unterschiede zwischen städtischen und ländlichen Milieus nahmen stetig zu.

Allmählich entstand jedoch eine größere Anzahl spezifischerer beruflicher, politischer und kultureller Funktionen und funktioneller Gruppen, die zwar noch in die kollektiven und ideologischen Definitionen der Pioniervorstellung eingebettet waren, jedoch zunehmende Autonomie erwarben und begannen, ihre anfänglichen kollektiven Sektoren zu durchbrechen. Als Folge dieser Entwicklungen wuchsen die Unterschiede in Lebensweise und Lebensstandard zwischen den Gruppen.

Die meisten dieser Unterschiede waren noch gering im Vergleich zu denen in anderen modernen Ländern, aber dennoch entstanden Wohnviertel der »unteren Klassen« oder sogar Slums, wie zum Beispiel im Hatikwaviertel von Tel Aviv. Diese setzten sich zumeist aus Gruppen zusammen, die aus den unteren Klassen stammten, einen niedrigen Bildungsstand und wenig Pioniereinstellung aufwiesen.

Festhalten an den Sekten der offiziellen Pionierideologie als wesentlichem Rahmen aller sozialen Entwicklungen und die stetige Ausdehnung der Gesellschaftsstruktur verhinderten, daß diese Ungleichheiten und beginnenden sozialen Probleme voll wahrgenommen wurden; eine Nebenerscheinung war die langsame und im Anfang unzureichende Entwicklung und Anerkennung der Sozialfürsorge.

Mehrere Faktoren, die in keiner Verbindung zum Pioniersideal standen, wie etwa Beschäftigung, Beruf und Bildung, begannen, in Organisation und Schichtung und in der Bestimmung des sozialen und beruflichen Status verschiedener Gruppen eine Bedeutung zu erlangen.

Von besonderem Gewicht war hier die Tatsache, daß die Fünfte Alijah nicht nur zunehmende wirtschaftliche Unterschiede und Spezialisierung zur Folge hatte, sondern auch eine vollere Anerkennung beruflicher und leitender Funktionen.

Nur in einigen orientalischen Gruppen wurde die Beziehung zwischen niedrigem beruflichem Rang und niedrigem Bildungsstand ziemlich offensichtlich. Aber auch in anderen Gruppen wuchs der Einfluß dieser Kriterien beständig und wurde nur zum Teil durch die Kontinuität sowohl der älteren Pioniergruppen als auch der Arbeitereinwanderergruppen ausgeglichen.

Außerdem führten die Versuche einer Institutionalisierung der Ideologie seitens der Führer der Arbeitergruppen zu neuen Spannungen und Problemen wie auch zu vielen Paradoxen und unbeabsichtigten Folgen.

Zu diesen gehörte die zunehmende und noch nicht voll erkannte Bedeutung von Macht und Machtpositionen im System der sozialen Organisation und Schichtung.

Es entstanden daher für die Handhabung der Machtverteilung oder -regulierung nur wenige klare Normen. Die meisten wirtschaftlichen und organisatorischen Gebilde stellten wichtige Machtpositionen dar, und der allmähliche Übergang der jüdischen Gemeinschaft in Palästina von einer Anzahl hauptsächlich durch »mechanische« Interessengemeinschaft und ideologische Einstellung verbundener Gruppen zu einer differenzierteren Gesellschaftsstruktur stärkte notwendigerweise die Machtpositionen und den Wert all dieser Gruppen und Unternehmungen. Die zunehmende Bedeutung der Machtpositionen wurde nur zum Teil durch die »föderative« Natur der erweiterten Gesellschaftsstruktur und durch stetige Beschäftigung mit der Erfüllung kollektiver Ziele ausgeglichen. Dies änderte sich natürlich mit der Errichtung des Staates.

2. Soziale Organisation und Schichtung im Staate Israel – Neuauftretende Tendenzen

Die Gründung des Staates – Wesentliche Änderungen in der sozialen Organisation

Die Tendenzen, Spannungen und Probleme der sozialen Organisation und Schichtung, die im vorhergehenden Abschnitt beschrieben wurden, traten nach der Gründung des Staates Israel stärker hervor. In vieler Beziehung erwies sich die nationale Unabhängigkeit als Wendepunkt in der Entwicklung und Kristallisation, und mehrere Faktoren von entscheidender Bedeutung traten klar hervor:

1. Der erste war die zunehmende Vereinheitlichung verschiedener Sektoren mit ihren oft gesonderten »Systemen« der Schichtung und sozialen Organisation. Dies wurde begleitet von einer Schwächung der relativen Autarkie und der Auflösung der »föderativen« Natur der Beziehungen zwischen den Sektoren.
   Die Ursache für diese Vereinheitlichung lag in der Errichtung eines zentralen politischen Systems und dem zunehmenden Gewicht politischer Erwägungen und Kriterien in der Bewilligung von »materiellen« und Prestige-Entgelten[16].
2. Die zweite wesentliche Entwicklung, die die soziale Organisation beeinflußte, war der große Zustrom neuer Arbeitskraft in Form von Neueinwanderern mit ihren besonderen sozialen, kulturellen und bildungsmäßigen Hintergründen und ihren spezifischen Einwanderungsmotivationen (s. im einzelnen Erster Teil, 5). Dieser Zustrom schuf große Probleme durch den Druck auf die verschiedenen wirtschaftlichen Mittel, in bezug auf das Ausmaß der Mobilität, das diesen Gruppen offenstand, sowie durch die Tendenzen, ihren eigenen Lebensstil und ihre Traditionen beizubehalten oder zu entwickeln.
3. Dieser Absorptionsprozeß war eng mit der stetigen Wirtschaftsentwicklung und der sozialen und wirtschaftlichen Differenzierung verbunden. Allein die Errichtung des Staates mit seinem administrativen und politischen System schuf neue Berufs- und Prestigestellungen; diese wurden verstärkt durch die Expansion in der Wirtschaftsstruktur, die neue berufliche Rollen, Organisationen und Mobilitätsschemata entstehen ließ. Ebenso tauchten neue Probleme unterschiedlicher Mobilität sowohl bezüglich alter als auch neuer Einwanderer auf.
4. Die vierte wesentliche Entwicklung war die zunehmende Bedeutung der politischen Macht als soziale Entlohnung, als Kriterium des Rangs und der Stellung in der Gesellschaft und als Mittel der Zulassung zu wesentlichen beruflichen und wirtschaftlichen Positionen.
5. Diese Entwicklung ließ auch wichtige Veränderungen in den Wertvorstellungen der verschiedenen Sektoren hervortreten. Die wichtigste unter ihnen war eine Schwächung des in die Zukunft gerichteten Ausblicks und an seiner Stelle eine zunehmende Betonung der Gegenwart als wichtige Dimension sozialer Handlung. Daher wurde einem breiteren Spektrum von Entgelten und dem Kampf und Wettbewerb um diese Entgelte steigende Bedeutung beigemessen.

---

[16] Die zunehmende Bedeutung allgemeiner politischer Erwägungen in der Bewilligung materieller Entlohnungen zeigte sich besonders deutlich in der Tatsache, daß wichtigere Probleme der Lohnpolitik und der Arbeitsbedingungen durch die zentralen politischen Stellen mehr oder weniger im Landesmaßstab entschieden wurden und so zu einem Brennpunkt im zentralen politischen Kampf wurden.

Dies veränderte die Beziehungen zwischen den verschiedenen Gruppen und Gesellschaftsschichten beträchtlich und berührte auch wesentliche kollektive Ziele und Werte. Es erfolgte ein gewisser Dissoziationsprozeß zwischen diesen Zielen und den privaten Domänen vieler Gruppen (mit der teilweisen Ausnahme einiger Siedlungen mit stark elitärer Einstellung) und die Übertragung dieser Ziele auf offizielle politische und administrative Körperschaften.

6. Alle diese Tendenzen verschärften notwendigerweise den Konflikt zwischen der offiziellen Pioniersideologie und der sich entwickelnden sozialen Realität. Die Gründung des Staates brachte die Träger der sozialistischen Pioniersideologie an die Macht, jedoch gleichzeitig entstand eine neue Realität als Folge ihrer eigenen Maßnahmen und ihrer Verwandlung in eine herrschende Elite.

Zunehmende Differenzierung von Rollen und Organisationen

Die oben beschriebenen Prozesse gaben den Hintergrund ab für die Entwicklung in der sozialen Organisation und Schichtung.

Die allgemeinste Tendenz in diesem Zeitabschnitt war eine zunehmende Veränderung von dem vorherrschenden Schema (in dem verschiedene Funktionen der Gesellschaft von denselben Personen in einer gegebenen Gruppe erfüllt wurden) durch einen Prozeß allmählichen Nachdrucks auf Aufgabentrennung, was zu einer Kristallisation von ausgeprägten Rollen und Organisationen führte.

Es entstanden viele neue Industrieunternehmungen und brachten eine wachsende Manager- und Spezialistenklasse und verstärkte Differenzierung zwischen technischen, gelernten und angelernten Arbeitern mit sich. Außerdem schufen Militär- und Verwaltungsdienst auffallende Beispiele von gänzlich neuen oder vorher unterentwickelten Funktionen.

Ähnliche Entwicklungen erfolgten auf anderen Gebieten. Auf dem Gebiet der öffentlichen Dienstleistungen erweiterte sich das Bankwesen beträchtlich und neue Gebiete, wie etwa ein wachsendes Hotelwesen, entstanden. Stetige Expansion erfolgte auch in den älteren Berufen wie Rechtswesen, Medizin und Lehrtätigkeit, und in Ingenieurwesen und Architektur, die sich in der vorangegangenen Zeit kaum entwickelt hatten, erfolgte ein sehr schnelles Wachstum. Verhältnismäßig unentwickelte Berufe, wie etwa Sozialfürsorge, nahmen ebenfalls an Bedeutung zu. Außerdem bestand eine stetige Neigung zur Spezialisierung in vielen neuen Berufen. Dies zeigte sich in einer zunehmenden Betonung formaler Bildungsnormen zur Erreichung von Berufsstufen im Staatsdienst, in der Armee und im Geschäftsleben, sowie in der zunehmenden Tendenz derartiger Gruppen, sich in relativ autonomen Berufsverbänden zu organisieren.

Eng verbunden hiermit war die Entwicklung neuer Formen von großen bürokratischen, administrativen und wirtschaftlichen Organisationen – eine Tendenz, die sich auch in der Landwirtschaft fand. Zwar blieb offiziell die Grundeinheit das einzelne Dorf (Kibbuz oder Moschaw), doch die Gesamtplanung wurde von zentralen bürokratischen Stellen, wie der Jewish Agency, und auf regionaler oder »sektionaler« (d. h. der Kibbuzbewegung entsprechenden) Basis durchgeführt.

Der stetige Bevölkerungszufluß verursachte eine gewisse Vervielfachung kollektiver Funktionen sowohl in landwirtschaftlichen als auch in städtischen Gremien.

Vieles hiervon wurde jedoch durch die wachsende Spezialisierung und Differenzierung von Faktionen absorbiert. So erfolgte neben der Ausdehnung des Umfangs von Durkheims »mechanischer« Solidarität eine starke Verlagerung zu einer mehr »organischen« Struktur mit komplizierterer Arbeitsteilung.

Das vervielfachte die Zahl der neuen Funktionen, verstärkte aber auch die Autonomietendenzen in ihnen. Eine derartige Tendenz war die zunehmende Unterstreichung der spezifischen Normen einer gegebenen Rolle, sei sie technisch, wirtschaftlich, fachlich oder gewinnorientiert. Hierdurch wurde die Bedeutung der fachlichen und Managerrollen beträchtlich verstärkt im Vergleich zu dem früheren Überwiegen von Gesichtspunkten der »Bewegung« in Einstellung und Funktionen.

Vielleicht das wichtigste strukturelle Ergebnis dieser zunehmenden beruflichen Differenzierung war jedoch, daß sie eine Situation der Unwiderruflichkeit beruflicher Rollen schuf. Im Gegensatz zu der ursprünglichen Pioniersideologie, die annahm, daß ein Mensch seine berufliche Rolle leicht entsprechend dem kollektiven Bedarf wechseln könne, führte die wirtschaftliche Entwicklung nach der Staatsgründung dazu, daß die Bindung an eine berufliche Rolle fester wurde.

Menschen konnten ihren Beruf wechseln und taten es auch, aber die erforderliche Zeit und die spezialisierten Anforderungen der meisten Berufe waren derart, daß die Möglichkeiten fortwährenden Beschäftigungswechsels für Erwachsene geringer wurde.

Die so zunehmende berufliche Spezialisierung bildete den wichtigsten Durchbruch zu wirtschaftlicher Modernisierung in Israel.

Doch alle diese Veränderungen und Differenzierungstendenzen erfolgten im Rahmen einer Gesellschaft von relativ kleinem Maßstab. Zwar hat sich die Bevölkerung dieser Gesellschaft seit der Staatsgründung beinahe vervierfacht, doch waren ihre absoluten Zahlen noch relativ klein im Vergleich zu anderen modernen Gesellschaften.

Diese Tatsache hatte, wie wir noch sehen werden, viele Auswirkungen auf die eigentliche Richtung dieser Differenzierungsprozesse, auf ihre strukturellen Auswirkungen und auf die Beziehungen zwischen der Elite und den breiteren Gruppen der Bevölkerung.

Schemata der Beschäftigung und Mobilität, Lebensstandard

Alle diese Entwicklungen berührten erheblich die Berufsverteilung, Mobilität und Lebensstandards verschiedener Berufe.

Die Angaben über Berufsverteilung und Mobilität zeigen eine doppelte Tendenz von zunehmender beruflicher Mannigfaltigkeit und neuen Kanälen der Mobilität sowie zunehmenden Unterschieden in der Zulassung verschiedener »ethnischer« Gruppen zu den verschiedenen Positionen.

Fast alle Untersuchungen weisen darauf hin, daß der wesentliche Faktor zur Erklärung des beruflichen Status heute die Schulbildung ist. So zeigt zum Beispiel die Berufsgeschichte eines Untersuchungssamples [17], daß die Bewerbung auf dem israeli-

---

[17] A. Zloczower – Material aus der praktischen Arbeit für – »Mobilitätsschemata und Statusauffassungen in einem israelischen städtischen Milieu«, Doktordissertation (in hebräischer Sprache) Hebräische Universität, 1966.

schen Arbeitsmarkt um manuelle Beschäftigung typischerweise in der Zeit vor der Staatsgründung unabhängig war von dem Bildungsniveau der Bewerber, doch war der Prozentsatz von Bewerbern mit Reifeprüfung in manuellen Berufen niedriger als der von Personen ohne Reifeprüfung.

Die Differenzierung zwischen den beiden Bildungsniveaus wuchs in dieser Beziehung stetig:

Prozentsätze der in manuelle Arbeit Eintretenden

	1938	1947	1952	1958	1964
Personen ohne Reifeprüfung	78	79	73	68	67
Personen mit Reifeprüfung	52	40	32	27	23

Die Untersuchung wurde an einem Sample von 25–55 jährigen Einwohnern Haifas durchgeführt.

Diese Angaben zeigen, daß je länger jemand auf dem Arbeitsmarkt ist, desto geringer die Wahrscheinlichkeit, daß er in einem manuellen Beruf bleibt. Das ist besonders ausgeprägt bei Personen mit Reifeprüfung.

Gemäß dieser Untersuchung waren 1964 etwa 60 % aller Antwortenden in derselben Berufsklasse (Manuell/nicht-manuell) wie ihre Väter. Die Inter-Generationen-Mobilität war bei Personen ohne Reifeprüfung größer (etwa 43 % Wechsel) als bei Personen mit Reifeprüfung (etwa 31 %). Über 80 % der im Abstieg befindlichen Personen (manuelle Söhne von nicht-manuellen Vätern) hatten keine Reifeprüfung (im Vergleich zu 66 % ohne Reifeprüfung im Sample).

Eine Prüfung dieser Tatsachen zeigt einen großen allgemeinen Mobilitätsbereich, der sich in der Hauptsache aus der stetigen Wirtschaftsexpansion erklärt, indessen auch einige besondere Merkmale aufweist. Wir finden – wie in den meisten modernen Ländern üblich – eine relativ starke Betonung der Mobilität zu den höheren Staffeln der fachlichen und technischen Berufe und in gewissem Ausmaß zum »big business«. In den mittleren Staffeln finden wir eine begrenzte Bewegung zu den Bürobeschäftigungen hin, die sich oft in Handelsunternehmen kleineren Maßstabs konzentrieren, und eine stärkere Tendenz zu den Beschäftigungen gelernter und angelernter Arbeiter, die in Israel den Vorteil weitgehenden Gewerkschaftsschutzes genießen. Die Angaben über Mobilität zeigen auch ein stetiges Zusammengehen von Mobilität und Herkunftsländern.

Ein ähnliches Schema läßt sich für die meisten Bevölkerungsgruppen in der Entwicklung des Lebensstandards erkennen.

Ein interessanter Aspekt dieser Entwicklung ist das zunehmende Gewicht, das dem Verbrauch beigelegt wurde. Es verursachte die ständig wachsende Angleichung des Standards der Bestrebungen der verschiedenen Gruppen, die begannen, dieselben materiellen Bequemlichkeiten und Bezüge – wie bessere Wohnungen, Rundfunkgeräte, Kühlschränke, Mobiliar usw. – anzustreben. Derartige materielle Vorteile wurden auch zu wichtigen Statussymbolen, die in vielen Fällen auffallend zur Schau getragen wurden.

Die extremste Äußerung dieser Tendenzen findet sich in den sogenannten »Goldenen Kreisen« der städtischen Gesellschaft, doch in einem gewissen Ausmaß sind sie in die meisten Gruppen und Schichten eingedrungen, und das Niveau des demonstrativen Konsums ist im israelischen Leben zu einem sich stetig ausbreitenden Zug geworden.

Viele materielle Vorteile wie Wohnungen und Schulbildung, sowie verhältnismäßig knappe Artikel wie Kühlschränke, wurden im Anfang durch die verschiedenen kollektiven politischen Organisationen zugeteilt, obwohl sie auch am »offenen Markt« erhältlich waren. Die Unterschiede zwischen den »Quellen« dieser Artikel wurden relativ unwesentlich, nachdem eine zunehmende Nachfrage nach solchen Gütern die Bedeutung des Marktes verstärkte.

Der Lebensstandard ist in fast allen Gruppen stetig gestiegen, allerdings in unterschiedlichem Ausmaß, und die daraus folgende Steigerung der Nachfrage für dieselbe Art von Gütern läuft durch alle Gruppen und Sektoren hindurch, wobei sich die extremeren Äußerungen in den oberen Gruppen des Privatsektors sowie bei einigen öffentlichen leitenden Angestellten finden.

Manche dieser Aspekte einer »üppigeren Lebensweise« wurden, zumindest indirekt, durch die Regierung gefördert, die zu besonders niedrigen Sätzen Boden an ausländische oder inländische Investoren verpachtete, oder, noch indirekter, durch diverse Subsidien, eine Tatsache, die mithalf, diese Tendenzen zu rechtfertigen.

Zunehmende Unterschiede in Berufen und Lebensstandards

Anläßlich der zunehmenden Mannigfaltigkeit von Berufen und der Erhöhung des Lebensstandards erhob sich das Problem der Zulassung zu diversen Stellungen und zu den verschieden hohen Verbrauchsniveaus. Auch die Einkommenssteigerungen und die Schwankungen zwischen verschiedenen Berufen und zwischen »älteren« und »neuen«, »westlichen« und »orientalischen« Einwanderern verstärkten sich.

Eine Analyse der Angaben über Mobilität, hauptsächlich in der Verteilung der Bevölkerung nach Berufen, zeigt die Bedeutung des Herkunftslandes und des Rangalters der Ansiedlung in Israel. Bei der Bestimmung dieser Verteilung ist jedoch die Bedeutung dieser Faktoren nicht in allen Berufen gleich. So gibt es zum Beispiel in der Landwirtschaft eine viel größere Konzentration neuer Einwanderer aus Asien und Afrika als aus europäischen Ländern. Diese Kombination von Herkunftsland und Ansiedlungsalter findet sich auch umgekehrt, zum Beispiel in der Industrie, in der weniger Neueinwanderer aus den orientalischen Gruppen im Vergleich zu den frühen Siedlern zu finden sind. Auch im Bauwesen erscheint dieselbe Kombination von Seniorität und Herkunft, doch fällt hier die letztere stärker ins Gewicht, und so kann man in dieser Kategorie viele Neueinwanderer von europäischer Herkunft finden. Dasselbe trifft auch auf das Gebiet des Handels zu. Am stärksten fällt das Herkunftsland auf dem Gebiet des öffentlichen Dienstes ins Gewicht, der ein zahlenmäßiges Übergewicht der orientalischen Bevölkerung aufweist, dabei aber eine sehr hohe Konzentration aschkenasischer Bevölkerung in den mittleren und höheren Dienststrängen.

Manchmal ist die Dauer des Wohnsitzes in diesem selektiven Index wichtiger als das Herkunftsland (Europa im Gegensatz zum Nahen Osten). In beiden Fällen hat jedoch der Auswahlprozeß am Arbeitsmarkt zu einer Konzentration von Neueinwanderern aus Asien und Afrika in den am wenigsten entwickelten Berufen und Beschäftigungen geführt. Alte Einwanderer europäischer Herkunft beherrschen das Gebiet der Verwaltung und Facharbeit, und Neueinwanderer aus Europa und Amerika und frühere Einwanderer aus Afrika und Asien nehmen die mittleren Stellungen ein, doch sind die der ersteren für gewöhnlich höher als die der letzteren.

Ein ähnliches Bild findet sich in bezug auf Verbrauchssniveaus und Lebensstandards (s. Tab. 31 und 32).

Tabelle 31. Durchschnittliche monatliche Verbrauchsausgaben (ausschl. Wohnung) der jüdischen von Lohn- und Gehaltseinkommen lebenden Familie und Prozentsatz der Ausgaben vom Gesamtverbrauch nach realen Ausgabengruppen
(1959/60, 1963/64)

	Ausgaben in gegenwärtigen Preisen		Prozentsatz der Änderung				Prozentsatz der Ausgaben vom Gesamtverbrauch	
	1959/60	1963/64	Nominelle Ausgaben	Preise	Reale Ausgaben	Realausgaben Monatsdurchschnitt	1959/60	1963/64
Primäre Ausgabengruppen								
Gesamte Verbrauchsausgaben (ausschließlich Wohnung)	369	574	55	24	26	6,3	100,0	100,0
Nahrung (ausschließlich Obst und Gemüse)	118	154	30	15	13	3,3	32,0	26,8
Obst und Gemüse	34	51	50	41	6	—	9,3	8,9
Haushaltführung und Budget	33	48	43	23	16	4,0	9,1	8,3
Wohnungseinrichtung und Haushaltgeräte	35	62	79	20	48	11,0	9,5	10,8
Kleidung und Schuhe	44	66	48	13	31	7,5	11,9	11,4
Gesundheit, Unterricht und Kulturbedarf	54	93	70	35	26	6,3	14,7	16,1
Zigaretten, Fahrgelder und persönliche Dienstleistungen	42	90	112	33	60	13,4	11,4	15,6
Organisationssteuern und -beiträge	8	11	45	—	—	—	2,1	2,0

Quelle: CBS (Hebräisch), *Untersuchung der Familienausgaben 1963/64*, Sonderveröffentlichung Nr. 175, 1965, Tab. A, S. viii.

Tabelle 32. Ausgabenindizes des Familienverbrauchs nach Geburtskontinenten von Familienoberhäuptern und Wohndauer in Israel

Geburtskontinente der Familienoberhäupter und Wohndauer in Israel	Je Familie		Je Person	
	1959/60	1963/64	1959/60	1963/64
Durchschnittsausgaben der Bevölkerung	100	100	100	100
Asien und Afrika	97	90	73	70
Europa und Amerika	100	104	115	120
Israel	109	110	112	123
Bis 1947 eingewandert	113	114	119	121
Asien und Afrika	104	96	84	82
Europa und Amerika	114	118	127	131
Seit 1948 eingewandert	86	92	85	85
Asien und Afrika	84	95	71	68
Europa und Amerika	95	89	103	108

Quelle: CBS *Untersuchung der Familienausgaben 1963–1964*, a.a.O., Tab. B, S. x.

So fiel bei jüdischen Angestellten der dem Einkauf von Nahrungsmitteln gewidmete Anteil an den Gesamtausgaben von 30,1 % in den Jahren 1950–1959 auf 26,8 % in den Jahren 1963–1964 (in Preisen von 1963–1964), während die Ausgaben für Gesundheit, Kulturbedarf, Zigaretten, Fahrkosten und persönliche Dienste ständig stieg.

Das traf auch auf dauerhafte Güter zu. Der Prozentsatz von Familien in Israel, die einen elektrischen Kühlschrank besitzen, stieg von 34 % im Jahre 1958 auf 70,8 % im Jahre 1964. Der Prozentsatz von Familien, die Gasherde und -öfen zum Kochen und Backen besitzen, stieg von 35 % im Jahre 1958, auf 84,5 % im Jahre 1964. Der Gebrauch elektrischer Waschmaschinen ist weniger verbreitet, nimmt aber auch stetig zu. So besaßen 1958 nur 9,1 % der Familien eine Waschmaschine, und bis 1964 stieg diese Zahl auf 23,6 %.

Eine Untersuchung einer Anzahl anderer Artikel bietet ein ähnliches Bild:

Rundfunkgerät	1959 – 76,2 %	1964 – 89,3 %
Grammophon	1959 – 11,8 %	1964 – 20,9 %
Elektrischer Mixer	1962 – 9,2 %	1964 – 14,4 %
Staubsauger	1963 – 8,7 %	1964 – 10,3 %
Kraftwagen	1962 – 4,1 %	1964 – 6,9 %

Quelle: CBS Statistical Abstract of Israel, Nr. 16, 1965, Tab. Nr. G 21, G 23, S. 213–214.

Wir sehen also, daß der Lebensstandard in Israel ständig gestiegen ist. Die Realausgaben für eine Familie stiegen zum Beispiel von 1959/60 bis 1963/64 um 26 %[18].

Diese absolute Steigerung des Lebensstandards war mit einer relativen Senkung der Ausgaben der in Asien und Afrika Geborenen verbunden. Während in diesem Teil der Bevölkerung die Ausgaben pro Person von 73 auf 70 % der Durchschnittsausgaben der Gesamtbevölkerung fielen, stiegen die Ausgaben der in Europa und Amerika Geborene von 115 auf 120 % im Vergleich zu den Durchschnittsausgaben pro Person der Gesamtbevölkerung.

Ein ähnliches Bild ergibt sich in bezug auf Bildungsstandard und Berufsverteilung. Ein Vergleich zwischen Personen in Israel von asiatischer und afrikanischer Herkunft und solchen von europäischer und amerikanischer Herkunft zeigt eine Konzentration der ersteren in den niederen Bildungsstufen. 1961, zum Beispiel, betrug die Bildungsinvestition pro Kopf (in Tausenden Pfunden) 2,4 für Einwanderer aus Asien im Vergleich zu 5,9 für europäische und amerikanische Einwanderer. Dieselbe Diskrepanz erscheint bei in Israel geborenen Personen. Die Bildungsinvestition pro Kopf für Kinder von Personen asiatischer oder afrikanischer Herkunft war 3,8 (Tausend Pfund), hingegen die Investition für Kinder von Personen europäischer und amerikanischer Herkunft war 8,9, ebensoviel wie die Investition für Kinder von gebürtigen Israelis[19].

Eine Untersuchung der Entwicklungstendenzen zwischen 1961 und 1963 ergibt, daß die Gesamtsumme der Bildungsinvestitionen für Einwanderer aus Asien und Afrika von IL 2400 auf IL 2200 pro Kopf sank und diejenige für geborene

---

[18] Study of Family Expenditures 1959–60. First Results. The Central Statistics Bureau, Special Publications 175, 1965, S. 7, 8.
[19] Investments in education and human reserves in Israel. Bank of Israel Survey, 23. Dezember 1964.

Israelis von IL 7300 auf IL 7000 pro Kopf, was sich am besten durch die Erhöhung des Prozentsatzes der Kinder von asiatischer und afrikanischer Herkunft erklären läßt.

Ein teilweiser Vergleich zwischen Angaben für 1954 und 1961[20] zeigt, daß 1954 die Zahl der Jahre, in denen 15 bis 29 Jahre alte gebürtige Israelis ihre Bildung erwarben, 8,1 Jahre betrug, im Jahre 1961 hingegen die Bildungszeit für *alle* gebürtigen männlichen Israelis 10,2 Jahre betrug.

Eine ähnliche Steigerung zeigte sich unter gebürtigen weiblichen Israelis.

Bei Einwanderern aus Asien und Afrika stieg die Zahl der Jahre, in denen männliche Personen im Alter von 15 bis 29 Jahren ihre Bildung erwarben, von 5,1 Jahren im Jahre 1954 auf 6,5 Jahre im Jahre 1961. Die Bildungszeit für weibliche Einwanderer aus Asien und Afrika stieg von 3,6 Jahren für weibliche Personen im Alter von 15 bis 29 Jahre auf 4,3 Jahre für weibliche Personen *aller* Altersgruppen im Jahre 1961.

Die auf Einwanderer von europäischer und amerikanischer Herkuft bezüglichen Prozentsätze der Steigerung sind um ein weniges niedriger als die auf gebürtige Israelis bezüglichen.

Ähnlich zeigt eine Aufteilung der jüdischen Arbeitnehmer – nach Berufen, Herkunftskontinenten und Aufenthaltsdauer in Israel – einen Unterschied in der Verteilung der Angehörigen der verschiedenen ethnischen Gruppen unter den diversen Berufen. Gebürtige Israelis und Einwanderer europäischer und amerikanischer Herkunft sind über den Landesdurchschnitt hinaus in den wissenschaftlichen, leitenden und Büroberufen beschäftigt. Hingegen sind Einwanderer asiatischer und afrikanischer Herkunft in diesen Berufen in einem unter dem Landesdurchschnitt stehenden Ausmaß beschäftigt. Das umgekehrte Bild ergibt sich in bezug auf angelernte und ungelernte Arbeiter (in Landwirtschaft, Bauwesen, Bergbau, Industrie), bei denen sich eine hohe Konzentration (im Vergleich zum Landesdurchschnitt) von Einwanderern asiatischer und afrikanischer Herkunft findet, und ein entsprechend niedriges Vorkommen gebürtiger Israelis und von Einwanderern aus Europa und Amerika[21].

In Übereinstimmung mit dieser Tendenz stieg zum Beispiel der Prozentsatz von gebürtigen Israelis (und zwar ist dies ein Prozentsatz von der Gesamtzahl gebürtiger Israelis), die in den wissenschaftlichen und technischen Fachberufen beschäftigt sind, von 18,5 % im Jahre 1958 auf 21,2 % im Jahre 1963. Die entsprechenden Zahlen für Einwanderer europäischer und amerikanischer Herkunft weisen ebenfalls eine Steigerung auf (Alteinwanderer: von 14,3 % auf 16,6 %; Neueinwanderer: von 11,1 % auf 14,4 %). Andererseits fiel der Prozentsatz von Einwanderern asiatischer und afrikanischer Herkunft (von der Gesamtzahl solcher Einwanderer in Israel), die in leitenden und Bürostellungen beschäftigt waren, von 7,5 % im Jahre 1958 auf 7,1 % im Jahre 1963 und stieg in den Industriewerkstätten und Bergwerksbetrieben von 38,6 % im Jahre 1958 auf 42,8 % im Jahre 1963.

Es sei jedoch bemerkt, daß in den »freien« wissenschaftlichen und technischen Berufen, für die ein höherer Bildungsstandard erforderlich ist, der Beschäftigungsprozentsatz für Einwanderer aus asiatischen und afrikanischen Ländern sich in

---

[20] Standards of education. The Central Bureau of Statistics, Special Publication No. 66 (Tab. 11).
[21] Quelle: Statistical Abstract of Israel, 15, 1964, S. 274 (Tabelle 16).

entgegengesetzter Richtung bewegte, nämlich von 3,9 % im Jahre 1958 auf 4,8 % im Jahre 1963 stieg. Diese Steigerungsrate ist niedriger als die entsprechende auf Einwanderer aus anderen Ländern bezügliche Rate, die auch eine andere Tendenz zeigt.

Für Alteinwanderer aus asiatischen und afrikanischen Ländern verläuft die Veränderungstendenz genau gegenteilig zu derjenigen der Neuankömmlinge aus denselben Ländern (1958 waren 6,2 % von ihnen in den genannten Berufen beschäftigt, und dieser Prozentsatz sank auf 4,1 % im Jahre 1963).

Eine 1960 ausgeführte Untersuchung faßte die entsprechenden Ergebnisse zu diesen Problemen in folgender Weise zusammen [22]:

»Es stellte sich heraus, daß in jedem Jahr während der letzten zehn Jahre beträchtliche Ungleichheit unter israelischen Familien bestand. Im Jahre 1957/58 bezog die eine Hälfte der ärmeren Familien nur ein Viertel des Gesamteinkommens, die reichere Hälfte hingegen drei Viertel. Trotzdem ist diese Ungleichheit geringer als die in westeuropäischen Ländern, und wahrscheinlich ist sie eine der geringsten in der Welt. Dieses Phänomen ist in einem großen Ausmaß auf die Homogenität der jüdischen Bevölkerung des vorstaatlichen Palästina und auf ihren stark ideologischen Hintergrund zurückzuführen. Seit der Staatsgründung hat eine Veränderung stattgefunden, und wir sind Zeugen einer signifikanten Vergrößerung der Ungleichheit und einer gleichzeitigen Steigerung des durchschnittlichen Realeinkommens der Bevölkerung. Das ist ein Prozeß, der im Gegensatz steht zu dem in den meisten entwickelten Ländern erfolgenden, in denen sich die Ungleichheit in den letzten Dekaden zu verringern tendierte. Es ist anzunehmen, daß sich dieser Trend auf lange Sicht gesehen in Israel umkehren wird, wenn die volle Absorption der Einwanderer, eine Verbreitung der Schulbildung und eine Abschaffung der sozialen und wirtschaftlichen Schranken erfolgt sein werden.

Zunächst ist festzustellen, daß je länger eine Gruppe in Israel ansässig ist, desto höher ihr Einkommen. Die Differenzierungen zwischen den Gruppen nach Ansässigkeitsdauer lassen sich teilweise durch die Tatsache erklären, daß die Berufszusammensetzung und das Bildungsniveau der Neueinwanderer im Durchschnitt niedriger sind als die der Alteingesessenen, und daraus resultiert, daß auch ihre Durchschnittseinkommen niedriger sind. Wir fanden auch, daß die Unterschiede in der Zusammensetzung der Ansässigkeitsdauergruppen nach Herkunftsländern zu Einkommensdifferenzierungen führte. Unter den Neueinwanderern gibt es einen größeren Prozentsatz von Personen asiatischer und afrikanischer Herkunft als unter den Alteingesessenen, und das verringert das Durchschnittseinkommen der Einwanderer. Aber diese Faktoren liefern nur eine teilweise Erklärung der Einkommensdifferenzierung entsprechend der Dauer der Ansässigkeit. Derartige Differenzierungen bestehen auch unter Lohnempfängern desselben Alters, die aus demselben Land kamen und eine ähnliche Bildungsstufe aufweisen oder zu derselben Beschäftigungsstatusgruppe und derselben Berufsgruppe gehören. Es scheint außerdem, daß die Differenzierungen zwischen Einwanderern, die zu verschiedenen Zeiten kamen, im Laufe der Zeit nicht verschwinden oder auch nur abnehmen, und in den letzten Jahren scheinen sie die Tendenz zu einer Verstärkung aufzuweisen.

---

[22] G. Hanoch, Income Differentials in Israel. Falk Project, Fifth Report 1959 und 1960. Jerusalem, 1961, S. 117–119.

Es gibt auch beträchtliche Einkommensdifferenzierungen zwischen Personen aus verschiedenen Ländern. Wie bereits festgestellt, haben Personen orientalischer Herkunft niedrigere Einkommen, und Personen aus dem Westen sowie die im Land geborenen Kinder europäischer Familien haben höhere Einkommen. Der Unterschied im Lebensstandard zwischen diesen Gemeinschaften ist noch größer als der Unterschied in den Einkommen der Verdiener, wie aus den Angaben über Einkommen und Ausgaben pro Kopf ersichtlich ist. Der Grund dafür ist, daß Personen orientalischer Herkunft größere Familien haben und eine größere Zahl von Kindern und Abhängigen unterhalten müssen. Außerdem hat sich in den letzten Jahren der Unterschied zwischen den Herkunftsgruppen vergrößert, so daß das Realeinkommen von Personen europäischer und amerikanischer Herkunft bedeutend stärker gestiegen ist als das Realeinkommen und der Lebensstandard von Personen asiatischer und afrikanischer Herkunft. Wegen der extremen Veränderungen, die in der Zusammensetzung der Bevölkerung nach Herkunftskontinenten stattgefunden haben, zeigte die aus den Differenzierungen nach der Herkunft folgende Ungleichheit die Tendenz, sich sogar noch stärker zu vergrößern als diese verstärkten Differenzierungen. Die schnelle Zunahme in der Proportion der asiatisch-afrikanischen Gruppe, die ein niedrigeres Einkommen und einen niedrigeren Lebensstandard hat, hätte die Gesamtungleichheit auch ohne jede Verstärkung der Differenzierungen beträchtlich vergrößert.

Noch einmal, der größte Teil der Differenzen zwischen den Lohnempfängern in diesen Gruppen erklärt sich aus den Unterschieden in der Altersstruktur, Bildungsstufe und Berufszusammensetzung. Die geringere durchschnittliche Ansässigkeitsdauer der Personen orientalischer Herkunft ist eine weitere Ursache für ihre relativ niedrigen Einkommen. Doch alle diese Faktoren eliminieren die Nettodifferenzen in den Einkommen auf der Basis der Herkunft nicht vollständig. Sogar in Gruppen von Lohnempfängern, die zur selben Zeit ins Land kamen, dasselbe Alter und dieselbe Schulbildung haben oder zu derselben Beschäftigungsstatusgruppe und Berufsschicht gehören, gibt es Nettodifferenzen der beschriebenen Art. Es scheint indes, daß diese Differenzen, und insbesondere die der Bildung, in den Gruppen mit der längsten Aufenthaltsdauer viel geringer sind. Wir dürfen daher schließen, daß sogar, falls eine gewisse unterschiedliche Behandlung von Einwanderern aus orientalischen und westlichen Ländern bestand, sie im Laufe der Zeit ausgemerzt wird, wenn die Neuankömmlinge zu Alteingesessenen werden. Dennoch wird der relative wirtschaftliche Status der orientalischen Gruppen infolge ihres niedrigen Bildungsniveaus und ihrer fehlenden geeigneten Berufsausbildung gesenkt.

Vergleichen wir die Differenzen in den Durchschnitten mit der gesamten Ungleichheit zwischen Familien, Einzelpersonen oder Lohnempfängern, so finden wir, daß nur weniger als die Hälfte der gesamten Ungleichheit durch diese Faktoren erklärt werden kann.

Vergleiche der Ungleichheit innerhalb der Gruppen ergaben, daß sie unter Asien–Afrikanern und Neueinwanderern größer ist als unter Europäern–Amerikanern und Alteingesessenen, sogar nach erfolgtem Ausgleich für Berufs- und Familiengrößenunterschiede. Nach Ausmerzung einer geschätzten vorübergehenden Einkommensschwankung stellte sich heraus, daß die altansässigen Europäer eine geringere Ungleichheit aufweisen als die anderen Gruppen. Es scheint, daß die Neueinwanderer aus Asien und Afrika, abgesehen von ihrem niedrigen Durchschnittseinkommen und Lebensstandard, an einer beträchtlichen Unbeständigkeit in ihrem Einkommensfluß leiden.«

Wandel in Statuskriterien; Schwächung der elitären Einstellung

Entwicklungen in der Berufsdifferenzierung und die Erhöhung der Lebensstandards waren eng verbunden mit signifikanten Veränderungen auf dem Gebiet der Statusbewertung.

Auf vielen Gebieten und in vielen Berufen trat ein größeres Ausmaß von Statusunsicherheit zutage als in einer modernen, differenzierten Gesellschaft zu erwarten war. Dies offenbarte sich in der Unsicherheit über die auf verschiedene Tätigkeiten und Berufe anzuwendenden Bewertungskriterien.

Der beste Ausgangspunkt für eine Analyse dieser Veränderungen ist vielleicht die Entwicklung in der Idee des Pioniers, in der eine allgemeine Schwächung vor allem des Nachdrucks auf dem »Siedlungs«-Pionier erfolgte. Die Bindung an diese Idee und ihre Folgerungen wurde indes nicht schwächer, vielmehr machte sie eine Reihe von Umwandlungen durch.

Eine derartige Umwandlung war die zunehmend verbreitete Bestreitung des Rechts einer einzelnen Gruppe – gleichgültig ob sie der Siedlungs- oder der politischen Elite angehörte –, diese Idee für sich allein in Anspruch zu nehmen. So stellten nunmehr Militärs, Angehörige der freien Berufe, Industrielle und andere Gruppen ebenfalls den Anspruch auf, Pioniere zu sein, die gleiche Beiträge zu einem gemeinsamen Ziel leisteten.

Viele Gruppen bekämpften die Entlohnungsbeschränkungen, die den Pioniers/ Elite-Prämissen zugrundelagen, oder das Recht irgendeiner Gruppe, die Verteilung solcher Entlohnungen zu monopolisieren. Dieser Widerstand entwickelte sich trotz der vielen Versuche der politischen Elite, derartige Rechte auszuüben und ihr Monopol aufrechtzuerhalten, das ihr ermöglichte, häufig durch gesetzgeberische und politische Aktion, relativ strenge und einheitliche Kriterien aufzustellen, nach denen die verschiedenen Statusberufe und Entgelte zuerkannt werden sollten.

Die Beziehungen zwischen Pioniertum und asketischen Wertvorstellungen wurden ebenfalls geschwächt, nachdem ersteres zur Basis für die Forderungen nach verschiedenen Statuseinkünften geworden war.

Die hier beschriebenen Entwicklungen bezogen sich auf verschiedene Arten des Entgelts – wirtschaftliches, prestigemäßiges und politisches – und unterstrichen, in welchem Ausmaß die verschiedenen Gruppen sich der Möglichkeiten bewußt waren, die diesen Entgelten innewohnten.

Wandel in der Kibbuzstruktur und -organisation – Verbrauch und Erzeugung

Alle diese Veränderungen wirkten sich notwendigerweise stark auf das ganze System der Schichtung der jüdischen Gemeinschaft aus und schwächten insbesondere seine Elitekomponenten und -ausrichtungen. Bevor wir die Auswirkungen all der neuen Entwicklungen auf den Gebieten der sozialen Organisation und Schichtung analysieren, dürfte es darum angezeigt sein, die Veränderungen, die in den Zentren dieser Eliteausrichtungen – im Kibbuz und im Moschaw – vor sich gingen, sowie ihren Platz in der israelischen Gesellschaft zu beschreiben.

Viele der nationalen Aufgaben, wie etwa Verteidigung und Siedlung, auf deren Erfüllung die Siedlungen, und insbesondere der Kibbuz, ihren Anspruch auf Elitestatus gründeten, waren von staatlichen Stellen übernommen worden. Dasselbe traf in einem sogar noch größeren Umfang auf die Absorption von Neueinwanderern zu.

Die Schwächung ihrer Elitepositionen wurde durch die Spaltung in den Kibbuzbewegungen, die zu Anfang der fünfziger Jahre erfolgte, stark akzentuiert. Zur gleichen Zeit mußten die Siedlungen sich der zunehmenden wirtschaftlichen Differenzierung und Spezialisierung anpassen.

Gleichzeitig mit diesen externen Faktoren machten sich viele interne Wandlungsfaktoren bemerkbar.

Die Wandlungen waren vielfacher Natur. Eine der hauptsächlichen Entwicklungen hier war der Übergang von Gruppen junger Männer und Frauen zu Gemeinschaften von Familieneinheiten mittleren Alters, denen eine Schicht alter Menschen, Eltern der Mitglieder oder gealterte Mitglieder und in den Ruhestand getretene Personen, angeschlossen war. Gleichzeitig war ein stetiges Anwachsen in den Gruppen der zweiten und sogar dritten im Kibbuz geborenen und aufgewachsenen Generation zu verzeichnen. Durch diesen Prozeß wandelte sich die Kibbuzbevölkerung aus einer einheitlichen zu einer vielgegliederten Bevölkerung und von einem jungen zu einem höheren Durchschnittsalter.

Diese Veränderungen berührten ihrerseits die hauptsächlichen Folgerungen der Kibbuzwerte, nämlich (1) Gleichheit – »Entgelt entsprechend den Bedürfnissen und Arbeit entsprechend der Fähigkeit«; (2) Einfachheit und bescheidener Verbrauch; (3) körperliche Arbeit; (4) kollektive Produktion und kollektiver Konsum und (5) Verwaltung durch direkte Demokratie.

Diese Tendenzen sind klar erkennbar in bezug auf die Verteilung von Verbrauchsgütern an die Mitglieder der Siedlungen. Die ursprüngliche Verteilungsmethode bewirkte große Einheitlichkeit unter den verschiedenen Kategorien von Mitgliedern; sie erfolgte nach Alter und Geschlecht und sicherte Gleichheit der Güter, die ein Mitglied erhielt. Aber sogar diese Methode sah bereits über das Prinzip des »jedermann entsprechend seinen Bedürfnissen«, hinweg oder richtiger, gab ihm in den allerersten Stadien des Kibbuz die Auslegung gleicher Bedürfnisse für alle.

1960 war die herrschende Verteilungsmethode die, daß der Kibbuz seinen Mitgliedern gleiche jährliche Budgets, ausgedrückt in einer bestimmten Geldsumme, zur Verfügung stellte, für die jedes Mitglied nach seiner freien Wahl Waren aus dem allgemeinen Kibbuzlagerhaus beziehen konnte.

Die Hauptveränderung, die aus dieser Verteilungsmethode resultiert, betrifft das Prinzip der Einheitlichkeit im Verbrauch. Dieses Prinzip wurde durch den Übergang von der »Norm« zum »persönlichen Budget« abgewandelt. Ein wichtiger Wandel erfolgte auch in dem Ausmaß der Einfachheit, das die Kibbuzmitglieder sich auferlegten. Die Methode des persönlichen Budgets brachte es mit sich, daß der Kibbuz relativ bedeutende Summen zum Verbrauch zur Verfügung stellte und verschiedene Warensorten auf Lager hielt. Das vergrößerte auch den Spielraum für individuelle Auswahl.

Auf dem Gebiet der Produktivität gehen stetige Veränderungen vor sich, von der landwirtschaftlichen und körperlichen Arbeit als Ziel an sich zu wachsender Anerkennung materieller Leistung und daher zur Einführung landwirtschaftlicher Mannigfaltigkeit und zur Errichtung industrieller Anlagen und sogar bis zur Betonung der Rentabilität eines Unternehmens.

Ein weiterer struktureller Wandel betrifft die Bewilligung verschiedener Stellungen für Kibbuzmitglieder. Nach allgemeiner Kibbuzvorstellung wechselten die Mitglieder ihre Aufgabe im Turnus und sollten bestimmte Aufgaben nur während einer begrenzten Zeit ausführen. Es sollte daher keine Identifizierung zwischen einem Mitglied und irgendeiner bestimmten Art von Arbeit bestehen. Diese Einrichtung brach zusammen, als der Bedarf nach Spezialisierung gewisser Personen, die die Eignung zur Erfüllung bestimmter Anforderungen aufwiesen, entstand. In den meisten Zweigen entwickelte sich ein steigendes Maß von funktioneller Stabilität, mit Ausnahme derjenigen, die zentrale Managereigenschaften erforderten oder solcher, die ein niedriges Ansehen genossen und Dienstleistungsfunktionen darstellten. Jetzt befindet sich sogar diese Unterscheidung in einem Abbröckelungsprozeß. Führerschaftspositionen, über die vielfach durch Wahlen entschieden wird, werden noch im Turnus vergeben – jedoch an eine kleine Gruppe von Mitgliedern. Die Hauptaufgaben in den Dienstleistungszweigen – Küche, Wäscherei, allgemeines Lagerhaus, Kinderhaus und Schulen – werden während immer längerer Zeitspannen von denselben Personen erfüllt. Nur Arbeiten am Sabbat, am Abend, und andere Sonderaufgaben werden im Turnus geregelt. Dieser Wandel erwies sich als struktureller Wendepunkt, denn er machte eine Neudefinierung vieler Aufgaben im Sinne größerer Spezialisierung notwendig. Der Vorrang wurde den Bedürfnissen und Anforderungen der funktionellen Wirtschaftsstruktur eingeräumt, und nicht der Person, die die Aufgabe erfüllte oder den Personen und Gruppen, die ihre Nutznießer sind. Daher entwickelte sich eine zunehmende Identifizierung und Kontinuität unter den verschiedenen Arbeitsgruppen, und es wurden deutliche Tendenzen zur Rationalisierung, Spezialisierung und Zentralisierung sichtbar, ganz besonders im älteren Kibbuz.

Von den Gesamtwerten des Kibbuz leiten sich viele mildernde Faktoren her. Die Arbeit wird als Ziel an sich betrachtet, ebenso die Bereitschaft, ohne Zeitbegrenzung, wie etwa den Achtstundentag, zu arbeiten. Wenn daher die Umstände es erfordern, ist der Kibbuz schnell bereit, seine eigenen wirtschaftlichen Interessen allgemeineren sozialen und wirtschaftlichen Erwägungen unterzuordnen, erfahrene Mitglieder zur Hilfe in jüngere Kibbuzsiedlungen oder zur Teilnahme an den Eliterollen, etwa in der Regierung oder der Armee, zu delegieren.

Ein Zentralproblem ist die Frage der Lohnarbeit im Kibbuz. Sie wird von der Kibbuzideologie strengstens untersagt. Da jedoch die meisten Kibbuzsiedlungen eine wirtschaftliche Expansion durchgemacht haben und an einem ständigen Arbeitermangel leiden, bleibt ihnen keine andere Wahl als Lohnarbeiter zu beschäftigen, die in den umliegenden Gebieten wohnen. Es besteht jedoch keinerlei Legitimation hierfür, nicht einmal vom nationalen Gesichtspunkt der Arbeitsbeschaffung für Arbeitslose. Die Verwendung von Lohnarbeit im Kibbuz resultiert aus einem dringenden Bedarf und schafft, da sie keinen legitimen Status hat, eine sehr reale Anomalie.

Es wurden viele Versuche unternommen, um geeignetere Lösungen für den Arbeitermangel zu finden, wie etwa Errichtung von »Ulpanen« (intensiver Sprachkurse), in denen halbtägige Arbeit mit halbtägigem Sprachstudium vereint werden; oder Beherbergung von Gruppen vernachlässigter Stadtkinder, die gegen geringes Entgelt arbeiten. Sommerarbeitslager, in denen Stadtkinder und Mitglieder von Jugendbewegungen freiwillig ihre Ferien zur Arbeit im Kibbuz verwenden, sind von diesem Gesichtspunkt aus ebenfalls von Wert. Dennoch bleibt dies eines der schwierigsten Probleme für den Kibbuz.

Gleichzeitig mit diesen inneren Entwicklungen entstanden verschiedene Typen neuer Wirtschaftsbetätigungen, die die große Flexibilität des Kibbuz auf vielen Gebieten beweisen. Zwar gibt es darüber keine genauen Zahlen, doch nach zuverlässigen Schätzungen sind ungefähr hundert Industrieunternehmungen in Kibbuzsiedlungen gegründet worden – zumeist mittelgroße oder kleine, die ein hohes Niveau technischer Kompetenz erfordern. Manche der größeren Unternehmungen sind gemeinsames Eigentum mehrerer Kibbuzsiedlungen im selben Bezirk oder auch derselben Kibbuzbewegung – und in einigen Fällen wurde Privatkapital mobilisiert. Die meisten dieser Unternehmungen arbeiten auf den Gebieten der Holz- und Möbel-, Nahrungsmittel-, Metall- und Plastikindustrien und stellen etwa 30 %–40 % der Kibbuzgesamterzeugung her.

Verschiedene Dienstleistungsbedürfnisse werden durch regionale Einrichtungen und Unternehmungen befriedigt. Es gibt gemeinsame Bildungsinstitutionen (insbesondere höhere Schulen und Seminare) und verschiedene Wirtschafts-, Vermarktungs- und Industrieunternehmungen, die besonderen Erfolg in denjenigen Fällen aufweisen, in denen die Kibbuzsiedlungen, die sich ihrer Dienste bedienen, derselben politischen Bewegung angehören.

Veränderungen in der internen sozialen Kibbuzorganisation

Ähnliche Veränderungen sind in der inneren Kibbuzverwaltung erfolgt.

Mit zunehmender Mitgliederzahl und Entwicklung wurde die Kibbuzverwaltung komplex und vielseitig, so daß die »Generalversammlung« der Mitglieder, die früher eine große Rolle spielte, viel von ihrer Wirkungskraft und Autorität eingebüßt hat. Zwar stellt die Generalversammlung noch immer die höchste Autorität für die meisten Mitglieder dar, doch dient sie jetzt mehr als Informationsquelle und Mittel zum Meinungsaustausch, und steht für die Fassung von Entschlüssen unter dem Einfluß von Spezialisten und gewählten Managerfunktionären.

Auch das gesamte Gebiet der Familienbeziehungen hat sich gewandelt. Im Anfang versuchte man in den meisten Kibbuzsiedlungen die Familienfunktionen einzuschränken. Man glaubte, durch Schwächung der Familieneinheit würde der Kibbuz gestärkt, und daraus würde eine direkte Identifizierung der zweiten Generation mit dem Kibbuz folgen. Heute hingegen werden der Familie im Kibbuz zunehmend neue Funktionen und Werte zugestanden. Zwar schlafen die Kinder in den meisten Kibbuzsiedlungen noch nicht im Heim der Eltern, sind jedoch enger mit den Eltern verbunden. Jetzt glaubt man, daß, wenn das Kind sich mit der Familie identifiziert und die Familie mit dem Kibbuz, das Kind sich sowohl mit dem Kibbuz als auch mit der Familie identifiziert und auf diese Weise der Kibbuz gestärkt wird.

Das drückt sich auch in der zunehmenden Bedeutung aus, die der Einnahme von »privaten« oder Familienmahlzeiten beigemessen wird (insbesondere des Nachmit-

tagstees, kleiner Zwischenmahlzeiten usw.), die immer häufiger in den Privaträumen zubereitet werden; auch die meisten informellen Zusammenkünfte finden hier statt[23].
Der gemeinsame Speisesaal dient weiterhin als Mittelpunkt zur Einnahme aller größeren täglichen Mahlzeiten und insbesondere bei festlichen Gelegenheiten (wie Sabbat und Feiertagen).

Die Schulbildung ist im Kibbuz für alle Kinder gleich. Alle müssen die höhere Schule beenden, auch wenn sie keine akademische Begabung aufweisen. Erst nach Beendigung der höheren Schule werden die Besten ausgewählt und zum Hochschulstudium gesandt; sie kommen oft zurück, um zu Lehrern im eigenen Kibbuz zu werden.

Im großen ganzen bleibt die zweite Generation im Kibbuz und identifiziert sich mit seinen Idealen. Es gibt einige Ausnahmen: manche aus der jungen Generation ziehen es vor, ihren eigenen neuen Kibbuz zu errichten, in dem Gefühl, daß dies der einzige Weg sei, ihre Vorstellungen vom Wert des Pioniertums zu verwirklichen. Andere verlassen den Kibbuz, um in die Stadt zu gehen, manchmal infolge von Konflikten mit dem Kibbuz oder mit ihren Eltern, oder auch, um draußen einen höheren Lebensstandard und »bessere« und spezialisiertere Berufe zu erreichen. Aber die meisten aus der jüngeren Generation bleiben und setzen die Lebensweise ihrer Eltern fort unter voller Teilnahme an allen Betätigungen.

Zunehmende Bedeutung des Moschaws und Veränderungen in seiner inneren Struktur

Nicht weniger bedeutend als die Veränderungen im Kibbuz seit der Staatsgründung ist die Tatsache, daß zur gleichen Zeit der Moschaw ein zahlenmäßiges Übergewicht über den Kibbuz errang und so die Situation der vorstaatlichen Zeit umkehrte.

Als Siedlungsform für Neueinwanderer hatte der Moschaw bei europäischen und noch mehr bei orientalischen Einwanderern größeren Erfolg als der Kibbuz. Eine der Hauptursachen hierfür ist seine größere Flexibilität, sein geringeres Interesse an ideologischen und elitären Prinzipien und seine Betonung dessen, was früher als der »eigentliche« oder »Schichtungs«-Aspekt der Bauernschaft bezeichnet wurde.

Bei Einsetzen der Masseneinwanderung wurde es aus Sicherheits- und aus wirtschaftlichen Gründen unumgänglich notwendig, Einwanderer in großer Zahl auf dem verfügbaren Boden anzusiedeln, ohne auf ideologische Motive Rücksicht zu nehmen. Die meisten Neueinwanderer wählten ihren Ansiedlungsort nicht freiwillig, sondern dieser wurde ihnen von den Siedlungsbehörden angewiesen. Doch innerhalb dieses allgemeinen Rahmens hatten sie eine relativ große Wahlfreiheit. Trotz beträchtlicher Bemühungen gelang es dem Kibbuz nicht, genügend Einwanderer anzuziehen, weil ihnen der ideologische Hintergrund fehlte, ohne den das Kibbuzleben bedeutungslos ist. Auch konnte der Kibbuz sich nicht den Bedürfnissen der Einwanderer anpassen. Daher absorbierte der Moschaw den Großteil der ländlichen Einwanderung und leitete ihn in die Landwirtschaft. Während 1948 die Zahl der Moschawsiedlungen nur einige sechzig betrug, gab es 1953 hundertachtzig, von denen hundertneun ausschließlich aus Neueinwanderern gebildet waren. Seither wurden einige Dutzend

---

[23] Eine interessante Neuerung der letzten Zeit auf diesem Gebiet ist die Einrichtung einer gemeinschaftlichen Espressobar im Kibbuz, ein Versuch zur Wiederherstellung des mehr gemeinschaftlichen Verzehrs, jedoch auf einer persönlicheren und informelleren Basis als im Speisesaal.

mehr errichtet. Im Jahre 1957 waren 70% der neuen Dörfer aus orientalischen Einwanderern zusammengesetzt gegenüber nur 30% aus europäischen. Obwohl die Kibbuzbewegung unmittelbar nach 1948 eine Reihe von neuen Siedlungen, die sich hauptsächlich aus Alteingesessenen und demobilisierten Soldaten zusammensetzten, begründete, ist sie seither im allgemeinen in der Defensive, sowohl in bezug auf die Anzahl der Siedlungen als auch auf ihre Mitgliederzahl.

1965 gab es in Israel 367 Moschawsiedlungen mit 124 102 Mitgliedern. Von diesen waren 83 »alte« Siedlungen mit 28 194 Mitgliedern und 284 »neue« (in der Mehrzahl Einwanderersiedlungen) mit einer Gesamtzahl von 95 908 Mitgliedern.

Siebzig Prozent der Moschawbewohner in Israel gehören der Moschawbewegung an (die unter dem Einfluß der Parteien »Mapai« und »Rafi« steht), und die übrigen Moschawsiedlungen verteilen sich auf »Hapoel Hamisrachi«, »Ha'ichud Hachaklai«, »Haowed Hazioni«, »Poalej Agudat Israel« und »Hitachduth Ha'ikarim«.

Im selben Jahr gab es 230 Siedlungen vom Typ des Kibbuz und der Kwuzah mit einer Gesamtzahl von 80 939 Mitgliedern. Von diesen waren 135 alte Siedlungen mit 61 528 Mitgliedern und 95 neue Siedlungen mit einer Gesamtzahl von 19 411 Mitgliedern (zumeist Israelis und Gruppen aus dem Ausland).

Von der Gesamtzahl der Kibbuzsiedlungen gehören 74 zur Organisation »Hakibbuz Ha'arzi« (»Mapam«), 76 zu »Ichud Hakibuzim Vehakwuzot« (»Mapai« und »Rafi«) und 58 zu »Hakibbuz Hame'uchad« (»Achduth Ha'awodah«). Die übrigen teilen sich auf unter »Hapoel Hamisrachi« (»Mafdal«), »Haowed Hazioni« und »Poalej Agudat Israel«. Nur fünf Kibbuzsiedlungen sind mit keiner politischen Bewegung verbunden.

Die Moschawbewegung hat sich nicht nur an Größe verdreifacht, sondern auch wichtige innere Veränderungen durchgemacht. Diese gingen hauptsächlich von den Einwandererdörfern aus, in denen sich mehrere neue Untertypen des Moschaws entwickelten. Einige dieser Prozesse beeinflußten dann den alten Sektor, der zunehmend aufnahmefähig wurde für Gesamtentwicklungen auf sozialem, ideologischem, wirtschaftlichem und politischem Gebiet.

Der allgemeinste Wandel, der direkt auf die Ansiedlung von Einwanderern zurückzuführen ist, besteht zweifellos in dem Auftreten der Lohnarbeit, einschließlich arabischer Arbeit. Die Ursache hierfür lag ebenso sehr darin, daß den neuen Siedlern die sozialistische und Pioniersideologie fehlte wie auch in ihren äußeren und inneren Umständen.

Doch der wichtigste Faktor ist zweifellos die ökologische Situation. Die meisten neuen Dörfer liegen in bergigen und halbariden oder ariden Gebieten, die sich nicht zu der für die älteren Siedlungen charakteristischen Gemischtwirtschaft eignen, sondern mehr zum Gemüseanbau, Obstplantagen oder Anbau von Produkten zu industrieller Verarbeitung. Dieser landwirtschaftliche Wandel resultierte in einer ungleichmäßigen Arbeitskurve und insbesondere in sehr stark saisonbedingtem Bedarf, der nicht durch Familienarbeit allein gedeckt werden kann. Eine Zuflucht zur Lohnarbeit wurde ferner unumgänglich notwendig durch die fehlende vorherige demographische Auswahl der Siedlerfamilien. In den Dörfern finden sich Haushaltungen, denen es sogar für die besser ausgeglichene Gemischtwirtschaft an ausreichender Arbeitskraft fehlt, und die daher Hilfe von außen, intensivere Mechanisierung oder beides haben müssen.

Die ungleichmäßige Arbeitskurve hat noch ein weiteres Moschawprinzip beeinträchtigt, nämlich daß der Siedler seinen Lebensunterhalt nur oder hauptsächlich in der Landwirtschaft verdienen sollte. Das Vorhandensein langer stiller Perioden brachte die Notwendigkeit beträchtlicher Außenarbeit mit sich – eine Tendenz, zu deren Verstärkung die langsame Entwicklung und das niedrige Einkommen der neuen Farmen erheblich beitrugen. Diese Situation wird akzentuiert durch das Heranwachsen von Kindern, die weder eine eigene Farm besitzen noch die ihrer Eltern erben können, sondern lediglich an das Dorf angeschlossen sind, sich ihm verbunden fühlen und in ihm bleiben wollen. Viele Haushaltungen basieren infolgedessen nur noch teilweise auf der Landwirtschaft, und viele Dörfer haben eine große Bevölkerung, die nicht am Ort beschäftigt ist. Das Problem, dieses Element in die Gemeinschaft einzugliedern, bereitet große Schwierigkeiten.

Die soziale Differenzierung verstärkt sich auch auf dem Gebiet der Verwaltung. Im alten Moschaw wurden die Beamten für eine bestimmte Zeit gewählt und verbanden entweder ihre Amtspflichten mit ihrer Wirtschaft oder kehrten nach Beendigung ihrer Amtsperiode in ihre Farmen zurück. Die Amtsperioden waren für gewöhnlich kurz und der turnusmäßige Wechsel groß. Die Kombination von zunehmender Komplexität munizipaler und wirtschaftlicher Probleme und der fortschreitende Entzug des staatlichen Schutzes für die Landwirtschaft führten dazu, daß administrative Spezialisierung und die Schaffung ausgeprägter »Bürokratien« notwendig wurden. In den alten Dörfern sind diese gewissermaßen permanenten Beamten noch Mitglieder, wenn auch für gewöhnlich nicht-landwirtschaftliche, der Gemeinschaft. In den Einwandererdörfern hingegen gehören sie meist nicht direkt zu den Siedlungen, sondern sind entweder Vertreter der Absorptions- und Siedlungsämter oder einfach Angestellte, die am Arbeitsmarkt angeworben wurden.

Die Vermarktung hat in den Einwandererdörfern ebenfalls wichtige Veränderungen erfahren. Ursprünglich gründete und benutzte der gesamte genossenschaftliche Sektor zusammen einen genossenschaftlichen Absatzkonzern, der als »Tnuwah« bekannt ist. Er diente als Verkaufsagent für den Erzeuger, und dieser blieb verantwortlich für die Qualität des Produkts und das Risiko der Überproduktion. Wachsende Kompliziertheit und Bürokratisierung lockerten jedoch die Bindungen zwischen den Dörfern und ihrem Agenten; die Beziehungen zwischen Landwirt und Tnuwah wurden sehr formell, und die Interessen standen oft im Gegensatz zueinander.

Die Einwanderersiedler empfanden oft Schwierigkeiten in der Erzielung oder dem Versand von Qualitätswaren oder genau sortierten Produkten und waren nicht gewillt, das Verlustrisiko zu tragen. Hieraus entstand die Notwendigkeit, eine zusätzliche Absatzorganisation (»Nuw«, an der Tnuwah beteiligt ist) zu gründen, die die Erzeugnisse im Großen aufkauft, das Sortieren und Auswählen besorgt und das Absatzrisiko trägt. Auf diese Weise wird der Absatz zunehmend von der Produktion differenziert und abgetrennt.

Allerdings entwickeln sich neben dem offiziell gebilligten Schema auch andere Absatzformen in den neuen Dörfern. In manchen gibt es individuellen Absatz, die Bauern verkaufen entweder an Großhändler oder direkt am Markt. In anderen wird der Absatz von der Dorfgenossenschaft organisiert, aber nicht unbedingt durch Nuw oder Tnuwah. Schließlich gibt es oft Fälle, in denen Kombinationen dieser Systeme in einem Dorf zur Anwendung gelangen, manchmal entsprechend der Jahreszeit, manchmal nach verschiedenen Wirtschaftszweigen. Diese Tendenzen lassen sich auf kulturelle, soziale und praktische Gründe zurückführen: die meisten neuen Siedler sind nicht Anhänger irgendeiner spezifischen Genossenschaftsideologie, manche empfinden diese sogar als ihrer individuellen Verantwortung und Selbständigkeit widersprechend und sie störend; manche Dörfer – meist solche, die aus heterogenen traditionalen Gruppen zusammengesetzt sind – sind einfach nicht imstande, eine gemeinsame soziale Gesamtorganisation zu unterhalten; viele finden, daß Nuw weniger elastisch, langsam in den Zahlungen ist und schlechtere Bedingungen bietet als andere Absatzkanäle; schließlich widersetzen sich die Siedler oft dem Absatz durch die Dorfkooperative als solche, weil dies dem Moschaw ermöglicht, die Schulden und Steuern der Mitglieder von den Verkaufserträgen abzuziehen.

Es ist klar, daß die Moschawbewegung aus ideologischen Gründen all diesen Formen des »irregulären« Absatzes Widerstand leistet, und die Ansiedlungsämter tun dies aus wirtschaftlichen und administrativen Gründen. Vollkommen individueller Absatz wird besonders nachdrücklich bekämpft, da die Bewegung diese Form mit sozialer Desorganisation gleichsetzt in der Ansicht, sie unterminiere die Grundlagen des genossenschaftlichen Dorfs. Auch werden dadurch Schwierigkeiten im Einkassieren interner Steuern geschaffen – insbesondere an denjenigen Orten, in denen es an bürgerlichem Pflichtgefühl und Disziplin fehlt – und somit der Umfang und Standard der diversen vom Moschaw ausgeführten Dienstleistungen beeinträchtigt.

Das Soziale ist ein anderes Gebiet, auf dem die Einwandererdörfer neue wichtige Merkmale entwickelt haben. Ursprünglich basierte der Moschaw auf sorgfältig ausgewählten Mitgliedern mit engen Bindungen zu und intensiver Identifikation mit gemeinschaftlichen Gleichheits- und Pionierswerten. Die Neueinwanderung und die Siedlungspolitik des Schmelztiegels vereint führten zu Dörfern, die häufig ideologisch verschieden und kulturell heterogen sind. Im traditionellen Moschaw besteht noch ein hohes Ausmaß von sozialer Integration und gegenseitiger Hilfe und Verantwortung. Dieser Typ ist jedoch heute in der Minderheit, und die meisten orientalischen Dörfer setzen sich aus gegensätzlichen Gruppen zusammen. Das neue europäische Dorf weist zwar eine entwicklungsfähige Munizipal- und Genossenschaftsstruktur auf, ähnelt aber oft mehr einem Verein als einer Gemeinschaft. Diese Lockerung der Gemeinschaftsbande, ein Prozeß, in dem die Genossenschaft zu einer Technik wird und nicht einen Wert darstellt, macht sich langsam auch im alten Sektor fühlbar.

Politisch basierte der klassische Moschaw auf reiner demokratischer Doktrin und Praxis, sowohl in der Wahl seiner Beamten als auch in ihrer Verantwortlichkeit. Dieses interne Verwaltungsschema wurde weitgehend von den neuen Dörfern mit westlicher Tradition übernommen. Der orientalischen Bevölkerung ist jedoch die Demokratie fremd, denn ihre maßgebende politische Organisation war auf den traditionalen Kriterien von Alter, Geschlecht, Familienzugehörigkeit und religiöser Führerschaft basiert. Diese Moschawsiedlungen sind daher oft noch durch patriarchalische Prinzipien beinflußt, Familien und Verwandtschaftsgruppen bilden die politischen Einheiten und Bezugsrahmen, und die Gemeindeältesten stellen die politische Elite dar. Das hieraus entstehende Resultat ist eine kaleidoskopische Variation verschiedener Mischungen von tradional-demokratischen Kombinationen in der Lokalverwaltung.

Umfassende Veränderungen in der strukturellen Stellung von Kibbuz und Moschaw in der israelischen sozialen Organisation

Die entscheidenden Veränderungen, die in den Siedlungen stattfanden, berührten natürlich auch ihre Stellung in der sozialen Gesamtstruktur des Landes.

Im Innern haben sowohl der Kibbuz als auch der Moschaw eine große Flexibilität und Anpassungsfähigkeit bewiesen. Diese zeigte sich in ihrer Fähigkeit, die meisten der oben beschriebenen inneren Entwicklungen zu absorbieren, sowie in der Entstehung neuer – insbesondere industrieller – Wirtschaftszweige und in ihrer Akzeptierung verschiedener regionaler Regelungen.

So entwickelte sich sowohl im Kibbuz als auch im Moschaw eine sehr weitgehende Aufnahmefähigkeit für Neuerungen. Doch Charakter und Umfang dieser Neuerungstendenzen unterschieden sich in den beiden Bewegungen erheblich voneinander. Im Kibbuz war die Neuerungsfähigkeit begrenzt durch ideologische Legitimation. Insoweit neue Betätigungen als ideologisch legitim angesehen werden konnten, wurden sie akzeptiert und mehr oder weniger voll institutionalisiert. Nur in bezug auf Lohnarbeit und einige regionale Betriebe erfolgte eine ideologische Umgehung.

Im Moschaw andererseits bestand die Tendenz zu einer gewissen Trennung zwischen ideologischer und praktischer Sphäre. Die ältere offizielle Ideologie blieb im großen ganzen ziemlich unverändert, lebte jedoch völlig losgelöst in der Führerschaft der Bewegung fort.

Das gestattete ein viel größeres Ausmaß von Anpassung in der Praxis – doch eine Anpassung an Neuerungen, die wiederum recht abgesondert war und in keiner Beziehung zu den ideologischen Grundlagen stand. Aber auch die Flexibilität des Kibbuz ist nicht zu unterschätzen. Der Kibbuz bildete weiterhin einen sehr wichtigen Teil der israelischen Gesellschaft, und seine kollektiven Werte erwiesen sich als ständiger Mittelpunkt der sozialen und ideologischen Diskussion und Gärung. Jedoch war er nicht länger die einzige Quelle nationaler Werte und Symbole.

Einige Elemente der elitären Einstellung bestanden weiter – wie zum Beispiel die Tatsache, daß die meisten Führer der Arbeitergruppen aus dem Kibbuz kamen. Doch im großen ganzen haben sich Umfang und Bedeutung dieser Auswahl in Elitepositionen – ebenso wie die Bedeutung der Siedlungen als Hauptreservoir der Pionierarbeitskraft – stark vermindert.

An die Stelle der entscheidenden strukturellen Positionen als Reservoir der Elite trat das Symbol: die Siedlung – und ganz besonders der Kibbuz – wurde zum Symbol der hauptsächlichen Pionierwerte und zur Arena signifikanter sozialer Experimente.

Gleichzeitig wurde indes die Hinwendung zu solchen Elitepositionen durch mancherlei kulturelle und politische Arbeit gefördert.

Diese Auffassung vom eigenen Wert beeinträchtigte zwar nicht ihre Flexibilität bezüglich sich bietender Gelegenheiten, doch sie beinflußte die Einstellung der Siedlung zur »Außenwelt«. Im Kibbuz empfand man die Unterstützung seitens des Staates und der Regierungsämter als ungenügend. Die Neutralität der Schulen gegenüber der Arbeit der Jugendbewegungen und die Politik der Errichtung von Nachalsiedlungen (gemischter landwirtschaftlicher und militärischer Siedlungen) schienen den Pionierstatus des Kibbuz zu schädigen. Die Kibbuzmitglieder glaubten auch, es sei ihnen weniger bebaubares Land zugewiesen worden als ihnen zustehe. Außerdem behauptete die Kibbuzbewegung, die Pionierwerte, die als Teil des Staatsideals hoch in Ehren standen, würden von der Regierung nicht ausreichend geschätzt.

Die Siedlungsgruppen begannen, kraft ihres Pionierstatus Forderungen nach Sonderbehandlung zu stellen. Ihre Forderungen waren zweifach und miteinander verbunden. Die eine war nach Zuweisung besonderer materieller Vorteile in Form von Subventionen, besonderen Bewilligungen, Steuerbefreiung usw.; die andere – mit allgemeineren strukturellen und sozialen Auswirkungen – nach einem Sonderrecht und besonderem Staatsschutz.

Es wurden Forderungen und Vorschläge für eine besondere Gesetzgebung durch die Knesseth (Parlament) unterbreitet, die praktisch den Siedlungen und ihren Bewegungen besondere rechtliche Vollmachten verliehen hätte. Ihre Mitglieder sollten zwar die Möglichkeit haben, an den Obersten Gerichtshof zu appellieren; doch die effektive Rechtsprechung würde der Zuständigkeit des Staates entzogen, den Siedlungen eine teilweise »rechtliche« Extraterritorialität gewährt und der direkte Zugang der Mitglieder zu den Rechtseinrichtungen des Staates minimalisiert werden. Derartige Vorschläge würden notwendigerweise die Kontinuität des freiwilligen Elements in den Siedlungen schwächen und dazu tendieren, allgemeinere politisch-bürokratische Elemente und Einstellungen zu stärken.

Diese beiden Gesetzesvorschläge rühren an die Struktur der betroffenen Kibbuz- und Moschaw-Bewegungen und wurden in ihnen von einer großen Mehrheit befürwortet. In beiden Fällen gab es jedoch sowohl in der Bewegung selbst als auch außerhalb einigen Widerstand gegen das Gesetz.

In der Moschawbewegung war ein relativ starker Widerstand seitens einer großen Gruppe von Moschawmitgliedern, die sich in der »Organisation zur Erhaltung der Grundrechte der Moschawmitglieder in Israel« zusammenschlossen. Diese Organisation wurde vom Verband der Landwirte und von »Cheruth« und der Liberalen Partei unterstützt, wohingegen die Mehrzahl der anderen Parteien sowie die Histadruth und ihre Landwirtschaftszentrale sich ihr entgegenstellten. Auf diese Weise wurde die Diskussion um das Moschawgesetz weitgehend zu einem öffentlichen politischen Kampf. Die Anhänger des vorgeschlagenen Gesetzes sahen in ihm eine Garantie für die Erhaltung der Lebensweise des Moschaws und eine Gelegenheit, durch das Gesetz ein »Abweichen« von diesem Typ zu verhindern. Diejenigen, die das Gesetz ablehnten, sahen in ihm eine Regelung, die durch Gewährung von Autorität an die Bewegung oder das Kollektiv die freiwilligen Grundlagen des Moschaws auf Kosten der Freiheit der Einzelperson erschüttern würde.

In der Kibbuzbewegung waren wegen der in ihr vorherrschenden kollektivistischen Einstellung die Einwände gegen das Gesetz begrenzter, aber auch hier war das Argument zu hören, das Gesetz schütze die Rechte der Bewegung mehr als die der Einzelperson.

Noch ist schwer vorauszusagen, in welchem Umfang diese Vorschläge Gesetzeskraft erhalten werden. Aber die Tatsache, daß sie von einer Kommission verfaßt wurden, deren Vorsitz der Justizminister führte, und trotz starken Widerstands seitens einiger Moschawelemente vorgelegt wurden, spricht für ihre Stärke.

Wandel in Statusvorstellungen – Berufsbestrebungen

Die vielfachen Veränderungen im System der lokalen Organisation im allgemeinen und die Schwächung und Änderung ihrer elitären Ausrichtung im besonderen hatten viele Auswirkungen auf des Statussystem, die Statusentwicklung und die Statusbegriffe. Das wurde auf verschiedenen Gebieten ersichtlich – von denen eines das der Berufsbestrebungen war.

Eine Untersuchung über die beruflichen Bestrebungen der Jugend in der Zeit vor der Staatsgründung weist eine starke Betonung der Landwirtschaft und anderer »Pionierberufe« auf. In den fünfziger Jahren entwickelten sich mannigfaltigere Tendenzen.

Eine der ganz wenigen systematischen Untersuchungen auf diesem Gebiet analysiert einige der Veränderungen [24].

Es wurden Erhebungen angestellt über die Hierarchie der Berufe, sowohl in der Meinung der befragten Personen (subjektive Hierarchie) als auch in der öffentlichen Meinung (objektive Hierarchie).

Wie diese Untersuchung zeigt, umfaßt der obere Teil der »objektiven Hierarchie« die meisten akademischen Berufe sowie die Stellungen im Bereich der politischen Macht (Parlamentsmitglieder und Diplomaten, jedoch nicht Berufspolitiker, die eine ziemlich tiefe Rangstufe einnehmen). In der Mitte gibt es eine vielfältige Gruppe beruflicher Kategorien, einschließlich solcher, deren Kennzeichen darin besteht, daß sie einen hohen Lebensstandard ermöglichen, wie etwa Bankiers und Industrielle, oder Berufe, die mit künstlerischer Begabung im weiteren Sinn zusammenhängen (Maler, Musiker) und Beamte mittleren Rangs sowohl im Regierungs- als auch im Privatdienst. Körperliche Arbeit, die in bestimmten Berufen keine ausgedehnte Schulung erfordert, steht am unteren Ende der Rangleiter. Vielleicht der wichtigste Hinweis auf die veränderten Werte seit der Staatwerdung ist die Tatsache, daß landwirtschaftliche Arbeit, sei es im Kibbuz, im Moschaw oder in der Moschawah, ans untere Ende der Skala gerückt ist. Im allgemeinen ergab sich eine größere Übereinstimmung bezüglich der Berufe in den oberen und unteren Vierteln der Rangleiter als in bezug auf diejenigen in ihrer Mitte.

Noch größere Einheitlichkeit der Meinungen fand sich beim persönlichen (»Ego«-) Standpunkt bezüglich der Prestigebewertung der verschiedenen Berufe. Allerdings ist auch hier diese Einheitlichkeit nicht gleich in bezug auf alle Teile der Hierarchie. Aus bereits erwähnten Gründen bestehen Meinungsverschiedenheiten bei den Berufen im Mittelteil der Skala.

Vergleiche zwischen den beiden Hierarchien sind besonders interessant und zeigen sehr hohe Korrelationen mit und auch systematische Abweichungen von dem Kern der Identifikation. So stehen zum Beispiel das Kibbuzmitglied und der Mechaniker in der »Ego«-Hierarchie immer höher als in der »öffentlichen« Hierarchie, und der Bankier, der Rechtsanwalt und der Rabbiner niedriger. In den unteren Klassen der Erhebungsbevölkerung besteht auch die Tendenz, den Berufen im unteren Teil der

---

[24] Die empirische Untersuchung, auf der diese Analyse beruht, behandelt die verschiedenen Trends in der Berufswahl im Jahre 1957/58 in einem Sample männlicher Stadtjugend in Israel. Sie bildet einen Teil der Doktordissertation von M. Lissak, Tendenzen in der Berufswahl bei der israelischen städtischen Jugend (Hebräisch), Abteilung für Soziologie, Hebräische Universität, 1963, auf der die hier gegebene Darstellung basiert.

objektiven Hierarchie ein höheres Prestige zuzuschreiben. Andererseits tendiert man in den Oberklassen dazu, auf die »niedrigeren« Berufe herabzuschauen.

Es stellte sich heraus, daß in dem untersuchten Bevölkerungsteil eine erhebliche Übereinstimmung bestand bezüglich der Erfolgskriterien in der israelischen Gesellschaft. Trotz mehrerer Ausnahmen war die gefundene Reihenfolge wie folgt:

1. Persönliche Normen (individuelle Eignung, Talent, Bildung usw.).
2. Wirtschaftliche Mittel.
3. Gesellschaftliche Beziehungen.

Diese Ergebnisse scheinen eine Änderung der Wertmaßstäbe bei der jüngeren Generation anzuzeigen, die in Beziehung steht zu dem verschiedenen Berufen anhaftenden Prestige.

Untersuchungen zeigten vier Grundkriterien auf, die die Schichtung der israelischen Gesellschaft bestimmten:

1. Der wirtschaftliche Faktor.
2. Beruf oder Beschäftigung.
3. Schulbildung.
4. Politische Macht.

Kriterien, die in der vorstaatlichen Zeit typisch waren, wie »Dienst« in einem kollektiven Rahmen (individuelle Verwirklichung) und »Pionierlebensweise« scheinen ihre prominente Stellung eingebüßt zu haben und sind jetzt von zweitrangiger Bedeutung.

Gleichzeitig zeigt die Untersuchung jedoch die Entwicklung eines ziemlich hohen Grades von Unsicherheit in Begriff und Einschätzung verschiedener Berufe.

Ein sehr wichtiger Hinweis auf eine solche Unsicherheit scheint die signifikante Diskrepanz zwischen der eigenen Einschätzung von Berufen und der wahrgenommenen Rangstellung dieser Berufe in der öffentlichen Wertschätzung, von der die Untersuchung berichtet, zu sein.

Änderungen in der strukturellen Stellung und Einschätzung verschiedener Berufe

Der Wandel in der relativen Bedeutung verschiedener Berufe wird durch die Veränderung in ihrer Stellung und Bewertung gut erläutert [25].

Sowohl die Lehrtätigkeit als auch der Arztberuf waren in unterschiedlichen Maßen von der vorstaatlichen jüdischen Gemeinschaft in den Rahmen der »Bewegung« aufgenommen worden und hatten Berufsideologien im Einklang mit den kollektiven Werten entwickelt; wohingegen dies auf den Juristenberuf nicht zutraf.

Wir haben keine hinreichenden Unterlagen über Angebot und Nachfrage in verschiedenen Zeiträumen, und es dürfte nur natürlich sein anzunehmen, daß auch dies zum mindesten in gewissem Ausmaß die Einschätzung oder bestenfalls die »Zugkraft« der verschiedenen Berufe beeinflußte. Doch die wesentlichen strukturel-

---

[25] Die hier folgende Analyse ist verschiedenen Abhandlungen von J. Ben-David über die Berufe in Israel zu Dank verpflichtet, und insbesondere seiner Doktordissertation »Die soziale Struktur der Berufe in Israel« (Hebräisch) Abteilung für Soziologie, Hebräische Universität, 1956

len und ideologischen Änderungen in der Stellung verschiedener Berufe – und einige der strukturellen Auswirkungen dieser Änderungen – sind erkennbar.

Seit der Gründung des Staates Israel ist der allgemeine Trend in den meisten Berufen eine Unterstreichung der Bedeutung technischer und fachlicher Ausbildung und individueller Verantwortung. Nur im Lehrfach wurde dieser Trend in gewissem Maße umgekehrt. Die Lehrtätigkeit wurde offiziell weiterhin als Pioniersaufgabe angesehen, in der der allgemeine Geist und die richtige Einstellung wichtiger sind als formale Qualifikationen.

Nichtsdestoweniger verschlechterte sich der soziale Status des Lehrers rasch, und die soziale Kluft zwischen ihm und der politischen und administrativen Elite oder den anderen Fachberufen scheint sich zu vergrößern. Im Gegensatz zu den Lehrern reagierten die Ärzte auf die veränderten Bedingungen des Staates mit einem energischen Kampf um die Anerkennung ihres beruflichen Status. Der Israelische Ärzteverband kämpft viel offener als dies bei Fachverbänden die Regel ist, für die Verteidigung und Förderung der wirtschaftlichen und Statusinteressen seiner Mitglieder.

Doch vielleicht die dramatischste Veränderung erfolgte in dem Randstatus des Rechtsanwalts. Da das Rechtswesen der halbautonomen Struktur der jüdischen Gemeinschaft in Palästina nicht eigentlich zugerechnet wurde, stand der Rechtsanwalt im Status etwas am Rande.

Nach der Staatsgründung veränderte sich der Status des Juristenberufes mit unerwarteter Plötzlichkeit. Er wurde nicht nur der Gesellschaftsstruktur der jüdischen Gemeinschaft einverleibt, sondern wurde zu einem hochgeachteten Beruf. Die Richterschaft erwarb sich eine Stellung der Unabhängigkeit und der Hochachtung, die der Rechtsanwalt im Laufe der Zeit teilte. Der Status des Juristenberufs wurde gehoben und sein innerer Zusammenhalt und Geist wurden gestärkt.

Diese Entwicklung gipfelte 1962 in der Gründung des Israelischen Anwaltsverbands, der weitgehende gesetzliche Aufsichtsfunktionen ausübt, wie etwa die Kontrolle über die Zulassung zum Beruf und Rechtsprechung über berufliches Verhalten und Berufsethos.

Auch in anderen Berufen wurden Forderungen nach höheren Ausbildungsvoraussetzungen gestellt und Versuche zu rechtlicher Anerkennung körperschaftlicher Organisation unternommen. Dieser Trend entwickelte sich in einigen der »älteren« Berufe – der Ingenieure, Sozialarbeiter, Techniker und Buchprüfer – und auch in einigen neuen, wie etwa dem Beruf des Wirtschaftlers und des Psychologen.

Viele Berufe schlossen sich in Organisationen zusammen und die Zulassung zu ihnen wurde durch Gesetz geregelt. Manche, wie etwa der Ärzteverband und in geringerem Ausmaß der Ingenieurverband erlangten eine gewisse körperschaftliche Anerkennung – allerdings geringer als die dem Anwaltsverband zuerkannte.

Auswirkungen der Statusunsicherheit – Entstehen freiwilliger Vereinigungen

Die Statusunsicherheiten und die daraus folgenden Mobilitätsbestrebungen hatten viele strukturelle Auswirkungen, die sich in später zu behandelnden neuen Funktionen und Organisationen manifestierten. Hier sei ein wichtiges Gebiet struktureller Entwicklung, das der freiwilligen Vereinigung, untersucht.

Die wichtigsten Veränderungen auf diesem Gebiet nach der Staatsgründung scheinen die folgenden zu sein:

1. Vervielfachung der rein gesellschaftlichen Vereinigungen in vielen sozialen Gruppen und Sektoren;
2. Eine sehr starke Abnahme der halb-freiwilligen Vereinigungen, die verschiedene Bürgerpflichten in der Gemeinschaft übernommen hatten, und gleichzeitig eine relative Zunahme der rein philanthropischen Vereinigungen;
3. Die Umbildung vieler dieser Vereinigungen zu Interessenverbänden mit dem Zweck, Regierungsämter zur Gewährung diverser Vorteile zu zwingen;
4. Entstehung mehrerer neuer Typen von Vereinigungen und Gruppen.

Unter den neuen Typen fanden sich die folgenden:

1. Variationen der gesellschaftlichen Klubs, deren Aktivität meist Freizeitbetätigung mit Vorträgen und Diskussionen aktueller oder intellektueller Natur verbindet;
2. Ideologische Klubs oder Gruppen, die daran interessiert sind, eine intellektuelle Einstellung in der zeitgenössischen Gesellschaft zu entwickeln und die sich mit diversen Problemen von Zionismus, Regierung, Erziehung usw. beschäftigen;
3. Formelle Klubs, die ideologische Diskussionen mit mehr oder weniger ausgesprochener politischer Einstellung verbinden und einen gewissen Einfluß auf das politische Leben im Staate anstreben.

Es dürfte nicht unangebracht sein, einige Gruppen (wie etwa »Schurat Hamitnadwim« – Kader der Freiwilligen) zu erwähnen, deren Ziel darin bestand, der freiwilligen Arbeit einen neuen Antrieb zu verleihen, die Beziehungen zu Neueinwanderern zu verbessern und gegen Korruption, offizielle Bürokratie und allgemeine Gleichgültigkeit im öffentlichen Leben zu kämpfen.

Die neuen Vereinigungen unterschieden sich von denen, die vor der Staatsgründung bestanden, in mehreren Aspekten: erstens waren mit wenigen Ausnahmen die ideologischen Gruppen mit keiner bestehenden sozialen Bewegung oder Partei usw. verbunden, und betonten für gewöhnlich ihre Trennung von solchen Gruppen. Sogar diejenigen mit stark aktivistischen Tendenzen (wie Schurat Hamitnadwim) versuchten, Anhänger von verschiedenen politischen Parteien anzuziehen und auf diese Weise einen Querschnitt zu erreichen. Zweitens lösten sich die meisten Gruppen von der Elite los. Die Elite ihrerseits spaltete sich und bildete ihre eigenen Gruppen. Die Zusammensetzung dieser Vereinigungen spiegelte die diversen Statusmißverhältnisse und -unsicherheiten wider.

Auf zwei Ebenen entwickelten sich solche Vereinigungen und Gruppen nicht: in der niedrigsten wirtschaftlichen Schicht, in der das Milieu für eine organisierte Betätigung nicht günstig war, und in den oberen Elitegruppen des Landes, insbesondere bei den Trägern der politischen Macht in der Regierung und in den hauptsächlichen politischen Parteien. Diese nahmen für gewöhnlich nicht an solchen Gruppen teil und pflegten nur manchmal aus rein gesellschaftlichen oder persönlichen Gründen als Gäste oder als passive Teilnehmer zu erscheinen.

Obwohl unter den Mitgliedern der rein gesellschaftlichen und kulturellen Gruppen kein gemeinsamer sozio-ökonomischer Nenner aufzufinden war, wiesen sie gewisse gemeinsame Merkmale vom Gesichtspunkt ihrer Statuspositionen und ihrer eigenen Statusbewertung auf. Eines war, daß die meisten Mitglieder solcher Gruppen keinen

Widerspruch empfanden zwischen ihrer Statusposition und ihrer eigenen Statusbewertung. So bewerteten die meisten unter ihnen ihre Statuspositionen entweder nur im Sinne einer (meist wirtschaftlichen) Kriterienreihe, oder sie sahen keinen Widerspruch und kein Mißverhältnis zwischen ihrem an den Maßstäben der Macht und an denen der kollektiven Werte gemessenen Status. Im allgemeinen gewährten ihnen ihre Statuspositionen Befriedigung, und sie identifizierten sich mit ihnen in weitem Maße. Da jedoch die meisten dieser Positionen relativ neu waren, drückt sich in der Solidarität und Verbindung mit ihnen ein Suchen nach Sicherheit aus.

Bei denjenigen hingegen, die gewisse Widersprüche in ihren Statuspositionen sahen und sich innerhalb der verschiedenen Statussysteme und -bewertungen in der israelischen Gesellschaft in einer Randposition fanden, entfaltete sich eine stärkere Prädisposition zu aktiverer Teilnahme an kulturellen, ideologischen oder halbpolitischen Gruppen. Am verbreitetsten waren unter ihnen zu Anfang der fünfziger Jahre die folgenden Typen:

1. Menschen in verhältnismäßig hohen offiziellen Positionen, die die alten kollektiven Werte betonten, aber zum großen Teil ihre Macht und ihren Einfluß verloren hatten.
2. Mitglieder diverser politischer Parteien, insbesondere Intellektuelle und Halbintellektuelle, die sich von Einfluß und Macht ausgeschlossen fanden.
3. Junge Menschen (meist 25–35jährige), gewöhnlich frühere Mitglieder von Jugendbewegungen und Haganah, die im Unabhängigkeitskrieg gekämpft hatten und jetzt im Staatsdienst oder in anderen öffentlichen Ämtern verhältnismäßig hohe Stellen bekleideten.

Die meisten dieser Menschen hatten Universitätsbildung und waren in den öffentlichen Dienst hauptsächlich aufgrund ihrer beruflichen Leistungen aufgenommen worden. Die Gruppe, der sie angehörten, war in den Staatsdienst nicht durch Einfluß diverser Parteien und Interessentengruppen hineingekommen. Aufgrund ihrer Ausbildung und ihres Herkommens hatten die meisten von ihnen eine kollektive Einstellung, und ihr Eintritt in den Staatsdienst war zum mindesten teilweise durch Ideale und das Motiv des nationalen Dienstes bestimmt. Ihre Stellungen waren indes für gewöhnlich relativ schwach, da sie wenig Entscheidungsbefugnis mit sich brachten; und die betreffenden Menschen waren daher nicht imstande, ihre Stellungen als voll vereinbar mit den gemeinsamen Werten der Gesellschaft und als eindeutigen Status verleihend anzusehen.

Einige der spezifischen Typen von Vereinigungen waren nur in den ersten Jahren des Staates vorherrschend, wohingegen andere des allgemeineren Typs noch weiter bestehen.

Somit ist ersichtlich, daß die Betätigungen der beiden letzten Gruppen auch zu den besonderen Statusmißverhältnissen in Beziehung standen.

Die Mitgliedschaft in diesen Vereinigungen wechselt ständig, es entwickeln sich ständig neue Gruppen, und die älteren tendieren dazu zu verschwinden. Zwar sind keine genauen Angaben verfügbar, es scheint jedoch, daß diese Verlagerungen mit der wachsenden Stabilisierung der Statusbestrebungen in den höheren sozialen Gruppen und mit der stetigen Statusunsicherheit in vielen der mobilen Gruppen zusammenhängen.

3. Soziale Differenzierung und Sozialpolitik. Widersprüchliche Kriterien und anomische Zonen in der israelischen Gesellschaft

Wandel in Zusammensetzung, sozialer Stellung und Orientierung der Eliten

Die meisten der bisher analysierten wichtigen Entwicklungen in der sozialen Organisation Israels standen mit der stetig wachsenden sozialen und wirtschaftlichen Differenzierung in Verbindung und bildeten Probleme der vielfältigen von den Elitegruppen unternommenen sozialen Maßnahmen. Das entstehende Gefüge der sozialen Organisation läßt sich nur als Wechselwirkung zwischen diesen Maßnahmen und ihrem historischen Hintergrund verstehen.

Die Kombination der diversen allgemeinen Strukturveränderungen und der Veränderungen in Zusammensetzung und Einstellung der Eliten liefert den dynamischen Brennpunkt für das entstehende Gefüge der israelischen sozialen Organisation und Schichtung.

Der Begriff der »Eliten« an sich ist natürlich nicht leicht zu definieren. Jeder Sektor der jüdischen Gemeinschaft in Palästina hatte seine verschiedenen Eliten, und nur allmählich verstärkten sich die Differenzierungen in jedem Sektor und es erwuchsen gemeinsame Interessen zwischen den verschiedenen Untereliten – besonders den administrativen und freiberuflichen.

Seit der Staatsgründung haben mehrere entscheidende Veränderungen stattgefunden. Die wichtigsten unter ihnen waren die Lockerung der engen strukturellen Bindungen zwischen den Eliten und den Siedlungen, zunehmende Vereinheitlichung der wichtigeren Elitegruppen und wachsende Differenzierung zwischen und in den wichtigeren Elitekategorien.

In der vorstaatlichen Zeit waren die Beziehungen zwischen den Eliten und den Siedlungen sehr eng; große Teile der politischen Elite kamen aus den Siedlungen, die als das Reservoir für das Eliteideal dienten, und diese Tendenz wurde verstärkt durch die Tatsache, daß die Siedlungen viele nationale Aufgaben ausführten. Nach der Staatsgründung wurde diese Bindung schwächer, da viele entscheidende nationale Aufgaben, wie etwa Verteidigungs- und Siedlungswesen, auf die Armee oder die Jewish Agency übergingen.

Der Kibbuz wandelte sich aus einem der Hauptwerkzeuge in der Verwirklichung nationaler Ziele zu einer Gruppe, die zwar oft zu mannigfachen Pionierfunktionen beitrug, jedoch nicht mehr ein Monopol für derartige Betätigungen besaß. Mit Ausnahme der extremeren Linksparteien (wie Mapam und Achduth Ha'awodah) verringerte sich das Ausmaß, in dem die Führerschaft in den Siedlungen verwurzelt war.

Die Errichtung des Staates beschleunigte die Vereinheitlichung der verschiedenen Eliten; ihr Bestehen wurde ihnen gegenseitig stärker bewußt und führte sowohl zu gegenseitiger Zusammenarbeit als auch zum Wettbewerb untereinander. Doch innerhalb dieses gemeinsamen Rahmens entwickelte sich eine zunehmende Differenzierung zwischen den diversen Elitetypen, und sie wurde begleitet von einer starken Verlagerung im Inhalt und Ideal der Elitebetätigungen sowie vor allem einem Wandel in der strukturellen Position der verschiedenen Eliten.

Diese Differenzierung entwickelte sich in mehreren Richtungen. Es erfolgte ein stetiger Wechsel in den politischen, kulturellen, intellektuellen und diversen fachlichen Elitegruppen. Außerdem entwickelten sich zusätzlich neue militärische und bürokratische Elitegruppen.

Viele fachlich spezialisiertere Untergruppen bildeten sich innerhalb der politischen Elitegruppen, wie etwa die administrative Managementelite.

Dasselbe traf auf die diversen akademischen, freiberuflichen und wissenschaftlichen Gruppen zu, sowie auch auf die allgemeineren Eliten der Gebildeten.

Es entwickelte sich eine zunehmende Unterscheidung zwischen den institutionellen, organisatorischen und sozialen Einheiten, sowie eine wachsende Tendenz zu selbständigeren Begriffen und Vorstellungen.

Zwar wurde vielfach versucht, eine gewisse Gemeinsamkeit zwischen den verschiedenen Elitegruppen aufrechtzuerhalten, doch sie waren bereits auf einer viel größeren strukturellen Differenzierung und auf wachsendem Selbstbewußtsein begründet.

Die gemeinsamen »Wurzeln« des sozialen Hintergrunds basierten nicht mehr nur auf Teilnahme an verschiedenen Bewegungen, sondern auch auf dem Hintergrund gemeinsamer Ausbildungs- und Berufsinteressen. Außerdem kristallisierten sich viele dieser neuen Kontakte erst allmählich heraus, nachdem eine Zeit sozialer Spaltungen und Spannungen, des Unbehagens und potentiellen Konflikts vorangegangen war.

Auf jedem institutionellen Gebiet entwickelten sich andere Vorbilder mit ihren eigenen Symbolen, Identifikationen und Berufsschemata. Obwohl diese Vorbilder weiterhin die Bedeutung kollektiver Einstellungen unterstrichen und oft eine gewisse Ausrichtung auf das ältere Pionierideal beibehielten, entstanden mannigfache Unterschiede und Veränderungen in der Art, in der man sein Selbstbild auffaßte.

Innerhalb der politischen Elite wurden Treue zu und Dienst an der Partei sowie die Fähigkeit zu geschickter Manipulation wichtiger für die eigene Karriere und die »offizielle« Biographie als die Teilnahme an kulturellen Veranstaltungen oder allgemein ideologischer Betätigung. Innerhalb der kulturellen Eliten wuchs die Differenzierung zwischen den Gebildeten und den Akademikern, und es fand eine zunehmende Professionalisierung und Differenzierung statt.

Gleicherweise begannen die wirtschaftlichen, fachlichen und administrativen Gebiete, größere Konzentration auf spezifischere Fragen und gesteigerte Sachkunde in der Erfüllung bestimmter Aufgaben zu verlangen.

Kollektive Ziele und Werte kristallisierten sich nicht mehr voll zu einem allgemeinen Vorbild von überragender Gültigkeit, und das Recht einer einzelnen Elitegruppe, die Vorstellung von der Elite zu monopolisieren und zu interpretieren, wurde zunehmend angefochten.

Diese Entwicklungen führten zu wichtigen Veränderungen in der strukturellen Position der Elite und ihren Beziehungen zu den breiteren Schichten.

Vielleicht die wichtigste Dissoziation zwischen der Elite und den allgemeineren Gruppen, aus denen sie hervorgegangen war, entstand durch die zunehmende Bürokratisierung, die die Grundbeziehungen zwischen ihnen veränderte, ohne jedoch ihre gegenseitige Empfindlichkeit zu verringern.

Außerdem sah sich die Elite durch den Einstrom von Einwanderern einem neuen

Bevölkerungstyp gegenüber, dessen Grundwerte und -einstellungen von den ihrigen verschieden waren.

Hier fehlten die gemeinsamen Anschauungen und Werte sowie die Spannungen, die zwischen der Elite und der älteren Bevölkerung bestanden, fast gänzlich, außer im Sinne der allgemeinen jüdischen Identifikation. Das schuf komplizierte Beziehungen zwischen der Elite und diesen neuen Gruppen.

Es machte diese neuen Gruppen zu Objekten politischer, wirtschaftlicher und sozialpädagogischer Bemühungen, sie entsprechend den Werten und Interessen der Eliten zu formen. Die Elite entwickelte indes auch eine Bindung an die Neuankömmlinge, die noch als unverdorben durch die neuerlichen Veränderungen in der älteren Gesellschaft galten.

Ein weiterer Aspekt des strukturellen Wandels, der für die Entstehung und Institutionalisierung neuer Normen wichtig ist, bezieht sich auf die geringe Größe der israelischen Gesellschaft und besonders auf die vielen Primärgruppen, die durch informelle Kontrollen zusammengehalten werden.

Der Umwandlung der Eliten in herrschende Gruppen und ihrer zunehmenden Dissoziation von den allgemeineren Gruppen folgte eine wichtige Umgestaltung ihrer Beziehungen zu diesen Primärgruppen.

Die gegenseitigen informellen Kontrollen wurden schwächer, und die Elite griff mit Leichtigkeit zu formaleren Kontrollen und Organisationen. Gleichzeitig wurden jedoch von den breiteren Gruppen Anforderungen im Sinne von primären Solidaritätserwartungen an die Elite gestellt, und die Elite erwartete, ohne Rücksicht darauf, wie weit sich die Beziehungen zu ihnen geändert hatten, dieselbe Art von Identifikation, Treue und Unterstützung, die für frühere Zeiten charakteristisch war. Aber obwohl die neuen Normen und Betätigungen, die sowohl die Elite als auch die breiteren Gruppen entwickelten, nicht mehr auf einer so engen Identifikation basierten, blieben infolge des kleinen Maßstabs der israelischen Gesellschaft die Gruppen und die Eliten noch in sehr engem, sichtbarem Umkreis voneinander – und oft konnte die Illusion aufrechterhalten werden, daß die alten Beziehungen noch bestünden. Das schuf oft neue Spannungstypen, die später ausführlicher analysiert werden sollen.

Die geringe Größe der israelischen Gesellschaft warf noch ein weiteres Problem auf – nämlich das Ausmaß, in dem sie imstande sein würde, die sich in ihr entwickelnden starken Differenzierungstendenzen zu ertragen – und welches die spezifischen strukturellen Merkmale sein würden, die sich als Folge dieser Spannung zwischen dem kleinen Maßstab und dem starken Antrieb zur Differenzierung entwickeln würden.

Politische Grundeinstellung der Eliten zu der sich wandelnden Gesellschaft

Aus dem Wandel in der strukturellen Einordnung der Eliten entwickelten sich wichtige politische Haltungen.

Die bereits analysierten hauptsächlichen Entwicklungen in der sozialen Organisation und die wachsende strukturelle Differenzierung wirkten sich auf die Verteilung von Macht und Reichtum sowie auf die Werte, die in den meisten Gruppen der Gesellschaft vorherrschend waren, in vielfacher Weise aus. Wie in ähnlichen

Fällen zunehmender Modernisierung waren diese Phänomene eng mit dem gleichzeitigen Auftreten von Spannungen und Konflikten verbunden. Die Auswirkungen auf die politischen Forderungen und Bestrebungen sowie auf die sozialen Grundeinstellungen verschiedener Gruppen berührten notwendigerweise das Gesamtbild der Gesellschaft und ihre Beziehung zu den wichtigeren Eliten. Sie warfen für die Elite neue Probleme auf und verlangten nach einer Politik auf wirtschaftlichem, sozialem, erzieherischem und kulturellem Gebiet sowie in bezug auf die Einwandererabsorption. Die stetige Auseinandersetzung mit dieser Politik und den Anfangstendenzen verschiedener Gruppen bildete die Dynamik institutioneller Entwicklungen auf den Gebieten der sozialen Organisation und Schichtung.

Diese Politik wurde von einer Serie ideologischer, sozialer und politischer Erwägungen geleitet. Die Elite betonte, daß ihre eigene Legitimation erheblich von dem Festhalten an den verschiedenen Symbolen und kollektiven Zielen der »Bewegung« abhänge und ihre Funktion darin bestehe, diese Ziele zu verwirklichen. Daher halte sie mit verstärkter Intensität an der sozialistischen Pioniersideologie fest, obwohl das Gefüge ihrer eigenen Tätigkeit und Stellungen sich stark verändert hatte.

Die Politik der Eliten bezweckte eine Verteilung der Entgelte durch die hauptsächlichen kollektiven Organisationen wie Staat, Histadruth und die verschiedenen Siedlungsorganisationen, und sie versuchte, den Autonomiebestrebungen verschiedener Fach- und Berufsgruppen entgegenzuwirken und sie auf ein Minimum zu beschränken.

Zwar wurde diese Politik allem Anschein nach von der Pioniersideologie geleitet, doch ihre strukturellen Auswirkungen waren komplex und oft paradox. Sie wurzelten im Grunde in dem Wandel der sozialen Struktur und in der Tatsache, daß die Auswirkungen des sozialen Wandels, den diese Politik anstrebte, von den Eliten nicht voll wahrgenommen und verstanden wurden.

Einer der wichtigsten Aspekte dieses Wandels war die Tatsache, daß die Elite zu einer herrschenden Klasse und daher die politische Macht zu einem Kriterium von Status, Prestige und wirtschaftlichem Entgelt wurde.

Wie bereits bemerkt, waren die Eliten sich über das Wesen dieses Wandels nicht ganz im klaren. Sie behaupteten, daß zwischen ihren Positionen in dem alten Föderativsystem und ihren neuen politischen Stellungen eine Kontinuität bestehe, ja sogar, daß sie miteinander identisch seien.

Mit der Mehrung dieser Stellungen führte der wachsende Kampf um Positionen und Macht notwendigerweise zu einer Verstärkung dieser Einstellung und die Anwendung der Sozialpolitik zu einer erheblichen Vergrößerung der Macht der verschiedenen konkurrierenden bürokratischen Organisationen, der Bedeutung politischer Kriterien im Statusystem und der Intensität des Machtkampfes. Dadurch, hinwiederum, wurde eine Verlagerung in den Grundzielen der Sozialpolitik hervorgerufen. Ideologische Einstellung, Gleichheitserwägungen und Pioniersideale waren zunehmend von Erwägungen politischer Macht und Stabilität begleitet, wie in der ganzen Entwicklung des Staates deutlich wird.

Die veränderte Einstellung der politischen Elite selbst mit ihren unklaren Machtkriterien stand natürlich mit dieser Verlagerung, die starke monolithische Tendenzen hervortreten ließ, in Verbindung.

Ihre neuen Ziele bestanden darin, die Zuerkennung von Status, beruflichen Stellungen und wirtschaftlichen Entgelten zu monopolisieren und ein »homogenes«, auf den Postulaten der Pioniersideologie basierendes Gleichheitssystem durchzusetzen. Nach diesen beiden Prinzipien sollten die Neueinwanderer absorbiert und Neuentwicklungen im älteren Teil assimiliert werden. In der neuen Realität des Staates bedeutete dies notwendigerweise größere Macht für die verschiedenen bürokratischen und administrativen Körperschaften sowie stärkere Bürokratisierung im Zugang zu Machtpositionen.

Diese vielfachen widersprüchlichen Entwicklungen in der Politik der Elite führten zur Entstehung bedeutender Spannungspunkte d. h. Abweichungen, die schwere Widersprüche zwischen mehreren Normen darstellten oder in denen das Fehlen bestimmter bindender Normen in Erscheinung trat.

Derartige anomische Abweichungen oder Situationen sind zwar der Entwicklung jeder modernen Gesellschaft eigen, doch ihr Schärfegrad variiert erheblich von einer Gesellschaft zur anderen. Infolge der raschen ökologischen Expansion und Mobilität in Israel zeigten sich diese anomalen Situationen in fast allen Lebensaspekten.

Diese Tendenzen machten sich in einer Vielfalt »tagtäglicher« Ereignisse bemerkbar – wie zum Beispiel in der großen Verstopfung der Landstraßen und dem Ausmaß von Verkehrsunfällen, die sowohl auf die Unzulänglichkeit der Straßen als auch auf die Ungeduld und fehlende Höflichkeit der Fahrer zurückzuführen sind. Sie wurden in der allgemeinen Ungeduld der Menschen und dem Fehlen einfacher Manieren sichtbar. Doch so ernst und oft lästig all dies gewesen sein mag, mit der Zeit verschwand manches davon oder ließ sich vielleicht als Ausfluß israelischer Dynamik erklären.

Darüber hinaus gab es indes »Reaktionen« und Folgen, die sich in neuen strukturellen Erscheinungen ausprägten, und hier wurden die spezifisch israelischen Charakteristika dieser Entwicklungen sichtbar; sie waren oft eng verknüpft mit unbeabsichtigten Folgen, die sich ebenfalls aus der Auseinandersetzung zwischen dieser Politik und den Reaktionen verschiedener Gruppen ergaben. Die spezifischen Manifestationen und strukturellen Auswirkungen variieren natürlich in verschiedenen Gesellschaften. Im folgenden Abschnitt sollen einige der für die israelische Gesellschaft eigentümlichen Entwicklungen analysiert werden.

Widersprüche in der Wirtschaftsentwicklung und strukturelle Auswirkungen

Die diversen widersprüchlichen Einstellungen der Elite und ihre oft paradoxen Folgen machten sich auf allen wichtigen Gebieten der Sozial- und Wirtschaftspolitik bemerkbar und beeinflußten die wirtschaftliche und soziale Entwicklung, Lohnpolitik, Arbeitsbeziehungen, Zuweisung öffentlicher Mittel und Einwandererabsorption. Diese Gebiete waren von entscheidender Bedeutung für die Regulierung der Zulassung zu den sich ständig ausweitenden Kontrollpositionen in der Wirtschaft. Darum hatten die in ihnen stattfindenden Entwicklungen weitgehende Auswirkungen auf die Schichtung in der israelischen Gesellschaft.

Die widerspruchsvolle Politik der Eliten in dieser Beziehung ist auf zwei wichtigen Gebieten erkennbar: erstens an der grundsätzlichen ideologischen Einstellung zum

Verbrauch und ihrer institutionellen Auswirkung und zweitens an den Folgen der allgemeinen Entwicklungspolitik.

Die grundlegenden ideologischen Voraussetzungen enthielten eine stark »asketische« Einstellung, die die Bedeutung der Einschränkung des Verbrauchs unterstrich, und ebenso unterstrich die Ideologie das gleiche Recht diverser Gruppen auf einen angemessenen Lebensstandard. Die vereinte Wirkung dieser ideologischen Einstellung war eine Verstärkung der politischen Forderungen nach ständigen Lohnsteigerungen und Lebenskostenzulagen und eine Unterstreichung diverser Zuweisungskomponenten in der Lohnzusammensetzung wie Dienstalter und Familiengröße.

Als Folge dieser relativen Schwäche in der Regulierung dieser wachsenden Forderungen unternahm die Elite viele Versuche, die Zuweisung von Gütern und Diensten durch die Kanäle diverser kollektiver Institutionen zu leiten.

Sehr oft bestärkte die allgemeine Wirtschaftspolitik der Regierung die Forderungen des privaten und des öffentlichen Sektors, und es fehlte der Regierung die Fähigkeit, diese Forderungen in wirksamer Weise zu regulieren. So ermutigte die Entwicklungspolitik der Regierung paradoxerweise eine in die Augen stechende Verbrauchssteigerung neuer Gruppen von Neureichen, und das führte in breiteren Bevölkerungsteilen zu einer Ausprägung von neuartigen Lebensstilen mit Klassencharakter.

Die widerspruchsvolle Politik der Elite führte zu einem Dilemma zwischen einer mit zentraler politischer und administrativer Leitung gepaarten physischen Entwicklung und der Unfähigkeit der Regierung, die Wirtschaftstätigkeit aller Sektoren entweder selbst zu übernehmen oder nach einem klaren wirtschaftlichen Kriterium wirksam zu regulieren.

Die Betonung der Entwicklung legte daher nicht nur neue wirtschaftliche Mittel frei und schuf inflatorischen Druck, sondern sie ermutigte auch die Zunahme vieler spekulativer Unternehmungen und demonstrativen Verbrauchs.

Direkte und indirekte Ermutigung steigerte die ambivalente und widerspruchsvolle Haltung gegenüber den wachsenden Ausgaben, und die Regierungspolitik diente dem demonstrativen Verbrauch, den sich ein Teil der Elite erlaubte, als Rechtfertigung.

Da jedoch diese Entwicklungen nicht voll erkannt oder zugegeben wurden, gab es fortwährende Versuche, ihr Vorhandensein zu bestreiten oder sie durch ideologische Begründungen zu rechtfertigen. Gleichheitsprinzipien wurden unterstrichen, ohne die neuentstandene Realität in Betracht zu ziehen. Infolgedessen wurden sowohl die Wirksamkeit als auch die Berechtigung eines Großteils dieser Politik erheblich geschwächt.

Dies wird klar ersichtlich aus den strukturellen Auswirkungen derjenigen Aspekte der Sozialpolitik, die darauf abzielten, Einkommen, Löhne und entstehende wirtschaftliche Differenzierungen zu regeln.

Das Ziel dieser Politik bestand darin, die Unterschiede zwischen verschiedenen Berufskategorien und sozialen Schichten auf ein Minimum zu reduzieren in der Hoffnung, die Gleichheitsprämissen der vorherrschenden Pioniersideologie und die hohe Bewertung der körperlichen Arbeit – im Gegensatz zur Facharbeit und Betätigung im Handel – aufrechtzuerhalten. Zwei wichtige Aspekte der Politik waren hier die Regulierung der Löhne und Lohnskalen sowie diverse Steuermaßnahmen. Das wichtigste soziale Ziel der Lohnpolitik war die Fortführung begrenzter Unterschiede zwischen Arbeiterstufen und -typen (d. h. fachlichen und nicht-fachlichen) und, soweit möglich, die Reduzierung dieser Unterschiede auf ein Minimum zugunsten der unteren Mittelklasse und Gehalts- und Lohnempfänger im Gegensatz zur oberen Mittelklasse und den fachlichen oder akademischen Rängen. Aber wie auf vielen anderen Gebieten der Sozialpolitik entwickelten sich auch hier unerwartete paradoxe Folgen.

Vor allem gelang es der Regierung und der Histadruth nicht einmal in ihren eigenen Gesellschaften, die Lohndifferenzen zwischen den diversen Gruppen einheitlich zu regeln.

Diese Tendenz wurde verstärkt durch die Betonung der Beschäftigungskapazität in allen Industrien, ohne Rücksicht auf ihre Eignung, und durch die Tatsache, daß sie sich dem Druck seitens der „aggressiveren" Gruppen trotz gegenteiliger Behauptungen nicht widersetzen konnten.

Eine ähnliche Tendenz war in bezug auf die Steuerstruktur und -politik erkennbar. Hier zeigten sich zwei Faktoren von großer Bedeutung: der erste war die eingestandene Schwierigkeit, bei den größeren privaten und öffentlichen Gesellschaften wirksame Kontrollen auszuüben; das wurde noch weiter erschwert durch mehrere gesetzliche Verfügungen zugunsten dieser Gruppen, was zu einem administrativen Versagen in der Durchführung der Steuerpolitik führte. Der zweite Faktor war, daß die Struktur vieler Steuern dazu tendierte, die mittleren Einkommensgruppen viel schwerer zu treffen als die höheren Einkommensgruppen mit »Aufwandsentschädigung«, den öffentlichen Sektor – Staats- und Histadruthgesellschaften – und die diversen Siedlungen.

Zwei sich gegenseitig verstärkende Tendenzen entwickelten sich als Folge hiervon: eine allgemein herrschende Duldung der Steuerumgehung, die durch das Gefühl verursacht wurde, daß normalerweise verbindliche Formen nicht existierten; ferner eine Druckausübung, um größere Vorteile zu erlangen oder zum mindesten teilweise die vielen bestehenden Maßnahmen und gesetzlichen Verfügungen zu rechtfertigen.

Dies hatte auch weitreichende strukturelle Auswirkungen mit paradoxen Folgen für die Zielsetzungen der Eliten. Obwohl die Lohn- und Steuerniveaus der allgemeinen Tendenz zu verstärkter Differenzierung nicht entgegenwirkten, milderte die Lohn- und Steuerpolitik einige der Differenzen, die sich durch das Kräftespiel am freien Markt hätten entwickeln können. Paradoxerweise vergrößerten sich jedoch die Differenzen zwischen geschulten und ungeschulten Arbeitern stärker als die zwischen geschulten Arbeitern und technischen und Fachgruppen (insbesondere, da die ersteren oft eine längere Dienstzeit und einen längeren Aufenthalt im Lande aufzuweisen hatten).

Noch wichtiger ist die Tatsache, daß der Einfluß von Regierung und Histadruth auf die Einkommensverteilung unter den unabhängigen Selbständigen viel geringer war als ihr Einfluß auf die besoldeten Gruppen und insbesondere die im öffentlichen Sektor. Das führte zu einer gewissen Abwanderung von geschulten und fachlichen Arbeitskräften aus öffentlichen Körperschaften zu den privaten und halbprivaten Unternehmungen. Zusammen mit dem Erfolg diverser aktiver Interessengruppen tendierte dies oft zu einer Verzerrung der Lohnstruktur und zu einer Beeinträchtigung der Lenkung von Arbeitskräften in die fachlichen und technischen Berufe anstatt in mehr spekulative Wirtschaftsgebiete.

Diese Entwicklungen verstärkten auch das Drängen nach höheren Konsumniveaus und schufen so einen Circulus vitiosus auf sozialem und wirtschaftlichem Gebiet. Ebenso wurden durch diese Politik später zu analysierende Auswirkungen auf die soziale Organisation der Klassenstruktur verursacht.

Arbeitsbeziehungen und Fachorganisationen

Eine ähnliche Entwicklung paradoxer Tendenzen erfolgte in den Arbeitsbeziehungen und in der fachlichen Berufsorganisation.

Zur Zeit der Staatsgründung war die Mehrheit der israelischen Arbeiterschaft in Gewerkschaften, hauptsächlich in der Histadruth, organisiert. Das Recht zu Tarifverhandlungen unterstand der Gewerkschaftsabteilung der Histadruth, was ihr die Möglichkeit gab, ihre Lohnpolitik durchzusetzen.

Die wachsende Differenzierung am Arbeitsmarkt und in den Lebensstandards schuf jedoch neue Tendenzen, Probleme und Meinungsverschiedenheiten. Der Hauptpunkt, der zuerst in den Fachgruppen zur Diskussion gestellt wurde, ging um das Recht, separate Gruppen innerhalb bestehender Organisationen zu organisieren und das Recht zu separaten Lohnverhandlungen.

In fast allen Fachgruppen wurden Forderungen nach angemessener finanzieller Anerkennung der Fachkenntnisse erhoben. Nacheinander traten Gymnasiallehrer, Ingenieure und gelegentlich Ärztegruppen gegen die Entscheidungen des Dachverbands der Arbeit in Streik, und es entwickelten sich separatistische Tendenzen. Eine besondere Abteilung des Dachverbands, die Abteilung für akademische Arbeiter, wurde 1956 gegründet, um sich mit diesen Fragen zu befassen. Doch die Tätigkeit und Methode der Abteilung stimmte nicht immer mit den Vorstellungen ihrer »Klientel« überein.

Die Grundhaltung der Elite war darauf gerichtet, jede Differenzierung und alle Versuche zur Erlangung beruflicher Autonomie auf ein Minimum zu reduzieren; dennoch nahmen beide weiter zu. De facto erfolgte zwar eine zunehmende Anerkennung dieser Diskrepanzen, doch offiziell wurden sie niemals bestätigt, und es wurden fortwährend Versuche zu ihrer Bekämpfung unternommen.

Auf dem umfassenderen Gebiet der Einkommensregulierung bestanden die erklärten Ziele von Regierung und Histadruth darin, die Gleichheitseinstellung der Eliten zu stützen und Lohndifferenzen dadurch auf ein Minimum zu reduzieren, daß die Lebenshaltungskosten- und Familienzulagen erhöht und eine progressive Besteuerung durchgeführt wurden. Ebenso wie auf dem Gebiet der Berufsorganisation, so bestand auch hier die Politik der Elite in fortwährenden Anpassungen ad hoc und nur wenig durchgreifender Änderung in der Grundauffassung und Ideologie.

Im allgemeinen bestanden jedoch die von den Histadruthführern und der Regierung vorgeschlagenen Lösungen aus einer Mischung von Flexibilität ad hoc bezüglich einiger der gestellten Forderungen und einem ihnen Nachgeben, bei gleichzeitiger starker ideologischer und offizieller Ablehnung solcher Tendenzen.

Der Horowitzbericht — 1963

Ungeachtet des Ausmaßes dieser Anpassungen ad hoc wurden die offizielle Politik und die offiziellen Verlautbarungen der Eliten nach der Staatsgründung in wechselnden Ausmaßen von der oben dargelegten Grundeinstellung geleitet.

Einer der weitreichendsten Versuche, diese Fragen im Einklang mit der soziopolitischen Grundeinstellung zu regeln, war der sogenannte »Horowitzbericht«, dessen voller Titel lautete: »Bericht der öffentlichen Kommission für Löhne und Gehälter von Staatsbeamten und Beamten der örtlichen Behörden und der religiösen Gemeinderäte«. Die Kommission wurde am 12. November 1961 von der Regierung eingesetzt, und ihre Empfehlungen wurden im April 1963 veröffentlicht.

Neben seiner Behandlung administrativer und technischer Fragen hatte der Bericht mehrere allgemeinere Auswirkungen, deren wichtigste die Abschaffung der besonderen fachlichen Dienstgrade im Staatsdienst war. Eine weitere Folge war die Herabsetzung der Bedeutung des Dienstalters im Fach im Vergleich zum allgemeinen Dienstalter und die daraus folgende mögliche Blockierung der Mobilitätswege innerhalb des Dienstes. Letztlich legitimierte und verstärkte der Bericht die monolithischen administrativ-bürokratischen Tendenzen dadurch, daß er das Recht der Vertretung einer einzigen Berufsorganisation (d. h. der Histadruth) zusprach, und damit beschränkte er den Bereich für elastischere Regelungen auf ein Minimum.

Die Veröffentlichung des Berichts und seine Annahme durch die Regierung rief viel Unruhe und Proteste in akademischen und anderen fachlichen Gruppen hervor.

Unter dem Druck dieser Proteste willigte dann die Regierung versuchsweise ein, einige Empfehlungen, insbesondere diejenigen, die sich auf die Abschaffung der akademischen Dienstgrade bezog, zu modifizieren. Es blieb jedoch der Eindruck bestehen, daß der Bericht die soziale Grundeinstellung von Regierung und Histadruth darstellte. An sich enthielt er eine sehr interessante ideologische Änderung. Aus der starken Pionierbetonung der körperlichen Arbeit und der Tätigkeit in den primären Wirtschaftszweigen war eine Verteidigung und sogar Erhöhung der nicht fachlich ausgebildeten Beamtenstufen im öffentlichen Sektor geworden, und die stark betonte Gleichheit und Heiligkeit der Arbeit verwandelte sich in eine Herabsetzung der Fachausbildung und eine Betonung der Rechte des Dienstalters.

Veränderungen in Berufsorganisation und Arbeitsbeziehungen

Dem Versuch der Übertragung dieser neugewonnenen Einstellung auf eine kontinuierliche Politik mit ihrer empirischen Betrachtungsweise, die die Anpassung an veränderte Entwicklungen zu erleichtern suchte, war im großen und ganzen wenig Erfolg beschieden.

Die Verbindung der ziemlich stark monolithischen Einstellung und Starrheit der sozialen Ausrichtungen, gepaart mit der empirischen Betrachtungsweise ad hoc und dem Nachgeben bei Druckanwendung schufen zunächst eine Situation, in der ein relativer Mangel an klaren Normen vorherrschte und das Gefühl bestand, daß die wahllose Anwendung von Druckmitteln das beste Mittel zur Erzielung von Resultaten sei. Das führte zu fortwährenden Spannungen und, was wichtiger war, zu neuen und sich oft überschneidenden Organisationen und strukturellen Entwicklungen.

Eine derartige Entwicklung war die zunehmende Loslösung gewisser Fachgruppen von der Histadruth. Die wichtigste unter ihnen war der Verband der Gymnasiallehrer. Zu Beginn des Jahres 1957 forderten akademisch ausgebildete Gymnasiallehrer, die dem Allgemeinen Lehrerverband der Histadruth angehörten, eine Angleichung ihrer Gehaltsstufen an die anderen akademisch ausgebildeten Personals.

Dieser Forderung war vorher von der Allgemeinen Lehrervereinigung (die zur Histadruth gehörte) widersprochen worden, da sie den Gymnasiallehrern das Recht auf gesonderte Gehaltsabkommen absprach, bis im Januar 1958 die Gymnasiallehrer eine gesonderte Abteilung in der Allgemeinen Lehrervereinigung bildeten. Es folgten langdauernde Streitigkeiten und Streikdrohungen, die Gymnasiallehrer weigerten sich, ihre Sonderorganisation aufzulösen, und am 7. Oktober 1958 wurde ein allgemeiner Streik der Gymnasiallehrer erklärt.

Am 29. Oktober beschloß eine Generalversammlung der Vertreter der Gymnasiallehrer, aus der Allgemeinen Lehrervereinigung auszutreten und eine unabhängige Gymnasiallehrervereinigung innerhalb der Histadruthabteilung für Facharbeiter zu bilden. Am 31. Oktober kehrten die Gymnasiallehrer in die Arbeit zurück, aber der dreifache Kampf zwischen der Allgemeinen Lehrervereinigung, der Histadruth und der neuen Gymnasiallehrervereinigung über Entlohnungsaspekte und ihr Recht auf eine separate Organisation ging weiter.

Trotz der bestehenden Opposition wählte die neue Vereinigung am 10. Dezember ihre Beamten und erklärte gleichzeitig, daß sie das Recht habe, als »integraler Teil der Arbeitergemeinschaft« der Histadruthabteilung für Facharbeiter anzugehören. Die neue Organisation setzte ihren Kampf um Gehaltserhöhung fort und wurde allmählich de facto vom Erziehungsministerium anerkannt.

In den Jahren 1962–1963 vereinten sich fast alle wichtigeren Fachgruppen zur Bildung eines besonderen Koordinationskomitees außerhalb der Histadruth und im Grunde gegen diese gerichtet. Dieses Komitee enthielt Histadruthkörperschaften wie den Ingenieursverband, die Kupat Cholim- (Krankenkassen-) Ärzte, die akademisch gebildeten Staatsangestellten und verschiedene kleinere Gruppen; und auch Verbände, die nicht zur Histadruth gehören, wie die Ärztevereinigung, die Gymnasiallehrervereinigung und die neugegründete Organisation der Hochschullehrer.

Nach Veröffentlichung des Horowitzberichts verstärkte sich die Tätigkeit dieser Organisationen, und trotz des Einspruchs der Histadruth wurde im November 1963 von fast allen 25 000 Fachkräften und Staatsbeamten ein eintägiger Proteststreik erklärt. Etwa zwei Wochen später erklärte der Allgemeine Verband der Staatsangestellten – der einen Teil der Histadruth darstellt – entgegen der ausdrücklichen Weisung der Histadruth einen eintägigen Streik gegen die Forderungen der Akademiker und die mögliche Nichtdurchführung des Horowitzberichts. Die Fachkräfte im Staatsdienst nahmen an diesem Streik nicht teil.

Der Bericht, dessen Hauptziel es war, die Differenzen zwischen fachlich ausgebildetem und nicht-fachlichem Personal auf ein Minimum zu reduzieren, hatte somit paradoxerweise eine zunehmende Polarisierung der Spaltungen zwischen ihnen zur Folge – was durch die beiden widersprechenden Streiks symbolisiert wurde.

Diese Situation, in der sowohl die Histadruth als auch das Koordinationskomitee behaupteten, die Akademikergruppe zu vertreten, dauerte bis Ende 1964 an, bis die Notwendigkeit erkannt wurde, neue Wege in der Beilegung von Arbeitsstreitigkeiten durch Schiedsgericht einzuschlagen – ohne daß jedoch in dieser Hinsicht viel getan wurde.

Neue Lohnabkommen bewiesen, daß die Regierung nicht imstande war, Erhöhungen innerhalb der Grenze von 3 % zu halten, die allein nach ihrer Behauptung eine »Stabilität« sichern konnte. Sie gab nach, und die Gehälter stiegen um 18–20 %; gleichzeitig erklärte die Regierung, daß mit Ausnahme einiger technischer Aspekte des Horowitzberichts keine neuen Prinzipien in die Regelung von Arbeitsangelegenheiten eingeführt würden. Bestenfalls wurden daher die fortwährenden Regelungen ad hoc teilweise institutionalisiert.

Neue Schemata in Arbeitsbeziehungen und Streiks

Diese Entwicklungen können als Teil eines allgemeineren Trends gelten, der auf dem Gebiet der Arbeitsbeziehungen erwuchs und in dem die mehrfache Stellung der Histadruth als Arbeitgeber und als Vertreter der Arbeiter sowie als politische Körperschaft eine besondere Bedeutung annahm.

Bei der Staatsgründung gelangte die frühere Arbeiterführerschaft an die Macht, und die Folgen waren grundlegende Änderungen in der Tätigkeitsstruktur der Histadruth. Sowohl die Histadruth als auch die Regierung versuchten, die israelische Wirtschaft in einer einheitlichen, zentralisierten Weise zu regeln, und das führte zu zunehmender Vereinheitlichung und Unterordnung von Entscheidungen über Wirtschaftsfragen und Arbeitsbeziehungen unter allgemein politische Erwägungen. Das zeigte sich in der Tatsache, daß die meisten Entscheidungen in Lohnstreitigkeiten durch zentrale, das ganze Land betreffende Verhandlungen zwischen der Histadruth und den Hauptarbeitgebern – dem Staat, der Histadruth selbst und dem Industriellenverband – erfolgten. Äußerst wichtige Entscheidungen auf diesen Gebieten wurden in den Zentralkomitees der Mapai (Arbeiterpartei) getroffen.

Doch gerade diese Zentralisierung und die wachsende Identifizierung von Histadruth und Regierung hatte mehrere wichtige Folgen.

Erstens: allein die Tendenz zu monolithischen Entscheidungen, in denen politische Machterwägungen eine sehr wichtige Rolle spielten, schwächten ihre Elastizität und ihre Fähigkeit, der neuen Situation Herr zu werden und neue politische Prinzipien auf lange Sicht auszuarbeiten. Zweitens: notwendigerweise wurden dadurch mehrere andere Funktionen der Histadruth geschwächt – insbesondere diejenigen der Vertretung der Arbeiter in Arbeitsstreitigkeiten.

Als Folge dieser Tendenzen entwickelte sich in der Histadruth eine ziemlich ambivalente Haltung in bezug auf Streiks. Obwohl die grundlegende Ideologie der Histadruth als Gewerkschaft notwendigerweise die Unverletzlichkeit des Streikrechts einschloß, unterstützte sie diese zwar hinsichtlich der Privatindustrie, in der es infolge der zwischen der Histadruth und dem Industriellenverband bestehenden Landesregelung nur selten zu Streiks kam. Handelte es sich jedoch um die Unterstützung des Streikrechts im öffentlichen Dienst, in dem der Staat und die Histadruth die hauptsächlichen »Eigentümer« waren, so war ihre Unterstützung viel weniger eindeutig. Sie verurteilte solche Streiks, war aber nicht in der Lage, einen Weg zu finden, um die Interessen verschiedener Gruppen öffentlicher Arbeitnehmer zu vertreten und eine Neuordnung der Arbeitsbeziehungen zu entwickeln.

In den letzten Jahren mehrten sich Streiks, die nicht von der Histadruth genehmigt waren, insbesondere in den akademischen Berufen; und sogar in einigen der niedrigeren Stufen, wie zum Beispiel denen der Postbeamten, basierten die Streiks auf halbideologischen Forderungen nach höherer Differenzierung, Gewerkschaftsautonomie usw.

Eine weitere signifikante Tatsache in bezug auf viele Streiks bestand darin, daß sie selten gegen den Arbeitgeber, sondern zumeist gegen die Histadruth gerichtet waren, da diese in ihrer *Gesamt*politik die Interessen spezifischer Gruppen zu vernachlässigen schien. In manchen Fällen übernahm sogar der Arbeitgeber – d. h. der Staat – die Rolle des Vermittlers zwischen Arbeitgeber und Arbeitnehmern.

Aus all diesen Entwicklungen entstand ein neues Gefüge von Arbeitsorganisation und Wirkungsbereichen.

Es entstanden »Aktionsgruppen«, die sich aus lokalen Führern zusammensetzten und manchmal von den Linksparteien in Auflehnung gegen die Autorität der offiziellen Arbeiterräte gestützt wurden. Sie entwickelten sich sowohl unter den privilegierteren Arbeitergruppen als auch in den niederen Rängen gelernter oder angelernter Arbeiter [26].

Dies wurde als ernste Bedrohung der Autorität der örtlichen Arbeiterausschüsse, die für gewöhnlich von der »Mapai« beherrscht wurden, angesehen. Im großen ganzen erwiesen sie sich als wirksam in der Durchsetzung ihrer direkten Forderungen, da sie sich entweder aus starken privilegierten Gruppen von geschulten Arbeitern zusammensetzten oder aus breiteren Gruppen der niederen Staffeln, die oft eine starke potentielle Bedrohung der politischen Macht darstellten.

Diese Entwicklungen verstärkten sich im Mai/Juni 1964 (und dann wieder Anfang 1966), als eine Serie von »unautorisierten« Verlangsamungsstreiks in einigen der öffentlichen Dienste (Post- und Steuerämtern) ausbrachen und andere von verschiedenen Berufsgruppen angedroht wurden.

Tabelle 33. Streik- und Aussperrungstage nach Wirtschaftszweigen (in %) 1963

Wirtschaftszweig	1963	1964
Insgesamt	128 001	100 912
Gesamtprozentsatz	100	100
Landwirtschaft	1,6	0,8
Industrie und Steinbrüche	23,4	42,1
Bauwirtschaft	0,1	0,2
Elektrizitäts- und Wasserwerke, Sanitäre Dienste	0,1	11,1
Handel	1,0	0,6
Verkehr, Lagerhaltung und Nachrichtenübermittlung	12,3	7,8
Staatliche Geschäfts- und öffentliche Dienstleistungen	61,5	35,1
Persönliche Dienstleistungen	0,0	2,3

Quelle: CBS Statistical Abstract of Israel, 16, 1965, Tab. K/31, S. 336 und Tab. K/33, S. 337.

[26] »The Jerusalem Post« vom 20. Juli 1962 und 30. November 1962.

Tabelle 34. Streiks 1961-1964

Streikart	1961 (1)			1962 (2)			1963 (3)			1964 (4)		
	Streik-zahl	Verlorene Arbeits-tage	Prozentsatz verlorener Arbeitstage	Streik-zahl	Verlorene Arbeits-tage	Prozentsatz verlorener Arbeitstage	Streik-zahl	Verlorene Arbeits-tage	Prozentsatz verlorener Arbeitstage	Streik-zahl	Verlorene Arbeits-tage	Prozentsatz verlorener Arbeitstage
Genehmigte Streiks	69	25 979	38	53	18 610	11	55	12 984	10	46	29 636	32
Nichtgenehmigte Streiks	52	41 915	62	85	216 484	89	68	111 289	90	80	62 948	68
Insgesamt	121	67 894	100	138	235 094	100	123	124 273	100	126	92 584	100

Quellen: (1) Histadruth Jahrbuch, S. 177. (Liegt nur hebräisch vor.) – (2) a.a.O., S. 177. – (3), (4) Arbeitsministerium, Abteilung für Arbeitsbeziehungen, des Staates Israel. Bericht über Arbeitsbeziehungen und die Tätigkeit der Abteilung 1964-1965, Jerusalem 1965, S. 13. (Liegt nur hebräisch vor.)

Indes entwickelte sich in dieser Zeit weder eine neue Realitätssicht noch eine *neue* kontinuierliche Politik. So vergrößerte sich der Bereich anomaler Bezirke, das Gefühl des Unbehagens und der Unsicherheit wurde verstärkt, und ebenso ein allgemeines Bedürfnis nach neuen strukturellen Regelungen und Normen. Dieses Gefühl schien besonders akut in bezug auf die Notwendigkeit einer Verbesserung der strukturellen Beziehungen zwischen Regierung und Histadruth einerseits und unter den verschiedenen Komponenten der Histadruth andererseits.

Widersprechende Normen und Spaltungen in der Regulierung der Macht und in der Aufrechterhaltung rechtlicher Normen

Die Entwicklung einer anomischen Situation als Begleiterscheinung neuer struktureller Entwicklungen zeigt sich am deutlichsten in der Institutionalisierung von Normen zur Regelung des Gebrauchs der Macht und des Zugangs zu Machtpositionen sowie in der Aufrechterhaltung der durch die Gesetzgebung promulgierten neuen rechtlichen Normen.

Es erübrigt sich festzustellen, daß dies die meisten konkreten Lebensgebiete betrifft, und es wäre unmöglich, sie alle zu analysieren. Wir werden uns daher auf einige Fälle beschränken, von denen jeder einzelne verschiedene Aspekte dieses Problems veranschaulicht.

Das erste wichtige Gebiet war die Gewährung öffentlicher Vorteile an diejenigen, die den Machtpositionen nahestanden und bei denen zusätzliche Bezüge (insbesondere bei der politischen und administrativen Elite) während der ersten fünf oder sechs Jahre des Bestehens des Staates ein besonders akutes Problem schufen. Die Bewilligung diverser Sonderbezüge (Kraftwagen usw.) für verschiedene Beamtenstufen hatte teilweise die Tendenz, Umgehungen der offiziellen Lohnpolitik auf diesem Gebiete zu legalisieren.

Eine etwas ähnliche Situation der Zweideutigkeiten und halboffiziellen Umgehung von Normen entstand durch die Gewährung diverser Erleichterungen seitens des Staats und verschiedener öffentlicher Organisationen an ihre eigenen Beamten, um den Klagen gegen das niedrige Einkommensniveau entgegenzuwirken und die potentielle Drohung eines Ausscheidens aus dem öffentlichen Dienst abzuwenden.

Mangelnde Klarheit in der Definition der Normen machte sich auch in der Gewährung mannigfacher Vorteile an das Publikum durch verschiedene Ämter bemerkbar. Die Gewährung öffentlicher Erleichterungen oder Vorteile erfolgte oft derart, daß es für Menschen, die den gewährenden Ämtern nahestanden, leichter war, sie zu erhalten, und oft waren sie die einzigen, denen der Zugang zu ihnen möglich war.

Ähnlich war die Situation bis vor kurzem (1963) in bezug auf die Bodenspekulation, die in nicht geringem Ausmaß durch das Fehlen einer klaren Politik und durch die von der Regierung an diverse Sondergruppen wie ausländische und lokale Kapitalanleger oder politisch einflußreiche Einzelpersonen oder Gruppen gewährte Hilfe gefördert wurde.

In mehreren Fällen griff der Staatskontrolleur ein und stellte Normen auf. In anderen Fällen bestand, obwohl kein formalrechtliches Vergehen vorlag, ein in der Öffentlichkeit weitverbreitetes Gefühl, daß derartige Abkommen nicht »in Ordnung« seien.

Der signifikante Aspekt dieser Situation war nicht lediglich das Vorkommnis, sondern daß es zu einem akzeptierten Schema wurde, durch das diverse öffentliche Ämter die von ihnen entwickelten und nominell gebilligten Normen und Gebote umgingen.

In der Öffentlichkeit bestand der Verdacht, daß viele der Regeln zur Bequemlichkeit derjenigen, die sie erließen, bestanden. Das Fehlen klarer Normen führte zur Ausnutzung von Stellungen, um Anordnungen zu umgehen, und zur Bildung von Interessengruppen zwecks Umstoßung dieser Gesetze und Legitimierung ihrer Umgehung in einer Vielzahl von ideologischen Begriffen und Symbolen. Viele Versuche der Durchführung weitreichender Änderungen – und insbesondere Programme zur Ausräumung von Elendsvierteln – stießen auf starken lokalen Widerstand. In vielen Fällen wurden derartige Versuche direkt von politischen Gruppen oder Führern unternommen oder von ihnen ermutigt in der Hoffnung, ihre eigenen Interessen zu fördern und größeren Rückhalt zu erlangen. Einer der krassesten Fälle in dieser Hinsicht scheint die allgemeine Umgehung städtischer Bauverordnungen durch die Bauunternehmer zu sein, oft unter stillschweigender Duldung der Verwaltungsbehörden, die nur zusätzliche Zahlungen verlangten. Auch hier wiederum wurden Beschuldigungen laut über die Annahme persönlicher oder institutioneller Bestechungen durch Beamte, die imstande waren, dem Publikum verschiedene Vorteile zu gewähren.

Gleichzeitig mit diesen Vorgängen entstanden viele Gebiete, auf denen das Gesetz nicht befolgt wurde und die Nichtbeachtung gesetzlicher Normen und Vorschriften überhandnahm.

In einigen Fällen – wie z. B. bei dem Kanowitz-Gesetz gegen Benzindämpfe bei Kraftfahrzeugen – haben Teile der Verwaltung, angeblich in Zusammenarbeit mit den Interessengruppen, eine Situation geschaffen, in der das Gesetz fast gänzlich unwirksam wird. Bis vor kurzem bot die unkontrollierte Hochkonjunktur in der Bodenspekulation ein weiteres Gebiet derartiger Umgehungen.

Einige der auffälligeren hier betroffenen Gebiete bezogen sich auf Reinlichkeit und Straßenbettelei in einigen größeren Städten (insbesondere, aber nicht nur, in Tel-Aviv) und auf die Kontrolle der Straßenhändler.

Zwar standen diese Gebiete nicht unbedingt eng oder direkt zu den institutionellen Zentren der Gesellschaft in Beziehung, doch in ihrer Gesamtheit bewirkten sie eine Erweiterung des Bereichs anomischer Situationen und eine Unterstreichung des Zustandes, daß für Gesetzesverfügungen, an denen gewisse mächtige Gruppen nicht interessiert waren, keine besonders guten Aussichten zur Durchsetzung bestanden.

Ähnlich lag das Problem der Regelung der Genossenschaften (etwa der Transportgenossenschaften), die tatsächliche Monopole auf den sie betreffenden Gebieten hatten. Ein wunder Punkt auf diesem Gebiet war das Problem der Lohnarbeit und der häufigen Streiks, das in enger Verbindung stand mit einer Tendenz vieler Genossenschaften, sich gegen die Zulassung neuer Mitglieder abzusperren und sich wirksamer öffentlicher Kontrolle zu entziehen. Viele Genossenschaften waren nicht bereit, Histadruthregeln auf diesem Gebiet zu akzeptieren, und die Histadruth war nicht imstande, sie durchzusetzen oder eine neue Politik zu formulieren. In extremer Form äußerte sich dies in den Vorgängen, die sich seit 1962 in den Fleischergenossenschaften in Haifa abspielten.

Die besondere Empfindlichkeit des Publikums gegenüber derartigen Vorkommnissen im öffentlichen und im genossenschaftlichen Sektor war auf die Vorherrschaft dieser Sektoren auf vielen Gebieten zurückzuführen, sowie auch auf die Versuche vieler Gruppen innerhalb dieser Sektoren, Kritik von außen durch ideologische Rechtfertigung zu vermeiden.

Noch weitergehend in ihren strukturellen Auswirkungen waren die Versuche sowohl vieler Gruppen und Parteien als auch der diversen Siedlungsgruppen, ihre eigene innere Rechtsprechung zu unterhalten und einerseits den Zugang ihrer Mitglieder zu den allgemeinen Rechtsorganen des Staates zu beschränken und andererseits ihre Mitglieder vor der Tätigkeit dieser Organe zu beschützen. Wir haben derartige Versuche kurz bereits oben in unserer Behandlung der Kibbuz- und Moschawsiedlungen und diverser Berufsorganisationen erwähnt und werden auf diese Probleme noch ausführlicher zurückkommen.

Die Grundlagen der Einwandererabsorptionspolitik

Die vorangegangene Analyse beschränkte sich zwar zumeist auf Entwicklungen in den »älteren« Teilen der Bevölkerung, doch gab es parallele Entwicklungen auch in den neuen Teilen der israelischen Gesellschaft, und es ist nicht verwunderlich, daß die meisten unerwarteten Ergebnisse verschiedener sozialpolitischer Maßnahmen sich in der Einwandererabsorption zeigten.

Dieses Kapitel analysiert zuerst die grundlegende Politik, die sich in der Einwandererabsorption entwickelte, und geht dann zu einer Analyse ihrer Auswirkungen und Resultate über.

Die politische Grundeinstellung der Elite zeigte sich auch auf dem bedeutendsten Gebiet neuer Probleme – dem der Einwandererabsorption.

Die Absorptionspolitik wurde von einer Reihe von untereinander verbundenen Grundeinstellungen und -erwägungen geleitet. Eine solche Erwägung war die, das Leben der Einwanderer soweit wie möglich bestehenden sozialen Werten und Institutionen anzupassen und ihre potentiell spaltenden Wirkungen auf ein Minimum zu beschränken. Ein wichtiges Beispiel hierfür war die Betonung der primären Absorption in der Landwirtschaft, und erst danach der »allgemeinen« Entwicklung, was in der Praxis bedeutete, daß die Einwanderer zunächst in Entwicklungsgebiete geleitet wurden.

Sorgfältige Erwägung erhielt anfänglich auch die Beschränkung des Konkurrenzwerts der Einwanderer auf dem Arbeitsmarkt gegenüber der länger ansässigen Bevölkerung sowie die Möglichkeit, daß sie zu einem Faktor sozialer Unruhe werden könnten. In späteren Stadien der Absorption, nachdem das Problem der Bildungs- und Berufsfragen für die Neueinwanderer Bedeutung erlangt hatte, wurde eine ganze Reihe von Maßnahmen getroffen, um diesem Problem zu begegnen.

Die Behörden versuchten, den Einwanderer mit dem Allernotwendigsten zu versehen, bewirkten aber auch – beabsichtigt oder nicht –, daß er für seinen Fortschritt weitgehend auf die hauptsächlichen kollektiven Ämter zur Gewährung von Zuwendungen und Erleichterungen angewiesen war. Es wurden viele Spezialämter und -dienste zur Behandlung der Absorptionsprobleme gegründet. Die Absorptionsabteilung der Jewish Agency beschäftigte sich mit den Anfangsstadien der Unterbringung und Haushaltserleichterungen. Das Arbeitsministerium entwickelte ein weitverbreitetes Netz von Wohnprogrammen für Einwanderer und organisierte Notstandsarbeiten auf dem Gebiet der Aufforstung, des Bauwesens und der öffentlichen Arbeiten, bis geeignete produktive Arbeit gefunden werden konnte. Zwei weitere Institutionen, die sich mit der Einwandererabsorption beschäftigten, waren die Jugendalijah und die Siedlungsabteilung der Jewish Agency; letztere befaßte sich mit der Ansiedlung von Neueinwanderern auf dem Land, zumeist in genossenschaftlichen (Moschaw-)Dörfern. Außerdem richteten viele der üblichen öffentlichen Dienste wie zum Beispiel der Gesundheitsdienst (zum Großteil durch die Krankenkasse der Histadruth besorgt), die Erziehungs- und Sozialfürsorge Spezialdienste für Einwanderer ein, was oft bedeutete, daß diese de facto Vorzugsbehandlung erhielten.

In ähnlicher Weise wurden Einwanderer allmählich durch die normalen Kanäle der Gesellschaft absorbiert – durch das Schulsystem, die Armee (die in diesem Prozeß von entscheidender Wichtigkeit war) und durch wirtschaftliche und berufliche Auswahl. Hier waren die Wirkungen komplizierter, und es mußten viele neue Maßnahmen zwecks Gewährung von Vorzugsbehandlung entwickelt werden, um die sozio-ökonomischen und bildungsmäßigen Nachteile der Einwanderer zu erleichtern.

Während einer relativ langen Zeit wurde die in diesem Rahmen durchgeführte Absorptionspolitik von »homogenen« Gesichtspunkten, die in der grundlegenden offiziellen Ideologie verwurzelt waren, geleitet. Die starke Tradition der Auflehnung gegen die Diaspora verhinderte, daß die verschiedene kulturelle und soziale Herkunft voll zum Bewußtsein kam und erklärt die anfängliche Tendenz, alle Einwanderer als einheitliches Ganzes zu behandeln.

Wahrscheinlich verhinderte der starke, durch die Pioniereinstellung verursachte Nachdruck auf Berufswechsel die Absorptionsämter daran, verschiedene Berufstraditionen und -möglichkeiten zu studieren und eine elastische Politik der Berufswahl, Berufsberatung und Berufserziehung zu entwickeln.

Der Nachdruck auf Landwirtschaft und Entwicklung hatte oft eine Vernachlässigung des städtischen Sektors zur Folge; dieser mußte alle diejenigen absorbieren, die in der Landwirtschaft kein Glück hatten. Dementsprechend war die Koordination zwischen den Dienststellen im städtischen Sektor, in dem letzten Endes die Mehrzahl der Einwanderer absorbiert wurde, gering, und es entstand kein Beratungssystem, wie es in den landwirtschaftlichen Siedlungen entwickelt worden war.

In den späteren Absorptionsstadien (etwa seit 1959), als im öffentlichen Denken die Sorge überhandnahm, es bestehe eine Gefahr, die »zwei Nationen« zu einem Dauerzustand werden zu lassen, wurden mannigfache spezielle wirtschaftliche, politische und erzieherische Maßnahmen eingeführt, die zu einem neuen, aber hiermit in enger Beziehung stehenden Problem führten.

Viele der neuen Maßnahmen stellten eine Abkehr von der früheren homogenen Betrachtungsweise dar: ihre ideologischen Begriffe maßen dem sozio-ökonomischen Aspekt sehr geringen Wert bei, wiesen aber die Tendenz auf, die kulturellen Unterschiede zwischen Orientalen und aus dem Westen Kommenden hervorzuheben und auf diese Weise oft ethnische Probleme und Symbole ethnischer Unterscheidungen und Sonderung zu unterstreichen.

Widersprüche in der Einwandererabsorption. Entstehung einer partiellen Absorption

Diese verschiedenen und oft widerspruchsvollen Maßnahmen schufen strukturelle Auswirkungen und Probleme von entscheidender Bedeutung für das gesellschaftliche Gefüge in Israel.

Die entscheidendste Äußerung dieser Probleme war die kontinuierliche Verschmelzung zwischen ethnischem und (insbesondere niedrigem) beruflichem Status, was oft eine Kristallisation verschiedener Einwanderergruppen zu neuen strukturellen Einheiten mit einem hohen Grad gegenseitiger Spannung zur Folge hatte und Konflikt mit und Opposition zu der absorbierenden Gesellschaft hervorrief.

Die hieraus folgenden Spannungen und Konflikte waren nicht auf eine quantitativ ungenügende Absorption zurückzuführen, sondern eher auf eine »partielle« Absorption, auf soziale Kräfte, die gerade durch den Erfolg in den Anfangsstadien der Absorption erzeugt, aber von der absorbierenden Gesellschaft nicht voll erkannt und daher vernachlässigt worden waren.

Äußerungen einer derartigen partiellen Absorption wurden sowohl auf der administrativen als auch auf der sozio-politischen Ebene sichtbar. Auf administrativem Gebiet machten sich diese Entwicklungen besonders im Anfang bemerkbar, während sie auf sozio-politischem Gebiet in den fortgeschrittenen Stadien der Absorption in Erscheinung traten.

Die meisten administrativen Stellen beschäftigten sich mit der Vorbereitung der Einwanderer für die Einordnung in die israelische Gesellschaft, aber nicht mit fortlaufender Hilfe und Beratung. Die Einwanderer erhielten zuerst finanzielle Hilfe, Wohnungen zu günstigen Bedingungen und einige Unterstützung im Finden einer Arbeit – danach aber wurden sie mehr oder weniger sich selbst überlassen, und wenig fortlaufende Beratung oder Hilfe stand ihnen zur Verfügung.

Nur in den landwirtschaftlichen Siedlungen (in Moschawform) und durch die Jugendalijah versuchten die Absorptionsbehörden, verschiedene Dienstleistungen auf lokaler Ebene zu koordinieren und den Einwanderern über die Anfangsstadien hinaus Hilfe zu leisten. Die politische Struktur der verschiedenen Ämter, von denen jedes einzelne sich in der Regel mit einer bestimmten Partei identifizierte, und das daraus resultierende Fehlen einer Gesamtplanung schufen viele Schwierigkeiten und Probleme für die Einwanderer.

Wahrscheinlich trug zu diesen Problemen auch die Tatsache bei, daß der Großteil der anfänglichen Absorptionsarbeit der Jewish Agency (die weniger wichtig wurde als die Regierung, aber versuchte, ihre Autonomie zu erhalten) überlassen wurde.

Als Folge dieser Tatsachen entstand eine paradoxe Situation, als sich die Absorptionspolitik von den landwirtschaftlichen auf die halb-städtischen Entwicklungsgebiete ausdehnte.

Das anfängliche Grundziel dieses Programms war es, so viele Neueinwanderer wie möglich in neue Entwicklungszentren oder Entwicklungsstädte zu lenken. Doch die aktiveren unter den Einwanderern weigerten sich oft, in diesen Zentren zu bleiben, und viele andere wurden zu passiven, nachlässigen und fast straffälligen Elementen in ihnen und negierten auf diese Weise das Ziel dieser Politik.

Die fehlende Koordination wurde auch von manchen Einwanderern akut empfunden, wenn sie sich zwischen den vielen verschiedenen administrativen Ämtern, für deren Funktionen sie wenig Verständnis hatten, wie verloren vorkamen. Auf dem Gebiet der Schulung und Berufsberatung zum Beispiel geschah es oft, daß gewisse Gruppen (wie diejenigen in der Altersgruppe von vierzehn bis achtzehn, die zwischen dem schulpflichtigen und dem militärdienstpflichtigen Alter waren) von keinem Gesetz oder Amt voll erfaßt wurden und sich an keine Stelle um Hilfe oder Beratung wenden konnten, wenn sie nicht imstande waren, sich selbst zurechtzufinden. Das wurde auch akut von denjenigen empfunden, die aus dem Militärdienst entlassen waren und sogar nach einer gewissen vorbereitenden Berufsausbildung im Militär feststellen mußten, daß diese nicht ausreiche, um Dauerarbeit zu finden.

Um für alle Einwanderer, die keine produktive Arbeit finden konnten, körperliche Arbeit zu sichern, wurde ein System von Notstandsarbeiten eingeführt, um sie in den Entwicklungsgebieten zu halten, bis Industrie dorthin kam, und zu verhindern, daß sie den Arbeitsmarkt überfluteten. Aus allgemein wirtschaftlichen und administrativen Gründen wurden diese Arbeiten jedoch häufiger zur Dauereinrichtung, und viele der weniger »erfolgreichen« Einwanderer oder solche, die an sehr abgelegene Entwicklungsorte geschickt worden waren, fanden sich in den fünfziger Jahren in derartigen Arbeiten »festgefahren«, in denen ein Familienvater manchmal mehrere Jahre lang nur sechzehn Arbeitstage im Monat zu einem Satz von IL 6,– bis 7,– zugewiesen erhielt.

Eine etwas verschiedene Art von Problemen entwickelte sich auf der sozio-politischen und ideologischen Ebene. Obwohl das Hereinholen der Exilierten eines der Hauptziele des Staates und der zionistischen Bewegung ist, wurde die Ausführung in der Hauptsache verschiedenen bürokratischen Körperschaften übertragen, und die Absorption erfolgte nicht mehr wie in der Zeit vor der Staatsgründung durch einen direkten Kontakt zwischen Alteingesessenen und Neuankömmlingen.

Weder die informellen Gruppen in der israelischen Gesellschaft noch die politischen Organisationen trugen viel zur *direkten sozialen* Einwandererabsorption bei. Die ersteren wurden mehr und mehr zu geschlossenen Zirkeln, in denen die Mitgliedschaft nach Berufszugehörigkeit, Aufenthaltsdauer im Land und Wohngegend beschränkt war. Nur diejenigen Neuankömmlinge, die Verwandte oder Freunde unter den Alteingesessenen hatten, konnten sich voll an ihnen beteiligen.

Die Häuser der Alteingesessenen waren nicht prinzipiell für Neueinwanderer geschlossen. Im Gegenteil, wenn Einwanderer an ihre Schwellen gelangten, wurden sie in der Regel gut aufgenommen. Aber die meisten alten Einwohner taten wenig dazu, um Neueinwanderer in ihre Häuser zu ziehen.

Die politischen Parteien, die sich mehr und mehr zentralisierten und bürokratisierten, betrachteten die Neueinwanderer hauptsächlich als potentielle Wähler oder Anhänger, die »organisiert« und »gesichert« werden mußten. Die den Einwanderern von verschiedenen Parteien gewährte beträchtliche Hilfe wurde daher meist mit diesem Ziel im Sinn geleistet.

Dasselbe gilt für die Histadruth und ihre verschiedenen Tochterorganisationen, die große wirtschaftliche und berufliche Hilfe leisteten und denjenigen, die ein gewisses Niveau von Berufsausbildung erlangt hatten, Gewerkschaftsschutz gewährten.

Oft wurden die Einwanderer von den Beamten dieser Ämter, besonders in lokalen Angelegenheiten, politischem Druck ausgesetzt; er wurde verstärkt durch die vielen administrativen Absorptionsbehörden, die mit den verschiedenen Zentralen der politischen Macht in enger Verbindung standen.

Es ist wichtig zu betonen, daß dasselbe auf die meisten der alten sephardischen Organisationen zutraf. Obwohl sie behaupteten, die Führer der orientalischen Einwanderer zu sein, war die soziale Kluft zwischen ihnen und diesen Einwanderern so groß wie bei den meisten andern Organisationen oder Parteien.

Ungeachtet der Tatsache, daß die Ideologie der absorbierenden Gesellschaft die Ideen der Gleichheit, Brüderlichkeit und gemeinsamen Bestrebungen betonte, wurde dennoch zum mindesten in den Anfangsstadien der Absorption angenommen, die bestehenden sozialen und politischen Gruppen seien adäquat und ausreichend für die Bedürfnisse und Bestrebungen der Einwanderer.

Alle diese Faktoren – die Diskrepanz auf politischem und sozialem Gebiet zwischen Ideologie und sozialer Realität, das verhältnismäßig geringe Ausmaß der den Einwanderern gegebenen sozialen Anleitung, der Umfang der administrativen Probleme, ideologische Starrheit und die spätere Symbolisierung der ethnischen Probleme – hatten die Tendenz, einige wichtige Absorptionsprobleme zu schaffen.

Mißerfolge, Spannungen und Konflikte in der Einwandererabsorption

Die ersten großen Probleme auf diesem Gebiet entstanden in den Moschawsiedlungen zu Beginn der fünfziger Jahre.

Zu dieser Zeit versuchte die Absorptionspolitik im Moschaw, in Anlehnung an ideologische »homogene« Einstellungen, Menschen aus verschiedenen Herkunftsländern im gleichen Moschaw anzusiedeln in der Annahme, daß auf diese Weise der Integrationsprozeß beschleunigt würde. Die Vorstellung, daß dies die Neuankömmlinge an das Pionierethos assimilieren würde, stellte sich bald als falsch heraus. Die Einwanderer zeigten keinerlei spontanen Pioniergeist. Ihre Hauptmotive für die Ansiedlung entsprangen dem Wunsch nach Sicherheit, und ihre Bereitschaft zum Wandel war gering. Die Zerreißung ihrer Primärgruppen löste daher für gewöhnlich Unruhe aus und verringerte ihre Fähigkeit, sich der neuen Umgebung anzupassen. Ihr Leistungsniveau im Moschaw war infolgedessen sehr niedrig; es entstanden Konflikte zwischen verschiedenen Gruppen, und in vielen Siedlungen herrschte Verwirrung.

Als Resultat dieser Mißerfolge wurde ein neues, flexibleres System ausgearbeitet und zuerst im Gebiet von Lachisch in die Praxis umgesetzt. Die Tendenz war hier, in einem Bezirk mehrere Moschawsiedlungen zu gründen, die alle aus Menschen vom gleichen Herkunftsland gebildet waren und minimale Gemeinschaftseinrichtungen wie Kindergarten, Synagoge usw., in jedem Dorf hatten, für die aber die meisten Munizipal- und Staatsdienste wie Schulen, Gesundheitsdienst usw. sich im Zentrum des Bezirks befanden. Auf diese Weise wurde ein gemeinsamer Rahmen hergestellt, in den die Menschen sich einordneten und der als wichtiger Kanal für ihre Absorption diente. Die Erfahrung lehrte, daß dieser Weg im großen ganzen viel mehr Erfolg hatte als irgendeiner der früheren.

Später entstanden verschärfte Absorptionsprobleme sowohl in den verschiedenen »unstrukturierten« Bezirken inmitten der israelischen Gesellschaft und ihrer Absorptionsämter als auch in den neuen strukturellen Formen, die sich in diesen Bezirken ausbildeten. Einwanderer gerieten in diese Bezirke, nachdem sie anfängliche Hilfe von den Absorptionsämtern erhalten hatten und durch einige Kanäle der israelischen Gesellschaft (wie Schulen und Heer) hindurchgegangen waren und es noch immer unmöglich fanden, auf eigenen Füßen zu stehen oder wirtschaftlich und sozial vorwärtszukommen.

Derartige Bezirke entstanden in einigen vernachlässigteren Entwicklungsgebieten, so in Galiläa oder einigen Teilen im Süden, wohin zwar Einwanderer geleitet wurden, in denen aber die wirkliche Entwicklung nachhinkte.

Sie erschienen auch in einigen der größeren städtischen Zentren — Tel Aviv oder Haifa —, in die viele Einwanderer aus landwirtschaftlichen Siedlungen und Entwicklungsgebieten in der Hoffnung kamen, dort leichte Arbeit zu finden. Einige von ihnen wurden allmählich auf gewissen Berufsniveaus absorbiert und entwickelten neue soziale Gruppen, wurden dabei jedoch oft anspruchsvoller und unruhig.

Strukturell fortgeschrittenere und besser kristallisierte Typen neuer Einwanderergruppierungen entstanden in den neuen Städten und Entwicklungsgebieten wie Be'erschewa, Aschdod oder Dimona, wo die Einwanderer einen großen Teil, wenn nicht die Mehrheit, der Bevölkerung darstellten und wo sie schließlich in die lokale Politik hineingerieten.

Je besser die Absorption dieser spezifischen Gruppen in den Anfangsstadien — durch Wohnungs- und Arbeitsbeschaffung und Möglichkeiten des Vorwärtskommens — glückte, desto mehr bildeten sie feste Formen aus und hatten einen Einfluß auf die soziale Struktur des Landes, indem sie neue Forderungen an sie stellten und sie kontinuierlich veränderten.

Absorptionsschemata – Traditionalismus, kulturelle Unterschiede und Bereitschaft zum Wandel

Die vorangehende Analyse soll nicht bedeuten, daß diese Absorptionsstruktur unbedingt für alle Einwanderergruppen von Nachteil war oder daß alle in unstrukturierte Randgebiete der Gesellschaft getrieben wurden. Manche Einwanderergruppen fanden ihren Weg in die israelische Gesellschaft auf erfolgreiche Weise mit Hilfe der bestehenden Absorptionsämter. Sie kamen wirtschaftlich vorwärts, verschmolzen gesellschaftlich mit den Alteingesessenen, sie wurden auf verschiedenen Berufs- und Gesellschaftsniveaus »absorbiert« und übten ihrerseits einen großen Einfluß auf das gesellschaftliche Leben in Israel aus.

Aber das Ausmaß der Mobilität verschiedener Gruppen innerhalb des neuen Rahmens variierte stark.

Ein zentraler Faktor, der die Einordnung beeinflußte und besonders in den späteren Absorptionsstadien entscheidend wurde, war die kulturelle und bildungsmäßige Affinität zu verschiedenen alteingesessenen Gruppen von vorwiegend europäischer Kultur, die die meisten israelischen Institutionen formten. Dies und damit verbunden das erreichte Bildungsniveau waren natürlich wichtig für die Erleichterung der beruflichen Absorption und das Vorwärtskommen der entsprechenden Einwanderergruppen.

Andererseits stellte das Niveau des »Traditionalismus«, das in einer Einwanderergruppe bestand, nicht immer einen hindernden Faktor für die Absorption dar.

Eine weitere wesentliche Variable, die besonders in den Anfangsstadien den Grad erfolgreicher Absorption beeinflußte, war das Ausmaß, in dem Einwanderer sich elastisch erwiesen und bereit, ihre sozialen Ausrichtungen und beruflichen Vorstellungen zu ändern.

Der wichtigste allgemeine Faktor zur Beeinflussung einer derartigen Bereitschaft zum Wandel war das Ausmaß, in dem die alte soziale Struktur imstande war, ihren Mitgliedern soziale und emotionelle Stütze zu sein in der Entwicklung neuer, der neuen Umgebung angepaßter Betätigungen. Zwei weitere Faktoren in diesem Zusammenhang sind, erstens, die innere Kohäsion und Anpassungsfähigkeit der Familienstruktur und, zweitens, das Schichtungssystem einer gegebenen Einwanderergemeinschaft und deren Eliten. Von sehr großem Einfluß waren die Anpassungsfähigkeit ihres Statussystems, die Auswechselbarkeit verschiedener Eliteaufgaben (z. B. wirtschaftliche, politische, kulturelle) und ihre Akzeptierung von Untergruppen sowie das Ausmaß von grundlegender Solidarität und auch relativ kleiner Differenzierungen zwischen den Eliten und den andern Schichten der Bevölkerung.

Das Vorhandensein dieser Faktoren trug viel zur Absorption verschiedener Einwanderergruppen bei, während ihr Fehlen eine solche Absorption stark behinderte.

Wenn die beiden allgemeinsten Faktoren, das Bildungsniveau und die Bereitschaft zum Wandel, wie bei vielen Bulgaren, Jugoslawen, manchen Osteuropäern und einigen orientalischen Einwanderern, zusammen vorkamen, war die Geschwindigkeit der Absorption und des sozialen und wirtschaftlichen Vorwärtskommens groß. Doch der Prozeß der produktiven Anpassung war schwieriger. Wenn die Einwanderer sich kulturell von dem vorherrschenden Gefüge unterschieden, aber in beruflichen Angelegenheiten eine gewisse Anpassungsfähigkeit aufwiesen, wie es bei vielen Jemeniten und ländlichen Nordafrikanern der Fall war, wurden sie für gewöhnlich in die Landwirtschaft, ein Handwerk oder die unteren Stufen der Industrie aufgesogen und eingeordnet. Die größten Schwierigkeiten entstanden in denjenigen Fällen, in denen – wie bei manchen Nordafrikanern – kulturelle Verschiedenheit mit großer beruflicher Starrheit zusammenging.

Die Umformung traditionaler Gruppen

In diesem Rahmen allgemeiner sozialer Kräfte ging die Umformung aller größeren Einwanderergruppen vor sich. Bei den mehr traditionalen orientalischen Gruppen war dieser Prozeß notwendigerweise mit Veränderungen in ihren traditionalen Gruppierungen und Gefügen verbunden.

In keiner Gruppe erfolgte eine völlige Auslöschung der traditionalen Umgebung, es ging vielmehr eine kontinuierliche Neuformung der traditionalen Form innerhalb des neuen Rahmens vor sich. Bei fast allen Gruppen spielte die Familie als eine Einheit weiter eine gewisse Rolle, und zwar entweder im wirtschaftlichen Bereich (etwa im Besitz gemeinsamen Grundeigentums, in gemeinsamen Verpflichtungen usw.) oder im politischen und kulturellen Bereich (d. h. sie wurde eines der hauptsächlichen informellen Medien, durch die politischer Einfluß ausgeübt werden konnte).

In ähnlicher Weise hatten in fast allen Gruppen und in verschiedenen Bereichen ältere Autoritätsschemata noch in unterschiedlichem Ausmaß Geltung. Das zeigt sich in den Beziehungen zwischen den Generationen, in der Anerkennung der Autorität der Älteren im kulturellen und religiösen Leben, im Familienleben und materiellen Wohlergehen der Familie, sowie in einigen Moschawsiedlungen in der offensichtlichen Vorherrschaft der traditionalen Elite im politischen Leben und in den Beziehungen zur absorbierenden Gesellschaft.

Verhaltensmuster nahmen eine Vielfalt sich häufig überschneidender Formen an. Familien machten Umformungen zu neuen wirtschaftlichen und politischen Systemen durch, es entwickelten sich besondere Einwandererabteilungen innerhalb bestehender politischer Parteien und Organisationen sowie auch eine Vielzahl von besonderen »ethnischen« freiwilligen Vereinigungen für gegenseitige Hilfe und für politische oder Freizeitbetätigung.

In den meisten Gruppen fanden sich »traditionale« und »moderne« Bereiche in unterschiedlichen Ausmaßen, und es entstand daher die Notwendigkeit, eine relative Harmonie und Kontakt zwischen diesen beiden Bereichen herzustellen und die Bestimmung der Prioritäten zwischen ihnen in einer Weise, die ihre gegenseitigen Interessen betonte, vorzunehmen. Gute Beispiele für derartige ineinandergreifende Betätigungen und Organisationen geben die verschiedenen Moschawausschüsse ab, an denen sich alt und jung (wenn auch in verschiedenen Ausschüssen in unterschiedlichem Ausmaß) beteiligen.

Die erfolgreiche Zusammenarbeit derartiger ineinandergreifender Bereiche ist eng verbunden mit der Entstehung einer Statusvorstellung, die sich sowohl an dem traditionalen als auch an dem modernen Bereich orientiert und versucht, die beiden zu einem Ganzen zu verbinden.

Entwickelt sich eine derartige anpassungsfähige Statusvorstellung entweder aus mangelndem innerem Zusammenhalt oder wegen negativer Absorptionsbedingungen nicht, so entstehen Spaltungen und Spannungen zwischen dem traditionalen und dem modernen Bereich. Die traditionale Struktur selbst zerfällt, und die Möglichkeit entzweiender ethnischer Symbole wird verstärkt.

Das Ausmaß, in dem sich jede dieser Möglichkeiten der Umformung traditionaler Gruppen entwickelt, hat einen erheblichen Einfluß darauf, ob ihre Kristallisation in der israelischen Gesellschaft sich friedlich oder in Spannung vollzieht.

Welches sind also die Bedingungen, die die verschiedenen Typen der Umformung verschiedener Einwanderergruppen beeinflussen? Eine Reihe solcher Bedingungen findet sich in denjenigen Aspekten ihrer Struktur, die weiter oben analysiert wurden. Eine andere Reihe, die mit der ersten in Verbindung steht, findet sich in den Prozessen der Führerauswahl aus ihrer Mitte.

Führerauswahl innerhalb der Einwanderergruppen

Die Wechselwirkungen der Absorptionsbedingungen beeinflußten natürlich die Auswahl der Führer und machten sich bei der Umformung der Einwanderergruppen stark geltend.

Sowohl automatische Auswahl durch allgemeine Mobilität als auch mehr formale Auswahl durch Schul- und Berufsausbildung, politische Ausbildungskurse usw. erfolgen ständig in allen Einwanderergruppen und haben verschiedene Führertypen hervorgebracht. Unter ihnen befinden sich Führer rein ethnischer Vereinigungen oder Gruppen, diverse Typen von »Einflußreichen« (wie Gemeindeführer, Vertreter freier Berufe oder Mitglieder der verschiedenen bürokratischen Organisationen der israelischen Gesellschaft) und örtliche soziale und politische Führer.

Bis vor kurzem waren bürokratische und politische Führer hauptsächlich auf die unteren und mittleren Staffeln ihrer jeweiligen Organisationen beschränkt. Doch in der letzten Zeit tauchen mehr politisch-ethnische Führer in Selbstverwaltungs- und lokalen Stellungen wie auch in zentralen Parteiorganisationen auf. Einige von ihnen schufen neue Typen ethnischer Organisationen – sowohl Sippschaftsgruppen in den Moschawsiedlungen als auch politisch aktive und sogar militante ethnische Cliquen.

Mehrere untereinander verbundene Variable scheinen den Einfluß dieser Führer auf ihre Herkunftsgruppen zu bestimmen. Eine dieser Variablen ist die Kontinuität der Beziehung zwischen den Führern und ihren Gruppen. Je enger diese ist, desto mehr können solche Führer bei der allmählichen Einordnung ihrer Gruppe in die absorbierende Gesellschaft helfen – vorausgesetzt, daß ihnen selbst Erfolg bei der Verwirklichung ihrer Bestrebungen in ihr beschieden ist.

Wenn eine solche Kontinuität nicht besteht, dann geschieht es oft, daß die Gruppen ihre aktiveren Mitglieder einbüßen. Es entsteht leicht eine Apathie, und mangelhafte Verständigung zwischen ihnen und der absorbierenden Gesellschaft können zu Spannungen und Streitigkeiten führen.

Eine weitere Variable in diesem Zusammenhang ist der Charakter der Machtverhältnisse zwischen Führer und Gruppe, und insbesondere das Ausmaß, in dem die Gruppe an den neuen Errungenschaften ihres Führers teilnimmt und der Führer neue Entgelte der Gruppe zuleitet. Hiernach können wir zwischen den beiden hauptsächlichen Idealtypen unterscheiden: dem demokratischen und dem autoritären Führer[27].

Außer der rein autoritären oder demokratischen Einstellung zur Gruppe schließt die Unterscheidung zwischen diesen beiden Typen eine unterschiedliche Bewertung der Beziehungen zwischen den Herkunftsgruppen und der absorbierenden Gesellschaft ein, und dies hinwiederum beeinflußt seine Funktionen als Vermittler zwischen ihnen.

Die Wirkungen dieser beiden Führertypen auf ihre Gruppen sind natürlich ganz verschieden. Autoritäre Führer rufen für gewöhnlich eine negative Einstellung und eine passive oder sogar aktive Opposition gegenüber den Werten der Gesellschaft hervor. Ihre Autorität wird nicht willig akzeptiert, und wenn sie der Gruppe aufgezwungen wird, folgen daraus Umgehungen und Aufsässigkeit. Gewöhnlich fühlt die Gruppe, daß diese Führer ihre wirtschaftliche und politische Position ungünstig beeinflussen und daß sie die Gruppen für ihre eigenen Zwecke benutzen. Die Verzweigungen der Betätigung solcher Führer gehen jedoch viel weiter. Sie führen zu einer scharfen Machtorientierung auch seitens der Mitglieder der Gruppen, die dann

---

[27] Der erste Typ weist die folgenden Merkmale auf: (a) Eine positive Identifikation mit der Herkunftsgruppe; (b) Er will der Gruppe dienen und sieht sich selbst als ihr Vertreter, der in ihren Beziehungen zur »Außenwelt« helfen muß; (c) Er will von der Gruppe akzeptiert werden, zwingt sich ihr aber nicht auf; (d) Er ist bestrebt, ihr neue Werte zu vermitteln – aber nur in friedlicher Weise; (e) Er will die Gruppe nicht direkt als Mittel zu persönlicher Erhöhung ausbeuten oder benutzen (obwohl sie ihm in Wirklichkeit natürlich helfen kann). Der zweite Typ wird durch folgendes charakterisiert: (a) Seine negative Einstellung zu den Werten und Mitgliedern der Herkunftsgruppe (obwohl er in der Regel durch eine starke Gefühlsbindung an sie gekettet ist); (b) Er will ihr die Werte der neuen Gesellschaft aufzwingen und verlangt Gehorsam und Macht im Sinne seiner Vertretung dieser Werte; (c) Er strebt eine starke Autoritätsposition innerhalb der Gruppe an und gebraucht sie als Mittel zur Selbsterhöhung (z. B. durch Stimmenkauf usw.).

ihrerseits versuchen, ihre Führer im Sinne von Utilitaritäts- und Machtbegriffen auszunützen, ohne die Normen, die solche Beziehungen regeln, zu berücksichtigen. Die starke Betonung der Macht führt daher zu einer kumulativen Serie abweichender Betätigungen.

Trotzdem kann es oft geschehen, daß der autokratische Führer sich beliebt macht oder wenigstens Erfolg hat in der Beeinflussung und Organisation von Einwanderergruppen, die entwurzelt und unzufrieden sind und sich in den diversen »Schlingen« des Absorptionsnetzes verfangen haben.

Die demokratischeren Führer werden für gewöhnlich willig akzeptiert und ihre Autorität wird anerkannt. Ihr Erfolg in der Erreichung neuer Ziele wird in der Regel von den Gruppen, die einen Anteil daran erhoffen, gebilligt. Infolgedessen werden sie zu guten Mittlern und verstärken sowohl die positive Identifikation der Gruppe mit den Werten der absorbierenden Gesellschaft als auch die Beteiligung der Gruppe auf politischem, kulturellem und sozialem Gebiet.

Die Bedingungen, unter denen diese verschiedenen Führertypen auftreten, beeinflussen die Bedeutung ihrer Auswahl in entscheidender Weise, und hier treten wiederum die früher erwähnten grundlegenden Variabeln der Absorption in den Vordergrund.

Von primärer Bedeutung sind die innere Struktur der Einwanderergruppen und ihre kulturell-erzieherischen Überlieferungen sowie ihr innerer Gruppen- und Familienzusammenhalt. Berufsmäßige und wirtschaftliche Führer sind daher mehr in Gruppen mit entsprechendem Bildungsrückhalt zu finden. Doch die Beziehung zwischen dem inneren Zusammenhalt der Gruppe und der Tendenz, eine demokratische oder autokratische Führung zu entwickeln, scheint noch wichtiger zu sein.

Die Absorptionsbedingungen sind nicht weniger wichtig als die Ausgangsbedingungen der Einwanderergruppen. Demgemäß entwickeln sich autokratische Führer, die sich oft in bürokratischen und parteipolitischen Positionen befinden, leichter, wenn die Absorptionsämter übermäßig bürokratisch oder politisch orientiert sind, und in Situationen, in denen Machtkriterien betont werden – in den diversen »Hinterhalten« der Absorption oder in den »nicht-strukturierten Bezirken« der Gesellschaft.

Strukturelle Kristallisationen und Spannungen in den fortgeschrittenen Absorptionsstadien

Die Bedeutung der verschiedenen Absorptionsbedingungen trat in den fortgeschrittenen Stadien noch deutlicher hervor, als größere Einwanderergruppen in die zentraleren Betätigungsbereiche gezogen wurden.

Neue aktive, artikulierte, berufsmäßige und besonders politisch-ethnische Führer traten an die Stelle der auf niedriger Stufe stehenden Organisatoren oder »Klan-Mittler«, doch ihr grundlegender Einfluß war zwar dauerhafter, aber noch immer den früher beschriebenen ähnlich.

Die allgemeinen Aspekte der Gruppenumformung, besonders in den fortgeschritteneren Stadien der Absorption, stellten den Brennpunkt für neue strukturelle Kristallisationen in den verschiedenen Einwanderergruppen dar.

Wo diese Umformung ohne Schwierigkeiten erfolgte, waren die »positiven«

Führer vorherrschend, und die innere Kohäsion der sich verändernden Gruppen wurde nicht sehr gestört. Die Rekristallisation dieser Gruppen und der daraus folgende stetige Wandel der Subkulturen innerhalb der israelischen Gesellschaft gingen relativ glatt vor sich und wurden leicht angenommen.

Wenn eine solche ruhige Umformung nicht erfolgte, wurde die Kombination von ethnischen Gruppen in ihrer neuen Umgebung mit den diversen aus ihrer Bahn geworfenen Führern leicht zum Ausgangspunkt für ethnische Spannungen und Ausbrüche.

Dies hat sich bei vielen Gelegenheiten gezeigt, angefangen bei den Unruhen von Wadi Salib im Jahre 1959 und weiter in Tumulten jüngeren Datums (s. weiter unten Zweiter Teil, IV).

Es ist signifikant, daß derartige Ausbrüche nicht in den ersten Jahren der Absorption erfolgten, als es den meisten, und besonders den orientalischen, Einwanderern sehr schlecht ging, sondern in einem viel späteren Stadium, nachdem sich das Los der meisten von ihnen erheblich verbessert hatte.

Ferner waren die Teilnehmer an diesen Ausbrüchen im allgemeinen nicht vollständig mittellos, sondern gehörten zu denjenigen, die bereits Vorteile aus den von den Absorptionsämtern zur Verfügung gestellten Dienstleistungen gezogen hatten, denen es aber nachher nicht so gut erging. Besonders wichtig war die Altersgruppe von zwanzig bis zu fünfundzwanzig Jahren, deren Angehörige fünf bis zehn Jahre in Israel waren und in der Armee gedient hatten, in der sie sich nach allgemeiner Aussage nicht zurückgesetzt fühlten. Bei Beendigung des Militärdienstes empfanden sie den Mangel an ausreichender Fachausbildung, oder sie waren ohne feste Arbeit und wurden von einer Notstandsarbeit in die andere getrieben und waren nicht imstande, ein festes Einkommen zu finden. Die Tatsache, daß schon diese Teilbeschäftigungen ihnen einen höheren Lebensstandard ermöglichten als sie in ihrem Herkunftsland genossen hätten, änderte nichts. Durch Bemerkungen dieser Art wurden sie nur mehr verärgert, denn in der Zwischenzeit hatten sie die Wertmaßstäbe der israelischen Gesellschaft angenommen und fühlten sich zu entsprechender Lebensweise berechtigt. Aus diesen Situationen gingen diverse Typen autokratischer Führer hervor, die von großer Bedeutung für die Kristallisation dieser Ausbrüche waren.

Einwanderersubkulturen in der israelischen Gesellschaft

Die Einverleibung der diversen Einwanderergruppen in den Rahmen der israelischen Gesellschaft bedeutete, daß frühere Abgeschlossenheit oder Selbstgenügsamkeit ihrerseits notwendigerweise geschwächt, begrenzt oder umgewandelt wurden. Die Hauptgebiete, in denen eine solche Einverleibung in die israelische Gesellschaft stattfand, waren die des Berufs- und Wirtschaftslebens, des Bildungswesens und, in gewissem Ausmaß, der Politik.

Die institutionellen Gebiete, auf denen die Kontinuität ihrer eigenen Lebensweise am größten war, waren Familie, gesellschaftliches Leben, Freundschaften und nachbarliche Beziehungen, sowie einige Aspekte der kulturellen Tradition wie Freizeitbeschäftigung oder religiöse und folkloristische Traditionen.

Indes erfolgte in der gleichen Sphäre der kulturellen Werte und Überlieferungen durch den Einfluß der absorbierenden Gesellschaft eine starke Unterminierung der Gebräuche der Einwanderer.

Im allgemeinen waren die Möglichkeiten der Erhaltung einer gewissen Kontinuität der Tradition um so größer, je höher der Grad der ökologischen Konzentration war; und in solchen Fällen konnten diese Traditionen leicht zum Mittelpunkt einer allgemeineren, sogar über das ganze Land verbreiteten sozialen und politischen Betätigung werden. Hier war auch die größte Möglichkeit zu extremistischer ethnischer Aufwiegelung des Volks, die leicht zu Unruhen führen und separatistische Tendenzen fördern konnte.

Der Absorptionsprozeß und die sie begleitende innere Umformung von Einwanderergruppen konnten sowohl zur Erleichterung der stetigen Absorption dieser Gruppen in die israelische Gesellschaft führen als auch die Entwicklung von Spannungen und Konfliktpunkten zwischen den Gruppen fördern.

Die Umformung der sozialen Struktur der Einwanderer beeinflußte den kulturellen Wandel beträchtlich und ließ zwei sich widersprechende Tendenzen entstehen.

In manchen Fällen fügten sich diese Subkulturen erfolgreich in die israelische Gesellschaft ein, betonten ihre Identifikation mit ihr und ihre Zufriedenheit mit dem in ihr Erreichten und entwickelten dabei ihre eigenen spezifischen sozialen und kulturellen Traditionen.

In anderen Fällen übten die Spannungen zwischen den Gruppen einen desorganisierenden Einfluß auf die Einwanderer aus, und die ethnischen Symbole wurden zu Kennzeichen einer negativen Gruppenidentifikation und Abwendung von der absorbierenden Gesellschaft. Wie wir später sehen werden, waren diese desorganisierten Gruppen potentielle Herde der politischen Spannung.

Unabhängig davon, welcher Trend überhandnahm, stellte in Anbetracht der Grundzüge der Sozialpolitik und ihrer Auswirkungen gewiß schon allein das Auftreten derartiger – und insbesondere sich von der absorbierenden Gesellschaft abkehrender – Subkulturen eine unvorhergesehene und in großem Ausmaß paradoxe Entwicklung dar.

In den vorangegangenen Abschnitten war davon die Rede, welche Auswirkungen die Absorptionspolitik auf die Kristallisation ethnischer Gemeinschaftsgruppen, in erster Linie unter den Einwanderern aus orientalischen Ländern, hatte. Diese Gruppen waren auf den niederen Sprossen der Bildungs- und Berufsleiter konzentriert, und darum konnte ihre ethnische Gemeinschaftsidentifikation leicht zu einem separatistischen Brennpunkt in der bestehenden sozialen Struktur werden. Zwar zeigte sich auch unter den Einwanderern aus verschiedenen europäischen Ländern eine Tendenz, viele ihrer früheren Gebräuche fortzusetzen, und auch unter ihnen entstanden viele Spannungen innerhalb der absorbierenden Struktur, doch durch das Fehlen eines derartigen Bildungs- und Kulturabstands mit all seinen Verflechtungen und Folgen wurde ihre Gemeinschaftsidentifikation nicht zu einem Brennpunkt der Spannung und einer Kristallisation fortgesetzter sozialer und politischer Spaltungen. Der Haupteinfluß und tiefere Sinn der Absorptionspolitik bezüglich dieser Gruppen lag im großen ganzen in der Unterstreichung der politischen und organisatorischen Aspekte der Schichtungsstruktur.

Doch darüber hinaus hatte die Absorptionspolitik auch einen gewissen Einfluß – der vielleicht schwer genau abzuschätzen ist – auf den Einwanderungsprozeß selbst. Die grundlegenden statistischen Angaben weisen deutlich die spärliche Einwanderung aus den sogenannten »wohlhabenden Ländern«, d. h. aus Nord- und Südamerika, Westeuropa und den früheren englischen Dominions nach. Der Hauptteil der nichtorientalischen Einwanderung kam aus Osteuropa und in letzter Zeit in geringem Umfang auch aus lateinamerikanischen Ländern. Der Hauptgrund für diese spärliche Einwanderung aus den »wohlhabenden Ländern« ist zweifellos auf das Fehlen ausreichender Motive zur Einwanderung zurückzuführen und auch auf die Unfähigkeit der Zionistischen Organisation, neue Wege zu finden, um diesen fehlenden Wunsch zur Einwanderung zu überwinden.

Doch über diese allgemeinen Gründe hinaus, die natürlich auch ein gewisses Grundproblem im Aufbau der israelischen Gesellschaft aufzeigen, gibt es auch eine ganze Reihe von Angaben, die darauf hinweisen, daß die Absorptionspolitik – zum mindesten bis vor kurzem – nicht darauf abgestellt war, sich mit den Problemen von Einwanderern aus diesen Ländern zu befassen. Dieselbe undifferenzierte Betrachtungsweise, die wir in den frühen Absorptionsstadien den orientalischen Einwanderern gegenüber sahen, findet auch in der Einstellung zu den Einwanderern aus diesen Ländern Ausdruck. In gewissem Grade wurzelten diese Einstellungen in denselben Quellen, wenn auch ihr konkreter Ausdruck große Unterschiede aufwies.

In bezug auf die orientalischen Einwanderer drückte sich das Fehlen einer differenzierten Einstellung in der mangelnden Berücksichtigung des sozio-kulturellen Hintergrunds und der daraus folgenden sozialen Probleme aus. Bei Einwanderern aus den wohlhabenden Ländern und bis zu einem gewissen Grade auch bei anderen nicht-orientalischen Einwanderern drückte sich diese Einstellung hauptsächlich darin aus, daß kein oder wenig Verständnis für andere als »Pionier«-Motive oder für die Einwanderungs- und Absorptionsprobleme selbständiger mittelständischer oder aus den freien Berufen kommender Einwanderer bestand. Das Absorptionssystem war mehr auf diejenigen abgestellt, die freiwillig oder aus Notwendigkeit die organisatorischen Folgen der Pioniereinstellung, ihre Abhängigkeit von den Absorptionsbehörden, akzeptieren, ebenso wie die Tatsache, daß sie in den ersten Stadien in ihrer Wirtschaftsbetätigung weitgehend von diesen Organisationen geleitet werden. Erst kürzlich ist auf diesem Gebiet ein gewisser Wandel eingetreten, hauptsächlich infolge der durch die lateinamerikanische Einwanderung hervorgerufenen Probleme. Es ist indes noch schwierig, das Maß von Erfolg abzuschätzen.

Zwar mag es schwierig sein, den Einfluß der Absorptionspolitik auf Einwanderer, die nicht kamen, zu schätzen, doch daran besteht kein Zweifel, daß die Absorptionspolitik die Bedeutung politischer und administrativer Faktoren und Unterscheidungen in der organisatorischen Struktur und Schichtung der israelischen Gesellschaft beträchtlich verstärkte.

Widersprüche und Probleme in der Sozialpolitik und Sozialfürsorge

Ein weiteres wichtiges Gebiet, auf dem sich große Widersprüche der offiziellen Politik entwickelten, war das der Sozialfürsorge.

Die grundlegende Voraussetzung des Großteils der Sozialpolitik in Israel war, daß weitgehende Fürsorgeerwägungen einen notwendigen Teil der Institutionen des

Landes bilden. Auch die Absorption der Einwanderer, von denen viele soziale Fälle darstellten, war offenbar auf die Sicherung eines minimalen Lebensstandards gerichtet.

Die Realität erfüllte jedoch die grundlegenden ideologischen Voraussetzungen nicht, und die besondere Fürsorge wurde zu einem der problematischsten Gebiete im Bereich der israelischen Sozialpolitik. Das trifft ganz besonders auf die Gruppen am Rande, die sozialen Fälle, zu – die Arbeitslosen, Mittellosen, Alten, Kranken usw., die einen nicht unbeträchtlichen Teil der Bevölkerung darstellen.

Obwohl viele verschiedene Stellen – das Wohlfahrtsministerium, »Malben«, »Hadassah« und diverse private Körperschaften – wichtige Funktionen auf diesem Gebiet ausübten, entstanden doch viele Lücken.

So entwickelten sich neben Institutionen mit hohem Leistungsniveau und Berufsstandard auch solche auf viel niedrigerem Niveau – ein Zustand, der sich zugegebenerweise in jeder Gesellschaft findet. Darüber hinaus bestand jedoch ein viel akuteres Problem in der Tatsache, daß die vom Wohlfahrtsministerium gebührenden Mindestbewilligungen weder voll noch kontinuierlich gezahlt wurden und oft auch jetzt noch nicht regelmäßig ausgezahlt werden. Außerdem werden bei dieser Bewilligung nicht die besonderen Probleme verschiedener Gruppen und die verschiedenen Kategorien von sozialen Fällen in Betracht gezogen. Die folgende Übersicht über wirtschaftliche Unterstützung veranschaulicht diese Probleme.

Die direkte wirtschaftliche Unterstützung basiert auf den »minimalen Unterhaltskosten« und besteht nur aus den Nahrungsmittelkosten. Wasser, Elektrizität, Heizung, Kleidung, Schulgeld, besonderer Bedarf für Kinder, ärztliche Versorgung sowie Steuern sind nicht eingeschlossen. Diese andern Bedürfnisse werden nicht übersehen, jedoch gibt es keine klaren Bestimmungen darüber, an wen, in welcher Höhe oder gar in welcher Weise diese Versorgungsleistungen zu gewähren sind. Wenn es für nötig gehalten wird und Mittel verfügbar sind, gewährt die städtische Wohlfahrtsstelle diese Versorgungsleistungen auf verschiedene Weisen. So werden für gewöhnlich Menschen, deren hauptsächliches oder gesamtes Einkommen aus öffentlicher Unterstützung herrührt, auf Empfehlung der Wohlfahrtsabteilung von der Zahlung städtischer Steuern befreit. Recht oft bezahlt dieselbe Abteilung auch die Miete ganz oder teilweise. Ärztliche Versorgung, d. h. Krankenhausaufenthalt wird auf Empfehlung der Wohlfahrtsbehörden vom Gesundheitsministerium gewährt; Kleidung wird zur Verfügung gestellt, wenn vorhanden (Kleider werden meist aus privater Hand gespendet). Diverse Schulbedürfnisse werden durch Zusatzbestimmungen im Wohlfahrtsbudget gedeckt, aber Wasser, Elektrizität und Heizung sind in keiner der erwähnten Bestimmungen enthalten. Es sei nochmals betont, daß es keine klaren Kriterien darüber gibt, wer berechtigt ist, die eine oder andere der obigen Versorgungsleistungen zu erhalten. Die einzige Leistung, die aufgrund genauer Anweisungen über die Höhe der pro Haushalt auszuzahlenden Summen gewährt wird, ist die der direkten wirtschaftlichen Unterstützung. Hier sind die Bestimmungen wie folgt (1965):

    IL   61,– für eine Einzelperson im Monat,
    IL   95,– für ein Paar im Monat,
    IL 175,– für 5 Personen im Monat und
    IL   35,– für jede zusätzliche Person.

Das Budget des Wohlfahrtsministeriums basiert auf der Annahme, daß diese Beträge die minimalen Unterhaltskosten (nur für Nahrung) decken. Dieser Satz, der vor mehr als fünf Jahren angesetzt wurde, wird jedes Jahr von der Knesseth ratifiziert. Die Gesamtausgaben für Sozialfürsorge betrugen im Jahre 1962/63 IL 120 Millionen und im Jahre 1963/64 IL 143 Millionen.

Das Wohlfahrtsministerium hat für diesen Zweck ein festes Budget, wobei 30 % des Geldes von verschiedenen jüdischen Wohlfahrtsorganisationen gegeben werden und 70 % aus Regierungsquellen stammen. Die Zahl der Familien, die im Jahre 1962/63 Unterstützung erhielten, war 106 300 und verteilte sich wie folgt:

Regelmäßige wirtschaftliche Unterstützung	27 400
Andere materielle Unterstützung	31 000
Fürsorge ohne materielle Unterstützung	47 800

Aus diesen Angaben geht hervor, daß mehr als 5 % der Gesamtbevölkerung fürsorgebedürftig sind, wohingegen die »Maximalisten« behaupten, die Gesamtzahl der Personen, die im Jahre 1961/62 Wohlfahrtsunterstützung erhielten, sei 241 000 oder 11 % der Gesamtbevölkerung[28]. 15 000 Personen, die Altersversorgung beziehen, sind dieser Zahl noch hinzuzufügen.

Im Jahre 1961 fertigte das Staatliche Statistische Amt eine Übersicht über Familien, die von Unterstützung lebten, an. Einige der erhaltenen Angaben seien hier aufgeführt:

a) 95 % der betreffenden Familien waren nach 1948 eingewandert.
b) 80 % der Familien kamen aus asiatischen oder afrikanischen Ländern.
c) 17,5 % der Familien bestanden aus acht oder mehr Personen.
d) Die Durchschnittsgröße der Familie war 4,7 Personen.

Wir sehen also, daß dieses Gebiet paradoxe Ergebnisse hervorbrachte. Die niedrigste Schicht der Bevölkerung entwickelte sich in einer Weise, daß ihre Stellung zum Dauerzustand wurde.

Einer der Gründe hierfür ist die Vielfalt verschiedener Organisationen und Institutionen und die etablierten Interessen, die sich entwickelten und die eine einheitliche Politik erschweren.

Ein zweiter Grund ist die geringe Zahl klarer Definitionen von Normen und Leitprinzipien auf diesem Gebiet. Sie wurden weder von Sozialfürsorgern noch vom Wohlfahrtsministerium je klar formuliert. Dieses Ministerium gehört nicht zu den stärksten und konnte sich gegenüber den verschiedenen Organisationen und Institutionen – von denen viele an starke politische Gruppen im Lande angeschlossen sind – nicht leicht durchsetzen und sie miteinander koordinieren. Das Ministerium selbst litt auch unter Anwendung starken politischen Drucks gegen es und unter unzulänglich geschultem Fachpersonal, das schwer zu koordinieren war.

In engem Zusammenhang hiermit standen die Schwierigkeiten, angemessene Berufsnormen für die Sozialarbeit aufzustellen und sie dadurch für hochqualifiziertes Personal anziehend zu machen.

Die ambivalente Haltung zur Sozialfürsorge, über die bereits gesprochen wurde,

---

[28] Quelle: Y. Kanev, Sozialpolitik in Israel. Institut für soziale und wirtschaftliche Untersuchungen (Hebräisch). Kupath Cholim, 1964, Tel Aviv.

war auf die Tatsache zurückzuführen, daß in der sozialen Pioniersideologie kein Raum war für soziale Fälle oder Probleme. Diese sollten alle durch die volle Erfüllung der Ideologie gelöst werden. Daher konnte paradoxerweise auch die Politik, die auf der Annahme einer »totalen« Absorption basierte, nicht leicht für unterschiedliche Bedürfnisse von Einwanderergruppen sorgen. Dementsprechend entstand einer der Grundmängel der Absorptionspolitik im Zusammenhang mit solchen sozialen Problemen und wirkte sich in großen Gruppen von sozialen Fällen aus.

Infolge der starken politisch orientierten etablierten Interessen der Histadruth-Krankenkasse entwickelte sich keine allgemeine Krankenversicherung. Gleichermaßen gibt es noch keine Arbeitslosenversicherung. Hinter dieser Sachlage versteckt sich die Annahme, die meisten Bevölkerungsgruppen könnten für sich selbst sorgen, und zwar entweder direkt oder durch Anschluß an eine der sozio-politischen Organisationen. Diese Einstellung im Verein mit dem organisatorischen Zustand der Versorgungsleistungen bedeutete eine Benachteiligung derjenigen »schwächeren« sozialen Gruppen, die nicht auf diese Weise für sich selbst sorgen können und die daher leicht außerhalb des Bereichs dieser Dienste bleiben.

Trotz stetiger administrativer Fortschritte bestehen diese Probleme weiter. Sie stellen eines der interessanten, paradoxen und unerwarteten Ergebnisse der Sozialpolitik und der Absorption dar.

4. Entstehende Gefüge sozialer Organisation und Schichtung

Tendenzen in der Statusausprägung

Der stetige Einfluß der diversen sozialen, wirtschaftlichen und beruflichen Unterschiede und die von der Elite entwickelte Politik führten zu einigen nachhaltigen, wenn auch unerwarteten, Tendenzen in der israelischen sozialen Organisation.

Den offenkundigsten Wandel stellten Äußerungen verschiedener Lebensstile dar sowie die Art und Weise, in der sich die Organisation des Zugangs zu den grundlegenden wirtschaftlichen Mitteln vollzog.

In diesem Zusammenhang traten sowohl die Bedeutung der verschiedenen älteren Bewegungen als auch die Tendenzen in bezug auf neue vorgegebene Zusammengehörigkeitsgefühle klar zutage.

Hier war vielleicht die wichtigste allgemeine Entwicklung die Schwächung des auf die »Bewegung« zugeschnittenen Lebensstils. Der zunehmende Nachdruck auf gemeinsamen Verbrauchsnormen verringerte die Unterschiede zwischen dem privaten und dem kollektiven Sektor, akzentuierte hingegen die Unterschiede zwischen beruflichen, wirtschaftlichen und ethnischen Gruppen und Schichten.

Das führte zu einer Verwischung der Unterschiede zwischen den wesentlichen formalen oder halbformalen Sektoren in der jüdischen Gemeinschaft und wirkte sich auf alle Teile der Bevölkerung aus.

Die Beziehungen zwischen den verschiedenen Sektoren akzentuierten zu gleicher Zeit den Machtfaktor und nahmen als Grundelement im System der Schichtung erheblich an Bedeutung zu. Dies bildete einen Teil des allgemeineren Wachstumsprozesses der verschiedenen Machtzentren in der israelischen Gesellschaft, der in der Begründung des Staates, in der Vervielfältigung administrativer bürokratischer Stellen und in der zunehmenden Bedeutung politischer Positionen innerhalb der sozialen Organisation wurzelte.

Es entstand nicht nur zwischen den hauptsächlichen Sektoren, sondern auch zwischen ihren Untergruppen und den Unternehmungen in jedem einzelnen Sektor ein reger Wettbewerb, und die Zahl der von ihm betroffenen Menschen und Lebenssphären nahm stetig zu.

Diese Schwächung der auf Elite und Bewegung gerichteten Einstellungen verstärkte die Probleme des Zugangs zu verschiedenen Positionen und Mitteln – teils weil diese Entwicklung den Gleichheitspostulaten der Eliten widersprach und teils weil der Differenzierungsprozeß an sich geeignet war, die Kontrolle der Elite über den Zugang zu den wichtigeren Positionen und Mitteln zu schwächen.

Die wichtigste Umformung in der Schichtung entstand im Gefolge wirtschaftlicher Differenzierung und der Herausbildung verschiedenartiger Lebensstile.

Diese Umformungen waren weder gleichmäßig noch einfach. Sie wiesen eine sehr enge Verbindung mit der Entwicklung verschiedener anomischer Bezirke und mit diversen neuen, oft unbeabsichtigten, strukturellen Folgen und Spaltungen auf.

Die zunehmende Bedeutung des Konsums als Statuskriterium stärkte die Klasse oder Schicht in der sozialen Schichtung auf Kosten der älteren Bewegungsideologien der Elite; dabei entwickelten sich von innen heraus neue, für den israelischen Schauplatz spezifische Richtungen.

Tendenzen in der Ausprägung von Klassen

Eine Trendanalyse der Berufs-, Stellungs- und Einkommensdifferenzierungen dürfte den besten Zugang zu diesen Entwicklungen darstellen.

Um die spezifischen Merkmale der israelischen Gesellschaft zu analysieren, genügt es nicht, die allgemeinen Trends aufzuzeigen; es ist vielmehr unerläßlich, die Konstellationen und das Zusammenspiel von Statuskriterien – Bildung, Beruf und Einkommen – in ihrer Entstehung zu analysieren.

Es traten mehrere Eigenheiten zutage, die in enger Beziehung zu einigen weiter oben analysierten Aspekten der sozialen Mobilität stehen.

Die Angaben in Tabelle 35 zeigen einen vorläufigen Aspekt dieses Problems[29].

Bei einer Analyse zeigt sich eine große Diskrepanz zwischen den verschiedenen Skalen, und die unteren Stufen, insbesondere Menschen des niedrigsten Bildungsniveaus, weisen gute Aussichten für die Erreichung einer relativ hohen Einkommensstufe auf.

Obwohl 51,5 % aller Israelis zur niedrigsten Bildungsstufe gehören, sind nur 33,2 % in der niedrigsten Einkommensstufe. Anders als in den USA, in denen wir auf den oberen Stufen der beiden Skalen eine starke Korrelation zwischen beruflichem Prestige und Einkommen finden, scheint in Israel der Trend entgegengesetzt zu verlaufen. Die oberen Stufen weisen eine beträchtliche Diskrepanz zwi-

---

[29] R. Bar-Josef und D. Padan, »Die orientalischen Gemeinden im Klassenkampf in Israel« (hebräisch), Molad, Bd. XXII, November 1964, S. 195–196.

Tabelle 35. Statusausprägung (%) der Bevölkerung) in Israel

	Einkommen	Beruf	Bildung
Oberklasse	3,9	10,5	12,2
Mittelklassen			35,1
Obere Mittelklasse	19,5	34,0	
Untere Mittelklasse	43,4	24,7	
Untere Klassen	33,2	25,5	51,1[1]

[1] Folgende Kriterien wurden zur Charakterisierung der Klassenskala verwendet:

Bildung:
- Untere Klassen = fehlende Schulbildung – Volksschulbildung
- Mittelklassen = höhere Schulbildung
- Oberklasse = Universitätsbildung oder gleichwertige Fortbildung nach vollendeter höherer Schule

Beruf:
- Untere Klassen = ungelernte körperliche Arbeiter
- Untere Mittelklasse = gelernte Arbeiter, angelernte Arbeiter, niedere Büroangestellte und niedere Geschäfts- und Verkäufergruppen
- Obere Mittelklasse = Büroangestellte in mittleren Stellungen
- Oberklasse = Geschäftsleute, freie Berufe und angestellte Fachkräfte, oberste Managerstufe

Einkommen:
Die Abgrenzung der Stufen basiert hauptsächlich auf der gemeinhin akzeptierten Schätzung von niedrigen, mittleren und hohen Einkommen:
- Untere Klassen = IL 1 000,– bis 1 999,–
- Untere Mittelklasse = IL 2 000,– bis 3 999,–
- Obere Mittelklasse = IL 4 000,– bis 7 499,–
- Oberklasse = IL 7 500,– bis 10 000,– +

Quelle: R. Bar-Josef und O. Padan, a.a.O.

schen Berufsprestige und Einkommen auf: 10,5 % der Israelis finden sich in der Stufe höheren beruflichen Ansehens, aber nur 3,9 % gehören zur höchsten Einkommensstufe.

Das bedeutet, daß bei einer Projektion der Bevölkerung auf eine Einkommensskala die Tendenz nach den niedrigeren Stufen hin verläuft, während sie in der Berufsskala in Richtung auf die oberen Stufen deutet.

Da die meisten statistischen Angaben in bezug auf Gehalts- und Lohnempfänger zuverlässiger sind als in bezug auf Selbständige, bedürfen diese Ergebnisse und Folgerungen einer entsprechenden Berichtigung, doch sind genaue Angaben für eine volle Korrelation noch nicht verfügbar.

Unter den neuerlichen Trends in der israelischen Wirtschaft und Gesellschaft ist der signifikanteste die stetige Steigerung von Einkommen und Lebensstandard im Privatsektor (Industrie, Bankwesen und Handel) und in gewissem Ausmaß bei den Selbständigen in den freien Berufen (Rechtsanwälten, Architekten, einigen Ärzten). Das trifft auch auf viele Angestellte in staatlichen Gesellschaften zu, denen in der Durchbrechung der offiziellen Lohn- und Gehaltsbeschränkungen Erfolg beschieden war.

Obwohl wahrscheinlich ein größerer Prozentsatz den höheren Einkommensstufen zuzuweisen ist, bleibt es daher zweifelhaft, ob dies die geringere Bedeutung der Bildung in den oberen Stufen erheblich ändern würde – insbesondere, da die meisten Fachkräfte noch in öffentlicher Anstellung stehen. Möglicherweise deutet es darauf hin, daß die Diskrepanz zwischen Einkommen und beruflichem Ansehen in den höheren Stufen etwas geringer ist als angenommen, insbesondere in bezug auf nichtfachliche Berufe im privaten oder halböffentlichen Sektor.

Unabhängig von dem Ausmaß dieser Spaltungen tendiert indes das Klassensystem in Israel zu einer starken Betonung der unteren Mittelklasse und der Mittelklasse, eine Tatsache, die auch von den oben zitierten vorläufigen Angaben über die Mobilität bestätigt wird.

Als interessantes Paradox sei in diesem Zusammenhang die Tatsache erwähnt, daß die wirtschaftliche Lage der unteren Klassen wirklich sehr schlecht ist und daß sie eine Grenzgruppe in der Gesellschaft bilden.

Wichtiger noch ist, daß der relative Prozentsatz dieser unteren Gruppen nicht gesunken ist, obwohl die offizielle Sozialpolitik einen starken Nachdruck auf möglichste Herabsetzung der Ungleichheit legt. Ein Teil dieser Politik – wie etwa das Fehlen einer umfassenden Krankenversicherung – sowie die Rolle, die die Ausübung politischen Drucks bei ihrer Anwendung spielt, kann dazu führen, diesen Zustand zu verstärken und auf die Dauer fortbestehen zu lassen.

Am andern Ende der Skala betonten die verschiedenen Mittelklassen unterschiedlichen symbolischen Konsum und förderten das stetige Anwachsen einer kleinen, doch ständig zunehmenden »Oberklasse« von Millionären oder sehr wohlhabenden Gruppen von Industriellen, Bankiers, ausländischen Kapitalanlegern und einigen Mitgliedern der freien Berufe. Dies wurde zum Teil auch gerechtfertigt durch die allgemeine Betonung demonstrativen Konsums, durch die Beteiligung vieler öffentlicher Persönlichkeiten und Beamter an derartigem Konsum und durch die Tatsache, daß dies ein unvorhergesehenes aber auch unkontrolliertes Ergebnis der Wirtschaftspolitik der Regierung war. Das wiederum hatte einen großen Einfluß auf die Richtung der Mobilitätsprozesse in der israelischen Gesellschaft.

Dieser allgemeine Trend in der Ausprägung eines Mittelstands wird in israelischer Selbsteinschätzung in Begriffen von Status- und Klassenkriterien sogar noch offensichtlicher. Eine vorläufige Untersuchung[30] zeigt, daß, obwohl Israel für seine stark ideologische und politische Hinneigung zu den Arbeiterparteien bekannt ist und die Vereinigten Staaten als Bollwerk des Kapitalismus gelten, die Angaben über Klassenidentifikation in beiden Ländern ein gegenteiliges Bild ergeben. Interessanterweise betrachtete sich sogar ein Drittel der Mitglieder sozialistischer Kollektivsiedlungen (Kibbuzsiedlungen) als zum Mittelstand gehörig.

Eine andere Untersuchung[31] mit einem etwas unterschiedlichen Fragebogen gelangte zu Resultaten, die auf den ersten Blick verschieden erscheinen mögen, im Grunde aber recht ähnlich sind. Diese Untersuchung verwendete die folgenden in gewissem Ausmaß von der »Pioniersideologie« abgeleiteten Statuskategorien: (1) Mittelklasse; (2) geistige Arbeiter; (3) Arbeiterklasse.

Es stellte sich heraus, daß die Selbstidentifikation mit einer dieser Klassenkategorien eng mit dem objektiven Berufsstatus und Bildungsgrad zusammenhing. 50 % der untersuchten Lohnempfänger ohne Reifeprüfung identifizierten sich als »Arbeiterklasse« und weniger als 20 % als »Mittelklasse«. 51 % der Selbständigen ohne und 62 % mit Reifeprüfung identifizierten sich als »Mittelklasse«; hingegen reihten sich 50 % der Gehaltsempfänger mit Reifeprüfung in die Kategorie der »geistigen Arbei-

---

[30] A. Antonovsky, Soziale und politische Einstellungen in Israel (hebräisch). Allot, Juni–Juli 1963.
[31] Aus der praktischen Arbeit zusammengestellt für: A. Zloczower, Mobilitätsschemata und Statusauffassungen in einem städtischen israelischen Milieu (hebräisch). Doktordissertation, Hebräische Universität von Jerusalem, 1966.

ter« ein, weitere 22 % in die der »Mittelklasse« und nur 10 % in die der »Arbeiterklasse«.

Somit scheint auch hier ein stärkerer Nachdruck auf die »mittleren« Schichten – auch wenn sie durch etwas unterschiedliche Kategorien definiert sind – als auf die rein proletarischen oder »unteren« Schichten vorzuliegen.

Alle diese Angaben zeigen einen interessanten Entwicklungstrend im israelischen Statussystem auf. Sie weisen darauf hin, daß der Beruf zu einer wichtigen, wenn auch nicht der einzigen, Determinante des sozio-ökonomischen Status in Israel geworden ist. In der Zeit vor der Staatsgründung wurde der objektive Prozeß einer absteigenden Inter-Generationen-Mobilität erkannt und zum Ideal erhoben (»Proletarisierung«, »Normalisierung der Berufspyramide«). Formale Bildung wurde abgewertet und das vom »chaluzischen« oder Pioniersektor gehegte Klischee vom »kultivierten Arbeiter« hob das Selbstbildnis des »klassenbewußten Arbeiters« (zum mindesten wird uns das berichtet). Überreste dieser Idealisierung sind wahrscheinlich noch heute am Werk. Doch zweifellos besteht heute im Vergleich zu früher eine größere Mannigfaltigkeit von signifikanten Statuskomponenten, die mit »Klasse«, Beruf und Ideologie als potentiellen Mittelpunkten der Identifikation und Solidarität in Wettbewerb treten.

In der oben zitierten Untersuchung [32] wurde der Versuch unternommen, das Solidaritätspotential einiger dieser Kategorien abzuschätzen.

Ein hohes Solidaritätspotential zeigten (unter andern) diejenigen, die sich als »religiös« identifizierten (74 % von denen, die sich in diese Kategorie einordneten, wiesen ihr in ihren Solidaritätsprioritäten einen hohen Rang zu); ferner als »geistige Arbeiter« (65 %), »Arbeiterklasse« (52 %), »mit Reifeprüfung« (46 %), »im Land geboren« (44 %), »Selbständige« (46 %), »aktive Parteimitglieder« (52 %), »orientalische ethnische Gruppe« (43 %), »Sozialisten« (47 %).

Ein niedriges Solidaritätspotential weisen die folgenden Kategorien auf: »nichtreligiös« (15 %), »Mittelstand« (27 %), »ohne Reifeprüfung« (18 %), »Neueinwanderer« (20 %), »Lohnempfänger« (31 %), »reich – wohlhabend« (11 %), »öffentlicher Sektor« (17 %), »gemäßigte Sozialisten« (19 %), »unpolitisch« d. h. nicht Mitglied einer Partei (13 %) [33].

Die Pluralität der Statuskomponenten und das relative Fehlen einer Kongruenz zwischen den verschiedenen Kriterien verhindert das Aufkommen eines Statusbewußtseins, das auf dem Primat eines einzelnen geringschätzigen Faktors sogar der grundlegendsten Art beruht. Durch verstärkte Betonung von statushebenden Faktoren wird es Menschen mit niedrigem Status ermöglicht, sich eine relativ günstige Statusvorstellung zu bilden. Bei allen Einschränkungen, die diesen Angaben gegenüber angezeigt sind, verstärken sie doch andere Ergebnisse über das relative Vorherrschen von auf die Mittelklassen gerichteten Einstellungen, Bestrebungen und Identifikationen in der israelischen Gesellschaft.

Diese allgemeine Tendenz dürfte auch den stetigen Trend erklären, den Status in Begriffen von Reichtum und Beruf zu messen, sowie das ständige Ansteigen der

---

[32] A. Zloczower, a.a.O.
[33] Die obigen Prozentsätze beziehen sich auf die Zahl derjenigen in jeder Kategorie, die diese Kategorie in die ersten fünf unter den Solidaritätsmöglichkeiten einreihen. Berufskategorien weisen das höchste Solidaritätspotential von allen auf (Durchschnitt 57 %).

Mobilitätsbestrebungen und das Entstehen vieler Spannungen, Spaltungen und Strukturveränderungen auf dem Gebiete der Arbeitsbeziehungen, die in den vorangegangenen Abschnitten analysiert wurden.

Neue Statusformen: berufliche, ethnische, politische und religiöse Bindungen

Diese Ausprägungen von Mittelstandseinstellungen weisen auf die zunehmende Bedeutung von Berufskriterien in der Statusbewertung hin. Aber trotzdem entstanden auch wachsende Unterschiede in Prestigehierarchien aufgrund diverser nichtberuflicher Kriterien, unter denen die wichtigsten Religion und ethnische Herkunft waren. Gleichzeitig wurden die älteren mit der Bewegung verknüpften Einstellungen in politische und administrative verwandelt, und diese wurden zu sehr wichtigen und deutlichen zusätzlichen Prestigekriterien und Zugangspunkten zu verschiedenen Positionen und Mitteln.

Alle diese Entwicklungen werfen mehrere Probleme auf. Erstens, was diese Hierarchien bedeuten, welche verschiedenen Lebensstile sie zu entwickeln tendieren und in welchem Ausmaß sie andere Aspekte sozialer Schichtung beeinträchtigen. Zweitens, in welchem Ausmaß jedes Kriterium objektive Faktoren aufzeigt, die den Zugang diverser Gruppen zu verschiedenen Berufen, Positionen und Mitteln erschweren oder erleichtern.

Das ethnische Element in der Umformung traditionaler Strukturen

Wegen der grundlegenden charakteristischen Merkmale der diversen Einwanderergruppen und der anfänglichen Absorptionsbedingungen, die im Ersten Teil, 4, geschildert wurden, tendierten einige der größeren »ethnischen« Gruppen dazu, sich zum mindesten zeitweise in gesonderten Gruppen zu konzentrieren.

Zwar behielten diese Gruppen einige ihrer Überlieferungen und Lebensweisen bei, doch übte natürlich die absorbierende Gesellschaft durch das Bildungssystem, die Armee und durch wirtschaftlichen und beruflichen Druck einen starken Einfluß auf sie aus.

Diese Gruppen waren bezeichnend für das gemeinsame »Schicksal« der verschiedenen Einwanderergruppen im Absorptionsprozeß.

In diesem Zusammenhang erlangte das Ausmaß der Verbindung zwischen wirtschaftlicher »Klasse« und »ethnischem« Kriterium eine besondere Bedeutung.

Die ethnischen Gruppen wurden hauptsächlich durch die Wechselwirkung zwischen den ursprünglichen Überlieferungen und den Absorptionsbedingungen dazu veranlaßt, eigene Schemata und soziale Identifikationen zu bilden. Wenn auch äußerlich in Wohnung, Kleidung, Sprechweise und Verhalten keine völlige Abweichung von denen der älteren Gruppen vorlag, so war doch das Gefühl der Trennung und Fremdheit sehr oft recht deutlich. Das schuf natürlich neue Punkte sozialer Identifikation und sozialer Spannungen.

Ethnische Herkunft und Identität waren bei den orientalischen Gruppen am deutlichsten erkenntlich, traten aber in geringerem Ausmaß auch bei einigen europäischen Gruppen hervor und wurden zu einem wichtigen neuen Faktor im Gefüge der sozialen Organisation. Ihre Auswirkungen machten sich auch in der Neukristallisation der Zugangswege zu verschiedenen beruflichen und politischen Positionen und zu wirtschaftlichen und politischen Mitteln fühlbar.

Die durch die orientalischen Einwanderer verursachte Entstehung spezifischer Subkulturen innerhalb des israelischen Schichtungssystems wird durch mehrere gesonderte Verstärkungstrends angezeigt und ist eng mit der kontinuierlichen Vereinigung – insbesondere in den orientalischen Gruppen – von niedrigem Berufs-, Bildungs- und Wirtschaftsstatus verbunden.

Bei den orientalischen Gruppen scheinen weniger differenzierte Vorstellungen von der Gesellschaft vorzuherrschen. Dementsprechend bekunden sie Schemata von Mobilitätsbestrebungen, bei denen das Gewicht eher auf höherem Einkommen liegt als auf der Erreichung einer fortschrittlichen Bildung. Das wird belegt durch Untersuchungsergebnisse, die zeigen, daß bei gleicher Einkommenshöhe die orientalische Gruppe dazu neigt, weniger für Bildung und mehr für direkten Konsum auszugeben. Die fortgesetzte bildungsmäßige Rückständigkeit vieler dieser Gruppen, die im nächsten Kapitel besprochen werden soll, steht hiermit in enger Verbindung.

Die Ausprägung des spezifisch ethnischen Elements als deutlich erkennbarer und trennender Faktor wird auch in den Angaben über Heiraten zwischen Gruppen verschiedener Herkunft ersichtlich. Diese zeigen, daß in 86 % aller im Jahre 1959 geschlossenen Ehen die Partner von ähnlicher ethnischer Herkunft waren, und nur in 14 % waren sie von »gemischter« Herkunft.

Außerdem folgten die meisten »Mischehen« dem Schema der Hypergamie, d. h. Heirat zwischen einem aschkenasischen Bräutigam und einer orientalischen Braut. Im Jahre 1952 heirateten 17 % der aschkenasischen Bräutigame orientalische Bräute, doch nur 10 % aller aschkenasischen Bräute heirateten orientalische Männer. Die Neigung zur Hypergamie hat sich seit 1952 verstärkt, ein Anzeichen dafür, daß die Identifikation von ethnischen Unterschieden mit Klassenunterschieden gewachsen ist [34].

Wir sehen also, daß das ethnische und insbesondere das orientalische Element sich in der israelischen Gesellschaftsstruktur zu einem spezifischen neuen Vorgegebenheitselement herauskristallisieren konnte, eine Entwicklung, die zu den wichtigsten in der israelischen Gesellschaft gehört und eine Gefahr und Aufgabe für sie darstellt. Außerdem rief der ethnische Faktor auch neue Spaltungen und Spannungen auf sozialem und politischem Gebiet hervor.

In engem Zusammenhang mit diesen Entwicklungen standen die zahlreichen Versuche, die negative Beziehung zwischen ethnischer Herkunft und dem Zugang zu Berufs- und Bildungspositionen zu ändern. Ein Versuch bestand in der Forderung nach mehr Beistand im Erwerb der zur Erlangung verschiedener Positionen und Berufe notwendigen Mittel (insbesondere Bildung).

Ein anderer unternommener Versuch bestand darin, die Forderungen nach direkterem Zugang zu solchen Positionen aufgrund der Zugehörigkeit zu einer bestimmten ethnischen Gruppe zu verstärken.

Diese Richtungen schlossen sich in den politischen Organisationen verschiedener ethnischer Gruppen zusammen und verstärkten mehrere allgemeinere Tendenzen der Statusausprägung in der israelischen Gesellschaft.

---

[34] 1955 erfolgten 4,3 % aller Heiraten zwischen Bräutigamen aus Asien und Afrika und Bräuten aus Europa-Amerika, und 7,5 % aller Heiraten waren zwischen Bräutigamen aus Europa-Amerika und Bräuten aus Asien und Afrika. 1963 stieg das erstere Heiratsschema auf 6,5 % und das zweite auf 8,9 %. (CBS: Statistical Abstract of Israel, 16, 1965, Tabellen 12/c, S. 65.)

Politik und Macht in der Ausprägung von Schichten und Status

Ein ähnliches Bild ergibt sich in bezug auf das zweite neue Statuskriterium – das politisch-administrative.

Unter den vielen Organisationen, die in zunehmendem Maße das Leben des israelischen Bürgers berührten, war die wichtigste die Histadruth, die fast alle Lebensgebiete umfaßte. Diese Organisation kontrollierte Arbeitsgebiete (und bis vor kurzem auch den Zugang zu ihnen durch die diversen Arbeitsvermittlungsämter), Gesundheitsdienst (durch Kupat Cholim) und einen großen Teil des Zugangs zu Wohnungen und anderen Grundbedürfnissen.

Die verschiedenen Regierungsdepartements und Ämter stellten ein weiteres Konglomerat von Organisationen dar, die den Zugang zu grundlegenden Gebieten und Vorteilen beherrschten. Für viele Neueinwanderer bildeten die Jewish Agency und die verschiedenen Parteien die überragend wichtigen Quellen für die Zuweisung von Mitteln und Gütern. Diese diversen Organisationen wetteiferten oft untereinander und mußten die Hilfe der zentralen politischen und administrativen Staatsorgane in Anspruch nehmen, um einen gewissen Modus vivendi zu entwickeln. Das führte zu einer erheblichen Verstärkung der Bedeutung der Macht im Kontext der sozialen Organisation – als Statuskriterium, als Mittel und als Konfliktherd innerhalb der Gesellschaftsstruktur.

Viele politische Maßnahmen der Elite versuchten, den Wert der Macht und das Ansehen der politischen Position und ihrer Kontrolle des Zugangs zu den Mitteln zu stärken. Das durch die Wirtschafts- und Steuerpolitik der Regierung geförderte Anwachsen wirtschaftlicher Organisationen großen Maßstabs sowohl im privaten als auch im öffentlichen Sektor verstärkte die Bedeutung politischer und organisatorischer Kriterien im Staatssystem.

Von den politischen und administrativen Schichtungskriterien aus gesehen verteilt sich die israelische Bevölkerung gemäß den Unterschieden im Zugang zu den diversen Vorteilen und entsprechend den Kanälen, durch die dieser Zugang organisiert wird.

Da die diversen politischen Gruppen im großen und ganzen den Zugang zu den hauptsächlichen Vorteilen kontrollieren, kann die Mitgliedschaft in einer von ihnen von faktischer Wichtigkeit sein. Die Einschätzung verschiedener Gruppen nach relativem Lebensstandard, Besitz und Bildungsgrad ist zwar relativ leicht, doch bei zusätzlichen Kriterien wird das Bild komplizierter. In vielen Fällen ist das Fehlen der Zugehörigkeit zu irgendeinem Kollektiv, einer Partei oder bürokratischen Organisation ein Zeichen für eine ganz niedrige Statusgruppe. Jedoch kann bei vielen Neueinwanderergruppen, für die der Zugang zu kollektiven Institutionen sicherlich eine Milderung ihres niedrigen Status bedeutet, eine zu ausschließliche Abhängigkeit von nur einer Organisation dazu führen, daß gewisse Bevölkerungsgruppen auf einem verhältnismäßig niedrigen beruflichen Niveau stehenbleiben.

Es besteht zum Beispiel kein Zweifel darüber, daß ein sehr großer Prozentsatz derjenigen, die in keiner Krankenkasse Mitglieder sind, zu den niedrigsten Bevölkerungsschichten gehören, und für sie würde die Erlangung der vollen Rechte in der Krankenkasse (Kupat Cholim) der Histadruth einen sehr großen Fortschritt bedeuten.

Wie in vielen anderen Wohlfahrtsgesellschaften neigen auch in Israel die Sozialfürsorgestellen dazu, zugunsten der stärkeren oder besser organisierten zu entscheiden, so daß den auf den tiefsten Sprossen stehenden, die weder über ein zusätzliches Einkommen verfügen noch über Beziehungen durch Mitgliedschaft in anderen Organisationen, nur minimale Aufmerksamkeit zuteil wird, was sehr wohl ihre Fortschrittsmöglichkeiten auf ein Minimum beschränken kann. Daher kann der Zugang zu einer Anzahl aktiverer Organisationen von entscheidender Bedeutung für die Erreichung einer höheren Mobilität sein.

Andererseits wird, insbesondere bei den höheren Berufsgruppen, die Notwendigkeit des Rückgriffs auf derartige Organisationen zu einem einengenden Faktor, der die Möglichkeit weiterer sozialer Mobilität und Beteiligung beeinträchtigen kann.

In diesen Gruppen, insbesondere in denen der Fachberufe, entstanden selbständigere Prestigehierarchien und mit ihnen ernste Spannungen und Spaltungen als Reaktion auf die von politischen und administrativen Körperschaften auferlegten Beschränkungen. Dennoch dürften viele dieser Gruppen (insbesondere die nichtfachlichen) in ihrem relativen Status noch weitgehend von der Wirtschaftspolitik der Regierung abhängig sein und daher diese Abhängigkeit nicht unterhöhlen wollen.

Die erste Spaltung erschien zwischen den Sektoren der Angestellten und der Selbständigen und trat besonders deutlich in den oberen und mittleren Gruppen hervor. Die zweite Spaltung scheint sich innerhalb der angestellten Fachkräfte zu entwickeln, und zwar zwischen Angestellten in Sektoren (wie dem Staatsdienst), in denen die offizielle Lohnpolitik mehr oder weniger eingehalten wird, und denen im Privatsektor und in staatlichen Gesellschaften, in denen dies nicht der Fall ist. Diese Spaltungen erklären die wachsenden Konflikte und Spannungen zwischen Fachkräften und nichtfachlichen Angestellten im öffentlichen Dienst.

Diese Spannungen führten zu zwei allgemeinen Tendenzen in der strukturellen Ausprägung, die für die entstehenden Schichtungsschemata in Israel von großer Bedeutung waren. Die erste derartige Tendenz fand ihren Ausdruck in zunehmender beruflicher und sozialer Differenzierung, in der Vervielfältigung der Mobilitätswege und in heterogenen Brennpunkten von Prestige und Status.

Die zweite Tendenz entwickelte sich in Richtung einer zunehmenden Konzentration auf Mittel, Positionen und Prestige und Beschränkung im Zugang zu ihnen für die Mitglieder diverser, entweder neuer politischer oder ethnischer (oder religiöser) Organisationen.

So wurden in den Fachgruppen Versuche unternommen, das Monopol der Histadruth zu brechen, und gleichzeitig wurden neue auf Vorgegebenheitsfaktoren basierende Gruppen organisiert, die zu einer konkurrierenden Gewerkschaft (oder einem gewerkschaftlichen Sektor wie die Histadruth) werden und ihren Mitgliedern diverse Vorteile sichern konnten.

Ähnlich ließen die neuen Gesetzesvorschläge über Moschawsiedlungen Versuche entstehen, diejenigen Bestimmungen, die der Bewegung die alleinige Kontrolle über die Zulassung zur Mitgliedschaft gewährten, zu »liberalisieren«; gleichzeitig entwickelte sich auch eine starke Unterstützung eben dieser Bestimmungen. Ähnliche widerspruchsvolle Tendenzen lassen sich an vielen anderen Beispielen aufzeigen.

Das religiöse Element in der israelischen Gesellschaft

Der Wandel in der Stellung der religiösen Gruppen und die Entstehung neuer religiöser Gefüge sind seit der Staatsgründung recht bemerkenswert. Sie werden in dem Kapitel über Kultur und Werte detaillierter behandelt, doch einige Bemerkungen dürften hier angebracht sein. Vor der Staatsgründung standen die ultrareligiösen Gruppen (Agudat Israel und die noch extremeren Neturej Karta) sozial und politisch fast gänzlich außerhalb der allgemeinen Gesellschaft und bildeten ihren eigenen Sektor. Nur die Gruppen der »religiösen Zionisten«, die hauptsächlich durch Misrachi und Hapoel Hamisrachi repräsentiert waren, hatten Anteil an der »föderativen« Sektorenvereinbarung der jüdischen Gemeinschaft.

Die religiösen Kibbuzsiedlungen bildeten die religiöse Lebensweise in der konkretesten Form aus. Hingegen waren die in der Misrachibewegung enthaltenen allgemeineren religiösen Elemente hauptsächlich unter der städtischen Bevölkerung verbreitet, und ihr Hauptinteresse richtete sich auf das religiöse Schulwesen, das eines der Erziehungsströmungen des Landes darstellte.

Im täglichen Leben waren die religiösen Elemente in keinem spezifischen Rahmen vereint, sondern mischten sich mit anderen Gruppen. Zwar gibt es einige Ansätze zu besonderen Gruppen, doch im großen ganzen war die Befolgung religiöser Vorschriften eine Privatangelegenheit.

Seit der Staatsgründung haben auf dem Gebiet der Zusammensetzung, Richtung und Betätigung der größeren religiösen Gruppen mehrere wichtige Veränderungen stattgefunden.

Diese Veränderungen bezogen sich in der Hauptsache auf die folgenden Faktoren:

1. den Einschluß von Agudat Israel in die erste Regierung;
2. die hieraus folgende Veränderung in der Legitimation des Staates und die relative Schwächung der Misrachipartei als der einzigen Hüterin religiöser Werte;
3. die politischen Streitigkeiten um das Oberrabbinat;
4. den Einstrom neuer nichtzionistischer orthodoxer Einwanderer sowohl aus traditionalen (orientalischen) als auch aus europäischen Ländern.

Infolge dieser Prozesse entwickelten sich religiöse Bollwerke, die ihre traditionale Lebensweise unterstrichen. Obwohl sie sich häufig auf modernen Wirtschaftsgebieten betätigten, teilten sie nicht unbedingt die wichtigeren sozialen Werte und Richtungen der jüdischen Gemeinschaft in ihrer von der »Bewegung« beherrschten Phase, wie etwa Pionierwerte, Zionismus usw. Statt dessen entwickelten sie sich häufig zu relativ geschlossenen religiösen Gruppenzentren, in denen eine autonome separatistische Richtung eingehalten und als Dauerzustand angestrebt wurde.

Diese Gruppen erstreckten sich von den extremeren Formen, wie etwa den Neturej Karta, über die verschiedenen orthodoxen Gruppen und Institutionen wie Jeschiwah und Chassidismus, die sich in besonderen ökologischen Einheiten in verschiedenen Städten niederließen, bis zu den »moderneren« orthodoxen Gruppen. In vielen der extremeren Gruppen war diese separatistische Tendenz gepaart mit einem Fehlen wirtschaftlicher Produktivität. Sie standen unter dem Schutz verschiedener politischer und philanthropischer Organisationen und folgten hierin einem

Schema, das im »Alten Jischuw« vorherrschend war. Aber sogar die moderneren orthodoxen Gruppen zeigten größere Kohäsion und entwickelten ihre eigene, relativ gesonderte Lebensweise.

Einige der wichtigsten Faktoren dieser Gesondertheit waren die Entwicklung besonderer religiöser Bildungsinstitutionen, wie etwa die besonderen Jeschiwah-Gymnasien, und die Zunahme von »Aggressivität« oder Kampfgeist in den religiösen Jugendbewegungen. Oft waren die jüngeren Elemente in bezug auf Streitfragen zwischen den nichtreligiösen und den religiösen Sektoren der Bevölkerung noch kampflustiger als die älteren.

Diese Besonderheit wurde unterstrichen und gewissermaßen sanktioniert durch die Tatsache, daß Jeschiwahschüler faktisch vom Militärdienst befreit sind.

Aufgrund dieser Entwicklungen haben die religiösen Elemente und ihre Kriterien eine viel größere Bedeutung im allgemeinen Kontext der israelischen sozialen Organisation erlangt.

Die religiösen Elemente stellten ein wichtiges und spezifisches Schema der Lebensführung und ein eigenes Prestigesystem auf. Sie strebten auch danach, zu einer eindeutigen Interessengruppe mit ausgeprägten neuen Kanälen der Zulassung zu politischen und beruflichen Positionen und wirtschaftlichen Mitteln zu werden. Auf alle diese Weisen tendierte der religiöse Faktor dazu, ein Mittelpunkt fortgesetzter Spaltungen und Konflikte zu werden, wie wir ausführlicher in Kapitel IV sehen werden.

Ökologische Schichtungsschemata

Es dürfte der Mühe wert sein, kurz einige der wichtigeren sozialen Organisationen zu beschreiben, die sich in verschiedenen ökologischen Umgebungen herauskristallisierten.

Als Ergebnis aus oben analysierten Faktoren erfolgt eine stetige Entwicklung von unterschiedlichen sozialen Schemata und Gruppierungen. Am einen Extrem sind die stark ausgeprägten, aus der »Bewegung« hervorgegangenen Schemata, die im Kibbuz und Moschaw ihren Ausdruck gefunden haben und in deren Rahmen die neuen Einwanderersiedlungen, vorwiegend in Moschawform, eine besondere Unterkategorie bilden. Charakterisiert werden diese Schemata zumeist durch eine positivere Einstellung zur Landwirtschaft, durch ein zunehmendes Interesse an städtischen Lebensformen und eine Neigung zur Organisation der Freizeitbetätigung, die sich in verschiedene Lebensstile und Traditionen einfügt. In denjenigen ländlichen Gebieten, in die der Einfluß der Bewegung nicht reichte, sowie in den älteren Siedlungen in der Form der Moschawah entwickelte sich ein Typ des reichen Vorstadtbauern, der eine enggeknüpfte Familientradition mit wirtschaftlichen und beruflichen Einstellungen verband und neue, halbstädtische Einwanderergruppen zur Ansiedlung um sich herum anzog.

Die vielseitigste Entwicklung erfolgte jedoch in den diversen städtischen Zentren von Jerusalem, Tel Aviv und Haifa. In ihnen fand die dramatischste Veränderung und Kristallisation verschiedener Berufs-, Fach- und Wirtschaftsgruppen statt. Hier sind auch viele der religiösen Gruppen konzentriert, und in diesen Bezirken traten die »ethnischen« Probleme am stärksten hervor.

Die Städte entwickelten unterschiedliche Schemata des sozialen Lebens. Jerusalem erhält seinen Charakter von den akademischen Gruppen an der Universität und um diese herum, von der Beamtenschaft in den diversen staatlichen Ämtern und von den religiösen und ethnischen Gruppen, die sich in geschlossenen Vierteln konzentrieren. Industriebetätigung ist hier nicht sehr ausgeprägt, und der Großteil der Wirtschaftstätigkeit konzentriert sich im öffentlichen Dienst, sowie in Handel, Kleinindustrie und Handwerk.

Die älteren Gruppen orientalischer Einwanderer in Jerusalem konzentrieren sich noch immer in bestimmten Stadtvierteln, und neue religiöse Gruppen sowie Neueinwanderer konzentrieren sich in anderen. Diese verschiedenen Bezirke sind voneinander relativ isoliert, und nur im Stadtzentrum finden, besonders am Samstagabend, einige gemeinsame Freizeitbetätigungen statt.

Tel Aviv ist die dynamischste von den Städten. Neben kommerziellen Gruppen konzentrieren sich in seinen verschiedenen Stadtvierteln viele Staatsbeamte, Offiziere und akademische Gruppen wie Rechtsanwälte und Ärzte. Auch Industriearbeiter verschiedener sozialer Schichten bilden einen wichtigen Teil der sozialen Struktur.

Rings um Tel Aviv entstanden höchst luxuriöse, in die Augen fallende Vorstädte der Oberschicht der israelischen Gesellschaft, es entwickeln sich ständig neue Gruppen und Viertel, und gleichzeitig konzentrieren sich viele Neueinwanderer in einigen nahebei gelegenen Slumgebieten.

Ein völlig verschiedenes Bild bietet Haifa, in dessen diversen Vorstädten sich ein Lebensstil herausgebildet hat, der vorwiegend auf städtische Arbeiter abgestellt ist. Einige akademische Fachgruppen (Lehrer und Studenten des Instituts für Technologie – »Technion«) sowie Geschäftsleute sind in bestimmten Vierteln konzentriert, doch der vorherrschende Eindruck ist der von – gelernten und angelernten – Arbeitern, die in Gewerkschaften und Parteien organisiert sind; und die Stadtverwaltung wird von einer Mehrheit der Arbeiterparteien geführt. Charakteristisch für Haifa sind viele Einrichtungen, die der kollektiven Unterhaltung dienen, wie öffentliche Parks, öffentliche Vorstellungen usw. und relativ gut organisierte Möglichkeiten für informelle, private Freizeitgestaltung. Im Hafenbezirk konzentrieren sich einige Elemente, die mehr Durchgangscharakter tragen. In einigen Vierteln von Haifa gibt es auch – ebenso wie in Tel Aviv und Jerusalem – einige von Neueinwanderern bewohnte Elendsviertel, von denen das berüchtigtste das von Wadi Salib ist.

Ein gänzlich neues Schema sozialer Organisation, in dem sich einige der »neuen Trends« herauskristallisierten, findet sich in den diversen Entwicklungsstädten, wie etwa Be'erschewa, und den viel weniger städtischen Entwicklungsgebieten, wie Kirjat Schmoneh und Kirjat Gat.

In diesem Rahmen gewinnt das Kriterium des Berufs und der Herkunft – neben der Aufenthaltsdauer im Land – zunehmend an Bedeutung, und verschiedene Gruppen und Schichten weisen die Tendenz einer Kristallisation nach Beruf, Bildung, ethnischer Herkunft usw. auf. Ungeachtet vieler Abwandlungen in den Entwicklungsgebieten kann die folgende Übersicht[35] über eine dieser mittelgroßen Städte einen Begriff von einigen in den Entwicklungsgebieten auftretende Trends vermitteln.

---

[35] Basiert auf E. Cohen, L. Shamgar und J. Levy, Untersuchungsbericht: Einwandererabsorption in einer Entwicklungsstadt (hebräisch). Hebräische Universität, Abteilung für Soziologie, 1962.

Die Gründung der untersuchten Stadt war das Ergebnis einer Politik mit zweifacher Zielsetzung: Entwicklung arider Gebiete und Ansiedlung der zahlreichen Einwanderer, die in den fünfziger Jahren nach Israel kamen. Die Anlage der Stadt war Teil eines Planes, der die Errichtung landwirtschaftlicher Siedlungen einschloß. Es sollte auf der Landwirtschaft basierende Industrie eingeführt werden, und die Stadt sollte auch als administrativer, kommerzieller und kultureller Mittelpunkt dienen.

Die ersten Siedler waren Neueinwanderer aus Nordafrika, die direkt vom Hafen in die Stadt gebracht worden waren. Innerhalb weniger Jahre folgten weitere nordafrikanische Einwanderer, hauptsächlich aus Marokko, ferner einige Einwanderer aus Ägypten, Osteuropa (vorwiegend aus Polen und Rumänien) und eine kleine Gruppe aus englischsprachigen Ländern.

Von Anfang an gesellten sich zu diesen Gruppen alteingesessene Bürger aus allen Teilen des Landes, und zur Zeit, als die Untersuchung durchgeführt wurde, betrug die Bevölkerung der Stadt etwa 10 000 Einwohner.

Die Hauptkriterien der sozialen Differenzierung in der Stadt sind Aufenthaltsdauer im Land und ethnische Herkunft. Die ethnische Herkunft bestimmt auch den Anschluß an verschiedene Gemeinden mit ihren eigenen kulturellen und religiösen Traditionen: die aschkenasische Gemeinde, die hauptsächlich europäische Juden umfaßt, und die sephardische Gemeinde, der Juden spanischer Abstammung und orientalische Juden angehören. Die Differenzierung zwischen diesen verschiedenen Gruppen umfaßt alle Lebensbereiche, einschließlich der Politik.

Zuerst waren alle zentralen Rollen im beruflichen Bereich von Alteingesessenen besetzt. Sie waren in die Stadt geschickt worden, um als administrative und kulturelle Elite zu dienen, Unterricht und Anleitung zu übernehmen und die städtischen und sonstigen öffentlichen Institutionen aufzubauen. Ihre berufliche Konzentration, ihr relativ hoher Lebensstandard sowie gemeinsame Kultur und Lebensweise machten sie zu einer ziemlich geschlossenen sozialen Schicht, deren Mitglieder einen hohen sozialen Status genießen.

Diese Schicht enthält die höheren Beamten in den städtischen Institutionen und im Staatsdienst, wie etwa Sozial- und Gesundheitsfürsorge, sowie die ersten politischen Parteibeamten, die hingeschickt wurden, als die Bevölkerung wuchs. Auf diese Weise standen von Anfang an die Alteingesessenen an der Spitze der politischen Organisation.

Im Gegensatz zu den Alteingesessenen fehlt es den Neueinwanderern im allgemeinen an wirtschaftlichem Rückhalt und der Möglichkeit der Arbeitfindung, und sie sind für die Deckung solch grundlegender Bedürfnisse wie Wohnung und Arbeit auf staatliche und städtische Ämter angewiesen.

Nach der ersten schwierigen Zeit der Eingewöhnung zeigten sich zwischen den verschiedenen Neueinwanderergruppen Unterschiede, hauptsächlich in ihrer wirtschaftlichen Situation und Lebensweise.

Die höchsten Durchschnittseinkommen und Berufspositionen finden sich bei den Einwanderern aus englischsprachigen Ländern. Sie bilden eine kleine Gruppe. Sie wohnen im besten Teil der Stadt, zusammen mit vielen Alteingesessenen und einigen wohlhabenderen Einwanderern aus Osteuropa. Sie betätigen sich zumeist auf wirtschaftlichem Gebiet, doch im öffentlichen politischen Leben ist ihr Einfluß kaum fühlbar. Die Lage der Einwanderer aus Osteuropa ist im allgemeinen weniger gut, und das bezieht sich hauptsächlich auf die vielen älteren Menschen, denen es schwerfällt, wieder Fuß zu fassen. Die Lage der ungarischen Einwanderer, die sich im Wirtschaftsleben der Stadt betätigen, ist besser als die der Polen und Rumänen; unter letzteren findet sich eine ziemlich hohe Zahl von in Notstandsarbeiten beschäftigten Arbeitern. Unter den polnischen Einwanderern ist es einer beträchtlichen Anzahl gelungen, ihr Einkommen zu verbessern, administrative und fachliche Posten zu erlangen und sich angemessene Wohnungen zu beschaffen.

Sowohl die ungarischen als auch die angelsächsischen Einwanderer bilden vergleichsweise kohäsive soziale Gruppen. Bei den polnischen und rumänischen Einwanderern, die viel größere Gruppen darstellen, besteht ein geringer Grad von sozialer Kohäsion.

Infolge ihres höheren Bildungsniveaus und ihrer fachlichen Vorbildung, sowie wegen ihrer kulturellen Nähe zum Alten Jischuw und ihrer persönlichen Bindungen zu den alten Siedlern ist den europäischen und angelsächsischen Einwanderern in vielen Fällen die individuelle soziale Mobilität erleichtert.

Die Lage der orientalischen Einwanderer, denen die oben erwähnten Merkmale fehlen, ist viel schwieriger. Unter den ägyptischen Einwanderern gibt es einen kleinen Kreis von Personen mit europäischer Schul- und Berufsausbildung, die relativ gute Stellungen innehaben und innerhalb ihrer Gruppe eine Elite bilden.

Die nordafrikanischen Einwanderer, die die Hälfte der Bevölkerung der Stadt darstellen, sind unter allen Neuankömmlingen die rückständigsten und bilden den Großteil der Arbeitslosen und Notstandsarbeiter. Das Durchschnittseinkommen einer marokkanischen Familie reicht oft nicht einmal für den minimalsten Nahrungsmittelbedarf aus. Ihr Bildungsniveau ist für gewöhnlich sehr niedrig. Die meisten marokkanischen Familien sind groß, und eine beträchtliche Anzahl von ihnen steht unter der Obhut der staatlichen Sozialfürsorge. Viele dieser Einwanderer wohnen in den ältesten Wohnvierteln, die schon beinahe zu Slums geworden sind. Die älteren marokkanischen Einwanderer sind Traditionalisten, und für sie ist die Synagoge eine soziale Institution von größter Wichtigkeit. Doch fehlt ihnen eine zentrale traditionale – oder andere – Führung, und sie sind sozial in eine Anzahl von rivalisierenden Gruppen geteilt.

Die Untersuchung zeigt, daß die diversen ethnischen Gruppen und die alteingesessenen Einwohner deutliche soziale Einheiten mit starken sozialen Bindungen darstellen. Doch vom Standpunkt der Schichtung aus sind diese Gruppen nicht homogen, und in jeder Gruppe bestehen wirtschaftliche und bildungsmäßige Unterschiede. Es gibt Anzeichen dafür, daß verschiedene ethnische Gruppen mit einem relativ hohen wirtschaftlichen oder bildungsmäßigen Niveau die Tendenz haben, sich zu »Statusgruppen«, die die ethnischen Schranken durchbrechen, zusammenzuschließen und neue soziale Einheiten auf wirtschaftlicher und kultureller Basis zu schaffen. Normalerweise durchbrechen sie jedoch nicht die Grenzen zwischen den beiden Gemeindeverbänden – dem aschkenasischen und dem orientalischen.

So erlangten in den entwickelteren Bevölkerungsgruppen allmählich wirtschaftliche und kulturelle Kriterien eine zunehmende Bedeutung, was hinwiederum zu einer stärkeren Betonung der Trennung zwischen den Gemeindegruppen führte.

Natürlich weichen die organisatorischen Schemata der diversen Entwicklungsstädte in vielen Einzelheiten voneinander ab, besonders in denjenigen Städten, in denen die ursprüngliche politische oder administrative Elite aus »orientalischen« Siedlern bestand, die die Neuankömmlinge, und unter ihnen auch europäische Gruppen, empfingen. Doch nichtsdestoweniger kam der Ausprägung von Status- und ethnischen Gruppen und den sie begleitenden ethnischen Spannungen die gleiche Bedeutung zu.

Die Bedeutung von Vorgegebenheits- und Machtelementen

Es ist interessant zu sehen, in welchem Ausmaß die neuen Schemata der Schichtenkristallisation und die wachsende Bedeutung von Macht- und Vorgegebenheitskriterien die Auffassung der sozialen Struktur beeinflußten.

Mehrere neuere Untersuchungsprojekte gelangten zu der Schlußfolgerung, daß in den modernen Industriegesellschaften die Klassifizierung der meisten Schichtungsidealvorstellungen in ein oder zwei Typen oder einer Verbindung von beiden erfolgen kann. Diese beiden Typen sind: a) Die hierarchische Vorstellung, in der die Gesellschaft als eine Verbindung von gewöhnlich drei Gruppen, die ein »offenes Klassensystem« bilden, gesehen wird. Diese Gruppen unterscheiden sich in ihren Funktionen und ihrer Lebensweise voneinander, aber zusammen werden sie als eine relativ harmonische soziale Entität mit wenig allgemeinen Konflikten aufgefaßt. Die verschiedenen Gruppen sind für gewöhnlich als Hierarchie angeordnet, doch gibt es beträchtliche Mobilität zwischen den Gruppen. b) Die Machtvorstellung, in der die Gesellschaft als Dichotomie von zwei scharf unterschiedenen Klassen gesehen wird.

Einige in Israel ausgeführte Untersuchungen [36] substantiierten diese Ergebnisse und zeigten, daß hier, wie in den meisten anderen Gesellschaften, die mehr hierarchische Idealvorstellung für die höheren sozialen Gruppen charakteristisch ist, wohingegen die zweite für die niederen Gruppen typisch ist.

Die obenerwähnte Untersuchung zeigt als die verbreitetsten Vorstellungen einer sozialen Struktur bei den Bewohnern unserer Entwicklungsstadt die folgenden:

1. Eine nicht-hierarchische Mehrgruppenvorstellung, in der die Gruppen sich nach der ethnischen Herkunft ihrer Mitglieder unterscheiden (18,1 % aller Antworten). Nach dieser Vorstellung wird die Gemeinschaft von einer Anzahl von ethnischen Gruppen von gleichem Status und ohne Konflikt gebildet. Zwischen ihnen besteht keine Möglichkeit der Mobilität, denn das unterscheidende Kriterium ist ein vorgegebenes und man »gehört« einfach zu der Gruppe. Da diese Gruppen gleichen Status besitzen, wurde diese Vorstellung »die Gleichheitsvorstellung« benannt.

2. Eine hierarchische Mehrheitsgruppenvorstellung, in der sich die Klassen nach wirtschaftlichen Kriterien unterscheiden (12,8 % aller Antworten). Nach dieser Vorstellung ist die Gemeinschaft eine Hierarchie von wirtschaftlichen Gruppen, zumeist auf beruflichen Einkommensschichten beruhend. Die Unterscheidung zwischen ihnen ist nicht so deutlich wie in der vorhergehenden Vorstellung, denn sie bilden zusammen eine organische Entinität ohne Kontraste oder nennenswerte

---

[36] E. Cohen, L. Shamgar, J. Levy, a.a.O., 1962.

Diskrepanzen. Da das unterscheidende Kriterium die wirtschaftliche Leistung ist und die Gruppen eine Hierarchie bilden, ist eine Mobilität von einer Gruppe zur andern möglich.

3. Eine hierarchische Zwei-Klassen-Vorstellung, bei der die Unterscheidungslinie nach wirtschaftlichen Kriterien gezogen wird (17 % aller Antworten). Nach dieser Auffassung besteht die Gemeinschaft aus zwei Gruppen, deren wirtschaftliche Situationen sich scharf voneinander unterscheiden. In dieser Vorstellung ist die Existenz eines sozialen Konflikts inhärent. Demgemäß ist die freie Bewegung zwischen den beiden Klassen begrenzter als in der vorhergehenden Vorstellung, obwohl das Unterscheidungsmerkmal das einer wirtschaftlichen Leistung ist. Hier wird der unterschiedliche *wirtschaftliche Macht*status der Gruppen betont.

4. Eine hierarchische Zwei-Gruppen-Vorstellung, bei der die Gruppen nach dem Kriterium der Herkunft voneinander unterschieden sind (26,9 % aller Antworten). In dieser Auffassung besteht die Gemeinschaft ebenfalls aus zwei Gruppen, doch diese unterscheiden sich entweder durch die Länge der Anwesenheit im Land voneinander oder durch ethnische Herkunft und Gemeindezugehörigkeit (Alteingesessene – Neueinwanderer; aschkenasisch – orientalisch). Die Gruppen stellen eine Dichotomie dar, und es besteht ein Interessenkonflikt zwischen ihnen. Da das Unterscheidungsmerkmal vorgegeben ist, gibt es keine Möglichkeit der Mobilität zwischen den Gruppen, und diese Vorstellung kann als »Kastenvorstellung« bezeichnet werden.

Die Untersuchung kommt zu dem Schluß, daß die nichthierarchische Gleichheitsvorstellung charakteristisch ist für Menschen mit höherem Status. Das Ausmaß der Hierarchisierung nimmt mit niedrigerem Status zu, und bei Menschen des niedrigsten Status finden wir die Vorstellung von der »Kaste«, die von Natur in extremem Maße hierarchisch ist. Die beiden üblichen Vorstellungen – »die hierarchische Vorstellung« und »die Machtvorstellung« – wurden daher zwischen die beiden neuen Vorstellungen, denen wir in unserer Untersuchung begegneten, gesetzt; sie sind charakteristisch für diejenigen Gruppen, die die höchsten und die niedrigsten Positionen in der sozialen Struktur der Stadt einnehmen. Es ist auch interessant festzustellen, daß beide Gruppen vorgegebene Bewertungsgrundlagen haben, wohingegen die gemeinsame Grundlage der beiden dazwischenliegenden Gruppen die Leistung ist.

Diese Ergebnisse basieren zum größten Teil auf Material, das in Entwicklungsgebieten gesammelt wurde; sie reflektieren daher notwendigerweise einige der spezifischen Probleme dieser Gebiete. Ein versuchsweiser Vergleich zwischen den Schichtungsvorstellungen der Stadt und des ganzen Landes zeigt, daß im Landesmaßstab sowohl die »Konfliktvorstellungen« (die Vorstellungen von »Macht« und »Kaste«) als auch die Vorgegebenheitsvorstellungen (Gleichheit und Kaste) in geringerem, aber nicht unbedeutendem Maße betont werden.

Nach den Begriffen einiger Gruppen unterscheidet sich das Bild von der israelischen Gesellschaft erheblich von der offizielleren ideologischen Anschauung einer »klassenlosen« Arbeitergesellschaft – der ideologischen Vorstellung der Elite.

Unsere Darstellung zeigt nicht nur die Entstehung zunehmender Unterschiede zwischen verschiedenen Gruppen an, sondern auch die wachsende Bedeutung mehrerer neuer Macht- und Vorgegebenheitselemente sowohl im eigentlichen Kristallisationsprozeß der sozialen Schichtung als auch in der Auffassung der sozialen Struktur.

Hauptschemata des Wandels in der sozialen Organisation

Die beschriebenen Tendenzen und Entwicklungen weisen darauf hin, daß sich in der sozialen Organisation in Israel ein doppelter Prozeß des Wandels vollzogen hat. Der eine war die Vervielfältigung und Strukturveränderung verschiedener Gruppen und die Erweiterung des Nachdrucks auf unterschiedlichen Statuskriterien. Der zweite bestand in der Entwicklung neuer Prinzipien und Mechanismen zur Regulierung der Wechselbeziehungen zwischen diesen Gruppen und zur Behandlung ihrer Probleme. Dieser Wandel bildet den hauptsächlichen Rahmen für die Entwicklung im Land, in deren Verlauf neue Schemata der sozialen Organisation und Struktur ausgebildet werden.

In dem kontinuierlichen Streben nach Vorherrschaft stellen die politischen und ideologischen Erwägungen einer beliebigen Gruppe oder Partei, so wie sie von ihrer Elite bestimmt werden, die wesentlichen Aktionskriterien dar. Ein zweiter Mechanismus ist die politische Unterhandlung, in der Vereinbarungen und Verträge zwischen den verschiedenen Gruppen entsprechend dem Gleichgewicht der Macht zwischen ihnen ausgehandelt werden.

Ein weiterer Mechanismus ist der rechtliche, der die Regulierung auf allgemeine Rechtsgrundsätze und Rechtsvollzug gründet. Diese rechtlichen Mechanismen können in gesetzgeberische, gerichtliche und bürokratische unterteilt werden. Zwar obliegt jedem einzelnen von ihnen eine gewisse allgemeine öffentliche, für alle Gruppen verbindliche Regulierung; indes dürften der bürokratische und in gewissem Ausmaß der gesetzgeberische den diversen Verhandlungsmechanismen näherstehen.

Schließlich gibt es mannigfache Typen der Selbstregulierung und der öffentlichen Repräsentation durch verschiedene Berufsgruppen, freiwillige Vereinigungen und Organe der öffentlichen Meinung, ferner Marktmechanismen, die natürlich vor allem auf wirtschaftlichem Gebiet hervortreten.

Spezifische Entwicklungsmerkmale dieser Mechanismen in den ersten Stadien nach der Staatsgründung sind der starke Nachdruck auf politischen Mechanismen, die fortwährende ideologische Rechtfertigung von offenen und verdeckten Unterhandlungen sowie die zwar langsame, doch stetige Zunahme gesetzgeberischer, gerichtlicher, öffentlicher und beruflicher Regulierungen. In letzter Zeit sind indes neue Tendenzen und Kombinationen hinzugetreten.

Die Entwicklung dieser verschiedenen regulativen Mechanismen stößt auf allgemeinere Tendenzen, die das Zentralproblem im Schichtungssystem darstellen – die Zuerkennung von Status, Vermögen und Macht.

Die fortwährende physische Expansion, Entwicklung und Mobilität der alten und neuen Gruppen zeigte die Tendenz, ältere vorgegebene Gruppen aufzulösen und damit den Weg freizumachen für neue Möglichkeiten und Systeme, die oft auf Leistung sowie auf institutionellen und rechtlichen, nach universalistischen Kriterien aufgestellten Normen beruhten.

Die zunehmende Bedeutung von Bildungs- und Berufskriterien in der Bestimmung des sozialen Status hat den Spielraum für Orientierungen an einem universalistischen Bezugsrahmen und an Leistung beträchtlich erweitert, und diese wurden ihrerseits gestärkt durch die zunehmende Spezialisierung und die wachsende Tendenz zur Autonomie der beruflichen und fachlichen Rollen und Organisationen.

Doch waren Entwicklung und Mobilität nicht lediglich mit der Aufstellung universalistischer und rechtlicher Normen verbunden. Das Auftreten von Mobilität und Differenzierung schuf auch das Problem eines unterschiedlichen Zugangs zu neuen Positionen und Mitteln, und hier tauchten mehrere Möglichkeiten neuer partikularistischer und vorgegebener Kriterien auf.

Die erste Möglichkeit, die engstens mit den universalistischeren Leistungskriterien verwoben ist, besteht in der Verbesserung der negativen Anfänge verschiedener, und ganz besonders orientalischer, Gruppen durch besondere Hilfsprogramme und die »übliche« Technik der modernen Sozialpolitik: Gewährung von sozialen Versorgungsleistungen und progressive Besteuerung.

Die zweite Möglichkeit war der von den diversen Gruppen unternommene weitverbreitete Versuch, ihre Interessen zu wahren, sei es durch De-facto-Anerkennung eines Status quo oder einfach durch verschiedene Unterhandlungsmethoden. Viele der von den Genossenschaften unternommenen Schritte zur Errichtung einseitiger Monopole und zur Wahrung ihrer Positionen gehören zu den wichtigsten Beispielen für diese Tendenz.

Diese diversen Schritte stellten an sich keine neuen strukturellen Entwicklungen dar, noch leiteten sie solche ein; denn sie erfolgten in einer Situation von zunehmender Differenzierung und Konkurrenz.

Neben und gleichzeitig mit ihnen entstanden Versuche, die neue und strukturell differenziertere Umgebung gemäß neuen Typen partikularistischer Normen zu entwickeln.

Diese Versuche schwächten die Leistungskriterien durch Einengung oder Verneinung ihres Anwendungsbereichs und durch Verstärkung der Bedeutung diverser vorgegebener Kriterien. Auf diese Weise änderten sich nicht nur die anfänglichen Bedingungen des Zugangs zu verschiedenen Märkten, sondern auch die Struktur, das Funktionieren und die Zulassung zu diesen Märkten sowie auch die in ihnen innegehabten Positionen. Die Verteilung verschiedener Vorteile durch diverse kollektive Ämter erweiterte sich ständig, und auf diese Weise wurde häufig die Mitgliedschaft wichtiger als Kriterien der Leistung oder der universalistischen Staatsbürgerschaft.

Es wurden Versuche unternommen, für die Zulassung zu verschiedenen Vorteilen und Entgelten wie etwa Wohnung, Krankenkasse, Schulbildung, Arbeit und Gehaltsskalen, differenzierte Normen aufzustellen, die sich auf Kriterien des Dienstalters [37], ethnische Gegebenheiten (Herkunftsland) oder Mitgliedschaft in verschiedenen kollektiven Ämtern, Parteien oder Bewegungen beziehen.

Noch signifikanter waren natürlich die Versuche, die unternommen wurden, um unterschiedliche Leistungsnormen für diejenigen aufzustellen, die zu diesen Kategorien gehörten [38].

---

[37] Ein sehr wichtiger Aspekt dieser Tendenz war die seit etwa 1957 zunehmende Bedeutung von Komponenten des Dienstalters im Gehalt fast aller öffentlichen Beamten – Fachkräfte ebenso wie Büropersonal.

[38] Vgl. auch das Kapitel über Bildungswesen.

Auf organisatorischem Gebiet äußerten sich diese Tendenzen in Versuchen, die unternommen wurden, um Verbindungen zwischen verschiedenen Gruppen herzustellen und »einzufrieren« und die Zulassung zu ihnen gemäß diversen vorgegebenen und partikularistischen Kriterien zu organisieren. Es wurde auch versucht, ein gewisses Maß von rechtlicher Extraterritorialität zu erlangen; ein Beispiel hierfür war die Bemühung der religiösen Gruppen, gewisse extraterritorale Rechte für ihren Bezirk in bezug auf die Befolgung diverser, insbesondere mit dem Sabbat verbundener Religionsvorschriften zu verlangen. Die Vorschläge, den Kibbuz- und Moschawsiedlungen besondere Rechte zu verleihen, die den Zugang ihrer Mitglieder zu den gesetzlichen Organen des Staates beschränken würden, ist ein weiteres Beispiel für derartige Versuche; ebenso die Bemühungen diverser politischer Parteien und Bewegungen, ein wirksames Monopol in der Entwicklung neuer Siedlungsgebiete zu erlangen. Die Tendenzen diverser beruflicher Gremien, eine starke körperschaftliche Autonomie und Überwachung ihrer Mitglieder einzuführen, bilden ebenfalls wichtige Anzeichen für diesen Trend.

Der gemeinsame Nenner aller dieser Versuche war die Tendenz, die aufkommenden differenzierten Betätigungen und Gruppen auf der Grundlage neuer, anpassungsfähigerer, aber doch noch partikularistischer Kriterien zu organisieren. Diese Kriterien sollten als Mittelpunkte von autonomen – aber gesonderten und geschlossenen – Prestigehierarchien sowie auch der Organisation des Zugangs zu verschiedenen Positionen und Mitteln dienen.

Die neuen Kriterien wurden nicht lediglich zur Verteidigung bestehender gruppenegoistischer Interessen entwickelt. Sie enthielten vielmehr dynamischere Orientierungen, die versuchten, den Mobilitätsprozeß nach eher partikularistischen Kriterien zu lenken, wobei ihnen manchmal die Mitgliedschaft in der Gruppe als Grundlage der Entwicklung und differenzierten Leistung diente. Gleichzeitig boten sie auch viele Möglichkeiten, die Entwicklung in den Schemata der sozialen Schichtung »einzufrieren«.

Zusammenfassung: Verschmelzung von Vorgegebenheits- und Leistungskriterien

Es gibt mehrere Wege, auf denen die vorgegebenen und partikularistischen Kriterien mit universalistischen Prinzipien und Leistungskriterien durchsetzt wurden. Hier sind drei wichtige Entwicklungstendenzen erkennbar. Eine derartige Tendenz war die Entstehung eines sich ständig wandelnden Vorgegebenheitsmittelpunkts, der auf vielfache Weise mit Leistungskriterien durchsetzt war und das Ausmaß wandelte, in dem verschiedene Gruppen sich um diese Leistungskriterien herum kristallisierten. Die Vorgegebenheitskriterien offenbarten sich in den Versuchen einer Erleichterung des Zugangs zu verschiedenen Märkten durch mannigfache sozialpolitische Maßnahmen und in dem sich wandelnden Mittelpunkt allgemeiner vorgegebener Solidarität – mochte sie auf Familie, Klasse, Bewegung, Sektor oder Herkunftsland basieren – ohne Kristallisation zu geschlossenen partikularistischen Einheiten.

Diese Tendenz wurde manchmal mit Versuchen verbunden, Entwicklung, Differenzierung und Mobilität nach partikularistischeren Kriterien zu vereinen. Es wurden Bemühungen unternommen, die Schaffung neuer Gruppen nach mannigfachen vorgegebenen und partikularistischen Kriterien zu lenken und zu regulieren und dabei eine gewisse Bewegungsfreiheit zwischen ihnen offenzuhalten.

Derartige Versuche konnten sich indes leicht zu einer dritten Tendenz entwickeln – nämlich der, die diversen vorgegebenen (ethnischen, politischen, klassenmäßigen oder religiösen) Kriterien »einzufrieren« und die Möglichkeiten von Wandel und kontinuierlicher Differenzierung auf ein Minimum herabzusetzen.

In gewisser Weise war dies das Ergebnis der Verschmelzung sozialer Gruppen sowohl in den obersten als auch in den untersten Schichten der israelischen Gesellschaft. Die Bedeutung dieser Probleme an sich verwandelte sie zu Punkten politischen Drucks und verstärkte die Aspekte des potentiellen »Einfrierens« dieser Kriterien in beträchtlichem Maße. Auf diese Weise wurden diverse Vorgegebenheitssymbole und -solidaritäten zu stark mit sozialpolitischen Problemen durchsetzten Brennpunkten politischer Aktivität und Forderungen. Sie hatten die Tendenz, die diversen Kriterien von Leistung und dynamischen (partikularistischen) Orientierungen zu schwächen, einzuschränken und zu verletzen.

Diese verschiedenen Weisen der Kristallisation von Beziehungen zwischen Vorgegebenheits- und Leistungsorientierungen waren auch eng mit dem Vorherrschen verschiedener und komplexer regulativer Mechanismen verbunden. Das Überwiegen von Leistungskriterien über Vorgegebenheitsorientierungen erhöhte notwendigerweise die Bedeutung von Markt-, Rechts- und öffentlichen Mechanismen und in gewissem Ausmaß von bürokratischen Unterhandlungen.

Diese sich fortwährend verstärkenden Tendenzen unterliegen der Dynamik der israelischen sozialen Entwicklung und rufen auch die wesentlichen anomischen Abweichungen in ihr hervor. Allein das Bestehen derartiger Abweichungen erwies sich als Ansporn zu neuen Normen und institutionellen Systemen. Dies wirft die Frage auf, in welchem Ausmaß Israel seine dynamische Entwicklung und Modernisierung fortsetzen kann und ob es seine stagnierenderen Aspekte entwickeln und institutionalisieren wird.

Das vorliegende Kapitel analysierte diese Möglichkeiten auf dem allgemeinen Gebiet der sozialen Organisation und Schichtung. Doch dieselben Probleme offenbaren sich auch auf anderen Gebieten der israelischen Gesellschaft. Vielleicht die wichtigsten unter ihnen sind die des Bildungswesens und der Politik, die in den folgenden Kapiteln analysiert werden sollen.

III. BILDUNGSWESEN, JUGEND UND FAMILIE

1. Entwicklungen in der jüdischen Gemeinschaft in Palästina

Einleitung

Dieses Kapitel befaßt sich mit der Entwicklung der Wechselbeziehungen zwischen Familie, Jugend und Bildungswesen in der Zeit vor und nach der Staatsgründung. Die meisten der im vorangegangenen Kapitel analysierten Tendenzen, Probleme und Spannungen kristallisierten und konzentrierten sich auf dem Gebiete des Bildungswesens.

Wir wollen zunächst die Entwicklung der Bildungsinstitutionen während der formativen vorstaatlichen Zeit der jüdischen Gemeinschaft, als sie unter dem Einfluß der Pioniersideologie standen, analysieren und dann sehen, welche Probleme sich aus ihrem Zusammentreffen mit der entstehenden sozialen Struktur ergaben.

Der zweite Teil dieses Kapitels behandelt die Entwicklung der Bildungsinstitutionen und -probleme unter den im Staate Israel erfolgenden Veränderungen im gesamten Sozialsystem mit seinem starken Einwandererstrom. Im dritten Teil werden die hauptsächlichen Reaktionen auf diese neuen Probleme analysiert.

Die drei Gebiete des Bildungswesens, der Jugend und der Familie umfassen den Sozialisierungsprozeß: die Vorbereitung der Jungen auf ihre Rolle als volle erwachsene Mitglieder ihrer Gesellschaft, Ablösung in der Mitgliedschaft einer Gesellschaft von einer Generation zur anderen und Übermittlung des sozialen und kulturellen Erbguts einer Gesellschaft.

Von diesem gemeinsamen Zentralpunkt aus zweigen spezifischere Kontakte zu anderen sozialen Gebieten ab. Familie und Jugend stehen in enger Beziehung zur Schichtung und sozialen Organisation, und die Bildungsinstitutionen sind sowohl Erweiterungen dieses Systems als auch Mittler der sozialen Mobilität und des Wandels. Sie stehen natürlich auch zu ganzen Gebieten der kulturellen schöpferischen Arbeit und Tradition sowie zu diversen Berufsorganisationen in enger Beziehung.

Zu den wichtigsten Faktoren, die zur Komplizierung der relativ einfachen Beziehungen zwischen diesen Gebieten beitrugen, gehörte die Tatsache, daß ursprünglich das Bildungssystem in der vorstaatlichen jüdischen Gemeinschaft nicht auf Übermittlung und Entwicklung eines gegebenen sozialen und kulturellen Erbguts abgestellt war, sondern sich mehr als kulturelle und soziale Neuerung entwickelte.

Auch konnte, ebenso wie in vielen anderen Einwanderergemeinden, in den meisten Fällen die Familie den jüngeren Mitgliedern der Gesellschaft nicht als Zentralpunkt sozialer und kultureller Kontinuität dienen. Dieser Faktor wurde in Palästina erheblich dadurch gemildert, daß die jüdische Gemeinschaft vor der Staatsgründung eine Kolonisationsgesellschaft war und ihre Errichtung im großen ganzen durch junge Pioniere, die ihre eigenen jungen Familien begründeten, erfolgte. Durch das jugendliche Alter der Einwanderer-Pioniere wurden die mangelnde Kontinuität zwischen den Generationen und die Spannungen zwischen ihnen weitgehend auf die Vor-Migrationszeit und auf die Beziehungen zwischen den Einwanderern und ihren Familien in den Herkunftsländern verlagert. Nur bei einigen orientalischen Familien machte sich dieses Fehlen der Kontinuität zwischen den Generationen in schärferer Weise fühlbar.

Die Beziehung des Bildungssystems zur sozialen Schichtung und Mobilität wurde auch durch die Expansion der sozialen und wirtschaftlichen Struktur der jüdischen Gemeinschaft und die stetige Schaffung neuer Sektoren und sozialer Gruppen stark beeinflußt.

Durch diese Faktoren entwickelten sich die Zentralprobleme auf diesen Gebieten in der jüdischen Gemeinschaft in Palästina auf eine besondere Weise.

Drei Probleme stechen hervor:

1. Wie erfolgte die Umformung eines Bildungssystems, das ursprünglich als Mittler kultureller Neuerung und schöpferischer Arbeit angesehen wurde, zu einem normalen Bildungssystem – und welche Wirkungen hatte diese Umformung auf seine Organisation, seinen Inhalt und sein Funktionieren?
2. Wie erfolgte die Lösung oder Behandlung der Paradoxe, die in der Fortführung und Dauereinrichtung von Pionierswesen, Neuerung und rebellischen Ideologien enthalten waren?
3. Wie kristallisierte sich die ziemlich unbeständige Familienstruktur der jungen Einwanderer zu einem für die entstehende soziale Struktur relevanten festen Schema?

Diesen Problemen lagen verschiedene Punkte von zentraler Bedeutung zugrunde: Die Kristallisation sozialer und *kultureller* Kontinuität; das Wesen der neugeschaffenen kulturellen kollektiven Identität; die Übermittlung dieser Identität an die neue Generation und ihre Umformung durch diese Generation.

Bildungsinstitutionen der Zweiten Alijah

Wie bereits früher gezeigt, wurden die Anfangsgründe des Bildungssystems zur Zeit der Ersten Alijah in Form von diversen Schulen und Seminaren gelegt. Doch der große Auftrieb in kultureller schöpferischer Arbeit und institutioneller Neuerung erfolgte zur Zeit der Zweiten Alijah, in der sowohl spezifische Bildungsinstitutionen und Berufsorganisationen begründet als auch die grundsätzliche Ideologie in bezug auf Bildung und Erziehung formuliert wurden:

Den Höhepunkt bildete die Gründung des Herzlijah-Gymnasiums in Tel Aviv und des Rechawiah-Gymnasiums in Jerusalem. Die wichtigste zu jener Zeit gegründete Berufsorganisation war der Lehrerverband, der nicht in erster Linie als Berufsorganisation, sondern eher als kulturelle Pioniergruppe galt. Die grundlegende Bildungsideologie dieser Epoche brachte eine enge Verwandtschaft mit den Grundsätzen der Pioniersideologie der Zweiten Alijah zum Ausdruck – wenn sie auch niemals völlig identisch mit ihr war.

In der Aufstellung des etwas paradoxen Lehrplans wurde Erwägungen kultureller schöpferischer Arbeit und Neuerung eine viel größere Bedeutung eingeräumt als rein pädagogisch-technischen Problemen oder den Problemen der praktischen Vorbereitung der Jugend auf das Leben als Erwachsene. In ähnlicher Weise war das Bildungssystem, von dem dieser Lehrplan einen Teil bildete, mehr darauf gerichtet, neuen Nachwuchs aus dem Ausland heranzuziehen, und nicht lediglich auf die Übermittlung eines gegebenen kulturellen Erbguts an die Söhne der Mittelstandsfamilien der jüdischen Gemeinschaft in Palästina.

In diesem System wurde der Lehrer auch als Pionier definiert, als wichtigster Anreger kultureller schöpferischer Arbeit und Neuerung, sowie als Jugendführer. Zu jener Zeit waren Schule und ideologische Pioniergruppen fast alleinige Mittelpunkte der Jugendpflege in Palästina. Diese Jugendpflege hatte keine spezifische Ideologie oder gar eigene Organisation außerhalb des Bereichs von Schule und Pioniergruppe.

Wandel in den Bildungsinstitutionen nach dem Ersten Weltkrieg

Bald nach dem Ersten Weltkrieg, nach Errichtung des Mandats, erfolgte die erste bedeutsame Verlagerung in den Bildungsinstitutionen und formte weitgehend die Entwicklung des Bildungssystems der jüdischen Gemeinschaft in Palästina bis zur Gründung des Staates Israel – und noch darüber hinaus.

Die wichtigsten Äußerungen dieser Verlagerung waren:

1. Ein über das ganze Land verbreitetes Netz von Bildungsinstitutionen der jüdischen Gemeinschaft, insbesondere auf dem Gebiet der Volksschulen, das mit Hilfe der Zionistischen Organisation, des Wa'ad Le'umi, der Mandatsregierung und der örtlichen Gemeinden errichtet wurde.
2. Wachstum der Institutionen der Gymnasialbildung, die jedoch nicht Teil eines Gesamtsystems, sondern zum größten Teil Privatschulen waren.
3. Politischer Einfluß auf das Volksschulsystem, der durch die Schulen verschiedenen »Trends«, und zwar des Arbeiter-, des religiösen und des allgemeinen Trends, ausgeübt wurde.
4. Entwicklung autonomer und sich deutlich unterscheidender Bildungssysteme innerhalb der Kibbuzorganisationen trotz ihrer offiziellen Zugehörigkeit zum Arbeitertrend.
5. Zunehmende Einverleibung der Schule in die sich herauskristallisierende soziale Struktur, und mit der Entwicklung autonomer Jugendbewegungen Rückgang in der Bedeutung der Schule als Mittelpunkt der Jugendpflege.
6. Allmähliche Einengung und Spezialisierung der Rolle des Lehrers, Hand in Hand mit einer gewissen Senkung seines Status, und Zunahme der Betonung politischer und wirtschaftlicher Gesichtspunkte in der Berufsorganisation der Lehrer.
7. Daraus folgend Absinken der Bedeutung des Lehrers als Jugendbewegungsführer; dessen Rolle wurde – im Gegensatz zu der zunehmend spezialisierten Funktion des Lehrers – allgemeiner und war weniger klar abgegrenzt.
8. Konzentration des erzieherischen Wandels in den Höheren Schulen, im Kibbuz und in der Jugendalijah.
9. Begründung einer Institution der Hochschulbildung (Die Hebräische Universität), die nur teilweise zu der bestehenden sozialen Struktur in Beziehung stand und in ihr verkörpert war.
10. Starke Zunahme der Erwachsenenbildung in den Siedlungen und Städten, organisiert von Arbeiterräten, Munizipalitäten und diversen Gruppen und Bewegungen.

Umformungen in den Bildungsinstitutionen zur Mandatszeit

Die Gründe für derartige Umformungen wurzelten in der sich zu dieser Zeit verändernden Struktur der jüdischen Gemeinschaft. Es erfolgte ein Einströmen verschiedener Einwanderergruppen, deren Einstellung zu den Pionierprinzipien sehr ungleich war. Da sich unter ihnen mehr Familien mit jungen Kindern im Schulalter befanden, unterschied sich ihr demographisches Schema auch von dem der früheren Pioniergruppen.

Parallel hierzu wuchs in den zwanziger und dreißiger Jahren eine bodenständige zweite Generation heran, die den Bedarf an Schulen und anderen Bildungsmöglichkeiten vergrößerte. Unter diesen sich wandelnden Verhältnissen konnte das Bildungssystem sich nicht weiterhin nur mit der Schaffung neuer kultureller Arbeit und mit der Absorption ausgewählter Jugendgruppen befassen. Es mußte sich auch um die alltäglicheren Aspekte des Bildungswesens und um die Sozialisierung des sich ausbreitenden Jugendsektors kümmern.

Diese Formalisierung der Bildungsarbeit wurde dann einbezogen in die Konkurrenz der Sektoren der jüdischen Gemeinschaft, die sich um die Kontrolle über »Leib und Seele« der zweiten Generation aus den Reihen der Neueinwanderer bewarben.

In diesem Wettbewerb versuchte jeder Sektor, besonders aber derjenige der Arbeiter, die Kontinuität und Unabhängigkeit seiner eigenen Bevölkerung aufrechtzuerhalten. Die extremste Kundgebung derartiger Versuche entwickelte sich in Kibbuz und Moschaw, in denen das Bildungssystem versuchte, die jüngere Generation völlig im Bannkreis und System des Kibbuz und Moschaw zu halten.

In den städtischen Sektoren konzentrierte sich dieser Wettbewerb auf ein aggressiveres Ziel, nämlich den Versuch eines jeden Sektors, so viele Kinder wie möglich in sein eigenes Bildungssystem zu ziehen.

Diese Methode hatte, besonders unter den unabhängigen Lehrern und Erziehern, viele Gegner. Viele von diesen wurden jedoch später in den allgemeinen Trend eingegliedert. Einigen Volksschulen und fast allen Höheren Schulen gelang es indes, sich außerhalb jedes offiziellen Trends zu halten.

Aus diesen Entwicklungen ergab sich, daß das ursprüngliche Interesse an allgemeiner schöpferischer Kulturarbeit weitgehend auf das politische und ideologische Gebiet übertragen und der Pädagogik und Bildung weniger Aufmerksamkeit gewidmet wurde. Hauptsächlich in der Höheren Schule und im Kibbuz (und später in der Jugendalijah) entwickelte sich ein verhältnismäßig ernstes Interesse an pädagogischen Fragen und erzieherisch-schöpferischer Kulturarbeit.

Verankerung des Bildungssystems in der sozialen Struktur der jüdischen Gemeinschaft

Diese Entwicklungen bekunden die wachsende Integration des Schulsystems in die sich herauskristallisierende soziale Organisation und Schichtung der jüdischen Gemeinschaft in Palästina. Dieses Wachstum dürfte sich in gewissem Ausmaß in der Bedeutung von Bildungskriterien für die Erreichung wirtschaftlicher und beruflicher Positionen widerspiegeln.

Verfügbare Angaben hierüber sind nicht systematisch genug, um mehr als ein Gesamtbild zu erlauben. Obwohl das Bildungssystem keinen entscheidenden Faktor in der Regulierung beruflicher Positionen bildete, nahm die Beziehung zwischen Bildungsniveau und wirtschaftlicher Stellung stetig zu; sie wurde abgeschwächt durch die Expansion in der institutionellen Struktur der jüdischen Gemeinschaft, die parallele Expansion ihrer ländlichen und städtischen Sektoren und das daraus folgende Mobilitätsschema, das sich in diesem Stadium entwickelte.

Die Beziehungen zwischen dem Bildungssystem und der Berufsstruktur wurden weiterhin dadurch beeinflußt, daß der vorzeitige Abgang aus der Schule, insbesondere in den höheren Gymnasialklassen, relativ hoch war. Das war wahrscheinlich weniger auf wirtschaftliche Gründe zurückzuführen als auf den Einfluß von Jugendbewegung, Pioniersideologie, der Einberufung zum nationalen Dienst in den verschiedenen Verteidigungsformationen und der fortlaufenden Errichtung neuer Siedlungen. Zwar negierten diese ideologischen Orientierungen nicht die Bedeutung kultureller und erzieherischer Arbeit und trugen de facto viel zur Ausbreitung der Erwachsenenbildung bei, doch sie hatten die Tendenz, die Bedeutung der *formalen* Bildungskriterien zu unterschätzen und die Beziehung zwischen diesen Kriterien und dem sozio-ökonomischen Status zu schwächen.

Bei den orientalischen Juden war das Bild völlig verschieden. Hier entwickelte sich eine stetige Beziehung zwischen niedrigem Bildungsniveau und ebenso niedrigem Berufsniveau, die durch den »Kulturkonflikt«, in dem die orientalischen Juden sich befanden, ausgelöst und verstärkt wurde. Da viele von ihnen sich nicht voll mit den Pionierswerten der Gemeinschaft identifizierten, machten sie keinen Gebrauch von den verschiedenen Ausgleichsmechanismen – wie etwa Teilnahme an Jugendbewegungen oder Erwachsenenbildungskursen –, um ihren Status zu heben.

Das Bildungssystem im Kibbuz

Im Kibbuz, und in geringerem Ausmaß im Moschaw, entwickelte sich ein besonderes, eng mit den Zügen seiner eigenen spezifischen sozialen Struktur durchwirktes Bildungssystem.

Es prägte sich nicht voll und in der gleichen Weise in allen verschiedenen Kibbuzrichtungen aus, aber es entwickelte sich ziemlich schnell zu einem deutlich erkennbaren System, das vom Gesichtspunkt der erzieherischen Praxis aus großes Interesse wachrief. Bei allen Unterschieden zwischen den einzelnen Kibbuzrichtungen waren einige Merkmale dieses Systems ihnen allen gemeinsam.

Die Grundansichten oder Voraussetzungen des Systems wurden von einem seiner Anhänger in folgender Weise ausgedrückt:

»Das Milieu der kollektiven Erziehung ist eine Gesellschaft, die die gleichzeitige Lösung sozialer, wirtschaftlicher und kultureller Probleme auf der Basis von Zusammenarbeit, Gleichheit und gegenseitiger Hilfeleistung anstrebt. Eine solche Gesellschaft kann, wenn sie auch das Bestehen der Familieneinheit als selbstverständlich unterstellt, die Erziehung nicht im Bereich der Familie als einzelner, isolierter Entität belassen. Die Verantwortung für die Erziehung des Kindes wird somit zum Teil der Familie abgenommen und wird zur Verantwortung der Kibbuzgesellschaft.« [39]

Die Betonung kollektiver Ideale bildet einen wichtigen Faktor in der Entwicklung des Bildungssystems im Kibbuz. Ein anderer Faktor ist seine sogenannte feministische Ideologie, d. h. die Ideologie, die die Befreiung der Frau für die gleiche Arbeit wie der Mann sie leistet, als bedeutsam fordert. Aus den gemeinsamen Auswirkun-

---

[39] Vgl. S. Golan, »Collective Education in the Kibbutz«, Psychiatry, Journal for the Study of Interpersonal Processes, Bd. 22, Nr. 2, Mai 1959.

gen dieser Orientierungen und den besonderen organisatorischen Problemen des Kibbuz entwickelte sich sein spezifisches Erziehungssystem[40].

Der den Schülern erteilte Unterricht wird von sozialen, wirtschaftlichen und politischen Erfordernissen sowie auch von der ideologischen Einstellung des Kibbuz und der größeren Bewegung, der er angehört, geformt. Der Lehrplan umfaßt Geistes- und Naturwissenschaften, Kunst- und Körpererziehung. Die Unterrichtstechnik hat sich zu einer besonderen Methode entwickelt, die eine gewisse Ähnlichkeit mit der amerikanischen Projektmethode hat.

Diese Methode stellte eine der wichtigsten pädagogischen Neuerungen des Kibbuzbildungssystems dar und wurde mit diesem System gleichgesetzt; dennoch setzte es sich nicht in allen Kibbuzbewegungen durch. Wie wir noch sehen werden, ist es in letzter Zeit von Tendenzen, die die im übrigen Land vorherrschende formalisierte Bildung übernehmen wollen, unterminiert worden.

Die Kibbuzerziehung strebte in der Hauptsache ein Zusammenspiel von Individuum und Gemeinschaft an – die Entwicklung einer Erwachsenenpersönlichkeit, in der sich persönliche Initiative und Reife mit Hingabe an die Gemeinschaft und Be-

---

[40] Die formale Organisation des Erziehungssystems im Kibbuz basiert für gewöhnlich auf der folgenden Einteilung:
1. Säuglingshaus
2. Kleinkinderhaus
3. Kindergarten
4. Grundschule (oder Gemeinschaft der kleineren Kinder)
5. Höhere Schule

In diesen getrennten und doch zusammenhängenden Gebilden erhält das Kibbuzkind seine Erziehung. Das Säuglingshaus faßt etwa 20 Säuglinge – im Alter von wenigen Tagen bis zu etwa einem Jahr. In dieser Zeit werden die Säuglinge von besonders vorgebildeten Säuglingspflegerinnen in enger Zusammenarbeit mit den Müttern, die natürlich ihre eigenen Kinder nähren, gepflegt. Während der Säugezeit sind die Mütter bis zu sechs Wochen von allen anderen Arbeiten befreit, und danach arbeiten sie bis zur Entwöhnung nur halbe Tage.

Aus dem Säuglingshaus kommt das einjährige Kind in das Kleinkinderhaus. Hier bleibt es in einer Gruppe von sechs Kindern mit einer ständigen Pflegerin bis zu seinem vierten Jahr. Am Nachmittag ist es mit seinen Eltern zusammen, die es für ein paar Stunden mit in ihr Zimmer nehmen. Das Kleinkinderhaus ist ebenso wie das Säuglingshaus mit einem Maximum an geeigneten Einrichtungen versehen, um ein Kind zu erfreuen und ihm eine psychologisch anregende Umgebung für seine geistige und emotionelle Entwicklung zu geben.

Der Kindergarten befindet sich in einem getrennten Haus. Dort leben die Kinder vom Alter von vier bis etwa sieben Jahren. »Der Kindergarten bemüht sich methodisch, die Sinne des Kindes und seine körperliche Geschicklichkeit durch Turnen, Gymnastik, Musikerziehung, mündlichen Ausdruck, Malen, Modellieren und Aufführungen zu entwickeln.«

»Der Kindergarten ermöglicht den Kindern, in der Landschaft ihres Heimatbezirks Wurzeln zu fassen, bringt sie den Arbeits- und Produktionsprozessen der diversen Farmsektoren näher und erzieht sie gemäß den Prinzipien der Erwachsenengemeinschaft.« (Golan und Lavi, Gemeinschaftserziehung (hebräisch), Ofakim, Bd. XI, 4,57).

Im Alter von sieben bis zwölf Jahren erhält das Kibbuzkind das Äquivalent der westlichen Volksschule. In dieser Zeit tritt es auch in die Kindergemeinschaft ein. Es wohnt mit einer Gruppe von 20 in einem gesonderten Haus zusammen mit einem Lehrer als Führer und einer Hausmutter, die beide bis zur Höheren Schule bei der Gruppe bleiben. Im Alter von zwölf Jahren lernen und wohnen die Kinder in der Höheren Schule, die sich meist in einem besonderen Teil des Kibbuz befindet. In jeder Gruppe (Klasse) sind etwa 25 Kinder, die gemeinsam lernen und gemeinsam am sozialen Leben teilnehmen. Jede Gruppe hat ihren besonderen Erzieher, der ähnliche Funktionen erfüllt wie ein Jugendbewegungsführer. Auf diese Weise wird die Jugendgruppe eng mit der mehr formalen Bildung verbunden – und die wichtigsten erzieherischen Neuerungen auf diesem Gebiet sind im Kibbuz zu finden.

Vielleicht der charakteristischste Zug des Kibbuzschulsystems besteht darin, daß es nicht selektiv ist. Jedes Kind hat ein Anrecht auf die vom Kibbuz vorgesehene Bildungsmöglichkeit. Infolgedessen gibt es in den meisten Fällen weder Zensuren noch Prüfungen.

jahung der gemeinschaftlichen Lebensweise verbinden würden. Ihre besonderen Züge wurden durch Arbeitsteilung und Kibbuzideologie geformt.

Dieses Bildungssystem als Ganzes blieb jedoch auf den Kibbuz beschränkt, wenn auch einige seiner pädagogischen Einrichtungen und Neuerungen – wie etwa das »Projektsystem« oder die Organisation von Jugendarbeitsgruppen – anderwärts in Israel übernommen wurden und allgemeines Interesse erregten.

Entwicklung in den städtischen Zentren – Beziehungen zwischen Bildungsarbeit und Pioniersideologie; die Entwicklung von Jugendbewegungen

Die Probleme der Anpassung der Pioniersideologie an die sich wandelnde Gesellschaft traten im allgemeinen städtischen Bildungssystem und insbesondere im Schulsystem in verschärfter Form auf. Das Schulsystem war nicht mehr Träger der dynamischeren und revolutionären Einstellung, deren Ziel es war, die Gesellschaft durch fortgesetzte Kolonisation und Verbreitung des Pioniersideals zu verändern.

Sogar innerhalb des Arbeitertrends mußten die Schulen sich immer mehr auf Übermittlung von Schulkenntnissen konzentrieren. Die Betonung der Pionierswerte hörte auf, eine konkrete erzieherische Aufgabe innerhalb der Schule zu bilden; an ihre Stelle trat eine Identifikation mit allgemeineren Werten.

Zur gleichen Zeit wurde jedoch ständig die Forderung nach Pionierarbeit gestellt, und zwar einerseits durch die Führer der Arbeitergruppen und die verschiedenen Kibbuzströmungen und andererseits vor allem durch die wachsende Notwendigkeit der Verteidigung und nationalpolitischen Kolonisation in den dreißiger Jahren. Versuche zur Aufrechterhaltung ihres Elitestatus bestärkten den Arbeitersektor in seinem Willen, das Pionierethos hochzuhalten und zum mindesten einen Teil der neuen Generationen mit ihm zu durchdringen. Hierbei spielten die verschiedenen Jugendbewegungen eine wichtige Rolle.

Die meisten dieser Bewegungen begannen in der Diaspora und wurden nach Palästina verpflanzt und hier den größeren sozio-politischen Bewegungen und Parteien angegliedert [41].

Mit der sich allmählich steigernden Einwanderung kamen mehr Mitglieder dieser Jugendbewegungen nach Palästina, und auch die neue palästinensische Generation ließ sich langsam in die verpflanzten Bewegungen hineinziehen.

Der Charakter dieser Bewegungen änderte sich durch ihre Verpflanzung be-

---

[41] Die beiden ersten jüdischen zionistischen Bewegungen, »Blau-Weiß« in Deutschland und »Haschomer Hazair« in Polen und Rußland, wurden vor etwa 50 Jahren organisiert. Sie waren die Vorläufer der anderen Jugendbewegungen, die im Laufe des bis zur Staatsgründung stattfindenden Kolonisationsprozesses entstanden.

Die diversen nichtreligiösen Jugendbewegungen lassen sich aufteilen in (1) die sozialistischen Bewegungen wie »Gordonia« (1924), »Borochow-Jugend«, »Haschomer Hazair«; (2) die revisionistische Bewegung »Betar« (1923); und (3) die Zionistische Jugendbewegung der »Allgemeinen Zionisten«. Die wichtigsten religiösen Bewegungen in der Diaspora waren »Thorah Weawodah« und später »Bnej Akiwah« (1929).

Eine ziemlich extrem orthodoxe Bewegung, »Esra«, entstand in Deutschland unter dem Einfluß der jüdischen Neo-Orthodoxie; sie ging später zum Zionismus über und ist jetzt an die Arbeitergruppe der »Agudat Israel« angeschlossen.

trächtlich. Ursprünglich waren sie zum größten Teil autonome Jugendbewegungen mit der klar umrissenen Forderung nach Selbstbestimmungsrecht[42].

Durch ihre Verpflanzung und die schrittweise Verwirklichung vieler ihrer Pionierideale verlor die ursprünglich rebellische Bewegung den Hauptinhalt ihrer Auflehnung, und das Prinzip der Selbstbestimmung wandelte sich zu dem der Absonderung von anderen Jugendbewegungen. Ihre Verbindung mit den allgemeinen sozialen und politischen Bewegungen (der Erwachsenen) wurde gefestigt; die doktrinäre Durchdringung neuer Mitglieder wurde zu einer grundsätzlichen Interessenfrage für die Führer, die hierduch eine Anhängergeneration zu schaffen hofften.

Im Jahre 1923 wurde die Organisation der Arbeitenden Jugend in enger Verbindung mit der Allgemeinen Arbeitervereinigung gegründet. Sie war ursprünglich als eine Gewerkschaft zur Organisation der jüdischen arbeitenden Jugend in Palästina gegründet worden und übernahm dann die Ideologie der anderen Jugendbewegungen mit ihrer Unterstreichung des Lebens in den Kollektivsiedlungen.

»Machanot Haolim« wurde im Jahre 1927 gegründet und war eine Bewegung, deren Interesse sich hauptsächlich auf die Jugend der Höheren Schulen richtete. Diese Bewegung schloß sich 1946 an die zuerst 1925 in Osteuropa gegründete »Gordonia«-Bewegung an, und sie bildeten zusammen »Hatenuah Hame'uchedet« (die Vereinigte Bewegung), die eng mit »Mapai« verbunden war. Hatenuah Hame'uchedet und die Organisation der Arbeitenden Jugend schlossen sich erst 1962 zusammen.

»Haschomer Hazair« entstand 1929 von neuem in Palästina und schloß sich an die Bewegung des »Kibbuz Arzi« und später an die Vereinigte Arbeiterpartei (»Mapam«) an.

Die religiöse Jugendbewegung »Bnej Akiwa« wurde 1929 zusammen mit »Hapoel Hamisrachi« gegründet; kurz darauf folgte »Esra«, die Jugendbewegung der »Agudat Israel«. Das Ziel dieser Bewegungen bestand in der Basierung der neuen jüdischen Gesellschaft in Palästina auf den Gesetzen der Thorah und verband sich in bezug auf Arbeitsbeziehungen mit einer sozialistischen Einstellung. Ihr Endziel war die Gründung kollektiver Siedlungen, in denen diese Ideale verwirklicht werden konnten.

Die Richtung der Allgemeinen Zionisten umschloß in der Hauptsache zwei Jugendbewegungen. Die eine, »Hanoar Hazioni« (Zionistische Jugend) wurde 1934 als Pionierbewegung in der Diaspora gegründet und verband sich mit den liberaleren Allgemeinen Zionisten (später Progressiven), die eine Orientierung zum Arbeiter- und unteren Mittelstand aufwiesen und denen Arbeitergruppen – »Haowed Hazioni« – angeschlossen waren.

Die zweite Jugendbewegung der Allgemeinen Zionisten war »Makkabi«, die sowohl in der Diaspora als auch in Palästina Wurzeln schlug. Sie war in der Hauptsache eine Pfadfinder- und Sportbewegung ohne eigentliche Beziehung zu den

---

[42] Es ist interessant festzustellen, daß diese Entwicklungen in der jüdischen Jugend in Mittel- und Osteuropa gleichzeitig mit ähnlichen Bewegungen in ganz Europa, insbesondere in Deutschland, erfolgten (die historische Zusammenkunft der Freien Deutschen Jugendgruppen, die das Recht der Selbstbestimmung forderten, fand 1913 auf dem Hohen Meißner statt). Es finden sich eine Anzahl ähnlicher Züge in der deutschen und der jüdischen Jugendbewegung: die Idee der Veränderung einer stagnierenden Gesellschaft, der Kampf gegen die Symbole der Obrigkeit, Hoffnung auf eine Verjüngung der Gesellschaft durch die Jugend usw. Wir finden auch eine Beeinflussung einiger dieser Bewegungen, z. B. des »Haschomer Hazair«, durch das Pfadfindertum, das sie als eines ihrer wichtigsten Erziehungswerkzeuge übernahmen.

Pioniersrichtungen. Doch auch diese Gruppe konnte sich dem ideologischen Einfluß der Zeit nicht ganz entziehen; es entstand in ihr ein Kern von Pionieren, die eine Kollektivsiedlung gründeten.

Die Bewegung der extremen Rechten, »Betar«, wurde 1923 in Riga von der Revisionistischen Partei gegründet. Sie war eine halbmilitärische Jugendbewegung und stand in Fragen der Außenpolitik und der Beziehungen zu den Arabern in Opposition zu der offiziellen zionistischen Bewegung. Auch sie konnte die allgemeine Tendenz zur Begründung neuer Siedlungen nicht ganz außer acht lassen.

Außer diesen Bewegungen wurde 1919 die unabhängigere Pfadfinderbewegung gegründet, und 1921 wurde eine allgemeine Organisation aller damals in Palästina wirkenden Pfadfindergruppen errichtet. Zwei Jahre später bildeten sich bei der Generalversammlung der jüdischen Pfadfinder in Jerusalem auch in dieser Bewegung zwei verschiedene Grundrichtungen. Die eine befürwortete die Ideologie der Kollektivsiedlungen, und die zweite war für eine allgemeinere Pioniereinstellung. Der extremere Flügel löste sich ab und schloß sich gegen Ende der zwanziger Jahre mit »Machanot Haolim« zusammen. Die Kontroverse zwischen diesen beiden Grundrichtungen ging durch die ganze Entwicklung der Bewegung, bis im Jahre 1936 die Erziehungsabteilung des Wa'ad Le'umi die Pfadfinderbewegung unter ihre Fittiche nahm und eine großangelegte Gesamtorganisation zur Unterstützung der nationalen Pioniereinstellung und der sozialistischen Richtung durchführte.

Die Pfadfinder wurden genau so aktiv wie jede andere Gruppe im Land. Die Dienstzeit im »Palmach« erfüllte sie sowohl mit der Kibbuzideologie als auch mit sozialistischer Philosophie, und auch sie begannen mit der Gründung einer Reihe von Siedlungen (drei vor der Staatsgründung – insgesamt neun), und ihre Pioniergruppen schlossen sich bestehenden Siedlungen an – hauptsächlich nach der Staatsgründung. Auch hier war Parteipolitik unvermeidlich; und da die meisten Führer entweder Kibbuzmitglieder oder aus einem Kibbuz hervorgegangen waren, nahm der Pfadfindereinfluß ab und der Kibbuzeinfluß wuchs. Zunehmender Einfluß von »Mapai« machte sich seit 1951 fühlbar, als die Bewegung eine politische Spaltung durchmachte.

Grundmerkmale der Jugendbewegungen

Einige Merkmale waren allen Bewegungen gemeinsam: erstens, sie wirkten alle außerhalb von Familie, Schule oder Arbeitsstätte; und zweitens, sie versuchten alle, ihre Mitglieder in spezifischen, formalen Gruppen zu organisieren. Ihre Arbeit war an Ziele gebunden, die weder in der Familie oder Schule noch in der Werkstätte verfolgt wurden, und dadurch wurden neue Identifikationen gefördert.

Sie unterschieden sich in der Hauptsache durch das Ausmaß ihrer sozialen Betätigungen und den entsprechenden Grad der Formalisierung sowie das Ausmaß, in dem die Zielsetzung eine Veränderung im sozialen Status ihrer Mitglieder mit sich brachte oder ein gewisses Maß von Kontinuität mit dem Leben der Eltern erlaubte.

Die verschiedenen Jugendbewegungen können in drei, sich manchmal überschneidende Haupttypen eingeteilt werden: (a) den Pioniertyp, der zionistische und sozialistische Ideale vertritt und danach strebt, Mitglieder für genossenschaftliche

Siedlungen zu stellen; (b) die Bewegungen der arbeitenden Jugend, deren Ziel in der bildungsmäßigen und beruflichen Förderung ihrer Mitglieder besteht; (c) die allgemeineren, mehr der Entspannung dienenden Bewegungen, die auf sportliche und Freizeitbetätigung gerichtet sind und keine bestimmten sozialen Ziele verfolgen. Dieser Typ, der am losesten organisiert war, tendierte dazu, in informelle Gruppen überzugehen.

Es wird geschätzt, daß 20–30 % der Jugend Mitglieder in diesen Jugendbewegungen waren. Es ist indes durchaus möglich, daß die Zahl derjenigen, die zu irgendeiner Zeit durch sie hindurchgingen, de facto größer war.

Jugendbewegungen und Pioniersideologie

Die Entwicklung der verschiedenen Jugendbewegungen ist nicht nur als Mittel anzusehen, um die Jugend in die Reihen der verschiedenen Parteien zu locken. Sie waren ein dynamischer Teil einer allgemeineren Welt der Jugendpflege, die sich im Lande entwickelte und ein weitverbreitetes Phänomen in allen modernen Gesellschaften, insbesondere aber in Einwanderungsländern, darstellte.

Eine Wechselwirkung zwischen dem kulturellen und sozialen Rahmen des häuslichen Milieus und den diversen durch Erwachsene geförderten Betätigungen und Organisationen im Lande verhalf zur Entwicklung der spezifischen Eigenschaften der Jugendgruppen und -bewegungen.

Eine flüchtige Untersuchung zeigt das Entstehen einer besonders organisierten Jugendpflege vorwiegend in den verschiedenen Gruppen der freiberuflichen Mittelklasse und der oberen Arbeiterklasse der städtischen Bevölkerung, in den Gemeinschafts- (Kibbuz-)Siedlungen und in denjenigen Gruppen orientalischer Juden, in denen beschleunigte Prozesse kulturellen Kontakts und Wandels vor sich gingen. Hingegen trat sie viel weniger zutage in denjenigen orientalischen Familien, die in ihren traditionalen Weisen beharrten, ferner in der genossenschaftlichen Siedlung (dem Moschaw Owdim, einem genossenschaftlichen Dorf, das aus Familienfarmen besteht), in der Moschawah und in einigen der unteren städtischen Klassen.

Kollektive Werte und Ideologien spielten eine gleich wichtige Rolle im Wachstum der Jugendbewegungen, und es entwickelte sich eine enge Beziehung zwischen denjenigen Sektoren der Gemeinschaft, in denen solche Werte existierten, und den organisierten Jugendbewegungen.

Dort, wo die Orientierung an kollektiven Werten schwach war, entwickelte die Jugendpflege weder einen stark organisierten Charakter noch bestimmte Ziele, sondern nahm die Form von losen Cliquen an, die nur der Entspannung dienende Betätigungen verfolgten.

Aus der obigen Analyse treten die besondere Stellung und die Züge der Bewegungen der Arbeiterjugend klar hervor. Ihr Zweck war nicht nur, den Status und das wirtschaftliche Wohlergehen ihrer Mitglieder zu ändern, sondern auch zu bewirken, daß derartige Änderungen gleichzeitig mit ihrem Übergang zu gemeinschaftlichen Werten erfolgen würden.

Die stärker abweichenden Typen der Jugendpflege befaßten sich zumeist mit Situationen, in denen eine Diskrepanz bestand zwischen der sozialen Orientierung, den Werten der Familie und der Möglichkeit, diese Werte innerhalb der sozialen

Struktur zu verwirklichen. Dies wurde nur in spezifischen Situationen intensiviert und kam hauptsächlich in zwei typischen Fällen vor: in Familien mit fehlender wirtschaftlicher Stabilität, die ihren Kindern die Verwirklichung dieser Ziele nicht bieten konnten, und in größerem Umfang in einigen Gruppen orientalischer Juden, für die die neuen kulturellen Kontakte äußerst brennend waren und bei denen Jugenddelinquenz häufiger vorkam.

Beziehungen zwischen Jugendbewegungen und Bevölkerungsgemeinschaft

Die Beziehungen zwischen denjenigen Gruppen der jüdischen Gemeinschaft, die sich weitgehend mit kollektiven Werten identifizierten, und den organisierten Pionierbewegungen bedürfen in diesem Zusammenhang weiterer Analyse.

Mehrere Untersuchungen haben gezeigt [43], daß eine beträchtliche Korrelation besteht zwischen der Jugendbewegung, der Jugendliche beitreten, ihrer Schule und dem sozialen Status ihrer Eltern. So rekrutierten die Pfadfinder die meisten ihrer Mitglieder aus den alten Gymnasien von Ruf, während die Mitglieder von »Machanot Haolim« hauptsächlich aus den Gewerbeschulen und den weniger vornehmen Höheren Schulen kamen. Natürlich bestand ein entsprechender Unterschied im Status der Eltern, obwohl der objektive Status de facto nicht immer entscheidet. Die Mitglieder von »Haschomer Hazair« scheinen aus unterschiedlicheren Milieus zu kommen, die sowohl Familien aus den höheren als auch den unteren Klassen sowie ziemlich häufig Kinder aus zerrütteten Familienverhältnissen einschließen. Die Atmosphäre dieser ideologisch intensiven Bewegung und die gründliche und gut funktionierende Organisation des Lebens ihrer Mitglieder scheinen einen Ersatz für ein geordnetes Familienleben zu bieten.

Eine noch engere Beziehung stellte sich zwischen Statusidentifikation und -bestrebungen der Eltern und der Mitgliedschaft in verschiedenen Jugendbewegungen heraus.

Kinder aus Familien, die sich fest mit ihrem Status identifizierten, wiesen die Tendenz auf, einen politisch neutralen Bewegungstyp zu wählen (wie etwa die Pfadfinder); oder sie betonten, etwa im Fall der Beteiligung an »Machanot Haolim«, die unpolitischen Elemente in der Ideologie der Bewegung und bestritten oft ausdrücklich die Bedeutung des politischen Faktors.

Aktivere Identifikation mit und Beteiligung an der Pionierjugendbewegung zeigte sich bei Kindern aus harmonischen Familienverhältnissen, in denen die Identifikation mit ihrem Status relativ passiv war.

Diese Untersuchungen ergeben interessante Resultate in bezug auf die Beziehung dieser Jugendbewegungen zu der entstehenden sozialen Struktur der jüdischen Gemeinschaft.

Es war das offen eingestandene Ziel der Jugendbewegungen, sozialen Wandel herbeizuführen durch Überführung städtischer (meist aus dem Mittelstand stammender) Jugend in die ländlichen Siedlungen. Dennoch war die Wahl der Bewegung weitgehend durch Status, Sicherheit und Bestrebungen der Familie beeinflußt. In ähn-

---

[43] Die folgende Analyse basiert auf S. N. Eisenstadt und J. Ben-David, Inter-generational Tensions in Israel. Aus: International Social Science Bulletin, Bd. VIII, No. 1, S. 54–75 (1956), UNESCO.

licher Weise spiegelt die Rolle des Kindes in der Bewegung den Familienstatus wider.

Das vergleichsweise harmonische Zusammenwirken von Eltern und Kindern verhinderte paradoxerweise die volle Verwirklichung der erklärten Ziele der Bewegung. Nur eine kleine Proportion der Mitglieder gründete Gemeinschaftssiedlungen – entsprechend dem von der Bewegung vorgeschriebenen und von fast allen Mitgliedern entschieden befürworteten Weg. Die tatsächliche Bedeutung der Mitgliedschaft bestand daher nicht in der Erziehung zu diesem besonderen Typ sozialen und beruflichen Wandels, sondern in der Einprägung eines idealistischen Sozialismus, der sich seinen Platz im Symbolsystem der Gesellschaft erwarb. Von diesem Gesichtspunkt aus gesehen ergänzten die Funktionen der Bewegung diejenigen der Familie.

Mit anderen Worten: die Jugendbewegung erstellte einen wichtigen Kanal für die fortgesetzte Verlagerung der Identifikation von der Familie auf die allgemeinere soziale Struktur, soweit sich die Familie mit kollektiven Pionierswerten identifizierte.

Auf diese Weise wurde die Jugendpflege tief in der sich entwickelnden und herauskristallisierenden sozialen Struktur verankert und fand ihre Berechtigung in und war eng verknüpft mit kollektiven Werten. Die Möglichkeit der Ausbildung spaltender oder gar stark neuerungssüchtiger Merkmale und der Opposition zu den Werten der Erwachsenenwelt hat sich demnach nicht verwirklicht. Wenn auch psychologische Spannungen zwischen Kindern und Eltern auftreten können, so ist doch der Grad struktureller Unvereinbarkeit zwischen Familie, sozialer Gesamtstruktur und Jugendbewegung auf ein Minimum reduziert.

Jugendbewegungen und soziale Struktur – Zusammenfassung

Wir sehen jetzt, daß nicht nur die informellere Jugendpflege, sondern sogar die radikaleren Jugendbewegungen allmählich in die soziale Struktur der verschiedenen Gruppen und Schichten in der jüdischen Gemeinschaft verwoben wurden. Es ist möglich, daß das Ausmaß, in dem diese Bewegungen sozialen und beruflichen Wandel tatsächlich bewirkten, zu Ende der zwanziger und zu Beginn der dreißiger Jahre viel größer war. Doch mit der allmählichen Kristallisation der sozialen Struktur wurden ihre Ideologie und ihr Nachdruck auf Veränderung in vieler Beziehung eher zu einem Mechanismus sozialer und kultureller Auswahl und der Verdeutlichung gemeinsamer Werte und weniger zum Befürworter fortwährender sozialer Veränderung und Neuerung.

Diese Funktionen der Jugendbewegungen wurden auf Wegen ausgeübt, die in sehr enger Beziehung standen zu dem oben analysierten allgemeineren Prozeß der selektiven Institutionalisierung der Ideologie. Sie entwickelten allmählich einen bestimmten Lebensstil, der erkennbar war an der Kleidung (aus einfachem Khakistoff mit offenem Hemdkragen), an dem großen Interesse an Ausflügen und der Erforschung des Landes, an Ferienlagern mit landwirtschaftlicher körperlicher Arbeit und an Liedern und Festen. Alle diese Anzeichen verbreiteten sich schnell über die ganze Bevölkerung. In ähnlicher Weise wurden Jugendführer und Instruktoren schnell zu wichtigen Figuren in der israelischen Kultur.

Außerdem erfüllten die Jugendbewegungen auch wichtige Funktionen der allgemeinen Sozialisierung und sozialen Auswahl. Im allgemeinen Kontext von Familie – Schule – Jugend stellten sie einen sehr wichtigen – wenn nicht den wichtigsten – Weg der Identifikation mit einigen der hauptsächlichen kollektiven Pionierssymbole der Gesellschaft dar. Durch diese Funktionen gelang es den Bewegungen, ihre Mitglieder für diverse nationale Aufgaben, wie etwa Verteidigung oder Saisonhilfe im Kibbuz, zu mobilisieren.

Sie dienten einigen Schichten der Bevölkerung auch als Kanäle der sozialen Mobilität, als Treffpunkte zwischen verschiedenen Sektoren und als wichtige Mittler für die Einwandererabsorption.

Weiterhin dienten sie als Auswahlstellen für einige der Elitepositionen und trugen auf diese Weise dazu bei, den Elitestatus der Pionierwerte und ihrer Träger zu einer Dauereinrichtung zu machen.

Hier ist auch die besondere Stellung der Jugendeinwanderung oder Jugendalijah von großem Interesse. Die Jugendalijah wurde 1934 begründet, um die Einwanderung von Kindern ohne Eltern aus Deutschland und Mitteleuropa zu erleichtern. Die meisten Jugendalijahgruppen wurden in landwirtschaftlichen Siedlungen erzogen, und zwar im Hinblick auf dauernde Ansiedlung dort. Zwar blieben die meisten von ihnen nicht auf die Dauer in den landwirtschaftlichen Siedlungen, dennoch kann die soziologische Bedeutung der Jugendalijah nicht überschätzt werden. Für die jüngeren Einwanderer gab sie den Rahmen ab für starke Pionierstendenzen und eine institutionalisierte Umgebung, in der das grundlegende Schema der Pioniermotivation nachgeschaffen wurde. Zur gleichen Zeit stellte sie auch einen Absorptionskanal dar, durch den jungen Einwanderern gleiche Chancen gegeben wurden, an den bestehenden informellen und halbformalen Gruppen teilzunehmen. Die Jugendalijah stellte einen deutlich erkennbaren Mechanismus dar, durch den die selektive Institutionalisierung der Pioniersideologie in einer Art und Weise betroffen wurde, die derjenigen der Jugendbewegungen und Höheren Schulen nicht unähnlich war. Sie diente auch als Kanal für die Auswahl zu den höheren Berufsstaffeln.

In den späteren Stadien vor der Staatsgründung, besonders im Zweiten Weltkrieg, als der Einwandererzustrom zurückging, begann die Jugendalijah auch, unter der städtischen Jugend aus den Armenvierteln zu wirken.

Wandel in der Rolle des Lehrers

Die Rolle des Lehrers wurde durch diese Entwicklungen stark betroffen und wandelte sich von der eines kulturellen Schöpfers in die eines technischen Übermittlers von Wissen, Fachkenntnis und Tradition. Dieser Prozeß des Wandels begann zu Beginn der zwanziger Jahre und verstärkte sich in den dreißiger Jahren.

Zwar verblieben viele Möglichkeiten zu schöpferischer Arbeit, insbesondere unter pädagogischen Gesichtspunkten, dennoch brachte dieser Wandel eine Schwächung des Elitestatus des Lehrers mit sich.

Darüber hinaus erlangten durch die Schuld der finanziellen Situation geldliche Probleme (Gehälter, Subventionen, soziale Versorgungsrechte usw.) eine überragende Bedeutung im Erziehungssystem, und Ende der dreißiger Jahre und in den vierziger

Jahren gehörten die Lehrer zu denjenigen Gruppen, die am stärksten zum Streik neigten.

Die veränderte Rolle des Lehrers und die Senkung seines Status standen in Verbindung mit dem Auftreten neuer Typen von Erziehern, die zu Trägern dynamischerer, sozialerzieherischer Rollen wurden. Der eine Typ war der des Jugendbewegungsführers – des »Madrich« –, der oft aus einem Kibbuz stammte und die erzieherische Pioniersideologie symbolisierte. Der andere war der »Madrich« von Jugendeinwanderergruppen – ebenfalls oft ein Kibbuzmitglied.

Die Entwicklung der Erwachsenenbildung

Es ist wichtig, hier die Entwicklung eines riesigen Netzes von Erwachsenenbildungsarbeit in der jüdischen Gemeinschaft zu erwähnen. Ein Großteil dieser Arbeit war auf praktische Ziele beschränkt, wie etwa das Erlernen der hebräischen Sprache oder technische Themen, aber der allgemeine Antrieb zur Erwachsenenbildung war die grundsätzliche ideologische Orientierung, die ihre Bedeutung im Prozeß schöpferischer Kulturarbeit unterstrich, dabei aber gleichzeitig dazu tendierte, die formale Bildung zu unterschätzen.

Die ersten Ansätze zur Erwachsenenbildung erfolgten im Rahmen der Histadruth, die bereits in den zwanziger Jahren die auf diesem Gebiet bestehende Arbeit übernahm und neue einleitete. Von den dreißiger Jahren an führte die Hebräische Universität ein beständig wachsendes Arbeitsprogramm durch.

Das Ziel dieser Bildungsprogramme war nicht so sehr die Erlangung eines akademischen Grads oder Diploms, als vielmehr die Hebung des allgemeinen kulturellen Niveaus und Vergrößerung des Wissens um das Land, seine Geschichte und Geographie. Die ideologischen Wurzeln stammten aus den Volkshochschulbewegungen in Europa und aus der starken Unterstreichung der Bedeutung der allgemeinen Verbreitung von Wissen, unter Betonung der potentiellen kulturellen Schöpferkraft aller Gruppen. Vorträge wurden sowohl in entlegenen Siedlungen als auch in besonders geschaffenen Bildungszentren gehalten. In jedem Stadtviertel und in jeder Siedlung wurden Studiengruppen gebildet und lokale Bibliotheken begründet.

Die Entwicklung der Hochschulbildung

Gleichzeitig mit den Volks- und Höheren Schulen und der Erwachsenenbildungsarbeit, die sich in Beantwortung der tatsächlichen Bedürfnisse der wachsenden Bevölkerung entwickelten, entstanden auch Hochschulinstitutionen – die Hebräische Universität und in etwas geringerem Umfang das Israelische Institut für Technologie (»Technion«). Das Technion war 1912 gegründet worden, begann ein volles Lehrprogramm aber erst 1924. In seinen Anfangsstadien entwickelte sich das Technion nicht wesentlich über den Bereich einer technischen Fachschule hinaus, die auf die konkreten Bedürfnisse der Bevölkerung eingestellt war. Da diese relativ gering waren und von fachlich geschulten Einwanderern befriedigt werden konnten, gedieh das Technion nicht sonderlich und hatte keine große Anziehungskraft für die jüngere Generation im Lande, die vielfach zum Studium ins Ausland fuhr.

Die Entwicklung der Universität war anders. Nach ihrer Begründung im Jahre

1925 war sie zunächst hauptsächlich ein Forschungsinstitut, in dem die Lehrtätigkeit eine untergeordnete Rolle spielte. Erst ein wachsender Bedarf führte zur Entwicklung eines Lehrprogramms und zur Begründung regulärer Fakultäten.

Das ursprüngliche Ziel der Universität war es, nicht nur den Bedürfnissen der jüdischen Gemeinschaft in Palästina, sondern auch dem allgemeineren Bedürfnis nach einer jüdischen kulturellen Renaissance zu dienen.

Der Nachdruck auf Forschung und das relative Fehlen eines Interesses für die praktischen Bedürfnisse der jüdischen Gemeinschaft in Palästina verstärkten einander gegenseitig in der Tendenz, Beziehungen zu den jüdischen Gemeinden im Ausland zu unterhalten und bewirkten eine Absonderung der Universität von dem organisierten Teil der jüdischen Gemeinschaft in Palästina. Obwohl die Institution der Universität tief in der zionistischen Ideologie verwurzelt war und die Universität als kultureller Gipfel ihrer schöpferischen Kraft galt, wurde sie niemals zu einem Teil irgendeiner sozialen oder politischen Bewegung oder Gruppe innerhalb der jüdischen Gemeinschaft. Auf diese Weise erhielt sie sich ihre Autonomie, universelle Leistungskriterien zu vertreten und der Politisierung des Bildungssystems zu entgehen.

Darüber hinaus beteiligten sich viele Mitglieder des Universitätskollegiums als Privatpersonen an den politischen Parteien und andere an unabhängigen Gremien der öffentlichen Meinung. Die Universität diente auch als Treffpunkt für Menschen aus gänzlich verschiedenen Bewegungen und politischen Sektoren, die gemeinsam in ihren Ausschüssen saßen.

Nur allmählich erweiterte sich der anfängliche Grundstock der Universität, und 1935 wurde ein erziehungswissenschaftliches Seminar gegründet, das die Ausbildung von Gymnasiallehrern zum Ziel hatte und somit einem wachsenden Bedarf der jüdischen Gemeinschaft in Palästina Rechnung trug. In ähnlicher Weise wurde in Rechowot ein Landwirtschaftliches Institut errichtet, um durch wissenschaftliche Arbeit und Forschung die landwirtschaftliche Entwicklung zu fördern. Allmählich nahmen einige naturwissenschaftliche Abteilungen die Verbindung zu der entstehenden Industrie auf und führten gewisse Forschungsarbeiten für die Industrie aus. Im Studienjahr 1939/40 war die Zahl der jüdischen Studenten aus Palästina auf etwa tausend angestiegen.

Die Universität diente immer als formale Spitze des pädagogischen Systems, indem sie die Anforderungen der Höheren Schulen überwachte und die Reifeprüfung als Aufnahmebedingung anerkannte, der sie auf diese Weise einen allgemeineren, internationalen Status verlieh. Mit dem Heranwachsen der zweiten Generation in der jüdischen Gemeinschaft erlangten diese Funktionen eine noch größere Bedeutung.

Das Bildungssystem in der vorstaatlichen jüdischen Gemeinschaft – Zusammenfassung

Bis zum Ende der Periode vor der Staatsgründung entwickelte sich das Bildungssystem zu einem vielgestaltigen Gebilde, in dem verschiedene und oft widerspruchsvolle Tendenzen und Orientierung eng miteinander verwoben waren. Sein ursprünglicher Impuls wurzelte in den anfänglichen ideologischen Orientierungen zu sozialem und kulturellem Wandel und schöpferischer Leistung, aber dieser Impuls wurde verändert und näher bestimmt durch das Anwachsen der Bevölkerung und ihren Bedarf auf erziehungswissenschaftlichem Gebiet. Dieser Bedarf erleichterte die Entwicklung erzieherischer schöpferischer Arbeit an Höheren Schulen und akademischen Lehranstalten sowie an Kibbuzschulen und in der Jugendalijah, doch gleichzeitig verringerte er das Ausmaß, in dem das Volksschulsystem weiterhin als Werkzeug sozialen Wandels und schöpferischer Kulturarbeit dienen konnte.

Einige der Impulse zu schöpferischer Kulturarbeit prägten sich in den Höheren Schulen, in den Kibbuzschulen und in einigen der Erwachsenenbildungsinstitutionen aus, wohingegen die eher ideologische, auf Wandel gerichtete Orientierung sich in den Jugendbewegungen und in den verschiedenen Erwachsenenbildungsinstitutionen ausprägte und auf eine Unterminierung der Verbindung zwischen Bildungsstand und beruflichem Ansehen abzielte, dabei aber die Auffassung der Elite von einer Allgemeinbildung aufrechterhielt.

Die vereinte Wirkung der ununterbrochenen Normalisierung der Bildungsstruktur und des Wachstums der verschiedenen politischen Sektoren in der jüdischen Gemeinschaft führte zu zunehmender Politisierung der Volksschulbildung, zu einer Stagnation der ideologischen und pädagogischen schöpferischen Arbeit und zur Entwicklung mehrerer widerspruchsvoller Einstellungen im Bildungssystem.

Die Bildungsstruktur neigte zu einer Überbetonung kollektiv-vorgegebener Kriterien von Arbeit und Motivation und zu einer Unterbewertung der Bedeutung beruflicher Motivationen. Das stand natürlich in vollem Einklang mit der der Pioniervorstellung inhärenten elitären Auffassung, schuf jedoch gleichzeitig wichtige Probleme auf diversen institutionellen Gebieten.

2. Das Bildungswesen im Staate Israel

Die Entwicklung des Bildungswesens im Staate Israel

Die Begründung des Staates Israel übte einen tiefgreifenden Einfluß auf Wesen und Entwicklung der Bildungsinstitutionen aus. Die erste wichtige Äußerung des Wandels war die Ausdehnung und administrative Vereinheitlichung des Bildungssystems einerseits und eine zunehmende funktionelle Differenzierung andererseits.

Das staatliche Erziehungsgesetz wurde von der Knesseth (Parlament) im Sommer 1953 erlassen und damit das vorher herrschende System der mehrfachen Trends abgeschafft.

Der Erlaß dieses Gesetzes hatte eine weitgehende Reorganisation des bestehenden Systems zur Folge, die sich in Entlassungen und Ernennungen von Lehrern und Schuldirektoren sowie in einer allgemeinen technischen und administrativen Revision ausdrückte. Das Land wurde in sechs Bezirke eingeteilt; an deren Spitze stand ein Bezirksinspektor, unter dem eine Anzahl von stellvertretenden Inspektoren arbeitete. Aber auch in der neuen Organisation blieb die Unterteilung in nichtreligiöse und religiöse staatliche Schulen bestehen. Das religiöse System, das de facto eine Fortsetzung des »Trendsystems« darstellt, wird von der National-

Religiösen Partei überwacht. Nach dem Gesetz der allgemeinen Schulpflicht muß jedes Kind im Alter von fünf bis vierzehn Jahren die Schule besuchen.

Die Schulpflicht erstreckt sich nicht auf die Höhere Schule. Die Höheren Schulen sind zumeist halbprivat[44] und werden von verschiedenen öffentlichen Stellen, Gemeindeverwaltungen und bis zu einem gewissen Grade vom Staat unterstützt.

Das Höhere Schulsystem zerfällt in folgende Zweige:

1. Allgemeinbildende Höhere Schulen (Gymnasien)
2. Höhere Abendschulen
3. Höhere Landwirtschaftsschulen
4. Höhere Berufsschulen
5. Aufbauklassen in Kollektivsiedlungen
6. Zweijährige Gymnasiallehrgänge für Kinder in abgelegenen Siedlungen.

Nur die beiden ersten Typen und einige Berufsschulen führen zur Reifeprüfung, deren Ablegung nach einem Schulbesuch von vier Jahren im Alter von 14 bis einschließlich 17 Jahren erfolgt. Diese Prüfung wird vom Erziehungsministerium abgehalten, und ihr Bestehen berechtigt zur Aufnahme in jede Hochschulinstitution. Vor kurzem wurde eine besondere landwirtschaftliche Reifeprüfung für die Aufnahme in die Landwirtschaftliche Fakultät der Hebräischen Universität eingeführt.

Die Abendschulen bereiten ihre Schüler oft auf die »externe Reifeprüfung« vor, die nicht in der Schule abgelegt wird (und bei der keine Berücksichtigung von in der Schule erteilten Zensuren erfolgt), sondern die gänzlich dem Erziehungsministerium untersteht.

Dem streng zentralisierten Schulsystem unterstehen alle den Lehrplan betreffenden Angelegenheiten und die Beschäftigung der Lehrer; Finanz- und Verwaltungsangelegenheiten werden in Zusammenarbeit mit den örtlichen Behörden behandelt.

Die einzigen Schulen, die in diesen Rahmen nicht voll eingegliedert wurden, sind die der »Agudat Israel«, des extrem religiösen Sektors, die ihren eigenen Lehrplan haben und einer ganz minimalen – und ziemlich nachlässigen – Aufsicht von »draußen« unterstellt sind. Sie haben ihre eigenen Lehrer und Lehrerausbildungsinstitutionen, die nur zum Teil vom Staat unterstützt werden.

Die folgenden Tabellen zeigen die Entwicklung des Bildungssystems in Israel. Aus ihnen geht hervor, daß die Zahl der Schüler im Bildungssystem von 140 817 im Jahre 1948/49 auf 711 274 im Jahre 1964/65 stieg – d. h. sich mehr als verfünffachte. Die Zahl der Schüler in den Höheren Schulen stieg in denselben Jahren auf beinahe das Zehnfache (9,6) (von 10 218 auf 97 937).

In dieser Zeit stieg die Zahl der Volksschullehrer auf das Fünffache (5,3 – von 6469 auf 34 340) und in den Höheren Schulen auf mehr als das Neunfache (von 941 auf 8847).

Die Zahl der Volksschulinstitutionen stieg um das Dreieinhalbfache und der höheren Schulen um das Fünfeinhalbfache (5,4). Die größte Steigerung erfolgte im Hochschulwesen, in dem die Studenten auf das Elffache (von 1635 auf 18 363) stiegen.

---

[44] Es gibt viele Schulen, in denen die strenge Teilung zwischen Volksschule und Höherer Schule nach innen nicht eingehalten wird – aber offiziell ist dies die Haupttrennungslinie.

Tabelle 36. Indizes der Schüler in den Bildungsinstitutionen nach Art der Institution (1949–1964)

Art der Institution	1949/50	1954/55	1959/60	1964/65
Alle Schüler [1]	100	202	307	376
Das gesamte Bildungssystem [2]	100	203	303	363
Hochschulsystem	100	215	338	550
Andere Institutionen	100	140	407	667
Gesamtes hebräisches Bildungssystem	100	207	318	383
Pflichtschulsystem	100	207	310	364
Kindergärten	100	167	232	253
Volksschulen	100	218	333	370
Sonderschulen	100	254	470	716
Schulen für arbeitende Jugendliche	100	267	240	104
Höhere Schulen	100	160,5	273	517
Höhere Abendschulen [3]	–	167	263	192
Aufbauklassen	100	389	605	829
Berufsschulen	100	161	272	687
Landwirtschaftsschulen	100	225	209	320
Lehrer- und Kindergärtnerinnenseminare	100	155	279	440
Sonstige weiterführende Schulen	–	–	100	97
Sonstige Institutionen [4]	–	–	117	245
Gesamtes arabisches Bildungssystem	100	156	222	317
Pflichtschulsystem	100	162	226	355
Kindergärten	100	1353	3783	5790
Volksschulen	100	148	199	298
Sonderschulen [5]	–	–	–	111
Schulen für arbeitende Jugendliche [6]	–	–	42	53
Höhere Schulen [7]	–	467	637	924
Aufbauklassen	100	156	–	–
Berufsschulen	–	–	–	127
Landwirtschaftsschulen	–	–	100	282
Lehrer- und Kindergärtnerinnenseminare [8]	–	–	288	280
Sonstige weiterführende Schulen	–	–	100	94
Sonstige Institutionen	100	140	185	212

Berechnet nach: 1 CBS *Statistical Abstract of Israel*, 9, 1957/58, S. 325, Tab. 6. – 2 CBS a.a.O., 14, 1963, S. 634, Tab. 7. – 3 CBS a.a.O., 16, 1965, S. 575, Tab. D/20.
[1] Umfaßt alle Schüler in allen hebräischen und arabischen Bildungsinstitutionen einschließlich Hochschulen.
[2] Umfaßt das hebräische und arabische Volksschul- und weiterführende Schulsystem mit Ausnahme des Hochschulsystems und sonstiger Bildungsinstitutionen.
[3] 1951/52 = 100.
[4] 1959/60 = 100.
[5] 1963/64 = 100.
[6] 1951/52 = 100.
[7] 1963/64 = 100.
[8] 1956/57 = 100.

Entwicklungen im religiösen Bildungswesen

Wie wir gesehen haben, behielten die religiösen Gruppen einen hohen Grad von Absonderung in ihrem Bildungssystem bei, doch zur gleichen Zeit erfolgten auf diesem Gebiet interessante Neuerungen. Vielleicht die interessanteste unter diesen war die Anpassung der orthodox religiösen Bildungsstätte (der Jeschiw̱ah) an die Anforderungen der neuen Situation. Diese Schulen waren früher (und einige von ihnen sind es noch immer) einzig und allein dem Ganztagsstudium jüdischer überlieferter Schriften, des Talmuds usw., gewidmet. In letzter Zeit entstand jedoch eine Kombination von moderner Gymnasialbildung und traditionalem Lehrgang in der Institution des Jeschiwah-Gymnasiums, das als Internat geführt wird. Die meisten dieser Schulen bereiten ihre Schüler jetzt auf die Reifeprüfung vor; allerdings benötigen einige von ihnen hierzu fünf, anstatt der üblichen vier Jahre.

In ähnlicher Weise wird jetzt in der Institution der Jeschiwah-Berufsschule und der Jeschiwah-Landwirtschaftsschule der traditionale Lehrplan mit der Erlernung eines Berufs verbunden.

Die Schülerzahl in den staatlichen religiösen Volksschulen stieg von ungefähr 56 000 im Jahre 1953/54 auf 115 000 im Jahre 1964/65. Im Jahre 1964/65 umfaßten sie 28 % aller Schüler in den Volksschulen im Vergleich zu 18,5 % im Jahre 1952/53 (s. Tab. 37).

Tabelle 37. Entwicklung des staatlichen religiösen Bildungssystems in Israel in den Jahren 1952/53 bis 1964/65
(Zahl der Schüler im hebräischen Bildungssystem in absoluten und Verhältniszahlen)

Jahr	1952/53		1953/54		1962/63		1964/65	
	Zahl der Schüler	%[1]	Zahl der Schüler	%[1]	Zahl der Schüler	%[1]	Zahl der Schüler	%[1]
Volksschulen [2]	40 601	18,5	56 372	22,4	111 734	28,2	115 544	28,0
Weiterführende Schulen insgesamt [3]	4 391	16,0	5 645	15,0	15 138	18,0	19 005	16,7
Städtische Höhere Schulen (einschl. Jeschiwahschulen)	2 704	16,0	3 941	16,5	11 281	19,0	13 880	21,9
Berufsschulen	283	6,7	300	5,8	1 900	15,0	3 145	12,2
Landwirtschaftsschulen	1 404	27,2	1 404	45,3	1 675	17,0	2 000	26,0

[1] Prozentsatz von der Gesamtzahl der Schüler in Israel in der betreffenden Schulart.
[2] Der Anteil des »Unabhängigen« (Agudat Israel) Zweigs am Volksschulsystem betrug 1953/54 7,5 % und 1964/65 6,9 %.
[3] Ausschließlich 13. und weitere Klassen in den normalen Schulen.
Berechnet nach: 1. Volksschulwesen, Y. Kil, ›Ten Years of State Religious Education‹, in *Year by Year*, Hechal Shlomo, 1964, S. 341–342, und CBS, a.a.O., 16, 1965, S. 582, Tab. T/11. – 2. Weiterführende Schulen, Y. Kil, a.a.O., und A. Yehudah, ›The Religious Post-Primary Education, in *Year by Year*, Hechal Shlomo, 1965, S. 414–429; CBS, a.a.O., 16, 1965, Tab. T/10, S. 581.

Im unabhängigen Schulsystem (der Agudat Israel) stieg die Zahl der Schüler von 15 438 im Jahre 1953/54 auf 27 907 im Jahre 1964/65.

In den weiterführenden Schulen fiel der Anteil der staatlichen religiösen Erziehung von 18 % im Jahre 1962/63 auf 16,7 % im Jahre 1964/65.

Im unabhängigen weiterführenden Schulsystem (der Agudat Israel) stieg die Schülerzahl von 1137 im Jahre 1959/60 auf 3000 im Jahre 1964/65. (Einzelheiten s. in Tab. 37). Die Gesamtzahl der Schüler verteilt sich wie folgt: 12 198 Schüler in Jeschiwah-Gymnasien, 1900 in Jeschiwah-Berufsschulen und 1657 in Jeschiwah-Landwirtschaftsschulen.

In diesen Angaben zeigt sich die Tendenz der vielen extremen, besonders der nichtzionistischen religiösen Gruppen, ihren eigenen Weg zu finden, um mit den Problemen der modernen Gesellschaft fertigzuwerden. Manchmal mag dies mit Versuchen verbunden sein, mehr Einfluß und Autonomie für sich zu sichern, doch häufiger scheint sich eine Tendenz der Absonderung anzuzeigen.

Betätigungsgebiete außerhalb des Lehrplans – Erholung, Sport und Spiel, Sondererziehung, Erwachsenenbildung und Unterricht im Militär

Neben den Schulen entwickelten sich eine Anzahl außerhalb des Lehrplans stehender Erziehungsgebiete, unter ihnen Sport und Spiel, besondere Erziehungsorganisationen und Institutionen für schwierige (insbesondere zurückgebliebene und gestörte) Kinder.

Eine große Ausweitung und Veränderung erfolgte auch auf dem Gebiet der Erwachsenenbildung, und zwar großenteils für die Neueinwanderer. Regierung, Jewish Agency, Histadruth und diverse andere Institutionen wie etwa die Staatsverwaltungsbehörden und »Malben« riefen Organisationen zur Behandlung dieser Probleme ins Leben.

Besondere Bedeutung erlangten hier Sprach- und Berufskurse. Unter den Schulen, die sich auf den Sprachunterricht konzentrierten, bildete sich ein besonderer Typ heraus: der »Ulpan« – eine Schule für Erwachsene, in der die hebräische Sprache in sehr intensiver Form gelehrt wird. Es gibt mehrere Arten: zunächst den »Ulpan« mit Unterbringung und Verpflegung, dessen Kurse fünf Monate dauern bei täglichem fünfstündigem Unterricht. Dann den Arbeits-»Ulpan«, der für jüngere Menschen bestimmt ist: er findet in einem Kibbuz statt, die Schüler wohnen hier, arbeiten vier Stunden täglich in der Wirtschaft und lernen während der übrigen Zeit des Tages Hebräisch. Eine dritte Sorte ist der Tages-»Ulpan«, den die Schüler wie eine Schule besuchen und in dem der Unterricht dreißig Stunden in der Woche beträgt. Ferner gibt es den Volks-»Ulpan« der Städte und Gemeinden, in dem der Unterricht morgens oder abends stattfindet, sowie den Klein-»Ulpan« mit vier bis acht Unterrichtsstunden in der Woche, der hauptsächlich für Menschen bestimmt ist, die sich von ihrer täglichen Arbeit nicht freimachen können.

Außerdem gibt es verschiedene Arten von weniger intensiven Kursen, wie etwa den »Lernmonat« für besonders rückständige Menschen. In diesen Fällen kommt ein Lehrer (oder eine Lehrerin) in ein Privathaus, indem sich eine Anzahl Erwachsener zusammenfindet.

Im Jahre 1965 gab es in den hebräischen Sprachkursen (einschließlich »Ulpan«) 16 249 Schüler; 1963/64 waren in Institutionen der Erwachsenenbildung 5185 Schüler und in Berufsschulkursen 10 827. Der Hauptanteil entfiel auf die ländlichen Bezirke und die neuen städtischen Zentren.

In diesem Zusammenhang verdient die Erziehungstätigkeit der Armee besondere Erwähnung. Viele Männer wurden schon kurz nach ihrer Ankunft in Israel zum Militärdienst eingezogen, und hieraus ergaben sich manche erzieherischen und kulturellen Probleme, die die Organisation einer umfangreichen Erziehungsarbeit für die Rekruten erforderlich machten. In dem Bemühen, das Bildungsniveau im Heer auf den Stand der allgemeinen kulturellen Atmosphäre in Israel zu heben, organisiert die Erziehungsabteilung der Armee Kurse, die sich von der Erlernung der hebräischen Sprache und der Grundlage im Rechnen über Geographie, Geschichte, bis auf allgemeine Themen von kultureller und erzieherischer Bedeutung erstrecken.

Für die aus dem Militärdienst Entlassenen erfolgt weitgehende Hilfeleistung seitens der Armee in Form von Berufsberatung und der Ausbildung in diversen technischen Berufen.

In den Jahren 1948–1963 wurden die hebräischen Sprachkurse und sonstiger Elementarunterricht im Militär von 43 000 Schülern besucht.

Wandel in Erwachsenenbildung und Kibbuzerziehung

Auch das allgemeine Gebiet der Erwachsenenbildung, das nicht speziell mit Problemen der Neueinwanderung in Verbindung steht, hat seit der Gründung des Staates eine große Ausdehnung erfahren und weist einige merkliche Veränderungen und Akzentverlagerungen auf. Die größte Zunahme erfolgte in solchen Kursen, die zu sofortigen Resultaten führen, sei es in bezug auf die Sprache, spezialisierte Kenntnisse oder die Erlangung irgendeines Diploms; doch auch viele allgemein bildende und der Entspannung dienende Betätigungen erfuhren eine Erweiterung.

Hingegen nahm die Erwachsenenbildung mit dem Ideal des Lernens um seiner selbst willen etwas ab, und dieser Trend beeinflußte auch das interne Bildungssystem im Kibbuz, in dem das Verlangen nach einem offiziellen Reifezeugnis einen ernsten Meinungsstreit hervorrief. Der Kibbuz war immer daran interessiert, seinen Mitgliedern ein möglichst hohes Bildungsniveau zu ermöglichen, doch gemäß seiner eigenen Ideologie besteht keine Notwendigkeit für eine Anerkennung von außen oder eine Bestätigung dieser Bildung, da die Kinder in natürlicher Nachfolge im Kibbuz bleiben. Die Forderung nach einem Reifezeugnis wird daher als ein Anzeichen für andere Möglichkeiten angesehen, und das ist für den Kibbuz keineswegs annehmbar. Andererseits bedeutete es für manchen Kibbuz ein Dilemma, seinen begabten Kindern gewisse Leistungsmöglichkeiten vorzuenthalten; und auch die Erkenntnis, daß manche von ihnen, sogar vom Gesichtspunkt des Kibbuz' aus, eine Hochschulbildung erwerben müssen, trug weiter zu diesem Dilemma bei.

Bis jetzt ist keine einheitliche Lösung für dieses Problem gefunden worden. Es gibt einige Kibbuzschulen, die eine externe Reifeprüfung erlauben, andere halten ihre eigene Reifeprüfung in der vierten Klasse der Höheren Schule (oder, wie sie es nennen, am Ende der zwölften Klasse) ab, und wieder andere hören mit der formalen Schulbildung nach zehn Klassen (von denen zwei der Höheren Schule angehören) auf, geben aber begabten Schülern die Möglichkeit, weiterzulernen.

In derselben Zeit hat sich die Arbeit der Jugendalijah ebenfalls stark erweitert. Die Zahl der Schüler in der Jugendalijah betrug 1965 9736 (die Gesamtzahl von 1950–1962 war 31 623).

Im Gegensatz zu den ersten Jahren nach der Staatsgründung lernen mehr als 50 % der Kinder der Jugendalijah in Bildungsinstitutionen, die sich nicht in ländlichen Siedlungen befinden. Bis 1957 war der Anteil der Schüler aus Asien und Afrika im Anstieg (1957: 67 %); von 1957 ab erfolgte eine Zunahme im Anteil der Schüler aus Europa und Amerika (1962: 41 %) sowie aus Israel selbst.

Pioniererziehung – Jugendorganisation durch die Armee

Gleichzeitig mit diesen Entwicklungen erfolgten wichtige Veränderungen in der auf Pioniertum gerichteten Erziehungsarbeit.

Politische Jugendbewegungen waren in den Schulen verboten und wurden 1961 nur teilweise wieder zugelassen. Es entwickelten sich diverse staatlich geförderte Jugendorganisationen zur Verwirklichung von Pionierzielen. Eine derartige Organisation ist »Nachal« (Pionier- und Kampfeinheiten), die wenige Jahre nach der Staatsgründung ins Leben gerufen wurde[45]. Eine andere ist »Gadnah« (Jugendkorps der Armee), eine von der Armee geförderte paramilitärische Organisation für Jugendliche im Alter von 14 bis 18 Jahren. Ihr Ziel ist, die Jugendlichen für den nationalen Dienst auszubilden und vorzubereiten und sie mit dem Bewußtsein verantwortungsvollen Staatsbürgertums zu erfüllen. 1964 umfaßte »Gadnah« 61 200 Jugendliche.

Entwicklungen im Hochschulwesen

Auch das Gebiet der Hochschulbildung hat sich stark erweitert und verändert. Die Hochschulinstitutionen, die bis zur Staatsgründung nicht in erster Linie auf die Bedürfnisse der jüdischen Bevölkerungsgemeinschaft eingestellt waren, sahen sich dem Problem gegenüber, Forschung mit erzieherischen und beruflichen Bedürfnissen zu verbinden.

Im Jahre 1950/51 gab es in den Hochschulinstitutionen 1250 Studenten im ersten Studienjahr. 1958/59 hingegen 3022. Im Jahre 1948/49 gab es 405 Studenten im ersten Studienjahr, 1964/65 hingegen 6055, d. h. eine Steigerung auf das Fünfzehnfache.

Aus Tabelle 38 ersehen wir, daß die Gesamtzahl der Studenten in den Hochschulinstitutionen sich in 16 Jahren auf mehr als das Elffache erhöhte (von 1635 im Jahre 1948/49 auf 18 368 im Jahre 1964/65). Das Verhältnis der Studenten in der Gesamtbevölkerung erhöhte sich von 21 aus 10 000 im Jahre 1950/51 auf 88 im Jahre 1964/65, und der Graduierten derselben Zeit von zwei auf elf.

Die folgende Tabelle 38 zeigt uns die Zahl der Studierenden in den vorhandenen Institutionen.

Der Anteil der Inhaber des israelischen Reifezeugnisses unter den zum Hochschulstudium Immatrikulierten ist nur für die Hebräische Universität und das Technion bekannt. Im Jahre 1951 waren nur 57 % der von der Universität aufgenommenen neuen Studenten Absolventen israelischer Höherer Schulen. Seither ist dieser Prozentsatz unter den Studenten der Universität (einschließlich derjenigen in den späteren Studienjahren) gestiegen und variierte in den Jahren 1951–1956 zwischen 65 und 75 %. Am Technion war der Prozentsatz von Absolventen israelischer Höherer Schulen unter den neuen Studenten etwa 70 %.

Diese zahlenmäßige Zunahme hatte eine Ausdehnung und Vervielfachung von Fakultäten und Fächern im Gefolge.

Zu den hauptsächlichen Entwicklungen an der Hebräischen Universität in den Jahren 1949–1959 gehörten die Begründung einer rechtswissenschaftlichen Fakultät

---

[45] Jeder israelische Rekrut hat die Möglichkeit, sich einem sogenannten »Gar'in« (Kern) einer Jugendbewegung anzuschließen, der sich en bloc zu dieser Spezialformation der Armee meldet. In dieser Formation wird militärische Ausbildung mit landwirtschaftlicher Arbeit kombiniert, und zwar besonders in Kollektivsiedlungen. Das ihr zugrundeliegende Ziel ist in gewisser Weise eine Fortsetzung der älteren Ideologie der Pionierjugendbewegungen – d. h. nach dem nationalen Dienst sollte dieser Kern neue Siedlungen gründen. Für gewöhnlich wird dieses Ziel nicht voll erreicht. Viele, wenn nicht die meisten, der Gruppen haben die Tendenz, sich nach dem Militärdienst aufzulösen, und nur ein sehr kleiner Teil aus den ursprünglichen Kerngruppen tritt in eine bereits bestehende Siedlung ein. Es gab indes auch einige Fälle, in denen neue Siedlungen gegründet wurden.

Tabelle 38. Studenten und Graduierte der Hochschulinstitutionen
(Absolute und Verhältniszahlen per 10 000 Personen der Bevölkerung
von 1950/51 bis 1964/65)

Studenten	1950/51	1955/56	1961/62	1964/65
Gesamtzahl der Studenten in Hochschulinstitutionen	2 892	5 887	11 814	18 368
Verhältniszahl der Studenten per 10 000 Personen der Bevölkerung	21	37	52	88
Graduierte der Hochschulinstitutionen (B.A., B.Sc., M.A., M.Sc., Ph.D., M.D.)	313	946	1 844	2 491
Verhältniszahl der Graduierten per 10 000 Personen der Bevölkerung	2	5	8	11

1 CBS, a.a.O., 14, 1963, Tab. 25–31, S. 648–653 (1950/51 bis 1960/61). – 2 CBS, a.a.O., 16, 1965, Tab. T/25, S. 593.

(früher waren Rechtslehrgänge von der Mandatsregierung veranstaltet worden), einer vollständigen medizinischen Fakultät und im Zusammenhang mit ihr einer Abteilung für Zahnheilkunde und einer für Pharmakologie. Zwei weitere neue Fakultäten waren die der Landwirtschaft und der Sozialwissenschaften.

Außerdem wurden Abteilungen für öffentliche Verwaltung und für Geschäftsführung begründet, ferner eine Schule für Sozialfürsorge und eine Graduiertenschule für Bibliothekare.

Aus diesen neuen Fachabteilungen gingen Absolventen hervor, die besser für die Bedürfnisse des Landes ausgerüstet waren, und das neue Programm der allgemeinen höheren Bildung in Form des B. A.-(Bachelor of Arts-)Studiengangs trat an die Stelle der bis dahin vorherrschenden ausgesprochen akademischen Spezialisierung.

Diese Entwicklungen standen in enger Verbindung mit dem wachsenden Bedarf nach ausgebildeten Kräften und der zunehmenden Tendenz zu akademischen Berufen.

Auf diese Weise entstand eine enge Verknüpfung zwischen den Hochschulinstitutionen und den Bedürfnissen des Landes, wie aus der wachsenden Zahl von Studenten, die in Israel geboren und in die Schule gegangen waren, hervorgeht.

Das Technion entwickelte sich aus einer Art Polytechnikum zu einer regelrechten Technischen Hochschule, die vollwertige technische Fachkräfte für die Bedürfnisse des Landes zur Verfügung stellt.

Das Weizmann-Institut der Wissenschaften entwickelte sich zu einem wichtigen Forschungszentrum in den Naturwissenschaften. Es wurde 1949 offiziell eröffnet und hat zehn Departements und fünf Sektionen [46].

[46] Die Departements sind: Angewandte Mathematik, Kernphysik, Kerninduktion, Elektronik, Röntgenkristallographie, Isotopenforschung, Polymerforschung, Biophysik, Organische Chemie und Experimentalbiologie. Die Sektionen sind Photochemie und Spektroskopie, Infrarotspektroskopie, Biochemie, Virologie und Genetik, Pflanzengenetik.
Der Mitarbeiterstab beträgt etwa 650, hiervon 222 Wissenschaftler, Forschungsstudenten und Gast-Fellows und andere zeitweilig an besonderen Projekten mit Hilfe von Stipendien oder Forschungskrediten arbeitende Personen. Der permanente akademische Stab besteht aus 14 ordentlichen Professoren, 10 außerordentlichen Professoren, 36 Senior-Wissenschaftlern, 43 Forschungsbeauftragten und 34 Forschungsassistenten.
Quelle: Israel Government Yearbook 1960–61, S. 168.

Infolge des großen Bildungsbedürfnisses und unter dem Druck lokaler politischer Kräfte entstanden weitere neue Hochschulinstitutionen wie die Tel Aviver Universität, die unter der Ägide der Tel Aviver Stadtverwaltung begründet wurde, und die religiöse Bar-Ilan-Universität in Ramat-Gan, die unter den Auspizien religiöser Gruppen, insbesondere der National-Religiösen Partei, begründet wurde.

Das akademische Personal der Hochschulinstitutionen umfaßte im Studienjahr 1948/49 293 Mitglieder und 1964/65 2504. Es stieg demnach auf das Neunfache bei einer Vermehrung auf das Elffache in der Zahl der Studenten.

Wandel in Familie und Jugendpflege

Gleichzeitig mit den Entwicklungen im Umfang und in der Organisation des israelischen Bildungswesens erfolgte ein Wandel im Bereich von Familie und Jugend sowohl unter den älteren Siedlern als auch unter den Neueinwanderern. Zwar verliefen die Veränderungen in den beiden Sektoren soziologisch parallel, dennoch tendierten sie dahin, die Unterschiede zwischen Bevölkerungsgruppen dadurch zu erweitern, daß sie das Bildungswesen in die soziale Struktur einbezogen.

In den älteren Sektoren erfolgte eine allgemeine Schwächung der Pionierjugendbewegungen und -ideologien zugunsten konventionellerer Betätigungen und Organisationen.

Wenn auch keine genauen Angaben verfügbar sind, so besteht doch der allgemeine Eindruck eines Absinkens der aktiven Beteiligung an diesen Bewegungen – wenn auch nicht ihrer tatsächlichen Mitgliederzahl – und besonders der Identifikation mit ihren Pioniersidealen. Tabelle 39 zeigt einige dieser Trends an.

Wir sehen also, daß der Anteil der Mitglieder in Jugendbewegungen in der Bevölkerungsaltersgruppe zwischen 10 und 19 im Jahre 1947/48 47 % betrug; 1949/50 sank er auf 28 %, und von 1957 an scheint eine Tendenz zur Steigerung zu bestehen. Nach offiziellen Angaben war 1963/64 der Anteil 37 % (vgl. Tab. 39).

Obwohl die Bewegungen offiziell noch den Pionieridealen anhingen, verloren diese de facto für die meisten ihrer Mitglieder und sogar Führer viel von der früheren Bedeutung, und es wurden in ihnen vorwiegend rein gesellschaftliche Betätigungen gepflegt.

Tabelle 39. In Jugendbewegungen organisierte Jugend

	Jahr	Zahl der organisierten Jugendlichen (ungefähr) (1)	Gesamtzahl der Jugendlichen im Alter von 10–19 Jahren (ungefähr) (2)	Prozentsatz der organisierten Jugend (3)
1	1947/48	37 500	80 000	47
2	1949/50	52 000	148 000	35
3	1955/56	67 300	295 000	23
4	1960/61	129 500	406 000	32
5	1963/64	191 982	525 000	37

Quellen: Zeilen 1, 2 und 3, Spalte 1: H. Barzel, Die Jugendbewegung – ihre Geschichte in Israel und in der übrigen Welt (Hebräisch), Jerusalem, 1963, S. 103. – Zeile 3, Spalte 2: CBS, a.a.O., Nr. 9, 1956-1957, Tab. 11 bis 12, S. 12. – Zeilen 4 und 5, Spalte 1: Laut Stellvertr. Erziehungsminister A. Jadlin, Dawar, 23. Juli 1964. – Zeile 4, Spalte 2: CBS, a.a.O., Nr. 12, 1961, Tab. 11, S. 39. – Zeile 5, Spalte 2: CBS, a.a.O., Nr. 15, 1964, Tab. B/12, S. 28.

Außerdem wurden viele kollektive Aufgaben durch eher »philanthropische« Arbeit – wie etwa Hilfe für Kinder von Neueinwanderern und Kibbuzsiedlungen – ersetzt.

Gleichzeitig mit diesem Wandel in den Jugendbewegungen gewannen zunehmend zahlreiche informelle Jugendgruppen in den alteingesessenen Bevölkerungsteilen das Übergewicht; und der Unterschied zwischen den Pionierjugendbewegungen und der eher informellen Jugendpflege wurde etwas verwischt, wenn auch in ihren Extremen – in den mehr ideologischen und sektiererischen Jugendbewegungen einerseits und in den Gruppen der »Jeunesse dorée« andererseits – die Unterschiede noch sehr betont waren.

Wandel in den Jugendbewegungen – Beteiligung und Bestrebungen

Im Schema der Beteiligung an den Jugendbewegungen und der Bestrebungen ihrer Mitglieder läßt sich ein Wandel nachweisen. Zwar ist keine Untersuchung in vollem Umfang durchgeführt worden, doch Teiluntersuchungen führen unzweideutig zu folgenden Schlüssen.

Eine Untersuchung, die 600 Jugendliche aus einer bestimmten Jugendbewegung umfaßte, ergab [47], daß die Mehrzahl der Mitglieder dieser offiziell zur Pionierrichtung zählenden Jugendbewegung aus Häusern kam, in denen die Eltern der Histadruth oder Mapai angehörten und im allgemeinen der Bewegung wohlwollend gegenüber standen; dadurch wurde die soziale Identifikation der Kinder mit ihr verstärkt.

Die Hauptanziehungskraft der Bewegung lag in ihren geistigen, sozialen und sportlichen Betätigungen. Wenig betont waren ideologische oder auf die »Bewegung« bezügliche Verpflichtungen, die in einer etwas vagen Kibbuzeinstellung ausgedrückt und oft mit einem Streben nach fachberuflicher und akademischer Beschäftigung verbunden waren. Die meisten Mitglieder waren sich klar darüber, daß ihre Eltern lieber eine bestimmte berufliche Zukunft für sie sehen würden. 46 % der Befragten glaubten, daß ihre Eltern für sie einen akademischen Beruf in der Stadt im Sinn hatten, 21,4 % glaubten, es sei ihren Eltern gleichgültig, 14,5 % dachten, ihre Eltern würden es gern sehen, wenn sie geschulte Arbeiter in der Stadt würden, 16,2 % hatten keine Meinung oder erwähnten »irgendeinen anderen Beruf«, und nur 1,7 % glaubten, ihre Eltern erwarteten, daß sie in einen Kibbuz gingen. Da im großen ganzen wenig für allgemeine Unstimmigkeit oder Spannung zwischen Eltern und Kindern spricht, dürften diese Ergebnisse als signifikant gelten.

Der Nachdruck auf »akademischen« Berufen erscheint weiterhin verstärkt durch die positiven Beziehungen zwischen Schule und Bewegung. Erfolg in der Schule verstärkte die »akademische« Einstellung des Mitglieds und seine Zufriedenheit mit der Bewegung und war seiner Vorstellung von sich als zukünftigem Kibbuzmitglied abträglich.

Rebellische oder auf Veränderung gerichtete Einstellungen brachten viele Mitglieder in einem allgemeinen Gefühl zum Ausdruck, daß »die Dinge« gebessert werden sollten und von der Bewegung vielleicht etwas dazu getan werden müßte.

---

[47] Vgl. M. Lotan, Werte und Einstellungen in den Jugendbewegungen (hebräisch), Berl Katznelson-Institut, 1964.

Obwohl diese Angaben nur sehr partiell und vorläufig sind, weisen sie auf die wachsende Konsolidierung der Jugendbewegungen im Lebensstil der verschiedenen sozialen Schichten hin und zeigen die zunehmende Betonung sozialer und erzieherischer Arbeit sowie fachlicher und akademischer Berufe.

Wandel in den Funktionen der Jugendbewegungen

Viele der Funktionen der Jugendbewegungen haben sich, unabhängig von ihrer genauen Mitgliederzahl, beträchtlich verändert oder reduziert. Sie bilden nicht länger die Hauptmechanismen für die Auswahl der Eliten oder die Einstellung auf die hauptsächlichen kollektiven Werte der Gesellschaft.

Wenn früher die Jugendbewegungen den Mittelpunkt der Jugendpflege darstellten, so hat dieser jetzt eine Verlagerung zur Familie und zu den Schulen hin erfahren. Außerhalb des Lehrplans fallende Betätigung und vormilitärische Übungen, die wichtige Kanäle der Identifikation mit kollektiven Werten darstellen, spielen ebenfalls eine Rolle in diesem Wandel.

Das führte zu einer noch stärkeren Einbeziehung der Jugendbewegungen in die Gefüge der sozialen Organisation und Orientierung verschiedener Gruppen und Schichten und zu einer Schwächung nicht nur ihrer Rolle als Mittler sozialen Wandels, sondern auch ihrer Rolle als Kanäle der Hinwendung zu den gemeinschaftlichen Werten der Gesellschaft und infolgedessen zu einer Verwischung der früheren scharfen Unterschiede zwischen Jugendbewegung und dem weniger organisierten und weniger ideologisch eingestellten Typ der Jugendpflege.

Gleichzeitig wurde die Möglichkeit *persönlicher* und sozialer Spannungen zwischen Eltern und Kindern vielleicht verschärft, weil die Kinder vieles von der geruhsamen Ideologie oder dem Konservatismus der Eltern ablehnten. Aber diese Spannungen tendierten dazu, eher persönlich als ideologisch zu sein.

Möglicherweise sind die geringfügigen negativen Äußerungen von »Teddy-Boys« unter der Jeunesse dorée durch die Umformung der Inter-Generationen-Beziehungen im älteren Sektor zu erklären. Dieses Phänomen tauchte zuerst in Form von kleinen Gruppen jugendlicher Delinquenten aus Familien des oberen Mittelstands und aus »kultiviertem« und »ideologischem« Milieu auf. Seither hat es sich verschiedentlich wiederholt, daß Schüler der Oberklassen von Höheren Schulen sich »aus reinem Spaß« antisozialen Betätigungen hingaben. Hauptsächlich geschah das in Tel Aviv und in ein paar wirtschaftlich gutsituierten kleineren Städten; später dehnte es sich dann auch auf sozial niedrigstehende Gruppen aus, denen es zu jener Zeit unter den Bedingungen voller Beschäftigung sehr gut ging.

Jugendpflege unter Neueinwanderern

Strukturell parallele Entwicklungen erfolgten in diversen Gruppen von Neueinwanderern, bei denen sich neue Formen der Jugendpflege entwickelten; sie waren in gleicher Weise in den Lebensstilen der Eltern verankert und bestanden hauptsächlich aus halborganisierten oder informellen Jugendgruppen oder -klubs einerseits und aus Mitgliedschaft in den Jugendbewegungen des älteren Typs andererseits. Zwar wurde diese Jugendpflege stark von der formalen Erziehung und der erzieherischen Betätigung außerhalb des Lehrplans beeinflußt, doch variierte dieser Einfluß bei den verschiedenen Einwanderergruppen entsprechend ihren spezifischen ethnischen oder ökologischen Gefügen.

Einen grundlegenden Teil der Jugendpflege verschiedener Einwanderergruppen bildete ihre starke Ausrichtung auf berufliche und wirtschaftliche Anpassung und Vorwärtskommen in der aufnehmenden Gesellschaft, und das Ausmaß des Erfolgs auf diesem Gebiet beeinflußte das Wesen und den Bereich ihrer Arbeit und Organisationen beträchtlich.

Die Stellung der Jugendbewegungen (und insbesondere von »Hatnuah Hame'uchedet« und »Hanoar Haowed« – oder, wie sie heute heißen, »Allgemeiner Verband der arbeitenden und lernenden Jugend« – und der religiösen Jugendbewegung »Bnej Akiba«) unter Einwanderergruppen ist hier von besonderem Interesse. Zwar sind auch hier genaue Angaben nicht verfügbar, doch sprechen viele Anzeichen dafür, daß diese Bewegungen viele Mitglieder aus den Einwanderergruppen anzogen. Möglicherweise erfreuten sie sich dort größerer Beliebtheit als bei den besser fundierten Teilen der Bevölkerung. Sie scheinen die besseren Elemente unter den Einwanderern anzuziehen, insbesondere Kinder, die die oberen Klassen der Volksschule und die Höhere Schule mit Erfolg besuchen und deren Familien eine gewisse Mobilität aufweisen. In solchen Fällen dienen die Jugendbewegungen den Kindern entweder als Mobilitätskanal oder als Bestätigung ihres neuerreichten Status. Auch hier scheint die Betonung der Pionierideologie sehr gering zu sein, und die Bewegungen dienen dazu, die Betätigung und Einstellung ihrer Mitglieder innerhalb ihrer sozialen Schicht zu lenken.

Diese Entwicklungen änderten notwendigerweise den Charakter der diversen Jugendbewegungen; sie verwandelten sich mehr und mehr in Jugendklubs, die durch verschiedene von Erwachsenen geförderte Stellen organisiert wurden. Auf diese Weise wurden sie zu einem Teil des allgemeineren Programms außerlehrplanmäßiger Betätigung.

Entstehung von Jugenddelinquenz

In diesem Zusammenhang nehmen die Probleme der Jugenddelinquenz eine zentrale Stellung im Rahmen der erzieherischen Probleme ein. Aus einer ursprünglichen Randerscheinung ist sie zu einem allgemeineren Problem geworden. Im Jahre 1957 war der Satz der jugendlichen Delinquenten auf tausend in der Bevölkerung entsprechenden Alters 6,5; 1959 betrug er 8,5 und 1962 10,5.

Im Jahre 1962 betrug der Satz jüdischer jugendlicher Delinquenten pro 1000 in Israel Geborener 6,4, im Vergleich zu 6,7 pro 1000 in Europa, 13,5 in Asien und 18,9 in Afrika Geborener[48].

Delinquenz steht in enger Beziehung zu Vagabundentum und vorzeitigem Abgang aus der Schule, der besonders verbreitet scheint in den Klassen der Volksschulen und besonders der Schulen von Neueinwanderern in Dorf und Stadt sowie bei Kindern von orientalischer Herkunft.

---

[48] CBS: Statistical Abstract of Israel, No. 16, 1965, Tabelle V/6, S. 624.

Absorptionsbedingungen und Jugendpflege

Die Absorptionsbedingungen in der entstehenden sozialen Struktur finden ihren Niederschlag in dem unterschiedlichen Grade der Jugendpflege in den verschiedenen Gruppen im allgemeinen und in der Entwicklung delinquenter Jugendgruppen im besonderen. Zwar treten diese Bedingungen am deutlichsten bei den Einwanderergruppen zutage, doch auch bei den älteren Gruppen ist ein ähnlicher Einfluß festzustellen.

Die Entwicklungen zeigen die enge Beziehung zwischen verschiedenen Arten der Jugendpflege und dem Lebensstil und den Berufen der verschiedenen Gruppen und Schichten auf. Untersuchungen dieses Problems weisen darauf hin, daß das Ausmaß und der Bereich der Jugendpflege stark von dem Mißverhältnis zwischen der Vorstellung von dem sozialen Status der Einwanderereltern und ihrer tatsächlichen Stellung in Israel beeinflußt wurde. Derartige Mißverhältnisse entwickelten sich vor allem dort, wo die Eltern eine starre Vorstellung von ihrem eigenen Status hegten und darin weitgehend von ihrer alten sozialen und kulturellen Umgebung beeinflußt waren. In solchen Fällen bedeutete Berufswechsel einen Statusverlust, und dementsprechend wurden neue Forderungen an die Kinder – sei es in bezug auf die Schule, Freizeitbeschäftigung usw. – feindselig aufgenommen. Ein weiterer Faktor in der sich wandelnden Jugendpflege waren die Autoritätskonflikte zwischen der traditionalen (früheren) und der neuen Umgebung und die daraus folgende Erschütterung der elterlichen Autorität. In solchen Fällen wurde die Fähigkeit der Kinder, neue soziale Rollen zu übernehmen und in der neuen Umgebung einen vollen Status zu erreichen, durch alte, ihnen aufgezwungene Autoritätsnormen gefährdet, und der hieraus folgende Konflikt prädisponierte die Jugendlichen zur Bildung von Delinquentengruppen.

Weiterhin spielt angesichts der Immigrationsschwierigkeiten die Familiensolidarität eine Rolle. Sie erwies sich im allgemeinen als der wichtigste innere Faktor zur Bestimmung des Ausmaßes von kontinuierlicher oder delinquenter Gruppenbildung. Wo eine große innere Solidarität bestand, konnte die Familie die vielen Erschütterungen und Veränderungen sowie die neuen Verhaltensweisen der Jungen auffangen. Soweit die Gefühlsbindungen innerhalb der Familie und ihre innere Solidarität diese Veränderungen gut ertrugen, entwickelte sich wenig delinquente Betätigung.

Mit anderen Worten: die Prädisposition zur Delinquenz wird auf ein Minimum herabgesetzt, wenn Eltern und Kinder und Jugendliche neue, dauerhafte und anerkannte soziale Rollen finden und sich an ihrer neuen Umgebung beteiligen können.

Schließlich kommt der Diskrepanz zwischen den Bestrebungen der Eltern und der Möglichkeit ihrer Verwirklichung eine Bedeutung zu. Das bezieht sich hauptsächlich auf diejenigen Einwanderer oder Gruppen aus der älteren Bevölkerung, die im Anfang eher bereit waren, ihre sozialen Rollen und Bestrebungen zu ändern, denen es jedoch nicht gelang, diese Veränderungen in der neuen sozialen Umgebung zu verwirklichen. In diesem Zusammenhang nehmen kulturelle Differenzen eine größere dynamische Bedeutung an, da das Fehlen von Fachkenntnissen und Wissen, die für die Erfüllung der neuen Rollen notwendig sind, ihre Verwirklichung ernstlich verhindern kann.

Diese verschiedenartigen sozialen Bedingungen fanden sich in allen Schichten der Bevölkerung, doch natürlicherweise traten sie bei einigen der neuen Einwanderergruppen stärker hervor. Mit der wachsenden Integration dieser Gruppen nahm dieses stärkere Hervortreten ab, und die diversen extremen Äußerungen auf dem Gebiet der Jugendpflege, wie etwa die verschiedenen Typen von »Teddy-Boys«, waren gleichermaßen in alten und neuen sowie in den meisten sozialen Schichten zu finden – in all denen, auf die die oben analysierten verschiedenen Absorptions- oder Integrationsbedingungen zutrafen.

3. Neue Probleme und Reaktionen

Umfassender Wandel in der sozialen Funktion des Bildungswesens

Die beschriebenen Entwicklungen und Veränderungen wirkten sich in einer zunehmenden Einbeziehung des Bildungssystems in die bestehende soziale Struktur und einer Einschränkung seiner Funktionen in sozialem Wandel, schöpferischer Leistung und Neuerung aus.

Die verschiedenen Subkulturen der Jugendlichen, die sich in den einzelnen sozialen Schichten, Schulen, Jugendorganisationen und -betätigungen entwickelten, näherten sich den in weiten Kreisen akzeptierten Formen des sozialen Lebens an und verringerten die kulturell und sozial erneuernde Funktion des Bildungssystems auf ein Minimum.

In ähnlicher Weise schwächte die Verlagerung in den Funktionen des Bildungssystems seine Rolle als Träger des sozialen Wandels und der sozialen Neuerung. Statt dessen wurde es zu einem Kanal beruflicher und sozialer Selektivität, zum Übermittler des bestehenden sozialen und kulturellen Erbguts an neue Generationen und zum Absorptionskanal für neue Einwanderer.

Die Einwirkung des Bildungssystems auf den Neueinwanderer war zweifach: Einerseits diente es der Vereinheitlichung der verschiedenen Einwanderergruppen und erfüllte wichtige Funktionen eines bildungsmäßigen und sozialen Wandels. Es umfaßte die meisten Gruppen und brachte sie innerhalb einer sehr kurzen Zeitspanne in den Umkreis einer gemeinsamen Kultur und Gesellschaft.

Andererseits absorbierte das System die Neueinwanderer in die bestehende soziale und wirtschaftliche Struktur und stellte nicht mehr den Mechanismus dar, durch den Einwanderer und Alteingesessene ihren sozialen und kulturellen Rahmen schufen. Dies verstärkte beträchtlich die Funktion des Bildungssystems als eines Kanals sozialer Selektivität.

Die Ursachen für diese Veränderungen im Bildungssystem sind leicht zu sehen. Ihre Wurzeln reichten in gewissem Ausmaß in die Zeit vor der Staatsgründung zurück, doch mit der Staatsgründung reiften sie heran. Eine Ursache war die zunehmende Differenzierung in der sozialen und wirtschaftlichen Struktur der jüdischen Gemeinschaft Palästinas und ihre Ausbildung und Kristallisation zu einer vollentwickelten Gesellschaft. Eine zweite war der zunehmende Bedarf an ge schulter Arbeitskraft und eine dritte der große Einstrom von Neueinwanderern, besonders aus orientalischen Ländern.

Als Ergebnis aus diesen Faktoren waren die tatsächlichen (im Unterschied zu den offiziell-ideologischen) Forderungen der Gesellschaft an die jüngere Generation – ebenso wie die ihnen eröffneten Möglichkeiten – vorwiegend auf wachsende berufliche Mobilität und wirtschaftliches Fortkommen gerichtet: die Anpassung der neuen Generation an die sich entwickelnde Struktur.

Dieser Wandel in der Organisation, Einstellung und dem Funktionieren des Bildungssystems schuf viele neue Probleme auf allen wichtigen Gebieten der erzieherischen Arbeit.

Kulturelle, ideologische und pädagogische Probleme: Kristallisation von Traditionen

Die Staatsgründung und die Notwendigkeit der Absorption von Neueinwanderern beleuchteten in voller Schärfe das Problem des kulturellen Erbguts, in das diese aufgenommen würden, sowie das Ausmaß seiner Kristallisation, Flexibilität und Zugänglichkeit.

Das Bildungsystem sah sich vor die Tatsache gestellt, daß die Pioniersideologie für die neue israelische Generation viel von ihrer Lebendigkeit und Zugkraft verloren hatte, daß sie von den Lehrern nicht aufrechterhalten werden konnte, daß sie die Neueinwanderer nicht anzog und nicht genügend gemeinsame Bande zwischen alten und neuen Bevölkerungsteilen schuf.

Gleichzeitig veränderte sich auch der oft widerspruchsvolle Druck auf die institutionellen Systeme, woraus sich als wirtschaftliche Folge eine große Vielfalt von Beschäftigungserfordernissen und die Notwendigkeit ergab, sowohl vorhandene als auch ankommende Arbeitskräfte für diese Aufgaben zu verwenden. Doch diese Komplexität geht über den Rahmen rein wirtschaftlicher oder beruflicher Probleme hinaus – die menschlichen und sozialen Grundauffassungen und -vorstellungen, die dem Bildungsprozeß zugrundeliegen, wurden ebenfalls vieldeutiger und mannigfaltiger.

Das erste Dilemma, das sich aus der Begegnung zwischen dem bestehenden Bildungssystem und der sich wandelnden israelischen Realität ergab, war die Wahl zwischen einer Bildung für die Elite oder einer mehr demokratischen und sogar Volksbildung für alle. Zwar sind beide Auffassungen in der Pioniersideologie verwurzelt, doch haben sich in letzter Zeit die Widersprüche zwischen ihnen erheblich akzentuiert.

Eng verbunden hiermit war das Dilemma eines unterschiedlichen Nachdrucks auf religiöser, ethnischer oder auf der Bewegung basierender Einstellung einerseits oder auf mehr technologischer oder fachberuflicher Einstellung andererseits.

Obwohl kollektive Werte in erzieherischen Idealen weiterhin als wichtig galten und die Bedeutung der staatsbürgerlichen Erziehung allgemein anerkannt wurde, entwickelte sich in letzter Zeit ein Konflikt in der Frage, ob die alten Pioniereinstellungen und -organisationen (wie etwa die landwirtschaftlichen Siedlungen oder die Jugendbewegungen) wirklich die besten Träger für eine solche Erziehung darstellen.

Ähnliche Meinungsverschiedenheiten entstanden in der Frage des Lehrplans für die Schule, der bis dahin in konservativer Weise die spezifisch osteuropäische jüdische Tradtion unterstrich, ohne großen Wert auf allgemeinere literarische und ästhetische Kriterien zu legen.

Derartige Debatten und Konflikte sprechen für eine mangelnde Sicherheit in bezug auf die letzten Ziele sowohl der Volksschul- als auch der höheren Schulbildung.

Es ist bezeichnend, daß diese Diskussionen sich noch nicht zu einer klaren Stellungnahme kristallisiert haben; die wichtigste Errungenschaft bis jetzt ist die Reifeprüfung, die alles andere in der Bewertung der Schulen zu überwiegen scheint und dadurch die allgemeine Tendenz zur Betonung der akademischen Bildung verstärkt.

Wichtige soziale und wirtschaftliche Probleme, Reibungen, Selektivität, vorzeitige Schulabgänge und Engpässe im Bildungswesen

Das erste große Problem im Bildungssystem entstand auf sozio-ökonomischem Gebiet. Es erwuchs aus der zunehmenden Wechselbeziehung zwischen dem Bildungs-, Berufs- und Wirtschaftssystem, aus der Einbeziehung des Bildungssystems in verschiedene Schichtengefüge und aus der verstärkten Bedeutung des Bildungssystems als Mechanismus für die soziale und berufliche Auswahl und Einordnung.

An vorderster Stelle stand das Problem der Selektivität, das heißt die Frage, inwieweit das Bildungssystem allen offensteht oder nur ausgewählten Teilen der Bevölkerung zugänglich ist, und inwieweit eine derartige Auswahl helfen kann, die Kluft zwischen Einwanderern aus verschiedenen Ländern zu überbrücken.

Ein zweites und hiermit engverbundenes Problem war das der allgemeinen Leistungsfähigkeit des Bildungssystems und seiner Fähigkeit, die wachsende Wirtschaft mit brauchbaren Arbeitskräften zu versehen.

Obwohl in diesem Kontext die Kinder der orientalischen Einwanderer das größte Problem des israelischen Bildungssystems waren und noch sind, bildet ihr Problem im Grunde genommen nur einen Teil eines allgemeineren Problems, nämlich desjenigen der diversen Engpässe, die sich in diesem System zu entwickeln tendieren.

Führen wir zuerst einige allgemeine Angaben an. Im großen ganzen ist der Satz der Volksschulabsolventen aus der Altersgruppe 14 bis 17 Jahre (in der jüdischen Bevölkerung), die in höheren Schulen weiterlernen, im Ansteigen begriffen. Im Jahre 1951/52 lernten von diesen nur 42,8 % weiter [49], und im Jahre 1964/65 besuchten 63 % von ihnen nach der Volksschule weiterführende Schulen [50]. Zur Zeit lernen 47,2 % der Gesamtbevölkerung in der Altersgruppe 14 bis 17 in weiterführenden Schulen, die vom Erziehungsministerium überwacht werden; von ihnen besuchen 26 % Höhere Schulen, 12,4 % Berufsschulen, 3,6 % Landwirtschaftsschulen, 4,5 % Aufbauklassen und 6,7 % Kurzzeitfortbildungsschulen.

Werfen wir zunächst einen Blick auf den Auswahlprozeß im Bildungswesen. Bei Beendigung der Volksschule (d. h. im Alter von 14 Jahren) wird eine Prüfung für alle Kinder im ganzen Land am gleichen Tag abgehalten. Das Bestehen dieser Prüfung berechtigt den Schüler zum Erhalt einer gestaffelten Schulgeldermäßigung. Nur 83 % der potentiellen Schülerbevölkerung gelangten in die Übersichtsprü-

---

[49] CBS, a.a.O., No. 14, 1963, S. 636.
[50] S. Aran, Bachinuch uwatarbuth (In Erziehung und Kultur), Juni 1965.

fung. Von diesen erreichten im Jahre 1957/58 das Niveau der A-Norm 33,2 % im Vergleich zu 29 % im Jahre 1963/64 [51].

Der Anteil der Schüler, die die A-Norm [52] erreichten, blieb mehr oder weniger gleich (23 %), und der Anteil der Schüler, die nur niedrigere Zensuren erreichen konnten, stieg von 44 % im Jahre 1957/58 auf 48 % im Jahre 1963/64.

Im allgemeinen ist der Auswahlprozeß streng. Aus einer Gesamtzahl von 18 600 Absolventen der Volksschule gelangten im Jahre 1961 nur 3000 Schüler (oder 17 %) zum Stadium der Reifeprüfung [53]. Von denjenigen, die die Auswahlprüfung im Jahre 1957 bestanden hatten, gelangten 1961 nur 40 % zur Reifeprüfung. Diese Prozentsätze sind nicht höher als diejenigen aus der Zeit vor dem Bestehen der Auswahlprüfung.

Im Jahre 1964/65 meldeten sich nur 19,4 % aus der betreffenden Altersgruppe in der jüdischen Bevölkerung zur Reifeprüfung, nur 16 % dieser Altersgruppe legten sie mit Erfolg ab [54].

Der Anteil erfolgreichen Bestehens war bei den in Asien und Afrika geborenen im Vergleich zu den anderen niedriger. Im Jahre 1957/58 erreichten 43 % der in Europa und den Vereinigten Staaten geborenen Kinder die A-Norm; 30,4 % der in Israel geborenen und nur 16,8 % der in Asien und Afrika geborenen erreichten die A-Norm, aber im niedrigsten Grad steigerte sich der Anteil der in Asien und Afrika geborenen auf 63 %.

Der Erfolg in dieser Prüfung bestimmte ursprünglich, welche Schüler in eine akademische Höhere Schule mit Staatsunterstützung kommen sollten. Obwohl der erfolgreiche Prüfling jetzt finanzielle staatliche Unterstützung für alle Bildungsarten nach der Volksschule beantragen kann, verstärkt die Prüfung noch immer den von jeher starken Druck auf die akademische Höhere Schule als hauptsächlichen Zugang zu den Kopfarbeiterbeschäftigungen. Von den im Jahre 1961/62 unter dem Programm der Schulgeldstaffelung angewiesenen IL 8 500 000 wurden 64,5 % in akademische Höhere Schulen geleitet und nur 33,5 % in Höhere Berufs- und Landwirtschaftsschulen.

Schüler, die die Prüfung nicht bestehen, stoßen auf beträchtliche Schwierigkeiten, in eine akademische Höhere Schule aufgenommen zu werden, sogar wenn es an Geld nicht fehlt; sie gehen vorwiegend in die Höheren Berufs- oder Landwirtschaftsschulen. Eine Folge hiervon ist, daß die bestehende Ambivalenz gegenüber den technischen Berufen akzentuiert wird durch den Brauch, ihnen Schüler mit geringeren geistigen Fähigkeiten zuzuleiten [55].

Das Problem der Kinder, die die Schule vorzeitig verlassen, ist somit zu einem Zentralproblem auf dem Bildungsgebiet geworden. Seine spezifische Schärfe wurde indes intensiviert durch den hohen Prozentsatz solcher Kinder aus orientalischen Einwandererfamilien – d. h. aus asiatischen und afrikanischen Ländern –, sowohl

---

[51] Manpower forecast, Post Primary Education. Manpower plannig authority, Arbeitsamt, Juli 1965, S. 23–30.
[52] Prüfungszensuren über 80 (aus 100).
[53] Das folgende ist teilweise aus H. Adler, The Role of Israel's school system in Elite Formation, (mimeographiert), 1964.
[54] Manpower forecast, Post primary education, a.a.O.
[55] Dies wird verstärkt durch den akademischen Charakter der Prüfung, die hauptsächlich nach dem Typ der mehrfachen Wahlmöglichkeiten verfährt und auf dem in den beiden letzten Jahren der Volksschule erworbenen Wissen aufbaut.

aus den niederen als auch aus den höheren Stufen des Bildungssystems. Die folgenden Tabellen bringen die grundlegenden Angaben zu diesem Problem (Tab. 40–42).

Diese Tabellen und diverse Untersuchungen beweisen, daß Kinder von Neueinwanderern (hauptsächlich orientalischer Herkunft) einen höheren Anteil unter denen aufweisen, die die Schule vorzeitig verlassen:

1. Nach einer der Untersuchungen auf diesem Gebiet [56] stellten 1957 die Schüler orientalischer Herkunft 52 % der Altersgruppe von 13–14 Jahren (die dem letzten Jahr der Volksschule vergleichbar ist) dar und einen Durchschnitt von 55 % in der Altersgruppe von 14–17 Jahren (der Höheren Schule vergleichbar). Sie bildeten jedoch nur 32 % der letzten Volksschulklasse und 17 % der Schüler der Höheren Schulen.

   1961/62 stellten die Kinder aus orientalischen Gruppen 40,5 % aller jüdischen Schüler der acht Volksschulklassen dar, während ihre Proportion an der Gesamtbevölkerung mehr als 50 % betrug. 1963/64 erhöhte sich dieser Anteil auf 45,5 %.

   Die Erhöhung erklärt sich in der Hauptsache durch die Erhöhung ihres Anteils an der Bevölkerung und zum Teil durch den Erfolg der diversen neuen Erziehungsexperimente und -methoden (vgl. Tab. 40–42).

   In den Höheren Schulen stieg der Anteil der orientalischen Kinder von 25,9 % im Jahre 1963/64 auf 28,3 % im Jahre 1964/65. Die Hauptkonzentration der orientalischen Schüler fand sich in Abendschulen (54 %), in Schulen mit wenigen Wochenstunden (75,8 %), in Landwirtschaftsschulen (41,2 %); sie stellten 38,6 % der Schüler der Berufsschulen und nur 20 % der Höheren Schulen dar (vgl. Tab. 40–42).

2. In den akademischen Höheren Schulen bildeten die orientalischen Kinder nicht mehr als 7,8 % der Schüler der vierten (letzten) Klasse. Somit stellen diese Jugendlichen, die etwa die Hälfte der Bevölkerung im Alter der Höheren Schule ausmachen, nur 7,8 % der Kandidaten für das entscheidende Reifezeugnis.

3. Auf dem Niveau der Hochschulbildung sind daher junge Erwachsene von orientalischer Herkunft noch schwächer repräsentiert. Der Prozentsatz von in orientalischen Ländern geborenen Studenten an der Hebräischen Universität war 1957 zwischen 5 und 6 % und am Israelischen Institut für Technologie (Technion) etwa 3–4 %. Demnach nimmt die neue Einwandererbevölkerung aus den Ländern des Nahen Ostens noch nicht die ihr zahlenmäßig entsprechende Position in den Eliten ein [57].

Paradoxerweise werden durch den Erfolg des Bildungssystems in der anfänglichen Absorption der Einwanderer die besonderen Probleme der diversen Gruppen betont und der Ernst dieses Problems akzentuiert durch die Verflechtung des Bildungssystems mit dem Berufs- und Wirtschaftssystem.

Diese Ergebnisse sind vor allem auf die großen anfänglichen Unterschiede im Bildungsniveau und im kulturellen Milieu zwischen den meisten orientalischen Einwanderern und der übrigen Bevölkerung zurückzuführen. In gewissem Ausmaß waren

---

[56] Vgl. M. Smilanski, Der soziale Aspekt der Struktur des Bildungswesens in Israel (hebräisch), Megamot, Bd. 8, Juli 1957, S. 2–33.

[57] M. Smilansky, a.a.O. Laut Angaben des Erziehungsministeriums waren 1962/63 in den Hochschulen 12,3 % der Studenten orientalischer Herkunft (vgl. Bachinuch uwatarbuth, 11, S. 20, Juni 1964).

Tabelle 40. Schulkinder nach Art der Schule und Geburtsort der Schüler (in %)
(Jüdisches Schulsystem) (1956/57 bis 1961/62)

Art der Schule	In Asien und Afrika Geborene als Prozentsatz der im Ausland Geborenen			In Europa und Amerika Geborene			In Asien und Afrika Geborene			In Israel Geborene		
	1956/57	1958/59	1961/62	1956/57	1958/59	1961/62	1956/57	1958/59	1961/62	1956/57	1958/59	1961/62
Alle Schulen	61,4	65,2	69,0	12,1	14,5	14,4	19,3	27,1	32,2	68,6	58,3	53,4
Volksschulen[1]	68,4	64,6	68,8	8,4	14,6	14,5	17,9	26,7	32,1	73,7	58,7	53,4
Klasse I	71,6	79,0	89,3	3,8	3,5	3,1	9,4	13,4	26,3	86,8	83,1	70,6
II	72,1	78,6	83,2	4,4	4,9	6,3	11,2	17,8	31,2	84,4	77,3	62,5
III	70,5	79,2	68,6	4,6	6,8	17,3	10,8	26,0	37,9	84,6	67,2	44,8
IV	74,2	74,5	58,0	4,9	10,9	24,3	14,0	32,0	33,6	81,1	57,1	42,1
V	74,6	61,4	58,8	6,2	22,6	24,0	18,2	36,0	34,3	75,6	41,4	41,7
VI	74,3	52,5	67,4	8,4	28,9	16,5	24,3	31,9	34,1	67,3	39,2	49,4
VII	68,7	53,3	70,8	13,2	27,5	12,1	28,3	31,5	29,5	58,0	41,0	58,4
VIII	54,9	61,1	66,4	24,8	19,5	12,5	30,0	30,6	24,7	44,9	49,9	62,8
Schulen für behinderte Kinder	84,7	81,5	77,5	5,7	9,9	11,5	31,8	43,6	39,7	62,5	46,5	48,8
Schulen für arbeitende Jugend	84,8	93,7	95,2	13,4	5,7	4,4	74,1	85,4	87,9	12,5	8,9	7,7
Weiterführende Schulen insgesamt	39,7	52,3	50,3	29,9	16,2	17,0	19,8	17,7	17,1	50,3	66,1	65,9
Höhere Schulen	25,6	43,4	36,0	37,4	16,5	18,6	12,8	12,6	10,5	49,8	70,9	70,9
Höhere Abendschulen	63,1	69,2	59,0	21,0	15,1	19,4	36,1	33,9	28,0	42,9	51,0	52,6
Aufbauklassen	40,2	50,8	47,8	16,4	13,4	14,5	10,9	13,8	13,3	72,7	72,8	72,2
Berufsschulen	41,2	56,7	51,8	30,5	16,1	16,1	21,4	21,1	17,3	48,1	62,8	66,6
Landwirtschaftsschulen	51,7	64,8	77,4	27,1	20,4	12,9	29,1	37,5	44,0	43,8	42,1	43,1
Lehrerseminare	50,5	42,4	24,6	17,0	15,7	18,8	17,3	11,6	6,1	65,7	72,7	75,1
Sonstige weiterführende Schulen	65,0	–	–	23,8	–	–	54,0	–	–	22,2	–	–

[1] Einschließlich Volksschulklassen ohne klar definierten Grad.
Quelle: CBS, a.a.O., 14, 1963, Tab. 16, S. 641.

Tabelle 41. Schüler in Volksschulen des hebräischen Schulsystems nach Art der Schule, Klasse und Geburtskontinent (in %)
(1961/62; 1963/64)

Art der Schule und Klasse	Im Ausland geborene Schüler				In Israel Geborene				
	Seit 1955 eingewandert	In Asien u. Afrika Geb. in % der im Ausland Geb.	In Europa und Amerika Geb.	In Asien und Afrika Geb.	Geburtsort des Vaters in				
					Europa, Amerika	Asien, Afrika	Israel	Insgesamt	Insgesamt
1961/62									
Volksschulen insgesamt[1]	50,0	68,4	8,4	17,9	34,6	31,9	7,2	73,7	100,0
I	84,2	71,6	3,8	9,4	30,5	47,3	9,0	86,8	100,0
II	77,3	72,1	4,4	11,2	31,7	44,3	8,4	84,4	100,0
III	71,2	70,5	4,6	10,8	35,2	41,7	7,7	84,6	100,0
IV	65,3	74,2	4,9	14,0	36,3	37,6	7,2	81,1	100,0
V	54,0	74,6	6,2	18,2	37,1	31,5	7,0	75,6	100,0
VI	44,2	74,3	8,4	24,3	38,4	22,5	6,4	67,3	100,0
VII	36,9	68,7	13,2	28,8	38,4	13,4	6,2	58,0	100,0
VIII	29,3	54,9	24,8	30,3	29,2	10,2	5,5	44,9	100,0
Sonderschulen	20,0	−84,7	5,7	31,8	16,4	40,8	5,3	62,5	100,0
Schulen für arbeitende Jugend	46,4	84,8	13,4	74,1	3,2	7,2	2,1	12,5	100,0
1963/64									
Volksschulen insgesamt[1]	72,4	75,1	5,8	17,4	31,5	37,7	7,6	76,8	100,0
I	85,1	78,9	3,0	11,1	26,3	50,0	9,6	85,9	100,0
II	86,7	77,4	4,0	13,9	27,4	45,9	8,8	82,1	100,0
III	86,7	76,1	4,9	15,8	28,5	42,4	8,4	79,3	100,0
IV	79,0	76,1	5,4	17,0	29,8	40,1	7,7	77,6	100,0
V	75,3	75,4	6,2	17,9	31,9	37,6	6,8	76,3	100,0
VI	71,4	74,5	6,2	18,3	34,1	34,8	6,6	75,5	100,0
VII	61,8	73,8	7,5	21,1	35,8	29,2	6,4	71,4	100,0
VIII	52,9	72,0	9,7	24,9	38,7	20,6	6,1	65,4	100,0
Sonderschulen	32,7	86,0	4,4	27,0	11,8	52,0	4,8	68,6	100,0
Schulen für arbeitende Jugend	63,5	86,4	10,9	69,4	5,7	12,1	1,9	19,7	100,0

[1] Einschließlich in Klassen ohne klaren Grad.
Quelle: CBS, a.a.O., 16, 1965, Tab. T/17, S. 587.

diese Ergebnisse aber auch der Tatsache zuzuschreiben, daß die von der großen Vielfalt und Verschiedenartigkeit der Einwanderergruppen herrührenden Pobleme von den Bildungsinstanzen im Anfang nicht erkannt wurden.

Das Problem des vorzeitigen Abgangs von der Schule ist jedoch weder nur auf die allgemeinen Schulen noch auf die Kinder orientalischer Einwanderer beschränkt. Es ist auch in verschiedenen Landwirtschafts- und Berufsschulen zu finden, sowie auch in den allgemeineren Engpässen, die sich im Bildungssystem entwickelten.

Es ist eng verknüpft mit verschiedenen entscheidenden Problemen in der Struktur der höheren Schulbildung – der Knappheit der Höheren Schulen und dem relativ niedrigen Niveau der verschiedenen Arten von nichthumanistischen Höheren Schulen.

Tabelle 42. Schüler in weiterführenden Schulen des hebräischen Schulsystems [1] nach Art der Schule und Geburtskontinent der Schüler (in %)
(1963/64; 1964/65)

Art der Schule	Im Ausland Geborene				In Israel Geborene				
	Seit 1955 einge-wandert	In Asien u. Afrika Geb. in % der im Ausland Geb.	In Europa und Amerika Geb.	In Asien und Afrika Geb.	Geburtsort des Vaters in				
					Europa, Amerika	Asien, Afrika	Israel	Ins-gesamt	Ins-gesamt
1963/64									
Insgesamt	33,3	41,2	28,0	19,6	39,7	6,3	6,4	52,4	100,0
Höhere Schulen [2]	31,4	29,1	31,3	12,9	44,9	4,9	6,0	55,8	100,0
Vorbereitungsklassen für Lehrerseminare	21,5	39,0	24,4	15,6	42,0	5,4	12,6	60,0	100,0
Höhere Abendschulen	25,2	54,5	24,8	29,7	25,3	13,5	6,7	45,5	100,0
Aufbauklassen	40,9	30,1	23,1	10,0	57,4	4,4	5,1	66,9	100,0
Berufsschulen	35,4	49,4	28,7	28,0	28,7	7,9	6,7	43,3	100,0
Landwirtschaftsschulen	38,8	60,3	21,5	32,7	33,1	5,9	6,8	45,8	100,0
Weiterführende Schulen mit Kurzzeit-Abendunterricht	36,6	85,9	10,6	64,7	5,8	14,8	4,1	24,7	100,0
1964/65									
Insgesamt	43,1	45,7	22,1	18,6	42,8	9,7	6,8	59,3	100,0
Höhere Schulen [2]	41,3	32,0	25,8	12,2	47,4	7,8	6,8	62,2	100,0
Vorbereitungsklassen für Lehrerseminare	19,8	49,5	17,9	17,5	46,2	7,6	10,8	64,6	100,0
Höhere Abendschulen	20,4	67,3	16,9	34,7	19,4	19,7	9,3	48,4	100,0
Aufbauklassen	49,9	42,4	13,0	9,6	63,9	7,7	5,8	77,4	100,0
Berufsschulen	46,2	54,5	21,9	26,2	33,1	12,4	6,4	51,9	100,0
Landwirtschaftsschulen	51,0	63,2	17,7	30,5	33,3	11,1	7,4	51,8	100,0
Weiterführende Schulen mit Kurzzeit-Abendunterricht	41,9	84,0	11,6	60,5	9,6	15,3	3,0	27,9	100,0

[1] Bildungssystem ausschließlich Lehrerseminare.
[2] 1964/65 einschließlich 15 Höhere Jeschiwah-Schulen.
Quelle: CBS, a.a.O., 16, 1965, Tab. T/18, S. 588.

Dieses niedrige Niveau ist hauptsächlich auf die Tatsache zurückzuführen, daß diese Schulen von denjenigen, denen es nicht gelang, in die humanistischen Schulen aufgenommen zu werden, häufig als nächstbeste Möglichkeit angesehen und als Sprungbrett benutzt wurden, um ein derartiges Versagen zu überwinden; ihre Anziehungskraft war nicht groß genug, um ihre Schüler zu halten.

So betrug zum Beispiel im Jahre 1961/62 der durchschnittliche Abgang aus den ersten beiden Klassen der Höheren Landwirtschaftsschulen 16 %. Von den Schülern, die 1956/57 die dritte Klasse beendeten, setzten nur 45 % den Lehrgang in der vierten Klasse fort, und nur 40 % legten die landwirtschaftliche Reifeprüfung ab.

Ein ähnliches Bild zeigt sich in den Berufsschulen. Die Untersuchungsergebnisse von Smilanski zeigen, daß 48 % der Schüler, die die Ausbildung in der Höheren Berufsschule beginnen, sie nicht zu Ende führen. Diese Abgänge variieren in den verschiedenen Institutionen entsprechend den Auswahlmethoden bei der Aufnahme von Schülern und dem Ausbildungsprogramm der entsprechenden Institution. So betrugen zum Beispiel in einer Schule, die keinerlei Auswahl vornahm, die Abgänge 70 %, wohingegen in einer anderen Schule, die in einem ganz bestimmten Beruf ausbildet, nur 13 % vorzeitig abgingen. Letztere Schule hat einen Lehrgang von drei Jahren und ist in einer großen Stadt, die erstere hingegen ist in einer kleinen Stadt.

Wir sehen somit, daß dieses Problem mit der ganzen Struktur des israelischen weiterführenden Schulsystems verknüpft ist — mit den Beziehungen zwischen den allgemeinen (humanistischen) Höheren Schulen und den Berufsschulen einerseits und mit ihren Beziehungen zu beruflicher Auswahl andererseits. Die allgemeine humanistische Höhere Schule stellt den Hauptkanal für die Auswahl zu »guten« Berufen dar; hingegen werden die anderen — die beruflichen oder technischen Schulen — oft von denjenigen, denen es nicht gelang, in eine allgemeine Höhere Schule aufgenommer zu werden, als Ersatz angesehen und als Sprungbrett benutzt für eine spätere Aufnahme in sie — und auf diese Weise entsteht ein sehr hoher Satz von Abgängen.

So werden zum Beispiel in einem der Berichte über die verfügbaren Arbeitskräfte vorzeitige Abgänge von 54 % aus Höheren Landwirtschaftsschulen und von 48 % aus Höheren Berufsschulen für das Jahr 1965/66 vorausgesagt [58].

Es werden verschiedene Faktoren als für diese Situation mitverantwortlich genannt; jeder einzelne von ihnen deutet auf ein gewisses zentrales Problem im Bildungssystem hin.

1. Inadäquate Auswahlmethoden.
2. Ambivalente Haltung der Eltern gegenüber den Höheren Berufsschulen.
3. Inadäquater Lehrplan in den Berufsschulen.
4. Wirtschaftliche Schwierigkeiten.
5. Unbefriedigende Behandlung des einzelnen Schülers in den Schulen.

Die allgemeine Tendenz, die Berufs- und Landwirtschaftsschulen zu unterschätzen und die allgemeine humanistische Bildung zu überschätzen, wird auch erwiesen durch die große Zahl der Prüflinge, die sich der »externen Reifeprüfung« unterziehen, und durch den wachsenden Druck auf die Berufsschulen, einen Lehrplan zu bieten, der auf die Reifeprüfung vorbereitet.

Diese Umstände hatten eine sehr interessante Auswirkung auf die Fähigkeit des Bildungssystems, diejenige Art von geschulter Arbeitskraft, die die Wirtschaft zu brauchen scheint, zu liefern. Die allgemeine Höhere Schule wurde zum Kanal vorwiegend für die Auswahl zu Büro- und freien Berufen und gilt nicht als Vermittler einer allgemeinen Bildungsgrundlage für einen umfassenderen Bereich von Berufen. Auf diese Weise wird manchen Berufen — insbesondere vielen der mehr technischen, die die Wirtschaft zu benötigen scheint — jene Statuslegitimation entzogen, die die allgemeine Höhere Schule zu verleihen scheint.

Die diversen Berufsschulen, die nicht über das angemessene Prestige verfügten, wiesen die Tendenz auf, ihre Schüler nur für die unteren oder bestenfalls mittleren Berufsniveaus vorzubereiten. Darüber hinaus scheint sogar die Berufsausbildung, die sie vermittelten, relativ eng zu sein, d. h. auf ziemlich spezifische Arbeiten gerichtet, mit nur wenig Übertragungsmöglichkeit auf andere Arbeiten, und ihr allge-

---

[58] Arbeitskraftplanung im Höheren Schulwesen, a.a.O.

meines Bildungsniveau stand im großen ganzen weder auf der höchsten Stufe, noch war es sehr flexibel.

Der Auswahlprozeß wirft somit jetzt neue Probleme auf: (a) es besteht die Wahrscheinlichkeit, daß auf der Stufenleiter des Bildungswesens ein beträchtlicher Verlust an Begabungen erfolgt; (b) der zunehmende Druck auf nur *einen* Kanal der Höheren Schulbildung kann negative Auswirkungen auf die Mannigfaltigkeit möglicher beruflicher Wege haben.

Probleme im Hochschulwesen

Die beiden wichtigsten Probleme auf dem Gebiet des Hochschulwesens sind: erstens, das Ausmaß, in dem die Kontinuität der wissenschaftlichen Produktivität auf hohem Niveau institutionalisiert werden kann und zweitens, das Ausmaß, in dem adäquate Fachkräfte für die sich entwickelnde Wirtschaft bereitgestellt werden können. Einige Aspekte des ersten Problems stehen mit den kulturellen Konturen des Landes in Verbindung und sollen später analysiert werden.

An diese beiden Probleme rührt die Frage der Kapitalinvestition für Hochschulbildung, ferner die des Ausmaßes, in dem solche Investitionen die Kombination eines Volksbildungswerks mit der Entwicklung weiterer Organisationen und Abteilungen von hohem Niveau und wissenschaftlicher Produktivität ermöglichen.

Das Problem der Bereitstellung hinreichend ausgebildeter Arbeitskräfte für die Wirtschaft hat mehrere Aspekte. Ein wichtiger unter ihnen ist der Mangel an Lehrkräften. Doch nicht weniger wichtig ist andererseits die Knappheit akademischer Arbeitskräfte in der israelischen Wirtschaft – eine Knappheit, auf die mehrere Berichte hinweisen und von der vorauszusehen ist, daß sie sich in den siebziger Jahren noch vergrößern wird.

Diese Knappheit wird erklärt durch die Zunahme der Nachfrage nach geschulten Arbeitskräften in der Wirtschaft und durch die Abnahme potentieller akademischer Arbeitskraft infolge der zu erwartenden Zunahme von Schülern aus orientalischen Ländern[59] mit der ihnen eigenen größeren Tendenz, vorzeitig aus den Höheren Schulen auszuscheiden.

Das allgemeinste Problem in diesem Zusammenhang ist, in welchem Maße das zunehmende Eingehen der Hochschulinstitutionen auf die Bedürfnisse der Wirtschaft und auf die Forderung nach Hochschulbildung es ihnen ermöglichen wird, ihre Normen zu steigern oder auch nur beizubehalten.

Vielleicht der entscheidenste Aspekt dieses Problems ist die relative Knappheit an Personal und Lehrinstituten für die Naturwissenschaften und Technologie, sowie die unzureichenden Investitionen im grundlegenden naturwissenschaftlichen Bildungswesen.

Die Proportion der Studenten in Naturwissenschaften, Landwirtschaft, Medizin und technischen Studien ist von 48 % im Jahre 1961/62 auf 41,9 % im Jahre 1964/65 gesunken.

Ein weiteres Anzeichen für dieses Problem ist die Tatsache, daß ein großer Teil der Forschung in Israel von ausländischen – vorwiegend amerikanischen – Quellen

---

[59] Im Jahre 1970 schätzungsweise 57 % im Vergleich zu 52 % im Jahre 1964/65.

finanziert wird. Dies kann als Anerkennung des relativ hohen Standards der bestehenden Forschungsinstitutionen angesehen werden, doch es weist auch auf die Unzulänglichkeit des Interesses im Lande an diesem Gebiet hin.

Zwar stieg die Proportion des von der Regierung an den Budgets der Hochschulinstitutionen getragenen Anteils von 40 % im Jahre 1955/56 (IL 4 900 000 aus IL 12 400 000) auf 50 % im Jahre 1964/65 (IL 40 000 000 aus IL 80 400 000) und weitere Steigerungen sind für 1966/67 vorgesehen. Doch das Budget der Hochschulinstitutionen stieg in dieser Zeit nur auf das Neunfache, die Zahl der Studenten hingegen auf das Fünfzehnfache – eine Tatsache, die in aller Schärfe das Problem hervorhebt, ob es möglich sein wird, den Standard dieser Institutionen aufrechtzuerhalten.

Die engen Beziehungen zwischen der Entwicklung des Höheren Schul- und Universitätswesens und den wachsenden Problemen und Bedürfnissen der Wirtschaft können einen recht gefährlichen Circulus vitiosus entstehen lassen. Einerseits könnte es geschehen, daß das Bildungssystem außerstande ist, die Wirtschaft im allgemeinen und die Hochschulinstitutionen im besonderen mit den benötigten akademischen Arbeitskräften zu versorgen. Andererseits könnte die Situation eintreten, daß die israelische Wirtschaft und die israelischen Hochschulinstitutionen die fachlichen und akademischen Arbeitskräfte, die aus ihren Höheren Schulen und Universitäten kommen, nicht aufnehmen können. Der relativ hohe Prozentsatz von Absolventen dieser Institutionen unter denen, die aus Israel auswandern, ist ein Anzeichen für dieses Problem.

Das Ausmaß, in dem solche Probleme überwunden werden können, ist von entscheidender Bedeutung für den Fortbestand des hohen Niveaus wissenschaftlicher Bestrebungen in Israel.

Widersprüche in den Maßnahmen zur Lösung dieser Probleme

Es setzte sich die Erkenntnis von der Gefahr durch, die es für Israels Zukunft bedeuten würde, wenn die Kluft zwischen alten und neuen Einwanderern zwei Nationen entstehen ließe und/oder wenn das allgemeine Bildungsniveau der Bevölkerung gesenkt würde.

Die richtigen Lösungen zu finden war indes nicht leicht. Ältere ideologische Vorurteile in Verbindung mit einer Reihe etablierter Interessen konnten leicht das Verständnis und die Lösung neuer Probleme verhindern, und es konnten sich mit Leichtigkeit Widersprüche zwischen den Lösungen für verschiedene Probleme und der Druckausübung seitens diverser Gruppen in der Gesellschaft entwickeln.

Diese Widersprüche wurzelten in der großen potentiellen politischen Bedeutung, die in der Kluft zwischen westlichen und orientalischen Einwanderern lag: jede dieser Gruppen konnte für die »benachteiligten« Teile der Bevölkerung zum Objekt der Druckausübung werden. Ein Weg, diesem Druck nachzugeben und die Unterschiede zwischen den Gruppen auf ein Minimum zu reduzieren, bestand in der Senkung der Bildungsanforderungen an bestimmte Gruppen.

Es entwickelten sich auch widerspruchsvolle Einstellungen zur Selektivität im Bildungssystem, d. h. zu dem Ausmaß, in dem das Bildungssystem als Kanal der sozialen und beruflichen Auswahl dienen sollte.

Hier wirkten zwei verschiedene Arten von Druck nebeneinander. Die eine war der sozio-politische und ideologische Druck, allen, unabhängig von ihren Mitteln, eine allgemeine Volks-, Höhere und sogar Hochschulbildung zu gewähren. Die zweite war und ist noch immer der dringende wirtschaftliche Bedarf an differenzierten und ausgebildeten Arbeitskräften.

Ein bedeutsamer Widerspruch entwickelte sich in dem ideologischen und politischen Nachdruck auf Bildung, der den Zusammenhang zwischen Bildungs- und Wirtschaftsproblemen erheblich unterschätzte.

Patinkin sagt hierzu:

»Einige Voruntersuchungen zeigten, daß die Masseneinwanderung nach Israel das Niveau ihres Bildungskapitals pro Kopf in den ersten Jahren des Bestehens des Staates merklich gesenkt hatte. Eine weniger erwartete Entdeckung ist die, daß dieser Abwärtstrend sich wahrscheinlich bis 1955/56 fortsetzte. Außerdem war, trotz der wahrscheinlichen Umkehrung des Trends zu dieser Zeit (sowohl infolge der Wirksamkeit des israelischen Bildungssystems als auch des höheren Bildungsniveaus der Einwanderung von 1957/58) das Per-capita-Niveau des Bildungskapitals im Jahre 1958 noch immer nicht zu der Höhe des Niveaus von 1950 zurückgekehrt. Dies sei verglichen mit dem Per-capita-Niveau des Sachkapitals, das in derselben Zeit stetig um 3–8 %/o jährlich stieg. Diese Abnahme in der relativen Bedeutung des immateriellen »menschlichen« Kapitals in Israel steht in scharfem Kontrast zu der Ansicht, Investitionen auf dem Gebiet des durch das Menschenmaterial repräsentierten immateriellen Kapitals seien eine noch wesentlichere Komponente des wirtschaftlichen Wachstumsprozesses als die Investitionen in Sachkapital.«[60]

Spätere Angaben zeigen, daß das gesamte pro Person auf dem Gebiet der Bildung investierte Kapital sich 1963 im Vergleich zu 1961 nicht veränderte; es blieb IL 4000 (in Preisen von 1957).

Unter den orientalischen Einwanderern sank die Bildungsinvestition von IL 2400 pro Kopf im Jahre 1963 auf IL 2200 im Jahre 1965. Unter den in Europa und Amerika Geborenen läßt sich eine steigende Tendenz erkennen. Bei den in Israel Geborenen betrug im Jahre 1961 die Investition pro Kopf für Bildung IL 2400 mehr als im Durchschnitt der Gesamtbevölkerung und erreichte IL 7300 (in Preisen von 1957). Aber bei den in Israel Geborenen, deren Väter aus Asien und Afrika kamen, betrug die Investition pro Kopf nur IL 3800 (in Preisen von 1957)[61].

Verlagerungen in der Erziehungspolitik

Alle diese Entwicklungen vereint verursachten, wenn auch oft mit Unterbrechungen und nicht voll verstanden, eine zunehmende Verlagerung in der Erziehungspraxis und -ideologie.

Wie bereits dargelegt wurde, hat die Begegnung zwischen Bildungssystem und

---

[60] Vgl. D. Patinkin, The Israel Economy: The First Decade; Falk Project, Jerusalem, Dezember 1960.

[61] J. Baruch, Investitionen auf dem Gebiet des Bildungswesens und der menschliche Kapitalbestand in Israel. Bericht der Bank von Israel (hebräisch), 23.Dezember 1964.

Neueinwanderern die diversen neuen Probleme akzentuiert. Es ist daher natürlich, daß die meisten neuen Maßnahmen auf gewisse Folgen dieser Begegnung gerichtet waren.

Ein partielles Eingehen auf diese Probleme bestand in den ersten drei Jahren des Staates im Einschluß von Teilen aus der traditionalen Literatur der orientalischen Gruppen in den Lehrplan der Schule.

Doch das Einströmen von Einwandererkindern warf auch viele spezifischere Erziehungsprobleme auf, zu deren Lösung eine Berücksichtigung ihrer mannigfachen Traditionen, sozialen Grundlagen und Probleme notwendig war.

Zuerst herrschte die Einstellung vor, der beste Weg, eine rasche Absorption der Kinder zu sichern, wäre durch Verwirklichung der älteren »rebellischen« oder Pioniersideologie.

In den Anfangsstadien der Absorption wurde häufig angenommen, es sei notwendig, die Familien- und ethnischen Bindungen zu schwächen, um die Jugend für diverse Berufe zu gewinnen. In der Realität erwies sich dies jedoch als weder der beste noch der zweckdienlichste Weg.

Es stellte sich sehr bald heraus, daß eine rebellische, auf Pioniertum basierende Erziehungsideologie sich nicht leicht auf Kinder aus Milieus, in denen diese nicht verwurzelt ist, anwenden läßt.

Die Unwirksamkeit dieser Ideologie wurde ferner durch die Tatsache unterstrichen, daß die an diese Kinder gestellten beruflichen Anforderungen im Einklang standen mit der bestehenden und der werdenden Berufsstruktur.

Diese Probleme wurden unterstrichen durch die Tatsache, daß das Bildungssystem die Einwanderergruppen bald mit einem Streben nach allgemeiner humanistischer Bildung im Gegensatz zu einer mehr beruflichen, technischen oder Pioniererziehung erfüllte.

Pädagogische Experimente

Die weitreichendsten Probleme ergaben sich natürlich im allgemeinen Schulsystem, und hier wurden Versuche von verschiedenen pädagogischen Gesichtspunkten aus sowie aufgrund verschiedener sozialpolitischer Auffassungen unternommen.

Auf pädagogischem Gebiet wurden seitens einiger ausgewählter Gruppen ziemlich viele Experimente durchgeführt, die sich mit einem relativ hohen Maß an allgemeinem Konservatismus und organisatorischer Starrheit verbanden.

Zu den wichtigsten pädagogischen Neuerungen gehörten die zahlreichen Versuche, besondere, der kulturellen Herkunft der orientalischen Kinder angepaßte Unterrichtsmethoden zu entwickeln.

Der Unterricht in der hebräischen Sprache sowie im Rechnen, in Geographie und Geschichte enthielt beträchtliche Schwierigkeiten für Schüler aus einem Milieu, in dem abstraktes Lernen und historisches Verständnis nicht einen integralen Teil des kulturellen Erbes bildeten.

Es wurden neue Lehrbücher veröffentlicht, die von dem auf den Inhalt konzentrierten zu dem neueren, auf das Bedürfnis des Kindes abgestellten psychologischen Typ übergingen. Diese von einzelnen Lehrern begonnene Experimentalarbeit steht heute unter der Ägide des Pädagogischen Sekretariats des Erziehungsministeriums

Sonderprobleme im Erziehungswesen

Die Verlagerung in der pädagogischen Praxis und Ideologie berührte auch die Entwicklung der außerhalb des Lehrplans fallenden Betätigung.

Die vorherrschende Erziehungsideologie, die noch immer in der politischen und Pioniereinstellung verwurzelt war, erkannte die Autonomie und zentrale Bedeutung dieser neuen Trends nicht voll an, und diese litten infolgedessen an einem Mangel finanzieller Mittel und an unzulänglichem Menschenmaterial.

Darüber hinaus hatte die maßgebende Ideologie auch eine stark einschränkende Wirkung auf die Möglichkeit der Ausprägung neuer Arten von außerhalb des Lehrplans fallender Betätigung für Jugendliche, soweit sie über den Bereich der herkömmlichen Jugendbewegungen hinausgingen, sowie auf die Möglichkeit der Ausbildung neuer erzieherischer Berufsrollen auf diesem Gebiet. Das schuf manche Lücken in diesem Umkreis, die wahrscheinlich mit der Entstehung der vorher beschriebenen neuen Typen von Jugendaufruhr in Verbindung stehen.

Bei all ihren Begrenzungen stellte indes die oben beschriebene Expansion ein Anzeichen von möglichen Veränderungen in diesen Teilen des Erziehungssystems dar.

Wandel in der erzieherischen Arbeit der Jugendalijah

Nach der Staatsgründung fanden mehrere drastische Veränderungen in der Erziehungsarbeit der Jugendalijah statt. Eine große Anzahl von Kindern ohne Familien, viele von ihnen aus orientalischen Ländern, gelangte unter den Schutz der Jugendalijah; und um die hieraus entstehenden Anforderungen zu bewältigen, wurden besondere Jugendinstitutionen gegründet, die die Kollektivsiedlungen ergänzen sollten. Der Hauptakzent der Jugendalijah lag nach wie vor auf der Ansiedlung im Kibbuz oder Moschaw.

Diesen Kindern fehlte jedoch der für diese Pioniereinstellung notwendige ideologische Rückhalt. Besonders in denjenigen Fällen, in denen Eltern ihren Kindern folgten, entstand ein tiefer Konflikt zwischen den Kindern, den Eltern und den Erziehungsinstitutionen. Als Resultat hieraus erfolgte eine Änderung in der erzieherischen Praxis der Jugendalijah, und zwar in erster Linie durch differenzierte Erziehung und Berufsausbildung. Das war von großer Bedeutung für diejenigen Kinder, deren sozio-ökonomische und Familienverhältnisse ihnen eine ordentliche Volksschulbildung unmöglich gemacht hatten.

So wurde die Jugendalijah aus einer Institution, deren Hauptziel in der Vorbereitung von Pionieren bestand, zu einer Erziehungs- und Ausbildungsinstitution für vielerlei Zwecke in enger Zusammenarbeit mit anderen Institutionen wie etwa dem Wohlfahrtsministerium oder den Abteilungen für Jugendpflege in den verschiedenen Stadtverwaltungen.

Das brachte mehrere organisatorische Veränderungen mit sich. Es wurden ländliche Berufsausbildungszentren gegründet, in denen etwa 600 Jugendliche jährlich intensive Kurse durchmachten. Die in diesen sechsmonatigen Kursen gelehrten Fächer sind Landwirtschaft, Installation, Elektrotechnik und Metallarbeit; die Mädchen werden in Kleinkind- und Säuglingspflege, Nähen und Kochen ausgebildet. Eine weitere Neuerung war die vom Staat und der Jewish Agency gemeinsam durchgeführte Einrichtung von Jugendzentren mit mehrfacher Zielsetzung. In 20 derartigen Zentren werden etwa 1700 Zöglinge ausgebildet bei einer Verbindung von bezahlter Arbeit mit allgemeiner und beruflicher Ausbildung und Freizeitbetätigung.

Die Veränderungen innerhalb der Jugendalijah waren zwar weitergehend als diejenigen in irgendeinem anderen Bezirk des Erziehungssystems, doch sie erfolgten nicht aus ganzem Herzen. Sie lagen mehr auf praktischem als auf ideologisch-pädagogischem Gebiet und waren oft mit einer Sehnsucht nach der älteren, einfachen und unzweideutigen erzieherischen Ideologie verbunden.

Es liegt auf der Hand, daß bei allem Erfolg der Jugendalijah oder der besonderen Erziehungsorganisationen diese sich nur auf kleine Teile der jungen Bevölkerung Israels und nur auf ausgewählte Aspekte ihrer Betätigung auswirken konnten.

Sozio-ökonomische Integrationsaspekte im Erziehungssystem

Neben den verschiedenen dargestellten pädagogischen Maßnahmen und Experimenten wurde in den letzten fünf bis sechs Jahren eine Serie von Maßnahmen entwickelt, die darauf abzielten, die anfänglich niedrigen Leistungen der orientalischen Kinder zu überwinden und das Niveau dieser Gruppen zu heben.

Eine derartige Maßnahme war die Senkung des Pflichtalters für den Eintritt in den Kindergarten aus den Familien der unteren Klassen. Hiernach gab es 17 000 Kinder im Alter von drei bis vier Jahren, die Pflichtkindergärten besuchten. Zweitens wurde eine Schule mit langem Schultag für Kinder aus Familien mit niedrigem Einkommen eingeführt. Im Jahre 1964/65 waren 50 000 Kinder in 2900 Klassen von dieser Einrichtung betroffen. Drittens wurden 120 000 Kinder als besonderer Hilfe bedürftig definiert, und ihre Schulen erhielten zusätzliche Arbeitskräfte.

Im Rahmen dieses Programms richtete das Erziehungsministerium im Jahre 1964/65 694 neue Klassen für 20 000 Kinder ein und fügte dem Unterricht einen zusätzlichen Monat im Sommer an; es wurden auch 70 Sonderklassen errichtet, um solchen Kindern zu helfen, die infolge ihrer psycho-sozialen Bedingungen Schwierigkeiten im Lernen hatten [62].

Eine weitere Maßnahme in diesem Zusammenhang war die Abschaffung der Nichtversetzung als Lösung für das Versagen orientalischer Schüler sogar schon im ersten Schuljahr. Das Erziehungsministerium verfügte, daß nur vier Prozent einer Klasse die Erlaubnis erhalten sollten, die Klasse zu wiederholen. Doch dieses System brachte keine Erleichterung für die Versager. Im Gegenteil, es verschärfte den Zustand durch die Schaffung einer Akkumulation des Versagens ohne Gegenmittel.

Eine positivere Maßnahme stellte ein vom Staat und der Jewish Agency gemeinsam durchgeführtes Programm von Unterstützung und Stipendien dar. Dieses Programm war besonders im Hinblick auf Kinder von orientalischer Herkunft oder Kinder, die in den letzten vier Jahren ihrer Schulzeit eingewandert waren, aufgestellt worden. Im Jahre 1960/61 wurden insgesamt 5236 Voll- oder Teilstipendien für Höhere humanistische, Berufs- und Landwirtschaftsschulen gewährt. 1964/

---

[62] S. Aran, Bachinuch uwatarbuth (In Erziehung und Kultur), Juni 1965.

65 wurde das System der Schulgeldstaffelung erweitert und kam 83 000 Schülern zugute, von ihnen mehr als die Hälfte (45 000) in allgemeinen Höheren Schulen. Für diesen Zweck wurden etwa IL 21 Mill. investiert. Mehr als 40 % der Kinder aus den Entwicklungsstädten gelangten in den Genuß der gestaffelten Schulgeldermäßigung [63].

Auch eine Ausdehnung besonderer Erleichterungen, insbesondere die Verminderung der Schülerzahl in einer Klasse, wird für Neueinwandererkinder in Aussicht genommen. Das Erziehungsministerium plante für 1962/63 eine Vermehrung um 940 Klassenräume für Volksschulen, 52 Klassen für Höhere Berufs- und Landwirtschaftsschulen und 180 Klassen für akademische Höhere Schulen. In all diesen Schulen sollte den Kindern von Neueinwanderern und aus orientalischen Familien ein Vorrang gewährt werden.

Die Organisation von Betätigungen außerhalb der Schule ist hauptsächlich auf die Elendsviertel und auf solche Bezirke konzentriert, in denen die Bevölkerung vorwiegend von orientalischer Herkunft ist. Insgesamt bestehen 596 Institutionen, in denen 77 500 Kinder im Volksschulalter Hilfe erhalten. Ähnliche Einrichtungen für die ältere Jugend (Schüler von Schulen für arbeitende Jugendliche) werden von 11 800 Jugendlichen in Anspruch genommen.

Außerdem wurden Programme für selektive intensive Bildung aufgestellt für besonders begabte Kinder von niedriger sozio-ökonomischer Herkunft oder aus entlegenen Siedlungen, in denen es keine Höheren Schulen gibt. Für diese Kinder sind etwa 16 Internatsschulen geplant, in denen die Kinder wohnen, vormittags regulären Schulunterricht erhalten und ihre Nachmittage in Freizeitbeschäftigung und pädagogisch geleiteter Betätigung verbringen. Im Jahre 1960/61 waren 80 Schüler in derartigen Schulen, und die Zahl stieg im Jahre 1961/62 auf 250 und auf 900 im Jahre 1964/65 [64].

Diese Politik der Schaffung besonderer Institutionen für begabte orientalische Kinder rief eine doppelte Kritik hervor. Die eine machte geltend, das Herausnehmen der Kinder aus ihrer natürlichen Umgebung könnte in ihnen starke Ressentiments gegen ihre Herkunftsgruppen entstehen lassen und so diesen Gruppen wirksame Führerschaft entziehen. Eine andere Kritik lautete, Absonderung dieser Kinder in speziellen Institutionen anstatt ihrer Aufteilung auf die allgemeinen Schulen könnte zu einer Förderung ihrer separatistischen »ethnischen« Selbstidentifikation führen und deren Symbolisierung eine teilweise Legitimation verleihen.

Es mag zwar noch zu früh sein für eine volle Auswertung der Gültigkeit dieser Kritiken, doch sicherlich weisen sie auf potentielle Widersprüche und Probleme hin, die dieser Politik innewohnen. Eine von den Bildungsinstanzen in diesem Zusammenhang zusätzlich getroffene Maßnahme war die Einführung der sogenannten B-Norm, deren Hauptdirektive darin bestand, daß der orientalische Schüler bei einer Punktzahl von etwa 6,5 plus (aus zehn) Anspruch auf staatliche Beihilfe zu seiner höheren Schulbildung hatte, während reguläre Schüler hierzu etwa 7,5–8 Punkte aufweisen mußten.

---

[63] S. Aran, Bachinuch uwatarbuth (In Erziehung und Kultur), Juni 1965.
[64] Nach vom Erziehungsministerium am 11. Januar 1966 erhaltenen Angaben, die auf einer Untersuchung an 387 Schülern aus diesen Schulen beruhen, haben 85 % von ihnen die Reifeprüfung bestanden.

Die Absicht dieser Maßnahme war eine Erleichterung der Absorption dieser Kinder. Doch sie hatte auch die Tendenz, die universalistische Leistungsorientierung der Prüfung dadurch zu schwächen, daß sie sie auf eine partikularistisch-vorgegebene (ethnische) Basis mit vielen Möglichkeiten einer Senkung des allgemeinen Bildungsniveaus stellte.

Außerdem haben sich die günstigen Auswirkungen der B-Norm auf die orientalischen Kinder auch als zweifelhaft erwiesen, da durch sie in künstlicher Weise nichtqualifizierte Schüler zur Höheren Schule, die ihnen keine besonderen Erleichterungen gewährt, zugelassen werden. Sie finden sich dann vor Anpassungsprobleme gestellt und bilden zwangsläufig einen hohen Anteil derjenigen Schüler, die die Schule vorzeitig verlassen. Ehrgeizige Bestrebungen werden auf diese Weise erst genährt, um dann enttäuscht zu werden.

Ferner führt diese Politik wahrscheinlich dazu, daß den meisten orientalischen Kindern das Stigma der »Zweitklassigkeit« [65] angehängt wird, was besonders schwer die wenigen unter ihnen trifft, denen es aus eigener Kraft gelang, die A-Norm zu erreichen.

Maßnahmen zur Behebung organisatorischer Engpässe

In enger Verbindung mit diesen Problemen standen andere Maßnahmen, die die Behebung mannigfacher organisatorischer Engpässe im Bildungssystem zum Ziel hatten. Sie entsprangen der Erkenntnis, daß die bestehenden Einrichtungen für die Bedürfnisse der diversen Gruppen unzulänglich waren und versuchten, der sich entwickelnden Gesellschaft und Wirtschaft die von ihnen benötigten Dienste zur Verfügung zu stellen.

Von den vielen unternommenen Versuchen verdienen zwei, hier erwähnt zu werden. Einer war die 1956 erfolgte Einführung eines neuen Programms einer vorberuflichen Ausbildung in den Lehrplan der beiden oberen Klassen einiger Volksschulen. Hier wurden zusätzlich zu der der Allgemeinbildung gewidmeten Zeit zwölf Wochenstunden für Werkstattausbildung und drei Stunden für dazugehörige Fächer (wie Technologie und technisches Zeichnen) gefordert.

Das Ziel dieses Plans war: erstens Schüler auf ihren gewählten Beruf vorzubereiten und die Lehrlingszeit zu verkürzen; und zweitens, manche Schüler statt in die allgemeine Höhere Schule in die Berufsschule zu leiten. Doch der Plan mißlang. Schüler aus der ersten Kategorie waren auf die vielfältigen Anforderungen des Arbeitsmarktes nicht vorbereitet, und ihre Ausbildung nützte ihnen nicht genug. Das Versagen wurde jedoch hauptsächlich durch die Schüler aus der zweiten Kategorie verursacht, die trotz der beruflichen Ausbildung und Anleitung weiterhin unter allen Umständen nach akademischer Bildung strebten. Obwohl also dieses Programm

---

[65] Eine Weiterverfolgung der ersten Gruppe, die alle Klassen der Höheren Schule aufgrund des Schulgeldstaffelungsprogramms (einschließlich B-Norm) durchmachte, scheint zu dem Schluß zu berechtigen, daß die B-Norm keinen sehr großen Wert hatte: nur 7,7 % aller Schüler, die 1957 aufgrund der B-Norm die Berechtigung zur Höheren Schule erwarben, erreichten 1961 das Stadium der Reifeprüfung. 1957 waren in der letzten Volksschulklasse 33,6 % aller Schüler von orientalischer Herkunft. Doch 1961, im Stadium der Reifeprüfung, machten sie trotz der B-Norm nur noch 12,4 % aus.

manchen Schülern zweifellos technisches Wissen vermittelte, verfehlte es seinen geplanten Zweck, Schüler vor der formalen Auswahl in verschiedene Gebiete zu leiten.

Trotz der Intensität dieser Probleme ist jedoch eine kontinuierliche Erweiterungstendenz der Berufsausbildung zu erkennen.

So war die Schülerzahl in den Berufsschulen im Jahre 1964/65 um 23 % höher als im Jahre 1963/64, und die Zahl der Absolventen stieg um 30 %. In derselben Zeit erfolgte eine große Erweiterung der unter den Auspizien des Arbeitsministeriums stehenden Berufsschulen.

Die verfügbaren Angaben scheinen darauf hinzuweisen, daß etwa 42 % aller Schüler in den weiterführenden Schulen die verschiedenen Arten von Berufsschulen besuchen.

Diese Gesamtausweitung des Berufsschulwesens, das große Regierungsunterstützung genießt, deutet darauf hin, daß sich neuerdings ein Alternativkanal für Bildung und Berufsmobilität entwickelt.

Ein neuerer Reformversuch im Höheren Schulsystem, Gruppierungssystem genannt, zielt darauf ab, zwei verschiedene Reifeprüfungen einzuführen, von denen die eine bescheinigen soll, daß der Inhaber des Reifezeugnisses eine Höhere Schule absolviert hat, während die zweite den Inhaber zum Hochschulstudium berechtigen soll.

Nach diesem System werden die Schüler der sechsten, siebten und achten Volksschulklasse nach dem Kriterium ihrer Leistungen im Rechnen, in Englisch, Hebräisch und manchmal auch Biologie in drei Stufen geteilt. Auf diese Weise werden homogene Gruppen in den verschiedenen Lernfächern gebildet, die Schüler aus verschiedenen Klassen oder sogar aus verschiedenen Schulen enthalten.

Das Ziel dieses neuen Systems ist zweifach: erstens, die Schüler nach ihrer Leistung zu unterscheiden, so daß eine Gruppe nicht durch die Anwesenheit anderer Leistungsniveaus leidet. Zweitens zielt es darauf ab, die Klasse als soziale Einheit mit einem hohen Grad von Kohäsion zu erhalten trotz unterschiedlicher Leistungen im Lernen.

Es besteht die Hoffnung, daß diese Neuerungen die Qualität der Höheren Schulen verbessern und den Schülern einen den tatsächlichen Marktanforderungen angepaßten umfassenden Lehrplan bieten werden. Man nimmt auch an, daß mehr Zeit für andere Fächer und Betätigungen zur Verfügung stehen wird, wenn der Lehrplan nicht mehr ausschließlich auf die Erlangung des Reifezeugnisses abgestellt ist.

Dieser Plan erkennt und akzeptiert die Tatsache, daß jede homogene und einheitliche Behandlung von Spezialproblemen zum Scheitern verurteilt sein muß und daß nur bei einem differenzierten individuellen Eingehen mit Erfolg gerechnet werden kann. Er bekundet auch ein zunehmendes Interesse an einem Schulsystem, das der englischen »umfassenden« (»comprehensive«) Schule verwandt ist, anstelle der stärker spezialisierten Schule für die Begabten.

Im Jahre 1964/65 umfaßte dieses System annähernd 1500 Klassen mit 42 000 Schülern. Nach dem Programm soll es etwa 45 000 Schüler erfassen. Aus der Verteilung der Schüler nach Herkunftsländern in den verschiedenen Stufen wurde festgestellt, daß die Schüler, deren Eltern aus Asien oder Afrika kamen, stark in der niedrigsten Stufe konzentriert sind, weniger in der zweiten und am wenigsten in der obersten Stufe vertreten sind.

Bisher scheint diesem System am meisten Erfolg in der oberen und in der unteren Stufe beschieden zu sein, hingegen nicht in der mittleren Stufe, die keine Verbesserung in den Leistungen der Schüler aufweist.

Das Ziel der Strukturveränderung des Bildungssystems in Richtung einer zunehmenden Differenzierung wurde noch offensichtlicher in der Ernennung einer Kommission zur Prüfung »der Notwendigkeit und der Möglichkeit einer Erweiterung des Gesetzes über die unentgeltliche Schulpflicht um zwei zusätzliche Jahre« (Prawer-Kommission, Januar 1963). Im Jahre 1965 empfahl diese Kommission, die bestehende unentgeltliche Schulpflicht um ein Jahr zu verlängern. Sie knüpfte diese Empfehlung an die Bedingung einer Änderung in der Struktur des Schulsystems durch Schaffung eines aus der siebten, achten und neunten Klasse bestehenden Zwischenglieds, das das erste Stadium der Höheren Schule bilden und eine unabhängige Enheit in bezug auf Verwaltung, Lehrplan und Personal darstellen soll. Da die Kommission die Notwendigkeit einer längeren Vorbereitungsarbeit für die Verwirklichung dieses Zieles – so etwa die Vorbereitung von Lehrern, Lehrbüchern, Schulgebäuden usw. – voraussah, schlug sie vor, die Ausführung um vier bis fünf Jahre zu verschieben.

Dieser Empfehlung liegt die Annahme zugrunde, daß das Programm eine größere Differenzierung in der Auswahl entsprechend den Neigungen und Fähigkeiten des Schülers von den höheren Klassen der Volksschule an ermöglicht.

Die Reaktionen auf diese vorgeschlagenen Reformen – zum Beispiel der vom Lehrerverband anfänglich zum Ausdruck gebrachte starke Widerstand gegen das Experiment des Gruppierungssystems und gegen die Schlüsse der Prawer-Kommission – zeigen einen der schwächsten Punkte im israelischen Schulsystem auf, nämlich den konservativen Charakter und die große Stärke des mächtigen Lehrerverbands. Diese Stärke leitet sich von der historischen Tatsache her, daß der Lehrerverband in gewissem Sinne der Schöpfer des hebräischen Bildungswerks war und daher eine sehr starke Machtposition einnahm, die mit zunehmender Vergewerkschaftung noch anwuchs.

Es ist einstweilen noch schwierig, die Auswirkungen und den Erfolg der diversen Maßnahmen abzuschätzen. Sie zeigen indes den Ernst des israelischen Schulproblems und die Tatsache, daß die Schulpolitik oft von widersprüchlichen ideologischen und politischen Betrachtungen geleitet wurde.

Lehrermangel und versuchte Abhilfe

Eines der schwierigsten Probleme, vor die sich das Schulsystem gestellt sah, war der Mangel an geeigneten Lehrkräften und die daraus folgende Statussenkung des Lehrerberufs.

Der Lehrermangel äußerte sich in zunehmender Aufgabe des Berufs, in seiner wachsenden Feminisierung, in der Zahl der beschäftigten unqualifizierten Lehrkräfte und in der Schwierigkeit, aus den Absolventen der Höheren Schulen und Universitäten neue Lehrkräfte anzuwerben.

Im Jahre 1950/51 waren aus 10 945 Lehrerstellen 5367 mit männlichen Lehrern besetzt, hingegen im Jahre 1954/55 nur noch 8331 aus einer Gesamtzahl von 17 337, und im Jahre 1958/59 gab es bei einer Gesamtzahl von 24 826 Lehrerstellen 10 664

Lehrer und 14 162 Lehrerinnen. Diese Proportion fällt in den Volksschulen noch stärker in die Augen; in ihnen waren 1958/59 von 13 336 Gesamtstellen 4924 männliche Lehrer. Im gleichen Jahr betrug die Zahl der qualifizierten Lehrkräfte 8431, die der unqualifizierten Lehrkräfte 4024, und von 881 waren keine Angaben über die Qualifikation verfügbar.

Im Jahre 1959/60 gab es in den Berufs-, Landwirtschafts- und Abendschulen 4074 unqualifizierte Lehrkräfte. Es sind keine Angaben verfügbar über die Schulen für die arbeitende Jugend und für zurückgebliebene Kinder, doch auch in ihnen herrscht ein Lehrermangel. Im Jahre 1963/64 gab es in den hebräischen Volksschulen 17 514 Lehrkräfte, von denen 11 923 (68 %) weiblichen und 5591 (32 %) männlichen Geschlechts waren. Die Zahl der unqualifizierten Lehrer betrug 5850 (33 %). 32,7 % der Lehrkräfte verfügten über eine Erfahrung von vier Jahren oder weniger, 59 % hatten zwischen null und neun Jahren praktische Erfahrung. 42,1 % der Lehrer waren in Israel geboren (im Vergleich zu 15 % derselben Altersgruppe in der Bevölkerung). Nur 13,1 % der Lehrer stammten aus Asien oder Afrika, während ihre entsprechende Altersgruppe in der Bevölkerung 35,4 % ausmachte[66].

Ferner zeigen die Ergebnisse einer Weiterverfolgung der Laufbahn von Absolventen der Lehrerausbildungsinstitutionen ein Abspringen aus dem Beruf von etwa 20 %.

Untersuchungen über das Abspringen der Lehrer ergeben, daß diese Tendenz eine direkte Korrelation aufweist zu der Einengung der Rolle des Lehrers und der Vergrößerung der Spannungen zwischen der Pionierideologie und den Anforderungen der sich wandelnden Berufssituation.

Um diesen ernsten Mangel zu überwinden, wurden besondere Vorbereitungsklassen in Höheren Schulen und besondere Ausbildungsinstitutionen mit ein- oder zweijährigen Lehrgängen für Lehrer in Landbezirken eingeführt. Im Jahre 1964/65 wurde eine Reform durchgeführt, die bezweckte, die Zahl der Schüler in Lehrerausbildungsinstitutionen um mehr als 204 jährlich zu erhöhen. Das Budget des Erziehungsministeriums für die Ausbildung von Lehrern wurde von IL 4,5 Mill. auf 16 Mill. im Jahre 1964/65 erhöht.

Das Ministerium beschloß, Studenten, die bereit waren, sich als Gymnasiallehrer ausbilden zu lassen, Stipendien in Höhe von IL 1500–2500 jährlich anzubieten.

Im Jahre 1964/65 wurden aus 1100 Kandidaten 600 Studenten zur Ausbildung als Gymnasiallehrer ausgewählt – 35 % für naturwissenschaftliche und 65 % für humanistische Fächer.

Ein Vergleich der Gesamtzahl der Lehrer im Jahre 1959/60 auf allen Stufen des Bildungssystems[67] mit den vorhandenen Lehrstellen im gleichen Jahr zeigt 18 056 Lehrer[68] auf 22 354 Lehrstellen[69], woraus hervorgeht, daß noch immer ein Lehrermangel besteht, obwohl 41 251 Studenten in den Jahren 1948/49 bis 1960/61 in diversen Lehrerausbildungsinstitutionen ausgebildet wurden[70].

Ebenso läßt sich vorläufig nicht abschätzen, wie wirksam die getroffenen Maß-

---

[66] Manpower forecast. Teachers in the Primary education. Manpower planning authority. Arbeitsministerium 1964.
[67] Ausschließlich Hochschulsystem, aber einschließlich Lehrerseminare.
[68] Quelle: CBS Statistical Abstract, Nr. 12, 1961, S. 450, Tabelle 5.
[69] Ibd.   [70] Ibd., S. 448, Tabelle 3.

nahmen sind und insbesondere inwieweit sie dazu verhelfen können, die allgemeinen sozialen Hindernisse des Lehrerberufs zu überwinden. Es gibt zum Beispiel einige Anzeichen dafür, daß die wachsende Feminisierung des Berufs in etwa zum Stillstand gekommen ist.

Viele Komplikationen wurden dadurch verursacht, daß die Lehrervereinigungen sich mehr auf politische, organisatorische und Entlohnungsstreitigkeiten konzentrierten als auf pädagogische Angelegenheiten. Die inneren Kämpfe zwischen verschiedenen Lehrerorganisationen waren hier von besonderer Bedeutung, ebenso die Spaltung zwischen der Allgemeinen Lehrervereinigung und den Lehrern in höheren Schulen, die eine gesonderte, aber von der Allgemeinen Lehrervereinigung nicht voll anerkannte Organisation bildeten.

Ähnliche Widersprüche und Konflikte entwickelten sich auch auf dem Gebiet des Hochschulwesens.

Es wurde versucht, durch verschiedene administrative Maßnahmen hohe Normen wissenschaftlicher schöpferischer Arbeit zu sichern und die Bildungsinvestitionen des Landes zu vergrößern. Die bedeutendste Maßnahme war die im Jahre 1959 vorgenommene Reorganisation des früheren Forschungsrats von Israel zum Landesrat für Forschung und Entwicklung. Dieser Rat, der dem Premierministeramt angeschlossen wurde, war »geplant, um den wissenschaftlichen Beitrag zur Entwicklung des Staates zu vergrößern«[71]. Er ist »beauftragt, die Landespolitik in bezug auf Forschung und Entwicklung zu formulieren und Forschungsprojekte mit den Erfordernissen zu koordinieren«.

Die relativ starke Vermehrung von Hochschulinstitutionen schuf ebenfalls mehrere administrative und politische Probleme, insbesondere in Verbindung mit den Problemen der Aufrechterhaltung angemessener Normen und der offiziellen Anerkennung.

Am 19. Mai 1958 nahm die Knesseth das Gesetz über den Rat für Hochschulstudien an. Dieser Rat ist verantwortlich für: die Empfehlung von Institutionen, die von der Regierung anerkannt werden sollen (tatsächlich erfolgt die Anerkennung durch den Rat, § 9, doch die Regierung genehmigt, § 10); die Empfehlung zur Erweiterung einer Institution; die Empfehlung zur Gewährung von Regierungsbeihilfe an eine Institution; Aberkennung der Befugnis (ebenfalls mit Regierungsgenehmigung, § 19), akademische Grade anzuerkennen und zu verleihen usw. Das Gesetz legt keine Regeln darüber nieder, wie der Rat seine Aufgaben ausführen soll – diese sind von ihm selbst zu bestimmen.

Es ist einstweilen verfrüht für eine kritische Beurteilung der Doppelfunktion dieses Rates, die darin besteht, neue Hochschulinstitutionen zu ermutigen und sich zu vergewissern, daß diese nicht eine minimale, annehmbare Norm unterschreiten. Im Jahre 1965 wurde eine Sonderkommission zur Prüfung der Situation des Hochschulwesens eingesetzt.

Der Bericht dieser Kommission riet zur Begründung eines besonderen Amts für

---

[71] Government Year Book, 1960/61, Englische Ausgabe. Der Rat hat die folgenden Unterkommissionen: Landwirtschaftliche Kommission, Kommission für industrielle Chemie, Pharmakologische Kommission, Medizinische Kommission, Patentkommission, Kommission für die Planung wissenschaftlicher und technologischer Arbeitskraft, Ozeanographische Kommission. Er unterhält auch ein Büro für graduiertes Personal, das sich mit den Angelegenheiten der Studenten im Ausland befaßt, und eine Zentralstelle für technologische und wissenschaftliche Auskünfte.

das Hochschulwesen, das ein grundlegendes Programm für die Entwicklung der Hochschulinstitutionen ausarbeiten sollte, ohne in die akademische Freiheit und Autonomie dieser Institutionen einzugreifen.

Dieses Amt sollte an die Stelle des bestehenden Rates für Hochschulstudien treten und Vertreter der Hochschulinstitutionen, der Öffentlichkeit und des Kabinetts umfassen.

Mehrere Aspekte in der Erweiterung von Hochschulinstitutionen können zu problematischen Folgen führen. Die Bedeutung lokaler politischer Druckausübung und die begrenzte Ausdehnung der naturwissenschaftlichen im Vergleich zu der zunehmenden Vermehrung der humanistischen Studenten sichern weder höhere Investitionsniveaus noch die Schaffung von Bedingungen, die einem höheren Standard wissenschaftlicher schöpferischer Arbeit förderlich sind.

Für eine Bewertung der Arbeit des Forschungsrats ist es wahrscheinlich noch zu früh. Dem Anschein nach hatte der Rat mehr Erfolg in der Einführung begrenzter Arbeit auf dem Gebiet der angewandten Forschung sowie darin, daß er ausländischen Stellen, die Forschungsarbeiten an israelische Institutionen vergeben wollen, als partielles Clearinginstitut dient; geringer hingegen war sein Erfolg in der Planung des Gesamtbedarfs des Landes oder in der Sicherung eines höheren Investitionsniveaus auf erzieherischem und wissenschaftlichem Gebiet.

Probleme und Erfolgsaussichten auf dem Gebiet des Bildungswesens

Das Bild auf dem Gebiete der Bildung und Erziehung nach den ersten 15 Jahren des Bestehens des Staates Israel ist noch komplexer und vielfältiger als es am Ende der vorstaatlichen Zeit war.

Die gesamte Struktur der Beziehungen zwischen Schule, Familie und Jugendbewegung hat starke Veränderungen erfahren, die in mehreren miteinander verbundenen Ausgangspunkten wurzeln. Einer von diesen war die Staatsgründung selbst, das Werden einer voll entwickelten Gesellschaft mit souveräner Autorität und zentralisierenden Tendenzen. Ein zweiter war die gleichzeitige Kristallisation der sozialen Struktur und des kulturellen Erbes. Ein dritter war das Einströmen von Einwanderern in großer Zahl und Vielfalt, die dem Land neue grundlegende Motivationen und Einstellungen sowie unterschiedliche Ausbildung und technische Fähigkeiten brachten.

Ein vierter Ausgangspunkt war der vereinte Einfluß der vorstehenden Prozesse und der wirtschaftlichen Differenzierung und Entwicklung der Bildungs- und Berufsstruktur. Die wirtschaftlichen Bedürfnisse des Landes, die Ausweitung der Wirtschaftsstruktur, der Bedarf an geschulten Kräften und das Einströmen von Einwanderern mit niedrigem Bildungsniveau erhöhten die Bedeutung des Bildungsniveaus in den Berufs- und Wirtschaftsbereichen. Hier beginnen die besonderen Probleme der Neueinwanderer, und insbesondere der orientalischen Neueinwanderer, ein kritisches Ausmaß anzunehmen.

Paradoxerweise unterstrich die Absorption der verschiedenen Einwanderergruppen in das Bildungssystem die Unterschiede zwischen sozialen Gruppen und Schichten und verstärkte im Anfang noch diese Unterschiede.

Erzieherische, administrative und organisatorische Probleme mußten gelöst und das System zum Werkzeug der Sozialpolitik geformt werden. Diese Probleme waren oft neu und gingen vielfach über die den Bildungsinstanzen vertrauten Begriffe hinaus.

Außerdem wurden die Schwierigkeiten in der Überwindung dieser Probleme intensiviert durch die innere »strukturelle« Entwicklung des Schulsystems in seiner anfänglichen Reaktion auf die sich wandelnde Gesellschaft. Der Fortschritt wurde aufgehalten durch die starke Politisierung eines großen Teils des Schulsystems und der Berufsorganisation der Lehrer, sowie durch den begrenzten Bereich und Anreiz, die der hauptsächliche erzieherische Rahmen für pädagogische und kulturelle Neuerung bot.

Weiterhin verursachten das Vorherrschen beruflicher etablierter Interessen in den verschiedenen Rängen der Lehrer, die Labilität und Ambivalenz der Rolle des Lehrers und die Senkung seines Status zusätzliche Hindernisse.

Die ideologisch-pädagogischen Schwierigkeiten, die bei der Ausbildung einer flexibleren Kombination des Ausgangsideals mit einer Orientierung zu spezialisierteren Aufgaben und Betätigungen entstehen, können die eher zur Stagnation neigenden Tendenzen in der Entwicklung der israelischen Wirtschaft verstärken.

Eine ähnliche Reihe von Problemen entwickelte sich im Hinblick auf die sozialen Folgen der Bildungsauslese. Hier tendierten die Versuche zur Überbrückung der Spaltungen zwischen verschiedenen sozialen und Einwanderergruppen ebenfalls dazu, in zwei einander widersprechenden Richtungen zu wirken.

Gleichzeitig entwickelten sich von innen heraus und außerhalb des Bildungssystems mehrere wichtige Trends, die wesentliche Neuerungen darstellten.

Wir sehen also, daß das Bildungssystem nicht nur an dem großen Auftrieb der kontinuierlichen Expansion, Differenzierung und Fähigkeit zur Absorption neuer Einwanderergruppen seinen Anteil hatte, sondern auch an den Behinderungen innerhalb der israelischen Gesellschaft, diesen neuen Problemen erfolgreich zu begegnen. Einerseits erleichterten viele seiner Maßnahmen und Einstellungen mögliche Änderungen und Verbesserungen, andererseits hingegen sind manche Maßnahmen dazu angetan, die eher vorgegebenen und starren Tendenzen im System der sozialen Schichtung und Organisation zu verstärken.

IV. POLITISCHE STRUKTUR UND INSTITUTIONEN

1. Die politische Struktur des Staates Israel

Einleitung

Die in den vorhergehenden Kapiteln analysierten mannigfachen Tendenzen und Entwicklungen konvergierten in den politischen Institutionen und in der politischen Struktur Israels.

Die politischen Institutionen und Organisationen standen und stehen in einem gewissen Maße noch immer im Mittelpunkt der zeitgenössischen israelischen Gesellschaft. Das Kapitel über wirtschaftliche Institutionen zeigte die Bedeutung der Staats- und Regierungspolitik auf wirtschaftlichem Gebiet. In dem Kapitel über die soziale Organisation sahen wir das in der Schichtung der israelischen Gesellschaft erworbene Machtkriterium sowie die Bedeutung der Regierungsämter in der Absorption von Einwanderern. Dieses Kapitel behandelt einige der Ursachen für die Bedeutung dieser politischen Institutionen.

Man muß sich vor Augen halten, daß die Erfüllung derartiger kollektiver Ziele wie Siedlung, Sicherheit und Offenhaltung der Tore Palästinas für Neueinwanderer den Daseinszweck vieler wichtiger Gruppen und Institutionen in der vorstaatlichen jüdischen Gemeinschaft in Palästina darstellte, und diese Einstellung wurde in vieler Beziehung durch die Gründung des Staates Israel noch verstärkt. Der Staat war nicht nur die Kulmination eines langausgedehnten politischen Kampfs und zahlloser diplomatischer Bestrebungen, sondern er wurde auch als Erlösung der jüdischen Nation und Erfüllung des zionistischen Strebens angesehen.

Die Symbole der Souveränität und des Staatseins – Flagge, Präsidentschaft, Regierung, Parlament und insbesondere die Armee – wurden zu Brennpunkten einer starken nationalen Identifikation sowohl in Israel als auch in der Diaspora.

In seinen ersten Stadien war der Staat auch Brennpunkt der in den diversen sozialen Bewegungen der jüdischen Gemeinschaft vorherrschenden Ideologien. Die Schwächung dieser Ideologien in den privaten Lebenssphären, die durch das Gefühl verursacht wurde, daß sie durch die Staatsgründung weitgehend erfüllt worden seien, bestärkte die Versuche, Symbole, Organe, Führer und Beamte des Staates als die Verkörperung dieser Werte darzustellen.

Doch die entscheidende Bedeutung des Staates und der politischen Institutionen wurden niemals als unproblematisch oder selbstverständlich hingenommen, denn im Gegensatz zu den meisten anderen institutionellen Gebieten war in der grundlegenden zionistischen und Pioniersideologie das politische Gebiet nicht klar formuliert.

Das Ziel eines eigenen Staates war einer der ersten Grundsätze der zionistischen Ideologie; doch wurde in ihr der Staat hauptsächlich als äußerer Rahmen für die nationale Kollektivität und als die äußerliche Kundgebung einer neuen kollektiven Identität betrachtet.

Die meisten konkreten politischen Organisationen entstanden während der Mandatszeit, in der die Erfüllung kollektiver Ziele stärker in den Vordergrund rückte als rein ideologische Formulierungen. Außerdem scheute die zionistische Ideologie – wie viele andere utopische sozialistische und nationalistische Ideologien – vor Machtproblemen zurück und nahm oft stillschweigend an, diese würden gelöst, wenn erst die wesentlichen kollektiven Ziele erreicht seien.

Daher schuf die große Zahl politischer Funktionen und Organisationen im neuen Staat Probleme, denen die Ideologie nicht gewachsen war.

Die formale Struktur der politischen Institutionen Israels

Der am 14. Mai 1948 gegründete Staat entwickelte seine hauptsächlichen formalen institutionellen charakteristischen Merkmale in großer Geschwindigkeit.

Bis zum heutigen Tag hat Israel keine Verfassung — nur eine Reihe von Grundgesetzen, und um das Problem einer Verfassung tobt eine beträchtliche politische Kontroverse. Die hauptsächlichen formalen charakteristischen Merkmale der institutionellen und staatlichen Struktur Israels lassen sich wie folgt beschreiben [72].

Die staatliche Struktur besteht aus der ausführenden, gesetzgebenden und richterlichen Gewalt, mit einem Präsidenten, einem Parlament, einem Kabinett und einem Rechtssystem. Der Präsident ist das nominelle Staatsoberhaupt, dessen Funktionen hauptsächlich zeremonieller und formaler Natur sind. Er wird von einer Mehrheit der Knesseth (des Parlaments) in geheimer Wahl auf fünf Jahre gewählt. Der erste Präsident des Staates war Chajim Weizmann, der prominente Führer der zionistischen Bewegung zur Zeit des Mandats. Er wurde am 16. Februar 1949 gewählt und starb am 9. November 1952. Sein Nachfolger war Jitzchak Ben-Zwi, der Vorsitzende des Wa'ad Le'umi; er wurde am 8. Dezember 1952 gewählt und am 30. Oktober 1957 und nochmals 1962 wiedergewählt. Nach dem Tode des Präsidenten Ben-Zwi im April 1963 wurde Salman Schasar (ein langjähriger Mapai-Führer, Redner und Gelehrter) zum Präsidenten gewählt.

Die Knesseth ist zwar formal, aber nicht tatsächlich, das oberste regierende Organ. Sie ist ein Ein-Kammer-Parlament und besteht aus 120 Mitgliedern; ihre Autorität ist weder durch ein Veto des Präsidenten noch durch den Höchsten Gerichtshof begrenzt. Sie wird auf vier Jahre in direkter, gleicher und geheimer Wahl nach dem Verhältniswahlsystem gewählt. Die Regierung ist formal der Knesseth verantwortlich; sie kann nicht ohne Mehrheitsunterstützung der Knesseth gebildet werden und muß abdanken, wenn diese ihr das Vertrauen entzieht.

Es bestehen besondere Vorkehrungen für eine strenge und fortlaufende Überwachung des staatlichen Finanz- und Wirtschaftsgebarens unter der Ägide der Knesseth. Ein Staatskontrolleur, der auf Empfehlung einer Knessethkommission vom Präsidenten ernannt wird, berichtet an die Finanzkommission der Knesseth über Gesetzmäßigkeit, Wirtschaftlichkeit, Integrität und Wirksamkeit der Regierungsgeschäfte. Der Staatskontrolleur ist der Knesseth verantwortlich und nicht von der Regierung abhängig.

Das Kabinett, oder die Regierung, ist das amtierende Exekutivorgan. Der Premierminister als Mitglied der Knesseth wird vom Präsidenten mit der Aufgabe betraut, eine Regierung zu bilden, und er verhandelt mit den diversen Parteiführern über die Wahl seiner Kollegen, die nicht Mitglieder der Knesseth zu sein brauchen. Die Regierung ist konstituiert, wenn sie von der Knesseth durch ein Vertrauensvotum gebilligt wird.

Das Prinzip der kollektiven Verantwortlichkeit herrscht offiziell im Kabinettssystem, doch die genaue Interpretation dieser Verantwortlichkeit hat in vielen Koalitionsregierungen Meinungsverschiedenheiten hervorgerufen.

Die richterliche Gewalt im Staate umfaßt sowohl religiöse als auch zivile Gerichte. Die Hierarchie der zivilen Gerichte umfaßt viele Amtsgerichte (einschließlich zweier Jugendgerichte) mit Zuständigkeit in kleineren Zivil- und Kriminalsachen; drei Bezirksgerichte, die Berufungen gegen Urteile der niederen Gerichte hören und in größeren Zivil- und Kriminalsachen als Gerichte erster Instanz dienen.

---

[72] Nach O. Janowsky, Foundations of Israel, New York 1959, S. 88–92.

Das höchste Gericht des Landes ist der Oberste Gerichtshof, der sieben Richter, einen Gerichtspräsidenten und einen stellvertretenden Gerichtspräsidenten umfaßt. Der Oberste Gerichtshof kann zwar nicht Gesetze, die von der Knesseth erlassen wurden, als verfassungswidrig erklären, doch er kann Verwaltungshandlungen oder Auslegungen von Gesetzesbestimmungen, die er als gesetzwidrig betrachtet, für ungültig erklären.

Die Rabbinatsgerichte üben ausschließliche Rechtsprechung in Angelegenheiten von Heirat und Scheidung in der jüdischen Gemeinschaft aus. In anderen Personenstandsangelegenheiten, wie etwa Alimenten, Testamentsbestätigungen und Erbfolge, können sie einen Fall nur dann hören, wenn alle Parteien einverstanden sind. Die kirchlichen Gerichtshöfe der christlichen Gemeinschaften haben ausschließliche Gerichtsbarkeit in Angelegenheiten von Heirat, Scheidung, Alimenten und Testamentsbestätigungen von Mitgliedern ihrer betreffenden Gemeinden; und in anderen Personenstandsangelegenheiten können sie mit Einwilligung der beteiligten Parteien Recht sprechen. Die moslemischen Gerichtshöfe haben in allen Personenstandsangelegenheiten der moslemischen Gemeinschaft ausschließliche Gerichtsbarkeit. Außerdem gibt es Gerichte für besondere Angelegenheiten wie Mietsachen, Wucher, Spekulation und allgemeine Sozialversicherung, ferner Stammesgerichte für die Beduinen.

Die Unabhängigkeit der Richterschaft wird gewährleistet durch besondere Sicherungen gegen politische Ernennungen und durch die Amtsdauer, deren einziger Vorbehalt einwandfreies Verhalten ist.

Die Gesetzessammlung, nach der die Gerichte Recht sprechen, besteht aus von der Knesseth erlassenen Gesetzen und solchen, die von früheren Regimes übernommen wurden. Hierzu gehören ottomanische Überreste, besonders im Privat- und Landrecht; Ausnahmeverordnungen, die unter dem Mandat in Geltung waren, englisches Gewohnheits- und Billigkeitsrecht, rabbinisches Recht und das religiöse Recht der moslemischen und christlichen Gemeinschaften.

Die zur Mandatszeit vorsichtig eingeführte lokale Selbstverwaltung wurde seit der Staatsgründung ausgedehnt und demokratisiert. Grundbesitz war nicht länger Voraussetzung für das Stimmrecht. Das Wahlrecht ist in allen lokalen Wahlen auf die Frauen ausgedehnt worden; und Bürgermeister und Vizebürgermeister, die unter dem britischen Regime ernannt wurden, werden jetzt von den lokalen Abgeordneten gewählt.

Die hauptsächlichen Parteien in Israel

Die wichtigsten politischen Parteien in Israel bestanden in beträchtlichem Umfang bereits vor der Staatsgründung. In allen hat die mit der Staatsgründung verbundene Umformung die Entwicklung neuer vereinheitlichter Organisationsformen ausgelöst, die verschiedenen Bewegungen, Sekten und Interessengruppen geeint und eine merkliche Verlagerung in ihrer Einstellung zur Absorption neuer Elemente bewirkt.

Mapai

Die größte Elastizität in Hinsicht auf die Absorption neuer Elemente, vielfältige Interessen und verschiedene politische Einstellungen zeigte »Mapai«. Die wichtigsten älteren Gruppen, aus denen Mapai sich zusammensetzte, waren die diversen landwirtschaftlichen Siedlungen – Kibbuzsiedlungen (insbesondere solche, die zum »Ichud Hakibbuzim« gehörten) und Moschawsiedlungen – und in den städtischen Bezirken die Gewerkschafts- und Arbeitergruppen. Gleichzeitig versuchte Mapai, auch viele Neueinwanderer anzuziehen und sie befand sich in einer günstigen Lage, was die durch die Masseneinwanderung erfolgenden Veränderungen betraf. Sie war für die Aufnahme von Neueinwanderern besser organisiert als viele andere Parteien und war seit jeher diejenige Partei, die den Zionismus zum eigenen Staat führte. Sogar solche Einwanderer, die das eine Parteiprogramm nicht vom andern unterscheiden konnten, kannten die dramatische Gestalt Ben-Gurions, des Premierministers und Führers derjenigen Partei, die die Unabhängigkeit erlangte. In den Wahlen zur Sechsten Knesseth (1965) schlossen sich »Mapai« und »Achduth Ha'awodah« zum »Ma'arach« zusammen und erhielten 37 % aller Stimmen. Zur selben Zeit spaltete sich die »Rafi«-Gruppe unter Führung von David Ben-Gurion von Mapai ab und erhielt 8 % der Stimmen.

Die Linke – »Mapam« und »Achduth-Ha'awodah«

Die stärker sektiererischen Elemente in der Arbeiterbewegung mit einer reineren, elitären Auffassung vom Pionierwesen entwickelten sich im linken Flügel von »Mapai« (in einigen ihrer Kibbuzsiedlungen) und außerhalb ihrer in »Mapam« und »Achduth-Ha'awodah«.

Ursprünglich waren die beiden letzteren Gruppen relativ geschlossene Sekten, die hauptsächlich im Kibbuz vertreten waren. Zu regulären politischen Parteien entwickelten sie sich erst zur Zeit der Staatsgründung und versuchten dann, auch allgemeinere, nichtsektiererische Elemente anzuziehen und zu organisieren.

Im August 1944 trennten sich einige Teile von »Poalej-Zion« unter ihrem älteren Namen »Achduth Ha'awodah« von »Mapai«. Im Jahre 1948 schlossen sie sich mit »Haschomer Hazair« zu »Mapam« (Vereinigte Arbeiterpartei) zusammen. Da »Haschomer Hazair« 60 % des Verwaltungsapparats der Partei beherrschte, konnte er »Achduth Ha'awodah« durchweg überstimmen. Schließlich trennte sich 1954 »Achduth Ha'awodah« von »Mapam« und organisierte ihre eigene unabhängige Partei. Die endgültige Spaltung wurde durch den antisemitischen Prager Prozeß im Jahre 1951 und den Prozeß gegen die jüdischen Ärzte in Moskau im Jahre 1952 beschleunigt. In der Politik der Arbeiterparteien Israels nimmt »Achduth Ha'awodah« eine Stellung zwischen »Mapai« und »Mapam« ein.

Obgleich »Haschomer Hazair« die Mehrheitsfaktion in »Mapam« darstellte, bildete er bis unmittelbar vor der Staatsgründung keine politische Partei, wenn auch seine Arbeit de facto der einer politischen Partei gleichkam. Sein Programm und seine Führerschaft haben ihre Anziehungskraft auf dem Gebiet des Pionierwesens behalten und nehmen in inneren Angelegenheiten weiterhin eine ländliche und kollektivistische Einstellung ein.

Während der Lebensdauer der Zweiten Knesseth (1951–1955) halbierten drei separate Spaltungen die Wahlstärke von »Mapam« und brachten sie vom dritten auf den sechsten Platz unter den Parteien. Zwei ihrer Abgeordneten bildeten eine Splittergruppe, die sich der Kommunistischen Partei anschloß, zwei traten in die »Mapai« ein, und vier sprangen 1954 ab, als sich »Achduth Ha'awodah« von »Mapam« trennte. Bis 1965, als »Achduth Ha'awodah« den Zusammenschluß mit »Mapai« durchführte, gab es keine großen Veränderungen in diesen Linksparteien.

Das Zentrum – »Allgemeine Zionisten«, »Progressive« und »Liberale«

Ähnliche Veränderungen – vielleicht noch ausgesprochener als die in den Arbeitergruppen – erfolgten in den verschiedenen Gruppen der »Allgemeinen Zionisten«.

Zwei hauptsächliche Parteien entwickelten sich aus der Allgemeinen Zionistischen Bewegung, die »Progressive Partei« und die »Allgemeinen Zionisten«, die 1961 in der »Liberalen Partei« aufgingen.

Bis dahin kam die Progressive Partei in Israel einer liberalen Partei am nächsten und übte trotz ihrer geringen Größe einen beträchtlichen moralischen Einfluß aus. Die Progressive Partei wurde 1948 gegründet. Sie war, zum mindesten teilweise, aus der »Alijah Chadaschah«, einer Partei, die sich in der Hauptsache aus nach 1933 eingewanderten Mitteleuropäern zusammensetzte, hervorgegangen. Ihre Ziele bestanden in einem staatlichen Schulsystem und einem unabhängigen staatlichen Verwaltungs- und Justizwesen, in Garantien der persönlichen Freiheit, in Staatskontrolle anstelle der Beherrschung von öffentlichem Transportwesen, Krankenversicherung und Arbeitsämtern durch die »Histadruth«, in einer Förderung der privaten Investitionen und in liberaler Behandlung der in Israel lebenden Araber. Mit der kurzen Ausnahme eines einzigen Jahres nahmen die »Progressiven« an allen Koalitionsregierungen von 1948–1961 teil.

Die Partei der »Allgemeinen Zionisten« entstand aus einem Zusammenschluß verschiedener Interessengruppen wie Industriellenvereinigung, Zitruspflanzervereinigung, diverser kaufmännischer Gruppen und den Führern einiger Selbstverwaltungsgruppen.

Seit der Staatsgründung tritt diese Partei als Verfechter des privaten Unternehmertums in einer von der Histadruth beherrschten Wirtschaft auf. In den Wahlen von 1949 erhielt sie nur 5 % der Stimmen und hatte sieben Sitze in der Knesseth. Doch in den Jahren 1949–1951 wuchs sie außerordentlich schnell und wurde nach den Knessethwahlen von 1951 mit zwanzig Sitzen, die sich dann durch den Anschluß von drei Abgeordneten aus kleineren Parteien auf 23 erhöhten, zur zweitgrößten Partei in der Knesseth. Von 1952 bis Juni 1955 beteiligten sich die »Allgemeinen Zionisten« an der Regierung. In den Wahlen von 1955 verloren sie jedoch an Stärke, hauptsächlich an »Cheruth« (Freiheit) vom rechten Flügel.

Die Hauptstärke und -anziehungskraft der »Allgemeinen Zionisten« bestand in ihrer Opposition gegen staatliche Wirtschaftskontrolle und in ihrer Bemühung, die Macht der Histadruthunternehmungen und -betätigung zu beschneiden. Ihr innerpolitisches Programm betonte maximale Freiheit von allen Beschränkungen, die die freie Unternehmung behindern könnten, und ein einheitliches, von parteipolitischen Einflüssen freies Schulsystem. Die Partei verlangte eine Umwandlung der Krankenkasse der Histadruth (Kupạt Cholịm) in eine staatliche Krankenversicherung, Verstaatlichung der Arbeitsämter und größere Differenzierung zwischen ungelernten, gelernten und Facharbeitern als Ansporn zu vergrößerter Produktivität.

In dem Versuch einer Verstärkung ihrer Anziehungskraft hat diese Partei auch einen eigenen Flügel in der Histadruth organisiert und eine eigene Frauenorganisation errichtet.

Eines der wichtigsten Resultate der »Lawọn-Affäre« (s. S. 327 ff.) war die Verschmelzung der Parteien der »Progressiven« und »Allgemeinen Zionisten« zur Liberalen Partei, die in den Knessethwahlen von 1961 etwa 14 % der Stimmen und 17 Abgeordnete erhielt. Im Jahre 1965 erfolgte eine Spaltung in der Liberalen Partei. Eine große Mehrheit (fast alle früheren »Allgemeinen Zionisten« und einige frühere »Progressive«) gründete zusammen mit »Cheruth« einen parlamentarischen Block, der etwa 21 % der Stimmen erhielt. Eine Minderheit – die hauptsächlich aus früheren »Progressiven« bestand – gründete die »Unabhängige Liberale Partei«, die etwa 7 % der Stimmenzahl erhielt.

»Cherụth«

Eine der hauptsächlichen Entwicklungen seit der Staatsgründung war das Wachstum der »Cherụth«-Partei – der einzigen regulären Oppositionspartei im Spektrum der israelischen Politik. Sie entstand aus den älteren Revisionistengruppen, den »Terroristen«gruppen des »Irgụn Zwạ'i Le'umị« und Mitgliedern der »Revisionistischen Partei«. (Die andere Dissidentengruppe, »Lẹchi«, entsandte nur in die Erste Knẹsseth einen Abgeordneten.)

»Cherụth« ist die umfassendste, auf dem rechten Flügel stehende Oppositionspartei; sie opponiert der Regierung, widersetzt sich jeder wirtschaftlichen Rolle des Staates und der wirtschaftlichen Vorherrschaft der Histadruth. Wie die »Allgemeinen Zionisten« fordert sie eine freie Privatwirtschaft, Beseitigung der Histadruthmonopole, ein einheitliches staatliches Schulwesen und staatliche Arbeitsämter. Im großen ganzen ist sie für eine geschriebene Verfassung, Abschaffung der Zensur und einen unparteiischen Verwaltungsdienst. Sie betont – zum mindesten offiziell – eine aktiv expansionistische Einstellung in ihrer Außenpolitik und vertrat eine Zeitlang den Standpunkt, ein Präventivkrieg gegen die Araber gewähre die beste Sicherheit für das Überleben Israels.

Aus den Wahlen von 1949 ging »Cherụth« mit 14 Knessethsitzen und 11,5 % der Stimmen als drittgrößte Partei hervor. Die Zunahme der »Allgemeinen Zionisten« in den Wahlen von 1951 ging größtenteils auf Kosten von »Cherụth«, die auf 6,7 % der Stimmen und acht Sitze zurückging. Das Umgekehrte geschah 1955, als die beiden Parteien wieder in ihre früheren Positionen zurückkehrten. Als größte Oppositionspartei hat sie gelernt, die Unzufriedenheit auszunutzen, die hauptsächlich aus der hohen Besteuerung vieler Gruppen des Mittelstands und des unteren Mittelstands herrührte, und ebenso das Ressentiment vieler Elemente unter den Neueinwanderern, die von dem Tempo und Ausmaß ihrer Absorption nicht voll befriedigt waren. Im Jahre 1965 bildete »Cherụth« zusammen mit einem Großteil der »Liberalen« einen parlamentarischen Block (»Gạchal«), der, wie wir sahen, etwa 21 % der Stimmen erhielt.

Die zionistischen religiösen Parteien

Ähnliche Entwicklungen erfolgten in der National-Religiösen Partei mit einer zunehmenden Verlagerung von »Misrachi« (der hauptsächlich aus Diasporaelementen bestand) zu »Hapoël Hamisrachi« (der mehr in Israel verwurzelt ist).

Im Jahre 1949 schloß sich »Misrachi« der »Vereinten Religiösen Front« an, zu der auch »Agudat Israel« und »Poalej Agudat Israel« gehörten. »Hapoel Hamisrachi« hat seine Stellung in den letzten Jahren durch die erfolgreiche Absorption von orientalischen und nordafrikanischen Einwanderern in seinen ländlichen Siedlungen verbessert. Trotz des 1967 erfolgten formalen Zusammenschlusses in einer vereinten Partei, der National-Religiösen Front, unterhält »Hapoel Hamisrachi« für Gewerkschaftszwecke weiter seine eigene Organisation. Die beiden Gruppen haben in der ganzen Zeit seit der Staatsgründung etwa 10–11 % der Stimmen erhalten.

Die extremen (nichtzionistischen) religiösen Parteien – »Agudat Israel« und »Poalej Agudat Israel«

»Poalej Agudat Israel«, der Arbeiterflügel von »Agudat Israel«, wurde 1922 in Polen gegründet mit dem Ziel, den religionsfeindlichen Gefühlen der polnischen Arbeiter entgegenzuwirken und den Platz des orthodoxen Juden in der Industrie zu verteidigen. Die religiöse Basis von »Agudat Israel« war identisch mit der ihres Sprößlings, »Poalej Agudat Israel«, aber der Arbeiterflügel legte stärkeren Nachdruck auf landwirtschaftliche Siedlung. Seine erste ländliche Siedlung in Palästina wurde 1934 auf Boden, den der Jüdische Nationalfonds gekauft hatte, gegründet, und diese Tatsache entfachte einen bitteren Konflikt mit »Agudat Israel«, die den Jüdischen Nationalfonds bekämpfte. Am Ende kontrollierte jedoch »Poalej Agudat Israel« etwa 15 Dörfer und eine Landwirtschaftsschule. Ihre Siedlungsarbeit brachte sie allmählich in engere Verbindung mit der Jewish Agency und der Histadruth, und obwohl die Partei nicht Mitglied der Histadruth war, beteiligte sie sich an einigen Gewerkschaftsaktionen. Sie half bei der Organsation der illegalen Einwanderung, schickte Arbeiter in die europäischen Flüchtlingslager und kämpfte in den Reihen der »Haganah«. »Agudat Israel« hingegen unterhielt bis zur Staatsgründung nicht viel Kontakte mit den Zionisten (mit Ausnahme von einigen gegen die Engländer gerichteten Aktionen) und zog ihre Anhängerschaft zumeist aus den Reihen der alteingesessenen Bevölkerung.

Die extremste religiöse Gruppe in der alteingesessenen Bevölkerung war die der »Neturej Karta«, die sich bis zum heutigen Tag separat hält und den Staat Israel nicht »anerkennt«.

Im Gegensatz zu »Misrachi« und »Hapoel Hamisrachi«, bei denen in den letzten Jahren eine stärkere gegenseitige Annäherung erfolgte, haben »Poalej Agudat Israel« sich weiter von Agudat Israel losgelöst; sie veröffentlichen jetzt ihre eigene Zeitung, haben ihre eigene Jugendbewegung und arbeiten mit Einwanderern in Durchgangslagern.

In den Jahren 1960 und 1961 beteiligten sich »Poalej Agudat Israel« an den Regierungskoalitionen, und eines ihrer Mitglieder wurde zum stellvertretenden Erziehungsminister ernannt.

Die Kommunistische Partei

Die Kommunistische Partei war zu Beginn der zwanziger Jahre in Palästina gegründet worden, und zwar vorwiegend als Instrument zur Ermutigung des arabischen Widerstands gegen den britischen Imperialismus und den Zionismus [73]. Nur in der kurzen Zeitspanne von der Teilungsresolution der Vereinten Nationen im November 1947 bis zum Beginn der Ersten Knesseth im Jahre 1949 arbeitete diese Partei für das zionistische Ziel der nationalen Souveränität. Ihre Einstellung war natürlich unerschütterlich pro-sowjetisch. In innenpolitischen Angelegenheiten war ihr Programm mit Leichtigkeit voraussagbar: Widerstand gegen jede Form von Vertrauen auf den reaktionären Kapitalismus, einschließlich Ablehnung der amerikanischen Hilfszuschüsse und technischen Hilfe und der deutschen Wiedergutmachungszahlungen; Verstaatlichung aller Unternehmungen, angefangen bei denen, die von ausländischen Kapitalanlegern aufgebaut wurden; und kontinuierliche Forderungen nach Lohnerhöhungen.

Die Kommunistische Partei hat sich den Groll der Araber zu eigen gemacht und ist zu einem Vorkämpfer für die Rechte der arabischen Minderheit in Israel und zu einem ihrer Bollwerke in der arabischen Stadt Nazareth geworden. Es ist daher nicht verwunderlich, daß rund ein Drittel ihrer Mitglieder Araber sind; in großer Unstetigkeit schwellen sie die Reihen der Partei und verlassen sie wieder und verursachen so eine hohe Umschlagsrate in ihrer Mitgliedschaft. Im Juni 1965 spaltete sich die Kommunistische Partei in zwei Teile. Es wurde eine neue Partei gegründet – die Neue Kommunistische Liste –, die sich hauptsächlich auf arabische Führer und Gruppen stützte und eine stark arabische Einstellung zum Ausdruck brachte; sie errang genügend Stimmen für drei Knessethsitze, während der alten Liste die Durchsetzung nur eines Kandidaten gelang. Diese Resultate unterstrichen die Tatsache, daß die Hauptanhängerschaft der Kommunisten aus der arabischen Bevölkerung kam.

Arabische Parteien

Vor den Wahlen werden von einer großen Zahl von Parteien Kandidatenlisten vorgelegt, die um die Stimmen der arabischen Minorität werben. Von diesen Parteien oder Listen waren vier höchst signifikant, und drei von ihnen waren der Mapai angeschlossen. In der Knessethwahl von 1955 gingen annähernd 60 % aller arabischen Stimmen an die arabischen Parteien, und etwa 90 % von diesen wurden von den drei an die Mapai angeschlossenen Parteien erzielt. Der Rest der arabischen Stimmen verteilt sich hauptsächlich auf »Mapai«, Mapam«, und »Kommunisten«. Die arabischen Parteien traten in verschiedenen Wahlen unter verschiedenen Bezeichnungen auf. In den Wahlen von 1965 waren die wichtigsten arabischen Parteien »Zusammenarbeit und Brüderlichkeit«, die im »Dreieck« (einem von Arabern bevölkerten Gebiet in der Nähe von Nathanja und Kfar Saba) und unter den Drusen wirkte, und »Fortschritt und Entwicklung«, deren Hauptwirkungsfeld in Galiläa war. Beide waren dem »Ma'arach« angeschlossen. Ferner gab es die kleine »Friedensgruppe«, die an »Rafi« angeschlossen war.

---

[73] Eine ausgezeichnete kurze Geschichte der Kommunistischen Partei in Israel gibt Walter Z. Laqueur in »Communism and Nationalism in the Middle East«, New York 1956, S. 73 119, 300 302.

Splittergruppen

Neben den größeren Parteien entstanden mehrere kleine Splittergruppen, wie etwa die diversen ethnischen Listen, die fünf Mitglieder in die Erste Knesseth brachten, drei in die Zweite und danach keine mehr.

Es entstanden auch einige politische, halb-intellektuelle Gruppen, die völlig verschiedene Ansichten repräsentierten:

1. »Hamischtar Hechadasch« (Die neue Ordnung) – eine Gruppe politisch unzufriedener Intellektueller aus der länger ansässigen Bevölkerung und aus allen Parteien, gegründet 1959.
2. »Hape'ulah Haschemit« (Die semitische Aktion) – eine kleine Gruppe von intellektuellen Außenseitern und Journalisten, die lose mit »Hamischtar Hechadasch« verbunden war und besonderen Nachdruck auf die Notwendigkeit legte, sich mit allen Semiten zusammenzuschließen.
3. »Schurat Hamitnadwim« (Das Kader der Freiwilligen), die sich hauptsächlich mit Fragen des Ethos in öffentlichen Angelegenheiten befaßte und zu Anfang und Mitte der fünfziger Jahre aktiv war.

Im Jahre 1965 gründete Uri Avneri, Herausgeber der Wochenschrift »Haolam Haseh« (Diese Welt), eine Partei des gleichen Namens, der es gelang, genügend Stimmen zu vereinen, um ein Mitglied (Herrn Avneri persönlich) in die Knesseth zu bringen.

Wahlergebnisse und Regierungswechsel

Die israelische Regierung hat mehrfach gewechselt, manchmal durch Wahlen (1949, 1951, 1955, 1959, 1961 und 1965) und manchmal durch Reorganisation der Regierung ohne Auflösung der Knesseth. Die Tabellen 43 und 44 zeigen die Wahlergebnisse.

Ein allen bisherigen Regierungen gemeinsamer Zug ist die Tatsache, daß sie ausnahmslos Koalitionsregierungen waren, d. h. sich immer aus mehreren Parteien zusammensetzten, da keine Partei eine Mehrheit in der Knesseth bildete, und daß »Mapai« in der Koalition immer das Übergewicht hatte. Bisher wurden alle Regierungen durch »Mapai« gebildet, die meisten von David Ben-Gurion, eine von Moscheh Scharett (vom 25. Januar 1954 bis 29. Januar 1955, während Ben-Gurions zeitweiliger Abdankung) und zwei von Levi Eschkol, eine nach Ben-Gurions zweiter Abdankung im Jahre 1963 und eine nach den Wahlen vom 2. November 1965.

Das Koalitionsschema war in der Zionistischen Weltorganisation entwickelt worden: seit 1935 waren die wichtigeren Koalitionsposten in Händen von Mapaimitgliedern unter Ben-Gurion als Vorsitzendem der Exekutive der Zionistischen Organisation und der Jewish Agency.

Die Vorherrschaft von Mapai war nicht nur in der Tatsache sichtbar, daß sie als größte Partei mit der Koalitionsbildung beauftragt wurde, sondern auch in ihrem kontinuierlichen und absoluten Übergewicht in der Histadruth – sogar zu jenen Zeiten, in denen ihre tatsächliche Mehrheit relativ klein war (etwa 57–58 % in den Jahren 1949 und 1956 und im Jahre 1960 bis auf 55 % sank).

Politische Struktur und Institutionen

Tabelle 43. Ergebnisse der Knessethwahlen nach Parteien, Veränderungen von einer Knesseth zur andern (in %) (1949–1965)

Partei	Erste Knesseth 25.1.1949	Zweite Knesseth 30.7.1951	% der Veränderung	Dritte Knesseth 26.7.1955	% der Veränderung	Vierte Knesseth 3.12.1959	% der Veränderung	Fünfte Knesseth 15.8.1961	% der Veränderung	Sechste Knesseth[1] 2.11.1965	% der Veränderung
Insgesamt	100,0	100,0		100,0		100,0		100,0		100,0	
Mapai	35,7	37,3	+1,6	32,2	−5,1	38,2	+6,0	34,7	−3,5	36,7[2]	+3,3[2]
Rafi	–	–	–	–	–	–	–	–	–	7,9	
National-Religiöse Partei	12,2	8,3	−0,3	9,1	+1,9	9,9	+0,8	9,8	+0,8	8,9	−1,4
Agudat Israel und Poalej Agudat Israel		3,6		4,7		4,7		5,6		5,1	
Andere religiöse Parteien	1,7	0,6	−1,1	0,3	−0,3	–	−0,3	–	–	–	–
Cheruth	11,8	6,6	−4,9	12,6	+6,0	13,5	+0,9	13,8	+0,3	21,3[3]	−2,3[6]
Mapam	14,7	12,5	−2,2	7,3	+3,0	7,2	+2,3	7,5	+0,9	6,6	−0,9
Achduth Ha'awodah	(in Mapam enthalten)	(in Mapam enthalten)		8,2		6,0		6,6		(in Ma'arach enthalten)	
Progressive	4,1	3,2	−0,9	4,4	+1,2	4,6	+0,2	–	–	–	–
Allgemeine Zionisten	5,2	16,2	+11,0	10,2	−4,0	6,2	−0,4	13,6 (Liberale Partei)	+2,8	3,8[5]	
Kommunisten	3,5	4,0	+0,5	4,5	+0,5	2,8	+1,7	4,2	+1,4	3,4[4]	−0,8
Minderheiten	3,0	4,7	+1,7	4,9	+0,7	4,7	−0,2	3,9	−0,8	3,8	−0,1
Sonstige	8,4	3,0	−5,4	1,6	−1,4	2,2	+0,6	0,3	−1,9	2,5	+2,2

Quelle für die Jahre 1949–1961: CBS, a.a.O., 1965, Nr. 16, Tab. W/1, S. 631.
[1] Quelle für 1965: Al Hamishmar, 10. November 1965.
[2] Einschließlich Achdut Ha'awodah (Ma'arach).
[3] Einschließlich eines Teils der Liberalen Partei (Gachal).
[4] Einschließlich Neue Kommunistische Partei.
[5] Unter dem Namen ›Unabhängige Liberale‹.
[6] Der Vergleich ist zwischen Gachal und Unabhängigen Liberalen in der Sechsten Knesseth und der Liberalen Partei in der Fünften.

Tabelle 44. Ergebnisse der Knessethwahlen nach Blocks und Veränderungen in %
von einer Knesseth zur andern (1949–1965)

Block	Erste Knesseth 25.1.1949	Zweite Knesseth 30.7.1951	% der Veränderung	Dritte Knesseth 26.7.1955	% der Veränderung	Vierte Knesseth 3.12.1959	% der Veränderung	Fünfte Knesseth 15.8.1961	% der Veränderung	Sechste Knesseth 2.11.1965	% der Veränderung
Insgesamt	100,0	100,0		100,0		100,0		100,0		100,0	
Religiöse Parteien (Misrachi, Hapoel Hamisrachi, Agudat Israel, Poalej-Agudat Israel)	13,9	12,5	−1,4	14,1	+1,6	14,6	+0,5	15,4	+0,8	14,0	−1,4
Arbeiterparteien (Mapai, Rafi, Mapam, Achduth Ha'awodah, Kommunisten)	53,9	53,8	−0,1	52,2	−1,6	54,2	+2,0	53,0	−1,2	54,6	+1,6
Rechtsparteien (Cheruth, Progressive, Allgemeine Zionisten, Liberale, Unabhängige Liberale)	20,8	26,0	+5,2	27,2	+1,2	24,3	−2,9	27,4	+3,1	25,1	−2,3
Minoritätenlisten	3,0	4,7	+1,7	4,9	+0,2	4,7	−0,2	3,9	−0,8	3,8	−0,1
Andere	8,4	3,0	−5,4	1,6	−1,4	2,2	+0,6	0,3	−1,9	2,5	+2,2

Quellen: (1) Für die Jahre 1949–1961: CBS, a.a.O., Nr. 16, 1965, Tab. W/1, S. 631. – (2) Für 1965: *Ha'aretz*, 10. November 1965.

Es besteht kein Zweifel daran, daß die wichtigeren Kontinuitätszentren und -symbole von der Zeit der vorstaatlichen jüdischen Gemeinschaft in Palästina an bis zu der des Staates in gewisser Hinsicht auf der Stärke von »Mapai« und ihrer Führung – und vielleicht insbesondere des Premierministers David Ben-Gurion – beruhten.

In geringerem Grade existierte eine solche Kontinuität auch in den anderen Parteien, insbesondere in denen, die an den Koalitionsregierungen im Staate Israel teilnahmen. Fast alle diese Parteien entwickelten sich aus den ursprünglichen zionistischen und vorstaatlichen Parteien; doch machten sie mehrere bedeutsame Veränderungen durch, die jetzt analysiert werden sollen.

Die einzige wichtige Ausnahme bildet »Agudat Israel« – die extrem orthodoxe Partei –, die nicht nur keinen Anteil an der zionistischen Bewegung nahm, sondern sich ihr sogar widersetzte, zum mindesten auf der ideologischen und kulturellen Ebene. Dennoch hat sie sich an mehreren Koalitionsregierungen beteiligt, wenn auch ohne unbedingt die zionistische Interpretation der Ziele und Legitimation des Staates zu akzeptieren.

Dieser Schritt, der seinerzeit hauptsächlich vom Gesichtspunkte der nationalen Einigkeit und/oder der Erfordernisse der Koalitionspolitik betrachtet wurde, war de facto, wie wir später ausführlicher sehen werden, bedeutungsvoll vom Gesichtspunkt der Legitimation und Symbole des Staates.

Es bestand also eine merkliche Kontinuität der politischen Parteien in den diversen Stadien der jüdischen Gemeinschaft in Palästina und im Staate Israel.

Machtveränderungen und Strukturunterschiede zwischen der jüdischen Gemeinschaft in Palästina und dem Staate Israel

Die im vorangegangenen besprochene Kontinuität bezog sich zwar auch auf die institutionelle Struktur der Verwaltung, wenn es auch einleuchtend ist, daß das formale Zubehör eines völlig souveränen Staates nicht aus der früheren Periode übernommen werden konnte. Doch die Hauptzüge dieser Institutionen – das demokratische System, die Unterhaltung repräsentativer Institutionen und die Verantwortlichkeit der Regierung gegenüber der gesetzgebenden Körperschaft – unterscheiden sich nicht von der Situation, wie sie vor der Staatsgründung bestand.

Eine der wichtigsten formalen Veränderungen ist in der Präsidentschaft zu sehen; sie ist, im Unterschied zur Zionistischen Organisation, zu einem vorwiegend symbolischen Amt mit wenig tatsächlichem politischem Einfluß geworden.

Ähnlich wichtige Veränderungen erfolgten in der Begründung und Institutionalisierung der richterlichen Gewalt, für die es außer dem Ehrengericht des Zionistenkongresses kein Äquivalent innerhalb der jüdischen Institutionen gab; ferner in den Kontroll- und Ermächtigungsstellen – wie etwa des Staatskontrolleurs und der diversen permanenten parlamentarischen Kommissionen.

Trotz der Kontinuität im Wesen und in der Zusammensetzung der Parteien und ihrer Eliten hat die Staatsgründung offensichtlich weitgehende Veränderungen in den politischen Verfahrensweisen und Institutionen zur Folge gehabt.

Die meisten Funktionen des Mandats, der Jewish Agency und des Wa'ad Le'umi wurden in das institutionelle System des Staates einbezogen, und dadurch wurde der alten Arbeitsteilung, die in der Mandatszeit zwischen ihnen bestanden hatte (vgl.

Erster Teil, 3 und 4), ein Ende gesetzt. Die Jewish Agency behandelt weiterhin die Fragen der Kolonisation, Ansiedlung von Neueinwanderern, Kulturarbeit in der Diaspora und einiger eigenen politischen propagandistischen Arbeit, doch die meisten ihrer politischen Betätigungsgebiete gingen naturgemäß auf den Staat über.

Parallel zu der Veränderung in der institutionellen Struktur erfolgte auch ein Wandel in der relativen Bedeutung der Zionistischen Organisation in Israel und der übrigen Welt sowie ihrer Institutionen. Die vor der Staatsgründung vorherrschende Situation, als die Zionistische Weltorganisation und ihre Führer eine viel größere Bedeutung hatten als ihre palästinensischen Kollegen, erfuhr eine völlige Umkehrung. Jetzt wurde der Schwerpunkt nach Israel verlegt, und die zionistischen Organe in der Diaspora spielten nur eine untergeordnete Rolle. Das wurde deutlich in der Zusammensetzung der politischen Führerschaft (deren führende Persönlichkeiten zum größten Teil zur Regierung übergingen) und in der Aufteilung der Funktionen zwischen ihnen [74].

Darüber hinaus und neben den formalen Veränderungen in der Organisation der politischen Institutionen war eine der wichtigsten Entwicklungen die Vereinigung verschiedener Ebenen und Probleme des politischen Kampfs zu einem gemeinsamen System und die Entstehung diverser neuer Organe und Schemata zur Formulierung politischer Entscheidungen und Verfügungen.

System und Organisation der Macht waren natürlich seit der Staatsgründung stark verändert; es entstanden neue und einheitliche institutionelle und politische Systeme und Positionen, und ihr Wirkungsbereich erweiterte sich.

Doch die wichtigste Veränderung bestand nicht lediglich in dem erweiterten Umfang politischer Betätigung, sondern in der Entstehung neuer Mechanismen und Normen für die Zuweisung von Macht und politischen Positionen. Die wichtigsten dieser Veränderungen waren die folgenden:

1. Errichtung einheitlicher politischer Institutionen;
2. Aufstellung und Institutionalisierung – wenn auch nur partiell – neuer gesetzlicher und formaler Normen der politischen Arbeit;
3. Wachsende Zentralisation der grundsätzlichen Machtsysteme in den Händen der Regierung und ihrer administrativen Ämter;

---

[74] Das Abkommen zwischen der israelischen Regierung und der zionistischen Exekutive, auch Direktorium der Jewish Agency genannt, wurde 1954 unterzeichnet. In diesem Abkommen wurden die Funktionen, Rechte und Pflichten der Jewish Agency niedergelegt. Grundsätzlich sollte die Jewish Agency Einwanderung, Absorption, Entwicklung usw. bearbeiten, aber alle anderen vorher von der Jewish Agency ausgeübten Funktionen, insbesondere das Gebiet der auswärtigen Beziehungen, gingen nunmehr auf die Regierung über. Die Jewish Agency ist nicht Vertreter des Staates. Diese theoretisch genau umrissene Unterscheidung war indes nicht leicht durchzuführen. Offenkundige und verdeckte Probleme der inneren Beziehungen machten von Zeit zu Zeit eine dem Geist des Abkommens widersprechende Intervention der Jewish Agency notwendig.

Im Jahre 1960 wurde eine gemeinsame Proklamation erlassen, die zwar allen formalen Streitigkeiten ein Ende setzte, aber immer noch eine Unterströmung von Kontroverse zwischen den beiden Vertretungen des jüdischen Volkes bestehen ließ.

In der Proklamation (vom 25. Mai 1960) heißt es: »Die israelische Regierung und die Exekutive der Zionistischen Weltorganisation, zu gemeinsamer Sitzung vereint, erklären hiermit ihren unbedingten Wunsch, enge Beziehungen herzustellen gemäß dem Abkommen von 1954 und im Geiste des Gesetzes über den Status der Zionistischen Weltorganisation von 1952, wonach der Staat Israel sich als die Schöpfung des jüdischen Volkes in seiner Gesamtheit ansieht und erwartet, daß die Zionistische Weltorganisation sich bemühe, die Einheit der Nation für den Staat zu erreichen ...«.

Tabelle 45. Berufe der Knessethabgeordneten
Erste bis Sechste Knesseth, 1949–1965 (in %)

Beruf[1]	Erste Knesseth	Zweite Knesseth	Dritte Knesseth	Vierte Knesseth	Fünfte Knesseth	Sechste Knesseth
1. Politiker und Büroarbeiter einschl. Bürgermeister und Diplomaten	49,5	32,5	29,0	30,0	28,8	25,8
2. Landwirtschaftliche Arbeiter	16,5	23,0	23,0	22,5	21,0	20,0
3. Freie Berufe einschl. Lehrer, Rabbiner usw., Fabrikbesitzer, Kaufleute	23,6	35,7	39,7	39,6	42,4	41,6
4. Vorsitzende von Korporationen	1,5	2,5	3,0	1,5	3,0	7,5
5. Gelernte und angelernte Arbeiter	3,0	4,0	2,4	4,1	2,4	5,1
6. Andere und unbekannt	5,9	2,3	2,9	2,3	2,4	–
Insgesamt	100,0	100,0	100,0	100,0	100,0	100,0

[1] Anmerkungen: (1) Die Tabelle basiert vorwiegend auf den Angaben der Kandidaten bei ihrer Aufstellung zur Knessethwahl. – (2) Mehrere Kandidaten änderten von Zeit zu Zeit ihre Berufskategorie.
Quelle: Erste bis Fünfte Knesseth: A. Zidon, *Parlament* (Hebräisch), Ahiasaff, 1964, S. 392. – Sechste Knesseth: *Reschumot* (Hebräisch), 17. November 1965.

4. Hebung in der sozialen Bewertung der Macht und Machtbeziehungen;
5. Neuorientierung und -organisation der politischen Arbeit;
6. Gleichzeitige Zunahme der Differenzierung zwischen Elite- und Nichtelitegruppen;
7. Entwicklung der Macht als wichtiger Faktor in der Lösung innerer Probleme.

Zu den entscheidenden Funktionen, die jetzt vom Staat übernommen wurden, gehört in erster Reihe die Begründung der Israelischen Verteidigungsarmee als einheitlicher militärischer Organisation, die den Weisungen der Regierung untersteht und an die Stelle der lockeren Organisation der »Haganah« und der diversen Dissidentengruppen trat. Die Vereinheitlichung der Ämter führte schließlich zur Begründung eines einheitlichen Schulsystems anstelle der Schulen verschiedener »Trends« und noch später zur Einrichtung staatlicher anstelle der von der Histadruth geführten Arbeitsämter.

Einige der älteren Einstellungen und Abmachungen lebten zwar in den jetzt einheitlichen Institutionen noch fort, doch konnten sie die allgemeine Bedeutung der neuen zentralen, politischen Institutionen nicht beeinträchtigen – wenn sie auch ihr Funktionieren beeinflußten.

Die Begründung der grundlegenden Verwaltungszweige – Exekutive, Legislative und Justizgewalt

Gleichzeitig mit der Vereinheitlichung des politischen Rahmens vollzog sich die Gründung und Inbetriebsetzung moderner politischer Institutionen einschließlich gesetzgeberischer, vollziehender, richterlicher und administrativer Funktionen.

Im Gegensatz zu den gesetzgeberischen und vollziehenden Organen, für die es organisatorische Vorläufer in der Zionistischen Organisation gab und in denen eine auffallende personelle Kontinuität bestand, waren die richterlichen und administrativen Funktionen, sowohl vom Gesichtspunkt der Organisation als auch des Personals aus, neu.

Die Begründung eines Rechtssystems hatte eine sehr große Bedeutung für das vereinheitlichte System politischer Institutionen, und die Gerichte spielten eine stetig wachsende Rolle in der Regulierung und richterlichen Entscheidung politischer und bürgerlicher Fragen.

Zwar haben die Gerichte keine tatsächlichen konstitutionellen Rechte bezüglich der Revision bestehender Gesetze, doch viele ihrer Entscheidungen (insbesondere diejenigen des Obersten Gerichtshofs über »orders nisi« – einstweilige Verfügungen) haben wichtige verfassungsmäßige Auswirkungen, und der Geist ihrer Entscheidungen hat die Arbeit der Administration stark beeinflußt.

Entwicklung der Staatsverwaltung

Wie aus der Tabelle 46 hervorgeht, wies die Staatsverwaltung eine kontinuierliche Personalzunahme auf.

Die folgenden Ministerien wurden geschaffen: Verteidigung, Auswärtige Angelegenheiten, Finanzen, Handel und Industrie, Landwirtschaft, Arbeit (einschließlich des Landesversicherungsinstituts), Innere Angelegenheiten, Justiz, Gesundheit, Soziale Wohlfahrt, Erziehung und Kultur, Verkehr und Post. Infolge von Koalitionserfordernissen wurde auch ein Polizeiministerium geschaffen, und die besonderen Bedürfnisse des Landes führten zur Schaffung von Ministerien für Entwicklung und für Religionsangelegenheiten. Außerdem umfaßt das Premierministeramt wichtige administrative Einheiten, deren Gesamtpersonal dasjenige mancher Ministerien übersteigt. Unter diesen sind die Kommission für den Verwaltungsdienst, das Zentrale Statistische Amt, der Wissenschaftliche Forschungsrat und Institute für spezialisierte Forschung wie die Atomenergiekommission, Rundfunk- und Pressedienst, Verbindungsbüro für Technische Beihilfe, die Staatsarchive und die staatliche Korporation für Touristik. Früher bestanden noch ein Auswanderungsministerium und ein Kriegsveteranenministerium, doch sie sind inzwischen in andere Ministerien eingegliedert worden.

Tabelle 46. Vom Staat Beschäftigte nach Dienstgraden [1] (1955–1964)

Jahr [2]	Insgesamt		Administrative Grade		Fachliche Grade		Arbeiter	
	Zahl	%	Zahl	%	Zahl	%	Zahl	%
1955	30 872	100	18 289	59,25	3 731	12,08	8 852	28,67
1957	32 889	100	19 138	58,19	4 454	13,54	9 297	28,27
1959	37 175	100	19 849	53,40	7 001	18,83	10 325	27,77
1960	38 691	100	19 637	50,76	8 174	21,12	10 880	28,12
1961	39 978	100	20 462	51,19	8 815	22,04	10 701	26,77
1962	40 738	100	20 165	49,50	10 084	24,76	10 489	25,74
1964	43 629	100	21 042	48,25	11 274	25,84	11 313	25,91

Quelle: CBS, a.a.O., Nr. 16, 1965, Tab. K/35, S. 340–341.
[1] Enthält nicht Polizei- und Gefängnisbeamte.
[2] Die Angaben beziehen sich auf den Stand der durch den Staat Beschäftigten Ende März jeden Jahres.

Wenn auch einige der spezifischen Abteilungen und die Beziehungen zwischen den verschiedenen Ministerien ihren Ursprung in politischer Zweckmäßigkeit hatten, entfalteten sie sich in ihrer bürokratischen Struktur doch schnell zu unabhängigen autonomen Körperschaften, die gesonderte Interessen, Traditionen und Einstellungen repräsentierten. Viele Ernennungen zu wichtigen Ämtern erfolgten aus Koalitionsrücksichten oder Parteierwägungen, und die Besetzungen der Spitzenstellungen (Ministerialdirektor und seine Stellvertreter, Rechtsberater, diverse Abteilungsleiter) wechselten mit jedem neuen Minister.

Allmählich entwickelte sich jedoch, besonders in den lebenswichtigen Wirtschafts- und Rechtsministerien, eine Berufsmäßigkeit des Verwaltungsdienstes. Gleichzeitig fand infolge kontinuierlicher sozialer und politischer Probleme ein langsames, aber stetiges Anwachsen der administrativen Körperschaften statt, was viele Probleme der Leistungsfähigkeit mit sich brachte und oft fachliche Einstellung untergrub.

In den letzten fünf Jahren wurden beträchtliche Anstrengungen unternommen, um die »Berufsmäßigkeit« des Verwaltungsdienstes zu verstärken; Anstellungen erfolgen zunehmend nach Verdienst, der weiteren Ausbildung von Verwaltungsbeamten nach ihrem Eintritt in den Dienst wird größere Aufmerksamkeit zugewandt, und es wird versucht, eine Stärkung der »fachlichen« Einstellung des Verwaltungsdienstes durch Depolitisierung zu erreichen. Aus einem Staatspersonalbestand von 38 691 im März 1960 waren 8174 oder 21,1 %, akademisch vorgebildete Fachkräfte, 19 637 oder 50,8 % Verwaltungsbeamte und 10 880 oder 28,1 % Arbeiter. Im März 1961 [75] waren aus einem Staatspersonalbestand von 39 978 (ohne Polizisten, außeretatsmäßigem Sicherheitsdienst und Gefängniswärtern) 8815 oder 22,3 % akademisch vorgebildete Fachkräfte, 20 462 oder 51,05 % Verwaltungsbeamte und 10 701 oder 26,65 % Arbeiter.

Trotz dieser Steigerung des fachlichen Elements im Verwaltungsdienst ist das Gesamtbild nicht das eines sehr fachmännischen Dienstes. Das Bild gleicht hier eher demjenigen, das wir auf wirtschaftlichem Gebiet sahen – eine kontinuierliche Expansion infolge der allgemeinen Wirtschaftsexpansion, aber zumeist durch politische Erwägungen und Koalitionserfordernisse sowie durch mancherlei Druck geleitet, doch mit relativ wenig Planung oder Koordination auf lange Sicht, wodurch eine Anzahl verschiedener Bürokratien mit ihren eigenen egoistischen Interessen, doch mit wenig fachlicher oder dienstlicher Ausrichtung entstanden.

In den ersten Jahren des Staates galten die höheren und sogar auch die mittleren Verwaltungsstellungen als Gipfel der sozialen Hierarchie, hauptsächlich wegen ihrer Nachbarschaft zur politischen Macht. Mit der Zeit ist indes ihr Prestige gesunken, und diese Stellungen sind viel abhängiger von fachlichen Kriterien geworden. Allerdings ist das Kriterium der politischen Loyalität und Macht nicht gänzlich verschwunden.

Ganz anders war die Situation in bezug auf die Richterschaft, die im großen ganzen einen kontinuierlichen Anstieg in allgemeinem Prestige und fachlicher Orientierung erlebte.

Natürlicherweise wurde der Verwaltungsdienst zum hauptsächlichen Werkzeug für die Durchführung von wichtigen Zielen wie auch von tagtäglichen Maßnahmen.

---

[75] Quelle: Statistical Abstract Nr. 13, 1962, S. 424–425.

Dadurch hat sich notwendigerweise die Kontrolle der bürokratischen Verwaltung über diverse Lebensgebiete verstärkt, und der Verwaltungsdienst wurde zu einem Hauptgebiet des politischen Kampfs, in dem die meisten Interessengruppen sich Zugang zu denjenigen Stellen verschaffen, in denen die politischen Entscheidungen getroffen und die konkreten Einzelheiten politischer Abmachungen fortlaufend bestimmt werden.

Die zentralen wirtschaftlichen Ministerien wie das Handels- und Industrieministerium, das Entwicklungsministerium, das Arbeitsministerium und insbesondere das Finanzministerium sind hier von besonderer Bedeutung, da sie oft spezielle Interessengruppen bilden, die einerseits von ihren Ministerien und andererseits von ihren Parteien oder ihrer Gefolgschaft gestützt werden. Die Frage einer Verfassung als einem grundsätzlichen Rahmen für die politischen Institutionen ist, obwohl sie oft Gegenstand der allgemeinen öffentlichen Diskussion war, niemals zu einer Sache des politischen Parteienstreits geworden.

Andere öffentliche Bürokratien

Parallel zum staatlichen Verwaltungsdienst und in gewissem Grade als Reaktion auf ihn entwickelten sich ähnliche Bürokratien in anderen öffentlichen Körperschaften, insbesondere in der Jewish Agency, der Histadruth und den verschiedenen politischen Parteien.

Die Jewish Agency war nunmehr mit der Aufgabe der Absorption und Ansiedlung von Einwanderern betraut. Infolgedessen stieg die Zahl ihrer Beamten von 759 im Jahre 1946 (der Zeit des 22. Zionistenkongresses) auf 4437 im Jahre 1951 (dem Jahr des 23. Kongresses) und auf 4444 im Jahre 1956 und fiel unwesentlich auf 4153 im Jahre 1960. Seither sind keine großen Veränderungen erfolgt.

Bei der Staatsgründung zählte die Histadruth 270 750 Mitglieder (einschließlich ihrer Familien), und ihr Verwaltungspersonal belief sich auf etwa 6000; ihr Jahresbudget betrug IL 873 213. Ende 1964 war die Mitgliederzahl 1 388 000 und die Zahl der Angestellten 24 816 (1961)[76]. Das Budget war bis 1965 auf IL 49 500 000 angewachsen[77].

Zunehmende Bürokratie in der Struktur und Betätigung der politischen Elite

Die zunehmende Bedeutung der Verwaltung auf politischem Gebiet förderte auch den Glauben an die größere Leistungsfähigkeit von stärker autonomen zivilen und militärischen Körperschaften, und diese Einstellung wurde durch die stetige Ausdehnung der Macht und des Bereichs der administrativen Ämter bestärkt. Dadurch wurde das Schema der politischen Beschlußfassung sowie die Struktur der größeren politischen Parteien verändert, und auch die Beziehungen zwischen der Elite und der Öffentlichkeit wurden davon betroffen.

Viele dieser Veränderungen, insbesondere die übertriebene Statusbewertung des

---

[76] Spätere Unterlagen als für 1961 waren nicht erhältlich.
[77] Dieses Budget enthält nicht das Budget der Krankenkasse und einiger kleiner Tochtergesellschaften der Histadruth. Infolge mehrerer Währungsabwertungen sind die Budgetzahlen nicht ohne weiteres vergleichbar.

Verwaltungsdienstes, waren nur vorübergehende Phänomene. Die strukturellen Gesamtwirkungen dieser Veränderungen waren indes von Dauer.

Die politische Elite aus der Zeit vor der Staatsgründung und insbesondere die aktivere Gruppe in ihr – die Führerschaft von »Mapai« – wurde bald zu einer herrschenden Elitegruppe und machte mehrere wichtige Veränderungen in ihren grundlegenden Merkmalen durch.

Die relative Homogenität der Elite innerhalb der einzelnen Sektoren wich einer merklichen Differenzierung zwischen den verschiedenen Staffeln der politischen Elite, und es entstand auch eine zunehmende Kohäsion zwischen den Eliten der verschiedenen Sektoren. Im bürokratischen Militärdienst, im diplomatischen Dienst und im Justizwesen entwickelten sich mehr fachliche Elitegruppen, die die innere Homogenität und Kohäsion der Elite schwächten. Zwischen diesen diversen Elitegruppen ergaben sich viele Probleme und Spannungen.

All dies hatte natürlich viele Auswirkungen auf die Beziehungen zwischen der Elite und der Öffentlichkeit. Die verhältnismäßig enge Beziehung zwischen der Elite und den diversen informellen und halbformalen Gruppen wurde beträchtlich geschwächt. Die Mitglieder der Elite tendierten dazu, sich abzusondern und ihre eigenen Gruppen zu bilden, und ihr gesamter Lebensstil und Umgang begann, sich von dem der Nichtelite zu unterscheiden.

So änderten sich die Rollen der Minister und der Mitglieder der politischen Elite. Es entstanden Partei-, Regierungs- und Administrationszentren, und um sie herum entwickelten sich verschiedene Rollen und Gruppen, in denen sich die Forderungen und Beziehungen der höheren ministeriellen oder politischen Elite konzentrierten. Die Führer der älteren Bewegungen büßten an Wichtigkeit ein – und bildeten sogar Hindernisse für die volle Entwicklung und Kristallisation dieser neuen Rollen.

Wachsende Bürokratisierung der Parteien

Die oben analysierten Entwicklungen führten zu rascher Ausprägung der prominenten Gruppen und Sekten und veranlaßten sie, sich zu mehr oder weniger organisierten Parteien auszubilden. Zusammen mit den verschiedenen Interessengruppen, Sekten und sozialen Bewegungen wuchsen sie zu einheitlicheren politischen Gebilden mit gemeinsamer politischer Organisation und Betätigungsweise und mit starken Ausrichtungen zu allgemeineren politischen Systemen und zur allgemeinen Öffentlichkeit hin.

Nur die linksradikalen und die extrem religiösen Gruppen behielten einen Teil ihres sektiererischen Charakters bei, der sich im Falle der Linksparteien hauptsächlich auf den Kibbuz und seine totalistische Einstellung stützte – doch auch sie mußten sich unter dem allgemeineren Publikum nach Unterstützung umsehen.

Mit der Verbreitung einer formalen Organisation und zunehmenden Zentralisation teilten sich sowohl die Zentralstellen als auch die Zweigstellen der Parteien in diverse Interessen- und Fachzellen auf. Die Mitgliederwerbung wurde durch besondere Stellen organisiert und den Quellen der potentiellen Mitglieder, d. h. der jüngeren Generation, den Neueinwanderern und anderen nicht festgelegten Einzelpersonen angepaßt. Der erste Appell an das individuelle Mitglied erfolgte somit entweder an seinem Arbeitsplatz oder in seinem Wohnbezirk durch diese differenzierten Zellen, denen er angehörte.

Außerdem schufen die meisten Parteien auch ein ausgedehntes Netz wirtschaftlicher Einrichtungen in Form von Banken, Wohnungsprojekten, Anleihefonds und in gewissem Grade arbeitsbeschaffenden Unternehmungen. Alle wirtschaftlichen Unternehmungen der Histadruth, die öffentlichen Krankenkassen, die vielen Genossenschaften, bis vor kurzem die Arbeitsämter und in gewissem Ausmaß sogar Privatunternehmungen sind auf manche Weisen eng mit den Parteien verbunden.

Unabhängig von der formalen Struktur der Parteien liegt also die wirkliche Macht bei der höheren Führerschaft und einer kleinen Zahl von Funktionären.

In letzter Zeit mehrten sich die Anzeichen für eine Aufsässigkeit in den Parteien gegen diese elitären und oligarchischen Tendenzen, doch sie hatten für gewöhnlich nur den Erfolg, daß die rebellischeren Führer in die zentralen Stellen kooptiert wurden; sie führten zu keinerlei strukturellen Veränderungen in den Parteien.

Der Grad der Zentralisation ist im allgemeinen am stärksten in den kleinen Linksparteien und in »Cheruth«, von mittlerer Stärke in »Mapai« und der National-Religiösen Partei, und vielleicht am schwächsten in den »bürgerlichen« Parteien. Doch läßt sich die allgemeine Tendenz zu derartiger Zentralisation in allen Parteien finden.

In der Histadruth waren das Wachstum wirtschaftlicher und politischer Unternehmungen und die gleichzeitigen Tendenzen einer Gesamtzentralisation und Bürokratisierung schon in der begrenzten Autonomie der verschiedenen Gewerkschaften und örtlichen Arbeiterräte erkennbar. Diese Tendenz wuchs natürlich mit vergrößerter Mitgliederzahl und Mannigfaltigkeit ihrer Betätigung, und sie wurde verstärkt durch die Tatsache, daß die Histadruth, die einen Dachverband verschiedener Parteien darstellt, versuchte, sie als Mittel zur Ausdehnung ihrer Macht zu benutzen.

Die diversen Wahlen zur Histadruth haben Mapai in ihrer Machtposition erhalten – wenn auch in abnehmender Stärke.

Politische Kontinuität seit der Zeit vor der Staatsgründung

Bei allen internen Veränderungen in den Parteien ist eine merkliche Kontinuität in ihrer allgemeinen Haltung seit der Zeit vor der Staatsgründung und während der Jahre seither zu konstatieren. Die einzigen wichtigen Veränderungen waren die diversen Verschmelzungen und Spaltungen zwischen »Mapam« und »Achduth Ha'awodah«, im »Religiösen Block« und im Jahre 1961 die Verschmelzung zwischen »Progressiven« und »Allgemeinen Zionisten« zur »Liberalen Partei«.

Die Kontinuität ist um so ausgesprochener und erstaunlicher, wenn wir den starken Zustrom von Neueinwanderern, denen die spezifische Form der modernen politischen Organisation und sozialen Bewegungen zumeist fremd war, in Betracht ziehen.

Wie also läßt sich diese Kontinuität erklären? Und wie hat sie sich auf das israelische politische System ausgewirkt? Konnten die älteren Ideologien und Programme der diversen Parteien wirklich die neuen Bevölkerungsteile als Antwort auf ihre eigenen Probleme anziehen? Und identifizierte sich die neue Bevölkerung – die diversen Einwanderergruppen und auch die neue im Land geborene Generation – mit diesen Zielen, Symbolen und Ideologien? Und wie wurde diese Kontinuität der Parteien im Rahmen der neuen einheitlichen politischen Institutionen und Normen bewirkt?

2. Der Ablauf der Politik in Israel – Die Hauptfragen im politischen Kampf und die Gruppierungen um sie

Einleitung

Ausgangspunkt zum Verständnis des israelischen politischen Schauplatzes ist eine Analyse der zwischen den hauptsächlichen Parteien bestehenden politischen Streitfragen, von denen eine Anzahl seit der Staatsgründung entstanden ist. Diese Meinungsverschiedenheiten spiegeln die hauptsächlichen sozialen, wirtschaftlichen und politischen Probleme des Landes und die Maßnahmen der Regierung zu ihrer Bewältigung wider.

Sie lassen sich in mehrere »Ebenen« und in verschiedene »inhaltliche« Gebiete unterteilen. Da sind zunächst die »einfacheren« Angelegenheiten, die sich mit konkreten Aspekten der Beziehung und des Wettbewerbs zwischen verschiedenen Gruppen befassen, mit der differenzierten Gewährung verschiedener Vorteile und mit bevorzugten Positionen oder Subventionen, sei es auf dem Gebiete der Religion, des Bildungswesens oder der Wirtschafts- und Sozialpolitik.

An zweiter Stelle stehen die Probleme, die sich mit allgemeineren wirtschaftlichen oder sozialen Prinzipien (wie etwa der Frage der »Liberalisierung«) befassen, oder diejenigen, die die Beziehungen zwischen den religiösen und den nichtreligiösen Gruppen, die Frage der Militärverwaltung in den arabischen Teilen des Landes oder den Wert verschiedener Maßnahmen für die Eingliederung der Neueinwanderer betreffen.

Diese Probleme münden gelegentlich in die dritte Ebene derjenigen Fragen ein, die die Definition grundsätzlicher Ziele oder Orientierungen des Staates behandeln – etwa das Hereinholen der Exilierten, die Aufrechterhaltung der militärischen Sicherheit oder die Kontinuität demokratischer Institutionen.

Soweit es den Inhalt betrifft, lassen sich diese Probleme ganz allgemein in wirtschaftliche, soziale, politische und religiöse unterteilen.

Wirtschaftsfragen

Wirtschaftsprobleme und die Wirtschaftspolitik stellen die zentralen Themen der öffentlichen und politischen Debatte in Israel während der ganzen Dauer seines Bestehens dar. Genauer gesagt bildet die übermäßige Ausweitung des öffentlichen und privaten Verbrauchs das wirtschaftliche Hauptproblem, und es wird die Frage aufgeworfen, ob dies bei Aufrechterhaltung eines demokratischen Systems unter schwierigen Bedingungen unvermeidlich war.

Nur Extremisten (wie einige aus der Gruppe von »Hamischtar Hechadasch«) behaupteten, Probleme des Verbrauchs und der Forderungen nach einem höheren Lebensstandard könnten in einem demokratischen System unbeachtet gelassen werden. Im großen ganzen gab es nur wenige, die bereit waren, die bestehende Politik zu verteidigen, ohne zuzugeben, daß sie für die Wirtschaftsentwicklung in gewissem Grade nachteilig war. Berichte der Bank von Israel und viele andere unabhängige Untersuchungen begründen im einzelnen derart kritische Haltungen.

Im politischen Bereich wurde das Problem der wirtschaftlichen Unabhängigkeit oft als moralische Frage behandelt – nämlich in welchem Grade die ideologischen Grundsätze des Zionismus es moralisch rechtfertigen, daß man über seine Mittel lebte.

Jenseits dieser allgemeinen Fragen standen die Einzelheiten der konkreten Wirtschaftspolitik, ihrer Verwaltung und Ausführung ständig zur Diskussion. Sie drehten sich in der Hauptsache um die folgenden Themen:

1. Den Bereich der Entwicklungspolitik – d. h. das Ausmaß, in dem die Entwicklung durch besondere staatliche Aufwendungen im Gegensatz zur Entwicklung durch die üblichen Marktmechanismen angeregt werden sollte. Probleme der Landwirtschaft und das Ausmaß, in dem eine Ausdehnung über ihre Rentabilität hinaus erfolgen sollte, sind hier von besonderem Interesse.
2. Staatliche oder anderweitige direkte Kontrolle der Wirtschaft im Gegensatz zur Erweiterung autonomer Marktmechanismen.
3. Monopolbildung und Bevorzugung gewisser Sektoren, insbesondere die angebliche dem Histadruthsektor gewährte Bevorzugung.
4. Das Gebiet der Lohnpolitik und insbesondere das ständige Ansteigen der Lebenshaltungskostenzuschläge im Gegensatz zu dem Widerstand gegen Lohndifferenzierungen.
5. Verstaatlichung der hauptsächlichen Sozialversicherungsdienste – insbesondere der Krankenkassen – im Gegensatz zu den Versuchen der »Kupat Cholim«, den Status quo aufrechtzuerhalten.

Diese Fragen waren oft mit sozialen Problemen verflochten, von denen die wichtigsten mit den Lohndifferenzierungen zusammenhingen, d. h. dem Grad, bis zu dem Unterschiede zwischen gelernten Arbeitern, Facharbeitern usw. begrenzt oder gefördert werden sollten. An zweiter Stelle standen Probleme, die die Autonomie diverser Berufsorganisationen gegenüber dem monolithischen System der Histadruth behandelten. Diese Fragen standen in enger Beziehung zu den Debatten über die Werte und Ideologien der israelischen Gesellschaft und verbreiteten sich über eine Vielfalt von konkreten hier und in vorangegangenen Kapiteln behandelten Fragen.

Probleme der Einwandererabsorption; Wadi Salib

Es ist entscheidend für das Verständnis der israelischen Politik, daß – mit einer einzigen Ausnahme – Einwanderungsfragen und Probleme der Einwanderergruppen nicht wirklich einen Teil des politischen Kampfes auf einer zentralen zwischenparteilichen Ebene bildeten.

Allgemeine Probleme der Absorptionspolitik (wie etwa Einordnung oder Auswahl von Einwanderern – Aufnahme von nur »gesunden« oder produktiven Einwanderern) bildeten manchmal Gegenstand der Debatte ohne klare Parteienscheidung. Aber im großen ganzen waren die Einzelheiten der Absorptionspolitik nur selten spezieller Mittelpunkt der politischen Diskussion.

Noch überraschender ist die Tatsache, daß (außer zur Zeit der Wahlen von 1959) diese Fragen kaum je von den Einwanderern selbst vorgebracht wurden, sondern vielmehr von den diversen Parteiführern. Obwohl in fast allen Wahlen ethnische Listen aufgestellt wurden, hatten sie nicht viel Erfolg.

Aber im Jahre 1959 leitete der Ausbruch von Wadi Salib neue Entwicklungen ein.

Unter der großen Zahl von Neuankömmlingen in niedrigen wirtschaftlichen Positionen entstanden Spannungen und Feindseligkeiten zwischen den verschiedenen Gruppen. Die Politik der Regierung, die diesen Neueinwanderern ihre Wohnplätze zuwies, scheint ungewollt zu ihrer Enttäuschung beigetragen und zu allgemeiner Frustration geführt zu haben.

Im Juli 1959 fand in Wadi Salib in Haifa eine gewalttätige Demonstration statt, die von Einwanderern aus Nordafrika organisiert worden war. Ihr folgten ähnliche Ereignisse an anderen Orten. Hinter diesen Demonstrationen stand der »Lickud Olej Zfon-Afrika((Vereinigung nordafrikanischer Einwanderer) unter Führung von David Ben-Charusch. Diese Gruppe organisierte eine Demonstration in Haifa und verteilte am gleichen Abend Flugblätter, in denen alle Nordafrikaner aufgerufen wurden, Ruhe zu bewahren, aber alle bestehenden Parteien und »deren Lakaien unter den Nordafrikanern zu verlassen« und nur dem »Lickud« zu vertrauen, der sich für ihre wirklichen Interessen einsetzte. Mehrere Tage später brachen erneut Unruhen an anderen Orten aus. In den meisten Fällen behaupteten die Aufrührer, die Benachteiligung der Nordafrikaner habe sie zur Demonstration veranlaßt, und die Ausbrüche seien gegen die grundsätzlichen Aspekte des Absorptionssystems, insbesondere gegen angebliche Benachteiligung der Nordafrikaner und das System der Notstandsarbeiten gerichtet. Es war von Anfang an klar, daß diese lokalen Vorfälle symptomatisch waren für tiefere Probleme, und deshalb ernannte die Regierung eine öffentliche Kommission zur Untersuchung der Vorfälle von Wadi Salib und ihrer Hintergründe.

Wadi Salib, ein früher unbekanntes Slumgebiet am Abhang von Hadar Hakarmel in Haifa, ist jetzt zu einem bekannten Symbol in Israel geworden. Die Ereignisse von Wadi Salib entfesselten einen Strom öffentlicher Debatten, die sich in gegenseitigen politischen Beschuldigungen, aber auch in ernsterer und verantwortungsbewußter Diskussion seitens verschiedener Kreise der israelischen Öffentlichkeit äußerten.

Der »Lickud« schien mehr zu sein als lediglich eine ethnische Gruppe. Er begann spontan als eine kleine Gruppe mit gemeinsamen Wohn- und Arbeitsproblemen und entwickelte sich bald zu einer extremistischen Volksorganisation, die zu allen Parteien in Opposition stand, sich besonders gegen das in allen bestehenden Parteien vorherrschende Eigeninteresse wandte und eine völlig neue und extreme Ideologie der »ethnischen« Gesondertheit proklamierte.

Der Extremismus von Ben-Charusch spielte de facto nur denjenigen in die Hände, die das ganze Problem als eine Rowdyangelegenheit und politische Hetze seitens »umstürzlerischer« Elemente behandeln wollten.

Dennoch resultierte aus den Vorfällen von Wadi Salib eine zunehmende Empfindlichkeit gegenüber dem »ethnischen« Problem. Mehrere wichtige politische Neuerungen auf wirtschaftlichem und erzieherischem Gebiet wurden durch sie ausgelöst, und sie führten auf einer oberflächlicheren, aber dennoch signifikanten Ebene zum Einschluß (oft an »sicherer Stelle«) von Orientalen und Nordafrikanern als Kandidaten in die Wahllisten vieler Parteien. Zur Zeit der Wahlen tauchten wieder mehrere spezifisch ethnische Parteien auf, und unter ihnen »Lickud« mit Ben-Charusch an der Spitze und mit dem Anspruch, er repräsentiere nicht nur die Nordafrikaner, sondern alle Benachteiligten.

Die Notwendigkeit, mehr Orientalen zu wichtigen öffentlichen Stellungen heranzuziehen, wurde allgemein anerkannt. In den Wahlen von 1961 traten einige der älteren sephardischen Gruppen für Mapai ein, und diese nahm einen sephardischen Minister in das Kabinett von 1961 auf.

Der Ernst der ethnischen Probleme auf den Gebieten des Bildungswesens und der Berufswahl wurde seither immer stärker erkannt, und Maßnahmen zu ihrer Überwindung wurden eingeführt.

Es entwickelten sich keine neuen Parteien oder Gruppierungen als Folge dieser Probleme, und die meisten der interessierten Gruppen wurden von den bestehenden Parteien aufgesogen – die zufriedeneren Elemente zumeist von »Mapai« und den religiösen Parteien und die unzufriedeneren Elemente von »Cheruth«. Doch in allen Parteien erlangte das »ethnische« Problem eine zunehmende Bedeutung, insbesondere auf der lokalen Ebene. In den letzten beiden Jahren traten ethnische Führer in der Lokal- und Stadtverwaltungspolitik hervor, und in vielen Lokalwahlen gewannen, wie wir noch sehen werden, ethnische Fragen wachsende, manchmal sogar zentrale Bedeutung. Eines der Resultate dieser Entwicklung war – in der Sechsten Knesseth im Vergleich zur Fünften – eine Verdoppelung der Zahl der Knessethabgeordneten von orientalischer Herkunft, die jetzt 12 % der gesamten Abgeordneten darstellen.

Religiöse Fragen – Allgemeines

Religiöse Fragen bilden einen sehr wichtigen und stetigen Brennpunkt der politischen Debatte. Bereits beim Entwurf der Unabhängigkeitserklärung von 1948 entstanden Meinungsverschiedenheiten zwischen den religiösen Vertretern und der weltlichen Mehrheit: die religiösen Führer verlangten damals, die Deklaration solle eine religiöse Legitimation des Staates enthalten. Die Kompromißlösung, die den »Fels Israels« anstelle von »Gott« zitiert, ist typisch für die vielen Kompromisse, die die Beziehung zwischen Staat und Religion kennzeichnen.

Auf der kulturellen Ebene erscheint dieses Problem als die grundsätzliche Definition der gesamten Kollektivität im Sinne der jüdischen Tradition und des Grades der gewährten Freiheit in der Interpretation und Erneuerung der kulturellen Tradition. Es wurde zu einem allgemeinen institutionellen Diskussionsthema, ob und in welchem Ausmaß das Religionsgesetz zum offiziellen Landesgesetz in diversen Rechtsbereichen werden würde.

Konkreter ausgedrückt betrafen die Streitpunkte zwischen den religiösen und den weltlichen Parteien drei Gebiete: (1) die allgemeine Frage bezüglich der Legitimation des Staates und der Definition des Wesens und der Traditionen der Gesellschaft; (2) konkreter, das Gebiet der religiösen Umreißung des Staates oder den Grad der Nicht-Trennung zwischen Religion und Staat und das Ausmaß, in dem Religionsgesetze der Bevölkerung als Ganzes auferlegt werden könnten; ferner den Umfang, in dem religiös-juristische Körperschaften, wie etwa das Rabbinat, einerseits Jurisdiktion über die gesamte jüdische Bevölkerung ausüben und, umgekehrt, Freiheit von der Überwachung durch »weltliche« Behörden genießen würden; (3) die Autonomie der religiösen Gruppen auf dem Gebiete des Unterrichts und das Maß der Staatsunterstützung, das diversen religiösen Institutionen gewährt würde.

Bei einer Diskussion der Religionsfragen sollte man sich mehrere grundsätzliche Fakten vor Augen halten. Eines ist der Modus vivendi, der sich in der Zeit vor der Staatsgründung zwischen den religiösen und den weltlichen Gruppen herausgebildet hatte. Als Ergebnis hiervon war alle Rechtsprechung in Personenstandsangelegenheiten (d. h. in bezug auf Heirat, Scheidung usw.) von der Knesseth dem Rabbinat übertragen worden, das somit volle Jurisdiktion über die ganze – religiöse wie auch nichtreligiöse – jüdische Bevölkerung ausübt. (Für die moslemischen, christlichen und kurdischen Gemeinden sind parallele religiöse Institutionen zuständig).

Auf diese Weise genießt das Rabbinat, das als Autoritätsquelle nur von einem Teil der Bevölkerung voll akzeptiert wird, allgemeine juristische Autorität in Personenstandsangelegenheiten über die gesamte jüdische Bevölkerung in Israel. Es hat daher die Tendenz, zunehmend Ansprüche auf Universalität und daraus folgend Autonomie in bezug auf die religiösen Gruppen geltend zu machen – und dabei ist seine Autorität de facto großenteils von der politischen Macht dieser Gruppen abhängig.

So entwickelte das Rabbinat einen hohen Grad von Zentralisation und Kampfgeist, forderte vollkommene Unabhängigkeit von den weltlichen Institutionen und erlangte Ähnlichkeit mit einer zentralisierten kirchlichen Organisation. Gleichzeitig stand es im Mittelpunkt eines intensiven Kampfes zwischen verschiedenen religiösen und auch weltlichen Gruppen, der die Möglichkeit und Grenzen ihrer Koexistenz und ihrer gesamten Jurisdiktion berührte.

Dieser Kampf wurde intensiviert durch die Tatsache, daß die National-Religiöse Partei für sich das Monopol in Anspruch nahm, alle religiösen Interessen und Institutionen (außer denen der Agudat Israel) zu vertreten und sehr entschieden gegen alle Versuche kämpfte, die ihre Macht über sie zu beschneiden versuchten.

Religionsprobleme – »Wer ist Jude?«

Im Zentrum der ersten Frage, der der religiösen Legitimation des Staates, stand das Problem: »Wer ist Jude?«.

Das lange latent gewesene Problem nahm im März 1958 eine akute Färbung an. Zu jener Zeit waren unter den ins Land kommenden Einwanderern assimilierte Juden aus den Ländern hinter dem Eisernen Vorhang, und in manchen Fällen hatten sie nichtjüdische Frauen und Kinder aus halbjüdischen Ehen. Der damalige Innenminister, der der Partei »Achduth Ha'awodah« angehörte, verfügte, daß die Eintragung im Identitätsausweis eines Einwanderers, die ihn als Juden bezeichnete, lediglich aufgrund seiner eigenen Erklärung erfolgen sollte. Diese Verfügung verursachte eine beträchtliche öffentliche Debatte. Die religiösen Gruppen widersetzten sich ihr mit der Begründung, die Definition eines Juden dürfe nur auf »halachischem« Gesetz basieren. Nach diesem ist ein Mensch Jude, dessen Mutter Jüdin ist, oder, andernfalls, wenn er mit rabbinischer Sanktion ordnungsgemäß zum Judentum übergetreten ist. Unter halachischem Gesetz ist Heirat in gewissen Fällen verboten, so zum Beispiel zwischen einem Abkömmling der alten Priesterkaste (einem »Kohen«) und einer geschiedenen Frau oder zwischen Juden und Nichtjuden. Doch die Hauptschwierigkeit des rabbinischen Ehegesetzes liegt im Scheidungsproblem. Solange nicht eine Scheidung nach diesem Gesetz erfolgt ist, bleibt die ältere Ehe gültig, und jede neue Heirat eines Partners wird als null und nichtig betrachtet. Die Kinder aus einer solchen Ehe gelten als unehelich und werden als »Bastarde« – dem einzigen Typ der Illegitimität nach rabbinischem Recht – betrachtet, und ihnen und ihren Abkömmlingen ist letzten Endes die Heirat mit dem Gros der Judenheit untersagt. Die orthodoxe Judenheit fürchtet, daß eine Bresche im halachischen Familienrecht nichtanerkannte Scheidungen und Wiederverheiratungen zur Folge haben und so schließlich die orthodoxe Minderheit in ein faktisches soziales und volkliches Ghetto zwingen würde, da es ihr unmöglich sein würde, in eine Majorität hineinzuheiraten, in der Heiraten mit solchen Illegitimen stattgefunden hätten. Diese Befürchtungen kleideten die Orthodoxen im allgemeinen in eine ideologische Umschreibung – nämlich daß die Einführung eines weltlichen Familienrechts »die Einheit der Nation zerstören« würde, und daß sie sich deshalb den neuen Verfügungen widersetzten, die eine formale Trennung zwischen religiöser Zugehörigkeit und Nationalität vorsahen und auf diese Weise den Weg ebneten für die Anerkennung »illegitimer« Kinder. Am entgegengesetzten extremen Ende opponierte der äußerste linke Flügel gegen die Verfügungen; er widersetzte sich der Eintragung der religiösen Zugehörigkeit überhaupt. Die neuen Vorschriften wurden im Juni 1958 vom Kabinett formell ratifiziert, und die Krise erreichte ihren Höhepunkt mit dem Austritt der National-Religiösen Partei aus der Koalition. In der verfahrenen Situation der folgenden Monate unternahm Ben-Gurion einen beispiellosen Schritt: er unterbreitete das Problem 43 sogenannten »Weisen Männern Israels« in der ganzen Welt (darunter hervorragenden Persönlichkeiten auf dem Gebiete der Religion und Humanistik von allen Meinungsrichtungen) und bat sie um ihre Ansichten über das Problem, wie die Israelis von gemischter Herkunft zu registrieren seien.

Die Antworten der »Weisen Männer« erwiesen sich als großenteils im Sinne des orthodoxen Gesichtspunkts, und diese Tatsache half, eine Formel zu finden, die für die weltliche Seite annehmbar war, obwohl sie auf halachischen Prinzipien beruhte. Der neue Vorschlag lautete, daß bei einem Minderjährigen nicht seine eigene Religion, sondern die Religion der Eltern verzeichnet werden sollte. Andererseits würde jeder Erwachsene das Recht haben, seine eigene Religion anzugeben. Dieser Vorschlag löste das spezifische Problem zu jener Zeit, da die Frage der Identifizierung nur dort entscheidend war, wo sie Kinder betraf, die in Israel aufwachsen und schließlich das Problem der durch halachisches Gesetz verbotenen Mischehe aufwerfen würden.

Die neuen Vorschriften wurden 1960 durchgeführt, die National-Religiöse Partei trat wieder der Koalition bei und erhielt das Portefeuille des Innenministeriums zurück.

Das Problem der B'nej Israel

Dasselbe Problem erhielt neue Aktualität voller Spannung und unerfreulicher Nebenerscheinungen im Zusammenhang mit einer jüdischen Gruppe aus Indien, den B'nej Israel.

Da das Familienrecht bei dieser Gruppe sich in einigen Einzelheiten von dem allgemeinen rabbinischen Familienrecht unterscheidet, entstand der Zweifel, ob ihre

Mitglieder sich mit anderen Juden verheiraten könnten, ohne »bekehrt« worden zu sein. Da die B'nej Israel von anderen jüdischen Gemeinden isoliert gelebt hatten, waren de facto in der Vergangenheit keine Mischehen mit anderen jüdischen Gemeinden erfolgt, doch andererseits bestand der Verdacht, sie könnten sich gelegentlich in Indien mit nichtjüdischen Gruppen durch Heirat verbunden haben.

Nachdem nunmehr etwa ein Drittel dieser Gemeinde im Umfang von einigen tausend Seelen nach Israel eingewandert war, nahmen das Problem der Mischehe mit der allgemeinen Bevölkerung Israels und die alten rabbinischen Zweifel jetzt eine praktischere Form an. Zu Beginn der fünfziger Jahre wurden die wenigen Fälle von Mischehen durch einzelne Rabbiner in divergierenden Rechtssprüchen individuell gelöst, aber das Fehlen einer einheitlichen Entscheidung brachte das Oberrabbinat gegen Ende der fünfziger Jahre dazu, sich der Sache anzunehmen.

Das Oberrabbinat tat den kühnen Schritt, die die Mischehe verbietende Verfügung aus dem 19. Jahrhundert aufzuheben und so die Gemeinschaft der B'nej Israel nunmehr prinzipiell dem übrigen jüdischen Volk gleichzustellen.

Doch die neue Entscheidung wurde nur von einer, wenn auch einflußreichen, Minorität des Großen Rabbinischen Rats unterstützt. Das Oberrabbinat erließ daraufhin zusätzliche qualifizierende Klauseln in einer Formulierung, die extrem orthodoxe Meinungen beschwichtigen konnte. Eine dieser Klauseln trug den amtierenden Rabbinern auf, sich bei den Mitgliedern der B'nej Israel, die eine »Mischehe« eingingen, zu erkundigen, ob die beiden vorangegangenen Generationen ganz jüdisch waren. Diese recht liberale Politik des Oberrabbiners Nissim rief dennoch Opposition wach. Die Gemeinde der B'nej Israel verlangte die Aufhebung der ursprünglichen Entscheidung in bezug auf ihren Status, und diese Forderung wurde von dem weltlichen Sektor, und mit ihm vom Staatspräsidenten Ben-Zwi persönlich, unterstützt. Die extremen Kreise der Agudat Israel, die die Autorität des Oberrabbiners bestenfalls gleichgültig akzeptieren, lehnten die Entscheidung rundweg ab, und viele lokale Rabbiner weigerten sich, sie zu befolgen. Wie bei anderen Fragen machte sich auch hier die Ansicht extremer Rabbiner in der Diaspora fühlbar.

Die Angelegenheit kam vor die Knesseth, und es wurde die Forderung laut, die widerspenstigen Rabbiner vor Gericht zu bringen. Das Problem ist jetzt durch den Minister für Religionsangelegenheiten zeitweilig dadurch gelöst worden, daß er gewisse Bezirksrabbiner (deren persönliche Überzeugungen die gleichen sind wie die des Ministers und des Oberrabbiners) instruierte, wie sie diese »Mischehen« zu behandeln haben. Dadurch war man der Unannehmlichkeit enthoben, manche lokalen Rabbiner zu zwingen, entgegen ihrem Gewissen zu handeln. Jedoch die Mitglieder der B'nej Israel-Gemeinde sind mit dieser Regelung unzufrieden, da sie sie nicht als unbedingt gleichberechtigt mit der übrigen Nation anerkennt. Die Situation ist typisch für das Leben in Israel auf diesem Gebiet, auf dem bedenkliche Regelungen ad hoc gang und gäbe sind.

Diese bedenkliche Regelung führte im Sommer 1964 zu einem erneuten Ausbruch und verursachte einen der intensivsten Konflikte an der religiös-weltlichen Front, in dem das Ansehen des Oberrabbinats sehr stark in Frage gezogen wurde.

Der folgende Zeitungsauszug gibt ein recht genaues Bild von diesen Entwicklungen [78]:

---

[78] Aus Jewish Observer and Middle East Review, 21. August 1964.

»Am Montag stimmte die Knesseth für eine Resolution, die das Oberrabbinat aufrief einzulenken. In seltener Einstimmigkeit verlangte das israelische Parlament vom Oberrabbinat die Beseitigung der Ursachen für die Erbitterung unter den B'nej Israel, die aus Indien nach Israel kamen und das Gefühl haben, daß sie durch die vom Oberrabbinat erlassene Verfügung in bezug auf Heiraten zwischen ihnen und anderen Juden benachteiligt werden.

Sogar die National-Religiöse Partei stimmte für die Knessethresolution, die auf einer mit Zustimmung aller Koalitionsparteien gefaßten Kabinettsentscheidung basierte. Nur zwei Hände erhoben sich gegen die Resolution, die von zwei Mitgliedern der Partei der Agudat Israel.

Die meisten Oppositionsparteien – Cheruth, Liberale, Mapam und Kommunisten – enthielten sich der Stimme, weil sie die Resolution als zu schwach betrachteten. Die Knesseth stimmte für die Resolution mit 43 Stimmen zu zwei, bei dreißig Enthaltungen. Sie erklärte, daß die B'nej Israel in jeder Beziehung und ohne Einschränkung Juden sind und auf allen Gebieten, einschließlich denen der Heirat und Scheidung, gleiche Rechte genießen.

Dieser Hinweis bezieht sich auf die von dem sephardischen Oberrabbiner Nissim gegebenen Anweisungen, die eine Reihe von Sonderverfügungen betreffend die Mitglieder der B'nej-Israel-Gemeinde enthalten.«

Einige Wochen vorher hatten ein paar Dutzend Familien aus dieser zehntausend zählenden Gemeinde einen Sitzstreik vor den Büros der Jewish Agency in Jerusalem begonnen. Fast alle politischen Parteien, sowohl in der Regierung als auch in der Opposition, einschließlich Mapai, nahmen sich ihrer Sache an.

Noch bevor die Angelegenheit dieses Stadium erreichte, wurden mehrere Versuche hinter den Kulissen unternommen, um ein Einvernehmen zu erzielen. Doch alle Appelle an das Oberrabbinat und sogar die Intervention des Präsidenten Schasar waren vergeblich.

Die Oppositionsparteien schlugen vor, die Knesseth solle die Oberrabbiner anweisen, ihren Stand zu ändern oder andernfalls geeignete Gesetze erlassen, um selbst das Problem zu lösen.

Eine Woche lang vor der Knessethsitzung hatten Massenversammlungen zur Unterstützung der B'nej Israel stattgefunden, und der Premierminister Eschkol führte in seiner Ansprache an die Knesseth aus, was zweifellos die Ansicht der Majorität darstellte.

Die Gemeinde der B'nej Israel, sagte er, ist nicht die einzige, deren Mitglieder nicht immer nach dem strengen Buchstaben des »Schulchan Aruch« (rabbinisches Gesetz) verfuhren. Wenn zum Beispiel die Juden der Sowjetunion die Erlaubnis erhalten würden, nach Israel auszuwandern, könnten die Rabbiner auch sie zurückweisen, weil sie keine »reinrassigen« Vorfahren hätten.

Auf diese Weise würde das Rabbinat zu einem Hindernis für das Prinzip der Hereinholung der Exilierten, und das dürfe nicht zugelassen werden.

Eschkol drückte sein Bedauern aus über einige häßliche Zwischenfälle bei den Kundgebungen der B'nej Israel und ihrer Anhänger – wie zum Beispiel die Verbrennung eines Bildes von Rabbiner Nissim. Doch wurden diese durch den Ernst des Problems überschattet.

Hiernach widerrief das Oberrabbinat tatsächlich seine frühere Anweisung und akzeptierte eine vom Bürgermeister von Jerusalem vorgeschlagene Kompromißlösung, nach der die spezifischen Auflagen gegen die B'nej Israel aus den Direktiven gestrichen und durch eine allgemeinere Auflage, »Fälle zweifelhafter Elternschaft in allen Fällen« zu untersuchen, ersetzt wurden.

Der Fall des Bruders Daniel

Einen wichtigen Höhepunkt dieses Definitionsproblems bildete die vor einiger Zeit ergangene Entscheidung des Obersten Gerichtshofs im Falle des Bruders Daniel.

In diesem Fall ist die betroffene Person, Oswald Rufeisen, ein Karmelitermönch von jüdischer Geburt, der im Zweiten Weltkrieg in der Untergrundbewegung gegen die Deutschen gekämpft hatte, fast so interessant wie die Frage an sich. In seiner Jugend in Polen war Rufeisen ein aktives Mitglied einer religiösen zionistischen Bewegung gewesen und hatte dann zwei Jahre in Wilna zugebracht, um sich auf das Leben eines Pioniers in Palästina vorzubereiten. Als der Krieg ausbrach, wurde er von den Nazis verhaftet, aber es gelang ihm zu entkommen und sich von den Deutschen als »Volksdeutscher« anerkennen zu lassen. Dank seiner Beziehungen zu den Deutschen gelang es ihm, das Leben von wenigstens 150 Juden zu retten, die sich dann den Partisanen anschlossen. Er wurde verraten und verhaftet, entkam aber noch einmal und versteckte sich in einem römisch-katholischen Kloster, in dem er 1942 aus Überzeugung zum katholischen Glauben übertrat.

Nach dem Krieg studierte er in einem Priesterseminar, und nachdem er die Priesterweihe erhalten hatte, trat er in den Karmeliterorden ein, weil er sich, wie er sagte, trotz seines Austritts aus dem jüdischen Glauben ethnisch als Jude fühlte und in den jüdischen Staat auswandern wollte, der das einzige Land in der Welt sei, in dem er die Erfüllung seiner Wünsche als Jude finden könnte. Er wählte den Karmeliterorden, weil dieser Klöster in Israel hat.

Einige Jahre später kam er nach Israel mit der Erlaubnis seiner Vorgesetzten, dem Kloster Stella Maris auf dem Karmel beizutreten, nachdem die polnischen Behörden ihm erlaubt hatten, als Jude auszuwandern.

Bei seiner Ankunft in Israel beantragte er beim Innenminister die Staatsbürgerschaft nach den Bestimmungen des Gesetzes über die Rückkehr, das jedem jüdischen Einwanderer gestattet, Staatsbürger des Landes zu werden, sobald er seinen Boden betritt. Er verlangte auch, daß auf seiner israelischen Identitätskarte die »ethnische Zugehörigkeit« (Le'om) an der hierfür vorgesehenen Stelle als »jüdisch« vermerkt würde.

Der Innenminister verweigerte dies aufgrund des Regierungsbeschlusses, daß nur eine Person, die sich bona fide als Jude erklärt und keiner anderen Religion angehört, Jude sei. Er bot hingegen Rufeisen die Staatsbürgerschaft durch Naturalisation an. Dies weigerte Rufeisen sich anzunehmen und brachte die Angelegenheit in Form einer Petition um eine »Order nisi« gegen den Innenminister vor den Obersten Gerichtshof. Diese Petition wurde im Dezember 1962 vor dem Obersten Gerichtshof gehört. Die fünf Richter – Silberg, Landau, Berenson, Cohen und Manny – entschieden (mit einer Gegenstimme des Richters Cohen), ein Apostat habe keinen Anspruch darauf, in Israel als Jude anerkannt zu werden.

Es ist bezeichnend, daß nicht alle Richter ihr Urteil auf das »halachische« Gesetz gründeten – nach dem gemäß gewissen Auslegungen ein Jude, auch wenn er gesündigt hat (oder gar zum Apostaten geworden ist), Jude bleibt –, sondern vielmehr auf das, was sie als historisches Bewußtsein und Tradition des Volkes bezeichneten.

So faßte der Richter Silberg für die Majorität wie folgt zusammen:

>Ich bin mir wohl bewußt, daß es viele verschiedene Meinungen über Judentum – von der extrem orthodoxen bis zur gänzlich ketzerischen – gibt; aber allen in Israel lebenden Menschen (mit Ausnahme einiger ganz weniger) ist gemeinsam, daß wir uns nicht von unserer geschichtlichen Vergangenheit abschneiden und nicht das Erbe unserer Vorfahren verleugnen.«

Er führte an, der Anwalt des Bittstellers habe die Frage aufgeworfen, welcher Nationalität Rufeisen angehöre, wenn er nicht als Jude anerkannt würde. Er sei nicht Jude und nicht Pole. Die Antwort, sagte der Richter, sei, daß Rufeisen keiner Nationalität angehöre, und der auf seiner Identitätskarte für ethnische Zugehörigkeit vorgesehene Platz sollte unbeschrieben gelassen werden – er würde in dieser Situation nichts Anomales sehen.

Richter Landau basierte seine Übereinstimmung mit dem Mehrheitsurteilsspruch auf seine Interpretation der zionistischen Denkweise.

Richter Berenson sagte:

>Wenn es mir möglich wäre, der Neigung meines Herzens zu folgen, würde ich den Antrag des Bittstellers gewähren. Leider bin ich nicht frei, dies zu tun, denn ich muß den Begriff Jude nicht so, wie ich es für richtig halte, auslegen, sondern so, wie ich annehmen muß, daß er von denen beabsichtigt war, die ihn prägten.«

Er war der Meinung, daß die Regierung mit ihrer Entscheidung durch Mehrheitsbeschluß, ein Jude sei nur dann Jude, wenn er keinem anderen Glauben angehöre, ihre Befugnis überschritten haben, denn dies sei eine Angelegenheit, über die zu entscheiden der Knesseth zukomme.

Richter Cohen stimmt mit Richter Silberg darin überein, daß nach dem Religionsgesetz ein Apostat Jude bleibt, obwohl er gewissen Einschränkungen unterliegen würde. Er stimmte auch zu, das Gesetz über die Rückkehr müsse nach weltlicher Gesetzgebung ausgelegt werden und:

>Wir schneiden uns nicht von unserer historischen Vergangenheit ab und verleugnen nicht das Erbe unserer Vorväter ... Doch kann ich nicht zustimmen, daß ... die Auslegung des Gesetzes über die Rückkehr es obligatorisch, oder auch nur möglich machte, dem Bittsteller die Rechte eines Juden zu versagen.
... Wenn ich meinen ehrenwerten Freund, den Richter Silberg, richtig verstanden habe, so ist er der Meinung, daß die ›Kontinuität‹ der Geschichte Israels von den schrecklichen Tagen der Vergangenheit bis zu unseren Tagen uns verhindert, jemals jemanden als Juden zu betrachten, der der katholischen Kirche beigetreten ist, obwohl diese nicht mehr – weder in der Theorie noch in der Praxis – unser geschworener Feind ist.

Ich kann einer solchen Art historischer Kontinuität nicht beipflichten. Wenn auch die Geschichte kontinuierlich ist und von ihren Ursprüngen nicht abgetrennt werden darf, so bedeutet das nicht, daß sie nicht Änderungen, Fortschritt und Entwicklung unterliegt. Im Gegenteil, es liegt im Wesen des historischen Fortschritts, daß Zeit und Begriffe, Denkweisen und kulturelle Werte sich ändern, und daß eine beständige Verbesserung in Lebensweise und Gesetz erfolgt.« [79]

Wenn auch der eine gesetzliche Aspekt des Problems von den Richtern geregelt wurde, so beweist doch die Verschiedenheit der Meinungen zu dieser Frage, daß

---

[79] Jewish Observer and Middle East Review, 14. Dezember 1962, S. 16–18.

dieses Problem noch eine Zeitlang im Mittelpunkt der öffentlichen Diskussionen stehen wird.

Die Stellung religiöser Institutionen im Staat; die religiösen Umrisse des Staates

Auf einer zweiten Ebene drehten sich die Kontroversen um die allgemeinen religiösen Umrisse des Staates und den Platz der religiösen Institutionen im allgemeinen institutionellen Rahmen des Staates.

Schon in der Zeit vor der Staatsgründung versuchten einige religiöse Gruppen, in manchen Aspekten des öffentlichen Lebens gewisse religiöse Konturen zu bestimmen. Einige der wichtigsten Illustrationen dieser Forderungen – wie sie sich nach der Staatsgründung herauskristallisierten – waren die folgenden: Erlaß eines Gesetzes, das die Schweinezucht in den meisten Teilen des Staates (außer den von christlichen Minoritäten bewohnten) verbietet; die Verkündung vieler lokaler Gesetze, die an den meisten Orten (mit Ausnahme von Haifa) den Betrieb öffentlicher Verkehrsmittel am Sabbat verboten und die nicht nur den Sabbat als den offiziellen Ruhetag für Juden erklärten, sondern auch die Schließung aller Betriebe und Vergnügungsstätten (mit Ausnahme von Restaurants) am Sabbat anordneten; die Beachtung der Vorschriften über Kaschruth (religiöse Speisegesetze) in den meisten staatseigenen, öffentlichen und halböffentlichen Institutionen – wie etwa El-Al (Israelische Luftverkehrslinie) und Zim Schiffahrtsgesellschaft (hier widersetzten sich die religiösen Parteien der Einrichtung von zwei Küchen, die eine kascher, die andere nichtkascher, auf einem ihrer Schiffe). Alle diese Forderungen wurden im Wahlkampf von 1965 sehr intensiviert, und die religiösen Gruppen verlangten, daß ein allgemeines »Sabbatgesetz« promulgiert würde, das all den diversen lokalen Abmachungen volle Sanktion verleihen würde.

Ein weiteres Merkmal dieser Tendenz waren die Forderungen der religiösen Parteien nach einer Änderung des Gesetzes betreffs Anatomie und Pathologie, in der Hauptsache gegen Autopsien gerichtet. Diese Forderungen stießen auf den Widerstand der Ärzte, die sie als nachteilig für die medizinische Forschung ansahen.

Auch im Hinblick auf den zweiten Aspekt der »religiösen« Umrisse des Staates – nämlich die Stellung der religiösen Institutionen im allgemeinen Rahmen des Staates – lassen sich einige grundsätzliche Zentralpunkte der Kontroverse aufzeigen.

Ein derartiger Zentralpunkt wurzelt in der Tatsache, daß das Rabbinat ein faktisches Monopol im Personenstandsrecht hat. Das führte zu Forderungen, daß Wege gefunden würden, die es ermöglichten, Heiraten in solchen Fällen durchzuführen, in denen das rabbinische Gesetz eine Heirat nicht erlaubt (wie im Fall eines gebürtigen Priesterabkömmlings, »Kohen«, und einer geschiedenen Frau); und als keine günstige Reaktion seitens der religiösen Kreise auf diese Forderungen erfolgte, wurden die extremeren Forderungen nach der Zivilehe laut.

Ein anderer in der Monopolstellung des Rabbinats wurzelnder Streitpunkt findet sich in seiner Beziehung zu den »nichtorthodoxen« jüdischen religiösen Organisationen im Ausland (insbesondere in den Vereinigten Staaten) – zu denen des konvervativen und des reformierten Judentums –, deren Organen und Regelungen das Rabbinat faktisch jede Legitimation versagt.

In ähnlichem Sinn unternahmen orthodoxe Kreise mehrere Versuche, Reformgemeinden in Israel daran zu hindern, Stätten zur Abhaltung öffentlicher Gottesdienste zu mieten.

Ein dritter, und vielleicht der zentralste, Streitpunkt auf diesem Gebiet betrifft das Problem des Grades der juristischen Autonomie des Rabbinats gegenüber dem juristischen System des Staates. Hier stellten die extremen religiösen Gruppen die Forderung auf, das Rabbinat – dessen Jurisdiktion sich über die gesamte jüdische Gemeinschaft (einschließlich der nichtreligiösen Majorität) erstreckt – solle von einer Überwachung durch die staatlichen juristischen Organe, d. h. insbesondere durch den Obersten Gerichtshof, ausgenommen sein.

Hier ergaben sich zwei wichtige Problemgebiete. Das eine bezog sich auf das Personenstandsrecht im allgemeinen und auf Eheschließungen im speziellen. Der Oberste Gerichtshof hat inzwischen mehrfach interveniert, um das Rabbinat an der Ausführung diverser Entscheidungen zu verhindern. Zum Beispiel erließ er eine Order nisi, die das Oberrabbinat aufforderte, seine Gründe dafür darzulegen, warum nicht ein rabbinisches Urteil aufgehoben werden sollte, das einem Mann erlaubte, einer Frau ohne ihr Einverständnis die Scheidung zu geben und eine andere Frau zu heiraten. In ähnlicher Weise ordnete der Innenminister, der selbst ein Mitglied der National-Religiösen Partei war, an, daß ein Paar (ein »Kohen« und eine geschiedene Frau, die nach »halachischem« Recht nicht heiraten konnten, aber in einer privaten Zeremonie getraut worden waren) als verheiratet ins Bevölkerungsregister eingetragen wurde, nachdem das Rabbinische Gericht entschieden hatte, daß sie zwar gemäß der »Halachah« nicht rechtsgültig verheiratet seien, jedoch ohne vorherige Scheidung nicht würden wiederheiraten können.

Das zweite Hauptgebiet, auf dem das Problem der juristischen Stellung des Rabbinats entstand, war das der Kaschruth.

Zur Zeit des Konflikts um die B'nej Israel brach ein ernster Streit zwischen dem Rabbinat und der Justizgewalt wegen eines neuen Schlachthauses aus. Auch hier wieder werden die Ereignisse am besten durch einen Zeitungsbericht wiedergegeben [80].

> »Der Zusammenstoß zwischen der Justizgewalt und dem Oberrabbinat erfolgte vor 14 Tagen. Letzteres hatte sich geweigert, dem neuesten und modernsten Schlachthaus Marbek, das im Süden des Landes zu Kirjat Malachi gelegen ist, einen »Hechscher« (Reinheitsbescheinigung) für das ganze Land zu erteilen.
>
> Die allgemein übereinstimmende Meinung (in den nichtreligiösen Gruppen und zum mindesten auch in Teilen der religiösen Gruppen) ist, daß diese Weigerung nicht aus irgendwelchen Zweifeln an der rituellen Reinheit herrührt, sondern eine Wahrnehmung der wirtschaftlichen Interessen von Fleischern und sonstigen Angehörigen des Fleischergewerbes, die mit diesem großen Unternehmen nicht konkurrieren können, darstellt.
>
> Nach wiederholten Bemühungen, die Angelegenheit zu regeln, wandte sich die Gesellschaft an den Obersten Gerichtshof, und es wurde eine Order nisi gegen das Oberrabbinat und den Religiösen Rat von Tel Aviv und Jaffa erlassen, ihre Gründe dafür darzulegen, warum sie Marbek nicht die beantragte Bescheinigung erteilen sollten.
>
> Das Oberrabbinat weigerte sich, in dem Fall zu erscheinen. Statt dessen erklärte es in einem Brief, der von seinem Sekretär unterzeichnet war, das Oberste Gericht habe keine Jurisdiktion, in Angelegenheiten der ›Halachah‹ (religiöses Gesetz) zu intervenieren.
>
> Der Oberste Gerichtshof hatte tatsächlich seine eigene Kompetenz zur Intervention in dieser Angelegenheit erklärt. Der Staatsanwalt sagte, er wolle eine Situation verhindern,

---

[80] Aus dem Jewish Observer, 21. August 1964.

in der der Oberste Gerichtshof sich gezwungen sehen würde, Entscheidungen gegen das Oberrabbinat zu erlassen und so eine bereits schwierige Situation verschärfen. Er sei besorgt um das Ansehen des Oberrabbinats in der Nation und bitte um Vertagung[81].

Das Gericht stimmte der Vertagung des Falles um zwei Wochen zu.

Das Oberrabbinat reagierte hierauf mit der Einberufung einer Rabbinerversammlung. 400 Rabbiner kamen aus allen Teilen des Landes zum »Hechal Schlomo« (dem Sitz des Oberrabbinats), um Oberrabbiner Untermann zu hören, der noch einmal die Rechte des weltlichen Gerichts, in rabbinische Jurisdiktion einzugreifen, bestritt. Die Versammlung brachte auch die Unterstützung der Rabbiner für die Stellung des Oberrabbinats in der Frage der B'nej Israel zum Ausdruck.

Die Angelegenheit erhielt eine bemerkenswerte Antwort in der Knesseth durch den jemenitischen stellvertretenden Sprecher der Mapai, Israel Jeschajahu. Er sagte: ›Die Halachah wurde von Gott erlassen, doch Rabbiner werden von den Gemeinden ernannt. Darum ist das Rabbinat als solches eine weltliche Institution, die sich nicht von den heiligen Schriften herleitet‹.«

Zwischen Marbek und dem Rabbinat wurde eine Kompromißregelung getroffen, die de facto einen Rückzug des Rabbinats darstellte, und als Folge zog Marbek seinen Antrag an den Obersten Gerichtshof zurück.

Diese Angelegenheit unterstrich die ernsten Spannungen, die aus dem Anspruch religiöser Gruppen und Institutionen nach einer solchen außergesetzlichen Stellung entstehen können. Eine derartige Forderung wurde ziemlich vernehmlich während der Wahlen von 1965 geäußert.

Vielleicht die extremste Kundgebung derartiger Ansprüche auf außergesetzliche Stellung und auf eine asymmetrische Beziehung zu einer der zentralsten und fast heiligen Staatsinstitutionen äußerte sich in der Befreiung einiger orthodoxer junger Menschen vom Militärdienst. Eine derartige Gruppe waren religiöse junge Mädchen, die vom Militärdienst befreit werden, wenn sie erklären, ihre Religiosität hindere sie daran, in der Armee zu dienen.

Ein weiterer und ernsterer Fall, der nicht durch Gesetz bestimmt war, sondern durch eine interne Regelung mit dem Verteidigungsministerium vereinbart wurde, war die Befreiung von Jeschiwahstudenten mit der Begründung, der Militärdienst würde ihr Studium sowie die Erziehungsinstitution der Jeschiwah völlig untergraben.

Eine Verstärkung aller dieser kämpferischen Tendenzen im religiösen Lager erfolgte durch die stetige Schwächung der zionistischen Elemente im religiösen Lager, durch die Stärkung der extremeren und militanteren religiösen Gruppen, deren Einstellung zum Staat und zu seinen Gesetzen sehr ambivalent war, und die nicht einmal bereit waren, die »neutrale« Haltung, die oft gegenüber Gesetzen nichtjüdischer Regierungen eingenommen wurde, auch auf die Behörden des Staates

---

[81] Das Oberste Gericht entschied wie folgt: »Das Rabbinat ist vom Staat ermächtigt, für diejenigen Juden, die um die Kaschruth ihrer Nahrungsmittel besorgt sind, Anordnungen für Kaschruth zu treffen und zu überwachen, damit diejenigen, die die Gesetze der Kaschruth befolgen, sicher sein können, daß das Fleisch, das sie von unter der Aufsicht des Rabbinats stehenden Metzgern kaufen, wirklich kascher ist. Aber diese Ermächtigung wurde dem Rabbinat nicht erteilt, damit es denjenigen Juden, die daran nicht interessiert sind, ein System der Kaschruth aufzwinge.«

Diese Entscheidung des Obersten Gerichtshofs war eine der Grundlagen für seine Forderung, das Oberrabbinat möge auf den Antrag der Marbek Schlachthausgesellschaft um eine Order nisi gegen es antworten. Die Entscheidung des Gerichts, das den Antrag hörte, war vom Präsidenten des Obersten Gerichts, Gerichtspräsident Y. Olschan, geschrieben und hatte das Einverständnis der Richter Agranat, Landau, Witkon und Manny.

auszudehnen. In mancher Weise wollten sie jenen Typ einer geschlossenen Minoritätskultur, der die jüdischen Gemeinschaften in Osteuropa charakterisierte, bewahren, ohne die neue Realität eines jüdischen Staates zu berücksichtigen.

Staatshilfe an religiöse Institutionen; Entstehung von Spannungen um religiöse Fragen

Die dritte wichtige Ebene religiöser Fragen betraf die Bewilligung von Hilfe für religiöse Institutionen im allgemeinen und für das religiöse Bildungssystem und, vor allem, die volle Anerkennung eines religiösen Höheren Schulsystems im speziellen. Das stand in enger Verbindung mit kontinuierlichen Versuchen, soviel wie möglich von den staatlichen religiösen Dienstleistungen zu monopolisieren und sich auf diese Weise eine einzigartige, sichere politische Position als hauptsächlicher, wenn nicht einziger, Vermittler zwischen Staat und religiösen Gruppen zu schaffen.

Diese diversen um religiöse Probleme zentrierenden Angelegenheiten stellten beständige Spannungsherde dar. Diese Spannungen verstärkten sich besonders im Sommer und Herbst 1963, als die Öffentlichkeit durch vielfältige militante Handlungen seitens extremer religiöser Elemente aufgerührt wurde. Zu jener Zeit fanden Demonstrationen gegen Missionsschulen statt, und Fahrzeuge, die am Sabbat in der Nähe von religiösen Vierteln vorbeifuhren, wurden mit Steinen beworfen. Sogar auf Touristenautos auf dem Wege von und nach Jordanien und die sie begleitende Polizei wurden Steine geschleudert.

Die wachsenden Spannungen auf religiösem Gebiet spiegelten sich in der Gründung der Liga gegen religiösen Zwang, die im Juni 1950 in Jerusalem gegründet wurde. Diese Liga, die von Intellektuellen vorwiegend aus Deutschland und Mitteleuropa sowie von jüngeren Universitätsdozenten und Studenten geleitet wurde, errichtete Zweigstellen in den drei größten Städten. Die Mitglieder dieser Organisation kamen zumeist aus denselben Kreisen, und im allgemeinen gab es unter ihnen nur wenige, die prominente Stellungen im politischen Leben einnahmen.

Die Liga forderte die Einführung der Zivilehe und Herabsetzung auf ein Minimum der religiösen Beschränkungen und der Ausübung religiösen Zwangs im Leben des Landes. Die Liga versuchte sporadisch eine Beeinflussung der öffentlichen Meinung durch Veröffentlichung von Pamphleten, Briefen an die Behörden und Zeitungsartikeln über das Problem des religiösen Zwangs. Sie gewährte auch in spezifischen Fällen individuellen Protests aktive Unterstützung, so zum Beispiel, wenn Schweinezüchter mit gewissen Ämtern Schwierigkeiten hatten oder wenn Ehen nicht religiös sanktioniert werden konnten.

Nach einer Reihe von religiösen Krisen und insbesondere der Affäre um die Frage »Wer ist Jude?« griff die Liga 1960 anläßlich der Schließung verschiedener Straßen am Sabbat für den Kraftwagenverkehr in Jerusalem nochmals aktiv in den Kampf ein.

Im Jahre 1963 organisierte sie in Jerusalem eine Demonstration gegen den wachsenden Kampfgeist der orthodoxen Gruppen, bei der viele »weltliche« Jugendgruppen mit Stöcken bewaffnet bis an den Rand der religiösen Viertel marschierten.

Unterlag auch der Einfluß der Liga großen Schwankungen, so stellten sie doch in gewissem Grade den Inbegriff der wachsenden Spaltung zwischen dem religiösen und dem nichtreligiösen Lager dar.

Politische Fragen – Das Problem einer Verfassung

Außer den mannigfaltigen oben analysierten Fragen entwickelte sich eine intensive Kontroverse über politische Fragen an sich – hauptsächlich über das grundsätzliche institutionelle System des Staates – und erstreckten sich über das, was man als das Image des Staates bezeichnen könnte. Diese Kontroversen treten besonders zur Zeit eines Wahlkampfs in den Vordergrund, wenn die religiösen Parteien sich für einen »religiösen Staat« einsetzen, der linke Flügel für einen »sozialistischen Staat« und so fort. Diese Probleme werden jedoch für gewöhnlich akut nur in Krisenmomenten, wenn sie durch konkretere institutionelle Fragen verstärkt werden.

Das Problem vom Image des Staates konzentrierte sich in institutionellen Begriffen zuerst auf die Möglichkeit einer Verfassungsgebung und wurde zuerst zur Zeit des Provisorischen Staatsrats aufgeworfen. Die Debatte hierüber war eine der wichtigsten in der Geschichte der Ersten Knesseth. Die Meinungen unterschieden sich in drei Richtungen voneinander. Eine formale, einheitliche und vollständige Verfassung wurde von Mapam, Cheruth, den Allgemeinen Zionisten und den Kommunisten befürwortet. Mapai und die Progressiven waren für Grundgesetze, die erlassen werden sollten, falls und sobald notwendig, um spezifische Aspekte des Lebens zu regeln. Die religiösen Parteien hingegen stellten sich auf den Standpunkt, die einzige annehmbare Verfassung für Israel sei eine auf dem jüdischen Glauben basierende.

Der Beschluß, die Debatte zu vertagen und eine Reihe von Grundgesetzen anzunehmen, ließ die ganze Frage offen.

Hiernach konzentrierten sich die zentralen Fragen der Kontroverse auf politischem Gebiet um Probleme des »Staatseins« – doch diese Probleme hatten in den ersten Jahren des Staates eine andere Bedeutung als später.

Vereinheitlichung des Staates: Armee, Bildungswesen, Arbeit und Gesundheitsversorgung

Ganz zu Beginn des Staates konzentrierten sich derartige politische Fragen auf die Einführung der diversen Staatsdienste und ihre Beziehung zu den früheren Institutionen mehr föderativen Charakters. Das warf viele institutionelle Probleme auf, deren erstes die Auflösung des »Palmach« im Jahre 1949 betraf. »Palmach« war ursprünglich eine halbfreiwillige militärische Organisation, in der Mitglieder von »Mapam« (und später von »Achduth« Ha'awodah«) die leitenden Positionen innehatten. Bei Begründung des Staates und der israelischen Armee beschloß die Regierung, »Palmach« in die reguläre Armee einzuschließen, ohne ihm irgendwelche spezielle Autonomie zu gewähren. Die Frage, die sich hier erhob, war, ob die neue israelische Armee nur der Regierung unterstellt sein sollte, oder ob man einige der früheren föderativen Vereinbarungen beibehalten sollte. Der Premierminister widersetzte sich letzterem entschieden und betonte mit Nachdruck, wie wichtig es sei, die Politik aus der Armee herauszuhalten.

Dasselbe Problem stellte sich in bezug auf andere militärische Splitterorganisationen – wie »Irgun Zwa'i Le'umi« und »Lechi« (»Stern-Gruppe«) – die nach vielen

Zweifeln und Streitigkeiten aufgelöst und in die allgemeine Armee eingereiht wurden.

Nachdem das Problem der Faktionen in den Verteidigungskräften gelöst war, traten die Probleme anderer Sektorenorganisationen in den Vordergrund, angefangen vom Trendsystem im Schulwesen. Nach langen Disukussionen wurde im Jahre 1963 schließlich ein Landesschulsystem eingeführt, doch der religiöse Trend blieb weiterhin separat.

Einen weiteren Anlaß zu kontinuierlichen Auseinandersetzungen lieferten die Krankenkassen, die von der Histadruth und den verschiedenen politischen Parteien organisiert werden.

Nicht weniger akut war das Problem der Arbeitsämter, die in den ersten Jahren des Staates auf politischer Basis organisiert waren und zu denen jede Partei entsprechend ihrer Stärke Vertreter stellte. Die Tatsache, daß Beschäftigung von der Parteimitgliedschaft abhängig war, fixierte de facto die relative Stärke der Parteien. Dieses Problem löste schließlich ein Gesetz, das alle Arbeitsämter unter die Kontrolle des Staates stellte.

Neben diesen konkreten Problemen tauchten allgemeinere auf, so die Frage, ob Anrecht auf staatliche Dienstleistungen, wie etwa Wohnungen, direkt und aufgrund des Bürgerrechts bewilligt werden sollte oder durch mannigfache Gruppen und Organisationen wie politische Parteien oder die Histadruth.

Dieselben Probleme bestanden auch in den späteren Jahren des Staates, hatten jedoch weniger zentrale Bedeutung.

Exekutive und Kontrollorgane; Fragen der Sicherheit

Das zweite Stadium in der Diskussion um die Grundlagen des Staates und seinen Betätigungsbereich kristallisierte sich gegen Ende der fünfziger Jahre heraus und konzentrierte sich auf den Rechtsbereich, auf die Beziehungen zwischen der gesetzgebenden und der vollziehenden Gewalt im Staate, insbesondere, aber nicht nur, in Sicherheitsangelegenheiten, sowie auf einige der grundlegenden Beziehungen zwischen dem Staat und seinen Bürgern.

Einen Gegenstand der Debatte bildete das Überwiegen der administrativen im Gegensatz zur parlamentarischen Gesetzgebung; ihre Auswirkungen zeigten sich in den Schwierigkeiten des Bürgers, seine Rechte angesichts dieses Überwiegens von Staat, Exekutive und Bürokratie zu wahren.

Von besonderer Bedeutung in diesem Zusammenhang war die Tendenz, im Staatsbürger ein »Objekt« der Vorschriften von Regierung und Verwaltung zu sehen, die besser als jeder Bürger – oder Gruppe von Bürgern – wüßten, was letzten Endes gut für das ganze Land und die Bürger sei; und hieraus ergab sich die Neigung, den Bürger im Verhältnis zu den Behörden in eine ständige Verteidigungsstellung zu drängen.

Diese Tendenzen wurden verstärkt durch Anwendung der diversen drastischen, vom Mandat ererbten »Sicherheitsverordnungen«; ferner durch ein recht drastisches Grundgesetz über Sicherheit, das bestimmte, daß in Angelegenheiten von Verrat der Angeklagte den Beweis für seine Unschuld erbringen müsse. Ein erfolgloser Versuch, ein neues Verleumdungsgesetz zu promulgieren, wurde 1962 unternommen.

Das vorgeschlagene Gesetz entfachte einen Sturm in der Öffentlichkeit und besonders in der Presse. Es wurde behauptet, die Inkraftsetzung des Gesetzes hätte die Behörden in eine unanfechtbare Position gegen ungünstige Kritik aus zweiter Hand versetzt und außerdem die Öffentlichkeit ihres elementaren Rechts beraubt zu wissen, ob der Angeklagte als schuldig befunden worden sei oder nicht.

Die einheimischen Zeitungen wurden von der ausländischen Presse weitgehend unterstützt, und der Vorschlag wurde zwecks »nochmaliger Erwägung« durch eine Regierungskommission zurückgezogen. Der korrigierte Vorschlag ist viel milder, obwohl er noch Spuren seines Vorgängers enthält; mehrere der extremeren und willkürlichen Klauseln wurden fallengelassen [82].

---

[82] Im folgenden ist ein Resümee einiger der wichtigeren Tatsachen betreffend obiges Gesetz:

(a) Am 21. Juli 1965 nahm die Knesseth (in ihrer letzten Sitzung) das Gesetz gegen Verleumdung an.

Verleumdung besteht in der Veröffentlichung in Druck, Schrift, Zahlen, Bewegungen, Zeichnungen, Rede, Geräusch oder jedweder anderen Art von irgend etwas, das in einer der folgenden Weisen einer anderen Person oder ihrer Würde schädlich ist:
1. ihr eine verbrecherische oder feindliche Handlung zuschreibt;
2. ihr unziemliches Betragen in öffentlichem Amt zuschreibt;
3. ihr berufliches Ansehen schädigen könnte;
4. sie öffentlich zu einem Objekt der Verachtung oder Lächerlichkeit oder sie verhaßt machen könnte;
5. Menschen veranlassen könnte, sie zu meiden oder sich ihrer Gesellschaft zu enthalten.

(b) Die hauptsächlichen in diesem Gesetz enthaltenen Änderungen im Vergleich zum vorhergehenden entsprechenden Gesetz sind wie folgt:
1. Konsolidierung der Zivil- und Kriminalverfahrensbestimmungen wegen Verleumdung. Eine gemeinsame Definition von Verleumdung, die sowohl auf Verbrechen als auch auf Zivilunrecht anwendbar ist.
2. Verleumdung der *Öffentlichkeit*.
3. Verleumdung *Verstorbener*.
4. Das Gesetz erweitert den Bereich der direkten straf- und zivilgesetzlichen Haftbarkeit von Herausgebern, Verlegern, Personen, die das Material zur Veröffentlichung beschafften, und in Fällen von *Wochen- und Monatsschriften* sogar des Eigentümers der Druckerei (Paragraph 12).
5. Die Verteidigung einer »wahren Behauptung« wird sowohl vom neuen Gesetz als auch von seinem Vorgänger anerkannt, doch das neue Gesetz hat zwei Bedingungen hinzugefügt: »Daß die Veröffentlichung einem öffentlichen Interesse diente, und unter der Bedingung, daß die Veröffentlichung nicht die dem Fall angemessenen Grenzen überschritt« (Paragraph 14).
6. Der den Vorsitz führende Richter kann die Veröffentlichung des Verleumdungsverfahrens verbieten, wenn er einen solchen Schritt zum Schutz des Rufs einer Person für notwendig hält. (Nach dem früheren Gesetz war die einzige Basis für ein solches Verbot die Möglichkeit, daß die Veröffentlichung der Sicherheit des Staates abträglich sein könnte.)

(c) Die Entstehung des Gesetzes.

Bei seiner Genehmigung (21. Juli 1965) erfuhr das Gesetz starken Widerspruch seitens der Presse, die behauptete, es sei übereilt genehmigt worden, ohne daß den von der allgemeinen Versammlung genehmigten Kritikanträgen ausreichende Aufmerksamkeit gewidmet worden wäre. Die Zeitungen behaupteten, die Wirkung des Gesetzes würde sein, die Freiheit des Ausdrucks und der Presse zu beschränken, und sie verlangten Abänderung des Gesetzes, solange die Fünfte Knesseth noch tagte.

Die Opposition, »Gaḥal« und »Mapạm«, brachte 36 Stimmen auf für Einberufung einer Sondersitzung zur Diskussion des Anti-Verleumdungsgesetzes (30 Stimmen genügen). Diese Sitzung wurde auf den 1. September 1965 angesetzt, und an diesem Datum wurden vier abgeänderte Fassungen des Gesetzes vorgeschlagen (von »Gạḥal«, »Mapạm«, »Mạki«, »Unabhängigen Liberalen«), »von denen keine von den grundsätzlichen Bestimmungen des Antiverleumdungsgesetzes abweicht und die alle sorgfältig abgefaßt sind mit dem Ziel, eine Verletzung der Menschenwürde zu vermeiden« (»Ha'ạretz«, 1. September 1965).

Die Zeitungen beschlossen, eine allgemeine Versammlung der israelischen Presse einzuberufen, und es wurde auch beschlossen, das Gesetz ins Englische und Französische zu übersetzen, um es mit entsprechenden Gesetzen in zehn demokratischen Ländern zu vergleichen.

Ähnliche Tendenzen, wenn auch in milderer Form, waren von Zeit zu Zeit in anderen Verfügungen oder Gesetzesvorschlägen zu finden.

Sicherheitsprobleme – die Stellung der Armee im Ablauf der Politik

Es war nicht mehr als natürlich, daß einige der grundlegendsten politischen Fragen sich um Sicherheitsprobleme drehten. Das wurzelte zuallererst in den objektiven Tatsachen der dauernd schwierigen Sicherheitssituation Israels – darin, daß es von Anfang seines Bestehens an von den arabischen Staaten mit Vernichtung bedroht wurde.

Aber darüber hinaus wurzelte dies auch in der von Ben-Gurion mit Entschiedenheit vertretenen Ansicht, daß die Armee und Sicherheitsangelegenheiten geradezu den Inbegriff des jungen Staates bildeten, sowie auch in seiner Ansicht, daß in Angelegenheiten der Sicherheit ihm eine besondere, einzigartige, persönliche Verantwortung obliege, die in gewisser Weise über die übliche parlamentarische oder auch ministerielle Verantwortlichkeit hinausgehe. Somit belegte er dieses Gebiet mit einer besonderen charismatischen Aura, die er nur mit einigen von ihm ausgewählten persönlichen Assistenten teilte.

Das erste wichtige Problem, das sich in diesem allgemeinen Kontext entwickelte, betraf das Ausmaß, in dem die Gefahr einer Usurpation der politischen Macht durch das Militär bestand.

Die Einführung einer einheitlichen Armee und die Tatsache, daß sie sich schnell zu einem Mittelpunkt der nationalen Identifikation, Ehre und Einheit entwickelte, war eine grundsätzliche Ursache dieses Problems, und eine Folge davon die Bildung einer militärischen Elite, die sich in mehreren wichtigen Merkmalen von der älteren politischen Elite unterschied. Die neue Elite war von Anfang an vorwiegend israelisch und wurde zu einem bedeutenden Anziehungspunkt für viele jüngere Israelis, die andere Zugänge zu öffentlicher Betätigung durch die alte Garde blockiert fanden. Sie war der Inbegriff von Sieg und Tüchtigkeit und auch von Jugend im Gegensatz zu dem üblichen politischen »Durcheinander« in der älteren Generation. Sie war

---

Die Hauptpunkte der in der Generalverammlung der Presse angenommenen Resolution waren wie folgt:

(a) Die Presse wird diejenigen Abschnitte des Gesetzes, die die Zeitungen beschränken (und die sehr eilig genehmigt wurden), nicht akzeptieren.

(b) Alle politischen Parteien werden aufgerufen, die Änderung des Gesetzes während der Sondersitzung der Knesseth zu unterstützen.

(c) Kein Journalist oder Zeitungsverleger wird sich an irgendeiner Kommission beteiligen, die zum Zwecke der Prüfung der Kritik am Gesetz aufgestellt werden sollte.

(d) Sollte die Sondersitzung der Knesseth keine Änderung des Gesetzes beschließen, würde ein Streik von 24 Stunden erklärt werden.

Die Presse bemühte sich, die öffentliche Meinung gegen das Gesetz aufzurütteln und bediente sich zu diesem Zweck der bestehenden parteipolitischen Struktur.

Im Verlauf der Sondersitzung, die am 1. September 1965 stattfand, wurde eine Resolution angenommen, die eine Kommission für das Antiverleumdungsgesetz unter Vorsitz des Richters Dr. Witkon vom Obersten Gerichtshof einsetzte. Als Folge rief die Presse am 16. November 1965 – zwei Wochen nach den Wahlen zur Sechsten Knesseth – zum Streik auf.

Im Dezember 1965 unterbreitete die »Witkon-Kommission« eine Anzahl von Vorschlägen bezüglich des Gesetzes. Die meisten Vorschläge bezweckten eine beträchtliche Milderung der Schroffheit der Vorschriften des Gesetzes, doch es ist noch zu früh, um das Ergebnis dieser Vorschläge abzusehen.

ferner mit einer Aura von Pioniertum umgeben und galt als Hauptstütze der nationalen Werte.

Außerdem erfüllte die Armee eine sehr wichtige Erziehungsfunktion für die Neueinwanderer, bei deren grundlegender Sozialisierung in die israelische Gesellschaft sie entscheidend mitwirkte.

Zu Beginn der fünfziger Jahre riefen diese Entwicklungen die Befürchtung einer möglichen Militarisierung wach. Indes hat sich inzwischen aus mehreren Gründen vieles erheblich gewandelt.

Dieser Wandel war teils durch die Reorganisation der Armee vom Kriegszustand zu dem eines belagerten Friedenszustands bedingt, als deren Folge die Reserven zunehmend an Bedeutung gewannen, und teils durch den zunehmend berufsmäßigen Charakter vieler Armeezweige.

Die Anwerbung angemessener berufsmäßiger Kräfte für den »permanenten« Kern stellte große Probleme, ebenso die Tatsache, daß viele höhere Offiziere sich veranlaßt sahen, den Dienst in einem relativ jungen Alter (wenn auch nach langer Dienstzeit) zu quittieren, um auf diese Weise sich leichter einer Zivillaufbahn anpassen zu können.

Die Armee erfüllte weiterhin viele wichtige Funktionen insbesondere auf dem Gebiet der Bildung, Berufsanleitung und Absorption von Neueinwanderern, und zwar wurden diese nichtmilitärischen Aufgaben zumeist im Rahmen der Armee und nicht als Ausdehnung der Armeebetätigung auf die Zivilsphäre ausgeübt. Das verringterte die Möglichkeiten des Militärs, zu einer fest umrissenen Gruppe mit ihrer eigenen politischen Einstellung zu werden. Allerdings diente in vielen gemeinsamen administrativen Problemen das Schlagwort von der »Sicherheit« der Unterdrückung von Streitigkeiten.

In ähnlicher Weise verhinderte die Tatsache, daß eine bestimmte Lebensweise oft von der militärischen Elite geteilt wurde (d. h. sie wohnten oft in derselben Gegend), nicht eine enge Verbindung mit verschiedenen politischen und sozialen Gruppen und Bewegungen. Der Übergang vieler Mitglieder dieser Gruppe zum Zivilleben bedeutete einen Niedergang zu zweitrangiger Bedeutung, und militärische Führer, die in die politische Laufbahn eintreten wollten, mußten im allgemeinen durch die üblichen Kanäle gehen und ihre Ansprüche in Zivilbegriffen von neuem geltend machen, obwohl sie als Träger von »Sicherheitswerten« weiterhin etwas von ihrer alten Aura genossen. So wurden sie manchmal von ihren Gegner als Vertreter von antizivilen oder antidemokratischen Tendenzen gesehen [83].

Das verursachte eine merkliche Verlagerung des Nachdrucks von der Armee zu den mit der Verteidigung befaßten Ministerien und von der drohenden Militarisierung zu der Gefahr einer Monopolisierung der Sicherheitsprobleme durch gewisse politische und administrative Gruppen, insbesondere den damaligen Premiermini-

---

[83] Diese Behauptungen waren nicht immer unbegründet. Sehr aufschlußreich von diesem Gesichtspunkt aus war ein kollektives Interview mit allen früheren Generalstabschefs, das eine der größeren Zeitungen 1963 durchführte. Fast alle drückten ihre Enttäuschungen über das israelische politische Leben aus und bezeichneten es als von Parteigeist durchsetzt und außerstande, »drastische« Entscheidungen zu fällen; alle befürworteten entschieden den Übergang zu direkter (nicht proportionaler) Vertretung, und die meisten von ihnen sagten, sie könnten unter den gegenwärtigen Bedingungen nicht aktiv an der Politik in Israel teilnehmen. Doch in den letzten Wahlen (1965) änderte sich das Bild etwas. Drei von ihnen schlossen sich »Rafi« an und zwei unterstützten aktiv den »Ma'arach«.

ster, und als Folge ein Fehlen von ziviler parlamentarischer und sogar ministerieller Kontrolle.

Hier lag eine der wesentlichen Kernfragen im Wahlkampf von 1961 und seinen Nachwirkungen.

Sicherheitsprobleme – Militärverwaltung in arabischen Gebieten

Ein weiteres Konfliktgebiet in diesem Zusammenhang ist das der Sicherheit im allgemeinen und der Militärverwaltung in arabischen Bezirken im besonderen, und es wird oft behauptet, die Begriffe »Sicherheitsverordnungen« und »Sicherheitsgründe« würden als magische Formeln verwendet, um eine Diskussion zu unterdrücken.

Seit 1960 wird zunehmend die Forderung nach parlamentarischer Kontrolle über Sicherheitsangelegenheiten erhoben. In diesen Kontext gehört auch die Diskussion über die Gefahren eines Militarismus, die bald zu besprechen ist.

Zur »Sicherheit«, aber auch zum Problem der Staatsgewalt, gehört die Frage der Militärverwaltung. Gemäß alten Mandatsverfügungen fallen mehrere Grenzbezirke in Israel unter eine derartige Verwaltung. Diese Bezirke umfassen einen großen Teil der arabischen Bevölkerung in Israel (die 1964 etwa 285 000 Personen betrug). Das Problem der Militärverwaltung, des Ausmaßes ihrer Notwendigkeit, Rechtmäßigkeit und Vereinbarkeit mit der demokratischen Orientierung des politischen Systems in Israel erfuhr in der ganzen Zeit des Bestehens des Staates besondere Aufmerksamkeit und war kontinuierlicher Gegenstand der öffentlichen Debatte.

Die Ansichten zu dieser Frage erstrecken sich von der Befürwortung einer vollständigen Abschaffung bis zum Drängen auf ihre Beibehaltung – auf ersterer bestehen »Mapam«, die Kommunisten, die Semitische Liga und »Hamischtar Hechadasch«, und auf letzterer die anderen Parteien, insbesondere »Mapai«.

Im Jahre 1959 wurde jedoch die Zahl der beschränkten Bezirke im Norden von 44 auf 16 herabgesetzt und die Bewegungsrestriktion von Nichtjuden nach jüdischen Bezirken wurde für Arbeit und Geschäftszwecke aufgehoben. Auch wurden langfristige Genehmigungen erteilt, die das Wohnen in beschränkten Bezirken erlaubten. Dennoch löste diese Verminderung der Beschränkungen das Grundproblem nicht, und die Erregung bestand weiter.

Am 2. Februar 1963 fand in der Knesseth eine heftige Debatte über die Militärverwaltung statt, in der der größte Teil der Opposition die Abschaffung der Militärverwaltung verlangte. Sie behaupteten, die diversen Sicherheitsprobleme könnten durch die reguläre Zivilpolizei gehandhabt werden, und eine Militärverwaltung verhindere arabische Loyalität gegenüber Israel, schaffe soziale und politische Spannungen, behindere den Kontakt zwischen Juden und Arabern und vermindere die Achtung der Welt vor dem Staat und seiner Außenpolitik. Manche behaupteten auch, die Militärverwaltung diene dazu, den Einfluß der herrschenden Partei auf die Minoritäten zu sichern.

Der Premierminister Ben-Gurion stützte sich bei seiner Opposition gegen die Vorschläge zur Abschaffung der Militärverwaltung hauptsächlich auf die prekäre Sicherheitslage Israels, wobei er behauptete, daß er »im Prinzip« gegen eine solche Verwaltung sei.

Im Laufe der Debatte wurde klar, daß sogar einige der Koalitionsmitglieder gegen die Fortführung der Militärverwaltung waren (alle Mitglieder von »Achduth Ha'awodah«, einige der National-Religiösen Partei und einige von »Mapai«). Ben-Gurion drohte mit Rücktritt, und auf die an »Mapai« angeschlossenen nichtjüdischen Parlamentsabgeordneten wurde Druck ausgeübt. So wurden, als die Angelegenheit zur Abstimmung kam, die Anträge für die Abschaffung der Militärverwaltung durch eine Mehrheit von 57 gegen 56 Stimmen abgelehnt.

Der zweite auffällige Wandel auf diesem Gebiet erfolgte im Jahre 1963 auf Initiative des neuen Premierministers Levi Eschkol.

Nach andauernder Diskussion mit den Vertretern von »Achduth Ha'awodah« kündigte Eschkol die Abschaffung der Bewegungsrestriktionen in allen unter Militärverwaltung stehenden Bezirken am 21. Oktober 1963 an. Die einzigen Ausnahmen von dieser Regel sind Restriktionen, die »als Gefahr für die Sicherheit« geltenden Einzelpersonen und direkt an der Grenze liegenden arabischen Dörfern auferlegt werden. Bei dieser Gelegenheit sprach Eschkol auch über das »Landbeschlagnahmegesetz«, das Arabern volle Entschädigung für Grundstücke, die zu Entwicklungszwecken beschlagnahmt werden, zusichert. Ferner berichtete der Premierminister über Entwicklungspläne für arabische Dörfer. In einer Abstimmung wurden diese Pläne von einer Mehrheit der Koalitionsparteien (einschließlich »Achduth Ha'awodah«) genehmigt.

Es muß betont werden, daß diese Vorschläge die Militärverwaltung de facto nicht abschafften und daß die Mehrzahl ihrer Verordnungen in Kraft blieb. Doch hatte sogar die begrenzte Veränderung eine gewisse Bedeutung als Anzeichen für mögliche zukünftige Entwicklungen – von denen einige tatsächlich zu Beginn 1966 erfolgten.

Die Stellung der Bürokratie im Ablauf der Politik

Ein etwas ähnliches Problem ist in bezug auf den Verwaltungsdienst und die Bürokratie erkennbar. In den ersten Jahren des Bestehens des Staates nahmen diese stetig an Stärke und Ansehen zu, und wichtige Entscheidungen wurden immer mehr in den obersten bürokratischen Stufen konzentriert.

Wies auf diese Weise der Verwaltungsdienst die Tendenz auf, rechtliche Normen auf Kosten von charismatischen in der Vollzugsgewalt durchzusetzen, so ist es doch wichtig, zwischen einer normalen Erweiterungstendenz des Bereichs der Bürokratie und der Möglichkeit einer vollständigen politischen Usurpation zu unterscheiden.

Die politische Symbolisierung des Staates

Die vorstehenden Fragen haben sich in der letzten Zeit zu einem ideologischen Widerstreit zwischen den Verfechtern von zwei grundsätzlich verschiedenen politischen Haltungen kristallisiert. Die eine Seite unterstreicht die Bedeutung politischer, technischer und militärischer Sachkenntnis und Leistung, wohingegen die andere die Aufrechterhaltung von rechtlichen, verfassungsmäßigen und institutionellen Normen und die Herrschaft des Gesetzes betont.

Immer wieder taucht der Begriff der »Leistung« in öffentlichen Diskussionen, in denen es um die Idealvorstellung des Staates geht, auf und wird in gewissem Grade als die natürliche Folge des vorstaatlichen Strebens nach »Hagschamah« (Erfüllung von Idealen) betrachtet. Die Anhänger dieses Gesichtspunkts machen geltend, die Aufgaben des Staates erfordern rasches und sachkundiges Handeln ohne allzu lange ideologische Überlegungen.

Die Gegner dieser Ansicht versichern, Leistung allein sei nicht genug. Sie behaupten, diese Einstellung sei gefährlich und führe zu einer »Technokratie«, in der die Ziele des Staates in den Hintergrund gerückt würden und die Mittel im Rampenlicht blieben.

Ein derartiger technischer Nachdruck – oft mit einer stark charismatischen Tendenz gepaart – geriet somit in den Ruf, potentiell im Widerspruch zu Zielen der Ideologie und Bewegung zu stehen und sich gegen die Herrschaft des Gesetzes in politischen Institutionen zu richten.

Abgesehen von ihrer ideologischen Bedeutung hatten diese Diskussionen auch viele institutionelle Auswirkungen. Am auffälligsten sind die unternommenen Versuche, die Interpretation von Werten, wie sie um den damaligen Premierminister David Ben-Gurion herum zum Ausdruck kamen, zu institutionalisieren.

Die wichtigste symbolische Manifestation dieser Versuche war die geringe Betonung der nichtpolitischen (oder nicht auf die Regierung bezüglichen) Staatssymbole. In Angelegenheiten des Protokolls äußerte sich dies in der Tatsache, daß der Premierminister im Rang auf den Präsidenten folgt (vor dem Sprecher der Knesseth, der den Präsidenten in seiner Abwesenheit vertritt) und in dem geringeren formalen Platz, der der Richterschaft trotz ihres ungeheuren Ansehens eingeräumt wird. Diese Tendenz drückte sich auch in den Versuchen aus, den Staat mit der Regierung gleichzusetzen, die volle Beteiligung der Opposition auf ein Minimum herabzusetzen und sogar die Legitimation der Opposition in den Händen der Regierung, d. h. in den Händen des Premierministers, zu lassen.

Unter den nichtpolitischen Ämtern wurde nur die Präsidentschaft als ein relativ autonomes Symbol aufrechterhalten, und es ist interessant festzustellen, daß viele Schemata der Betätigung, die von der Präsidentschaft unternommen wurden, den von Ben-Gurion enwickelten – vielleicht unbewußt – entgegengesetzt waren.

Das Wahlsystem

Eine Frage, die mit den grundlegenden Konturen der politischen Institutionen in engem Zusammenhang steht, ist die der Verhältniswahl im Gegensatz zu direkter Repräsentation. Das letztere System ist immer von Ben-Gurion, von gewissen Gruppen in der »Mapai«, einigen Mitgliedern von »Cheruth«, den Allgemeinen Zionisten und von »Hamischtar Hechadasch« befürwortet worden.

Die Hauptargumente derjenigen, die für dieses System eintraten, lauteten, es würde einen direkten Kontakt zwischen gewählten Vertretern und Wählerschaft sichern, der Vielheit kleiner Parteien ein Ende setzen und die Entwicklung eines Zwei-Parteien-Systems garantieren, was zu größerer Stabilität führen würde.

Die Opposition gegen diese Vorschläge beruhte auf der Voraussetzung, daß eine direkte Repräsentation das Monopol der »Mapai« sichern, jede Opposition ausschalten und so die Grundlagen der israelischen Demokratie unterwandern würde.

Außenpolitik

Einstellungen zur Außenpolitik waren ihrer Natur nach in großem Ausmaß in den diversen Parteiideologien enthalten. Es gab nicht eine einzige Partei (offiziell nicht einmal die Kommunistische Partei), die einen Anschluß an den Ostblock befürwortete; doch gab es einige Linksparteien, die eine streng neutralistische Politik verlangten.

Ein weiterer wichtiger Faktor in jeder außenpolitischen Debatte war die Behauptung, die Regierung gebe sich wenig Mühe, ihre Beziehungen zu den Arabern zu verbessern. Diese Behauptung war vom rechten Flügel zu hören, wo »Cheruth« oft versicherte, es sei eine »aggressivere« Politik notwendig, wie auch vom linken Flügel, der erklärte, der Weg, eine Integration in den Nahen Osten zu erreichen, führe über eine Neutralisierung der Region.

Die Beziehungen zu Deutschland stellten einen weiteren wichtigen Fragenkomplex dar, der nicht nach den üblichen Parteilinien verlief, sondern tiefere Schichten der nationalen Identität berührte. Ein Zentralproblem hier war das Gebiet der Wiedergutmachungszahlungen.

Im Januar 1952 verkündete der Premierminister, es seien Unterhandlungen zwischen Westdeutschland und Israel im Gange über Entschädigungszahlungen an diejenigen Juden, die unter dem Naziregime vor dem und im Zweiten Weltkrieg gelitten hatten. Diese Ankündigung verursachte einen Aufruhr in der Öffentlichkeit und unter den Knessethmitgliedern.

Zwar gab es Einzelpersonen in allen Parteien, die von der Politik ihrer Partei zu dieser Frage abwichen, doch »Cheruth« widersetzte sich einem derartigen Abkommen in aktivster Weise mit der Behauptung, daß es nationalem Verrat gleichkomme. In den Städten wurden Demonstrationen veranstaltet, und sie gipfelten in einer Demonstration vor dem Knessethgebäude, während drinnen die Debatte über diese Frage im Gange war. Es wurden Steine geworfen, und der ganze Bezirk um die Knesseth herum glich einem Schlachtfeld.

Beziehungen zu Deutschland wurden ein zweites Mal 1959 akut über der Frage des Verkaufs von Waffen an Deutschland, und diesmal war die Folge ein Zusammenbruch der Koalition. Der Premierminister (»Mapai«), die Allgemeinen Zionisten und die Progressiven traten für das Abkommen ein, und die beiden linken Partner der Koalition, »Mapam« und »Achduth Ha'awodah«, zusammen mit »Cheruth« und einigen der religiösen Parteien waren dagegen.

Israels Beziehungen zu Deutschland stellten auf viele verschiedene Weisen dauernd einen Gegenstand der öffentlichen und politischen Kontroverse dar.

Die Lawon-Affäre

Der Ausbruch der Lawon-Affäre erfolgte im Herbst 1960, doch ihre Wurzeln reichen bis 1954 zurück, als Pinchas Lawon Verteidigungsminister in einem Kabinett unter dem Vorsitz von Moscheh Scharett war. David Ben-Gurion lebte zu jener Zeit im halben Ruhestand in Zurückgezogenheit im Kibbuz Sdeh Boker im Negew.

Zu jener Zeit geschah ein grober politischer und militärischer Schnitzer oder »Unglücksfall«. Im Anfang behaupteten die Offiziere des Nachrichtendienstes, der Minister Lawon habe den ursprünglichen Befehl, der zu dem Unglück führte, erteilt. Auf Verlangen des Premierministers wurde ein Untersuchungsausschuß, bestehend aus dem Richter des Obersten Gerichts Olschan und dem früheren Generalstabschef Dori, ernannt, um die Angelegenheit aufzuklären.

Später stellte sich heraus, daß einige Offiziere durch falsche Aussagen den Ausschuß getäuscht hatten. Aufgrund der Schlußfolgerungen des Ausschusses wurde Lawon seines Ministerpostens enthoben, und die Wahlen von 1955 brachten Ben-Gurion als Premier- und Verteidigungsminister zurück. Damals, und wahrscheinlich zum Teil als Entschädigung, wurde Lawon zum Generalsekretär der Histadruth ernannt.

Die Angelegenheit flammte noch einmal auf, als im Jahre 1960 in einem Gerichtsverfahren in einer anderen Sache gegen einen der vorher beteiligten Offiziere neues Beweismaterial für Lawons wahrscheinliche Unschuld ans Tageslicht kam. Lawon verlangte jetzt, der Premierminister sollte eine öffentliche Erklärung zu seiner Rehabilitation abgeben. Ben-Gurion betonte jedoch, die Angelegenheit sei derart geheim, daß es gerechtfertigt sei, sie in keiner Weise vor die Öffentlichkeit zu bringen. Er behauptete auch, Lawons Name könne nicht entlastet werden, ohne einen anderen hohen Nachrichtenoffizier zu belasten. Doch der Premierminister willigte ein, daß ein Rechtsausschuß die Angelegenheit noch einmal untersuche. Der »Cohen-Ausschuß« und später ein besonderer, aus sieben Kabinettsministern bestehender Untersuchungsausschuß, unter Vorsitz des Justizministers, erklärten, Lawon sei für die Geschehnisse von 1954 nicht verantwortlich zu machen. Hierdurch gelangte jedoch die Angelegenheit nicht zum Abschluß, sondern entwickelte sich aus einer Frage der persönlichen Rehabilitation zu einer Debatte über einige der entscheidenden Aspekte des Staates. Ben-Gurion betrachtete Lawons Kritik an einigen Aspekten der israelischen Armee und des Verteidigungsministeriums als an Verrat heranreichend, und Lawon war der Ansicht, die Armee und die Sicherheitsinstitutionen sollten nicht über Kritik und öffentliche Kontrolle erhaben sein. Die Frage wurde mehrfach im Zentralausschuß von »Mapai« diskutiert, und es bildeten sich innerhalb der Partei getrennte Faktionen. Die eine bestand hauptsächlich aus den »jüngeren Elementen« (wie Moscheh Dajan, dem früheren Generalstabschef, und Schimon Peres, damaligem stellvertretendem Verteidigungsminister), die Ben-Gurion und seine Forderung der Entlassung Lawons von seinem Histadruthposten unterstützten. Die andere Faktion bestand zum größten Teil aus der alten Garde und widersetzte sich zuerst dieser Willkürforderung.

Doch die Angelegenheit blieb nicht innerhalb des Bereichs von Mapai. Die ganze Regierung und das gesamte politische System wurden eng in den Streit verwickelt, insbesondere als Ben-Gurion sich weigerte, den vollen Bericht des Cohen-Ausschusses dem Kabinett vorzulegen. In diesem Zeitpunkt ernannte das Kabinett einen Ausschuß von sieben Ministern, der einstimmig und eindeutig Lawon freisprach und mit der Verantwortung für den Unglücksfall von 1954 den damaligen Leiter der Nachrichtenabteilung belastete. In der darauf folgenden Kabinettsitzung erklärte Ben-Gurion, er würde diese Entscheidung nicht akzeptieren, da sie nach seiner Erklärung »Parteilichkeit, Rechtsverdrehung und halbe Wahrheiten« enthalte. Er nahm sofort einen langen Urlaub und beabsichtigte, seine Premierschaft wieder aufzunehmen, nachdem Lawon von der Histadruthführung abgesetzt sei.

Die Parteimaschine setzte jetzt einen öffentlichen Feldzug in Bewegung, um Ben-Gurion in die Regierung zurückzubringen, sei es auch um den Preis einer Annahme seines Ultimatums. Es tauchten Slogans auf, die »unmittelbar bevorstehendes Verderben«, das dem Staat drohe, ankündigten, falls Ben-Gurion in diesem Stadium zurücktrete. Die Koalitionspartner, die an dem Ministerausschuß über die Affäre teilgenommen hatten, waren gekränkt durch das anmaßende Verhalten ihres Premiers und drohten jetzt gemeinsam mit einigen alten Mapaiministern mit ihrem Rücktritt.

Mapai machte jetzt die größten Anstrengungen, um in dem internen Konflikt ein Kompromiß zu erreichen, doch Lawon lehnte die vorgeschlagenen Kompromisse ab, und keiner der Mapaiführer war gewillt, die Verantwortung zu übernehmen.

Im März 1961 war Finanzminister Eschkol schließlich gezwungen, die Frage zu entscheiden, denn Ben-Gurion war in der Zwischenzeit zurückgetreten und das Land war ohne Regierung. In einer dramatischen Sitzung der Parteiexekutive, während Anhänger von Lawon vor dem Gebäude demonstrierten, beschloß Mapai, Lawon aus seinem Amt zu entfernen. Die Exekutive der Histadruth, in der Mapai die Mehrheit hatte, führte den Parteibeschluß aus.

Das Endergebnis der Abstimmung im Zentralausschuß der Mapai war relativ knapp (159 gegen 96). Der Antrag gegen die Entlassung wurde von Scharett gestellt, und das Ergebnis wurde im großen ganzen als moralischer Sieg für Lawon betrachtet.

Die Koalitionspartner gaben dem Druck der Öffentlichkeit nach und entschieden, sich erneut an einer von Ben-Gurion geführten Regierung zu beteiligen. Damit brachten sie die Lawon-Affäre endgültig zum Abschluß, die Knesseth löste sich fast drei Jahre vor Ablauf ihrer Zeit auf und das Land ging im August 1961 erneut zur Wahl. Mapai verlor vier Sitze, aber die resultierende enge Koalitionsregierung enthielt eine noch stärkere Mapaimehrheit.

Nachwirkungen der Lawon-Affäre

Ein interessanter und signifikanter Aspekt der Lawon-Affäre war ein Aufwallen der unabhängigen öffentlichen Meinung, hauptsächlich unter Intellektuellen, Kibbuzmitgliedern, den jüngeren Elementen diverser Parteien (insbesondere »Mapam« und des religiösen Blocks) und in der Presse. Diese latente Unzufriedenheit kam im Januar 1961 zum Ausbruch, als eine Gruppe einflußreicher Professoren von der Hebräischen Universität eine Protesterklärung veröffentlichte. Sie forderten die Akademiker des Landes auf, ihre Unzufriedenheit zum Ausdruck zu bringen, und als Folge dieses Aufruhrs gingen im Laufe von wenigen Tagen Hunderte von Protesterklärungen von vielen akademischen und literarischen Persönlichkeiten ein. Diverse Studentengruppen folgten spontan ihren Lehrern durch Gründung einer »Kommission zur Verteidigung der Demokratie«, in der sie ihrem Protest durch öffentliche Ansprachen und durch die Presse Ausdruck verliehen. Die Presse nahm aktiven Anteil an der Debatte, wobei zwei unabhängige Zeitungen – »Ha'aretz« (der im großen ganzen für Ben-Gurion war) und »Ma'ariw« (der mehr zu Lawon neigte) – besonders vernehmlich waren. Die Parteizeitungen waren im allgemeinen für Lawon, und die interne Krise der »Mapai« wurde besonders offenkundig in der Histadruthzeitung »Dawar«, die keine klare Politik zu dieser wichtigen Tagesfrage des Landes verfolgte. Die Parteimaschine bemühte sich, eine Gruppe von Intellektuellen zur Unterstützung der Position Ben-Gurions zu organisieren, hatte damit aber keinen Erfolg, denn nicht mehr als eine Handvoll Schriftsteller und Professoren folgten dem Ruf der Partei.

Die Entwicklung einer derart beispiellosen öffentlichen Meinung bewies, daß der Zentralpunkt der Affäre sich allmählich von einer persönlichen Frage zu dem allgemeineren Problem der Demokratie in Israel verlagert hatte.

Die Lawongruppe sowie mehrere andere versuchten, die Kontroverse auf einige allgemeinere politische Fragen, insbesondere den Konflikt zwischen der Staatsmacht und mehr freiwilligen Formen der sozialen Organisation auszudehnen.

Mehrere entscheidende Aspekte des israelischen politischen Lebens wurden durch die Affäre ins Rampenlicht gerückt. Eine derartige Frage betraf die Macht des Premierministers, die Entscheidung eines Kabinettsausschusses umzustoßen. Das wurde in enge Verbindung zu der ganzen Frage der parlamentarischen Kontrolle gebracht.

Ein weiteres zur Sprache gebrachtes Problem war das Recht des Einzelnen, den »geheiligten« Boden des Sicherheitswesens zu betreten, und die Macht des Premierministers, Regierungsentscheidungen post factum umzustoßen.

Obwohl in institutioneller Beziehung Ben-Gurion insofern gewann, als Lawon seines Amtes enthoben wurde und er selbst imstande war, eine neue Regierung zu bilden, erhöhten diese Entwicklungen weder sein eigenes Ansehen noch das seiner Regierung.

Seine Beliebtheit sank zur Zeit der Affäre auf einen Tiefstand, und die Tatsache, daß seine Version der Affäre nicht akzeptiert wurde, war ein harter Schlag für sein Prestige. Die Amtsenthebung Lawons wurde im allgemeinen mehr als ein erfolgreicher coup de force betrachtet und nicht als ein Sieg der Gerechtigkeit, und bezeichnenderweise versuchte seine eigene Partei, im Wahlkampf die Frage zu vermeiden und plädierte statt dessen für zunehmende Stabilität, Sicherheit und für Vertrauen zum »Alten«.

Die Lawon-Affäre hatte weiterhin ausgedehnte Nachwirkungen auf das politische Leben Israels, was schließlich 1963 zum Rücktritt Ben-Gurions und zur Nachfolge Eschkols als Premierminister führte. Auch danach diente sie noch einer Neukristallisation der Kräfte in der »Mapai« und im ganzen Land.

3. Der Ablauf der Politik und die Kontinuität des Systems

Die Schemata der Kontinuität im politischen System Israels – die politischen Parteien

Die vorstehende Analyse über die hauptsächlichen Fragen des politischen Kampfs in Israel deutet darauf hin, daß zwar die an diesem Prozeß beteiligten politischen Parteien im großen ganzen die gleichen geblieben sind wie in der vorstaatlichen Zeit, die meisten Fragen jedoch, um die sich dieser Kampf konzentrierte, relativ neu waren und sich zumeist nach der Errichtung des Staates entwickelten. Sogar diejenigen Fragen, die – wie die religiösen und einige der sozialen – auch in der vorstaatlichen Zeit eine große Bedeutung hatten, erfuhren im Rahmen der Staates eine weitgehende Verwandlung.

Diese Tatsache bildet einen der wichtigsten Schlüssel zum Verständnis der Kontinuität des israelischen politischen Systems, seiner Probleme und Gefahren. Ein guter Ausgangspunkt für die Analyse dieser Probleme dürfte die Analyse der Hauptbeteiligten auf den Schauplätzen, nämlich der diversen politischen Parteien, sein.

Wie wir sahen, erwies sich als Inbegriff der anfänglichen Fähigkeit des politischen Systems, sich mit neuen Kräften auseinanderzusetzen, die Tatsache der Absorption der meisten neuen sozialen und Einwanderergruppen durch die bestehenden Parteien, und diese Tatsache steht in sehr enger Beziehung zu den wesentlichen Merkmalen der israelischen Parteien – ihrer Organisation und Arbeit.

Diese Tendenzen erklären in großem Ausmaß die Kontinuität der Parteien seit der Zeit vor der Staatsgründung.

So versuchten die meisten Parteien, mehrere »föderative« Regelungen und insbesondere die Zuweisung von »festen« Mitteln und von Menschenmaterial sowohl im Rahmen des Staates als auch der Jewish Agency beizubehalten. Am gesuchtesten unter den Mitteln waren Wohnung, Siedlung, Bildungsmöglichkeiten und in vielen Fällen die Zuweisung von Arbeit durch die Arbeitsämter. Von besonderer Bedeutung in diesem Zusammenhang war die Krankenkasse, »Kupat Cholim«, die die meisten Neueinwanderer sofort in das System der »Histadruth« einbezog. Das war auch einer der Hauptgründe dafür, daß die Histadruth sich einer Verstaatlichung der Krankenversicherung widersetzte.

Die diversen Parteien versuchten auch, das neue Einwanderermenschenmaterial noch vor der tatsächlichen Einwanderung untereinander aufzuteilen. Das geschah durch die Zuweisung von »Quoten« und durch die Entsendung von Abgesandten ins Ausland zur Organisation der verschiedenen Einwanderergruppen, um sie in zugewiesene Siedlungen zu lenken. Es existierte somit ein uneingestandenes, inoffizielles und doch sehr reales Abkommen innerhalb der Jewish Agency über die anteilige Aufteilung neuer Siedler unter die Siedlungen verschiedener Parteien.

Die Zuweisung von durch den UJA (United Jewish Appeal – Vereinter jüdischer Appell) und den »Keren Hajessod« (Gründungsfonds) aufgebrachte Gelder an diverse Parteikassen wurde offener zugegeben. Das bezog sich besonders auf die sogenannten »konstruktiven« Fonds, die in der Regel für Wohnungs- und Absorptionsbeihilfe an Parteimitglieder verwendet wurden.

Sogar als einige dieser Dienstleistungen (wie Wohnungsbau oder Arbeitsämter) auf den Staat übergingen und dieser offiziell keine Parteibevorzugung erlaubte, bestanden auf lokaler Ebene diese Abkommen in dem Sinn weiter, daß die diversen Parteifunktionäre erheblichen Einfluß auf die Einwanderer ausübten, sich ihren entsprechenden Parteien anzuschließen. Diese Tendenz einer Fortsetzung der »früheren« föderativen Abkommen fand sich auch in den Plänen für regionale Kibbuz- oder Moschawsiedlungen oder für die Entwicklungsgebiete.

Hier versuchten die verschiedenen Parteien und Bewegungen, oft durch die Ministerien, an deren Spitze sie in der Koalitionsregierung standen, ein völliges oder teilweises Monopol über solche Bezirke zu erlangen in dem Bemühen, die hauptsächlichen Entwicklungsgebiete unter sich aufzuteilen.

Das war eng verbunden mit dem zweiten wichtigen strukturellen Wandel in der

Parteiarbeit, nämlich mit dem Typ der von den diversen Parteien mobilisierten Klientel und ihrer Beziehung zu den Parteien.

Am Anfang gab es bei vielen Neueinwanderern keine ideologische Identifikation mit den diversen Parteien. Die Formulierung ihrer Beziehungen erfolgte entweder im Sinne einer vagen Identifikation mit einigen der allgemeinen Staatssymbole, die von den Parteien (und insbesondere von »Mapai«) repräsentiert wurden und/oder im Sinne konkreter Vorteile, die sie von den Parteien erwarteten.

Auch die Arbeit der meisten Parteien (mit der teilweisen Ausnahme einiger auf dem linken Flügel) war nicht darauf gerichtet, neue soziale oder ideologische Gruppen zu schmieden. Vielmehr versuchten sie, den Einwanderern ihren Weg in die israelische Wirtschaft zu erleichtern, indem sie ihnen Absorptionsgelegenheiten boten und ihre betreffende Partei als die Hauptverkörperung des Staates darstellten.

Daher entwickelte sich in den meisten Parteien ein großer Nachdruck auf Bewilligung von Vorteilen, Manipulation von Menschenmaterial und Machtpositionen, und es wurde viel weniger Wert gelegt auf den älteren Typ von Ausrichtung auf eine »Bewegung« und Ideologien. Trotz der vielen Unterschiede zwischen den diversen Parteien war in den meisten von ihnen die Verlagerung zu derartiger Arbeit und Einstellung stark ausgeprägt.

Manche Auswirkungen auf die strukturellen und organisatorischen Aspekte verschiedener Parteien wurden bereits weiter oben erwähnt, doch es mag sich lohnen, hier auf einige der Probleme einzugehen, die aus dem Zusammentreffen zwischen den diversen Parteien und den Neueinwanderern herrührten. Wie wir sahen, entwickelten sich in den meisten Parteien besondere Abteilungen für die Arbeit mit Einwanderern, die die aktiveren Elemente aus den Einwanderergruppen dadurch in ihren Bannkreis zogen, daß sie ihnen gewisse Machtpositionen einräumten, sie aber gleichzeitig unter strenger Kontrolle hielten.

Die unterschiedlichen Weisen, in denen eine Anpassung der Parteistruktur an die Formen der eher traditionalen Führerschaft und die Milieus vieler Neueinwanderer erfolgte, ist interessant und auch signifikant.

In vielen Fällen, und besonders im Moschaw, finden wir, daß die älteren traditionalen Führer oder die aktiveren Elemente unter den Neueinwanderern durch verschiedene Abkommen mit den Parteien in diese hineingezogen wurden und daß die politische Führerschaft in ländlichen und Entwicklungsgebieten oft mit der Führerschaft der erweiterten Familie identisch war.

Die politischen Führer dieser erweiterten Familien waren für gewöhnlich nicht Männer, die im Ausland Führerfunktionen erfüllt hatten. Die Führerschaft von Familienoberhäuptern, die im Ausland diese Funktion ausgeübt hatten, ist jetzt durchweg auf das religiöse und kulturelle Gebiet beschränkt, dagegen liegt die Führung in wirtschaftlichen und politischen Betätigungen nunmehr allgemein in den Händen jüngerer Männer, die in vielen Fällen über eine reguläre, in Israel erworbene moderne Bildung verfügen. Dennoch besteht das alte traditionale Familiensystem weiter, und die Arbeit dieser jungen Männer, die persönlich beträchtlich modernisiert sein mögen, wird weiterhin in traditionale Formen gelenkt.

Die Parteien suchen die große Masse durch die Führer der erweiterten Familien zu beeinflussen, und in vielen Fällen ist die Treue eines ganzen Klans dadurch gesichert, daß eine politische Partei diese Führer für sich einnimmt. Grundsätzliche politische Zugehörigkeit wird somit nicht durch Ideologie oder ein politisches Programm bestimmt, sondern durch die Erzielung konkreter materieller Vorteile für den Klan als Ganzes. Die Einstellung des Klans und seines Führers zur Ideologie der Parteien ist oft zynisch, was von der Irrelevanz der Ideologie gegenüber vielen konkreten Problemen oder dem Eingewöhnungsprozeß herrührt.

Hinzu kommt die »traditionale« Dynamik der Klans an sich, im Unterschied zu der Klanbetätigung, die sich aus dem Einfluß moderner politischer Parteien ergibt. So gibt es zahlreiche Fälle, in denen die Aufteilung der inneren Macht und Führerschaft eines Dorfs auf einer Spaltung zwischen zwei Klans basiert. In solchen Fällen kämpft ein Klan gegen den andern um Machtpositionen wie die des Dorfsekretärs, des Organisators der technischen Dienste, Mitgliedschaft im Dorfausschuß usw. Zwar beruht diese Spaltung für gewöhnlich auf der überkommenen Basis von unterschiedlicher Familienloyalität, doch wird dieser lokale politische Kampf oft in den allgemeineren Rahmen der Politik im Landesmaßstab verwickelt, wobei die diversen Landesparteien die verschiedenen Klans zu beinflussen suchen und die Klans offenbar verschiedenen Landesparteien angehören. Obwohl vom ideologischen Gesichtspunkt aus diese Parteien sich von den religiösen Parteien am einen Extrem bis zu den Parteien des linken Flügels am anderen erstrecken, wird im Dorfbereich der ideologische Aspekt für gewöhnlich vergessen. Wo der interne politische Kampf (des Dorfbereichs) sich zwischen verschiedenen ethnischen Gruppen abspielt, erscheinen die Landesparteien oft als Vertreter verschiedener ethnischer Interessen. Nur die größten Parteien umfassen stark voneinander unterschiedene ethnische Gruppen in derselben Ortschaft und können so als Beschützer verschiedener ethnischer Gruppen gleichzeitig auftreten.

Die interne Führerauswahl unter den Einwanderern wird durch all dies natürlich stark berührt; es werden immer mehr lokale »Bosse« und Führer herangezogen, und zwar besonders im Moschaw, in dem die geschlossene soziale Struktur die Bewahrung traditionaler Systeme förderte. Derartige neue Führer tauchten jedoch auch in den diversen städtischen und halbstädtischen Zentren auf, in denen von allen Parteien ermunterte »politische Bosse« aus den verschiedenen ethnischen Gruppen auf den Plan traten.

Kontinuität und Wandel in der Parteibetätigung

Diese Betätigung der Parteien erklärt in großem Umfang ihre Kontinuität – besonders in Beziehung zu den Neueinwanderern.

Unter den Neueinwanderern sind bis jetzt keine neuen Typen von politischen Parteien entstanden. Das ist zweifellos auf die Tatsache zurückzuführen, daß Fortkommensaussichten im Rahmen der älteren Parteien günstiger sind. Zum Teil ist hierfür die Tatsache verantwortlich, daß die soziale Realität, der sich die Neueinwanderer anpassen mußten, von den älteren Gruppen geformt worden war, und diese kontrollierten auch die strategisch wichtigen Punkte in den hauptsächlichen institutionellen Bereichen.

Außerdem entwickelten die Einwanderer eine deutliche Identifikation mit den allgemeinen Parteisymbolen, sei es des Staats, der Religion oder gar des ethnischen Ursprungs – trotz ihres mangelnden Interesses an den stärker ideologischen Aspekten der Parteien.

Schließlich zeigte sich eine merkliche Verlagerung in der Betätigung und Ausrichtung der Parteien eher zu »Machtbetätigung« als zu »totalistischer« Ideologie – obwohl sie oft fortfuhren, totalistische Symbole und Organisationen zu entwickeln.

Dasselbe Schema findet sich in bezug auf die »junge« Generation, die nach der Staatsgründung aufwuchs, oder die diversen neuen Fach- und Berufsgruppen, die sich zu dieser Zeit entwickelten.

Die meisten Parteien versuchten, diese Elemente in sich aufzusaugen, teils indem sie ihnen Führerstellungen einräumten und teils indem sie sich um ihre konkreten Bedürfnisse kümmerten.

Diese Entwicklungen unterstreichen die innere Umformung der wichtigeren Parteien aus Sekten und »Bewegungen« zu voll entwickelten Parteien mit ausgeprägter politischer Führerschaft, die an der Erhaltung ihrer Positionen interessiert ist und ein weites Netz von Interessengruppen und Bürokratie umfaßt.

Unter den Parteifunktionären gewann der politische Boß und Organisator sowie der direkte Vertreter der diversen Interessengruppen erheblich an Bedeutung gegenüber dem älteren Typ des Führers der Bewegung oder des unabhängigen Führers. Gleichzeitig nahm auch der Nachdruck auf organisatorischer Disziplin – im Gegensatz zu ideologischen Bindungen – zu, und der neue Rahmen ermöglichte es den Parteien, neue Gruppen aufzunehmen und neue Anhänger sowohl aus den alten als auch den neuen Sektoren der israelischen Gesellschaft aufzusaugen.

Die religiösen Parteien fanden ihre Anhänger unter den mehr traditionalen Elementen aus den orientalischen und auch aus den osteuropäischen Gemeinschaften.

Die Linksgruppen wurden zumeist von einigen der jüngeren israelischen Gruppen (besonders aus dem Kibbuz und der städtischen Jugendbewegung), früheren Mitgliedern von Jugendbewegungen und Einwanderern aus Osteuropa unterstützt.

Die »Allgemeinen Zionisten« hatten anfänglich wenig Erfolg bei Neueinwanderern, aber später zogen sie manche von den städtischen »Bourgoiselementen« an, wohingegen die »Progressiven« besonderen Erfolg hatten bei den Gruppen der freien Berufe und jüngeren Akademikern. In den letzten Wahlen scheint der »Liberale Block« auch einen relativ breiten Ausschnitt aus den älteren und/oder europäischen städtischen Elementen angezogen zu haben.

»Cheruth« zog einige Mitglieder aus der älteren Revisionistischen Bewegung an, viele frühere Mitglieder des »Irgun Zwa'i Le'umi« und viele unzufriedene Elemente unter den Neueinwanderern, insbesondere solche, die schon teilweise eingeordnet und mit ihrem Fortkommen unzufrieden waren. Paradoxerweise war diese Partei in gewissem Sinne stärker »proletarisch« als irgendeine der Arbeitergruppen.

Das breiteste und vielfältigste Spektrum fand sich natürlich in »Mapai«.

Erinnert sei an die wichtige Tatsache, daß mehrere Versuche zur Organisation spezifisch ethnischer Parteien völlig fehlschlugen und die Parteiführer sich in zunehmendem Maße an die bestehenden Parteien wenden mußten, um ihre Ansprüche geltend zu machen.

»Cheruth«, die einzige »wirkliche« Oppositionspartei – d. h. die einzige, die sich an keiner Regierungskoalition beteiligte –, hatte den Erfolg, viele mit dem System Unzufriedene anzuziehen, was paradoxerweise das bestehende System stärkte.

Diese Fähigkeit vieler Parteien, neue Gruppen heranzuziehen, basiert zu einem nicht geringen Grade auf ihren Versuchen einer Ausweitung und Erhaltung der relativ wenigen sozusagen unabhängigen Zentren der Macht und der öffentlichen Meinung und auf einer Verstärkung der Tendenz verschiedener Trends der öffentlichen Meinung, sich in relativ »geschlossenen« Gruppen zu organisieren.

Entwicklung neuer Kräfte – Probleme und Widersprüche

Das erfolgreiche Fortbestehen der verschiedenen Parteien war zum Teil auf eine Fortsetzung und Verstärkung der älteren »föderativen« Abkommen zurückzuführen. Das allein deutet auf einen Bedeutungswandel in ihrer Aktivität hin.

Diese föderativen und totalistischen Abmachungen erfolgten im Rahmen eines Staates, der sich formal auf universalistische Rechtsnormen stützt. Daher wurden sie zwangsläufig als halblegal angesehen, und manche Gruppen brandmarkten sie als von den allgemeinen gesetzlichen Normen und Idealen des Staates abweichend.

Indes war eine derartige »Abweichung« an sich weniger wichtig als ihre allgemeineren Auswirkungen, wie etwa die Tatsache, daß viele Nutznießer von solchen Abmachungen ihren Wohltätern gegenüber nicht loyal blieben und oft den Ehrgeiz verschiedener Parteien und Gruppen, als Hauptvermittler staatlicher Dienstleistungen aufzutreten, als Anmaßung betrachteten.

So erzeugten die von den Parteien geschaffenen institutionellen Abmachungen oft neue Forderungen und politische Erwartungen, die in dem bestehenden Schema von Parteipolitik und -entscheidungen nicht leicht zu befriedigen waren.

Eine Tendenz zur Entwicklung derartiger Kräfte zeigte sich bereits vor der Staatsgründung, doch sie intensivierte sich erheblich nach der Staatsgründung, insbesondere infolge der kontinuierlichen – wenn auch nicht voll eingestandenen – Institutionalisierung der neuen politischen Systeme.

Um zu verstehen, auf welche Weise das israelische politische System versuchte, mit solchen neuen Kräften zu verfahren, ist es notwendig, einen weiteren Aspekt des politischen Ablaufs zu analysieren, und zwar die Gruppierungen der diversen Parteien um die weiter oben analysierten hauptsächlichen Fragenkomplexe.

Gruppierungen um religiöse Fragenkomplexe

Worin besteht die Bedeutung dieser Fragenkomplexe? In welcher Verbindung stehen sie zu den Kräften innerhalb der israelischen Gesellschaft und ihren hauptsächlichen Problemen?

Die »einfachste« und direkteste Kräftegruppierung scheint die zu sein, die mit religiösen Angelegenheiten in Verbindung steht, obwohl diese auf grundsätzlichere kulturelle und politische Probleme hindeuten.

Hier wurden viele Aspekte der religiösen Tradition als Teil des gemeinsamen nationalen Erbes gesehen – auch wenn ihre spezifische religiöse Interpretation von der nichtreligiösen Mehrheit nicht akzeptiert wurde.

Immerhin verlieh es den religiösen Parteien eine gewisse Stärke, wenn sie gewisse besondere Aspekte der nationalen Überlieferung oder einer allgemeineren nationalen Einheit zu repräsentieren behaupteten.

Diese Behauptung über die nationale Einheit und die Bewahrung der nationalen

Überlieferung ließ auch eine große Vielzahl von Forderungen in bezug auf die religiöse Gestalt des Staates entstehen – wie etwa den Umfang von öffentlichen Dienstleistungen am Sabbat oder die Aufzucht von Schweinen. Die Tatsache, daß sich in der zionistischen Bewegung im großen ganzen kein allgemeiner antireligiöser Kampfgeist entwickelte, hat die religiösen Gruppen in ihren Forderungen gestützt.

Zwar zeigten die verschiedenen Gruppen variierende Grade von Extremismus, doch sogar die weniger extremen Gruppen wiesen in letzter Zeit eine wachsende Tendenz zu orthodoxeren und sogar kämpferischen Ideen auf, die mit wichtigen strukturellen Wandlungen im religiösen Lager und einer Schwächung der mehr zionistischen Elemente zugunsten der »nichtzionistischen« »Agudat Israel« in Verbindung stand.

Die religiösen Gruppen konzentrieren sich hauptsächlich in den kleinbürgerlichen Gruppen und bei den stärker traditionalen Neueinwanderern, besonders aus osteuropäischen Ländern; aber die Auseinandersetzung mit religiösen Fragenkomplexen ist nicht auf bestimmte soziale und wirtschaftliche Schichten beschränkt.

Während der ganzen Zeit seit Bestehen des Staates haben die religiösen Gruppen ihre Eingriffe in allgemeine Lebensaspekte im Staat verstärkt, und obwohl sie das Prinzip des Status quo in diversen religiösen Angelegenheiten vertreten, suchen sie den Bereich der ihnen zugestandenen Konzessionen unablässig zu erweitern.

Der wachsende Kampfgeist der religiösen Gruppen und die Intensität der Kontroverse über religiöse Fragen haben derart zugenommen, daß die Möglichkeit der Entwicklung einer Situation besteht, in der eine ständige Verstärkung der intoleranten theokratischen Merkmale im Staat zu einem Kulturkampf führen könnte.

Gruppierungen um wirtschaftliche Fragenkomplexe

Spaltungen zwischen den verschiedenen sozio-ökonomischen Gruppen wegen wirtschaftlicher und sozialer Fragen waren im allgemeinen leichter definierbar. So war zum Beispiel in Fragen der Entlohnungsdifferenzierungen, der progressiven Besteuerung, Teilnahme der Arbeiter an der Exekutive der Gewerkschaft usw. die »übliche« Spaltung zwischen »Rechts-« und »Linksgruppen« klar.

Die diversen Histadruthgruppen unterstützten im großen ganzen eine staatliche Regulierung der Wirtschaft und eine Ausdehnung der Fürsorgepolitik, wohingegen sich die »Progressiven«, die »Allgemeinen Zionisten« und »Cheruth« für eine Liberalisierung der Wirtschaft einsetzten. Dennoch sei gleichzeitig betont, daß viele der in den letzten zehn bis fünfzehn Jahren entstandenen Industrie- und Finanzgruppen stark von der Regierungspolitik und -verwaltung, denen sie viel von ihrem Erfolg verdankten, abhängig waren. Und sehr oft waren sie nicht gewillt, den Schutz aufzugeben, den ihnen die Politik und Verwaltung der Regierung gewährte, sondern versuchten nur, bessere Bedingungen von der Regierung zu erwirken.

Das Bild wurde jedoch komplizierter, wo es sich um die Verstaatlichung einiger grundlegenden Industrien und Dienstleistungen, insbesondere der Krankenkassen, handelte. Paradoxerweise widersetzten sich die Histadruth und die Linksgruppen mit Entschiedenheit einer derartigen Verstaatlichung, da sie sie als eine Gefahr für die Macht der Histadruth betrachteten. Es blieb den »staatsorientierten« Elementen innerhalb der »Mapai« und den sogenannten »Mittel-« oder »Rechtsparteien« wie

»Progressiven« und »Allgemeinen Zionisten« überlassen, für die Verstaatlichung – insbesondere der Krankenkassen – einzutreten.

Das Problem der wirtschaftlichen Unabhängigkeit war noch komplizierter. Wenn auch die Wichtigkeit dieses Ziels von allen größeren Parteien anerkannt wurde, so variierte doch der ihm zugestandene Prioritätsgrad bei den verschiedenen Gruppen: für eine allem andern vorangehende Priorität traten »Progressive«, »Allgemeine Zionisten« und einige Elemente in »Mapai« ein, während die Linksgruppen eine derartige Dringlichkeit bestritten.

Druck auf Regierung und Verwaltung zur Erlangung wirtschaftlicher Vorteile wurde gleichermaßen durch den Histadruthsektor wie auch den Privatsektor ausgeübt – doch die Kombination von ideologischen Forderungen und etablierten Interessen dürfte den Ansprüchen der Histadruth ein größeres Gewicht verliehen haben.

Politische Gruppierungen

Erheblich kompliziertere Gruppierungen entwickelten sich im Zusammenhang mit den diversen »politischen« Fragen, wobei die Protagonisten in den diversen Streitfragen nicht immer entsprechend der »üblichen« Aufteilung gruppiert waren.

Die Gruppierungen um die diversen politischen Fragenkomplexe und insbesondere um die Probleme des Wesens des Staates waren nicht einheitlich. Sie variierten besonders zwischen den verschiedenen Aspekten oder Stadien dieser Probleme. So unterschieden sich die Gruppierungen um die Frage der Universalität von Staatsleistungen und Herrschaft des Gesetzes im Gegensatz zu den diversen föderativen Abkommen von denjenigen, für die der in der Exekutive verkörperte Staat ein charismatischer Inbegriff ist; diejenigen, denen es um die Erhaltung wesentlicher kollektiver Werte geht, fanden sich im Widerspruch zu denen, die die Ansicht vom Staat als einer allgemeinen und zentralen Institution der Gemeinschaft mit der daraus folgenden Notwendigkeit einer Überwachung der Exekutive durch die Legislative, die öffentliche Meinung usw. vertreten.

Das Ideal umfassender Staatsleistungen wurde mit unterschiedlichem Nachdruck von den »Progressiven«, den »Allgemeinen Zionisten« und einigen Elementen in »Mapai« vertreten. Ihm widersetzten sich die konservativeren Elemente in fast allen Arbeiterfaktionen, besonders wenn ihnen aus den bestehenden föderativen Abkommen Vorteile zuflossen. In letzter Zeit verbündeten sich zwei verschiedene Gruppen in diversen Fragen: die Vorkämpfer der älteren sektiererischen Gruppen im Arbeitersektor – wie etwa im Kibbuz – und die Verfechter der Herrschaft des Gesetzes und der universalistischen Normen, zusammen mit mehreren politisch empfindlichen unabhängigen Gruppen der öffentlichen Meinung.

Ganz anders waren die Gruppierungen um die Vorstellung vom Staat und der Exekutive als Verkörperung der wesentlichen kollektiven Ziele – was besonders deutlich wurde in den Nachwirkungen der Lawon-Affäre. Hier verbündeten sich die Parteien des linken Flügels und bestimmte Gruppen der »Mapai« mit den »Progressiven« und den »Allgemeinen Zionisten« und auch mit diversen unabhängigen Kräften der öffentlichen Meinung; sie betonten, daß die Exekutive der Knesseth und der breiteren Öffentlichkeit verantwortlich sei, im Gegensatz zu anderen Gruppen in »Mapai« – und in gewissem Grade auch in anderen Parteien –, die der charismatischen Auffassung von Staat und Exekutive anhingen.

Die Gruppierungen in der Frage des Wahlsystems sind für ein Verständnis der politischen und sozialen Realität in Israel von großer Bedeutung. Diese Frage wurde von dem damaligen Premierminister Ben-Gurion, einigen Teilen von »Mapai« und zeitweilig auch von Teilen der »Allgemeinen Zionisten« und »Cheruth« zwecks Erreichung einer größeren politischen Stabilität und Leistungsfähigkeit zur Debatte gestellt. Opposition dagegen erfolgte zumeist von Parteien, die behaupteten, die bestehende demokratische Struktur würde untergraben, wenn eine einzelne Partei die Vorherrschaft erhielte.

Zweifellos spielte bei dem Beharren Ben-Gurions auf einer Änderung des Wahlsystems der Wunsch eine Rolle, die Vorherrschaft seiner eigenen Partei und ihrer Exekutive zu sichern; denn es ist zweifelhaft, ob sich unter den bestehenden Bedingungen ein richtiges Zwei-Parteien-System entwickeln könnte. Doch wahrscheinlich wurzelte seine Hartnäckigkeit noch mehr in dem Glauben, daß nur in System und Idealen des charismatischen Staates mit einer starken Exekutive sich die Kräfte finden, die eine neue Nation lebensfähig machen können, und daß solche Kräfte in den bestehenden Gruppen in großem Ausmaß fehlen oder schwach vertreten sind.

Gruppierungen um Fragen der Außenpolitik hielten sich für gewöhnlich eng an die innere Parteiaufteilung. Einige dieser Fragen, insbesondere die der Beziehungen zu Deutschland, wurden oft Gegenstand heftiger Debatten. Doch im großen ganzen trat die Außenpolitik, abgesehen von der Betonung des »Neutralismus« seitens der Parteien des linken Flügels, und sporadisch auch seitens »Cheruth«, nicht sehr in Erscheinung.

Die Wahlen von 1961 waren die ersten, in denen die Außenpolitik im Mittelpunkt der öffentlichen Debatte stand, wobei die Liberale Partei (insbesondere Dr. Goldmann) die »neutralistische« Regierungspolitik kritisierte und die Forderung aufstellte, zu einer gewissen – nicht offiziellen – Verständigung mit den arabischen Ländern zu gelangen.

Kontinuität und Wandel in der Politik

Wir sehen also, daß die Beschaffenheit der verschiedenen politischen Gruppierungen sich nicht voll in den Begriffen der herkömmlichen Unterscheidung zwischen »links«, »rechts« und »Mitte« erfassen läßt, da diese »üblichen« Bezeichnungen sich nur auf einige konkrete Aspekte der Wirtschaftspolitik (wie den Nachdruck auf progressiver Besteuerung oder Einkommensdifferenzierungen) beziehen. Statt dessen liefern die spezifischen Merkmale der israelischen sozialen Struktur den Schlüssel zum Verständnis der Politik des Landes. Es ist eine paradoxe Tatsache, daß Histadruth und Arbeiterparteien und -gruppen von einem gewissen Gesichtspunkt die konservativen Elemente im sozialökonomischen System Israels darstellen. Sie sind am stärksten an der Fortdauer der bestehenden strukturellen Abkommen mit ihrem Nachdruck auf verschiedenen Sektoren und auf »öffentlicher« Planung und Entscheidung interessiert. Der Anreiz zu institutionellem Wandel kommt von den »bürgerlichen« Gruppen des rechten Flügels und von einigen Teilen der Administration, ferner in gewissem Ausmaß von einigen Teilen in »Mapai«.

Dieser Konservatismus wurzelt nicht nur in den etablierten Machtinteressen, denen daran gelegen ist, Veränderungen in der Gesellschaft zu verhindern. Im Gegenteil, er ist sehr eng verbunden auch mit dem Nachdruck auf kontinuierlicher Expansion der bestehenden sozialen Struktur und Aufnahme neuer Elemente in sie. Eine solche Expansion wird als Erweiterung der bestehenden sozialen und wirtschaftlichen Struktur und ihrer bestehenden Siedlungen, Genossenschaften und öffentlichen Gesellschaften, in denen die Histadruth über die gesamte Macht verfügt, aufgefaßt.

Dieser Konservatismus kann gegen die »bürgerlichen« Elemente im privaten Sektor, die im üblichen europäischen Sinn als »konservativ« gelten, gerichtet sein, doch er kann sich ebenso gegen die zunehmenden Übergriffe des Staats — entweder in seiner rechtlich-universalistischen Form oder als einzigen Träger aller wesentlichen kollektiven Werte — richten.

Infolge dieser komplexen Grundrichtungen ist die Gruppierung zu verschiedenen Fragen oft, wie bereits angedeutet, ungewöhnlich und überraschend.

Obwohl in sozialen und wirtschaftlichen Angelegenheiten sowohl die Histadruth als auch der Staat sich, wenn auch aus verschiedenen Gründen, einer Liberalisierung der Wirtschaft widersetzen mögen, können viele Regierungskreise eine »etatistische« oder »liberale« Wirtschaftspolitik, die von der Richtung der Histadruth abweicht, verfolgen.

In dem Maße, in dem die Regierung zu einer Politik neigt, die auf lange Sicht wirtschaftliche Unabhängigkeit anstrebt, kann sie gegen die Interessen der Histadruth als Gewerkschaft sowie auch gegen die des Privatsektors und der Histadruth als Arbeitgeber verstoßen.

Gleichzeitig bestand, wie wir sahen, auch auf politischem Gebiet eine Tendenz zur Entwicklung von Bündnissen über die Parteischranken hinweg. Hier sind von besonderem Interesse die relativ neuen Bündnisse zwischen diversen »Oppositionsgruppen« der Linken und der Mitte, die dazu tendieren, das rechtlich-institutionelle System des Staates gegen die Übergriffe der »militanten« Verfechter von Staat und Exekutive als einziger Verkörperung aller kollektiven Werte zu verteidigen.

Erschienen in gewissen Entwicklungsstadien die Verteidiger universalistischer Staatsleistungen als Neuerer gegenüber den älteren föderativen Abkommen, so stellte später die Forderung einer wirksamen Überwachung der Exekutive einen wichtigen Richtungswandel dar.

Also fällt die Neugruppierung von Konservatismus im Gegensatz zu Wandel nicht mit der Teilung zwischen Links- oder Rechtsparteien zusammen, nachdem die Unterscheidung zuerst durch die Tatsache verwischt wurde, daß manche Aspekte des Konservatismus eng mit der Entwicklung und Einwandererabsorption verbunden waren.

Die zentrale Stellung der »Mapai« in Regierung und Histadruth schuf einen wichtigen Mittelpunkt für den politischen Ablauf, da in der Mapai die meisten dieser Tendenzen entstanden und die meisten entscheidenden Beschlüsse gefaßt wurden.

Der wichtigste strukturelle Aspekt der Macht von Mapai war die Tatsache, daß sie sowohl die herrschende (Majoritäts-) Partei in der Histadruth als auch die wichtigste Schlüsselpartei in allen Regierungskoalitionen war.

Wenn die Histadruth auch eine Föderation der hauptsächlichen Arbeiterparteien und einiger kleinerer religiöser und liberaler Gruppen war, so gab doch die Majorität, die Mapai in ihr hatte, ihr entscheidende Macht in der sozialen Struktur der jüdischen Gemeinschaft. Ihr Einfluß auf den wirtschaftlichen Histadruthsektor bildete das entscheidende Verbindungsglied zwischen den Forderungen der Arbeiter und der Erfüllung der Regierungspolitik sowohl im sozialen als auch im wirtschaftlichen Bereich, insbesondere in bezug auf die Lohnpolitik.

Die vielen innerhalb der Mapai bestehenden Gruppen umfaßten unterschiedliche wirtschaftliche und soziale Elemente wie etwa Mitglieder von Kibbuz- und Moschawsiedlungen, ungelernte und gelernte Arbeiter und in gewissem Ausmaß Facharbeiter, Akademiker und sogar Privatunternehmer, die, besonders nach 1951, von Mapai sehr gut – wenn nicht zu gut – behandelt wurden.

Mapai enthielt auch viele verschiedene sozio-ökonomische und politische Gruppen sowohl von mehr »konservativer« Färbung, wie die älteren Eliten der Histadruth, als auch von eher »erneuerndem« Charakter, wie etwa die neuen wirtschaftlichen und freiberuflichen Unternehmertypen, Manager, Offiziere usw.

Die Fähigkeit der Mapai, diese verschiedenen Gruppen in sich aufzusaugen und erfolgreich zu herrschen, hing von drei Grundbedingungen ab. Die erste war ihre Fähigkeit, durch Regierung, Histadruth und Siedlungen eine Kontrolle über die Macht im Wirtschaftssystem auszuüben. Die zweite war ihre Fähigkeit, diese Macht zu allgemeiner wirtschaftlicher Expansion und Entwicklung zu benutzen und eine stetige Hebung des Lebensstandards zu sichern. Die dritte war die innere Kohäsion der Führerschaft, die dafür ausschlaggebend war, ob politische Entscheidungen durchgeführt werden konnten, trotz vielfachen und oft widersprüchlichen Drucks seitens mannigfaltiger Bevölkerungsgruppen.

Solange diese Bedingungen erfüllt waren, konnte Mapai ihre effektive Herrschaft und zentrale politische Stellung erhalten. Wichtige Verlagerungen in der Wirtschaftspolitik oder auf dem Gebiet des Verteidigungs- oder Bildungswesens wurden in ihren Zentralausschüssen ausgehandelt und geregelt. In derartigen Fällen spielten alle anderen Parteien die Rolle von Interessengruppen oder Katalysatoren für die verschiedenen Kräfte innerhalb der Mapai.

Von diesem Gesichtspunkt aus ist es sehr signifikant, daß in fast allen wichtigen Fragen die anderen Parteien für gewöhnlich relativ homogener und geeinter waren als Mapai, in der sich eine größere Vielfalt von Einstellungen fand.

Außerdem war, unabhängig von der Stärke der Opposition anderer Parteien gegen Mapai in irgendeiner spezifischen Angelegenheit, eine derartige Opposition niemals längere Zeit hindurch bezüglich einer größeren Zahl von Fragen geeint, und sogar Veränderungen in der Koalitionsgruppierung lieferten nicht immer ausreichende Hinweise auf die wirklichen Verlagerungen in der Politik.

Solange die Führerschaft der Mapai Kohäsion aufwies und fähig war, Beschlüsse zu fassen und sie auszuführen, war diese Heterogenität der Einstellungen eine Quelle der Geschmeidigkeit und Kraft für Mapai.

Manchmal versuchten Mapaiführer, beim Versuch der Durchführung bestimmter Maßnahmen diejenigen Parteien in die Koalition einzuschließen, die sich in Opposition zu dieser Politik befunden hatten. So wurden viele der »liberaleren« Aspekte der Wirtschaftspolitik mit den Parteien des linken Flügels in der Koalition durchgeführt, und die mehr oder weniger kontinuierliche Beteiligung der »Progressiven« an der Koalition diente oft als nützlicher Puffer gegen die Entwicklung allzu intensiv »liberaler« politischer Forderungen.

Lösung von Konflikten

Um zu einem Verständnis dieser Fragen zu gelangen, müssen wir analysieren, wie sie gelöst wurden und welche Auswirkungen sie auf die institutionelle Struktur der Politik hatten.

Zwischen 1949 und 1960 ergaben sich viele Kabinettskrisen aus politischen, wirtschaftlichen und religiösen Fragen. Nicht alle führten zum Regierungssturz. Tatsächlich entstand im allgemeinen eine Kabinettskrise nicht durch ein Mißtrauensvotum, sondern durch Rücktritt des Premierministers (achtmal Ben-Gurion und einmal Scharett). Abgesehen von einer konstitutionellen Beendigung des Amtes riefen die folgenden Angelegenheiten einen Rücktritt hervor:

1. der Vorschlag, ein Ministerium für Handel und Industrie zu errichten unter der Leitung einer Person, die weder Mitglied der Knesseth noch einer politischen Partei war;
2. Ablehnung der kollektiven Verantwortung seitens der religiösen Koalitionsparteien durch Opposition gegen den Militärdienst von Frauen und eine Vereinheitlichung des Vier-Trend-Systems im Schulwesen, sowie Nichtunterstützung der Regierung in der Knessethabstimmung;
3. Ablehnung der kollektiven Verantwortung durch Stimmenthaltung bei einer Abstimmung über einen Mißtrauensantrag in der Knesseth, der Dr. Israel Kastner, einen Mapaiführer, beschuldigte, er habe Abkommen mit dem Nazi Adolf Eichmann getroffen;
4. Ablehnung der kollektiven Verantwortung und Verletzung des Kabinettsgeheimnisses durch Durchsickernlassen eines Kabinettsbeschlusses, wonach eine geheime Abordnung in die Deutsche Bundesrepublik entsandt werden sollte zum Zwecke der Unterhandlung über eine militärische Verbindung und um Unterstützung zu suchen für eine Verpflichtung der NATO, die Sicherheit Israels zu garantieren;
5. religiöse Opposition gegen eine Kabinettsdefinition des Begriffes »Jude« zwecks Eintragung in den Identitätsausweis;
6. Ablehnung der kollektiven Verantwortung im Zusammenhang mit dem Verkauf von in Israel hergestellten Waffen an die Deutsche Bundesrepublik;
7. Weigerung des Premierministers Ben-Gurion, einen ministeriellen Untersuchungsausschuß in der Lawon-Affäre zu akzeptieren;
8. schließlich, Ben-Gurions Versuch, den neuen Premierminister Eschkol zu zwingen, eine derartige Untersuchung einzuleiten.

Obwohl es sich bei den meisten dieser Krisen um »prinzipielle Angelegenheiten« handelte, hatte der Regierungswechsel für gewöhnlich keinen großen Einfluß auf die Regelung dieser Probleme, und die neue Regierung nutzte selten die Gelegenheit eines Koalitionswechsels dazu aus, den Status quo in diesen Angelegenheiten umzustoßen.

Außerdem waren, obwohl die verschiedenen Parteien diese diversen prinzipiellen Fragen in den Wahlen oft verteidigten, diese nicht von entscheidender Bedeutung bei der Koalitionsbildung; hier wurde in der Regel ein Modus vivendi zwischen den verschiedenen Parteien ohne zu großes Festhalten an den Wahlprogrammen gefunden. Wenngleich signifikante Veränderungen in der Wirtschafts-, Sozial- oder Einwanderungspolitik erfolgten, wurden sie nicht unbedingt in den Wahlkampagnen proklamiert oder auch nur voll in der Öffentlichkeit debattiert. Die tatsächliche Entwicklung derartiger politischer Maßnahmen wurde zumeist durch gegenseitige Anpassung der diversen Interessen zuwege gebracht – insbesondere innerhalb der Mapai und durch Druckausübung seitens verschiedener anderer Faktoren auf Gruppen in der Mapai, und auf diese Weise wurde ihre Vorherrschaft im politischen System vor und nach der Staatsgründung verstärkt.

Legitimationskrisen und Entwicklung neuer Kräfte

Wie weit waren die politische Elite des Landes und insbesondere die Führerschaft der Mapai fähig, durch das Zustandebringen dieser mannigfachen Gruppierungen den neuen Problemen und Kräften, die auf dem israelischen politischen Schauplatz unentwegt auftraten, zu begegnen?

Es erübrigt sich zu sagen, daß ihr Erfolg immer nur ein teilweiser war. In einigen extremeren Fällen schufen diese Entwicklungen intermittierende Krisen in der Legitimation des bestehenden politischen Systems. Soweit sich feststellen läßt, identifizierten sich die meisten Bürger mit dem Staat als solchem und mit den Grundsätzen des jüdischen Staats und seiner Unabhängigkeit – wobei allerdings der diesen Zielen beigelegte Sinn in verschiedenen Gruppen verschieden war. Doch wirkte sich das nicht unbedingt auf die institutionellen Einrichtungen des Staates aus.

In verschiedenen Stadien der Entwicklung traten mehrere negative Äußerungen gegenüber den konkreten institutionellen Einrichtungen des Staates auf. Als erste derartige Äußerung galt die Tätigkeit von »Schurat Hamitnadwim«, die zu Anfang der fünfziger Jahre, hauptsächlich von Studenten, gegründet wurde. Die erklärten Ziele dieser Organisation waren:

1. Hilfe für Neueinwanderer in verschiedenen Hinsichten;
2. Aufdeckung von Verfehlungen und »versteckten« Handlungen seitens Regierungsbeamter innerhalb der politischen und wirtschaftlichen Organisation der Regierung und der diversen politischen Parteien.

»Schurat Hamitnadwim« begann ihre Wachsamkeit in der Hoffnung, die ideologische Atmosphäre der »Pionierzeit« erneut erstehen zu lassen und die Korruption abzuschaffen. In ihrer puritanischen Einstellung verurteilte sie jede Äußerung des Luxus oder der Erlangung persönlicher Vorteile aus öffentlichen Mitteln.

Den Höhepunkt der Betätigung von »Schurat Hamitnadwim« bildete das Gerichtsverfahren, in dem Polizeiinspektor Amos Ben-Gurion sie wegen Verleumdung belangte, weil sie ihn beschuldigt hatte, an illegalen Geschäften teilgenommen und gewisse Fälle niedergeschlagen zu haben, bevor sie zu Gericht gebracht wurden.

Sowohl das Bezirksgericht als auch das Oberste Gericht fällten ein Urteil gegen »Schurat Hamitnadwim«. Doch das Oberste Gericht entschied am 4. Juli 1960, obwohl es die Entscheidung des unteren Gerichts als solche bestätigte, auf Herabsetzung der auferlegten Geldstrafe. Es hatte sich herausgestellt, daß in der Darstellung des Falls durch den Kläger manche Unkorrektheiten erfolgt waren. Der Prozeß hatte einige weitreichende Konsequenzen, von denen die wichtigste die Absetzung eines Polizei-Oberinspektors war, weil er als Belastungszeuge falsch ausgesagt hatte.

Die Schlüsse und das Ergebnis des Prozesses waren sehr interessant vom Gesichtspunkt der Institutionalisierung und Legitimation der verschiedenen Staatsorgane. Zwar wurde das Vorhandensein diverser Unregelmäßigkeiten in den Staatsorganen aufgezeigt, doch die Bedeutung derartiger Unregelmäßigkeiten als Brennpunkte einer Verweigerung der Legitimation an das Regime begann zu schwinden. In den ersten Stadien des Staates hätten sie von diversen »alteingesessenen« Elementen, die sich im neuen Staat übergangen fühlten oder in ihm einen Verrat an den älteren unverfälschten Pionierwerten sahen, ausgenutzt werden können. Doch mit zunehmender Entwicklung des Staates schien die Zustimmung zu solchen Wachgruppen und ihrer Behauptung, als Ersatz für die übliche Kontrolltätigkeit des Staates zu dienen, zu schwinden. Hingegen wurde die Kontrolltätigkeit und Legitimation der Gerichte gebilligt, und diese Feststellung und ihre Anerkennung bildeten das wichtigste Ergebnis des Prozesses.

Später wurden Versuche, die Legitimation des Regimes zu bestreiten, von mehreren kleinen Gruppen wie »Hape'ulah Haschemit« und »Hamischtar Hechadasch« sowie einigen unabhängigen Intellektuellen unternommen.

»Hape'ulah Haschemit« stand mit der etwas sensationellen Wochenschrift »Haolam Haseh« in enger Verbindung. Wenn auch ihre große Auflage wahrscheinlich hauptsächlich auf ihre auf Sensation bedachte Einstellung zurückzuführen war, scheinen doch viele dieses Magazin auch wegen seiner allgemein kritischen Haltung zur Regierung zu lesen.

»Hamischtar Hechadasch« wurde von mehreren ehemals prominenten Mitgliedern von »Mapai« und »Cheruth« sowie einigen unabhängigen Intellektuellen gegründet. Die Gruppe, die als eine Art »Organisation unabhängiger Sprecher« begonnen hatte, versuchte dann, sich als politische Partei zu etablieren, beteiligte sich aber nicht als solche an den Wahlen, und kurz nach den Wahlen von 1959 wurde die Organisation aufgelöst.

Diese Gruppe verlangte Änderungen auf fast jedem einzelnen sozio-politischen oder wirtschaftlichen Gebiet. Ihre Kritik reichte von der Beziehung zwischen Religion und Staat über die Unfähigkeit der gegenwärtigen Außenpolitik in bezug auf die Nachbarstaaten bis zur Wirtschaftspolitik, die nach ihrer Meinung jede Aussicht auf wirtschaftliche Unabhängigkeit zunichte machte.

Sie war durch und durch Oppositionsgruppe, stellte die Behauptung auf, eine Lösung all dieser Probleme sei nur möglich durch eine vollständige Änderung des politischen Regimes und der herrschenden Klasse, von der sie behauptete, ihre Herrschaft beruhe auf der ständigen Abhängigkeit von ausländischen Wirtschaftsquellen und auf der Unterdrückung jeder unabhängigen Handlung.

Die Entwicklung unabhängiger Kräfte und einer nichtparteigebundenen Wählerschaft

Im Laufe der Zeit tauchten immer mehr Fragen und Probleme auf, um die sich nach Ansicht gewisser Teile der Öffentlichkeit keine der bestehenden politischen Parteien oder Institutionen ausreichend kümmerte. Auf diese Weise entstanden Spannungen und Unbehagen.

Die Entwicklung einer nichtparteigebundenen Wählerschaft und unabhängiger

Kräfte der öffentlichen Meinung deuten auf ein öffentliches Interesse an Fragen hin, die in den älteren, traditionell totalistischen Ansprüchen der diversen Parteien unberücksichtigt geblieben waren.

Das trat besonders während der Wahlen von 1959 und 1961 und in einigen Gemeindewahlen der Jahre 1961–1963 zutage, in denen einige der Kennzeichen einer nichtparteigebundenen Wählerschaft wahrnehmbar wurden.

Für den Einfluß auf die letztliche Verteilung der Sitze in der Knesseth hatten diese Verlagerungen keine sehr große Bedeutung, überschritten sie doch niemals sieben bis zehn Sitze in der Knesseth. Doch im Kontext der israelischen Politik lösten sie bei den diversen Parteien beträchtliche Beunruhigung aus.

Eine Analyse zeigt, daß diese Verlagerungen ihren Ursprung unter Neueinwanderern in den »späteren Stadien der Absorption« hatten – unter denen, die in Städten oder ländlichen Siedlungen bereits in gewissem Grade etabliert waren und sich imstande fühlten, an der politischen Prozedur, vorwiegend auf der lokalen, aber auch auf einer zentralen Ebene, teilzunehmen.

Die zweite Ursache für eine nichtparteigebundene Wählerschaft lag in den diversen entstehenden Berufsgruppen. Wahrscheinlich waren auch manche aus der jüngeren Generation unter diese Gruppen zu zählen, obwohl keine exakten statistischen Angaben über ihr Wahlverhalten verfügbar sind.

Außerdem scheinen auch einige »ältere«, als »Grenzfälle« anzusprechende Mittelstands- und untere Mittelstandsgruppen in diesem Kontext signifikant gewesen zu sein.

Die strukturelle Einreihung dieser Elemente in die israelische Gesellschaft ist für unsere Analyse von großer Bedeutung; sie zeigt an, daß zum mindesten einige der Gruppen das – wenn auch nicht vorausgesehene – »Produkt« derjenigen Politik waren, die sich auf die Fortdauer der »totalistischen«, »föderativen« Abmachungen verschiedener Parteien, und insbesondere von »Mapai«, richtete, die aber de facto neue Typen politischer Beteiligung erzeugte.

Eine ähnliche teilweise Verlagerung erfolgte auch in den Brennpunkten der unabhängigen öffentlichen Meinung, was sich vielleicht am besten in der Entwicklung der Journalistik aufzeigen läßt. Hier erfolgten neue Entwicklungen, von denen besondere Bedeutung dem Wachstum der Auflagenzahlen der beiden Abendzeitungen, »Ma'ariw« und »Jediot Acheronot« zukommt. Besonders »Ma'ariw«, der Privateigentum verschiedener Gesellschaften ist, nimmt immer eine sehr unabhängige Haltung ein.

Diese unabhängigen Einstellungen kamen während der Lawon-Affäre und ihrer Nachwirkungen am stärksten zum Ausdruck. Ein wichtiges Anzeichen für diese Entwicklung war die Tatsache, daß sich in fast allen Parteien – und vor allem in »Mapai« – ein starker Druck seitens der allgemeinen Mitgliederschaft, insbesondere seitens junger neuer Mitglieder und Angehöriger der freien Berufe entwickelte und die offizielle Parteipolitik angezweifelt wurde.

Es ist für solche Gruppen angesichts der großen Macht der bestehenden Parteimaschinen nicht leicht, Unabhängigkeit und Ausdrucksfähigkeit zu erlangen. Aber diese Entwicklungen weisen auf die zunehmende potentielle Bedeutung derartiger Kräfte und des Gefühls der Unzufriedenheit mit vielen bestehenden Einrichtungen hin.

Neue Konflikte, Probleme und Spannungen

Die Auswirkungen der Lawon-Affäre, die Wirtschaftspolitik nach der Abwertung vom Februar 1962, die kontinuierlichen Probleme im Zusammenhang mit Neueinwanderern und schließlich die Wahlen von 1965 verstärkten die allgemeine Bewußtheit der erwähnten Fragenkomplexe und ließen Zweifel entstehen an dem Ausmaß, in dem die bestehende politische Führerschaft imstande sei, die wachsende Vielfalt politischer Forderungen und Probleme zu vertreten.

Die zentralen politischen Institutionen waren wachsendem Druck seitens diverser Gruppen ausgesetzt, und ihre Fähigkeit, diese Interessen zu regulieren und in ein Ganzes einzubeziehen sowie eine wirksame Politik zu formulieren, verminderte sich dementsprechend. Diese Entwicklungen offenbarten sich zuerst in den diversen »Revolten« gegen die Autorität der Histadruth und setzten sich auf verschiedene Weisen in den Jahren 1962 und 1963 fort.

Die erste Reaktion auf die neue Wirtschaftspolitik betonte die Weiterführung vieler der älteren Maßnahmen ad hoc und Anpassungen an ausgeübten Druck. Dennoch hatte die Politik (zumindest bis Ende 1963) im großen ganzen den Erfolg einer Wahrung der wirtschaftlichen Stabilität. Die Welle weitverbreiteter »inoffizieller« Streiks unter akademisch vorgebildeten Fachkräften und Staatsbeamten, die seit 1964 ständig wiederkehrten, ist ein wichtiges Anzeichen für das Bestehen von Problemen und Schwierigkeiten; sie warf ernste Zweifel an der Möglichkeit einer fortgesetzten Stabilität auf.

Doch vielleicht noch weiterreichende Folgen hat die Kristallisation spezifisch »ethnischer« Listen – insbesondere in Gemeindewahlen. Das Erscheinen derartiger Listen kann als eine weitere Entwicklung aus den Ereignissen von Wadi Salib ausgelegt werden und stellt de facto eine neue und sehr wichtige Entwicklung in der Fähigkeit der Einwanderergruppen zu politischem Ausdruck dar. Die beiden wichtigsten Ereignisse auf diesem Gebiet erfolgten im August 1963 während der Gemeindewahlen in Aschdod und Be'erschewa.

Diese beiden Städte wurden erst nach der Staatsgründung entwickelt, und in beiden umfaßt die Majorität der Bevölkerung Neueinwanderer, von denen etwa zwei Drittel »Orientalen« sind. In beiden Städten herrscht fast volle Beschäftigung.

Beide Städte wurden zuerst von »oben« verwaltet – durch die diversen Entwicklungsbehörden und (besonders in Be'erschewa) durch dynamische Führer aus der älteren Mapai-Elite, was de facto einer Leitung von den Zentren der diversen politischen Parteien gleichkam. Doch die zunehmende Wirtschaftsentwicklung und -stabilität brachte allmählich gewisse Einwanderergruppen dazu, sich mit öffentlichen Angelegenheiten zu beschäftigen und sich der politischen Laufbahn zuzuwenden.

Die Revolte diverser Einwanderergruppen und ihrer Führer, zusammen mit den persönlichen Konflikten, die den hauptsächlichen Hintergrund für die Krisen innerhalb der von Mapai beherrschten Gemeindekoalition abgaben, führten im Sommer 1963 zu Neuwahlen.

Ungefähr um dieselbe Zeit wurde eine über das ganze Land verbreitete Bewegung orientalischer Gruppen von einer Gruppe wohlhabender orientalischer Juden (hauptsächlich aus dem Irak) aus Ramat-Gan und Jerusalem gegründet, und sie gab der örtlichen »ethnischen« Liste in Be'erschewa und ihrem Führer David Chacham moralische und materielle Unterstützung.

Dementsprechend suchte Mapai nach einer passenden, sowohl für Alteingesessene als auch für Einwanderergruppen annehmbaren Persönlichkeit. Sie fand ihren idealen Kandidaten in dem Richter Eliahu Nawi, der im Alter von 13 Jahren aus dem Irak nach Israel gekommen war und sich aus einer Arbeiterfamilie hochgearbeitet hatte. Er wurde aufgestellt, und mit ihm zwei weitere orientalische Kandidaten, die aus Nordafrika und Ägypten stammten.

Die Wahlergebnisse in Be'erschewa zeigten einen Stimmenrückgang für Mapai, keine Änderung für Mapam, eine Steigerung für die religiösen Parteien und Erfolg für die ethnische Liste, die zwei von den 15 Sitzen im Stadtrat erhielt.

Nach langen Unterhandlungen wurde eine Koalition zwischen Mapai, Mapam und den beiden religiösen Parteien (der National-Religiösen Partei und Poalej Agudat Israel), mit Nawi an der Spitze, gebildet.

Die Wahlen in Aschdod erfolgten eine Woche vor denen in Be'erschewa. Von den 16 000 Einwohnern von Aschdod sind nur 5000 wahlberechtigt, und von diesen hatten nur zweitausend je an einer früheren Wahl teilgenommen, die anderen waren Neueinwanderer. Aschdod ist eine typische Entwicklungsstadt: sie verfügt über eine Kraftstation und den südlichsten Mittelmeerhafen des Landes, der sich jetzt seiner Fertigstellung nähert; ihre Bewohner sind hauptsächlich orientalische Juden aus Nordafrika. Alteingesessene stellen eine verschwindende Minderheit dar und nehmen im allgemeinen fachliche und Managerstellungen ein.

Die die Stadt regierende Koalition bestand aus Mapai und den religiösen Parteien, und an ihrer Spitze stand ein Einwanderer aus Ägypten (Robert Chajim), der Mapai vertrat; sein Stellvertreter, Boskiliah, war auch von östlicher Herkunft. Die in Aschdod wohnenden Alteingesessenen verkehrten nicht mit den Neueinwanderern und beteiligten sich nicht an der Führung der Geschäfte der Stadt. Auf diese Weise entwickelte sich eine lokale Elite orientalischer Juden und führte die städtischen Angelegenheiten mit Unterstützung der Parteien. Etwa ein Jahr vor den Gemeindewahlen begann das Hauptquartier der Mapai, die lokale Verwaltung zu unterwandern.

Im Gegensatz zu Be'erschewa war in Aschdod eine mehr oder weniger konsolidierte Parteifiliale, die sich um ihre eigene lokale Führerschaft zu scharen versprach.

Wiederum im Gegensatz zu Be'erschewa erfolgten die Wahlen in Aschdod in einer Stimmung relativer Gleichgültigkeit und im Sinne von Kompromissen, da die Lokalpolitiker ihre Parteizugehörigkeit täglich wechselten.

Die Wahlergebnisse zeigten einen Stimmenrückgang für Mapai und eine Steigerung für die religiösen Parteien (die ebensoviel Stimmen erhielten wie Mapai) und zwei von elf Sitzen für die »ethnische« Liste.

Nach ausgedehnten Verhandlungen wurde eine Koalition zwischen Mapai und den religiösen Parteien gebildet, und die »ethnische« Liste schloß sich mit der Liberalen Partei zusammen. Wiederum war es der Mapai gelungen, ihre Machtstellung in der Stadt zu bewahren, obwohl die Stimmzahl für die Partei zurückgegangen war.

Diese Entwicklungen deuten auf Probleme von großer potentieller Bedeutung für den politischen Schauplatz in Israel hin.

In beiden Fällen war der springende Punkt in dem Versuch zu sehen, den die bestehende Partei zur Herabsetzung der Bedeutung und Unabhängigkeit der lokalen Führung unternahm. In beiden Städten und natürlich auch an vielen anderen Orten in Israel waren die Einwanderergruppen in die politische Arbeit hineingezogen worden, hatten sich organisiert und begonnen, ihren Forderungen besser Ausdruck zu verleihen und ihre eigenen Führer auszubilden.

Ihre Forderungen waren verschiedener Art. Zunächst und am wenigsten klar im Ausdruck waren die nach größeren, direkten wirtschaftlichen Vorteilen. Später wurden die Forderungen klarer und ihre Formulierung erfolgte als größere und selbständigere Beteiligung am politischen Schauplatz; wenn sie enttäuscht wurden, konnten sie leicht zu Ausbrüchen führen, in deren Mittelpunkt ethnische Symbole standen.

Obwohl die überkommenen Parteien auch nach den Wahlen von 1963 trotz des Erfolgs der »ethnischen« Listen weiter die Herrschaft ausübten, wurde es klar, daß es nicht länger möglich war, sich über die Meinungen und den Einfluß der Mehrheit der lokalen Einwohner oder ihrer Führer hinwegzusetzen.

Es ergaben sich mehrere grundsätzliche Möglichkeiten, die auf dem relativen Erfolg der älteren Parteien gegenüber den neuen »ethnischen« Listen und auf der Notwendigkeit, die mögliche Entwicklung von über das ganze Land verbreiteten »ethnischen« Parteien aufzuhalten, basierten. In der sozialen Realität Israels würden diese sich schnell zu Parteien der unteren sozio-ökonomischen Gruppen entwickeln und von Volksrednertypen als Führern aktiviert werden. Doch wenn es den älteren Parteien gelingen sollte, diese neuen Elemente und ihre Forderungen in sich aufzunehmen, müßten sie den meisten ihrer kurzfristigen und nicht sehr klar formulierten Forderungen nachgeben und auf diese Weise ihre Fähigkeit zur Sozialisierung dieser Gruppen in ihren eigenen Reihen herabsetzen.

Eine andere Möglichkeit bestand darin, innerhalb der bestehenden Parteien breitere Mobilitätskanäle zu öffnen, die aktive Beteiligung neuer Elemente und ihrer Führer zu vergrößern und dabei gleichzeitig rein »ethnische« Symbole und Forderungen auf ein Minimum einzuschränken.

In den Wahlen von 1965 scheint, zumindest unter den gegenwärtigen Umständen, diese letzte Alternative an Gewicht zu gewinnen. Die »ethnischen« Parteien hatten im Landesmaßstab überhaupt keinen Erfolg und einen nur sehr partiellen auf der lokalen Ebene. Es hat den Anschein, daß »Rafi« wenigstens einen Teil der »ethnischen« Stimmen anzog.

Umformung innerhalb »Mapai«

Das kontinuierliche und vorherrschende Schema der Regierung in Israel war das einer um Mapai konzentrierten Koalition, an der die meisten Parteien, außer Kommunisten und Cheruth, teilzunehmen bereit waren. Auf diese Weise entwickelte sich keine der anderen Parteien zu einer wirksamen Opposition mit einem Alternativprogramm und der Bereitschaft, die volle Verantwortung für eine Regierungsbildung zu übernehmen.

Diese Situation ermöglichte es Mapai, zwischen den verschiedenen Parteien zu manövrieren, und diese verhielten sich Mapai gegenüber als Interessengruppen und verlangten diverse Vorteile.

Ferner setzte diese Situation auch die Mapai und den Premierminister in die Lage, ihre Unentbehrlichkeit und Identifikation mit dem Staat zu behaupten und so allen anderen Parteien gegenüber eine Haltung der Überlegenheit einzunehmen.

Doch diese Überlegenheit wurde gemildert durch die Tatsache, daß Mapai niemals über eine klare Regierungsmehrheit verfügte und sich daher ständig nach Verbündeten umschauen mußte; das führte zu weitgehenden Konzessionen sowohl gegenüber den verschiedenen Parteien als auch vielen Interessengruppen in der Gesellschaft.

Diese wirksame, wenn auch begrenzte, Vorherrschaft von Mapai wurzelte in den grundlegenden historisch-soziologischen Merkmalen der jüdischen Gemeinschaft in Palästina, die im Ersten Teil, 4, analysiert wurde. Seit der Staatsgründung erfolgte ein Wandel durch die oben geschilderte Vereinheitlichung des politischen Systems und die Prozesse der sozialen und wirtschaftlichen Differenzierung.

Auch hier spielte Mapai eine entscheidende Rolle. Ihre Führer nahmen beim Übergang von der jüdischen Gemeinschaft in Palästina zum Staat die leitenden Stellungen ein und begründeten viele der Institutionen und Symbole des neuen Staates.

Doch trotz aller Verwurzelung der Grundlagen ihrer Vorherrschaft in dem oben beschriebenen historischen Hintergrund, stützte Mapai sich in zunehmendem Maße auf ihre Fähigkeit, die wichtigen Machtpositionen zu monopolisieren und eine flexible Politik zu formulieren. Diese Flexibilität zog verschiedene Gruppen und Schichten an und schwächte die Anziehungskraft anderer Parteien. Infolge ihrer relativen Anpassungsfähigkeit sowie auch ihrer zentralen Machtposition fand Mapai immer wieder Verbündete in verschiedenen, auch nicht zu den effektiven Koalitionsparteien gehörenden Gruppen.

Mapai hing somit beträchtlich von ihrer Fähigkeit ab, einen gewissen grundsätzlichen Konservatismus zu wahren und mit ihm die Einleitung einer neuen Politik zu verbinden, die die Entwicklung der neuen Staatsorgane und -funktionen fördern und neue Probleme in Angriff nehmen konnte. Diese Tatsachen erklären die Kontinuität und die Fähigkeit der bestehenden institutionellen Struktur, neue Elemente mit Neuerungstendenzen auf sozialem, wirtschaftlichem und politischem Gebiet (seien es Neueinwanderer und ihre Führer, Angehörige der freien Berufe, Managertypen oder Mitglieder einer neuen politischen Generation) zu absorbieren.

Einige der letzten Entwicklungen zeigen die charakteristische und ambivalente Stellung, die Mapai in diesem Zusammenhang einnimmt. Ihre Stärke wurzelte in einer Kombination von »Konservatismus« und Anpassungsfähigkeit, doch ihre Manövrierfähigkeit wurde durch soziale Differenzierungen und die divergierenden Interessen, die sie versöhnen mußte, beeinträchtigt. In ihren eigenen Machtpositionen im Staat entwickelte sie stark etablierte Interessen und interpretierte natürlich jeden Versuch, diese Positionen zu unterminieren, als Bedrohung der Stabilität des Staates.

Mit der Verstärkung des Drucks von verschiedenen Gruppen auf ihre beiden Hauptinteressen und ihre Machtstellung im Staate wurde es schwieriger, ihre Stellung zu wahren, und es ist sehr wohl möglich, daß der Konservatismus der Mapai zu einem wichtigen Hindernis für eine weitere politische Entwicklung geworden ist.

Es kann sein, daß durch diese Entwicklungen die Fähigkeit der Behandlung mannigfacher neuer Probleme auf dem Gefrierpunkt angelangt ist, und das mag schließlich den Umfang der politischen Beteiligung und die gesamte Leistungsfähigkeit des Systems senken.

Diese potentielle Schwäche von Mapai läßt sich auch an einem Zug erkennen, der einst einen ihrer starken Punkte darstellte – an der Doppelrolle der herrschenden Partei sowohl in der Histadruth als auch in der Regierungskoalition. Viele Jahre lang förderte diese Kombination die Entwicklung und Durchführung einer umfassenden Politik und die Regulierung von Forderungen, die die verschiedenen Arbeitergruppen stellten. Es ist jedoch wahrscheinlich, daß dadurch Regierung und Mapai mannigfachem Druck und diversen Forderungen zu stark ausgesetzt werden, was zu einer Schwächung ihrer Manövrierfähigkeit führt.

Ähnliche Probleme entwickelten sich natürlich in den meisten anderen Parteien, die sich vor die Alternative gestellt sahen, entweder einen eigenen neuen politischen Rahmen zu entwickeln oder Mapai zu veranlassen, das an ihrer Stelle zu tun.

Es ist einstweilen schwierig abzuschätzen, wie stark diese sozio-politischen Kräfte mit ihren mannigfachen Forderungen sind und welche Fähigkeit seitens der Führerschaft des Landes zur Formulierung einer wirksamen neuen Politik ihnen gegenübersteht.

Einige dieser Probleme wurden akut, als im Jahre 1963 Ben-Gurion zum zweiten Mal seinen Rücktritt erklärte und Levi Eschkol das Amt des Premierministers antrat. Die Tatsache, daß der Übergang sowohl der Premierministerschaft als auch des Verteidigungsministeriums von der charismatischen Persönlichkeit Ben-Gurions auf Eschkol glatt vonstatten ging und die Legitimation der neuen Regierung anerkannt wurde, hat stark zur potentiellen Stabilität des politischen Systems beigetragen. Diese Stabilität und eine wirksame Routine-Werdung des Systems werden sich natürlich in dem Maße verstärken, in dem die Regierung Eschkol sich als erfolgreich erweist. Alle diese Probleme traten stärker ausgeprägt in den Wahlen von 1965 hervor.

Die Wahlen von 1965

Die Wahlen von 1965 stellten einen wichtigen Wendepunkt dar sowohl vom Gesichtspunkt der politischen Gruppierungen in Israel im allgemeinen als auch vom Gesichtspunkt der Beziehung zwischen Konservatismus und Radikalismus innerhalb des israelischen politischen Systems im besonderen.

Es erfolgten mehrere wichtige Entwicklungen. Erstens wurde der Zusammenschluß zwischen Mapai und Achduth Ha'awodah gebildet. Das stellte eine erste Bemühung dar auf dem Wege zu einer vollständigeren Zusammenfassung des sogenannten linken Arbeiterflügels und bildete den Anfang eines Trends (oder hätte ihn gern gebildet) zu völliger Vereinigung der Arbeiterbewegung. Auf den ersten Blick könnte dieser Zusammenschluß als Konzentration der »Konservativen« auf dem israelischen Schauplatz erscheinen. Parallel hierzu wurde an zweiter Stelle ein »Rechtsblock« gebildet: »Cheruth« und »Liberale« schlossen sich mit dem größten Teil der »Allgemeinen Zionisten« und einem kleinen Teil der »Progressiven« zu »Gachal« zusammen. Die meisten der früheren »Progressiven« verblieben in der »Unabhängigen Liberalen Partei«. Diese Kombination unterstrich den Trend von »Cheruth«, aus einer isolationistischen Partei zu einer regulären und anerkannten parlamentarischen

Opposition zu werden, was in nicht geringem Ausmaß auf den spezifischen wirtschaftlichen Interessen diverser sozialer Gruppen beruhte. Auch die Kommunistische Partei spaltete sich (s. o. S. 293).

Und schließlich wurde »Rafi« gebildet. Vom Gesichtspunkt der diversen Möglichkeiten des Wandels der politischen Struktur in Israel konnte dies im Anfang als die signifikanteste Äußerung erscheinen. Wie wir sahen, stand die Bildung von »Rafi« mit der Lawon-Affäre und mit dem Streit zwischen Ben-Gurion und den alten Mapaiführern, die den Zusammenschluß mit Achduth Ha'awodah durchführten, im Zusammenhang. Die Bildung dieser Partei hatte auch eine enge Beziehung zu der Weigerung Ben-Gurions, die Berechtigung des bestehenden politischen Systems der proportionalen Repräsentation und der Koalition anzuerkennen.

Der Bruch zwischen Ben-Gurion und Mapai wurde eingeleitet durch einen Brief Eschkols an die Mitglieder der Gruppe »Min Hajessod« im März 1964, der de facto das Versprechen enthielt, Lawon die Rückkehr in die politische Arbeit zu ermöglichen und auch zu verhindern, daß die Affäre wieder zur Sprache gebracht würde. Ben-Gurion betrachtete dies als eine Rechtsbeugung und protestierte gegen die mangelnde Trennung zwischen Verwaltungs- und Rechtsbehörden.

Nachdem Mapai Ben-Gurions Forderung einer erneuten Untersuchung der Affäre und ihrer Übertragung an einen Richterausschuß abgelehnt hatte, setzte er sich vollständig über die Parteileitung und den Parteirahmen hinweg. Als er sich in einem späteren Stadium außerstande sah, die Kontrolle über eine Mehrheit in den bestehenden Parteiorganen zu erlangen, erklärte er im Juli 1965 die Gründung einer neuen Partei – »Rafi« (Reschimat Poalej Israel« – Liste Israelischer Arbeiter). Die neue Partei bildete sich um eine Reihe von Zentralpunkten:

1. Ben-Gurions Persönlichkeit und Führerschaft;
2. die Forderung nach einer Erneuerung der Untersuchung der Affäre unter richterlichen Auspizien (eine Forderung, die später, in der Wahlzeit, weitgehend vernachlässigt wurde);
3. die Forderung nach einer Änderung des Wahlsystems (von der proportionalen zur persönlich-regionalen Vertretung) [84];
4. die Forderung nach einer beschleunigten Modernisierung von Landwirtschaft, Industrie und Bildungsinstitutionen;
5. die Forderung nach stärkerer Repräsentation ethnischer Gruppen und von Entwicklungsgebieten.

»Rafi« hoffte, dank ihrer Führerschaft (an deren Spitze Ben-Gurion stand) bei den Wahlen einen hohen Prozentsatz der Stimmen zu erhalten, so daß die Partei, selbst wenn sie keine Mehrheit erhalten würde, doch wenigstens einen entscheidenden Faktor bei der Regierungsbildung darstellen würde.

Diese Kombination des Inhalts von »Rafis« Parteiprogramm mit dem Hintergrund der Entstehung dieser Partei erschien als ein Ausdruck dessen, daß nach ihrer Ansicht keine wirkliche Neuerung innerhalb des bestehenden politischen Systems möglich und daß dieses System außerstande sei, wichtige neue Probleme wie Modernisierung, Absorption ethnischer Gruppen, zu bewältigen, da wegen der in dem be-

---

[84] Diese Forderung war einige Jahre vorher von den Parteiorganen der Mapai angenommen, aber nicht durchgeführt worden.

stehenden Koalitionssystem inhärenten Notwendigkeit zu Kompromissen jede Neuerung zum Versagen verurteilt sei. Verhältnismäßig neu in dem Erscheinen von »Rafi« war die Tatsache, daß sie die einzige unter den größeren und mittelgroßen Parteien war, die nicht aus einer Partei, Siedlungsbewegung oder zionistischen Bewegung aus der Zeit vor der Staatsgründung hervorgegangen war. Somit war sie die erste rein »israelische« Partei.

Eine Anzahl von Gruppen schloß sich »Rafi« an: ein Teil der »jungen« Führer von Mapai (M. Dajan, S. Peres, S. Jitzhar usw.), die manchmal als die »Aktivisten« bezeichnet wurden und die sich selbst als Repräsentanten der Kräfte hinter den politischen und sozialen Neuerungen sahen; ein kleiner Teil des alten Blocks in Mapai (hauptsächlich aus Moschawsiedlungen); einige Gruppen aus den ethnischen Gruppen orientalischer Herkunft, die in Parteiangelegenheiten in den Städten (hauptsächlich in den Entwicklungsstädten) aktiv waren.

Wir sehen somit, daß in diesen Wahlen zum erstenmal zwei relativ große Blocks gebildet wurden — »Ma'arach« auf der einen Seite und »Gachal« auf der andern —, die verschiedene soziale und wirtschaftliche Einstellung und in gewissem Ausmaß auch unterschiedliche politische Einstellungen repräsentierten. Es erweckte den Eindruck, als ob man sich auf diese Weise einer Möglichkeit der Bildung einer Alternative zur Herrschaft der Mapai annäherte. In der Gestalt von »Rafi« erschien auch zum erstenmal eine politische Kraft, die auf den ersten Blick die Berechtigung des bestehenden politischen Systems abzulehnen schien. Diese Kraft war weder ein Grenzfall (wie etwa die Liste von »Haolam Haseh« oder anderen Splittergruppen) noch eine ethnisch-separatistische Gruppe (obwohl sie, wie wir bemerkten, etwas von der ethnischen Spannung in sich aufnahm), sondern kam eher aus dem Zentrum der politischen Arena.

Zu Beginn der allgemeinen Wahlkampagne — die lang, erbittert und sehr kostspielig war — und während der Wahlen zur Histadruth (im September 1965, zwei Monate vor den Wahlen zur Knesseth) schienen diese beiden Kräfte — »Gachal« auf der einen Seite, »Rafi« auf der andern — im Begriff, das Machtsystem in Israel zu stürzen. In den Wahlen zur Histadruth wählten 77,6 % ihrer Wählerschaft (die etwa 60 % der Wähler zur Knesseth umfaßt), und es waren die folgenden sieben Parteilisten in ihr vertreten: »Ma'arach«, »Rafi«, »Unabhängige Liberale«, »Mapam«, »Gachal« und die beiden kommunistischen Gruppen. Eine ungewöhnliche Erscheinung in diesen Wahlen war das Auftreten einer Kandidatenliste der Histadruth, die mit der »Cheruth«-Partei in Verbindung stand — der »Blau-Weiß«-Gruppe, die sich den »Allgemeinen Zionisten« in der Histadruth anschloß und mit ihr zusammen als »Cheruth-Liberaler Block« (»Gachal«) erschien. Das Erscheinen von »Cheruth« auf dem politischen Schauplatz der Histadruth bedeutete eine wichtige Neuerung, da diese Gruppe und ihre Gründer zu den Oppositionsführern gegen die Histadruth und ihre Struktur gehörten. Die Bedeutung dieser Neuerung wurde durch die Tatsache unterstrichen, daß es in »Cheruth« einen besonderen Arbeiterflügel, die »Nationale Arbeiterorganisation« (mit etwa 50 000 Mitgliedern) gibt, der den Eintritt in die Histadruth nicht mitmachte und sich auch der Bildung einer Cheruth-Faktion in der Histadruth widersetzte. Diese Tatsachen wurden von der Mehrheit in der Histadruth hervorgehoben, um ihren Widerstand gegen das Bestreben zur Bildung einer politischen Faktion von Cheruth in der Histadruth zu rechtfertigen. Das Hauptargument war, daß einer Gruppe, die die Auflösung der Histadruth anstrebt, nicht erlaubt werden sollte, von innen her zu wirken. Die Histadruthorgane beschlossen vor den Wahlen mit großer Mehrheit, den Zulassungsantrag von »Cheruth« abzuweisen. Gegen diesen Beschluß wandte »Cheruth« sich an das ordentliche Gericht, das entschied, der Histadruthbeschluß sei illegal und »Cheruth« solle die Erlaubnis erhalten, eine besondere Faktion zu bilden.

Das Ergebnis dieser Wahlen war eine beträchtliche Änderung im politischen Aufbau der Histadruth. »Ma'arach« erhielt 50,88 % der Stimmen, von denen 17 % für »Achduth Ha'awodah« reserviert waren. Das Endresultat war daher, daß »Mapai« nur etwa 33 % hatte im Vergleich zu den 56 %, die sie in den Wahlen zur 9. Konferenz (Februar 1960) erhalten hatte, und so zum erstenmal ihre Mehrheit in der Histadruth verlor. »Mapam« erhöhte ihre Stimmenzahl um weniger als ein Prozent im Vergleich zu den vorhergehenden Wahlen (14,5 % gegen 13,9 %). Die »Unabhängigen Liberalen« erhielten etwa 4,4 % (im Vergleich zu 5,8 % in den Wahlen von 1960). »Rafi« erhielt etwa 12 % und die beiden kommunistischen Parteien zusammen etwa 3 % (wie 1960).

Die Überraschung brachte der Aufstieg des »Cheruth-Liberalen Blocks« (»Gachal«), der jetzt die zweitgrößte Partei in der Histadruth darstellte, nachdem er 15,2 % der Stimmen erhielt (im Vergleich zu den 3,5 %, die die »Allgemeinen Zionisten« allein in den Wahlen von 1960 erzielt hatten). Der starke Anstieg in der von »Gachal« erzielten Stimmenzahl kann durch die Tatsache erklärt werden, daß die »Cheruth«-Anhänger in der Histadruth früher gezwungen waren, für andere Parteien zu stimmen. (Es schien bei ihnen die Tendenz zu bestehen, für »Achduth Ha'awodah« zu stimmen).

Dieser neue Trend wiederholte sich jedoch nicht in den Knessethwahlen, und es mag eine gewisse Berechtigung für die Behauptung bestehen, durch die Histadruthwahlen sei ein genügend großer Teil der Öffentlichkeit beunruhigt worden, und das habe die Ergebnisse der Knessethwahlen beeinflußt. Die Beteiligung war größer als in den meisten früheren Wahlen – etwa 83 % aller Stimmberechtigten wählten. »Ma'arach« (Zusammenschluß von »Mapai« ohne »Rafi« mit »Achduth Ha'awodah«) war imstande, seine Stellung zu wahren und noch 2 % mehr zu erzielen als Mapai in den Wahlen von 1961 (1961: 34,7 % und 1965: 36,7 %). »Rafi« erhielt 100 000 Stimmen, die 7,9 % der gesamten abgegebenen Stimmen darstellten. »Rafi«, »Mapai« und »Achduth Ha'awodah« zusammen erhielten 3,3 % mehr Stimmen als sie in der Wahl zur Fünften Knesseth hatten. »Mapam« verlor 0,9 % (erzielte 6,6 %) und die beiden kommunistischen Parteien verloren 0,8 % im Vergleich zu ihrem Stand in der Fünften Knesseth. Allgemein gesehen bewahrte der Linke Block mit etwa 50 % der gesamten abgegebenen Stimmen seine frühere Stärke.

Es ist interessant festzustellen, daß die »Neue Kommunistische Partei« fast die dreifache Stimmenzahl dessen erhielt, was die »zionistische« Kommunistische Partei erzielte; diese Tatsache scheint die Annahme zu rechtfertigen, daß ihre Stärke hauptsächlich von arabischen Wählern herrührt.

Der Religiöse Block verlor in den allgemeinen Wahlen von 1965 etwa 1,4 % und sank auf 14 %. Dem Block Cheruth-Liberale gelang es nicht, die Vertretung des rechten Flügels zu verstärken. Er erhielt 21,3 % der Stimmenzahl, im Vergleich zu den 13,5 % und 6,2 %, die Cheruth und die Allgemeinen Zionisten in den Wahlen zur Vierten Knesseth separat erhalten hatten. Den Unabhängigen Liberalen gelang es, mit 3,8 % mehr oder weniger ihren Stand zu halten.

Wenn wir jedoch die Prozentsätze von »Gachal« und der Unabhängigen Liberalen Partei in den Wahlen zur Sechsten Knesseth zusammenzählen und sie mit denen vergleichen, die »Cheruth« und die Liberale Partei zusammen in den Wahlen zur Fünften Knesseth erzielten, wird es klar, daß der »rechte« Block einen Verlust von 2,3 % erlitt. Dieser Rückgang ist geringfügig, und wir sind zu dem Schluß berechtigt, daß keine weitgehenden Veränderungen in der Machtverteilung stattgefunden haben.

Schließlich sei angemerkt, daß die ethnischen und persönlichen Kandidatenlisten, die zu den Wahlen für die Sechste Knesseth aufgestellt wurden, noch nicht einmal die für die Erlangung eines Vertreters in der Knesseth notwendige Stimmenzahl (etwa 10 000) erreichten, mit Ausnahme der Liste »Haolam Haseh« mit U. Avneri an ihrer Spitze, der in die Knesseth gewählt wurde.

Einige interessante Entwicklungen zeigten sich bei diesen Wahlen auf der Ebene der Gemeinden:

1. Ein Unterschied in der Stimmenverteilung für die Knesseth und für die Gemeinden zeigte sich in einer Reihe von Orten. Die auffälligste Diskrepanz war in Jerusalem festzustellen; hier erhielt »Rafi« (ebenso wie der »Ma'arach«) 20 % der Stimmen, verglichen mit 7 %, die diese Partei in den Wahlen zur Knesseth erhielt. Eine ähnliche Diskrepanz war in verschiedenen anderen Gemeinden zu verzeichnen, doch in jedem einzelnen Fall betraf sie eine andere Partei. In Chedera, zum Beispiel, erhielt »Gachal« eine höhere Stimmenzahl als in den allgemeinen Wahlen.
2. Diese Diskrepanzen in der Stimmenverteilung sind weitgehend der Unterscheidung zuzuschreiben, die die Wählerschaft zwischen den beiden von der Wahl betroffenen Aufgabengebieten machte, sowie dem Versuch der Wählerschaft, für einen Kandidaten zu stimmen, der ihr persönlich geeignet erschien, anstatt für die Partei, die ihn unterstützte. (Hier wieder war die auffallendste Äußerung dieser Tendenz die Zahl der Stimmen, die in Jerusalem für Teddy Kollek abgegeben wurden.) Andererseits besteht kein Zweifel daran, daß die Parteien die mächtigste Kraft darstellen, die auf dem Gebiet der Gemeindearbeit wirksam ist.
3. Eine weitere Tatsache, die nach den Wahlen klar hervortrat, war die Tendenz, Mapai in einer Reihe von Gemeinden aus ihrer früheren Kontrollposition zu verdrängen.

An mehreren Orten, wie Jerucham, Chedera, Netivot, Aschkelon, Kirjat, Schmonah und anderen ähnlichen Ortschaften wurden Koalitionen zwischen »Rafi«, Gachal« und den religiösen Parteien gebildet. Diese Tendenz war besonders ausgeprägt in den Entwicklungsstädten.

Die Erklärung, die (hauptsächlich durch Vertreter von »Rafi«) für die zu dieser Tendenz führenden Ursachen gegeben wurde, war, daß sich in den Gemeinden eine unabhängigere lokale Führerschaft entwickeln würde, wenn Mapai aus ihren Machtpositionen in den Gemeinden verdrängt würde, und das würde sich als eine Art »check and balance« der Zentralregierung gegenüber auswirken. Es ist jedoch noch verfrüht zu bestimmen, ob diese Annahme richtig ist. Jedenfalls ist kein Zweifel daran, daß sich ein gewisser Wandel auf dem israelischen politischen Schauplatz bemerkbar macht. Andererseits sollte betont werden, daß es Mapai gelang, ihre Machtpositionen in den meisten großen Stadtgemeinden zu halten (Tel Aviv, Haifa, Petach Tikwah, Giwatajim, Kfar-Saba u. a. m.).

Die neue Regierung mit Levi Eschkol an der Spitze wurde im Januar 1966 gebildet und bestand aus »Mapai«, »Achduth Ha'awodah«, »Mapam«, den »Unabhängigen Liberalen«, Mafdal und Poalej Agudat Israel. Daher kann die Regierung auf die Unterstützung von 70 Knessethmitgliedern zählen.

Die Regierungsbildung brachte langwierige Verhandlungen mit sich, in deren Verlauf von allen Beteiligten erheblicher Druck auf die größte Partei in der Koalition (Mapai) ausgeübt wurde. Seitens der religiösen Parteien bezog sich der Hauptdruck auf religiöse Angelegenheiten, und sie erlangten Versprechungen, die ihnen weitere Einschränkungen von Dienstleistungsgewerben und Industrien am Sabbat (im Hafen von Aschdod und in landwirtschaftlichen Farmen) und das Verbot von Post-mortem-Untersuchungen ohne Einwilligung der Familie des Verstorbenen, außer in Ausnahmefällen, garantierten.

Der Einschluß von Mapam in die Koalition wurde dadurch ermöglicht, daß ihr das Recht der unabhängigen Abstimmung in Angelegenheiten, denen sie besondere Wichtigkeit zumaß (Beziehungen zu Deutschland und atomare Abrüstung), zugestanden wurde.

Die Unabhängigen Liberalen erhielten Versprechungen in bezug auf Lohnpolitik, die Ausdehnung der Grundgesetze zur Wahrung demokratischer Prinzipien und auch die Durchführung einer öffentlichen Kontrolle und Leitung der Krankenhausversorgung durch das Gesundheitsministerium. Die Regierung wurde schließlich mit einer Mehrheit von 75 Stimmen am 12. Januar 1966 in der Knesseth bestätigt. Das Kabinett besteht aus 18 Ministern, von denen fünf neu sind.

Wie bereits oben bemerkt, waren die Wahlen von 1965 vom Gesichtspunkt des israelischen politischen Systems aus ungewöhnlich wichtig, und ganz besonders vom Gesichtspunkt der Beziehungen zwischen Konservatismus und Neuerung in ihm einerseits und zwischen seiner Kontinuität und seiner Fähigkeit, neue Probleme zu bewältigen, andererseits.

Vom Gesichtspunkt der »Kontinuität« des Systems aus gesehen, zeigten diese Wahlen das relative Mißlingen der Versuche diverser Gruppen - und besonders von »Rafi« -, seine Legitimität zu untergraben.

Es sei zugegeben, daß »Rafi« in diesen Versuchen schwer behindert war, paradoxerweise insbesondere wegen der Kombination von Parolen, deren Förderung sie suchte. Einerseits rückte »Rafi« die charismatische Persönlichkeit Ben-Gurions in den Vordergrund, und er, Ben-Gurion, verneinte in seinen extremen Äußerungen die Berechtigung oder Geltung fast des gesamten institutionellen Gefüges des Regimes und versuchte, die Forderung nach einer Änderung des Regimes auf eine Verbindung von persönlichem Charisma und einem Monopol an Aktivismus und politischer und technischer Sachkenntnis zu basieren. Andererseits bestand die Forderung der jüngeren Gruppen und Führer nach »Modernisierung« und Neuerung im Gegensatz zu den etablierten Interessen und mangelnder Erneuerungsinitiative der älteren Gruppen. Diese Forderung verlor vielleicht etwas von ihrer Geltung angesichts der Tatsache, daß die meisten dieser Führer bis vor ganz kurzer Zeit Mitglieder der Regierung waren, in der sie nicht unbedingt für dieselben Dinge kämpften, für die sie sich jetzt einzusetzen begannen. Und letztlich wandte sich »Rafi« auch an die verschiedenen ethnischen Gruppen, insbesondere diejenigen unter ihnen, die über eine gewisse politische und soziale Mobilität verfügten.

Jede dieser Forderungen konnte bei einigen Bevölkerungsgruppen Anklang finden, doch sehr oft konnten sie sich auch gegenseitig aufheben. Diejenigen, die ernstlich an den Problemen der Modernisierung oder des Wandels interessiert waren und sogar gerne einigen der jüngeren Führer in dieser Beziehung Anerkennung gezollt hätten, akzeptierten nicht immer leichthin den Sturz des ganzen institutionellen Gefüges als eine notwendige Bedingung einer solchen Neuerung oder Modernisierung.

Andere – insbesondere die breiteren Schichten der Neueinwanderer – ließen sich zwar vielleicht von Ben-Gurions Charisma beeindrucken, mochten jedoch angesichts der den bestehenden Parteien zur Verfügung stehenden Mittel Zweifel hegen an der Fähigkeit von »Rafi«, ihre Versprechungen einzulösen.

Wahrscheinlich waren nur die rein persönlichen Anhänger Ben-Gurions bereit, alle diese Parolen blind zu akzeptieren.

Es ist wahr, jede einzelne dieser Parolen – die zusammen genügten, »Rafi« zehn Sitze in der Knesseth zu sichern – hätte nicht ausgereicht zur Stützung ihres Anspruchs, eine Kraft der Erneuerung darzustellen, insbesondere da sie sehr bald auf der Gemeindeebene und in gewissem Grade in der Histadruth versuchte, das übliche Spiel der Koalitionspolitik zu spielen.

Und insbesondere war ihre Zahl zu gering angesichts des widerhallenden Erfolgs des »Ma'arach«, der 45 Sitze erhielt – weit mehr als der größte Teil der Öffentlichkeit erwartet hatte.

Dieser Sieg war vor allem ein Sieg des institutionellen Gefüges des bestehenden Regimes an sich. Er brachte zum Ausdruck, daß die israelische Wählerschaft nicht bereit war, sich das politische System als von irgendeiner Einzelperson abhängig vorzustellen, und daß sie glaubte, die meisten Probleme könnten wahrscheinlich in dem vorhandenen Rahmen in Angriff genommen werden – oder zum mindesten, daß kein besserer in Aussicht war.

Diese Akzeptierung des institutionellen Gefüges war vielleicht das bedeutsamste Ergebnis dieser Wahlen. Zwar negierte es an sich nicht die Möglichkeit, daß in der Zukunft dieses System gestürzt wird, doch würde dafür eine große Krise oder ein Zusammenbruch notwendig sein, insbesondere da in der Zukunft sogar die in der Persönlichkeit Ben-Gurions gegebene Kontinuität schwächer würde.

Aber darüber hinaus war der relative Sieg des »Ma'arach« vor allem ein Sieg für den Konservatismus der israelischen Wählerschaft, und in mehreren Beziehungen hob er viele der paradoxen Kennzeichen dieses Konservatismus hervor.

Obwohl also »Ma'arach« auf einem »sozialistischen« oder »Arbeiter«-Wahlprogramm begründet war und immer mehr die »sozialistische« Orientierung und die Einheit der Arbeiterbewegung betonte (was auch in der Tatsache offenbar wurde, daß »Mapam« der neuen Koalition zu Beginn des Jahres 1966 beitrat), rührte dennoch ein Großteil ihrer Unterstützung – und wahrscheinlich insbesondere diejenige Unterstützung, die den widerhallenden Sieg möglich machte – von »bündnisfreien« beruflichen, akademischen oder institutionellen Gruppen her, die wirklich sehr weit davon entfernt waren, die sozialistische Ideologie zu akzeptieren.

Diese Gruppen stimmten für den »Ma'arach« entweder wegen etablierter Interessen oder aus einem allgemeinen Gefühl des Wohlergehens heraus und/oder weil sie gegen den allgemeinen Sturz des Regimes waren, wie »Rafi« und zu einem geringeren Grade »Gachal« ihn befürworteten. (Es ist durchaus möglich, daß »Gachal«, die paradoxerweise »weniger radikale« Opposition, die sich als eine mögliche Alternative nicht nur im personalen, sondern auch im ideologischen Sinne präsentierte, Stimmen verlor wegen der von »Rafi« hervorgerufenen Angst vor einem extremen Umsturz.)

Von diesem Gesichtspunkt aus war es außerordentlich signifikant, daß die Stimmen der wohlhabenden Vororte — wie etwa des Nordens von Tel Aviv — an den »Ma'arach« gingen, während in den mehr proletarischen Vierteln »Gachal« und (besonders in einigen der neuen Entwicklungsstädte) »Rafi« größere Unterstützung fanden.

So haben die Grundlagen des Siegs des »Ma'arach« vielleicht noch mehr als vorher die große Diskrepanz hervorgehoben, die zwischen den auf Ideologie basierenden Orientierungen und Slogans einerseits und den sozialen Grundlagen der Wählerschaft und konkreter Orientierung der Politik andererseits besteht.

Auch hier wiederum ist es signifikant, daß in den Koalitionsbesprechungen vor der Regierungsbildung Anfang 1966 der Premierminister daran interessiert gewesen sein soll, die religiösen Parteien wie üblich zu kooptieren (und bereit war, ihnen in mehreren wichtigen Punkten nachzugeben — wie im Punkte des Arbeitsverbots am Sabbat in dem neuen Hafen von Aschdod oder der Ausdehnung der Geltung des Gemeindegesetzes, das die Arbeit am Sabbat behandelt) —, um in wirtschaftlichen und sozialen Angelegenheiten weniger abhängig zu sein von der stärker doktrinären »Mapam« und möglicherweise auch von seinen eigenen Zusammenschlußgefährten aus »Achduth Ha'awodah«, d. h. also genau denjenigen Gruppen, die die Grundlage der Geeinten Arbeiterfront bildeten. Der Einschluß der kleinen Partei der Unabhängigen Liberalen in die Koalition zeigte deutlich dieselbe Einstellung an.

Diese Tatsachen waren in keiner Weise neu — in vielen Beziehungen waren sie nichts anderes als Fortsetzungen der früheren Aktivität und Politik von »Mapai«. Doch das Problem, das sich jetzt ergab, war, ob eine Möglichkeit ihrer wirksamen Fortführung gegeben war in der etwas veränderten Situation, die in diesen Wahlen durch die Bildung von »Ma'arach« auf der einen Seite und von »Gachal« auf der anderen entstanden war. Diese Bedingungen schienen auf den ersten Blick einer möglichen Annäherung zwischen »Links« und »Rechts« günstig, und diese wurde verstärkt durch die Möglichkeit eines Zusammengehens von »Rafi« mit dem rechten Flügel, wie dies in einigen Fällen auf der Ebene der Gemeinden geschehen war.

Das führt uns zum zweiten Problem, nämlich dem der Beziehung zwischen Konservatismus und Neuerung im israelischen politischen System, und zwischen dem Ausmaß, in dem gerade die Kontinuität und anscheinende institutionelle Stabilität des Systems auch vereinbar sind mit der Fähigkeit, die vielen neuen Probleme zu meistern — seien es die einer Modernisierung der Wirtschaft oder der aktiven Absorption neuer Typen sozialer, akademischer und Einwanderergruppen — und eine neue Betrachtungsweise und Politik zu entwickeln.

Der hauptsächliche Prüfstein einer solchen Fähigkeit ist das Ausmaß, in dem in den meisten Parteien, und insbesondere in »Mapai«, eine Entwicklung von neuen Einstellungen zu Problemen, von neuen Kanälen für die Auswahl von Führern und von neuen organisatorischen Formen und Gefügen erfolgt.

Wir sahen, daß bis zu Beginn der sechziger Jahre Mapai tatsächlich eine relativ große Fähigkeit in all diesen Richtungen aufwies – wenn auch hauptsächlich ad hoc –, daß aber seither viele Anzeichen auf eine Schwächung dieser Fähigkeit hindeuten.

In der Zeit der Wahlen von 1965 trat dieses Problem noch deutlicher hervor – trotz oder vielleicht gerade wegen ihres großen Siegs. Einerseits erfuhr die alte Kohäsion der Mapaiführerschaft, die es ihr ermöglicht hatte, in den fünfziger Jahren einige der neuen politischen Richtlinien zu verwirklichen, durch die Abtrennung von »Rafi« eine Schwächung. Es stimmt zwar, daß die Organisation und Struktur der Führerschaft in dieser Spaltung eine große Elastizität bewies, doch es muß sich erst herausstellen, ob dies auch die Fähigkeit betrifft, neue Orientierungen und politische Richtlinien zu formen und weiterhin neue Gruppen in sich aufzunehmen.

Zwei Probleme stechen hier hervor. Das eine ist, in welchem Maße der verstärkte Zusammenschluß zwischen Mapai und Achduth Ha'awodah die stärker sektiererischen Elemente von Achduth Ha'awodah in einer Weise schwächen wird, die das Potential der Neuerung und Schöpferkraft verstärkt und neue Kanäle öffnet, oder umgekehrt das Ausmaß, in dem Mapai durch ihre Abhängigkeit von Achduth Ha'awodah immobilisiert wird (insbesondere in der Histadruth, in der sie jetzt eine Minderheit darstellt).

Dies scheint mehr eine Frage der inneren Kohäsion, Kraft und Selbstsicherheit der Mapaiführer zu sein als der rein taktischen Positionen von relativer Stärke – hauptsächlich weil im Grunde genommen die Abhängigkeit der Achduth Ha'awodah von Mapai größer ist als umgekehrt, und zweitens, weil es scheint, daß unter den Mitgliedern von Achduth Ha'awodah Neigungen oder eine gewisse Bereitschaft zu einigen derartigen neuen Orientierungen vorhanden sind.

Das zweite Hauptproblem hier ist, in welchem Ausmaß Mapai und der Ma'arach imstande sein werden, neue soziale Gruppen aufzusaugen und neue Kanäle politischer Mobilität zu erschließen.

Die Zeit vor den Wahlen hat gezeigt, daß der Anspruch von »Rafi«, die »Jungen« und »Modernen« zu repräsentieren, nicht gerechtfertigt war, und daß viele derartige Gruppen de facto für den »Ma'arach« stimmten. Außerdem haben unter dem Einfluß von »Rafi« der »Ma'arach« und andere Partner neue Kräfte in ihre Listen aufgenommen, nachdem offensichtlich die Abtrennung von »Rafi« ihnen einige derartige Elemente entzogen hatte.

Es ist indes noch ungewiß, in welchem Maße diese neuen Elemente tatsächlich zu Führerpositionen zugelassen und imstande sein werden, an der Gestaltung einer neuen Politik teilzunehmen, oder ob sie sich nur zu neuen »pressure groups« ausbilden werden. Dieses Problem ist besonders akut angesichts der Tatsache, daß sogar in der Vergangenheit die Fähigkeit zur Aufnahme neuer Gruppen und Befriedigung ihrer Forderungen größer war als die Fähigkeit, neue Orientierungen und politische Richtlinien auszuarbeiten. Dasselbe Problem besteht auch in bezug auf andere Parteien, einschließlich »Rafi«. Sicherlich hat das Erscheinen von »Rafi« die Möglichkeiten einer Kristallisation neuer Koalitionszusammenschlüsse verstärkt und damit vielleicht auch eine neue Zentrumsalternative zur bestehenden Koalition. In diesem Sinne mag es sehr wohl stimmen, daß die von den Arbeiterparteien beherrschte

Koalition erst in den nächsten Wahlen wirklich auf die Probe gestellt werden wird. Doch in der soziologischen Realität der israelischen Politik sichert die Möglichkeit eines solchen Wechsels an sich keine Verstärkung der Erneuerungsfähigkeit des politischen Systems.

Die Konstellation aller dieser Faktoren läßt in scharfem Umriß das Problem hervortreten, ob die institutionelle Kontinuität des israelischen politischen Systems mit wachsender Flexibilität und Neuerung oder umgekehrt mit zunehmender Immobilisierung verbunden sein wird.

4. Grundmerkmale politischer Abläufe und die Kontinuität des Systems

Grundzüge des politischen Systems – sozio-historische Wurzeln

Der komplizierte politische Ablauf in Israel zeigt mehrere deutlich unterschiedene Tendenzen. Wir finden einen relativ hohen Grad tatsächlicher De-facto-Übereinstimmung in vielen die Umrisse des Staates betreffenden Grundfragen mit gelegentlichen Ausbrüchen akuter politischer Kontroversen, wenn die Grenzen der bestehenden Übereinstimmung des Modus vivendi in Gefahr geraten. Aus solchen Krisen folgt für gewöhnlich eine Wiederherstellung des Status quo oder eine Akzeptierung gewisser Änderungen in ihm.

Die Lautstärke der politischen Debatte und ihre totalistische Orientierung in Israel in Verbindung mit der Fähigkeit, in konkreten Fragen Kompromisse zu schließen, trugen dazu bei, die diversen Grundfragen, die sich als trennend hätten erweisen können, aus der politischen Debatte fernzuhalten. Einige derartige Fragen, insbesondere auf religiösem Gebiet, tauchten in letzter Zeit auf, aber auch hier sind sie im großen ganzen lediglich im Beginn.

Die Kontinuität des israelischen politischen Systems wurde auch gestützt durch die Vielfalt von Zusammenschlüssen in verschiedenen Fragen, was die Entstehung ernster Spaltungen verhinderte, und durch die Fähigkeit, eine Gesamtpolitik zu entwickeln, die konservativen Dynamismus mit administrativer und politischer Neuerung vereinte.

Gleichzeitig wurde jedoch die Wirksamkeit solcher empirischen politischen Abmachungen begrenzt durch mangelnde öffentliche Anerkennung und das Fehlen einer vollen Institutionalisierung der Regeln und Kriterien, die zu ihrer Erreichung beitragen.

Diese Züge erklären in gewissem Grade die Kontinuität des Systems und seine Fähigkeit, neue Kräfte aufzusaugen, doch sie zeigen auch die Schaffung vieler Spannungen und anomischer Abweichungen im politischen System.

Zum besseren Verständnis der Kontinuität des israelischen politischen Systems und seiner Fähigkeit, neue Probleme zu bewältigen, lohnt es sich, einige seiner Züge zu analysieren, wie sie sich aus ihren sozio-historischen Wurzeln herauskristallisiert haben.

Die Errichtung einheitlicher politischer Institutionen und die sie begleitende Entwicklung neuer Normen und rechtlicher Begriffe stellte unbedingt eine große Veränderung dar gegenüber dem System der jüdischen Gemeinschaft in Palästina vor der Staatsgründung.

Dieses neue System und die neuen Normen, zu deren Aufstellung die »älteren« Werte den Anstoß gegeben hatten, begründeten die Beziehung zwischen Gruppen, Parteien und Führern und veränderten das allgemeine politische Gefüge beträchtlich.

Die diversen Gruppen wurden notwendigerweise zu Teilen eines neuen, allgemeineren und differenzierteren Systems. Doch gleichzeitig wiesen sie die Tendenz auf, ihre totalistischen Ansichten in dem neuen Gefüge zu proklamieren. Die neuentwickelten Staatsorgane wurden von den Gruppen oft im Sinne früherer Zielsetzungen gesehen.

Zwar war der Anstoß zur Gründung des Staates weitgehend auf die sozialen Pionierbewegungen der jüdischen Gemeinschaft in Palästina zurückzuführen, doch die eigentliche Errichtung des Staates schuf neue politische Systeme und Institutionen, deren grundlegende Prämissen und Struktur oft den Werten und Traditionen der älteren Bewegungen entgegengesetzt waren. Die meisten Führer waren nicht bereit oder fähig, die Veränderung in der institutionellen Struktur, die mit dem Staat entstand, zu akzeptieren und zu verstehen, insbesondere da etwas »Blindheit« der neuen Situation gegenüber ihre eigenen Machtpositionen in dem neuen System verstärken konnte.

Diese Situation erzeugte viele Spannungen und »anomische Lücken« in der politischen Struktur, konzentrierte die Beziehungen des Staates auf die wichtigen kollektiven Ziele der Gemeinschaft und rückte mehrere entscheidende Probleme in den Vordergrund. Eins davon war das Problem der Aufstellung solcher Ziele und der ihnen im Gefüge der neuen politischen Institutionen zuzuweisende Prioritätsgrad. Ein zweites war das Problem, diese Ziele als Teil der grundlegenden Übereinstimmung der Nation zu akzeptieren.

Diese Probleme entstanden weitgehend aus der Tatsache, daß die Gründung des Staates die auf der sozialen Bewegung beruhende Legitimation erheblich schwächte und dadurch eine allgemeine Schwächung der ideologischen zionistischen Orientierungen verursachte. Das wurde unterstrichen durch die Einschränkung der Funktionen der Zionistischen Organisation und auch durch die allgemeine Unfähigkeit der zionistischen Bewegung, der Bedeutung des Zionismus im Staate Israel eine neue Interpretation zu geben.

Der Einschluß von Gruppen, die ganz offensichtlich nicht zur Bewegung gehörten, in den Rahmen des Staates – deren auffallendstes Beispiel »Agudat Israel« war – bildete einen weiteren Grund für das Anwachsen dieser Probleme.

An nächster Stelle stand die Vereinheitlichung des Rahmens des politischen Kampfs, um frühere Bewegungen zu Teilen einer einzigen geeinten politischen Ganzheit zu machen, in der alle gewissen allgemeinen Zielen und den Prinzipien föderativer Abkommen zustimmen mußten, obwohl dies im Widerspruch stand zu ihrer Tendenz, ältere »totalistische« Einstellungen beizubehalten.

Es wurden viele Kompromisse geschlossen in bezug auf die Festsetzung des Vorrangs für verschiedene Ziele, aber sie wurden im Sinne der politischen Prozedur und Debatte in Israel nicht voll institutionalisiert.

Zwei Grundeinstellungen zum Staat – Der Staat als Inbegriff kollektiver Ziele

Mehrere Grundhaltungen zum Staat entstanden aus diesen Problemen und hatten wichtige Auswirkungen auf die Institutionalisierung des neuen politischen Systems und Verfahrens in Israel.

Die erste Grundeinstellung war die Auffassung vom Staat als Träger der hauptsächlichen kollektiven Zukunftsziele – wie Zionismus, oder das Hereinholen der Exilierten – und die Betrauung des Staates und seiner aktiven Organe (besonders der Regierung) mit der Aufgabe der Erfüllung dieser Ziele.

Die zweite war die Auffassung vom Staat als Verteilerstelle, deren Aufgabe darin bestand, den verschiedenen Gruppen und Bewegungen Vorteile zu bewilligen.

In dem ersten Aspekt umfaßte der Staat die wichtigen Symbole der Nation und erschien als Nachfolger der diversen Bewegungen mit ihren starken Zukunftseinstellungen und totalistischen Ansprüchen.

Im zweiten erschien er vorwiegend als Verteiler mannigfacher Güter und Dienstleistungen, als Mittler zwischen äußeren Quellen und inneren Gruppen und, in gewissem Sinne, sogar als Ausbeutungsobjekt für diese Gruppen.

Die erste Einstellung sah den Staat und seine ausführenden Organe als die hauptsächliche Auffangstelle für die Ziele des älteren Tpys, die vorher von den diversen sozialen Bewegungen getragen worden waren.

Nationale Verteidigung, das Hereinholen der Exilierten, eine gerechte Gesellschaft usw., die sich von der grundlegenden zionistisch-sozialistischen Ideologie herleiteten, wurden in beträchtlichem Ausmaß auf den Staat und seine Symbole übertragen.

Einige von diesen, wie etwa die Armee, wurden mit dem Staat in selbstverständlicher Weise identifiziert. Andere – wie Pioniertum oder das Hereinholen der Exilierten – wurden zu Gegenständen der Auseinandersetzung, und sowohl der Staat als auch andere Gruppen erhoben weiterhin den Anspruch, diese Ziele zu repräsentieren.

Da diese Versuche und Orientierungen zum »Staatsein« oft als Reaktion gegen kontinuierliches Feilschen über Einzelheiten in der Politik ausgelegt wurden, verliehen sie dem Staat und der Exekutive – und besonders dem Amt des Premierministers – eine besondere charismatische Aura. Auf diese Weise konnten vermutlich sowohl die Beibehaltung einer starken Betonung der Erfüllung von Zielen als auch die Entfernung dieser Ziele aus dem täglichen politischen Ablauf erreicht werden, insbesondere wenn Ben-Gurion versuchte, für den Staat und oft auch für sich selbst das Monopol für die Vertretung der hauptsächlichen kollektiven Werte und ihrer inhärenten »Richtigkeit« zu übernehmen.

In engem Zusammenhang hiermit standen die Versuche – auch sie wiederum hauptsächlich von Ben-Gurion unternommen –, eine neue Serie von Werten zu entwickeln, die direkt mit der jüdischen biblischen und prophetischen Geschichte in Verbindung standen und oft nicht nur viele Abschnitte aus der jüdischen Geschichte in der Diaspora, sondern auch die neueren Werte der zionistischen Bewegung und der Arbeiterbewegung unbeachtet ließen.

Eines der wichtigsten Anzeichen hierfür war der Versuch, die Kibbuzbewegungen ihrer Pioniersaura zu entkleiden – eine Haltung, die sich später merklich änderte.

Noch signifikanter war vielleicht der Versuch, der von Ben-Gurion und einigen aus seiner engeren Umgebung unternommen wurde, die Ungleichheit zwischen »Haganah« und Israelischer Verteidigungsarmee zu betonen und letztere fast als eine von Ben-Gurion inspirierte Neuschöpfung darzustellen.

Ähnlich orientiert waren Ben-Gurions Versuche – in klarem Widerspruch zu den Ansichten der Regierung und seiner eigenen Partei –, die Bedeutung der Zionistischen Organisation und sogar zionistischer Ideen auf ein Minimum herabzusetzen und an ihrer Stelle die allgemeinere Verbindung und Identifikation von Juden überall mit Israel zu betonen.

Das hatte einen weiteren wichtigen strukturell-ideologischen Aspekt in der Übertragung der Zielbetonung von den diversen sozialen und Pionierbewegungen auf den Staat zur Folge. Die ursprünglichen Ideale dieser Bewegungen implizierten die »Hingabe« der Mitglieder an die gemeinsamen Ziele. Mit ihrer Transformation in den neuen Rahmen des Staates kristallisierten sie ideologisch oft zu Ansprüchen der »Überlegenheit« des Staates und seiner hieraus folgenden Berechtigung, die Betätigung des Untertanen zu definieren und zu begrenzen. Diese Tendenzen hatten viele Begleiterscheinungen auf der konstitutionellen Ebene – wie etwa die Entstehung der diversen früher erwähnten Sicherheitsverfügungen –, und sie wurden dann durch eine Tendenz zur Bürokratisierung und administrativen Zentralisation bedeutend verstärkt.

Der Staat als Verteilungsinstitution

Viele der oben analysierten Tendenzen erfuhren in paradoxer Weise eine Stärkung durch die Art, in der die Betonung der Verteilungsfunktionen sich entwickelte.

Diese Einstellung war in vielen der »sektiererischen« Gewerkschaften, die den Staat als Lieferanten von Dienstleistungen oder sogar als eine potentiell »fremde« Institution ansahen, tief verwurzelt. Sie wird auch durch die Tatsache unterstrichen, daß jede Gruppe behaupten konnte, der Staat »gehöre« einer andern oder begünstige eine andere Gruppe, oder er stelle noch nicht den vollen Inbegriff der wahren nationalen Werte dar; diese würden durch spezifische Gruppen besser repräsentiert, und daher müßten der Gruppe besondere Rechte und Privilegien im Staat gewährt werden.

Das wurde sichtbar in der Fortsetzung und sogar Ausdehnung der internen »Jurisdiktion« vieler öffentlicher Körperschaften – angefangen von der Histadruth und den verschiedenen Parteien bis zu Genossenschaften und Siedlungen – und in ihren Versuchen, die Rechtsprechung der Gerichte zu vermeiden oder zu umgehen.

Diese Einstellung war bei vielen Interessengruppen tief verwurzelt; sie forderten vom Staat Bewilligung von Positionen, Subventionen und Gütern, und diese Einstellung wurde natürlich durch das Wachstum der staatlichen Bürokratie verstärkt.

Die wichtigste Äußerung dieser Tendenzen in institutionellen Begriffen war die Forderung, daß gewisse Vorteile und Dienstleistungen, deren Gewährung eigentlich im Aufgabenbereich des Staates lag, durch Bewegung, Partei oder Histadruthstellen bewilligt werden sollten. Das wichtigste Beispiel hierfür war auf dem Gebiet des Gesundheitswesens; ein weiteres im Bereich der Wohnungsversorgung, wo gefordert wurde, daß die Zuteilung durch die Ämter der Histadruth oder der verschiedenen Parteien nach den Grundsätzen der »sozialen Gerechtigkeit« erfolge.

Diese Einstellung hinterließ ihre Symptome auch in der Wirtschaftspolitik und äußerte sich in der Unfähigkeit der diversen Führer, dem Druck des wachsenden öffentlichen und privaten Verbrauchs zu widerstehen. Kibbuz- und Moschawsiedlungen forderten auf der Basis ihrer ideologischen Pionierswerte besonderen Schutz vom Staate, und allgemeiner verlangte die Histadruth fast gleiche Partnerschaft mit dem Staat.

In der ideologischen Debatte, die aus der Lawon-Affäre folgte, verlagerte sich dieses Problem von der Betonung der Reinheit der älteren Werte zu der allgemeineren Behauptung der Bedeutung »freiwilliger« Vereinigungen (deren Inbegriff vermutlich die Histadruth darstellte) im Gegensatz zu den »etatistischen« Tendenzen des Staates.

Diese Verlagerung, die stärkeren Nachdruck auf den Aspekt der Freiwilligkeit diverser Betätigungen als auf ihr Ziel legte, enthielt eine wichtige Erkenntnis der sich wandelnden sozialen Realität. Da sie jedoch mit kontinuierlichen totalistischen Forderungen für die Histadruth gepaart war, blieb diese Verlagerung nur partiell und enthielt viele konservative Elemente.

Strukturelle Auswirkungen der beiden Einstellungen zum Staat auf die Legitimation des Staates und seine Leistungsfähigkeit

Der potentielle Widerspruch zwischen diesen beiden Einstellungen äußerte sich in seiner extremen Form in dem Gegensatz zwischen verschiedenen Parteien; und innerhalb von Mapai bestanden diese verschiedenen Tendenzen nebeneinander, und die Parteileitung versuchte, beide in wechselnden Ausmaßen zu befriedigen.

Dennoch schwächte die Verbindung dieser beiden Einstellungen zum Staat die Legitimation der »routinemäßigen« gesetzgeberischen und rechtsprechenden Organe und stärkte die Auffassung vom Staat als System, das die Erfüllung allgemeiner Werte und Ziele fördert, aber an sich nicht ihr Zentrum und einziger Hüter ist.

In dieser ganzen Zeit faßten die gesetzgebenden, richterlichen und vom Staat kontrollierten Körperschaften festeren Fuß, und die Legitimation und das ordentliche Funktionieren der Staatsorgane wurden mit ihnen in Verbindung gebracht. Die Bedeutung der verschiedenen parlamentarischen und richterlichen Kontrollen in den Augen der Öffentlichkeit scheint seit der Amtsführung der Regierung Eschkol gestiegen zu sein.

Aus der Wechselwirkung dieser diversen Tendenzen entwickelten sich mehrere anomische Abweichungen in der israelischen politischen Struktur, die sowohl auf die Möglichkeit einer Erosion des bestehenden politischen Systems als auch auf die einer Umkristallisation hinwiesen. Die entscheidende Schwäche dieser anomischen Abweichungen bestand in der Unfähigkeit einer Entwicklung und vollen Institutionalisierung von neuen Normen, die die neuen Schwierigkeiten, Fragen und Konflikte regulieren könnten.

Auf diese Weise konnte es leicht geschehen, daß aus Gleichgültigkeit, Konflikt und einer wachsenden Diskrepanz zwischen dem hohen Niveau der Hingabe an nationale Ziele und dem starken praktischen, in etablierten Interessen wurzelnden Konservatismus der Glaube an demokratische Institutionen erschüttert wurde.

Die Tendenzen zur Vorherrschaft von Exekutive und Bürokratie konnten sehr oft eine derartige Gleichgültigkeit verstärken und ihrerseits verstärkt werden durch das Gefühl der Unfähigkeit bestehender Gruppen und Parteien, sich der Exekutive entgegenzustellen oder neuen Forderungen in angemessener Weise zu begegnen.

Doch diese anomischen Abweichungen enthielten auch die Möglichkeit zu neuen politischen Orientierungen. Im Gegensatz zu den Kräften, die den Glauben an die Demokratie und an das Funktionieren des bestehenden Systems zersetzten, war auch eine Zunahme von unabhängigeren Formen des öffentlichen Ausdrucks und der Besorgnis erkennbar, und das wiederum führte zu verstärkter Legitimation und Akzeptierung neuer regulativer Normen und Mechanismen wie derjenigen der Justizgewalt und der Legislative.

Die grundsätzliche politische Einstellung des Bürgers zum Staat ist kompliziert und in gewissem Grade ambivalent. Sie schwankt zwischen einer totalen Identifikation mit den höchsten Staatssymbolen und einer Tendenz zu negativer Bewertung des institutionellen Rahmens und der von der Regierung erhobenen Ansprüche, was einer negativen Auffassung von den Rechten und Pflichten des Bürgers gleichkommt.

Es besteht jedoch auch die Tendenz zur Entwicklung einer entgegengesetzten Haltung, die sich in einer großen Besorgnis über an den Tag gelegte Gleichgültigkeit und Zynismus, sowie in einem Gefühl der Ergebenheit gegenüber dem Staat und Beunruhigung in konkreten Fragen ausdrückt.

Gelegentlich ergänzen sich diese beiden entgegengesetzten Haltungen sogar insofern, als ein Anwachsen des Zynismus auch zu einer wachsenden Besorgnis führen kann.

Diese ambivalenten Haltungen gegenüber den politischen Institutionen entsprechen wahrscheinlich der mangelnden klaren Definition der Herrschaftsrollen, wie oben analysiert wurde. Sie wurzeln auch in dem Fehlen einer klaren Umreißung von Normen, die die Ausübung der Macht regulieren.

Politische Debatte und Beschlußfassung

Der Charakter der politischen Debatte und Beschlußfassung in Israel verstärkte die bisher analysierten Tendenzen. Die meisten Parteien vertraten verschiedene politische Auffassungen im Sinne absoluter Werte, und die Beziehungen zwischen ihnen waren einerseits durch hartnäckige Verhandlungen über die Zuweisung und Verteilung konkreter Vorteile und andererseits durch relativ wenig Streitigkeiten über wichtige konkrete Probleme, deren Bestehen alle anerkannten, gekennzeichnet.

Natürlich wurden »totalistische« ideologische Ansprüche verschiedener Gruppen und Parteien oft zur Aufrechterhaltung von Machtpositionen, zu »föderativen« Abmachungen oder zur Erreichung einer günstigeren Position auf politischem Gebiet ausgenutzt.

Kritik an solchen Vereinbarungen wurde oft in Begriffen absoluter Werte beantwortet und als eine Art Abtrünnigkeit betrachtet. Nur in der täglichen Arbeit der parlamentarischen Kommissionen, der Justizgewalt und in geringerem Ausmaß einiger Stadtverwaltungen entwickelten sich allmählich realistischere Einstellungen, aber sie stellen einstweilen nur einen geringen Anteil an der politischen Debatte in Israel dar.

Das deutet darauf hin, daß viele konkrete Fragen entweder nicht offen diskutiert werden (wie zum Beispiel Verteidigungsangelegenheiten, bei denen dies aus »Sicherheitsgründen« gerechtfertigt ist), oder daß die Diskussion in Begriffen von absoluten Loyalitäten und Werten und nicht entsprechend ihrer konkreten Bedeutung geführt wird. Viele derartige Streitfragen wurden im Innern von Mapai ausgetragen unter Ausschluß von Diskussionen zwischen den verschiedenen Parteien.

Ähnliche Schemata drückten sich in den Entscheidungen, die in den obersten Exekutivrängen der Mapai und in den diversen bürokratischen Staffeln getroffen wurden, aus.

Im großen ganzen sind regulative politische Mechanismen, die über direkte Verhandlungen zwischen den verschiedenen Parteien hinausgehen, relativ schwach und nur teilweise üblich. Sie betreffen hauptsächlich rechtliche Garantien gegen Übergriffe seitens der Exekutive und der Bürokratie.

Obwohl diese regulativen Kräfte im Laufe ihrer Entwicklung eine gewisse Formalisierung und Institutionalisierung erfuhren, wurden sie nicht leicht akzeptiert. Es sind zwar einige merkliche Veränderungen und Fortschritte erfolgt, doch stoßen alle Versuche einer Kontrolle der Exekutive in entscheidenden Bereichen, wie etwa dem des Sicherheitswesens, noch auf viele Schwierigkeiten.

Entwicklungsmöglichkeiten im politischen System

Bis jetzt ist es dem jungen israelischen politischen System gelungen, alle extremen (populistischen, ethnischen oder »vigilanten«) Versuche, die auf eine Untergrabung seiner Legitimität gerichtet waren, zu unterdrücken. Das Hauptproblem, dem es jetzt gegenübersteht, ist, ob es im Rahmen seiner bestehenden Institutionen weiterhin seine Legitimität erhalten und wirksam funktionieren kann. Die wirkliche Frage in diesem Kontext ist nicht so sehr die formale Regierungsstruktur (d. h. ob sich ein Zwei-Parteien-System entwickeln wird), sondern ob die diversen neuen Fragen und Probleme im Rahmen des bestehenden institutionellen Systems eine angemessene Behandlung erfahren können – sowohl durch Entwicklung neuer regulativer Mechanismen als auch durch die Fähigkeit alter und neuer Parteien, mit solchen Problemen fertig zu werden.

Es gibt mehrere Möglichkeiten, sich mit diesen neuen Problemen auseinanderzusetzen. Eine ist die Fortführung des bestehenden Systems und Stärkung seiner Fähigkeit, neuen Problemen gerecht zu werden. Hiermit würde wahrscheinlich eine zunehmende Bedeutung der gesetzgebenden und richterlichen Körperschaften, der diversen öffentlichen Kontrollorgane und einer unabhängigen öffentlichen Meinung verbunden sein. Das läßt sich auf zwei Weisen durchführen. Eine würde in einer Fortführung der gegenwärtigen Koalitionsstruktur bestehen, wobei Mapai genügend reorganisiert würde, um die Aufsaugung neuer Gruppen und die Aufstellung einer neuen wirksamen Führerschaft zu ermöglichen, während den anderen Parteien in ausreichendem Maße neues Leben eingeflößt werden müßte, um sie zu befähigen, einen wirksamen Druck auf Mapai auszuüben.

Die andere Möglichkeit ist die einer zunehmenden Neugruppierung politischer Parteien und Gruppen um die »Rechte«, das »Zentrum« und die »Linke« herum mit dem Ziel, die kleineren Parteien zu schwächen und sie mit den größeren zu verschmelzen. Das könnte die Entstehung einer Opposition ermöglichen, die stark genug wäre, die wirkliche Alternative zu einer von Mapai beherrschten Koalition darzustellen.

Die Entwicklung des israelischen politischen Systems in einer solchen Richtung würde wahrscheinlich mit einer Zunahme der Bedeutung der legislativen Organe und der öffentlichen Meinung, mit dem Anwachsen dynamischerer partikularistischer Orientierungen und mit einer Auflockerung der starren Vorgegebenheitsorientierungen in der sozialen Organisation zusammengehen.

Eine Schwächung des bestehenden Systems könnte auch die Folge einer Senkung seiner Leistungsfähigkeit und seines Elastizitätsniveaus sein. Das könnte auf vielen Wegen erreicht werden, doch alle würden sie eine Schwächung der Legislative und des Einflusses der öffentlichen Meinung einschließen, und sie würden die Bedeutung der diversen Arten des Aushandelns als wichtigen politischen Mechanismus verstärken. Solche Entwicklungen würden wahrscheinlich auch stark mit einem zunehmenden Übergewicht der »erstarrenden« vorgegeben-partikularistischen Orientierung in der sozialen Struktur Israels verbunden sein.

V. KULTUR UND WERTE

1. Kulturelle Renaissance – Institutionalisierung der Kulturtätigkeit

Einleitung – Ideologische Voraussetzungen und schöpferische Betätigung

Die vorhergehenden Kapitel erörterten die historische Entwicklung der grundlegenden sozialen Struktur Israels, die sich im wesentlichen von der zionistischen und später von der zionistisch-sozialistischen Ideologie herleitete und die Schaffung einer neuen jüdischen Gesellschaft anstrebte. Wir kehren jetzt zu der im ersten Kapitel dieses Buches gestellten Frage zurück – wie sah die Gesellschaft aus, die ihnen vor Augen stand, was für eine Gesellschaft und Ausgangstradition schufen sie und wie beteiligten sich die diversen Sektoren der israelischen Bevölkerung an der Schaffung, Fortführung und Wandlung dieser Traditionen?

In den meisten Pioniergruppen entwickelten sich mehrere grundsätzliche ideologische Prämissen, die einen wesentlichen Bestandteil der ideologisch-sektiererischen Grundeinstellungen bilden und sich ganz kurz zusammenfassen lassen. Es wurde angenommen, daß letzten Endes die nationale kulturelle Renaissance alle Kulturgebiete – Kunst und Wissenschaft, Sprache und Religion – mit ihren traditionalen und modernen Elementen umfassen, und daß sich diese alle in dem neuen nationalen Rahmen gedeihlich entwickeln würden. Die zweite Annahme war, daß der Prozeß kultureller schöpferischer Leistung auch alle Bereiche des täglichen Lebens umfassen und alle Gruppen der Gesellschaft durchdringen würde. Schließlich wurde angenommen, daß sich an diesem kulturellen Schöpfungsprozeß alle, ungeachtet ihrer spezifischen Neigungen, voll beteiligen würden. Diese letzte Annahme personifizierten große Gestalten aus dem heroischen Zeitalter des Zionismus – etwa der Dichter Bialik, der auch politisch aktiv war, Führerpersönlichkeiten wie Weizmann, der politische und wissenschaftliche Arbeit verband, oder Sokolow, der ein Politiker und Schriftsteller von Format war. Auch die intensive kulturelle Arbeit der diversen Gruppen in der zionistischen Bewegung, und insbesondere der Pioniergruppen, gehört hierher.

Eine gewisse kulturelle Spezialisierung geht allerdings bis auf die Erste und Zweite Alijah zurück: damals wurden verschiedenerlei Schulen, Seminare und Zeitungen gegründet, Berufsvereinigungen und wissenschaftliche Gesellschaften ins Leben gerufen; doch eine derartige Differenzierung erschien im allgemeinen lediglich als ein Unterschied im Nachdruck innerhalb des gemeinsamen Bestrebens.

Die Institutionalisierung der mannigfaltigen kulturellen Betätigungen reicht in die Zweite und den Beginn der Dritten Alijah zurück. Damals kristallisierten sich einige entscheidende kulturelle Aspekte heraus, wie die Wiederbelebung der hebräischen Sprache oder die Beziehungen der zionistischen Bewegung und der jüdischen Gemeinschaft in Palästina zur religiösen Tradition. Diese Tendenzen fanden erstmalig ihren vollen Ausdruck in dem früher besprochenen anfänglichen Lehrplan der Schulen, der jüdische und allgemeine Fächer in einem relativ modernen pädagogischen Rahmen vereinte. Der jüdische Unterricht legte Nachdruck auf das (meist nichtreligiöse) Studium der Bibel und des Talmuds wie auch auf jüdische Geschichte und Literatur. In den Fächern der Geschichte und Literatur wurde zunehmend die Zeit des Ersten und Zweiten Tempels sowie die der unmittelbaren Vorläufer der zionistischen Bewegung behandelt. Zwar wurden andere Abschnitte der jüdischen Geschichte nicht vernachlässigt, doch die Unterstreichung dieser spezifischen Zeitabschnitte und die weltliche Einstellung zur Bibel bedeuteten eine wichtige »palästinensische« Verlagerung im Nachdruck. In den allgemeinen Fächern wurde die Geschichte betont und in geringerem Ausmaß die allgemeine Literatur (soweit sie nicht im Rahmen der englischen und in gewissem Grade der französischen Sprache behandelt wurde) und auch die Naturwissenschaften. Viele Variationen und pädagogische Experimente fanden ihren Platz in diesem Lehrplan, doch die wichtigste einzelne Tatsache blieb, daß er das Problem von Tradition als Gegensatz zur Modernität, Judentum als Gegensatz zu »allgemeiner« Kultur überwand und de facto das ideologische Problem durch ein technisch-pädagogisches ersetzte.

Ähnliche Tendenzen erschienen im literarisch-kulturellen Bereich, der von Anfang an einen wesentlichen Bestandteil allgemeinerer zionistischer Bestrebungen in der Diaspora und eine Fortsetzung der früheren »Haskalah«-Bewegungen bildete. Hierher gehörte die Verbindung von neuen Originalschöpfungen in hebräischer Sprache mit Übersetzungen aus der Weltliteratur. Bialik, zum Beispiel, übersetzte den Don Quichotte und Tschernichowsky die Ilias und Odyssee sowie auch die Kalewala. Viele Zeitschriften und mehrere Verlage dienten der Veröffentlichung dieser und einer viel allgemeineren literarischen Tätigkeit. Ein wichtiger Teil dieser Arbeit bestand in dem Versuch, große Teile der in Deutschland entwickelten »Wissenschaft des Judentums« ins Hebräische zu übertragen.

Ein ähnliches Bild zeigte die Entwicklung des Theaters. Im Jahre 1918 wurde das erste hebräische nationale Theater »Habimah« begründet. Es war stark vom modernen russischen Theater beeinflußt, und sein Spielplan enthielt von Anfang an sowohl ausländische Stücke als auch solche hebräischen Ursprungs.

Lehrbücher, besonders für Höhere Schulen, wurden verfaßt, und zwar sowohl für Literatur und Geschichte als auch für die verschiedenen Gebiete der Naturwissenschaften. Hierbei wurde ein sehr hohes literarisches und kulturelles Niveau erreicht. Die »Popularisierung« von Teilen der jüdischen Tradition war eine weitere wichtige Entwicklung und gipfelte in dem berühmten »Ssefer Ha'agadah« (Legendenbuch), in dem Bialik und Rawnitzky den nichtjuristischen Teil aus dem Talmud wiedergaben. Gleichzeitig entwickelte sich eine Flut von neuen halb wissenschaftlichen, halb volkstümlichen historischen und archäologischen Betätigungen, die in späterer Zeit zur Blüte gelangen sollten.

Zu Beginn der Mandatszeit wurden Ruhe- und Feiertage erstmalig zur festen Einrichtung gemacht.

Alle wichtigeren jüdischen Feiertage – die Hohen Feiertage (Rosch Haschanah und Jom Kippur), Sukkot, Pessach, Schawuot und in geringerem Maße Chanukka und Purim (auf die weniger religiöse Beschränkungen entfallen als auf die vollen Feiertage) wurden in der jüdischen Gemeinschaft in Palästina und später im Staate Israel zu offiziellen oder halben Feiertagen erklärt. Ebenso wurde der Sabbat (Sonnabend) zum Ruhetag der Woche bestimmt, und die nichtjüdischen Gemeinden konnten ihren eigenen spezifischen Ruhetag festsetzen.

Alle Teile der Bevölkerung akzeptierten das, doch ohne die unbedingte Annahme aller sich daraus ergebenden religiösen Folgerungen oder Auflagen. So kam es zu vielen Neuerungen, insbesondere in den landwirtschaftlichen Siedlungen. Kein nichtjüdischer Feiertag war vor der Staatsgründung voll institutionalisiert, mit der alleinigen Ausnahme des Ersten Mai, der vom Arbeitersektor der jüdischen Gemeinschaft in Palästina anerkannt wurde, seit der Staatsgründung aber an Bedeutung eingebüßt hat. Alle nichtjüdischen Gemeinden beobachten natürlich ihre eigenen religiösen Feiertage. Nach der Staatsgründung wurde der Unabhängigkeitstag zu einem zusätzlichen offiziellen Feiertag.

Die Institutionalisierung der jüdischen Feiertage brachte es mit sich, daß auf religiösem Gebiet und in gewissem Maße im Plan des Schuljahrs der jüdische (Mond-) Kalender galt, doch wurden alle anderen Begebenheiten und Tätigkeiten nach dem Gregorianischen Kalender geregelt, ohne daß sich daraus große Koordinationsprobleme ergeben hätten.

Institutionalisierung kultureller Tätigkeit und Orientierungen

Unbesehen des inneren Wertes der mannigfachen kulturellen Tätigkeiten, die sich in der jüdischen Gemeinschaft in Palästina entwickelten, waren sie imstande, ohne übermäßigen Konflikt historische Tradition mit Modernität zu vereinen. Trotz aller Probleme des Provinzialismus und eines niedrigen Niveaus entwickelten sich die neuen kulturellen Betätigungen in einem gemeinsamen Rahmen von Symbolismus und Verständigung, und mit wenigen Ausnahmen überwanden sie den Konflikt zwischen Tradition und Modernität.

Der einzige starre Faktor von Bedeutung auf kulturellem Gebiet war das zu totalistischer Orientierung neigende Element, das die »Bewegung« betonte und alle kulturell-schöpferische Leistung als integralen Teil der nationalen oder sozialen Bestrebungen ansah. Zum Ausgleich entwickelten sich mehrere institutionelle Gegengewichte gegen diese totalistischen Tendenzen durch die ausgedehnten Verbindungen zu den jüdischen Gemeinden im Ausland, zu den diversen sozialistischen oder internationalen Bewegungen und zu den ausländischen Berufsgruppen und -zentren. Im Lande selbst war die wichtigste institutionelle Entwicklung von diesem Gesichtspunkt aus die Hebräische Universität und in etwas geringerem Maße das Technion. Außerdem unterstrichen der föderative Charakter der institutionellen Struktur der jüdischen Gemeinschaft in Palästina und die Tatsache der weitgehenden Gemeinsamkeit kultureller Aspekte in den verschiedenen Sektoren die potentiell universalistischen Orientierungen.

Wenn all dies auch die totalistischen Elemente in den kulturellen Orientierungen der zionistischen Bewegung und der jüdischen Gemeinschaft in Palästina nicht auslöschen konnte, so bildete es doch ein wirksames Gegengewicht. Erstaunlicherweise wurden im Überschwang des kulturellen Schaffens trotz der durch die stark ideologische Betonung erfolgten Begrenzung ideologische Definitionen für die kulturelle Arbeit nicht streng eingehalten. Einige problematischere Aspekte – wie die Kontrolle dieser Betätigungen durch kollektive Körperschaften – wirkten sich niemals zu ernst aus, wurden offenbar gedämpft durch das unaufhaltsame kulturelle Schaffen. Der Erfolg in der Wiederbelebung der hebräischen Sprache, das Fehlen einer scharfen Spaltung zwischen Tradition und Modernität und die die »totalistischen« Orientierungen mildernden institutionellen Kontakte – all das schuf einen mannigfaltigen Komplex kultureller Betätigungen, eingestellt auf nationale Bestrebungen und Verjüngung, selbst wenn diese Heterogenität nicht voll erkannt wurde. Paradoxerweise war das Suchen nach Lösungen für wichtige kulturelle Probleme stärker als die Institutionalisierung oder Annahme solcher Lösungen. Diese mannigfachen kulturellen Betätigungen überschritten die Grenzen ideologischer Lösungen und Rezepte, die in großem Maße von in den diversen offiziellen Ideologien wurzelnden Motivierungen und Orientierungen bedingt waren.

Die Intensität des kulturellen Schaffens verdeckte in gewissem Maße die Tatsache, daß sogar zu Beginn der Mandatszeit sich gewisse Unterschiede herausbildeten zwischen kulturellen Rollen und Bereichen, sowie zwischen Erzeugung und Verbrauch in diesen Bereichen; auch entstand ein sehr starker und andauernder Rückgriff auf äußere, das heißt europäische oder amerikanische Quellen und Zentren diverser Natur.

Institutionalisierung auf kulturellem Gebiet nach der Staatsgründung

Mit der wachsenden Ausprägung der sozialen Struktur der jüdischen Gemeinschaft in Palästina in den dreißiger und vierziger Jahren nahm die Institutionalisierung des kulturellen Systems zu und brachte viele Probleme und Widersprüche an den Tag, die bis dahin nur latent vorhanden waren.

Die Staatsgründung bildete einen entscheidenden Wendepunkt in der kulturellen Entwicklung des Landes, wenn auch vielleicht in etwas anderer Weise als auf anderen institutionellen Gebieten. Der Staat an sich änderte den grundsätzlichen Rahmen kultureller Überlieferungen und Probleme nicht. Er veränderte jedoch die ideologischen und institutionellen Aspekte der Probleme und Überlieferungen. Da die Staatsgründung selbst ein historisches Ereignis darstellte, das eingebaut werden mußte in die historische Tradition als Ganzes, fügte sie unbedingt eine neue und bedeutsame historische Dimension hinzu.

Die Staatsgründung stellte das Problem, ob die auf die Zukunft gerichteten Werte bereits verwirklicht seien, oder ob eine Umstellung auf neue Inhalte und neue Richtlinien für die Zukunft erfolgen müsse, die nicht durchweg mit einer bestehenden Kollektivität oder Institution übereinstimmten. Bei dieser Umformung mußten zwei neue Elemente berücksichtigt werden: die zunehmende Bedeutung nichtzionistischer religiöser Gruppen und Traditionen und das Einströmen der orientalischen Juden mit ihren verschiedenartigen Ausdrucksformen der Überlieferung und ihren unterschiedlichen Orientierungen zur jüdischen und israelischen Gesellschaft. Diese Entwicklungen und die vielen sozialen Wandlungen schwächten die Zukunftsausrichtungen, wie sie der Ideologie entsprachen, und den Nachdruck auf kulturelles Schaffen als solches. Sie stellten das Problem der unterschiedlichen kulturellen »Inhalte« scharf heraus und verstärkten auf diese Weise unbedingt die Möglichkeit sozialer und politischer Konflikte in diesen Fragen.

Eine Institutionalisierung der kulturellen Betätigungen und Orientierungen erfolgte auf mehreren Ebenen, deren erste den »Inhalt« und die Form der neuen kulturellen Symbole und Traditionen in der jüdischen Gemeinschaft betraf. Die zweite Ebene war die Definition der wichtigeren Rollen auf dem Gebiet der kulturellen Betätigung, und die dritte Ebene war die der institutionellen und organisatorischen Übermittlung und Verbreitung der »Kultur« in der Gesellschaft. Wie wir noch sehen werden, waren die entstehenden Trends auf jeder dieser Ebenen nicht immer in Übereinstimmung miteinander.

2. Meinungsstreit und institutionelle Schemata auf kulturellem Gebiet

Definition der kollektiven Identität – ideologische, religiöse und historische Dimensionen

Auf der Ebene der Institutionalisierung der Inhalte und Symbole der kulturellen Identität war das bedeutendste Problem die Definition oder das Wesen der israelischen kollektiven Identität und Tradition, d. h. das Jüdischsein der Gesellschaft. Dieses Problem wurde akut auf der ideologischen Ebene, auf institutionellem, organisatorischem und juristischem Gebiet, in literarischen und künstlerischen Kreisen und auch in bezug auf Einstellung und Ausdruck zu Fragen des Tages. Trotz ihrer großen gegenseitigen Abhängigkeit entwickelten sich die verschiedenen Ebenen nicht immer in gleichem Sinne.

Auf der ideologisch-literarischen Ebene trat dieses Problem zutage durch den Nachdruck auf verschiedene Perioden in der jüdischen Geschichte und durch die Suche nach einer klaren Definition der neuentstehenden jüdischen Gesellschaft. Das zentrale Problem bestand darin herauszufinden, welcher Aspekt der alten jüdischen Tradition den bedeutendsten Beitrag zu der gegenwärtigen lebendigen Tradition geliefert hatte, und welches die Beziehungen der vorstaatlichen jüdischen Gemeinschaft und des Staates Israel zu ihren verschiedenen jüdischen Gemeinden und ihren Überlieferungen waren. Das wurde kompliziert durch das spezifische Problem, vor das sich die zionistische Ideologie bei der Staatsgründung gestellt sah.

Der Teil der jüdischen Gemeinschaft, für den dies nur ein sehr kleines, wenn überhaupt, ein Problem bildete, war die extreme Orthodoxie. Für sie war die gemeinsame religiöse Tradition der wichtigste Aspekt und der gemeinsame Boden für verschiedene jüdische Gemeinden. Die besondere Bindung an Israel konnte in religiösen Begriffen ausgedrückt werden, bedingte aber keine besondere Neudefinition der religiösen Überlieferung als der wichtigsten und am stärksten verbindenden Kraft zwischen jüdischen Gemeinschaften.

Doch für den größeren Teil der jüdischen Gemeinschaft, die diese religiöse Anschauung nicht akzeptierte, und für diejenigen religiösen Teile, die sich der Unannehmbarkeit dieser Lösung für größere Gruppen bewußt waren, bestand das Problem in verschiedenen Schärfegraden und wurde sowohl auf der literarischen und ideologischen Ebene als auch in öffentlichen, literarischen und politischen Debatten zum Ausdruck gebracht. Diese Debatten und literarischen Arbeiten ließen mannigfaltige Einstellungen entstehen, deren extremste die der sogenannten Kanaaniter von Ende der dreißiger bis zu Beginn der fünfziger Jahre war. Die Kanaaniter waren eine kleine Gruppe junger israelischer Schriftsteller und Künstler, die behaupteten, die »Israelis« oder Palästinenser müßten alles spezifisch Jüdische, alle an der Diaspora orientierten historischen Trends abstreifen und eine direkte Kontinuität mit der rein palästinensischen, kanaanitischen Vergangenheit herstellen.

Die Intensität und Neuheit der kanaanitischen Ideologie und auch ihr literarischer Ausdruck ließen später nach; doch auf einer weniger artikulierten Ebene trug sie manche Elemente zur Selbstidentifikation bei, wenn auch ihre Bedeutung von vielen ihrer Gegner übertrieben wurde.

Darüber hinaus machte sich das spezifisch palästinensisch-israelische Motiv geltend in dem großen Nachdruck, der den Epochen des Ersten und Zweiten Tempels beigelegt wurde, und in der Neigung zu Archäologie und Bibelstudium.

Eine weitere wichtige und bezeichnende Entwicklung auf diesem Gebiet war die Debatte über »jüdisches Bewußtsein« im Lehrplan der Schulen, die sich aus einem Versuch gegen Ende der fünfziger Jahre entwickelte, in den nichtreligiösen staatlichen Schulen jüdische religiöse Überlieferung als besonderes »weltliches« Unterrichtsfach zu lehren. Es bestand allgemein das Gefühl, daß die junge israelische Generation, die in einer weltlichen Umgebung aufwuchs, den Kontakt mit der religiösen und liturgischen jüdischen Tradition verlieren und auf diese Weise vielleicht dem Teil des jüdischen Volkes, der außerhalb des Landes lebt, entfremdet werden könnte. Der Vorschlag kristallisierte sich in seiner endgültigen Form im Jahre 1959 in einem vom Ministerium für Erziehung und Kultur veröffentlichten Erlaß, nach dem der Lehrplan in den nichtreligiösen staatlichen Schulen eine gewisse Unterweisung in religiöser Tradition einschließen sollte, und daß die Schüler Segenssprüche, Gebräuche usw. kennenlernen sollten, auch wenn sie sie nicht anwenden würden. In dieser letzten Annahme war der Kern des Problems enthalten. »Ist es möglich«, so wurde gefragt, »junge Schüler den Inhalt einer Religion zu lehren, ohne ihnen Religion beizubringen?« Und »Ist eine Übermittlung dieser Werte möglich ohne eine Einstellung, die dazu angetan ist, die Religion zu bejahen?«

Die Anhänger des Programms bestanden vorwiegend aus den weltlichen Parteien der Mitte und der linken Mitte – »Mapai«, »Progressiven« und »Allgemeinen Zionisten«. Seine Hauptgegner waren die linken Arbeiterparteien, insbesondere

»Mapam«, die in dem Vorschlag einen Ansatz zu religiösem Zwang sahen, und auch die extremen religiösen Parteien. Ideologische Einwendungen gegen das Programm kamen auch von kanaatischen Elementen, die verlangten, der junge Israeli solle die Geschichte des Landes und nicht die Geschichte seines Volkes in der Diaspora erlernen, da das Land die neue Nation geschaffen habe und daher die Tradition und Geschichte der Judenheit in der Diaspora von untergeordneter Bedeutung sei. Die extrem religiösen Parteien widersetzten sich dem Programm, da sie sich gegen den Gedanken wehrten, daß religiöse Tradition von Nichtgläubigen in einem weltlichen Rahmen gelehrt werden könnte oder sollte.

Eine weitere Dimension historischen Gehalts war der neueste Abschnitt der jüdischen Geschichte, die Zeit der großen Katastrophe, dramatisiert durch den Eichmann-Prozeß. Hier trat die direkte Beziehung zwischen der Diaspora und der jüdischen Bevölkerung des Landes zutage, wenn auch mit Unterschieden in der Mentalität, wie sie zum Beispiel in der Einstellung zur Selbstwehr zum Ausdruck kamen.

Noch ein anderer, hauptsächlich von Ben-Gurion unternommener Versuch, die Bedeutung und den Schwerpunkt des Judeseins zu finden, war, das Wesen des Judentums in dem »prophetischen«, messianischen Element zu sehen im Unterschied zu der mehr juristisch-talmudischen Tradition einerseits und der zionistischen Einstellung andererseits.

Doch die wichtigste Debatte seit der Staatsgründung war sicherlich die über den Zionismus, seine Bedeutung im Staate Israel und seine Auswirkungen auf die Beziehungen zwischen dem Staat und den jüdischen Gemeinschaften im Ausland. Es ist hier nicht der Ort, eine ausführliche und ins einzelne gehende Analyse dieser Debatte zu geben, doch einige hervorstechende Züge seien dargelegt.

Eine der Folgen der Staatsgründung war die allmähliche Institutionalisierung der zionistischen Ideologie und die Erkenntnis, daß die teilweise Verwirklichung der politischen Ziele des Zionismus seine eschatologischen Aspekte schwächte und neue Notwendigkeiten und Probleme schuf. Wurde dies auch in den ersten Jahren des Bestehens des Staates mit seiner Masseneinwanderung noch nicht voll erkannt, so entwickelte sich doch allmählich die Notwendigkeit einer neuen Sinngebung oder Definition des Zionismus; auf dem 25. Kongreß der Zionistischen Organisation kam es zu einer Krise, als der damalige Premierminister Ben-Gurion erklärte, daß seiner Meinung nach das letzte Ziel jedes Zionisten sein sollte, nach Israel einzuwandern, und daß Menschen, die einwandern könnten, es aber nicht täten, keine Zionisten wären. Die zionistische Bewegung, so erklärte er, habe ihren Zweck erreicht, ihre Hoffnungen seien erfüllt.

Seine Gegner, zumeist alte Zionistenführer einschließlich des Präsidenten der Zionistischen Organisation, Dr. Nachum Goldmann, betonten, die Hilfe, die die Juden der Diaspora dem Staate Israel leisteten, bilde einen Teil der Verwirklichung der zionistischen Idee, und die kontinuierliche Verbreitung und Stärkung der jüdischen Kultur, der hebräischen Sprache und der Bande der Diaspora mit Israel stellten einen weiteren wichtigen Aspekt dieses Prozesses dar.

Die Debatte wurde über einen langen Zeitraum fortgeführt, auf zionistischen Versammlungen und Kongressen, in besonderen Symposien und in vielen Zeitungen und Zeitschriften, doch keine endgültige, voll akzeptable Lösung wurde gefunden oder formuliert. Aber die Länge und Intensität der Debatte in intellektuellen und langjährigen zionistischen Kreisen bewies, daß die Neudefinition der jüdischen Tradition in Israel und im Ausland, die Bindungen zwischen den beiden Teilen der Judenheit, die Möglichkeiten mancher neuer Formen kultureller schöpferischer Leistung und die Notwendigkeit einer Neudefinition der ideologischen Grundsätze des Zionismus eine große Bedeutung erlangt hatten. Der Platz des Staates in diesem Kontext mußte jenseits dieser Versuche, die neuentstehende kollektive Tradition zu definieren, gefunden werden.

Obwohl offensichtlich durch die Staatsgründung der Zionismus nicht restlos verwirklicht war, wurden Versuche unternommen, nicht nur den Staat in das System der Kollektivtradition einzubauen, sondern ihn sogar zum Mittelpunkt und Symbol dieser Tradition zu machen. Diese Erhöhung des Staates war eng verbunden mit den Versuchen, seinen Vorrang auf dem Gebiet der Politik und der sozialen Organisation zu fördern, und ebenfalls mit den Kollektivelementen und Grundeinstellungen der Pioniersideologie. Wenn auch die ideologische Definition dieser Kollektiveinstellungen abgeschwächt wurde durch den allgemeinen ideologischen Niedergang, so bestehen doch die grundsätzlicheren Elemente dieser Einstellung weiter.

Unter den Elementen der zionistischen und Pioniersideologie nahmen Selbstbewußtsein, Selbstvertrauen und Selbstverteidigung einen sehr wichtigen Platz ein. Später wurden durch die kontinuierlichen Spannungen mit den benachbarten Arabern Verteidigung und Sicherheit zu grundlegenden Bestandteilen der kollektiven nationalen Identität.

Wie auf vielen anderen Gebieten gelang es der offenkundigen ideologischen und institutionellen Formulierung, wie sie in der Überbetonung des Militärischen zutage tritt, nicht, in der israelischen Gesellschaft und in der Auffassung der Israelis von sich selbst Wurzel zu schlagen, wenn auch die Bindung an diese Werte und ihre Folgerungen sehr stark zu sein scheint.

In diesem Kontext taucht auch ein neues Schema einer teilweisen Veränderung und Institutionalisierung auf in den Beziehungen zwischen der jüdischen Gemeinschaft in Israel und den diversen jüdischen Gemeinschaften in der Diaspora. Offizielle, formale und organisierte Beziehungen werden durch die Jewish Agency und die Zionistische Organisation, die diversen Organe der finanziellen Hilfe für Israel und mannigfache kulturelle und ideologische Unternehmungen unterhalten. Jedoch über diese formalen und halboffiziellen Kontakte hinaus zeigte sich eine Tendenz zur Entstehung vieler neuer informeller Gebilde. Der zunehmende Brauch vieler jüdischer Organisationen, wie etwa Bnej Brith, besondere Zweigstellen in Israel zu errichten oder besondere Zusammenkünfte, Tagungen und Symposien in Israel zu veranstalten, ist in diesem Zusammenhang sehr bezeichnend.

Auf einer weniger formalen, aber sich stetig ausbreitenden Ebene werden diese Kontakte durch Besuche, Touristik und den zunehmenden Brauch, die Bar-Mitzwah-Feier in Israel abzuhalten, gepflegt.

Diese verschiedenen Entwicklungen trotzen jeder ideologischen Formulierung. Obwohl sie die Stärke der Motivationen gegenüber kollektiven Problemen bekunden, zeigen sie doch ebenso klar die Entwicklung von Schemata jenseits jeder klaren ideologischen, traditionalen oder juristischen Definition und deuten sogar die Möglichkeit einer gewissen Verwässerung der spezifischen zionistischen Elemente in der israelischen Identifikation an.

Die in der Entwicklung begriffene israelische Identität besteht aus vielen Grundelementen und -komponenten. Ihre Kristallisation in der Bevölkerung ist noch nicht ausreichend untersucht worden, um die Aufstellung irgendwelcher Schlußfolgerungen zu ermöglichen. Das einzige hervorstechende Merkmal ist, daß nicht ein allgemeingültiges Schema sich herauskristallisiert hat, und daß der gesamte Prozeß noch im Fluß ist.

Probleme in der Institutionalisierung wissenschaftlicher, literarischer und künstlerischer Betätigung

Wir schreiten jetzt zur Analyse der zweiten Ebene der Institutionalisierung auf kulturellem Gebiet – nämlich der Organisation der mannigfaltigen wissenschaftlichen, literarischen und künstlerischen Betätigungen.

Mit wachsender Kristallisation der sozialen Struktur der jüdischen Gemeinschaft vor der Staatsgründung entwickelten sich die wissenschaftlichen, literarischen und künstlerischen Gebiete von Kultur und schöpferischer Arbeit in bezug auf Inhalte und Organisation auf verschiedene Weisen. Der große Aufschwung der kulturellen Leistung, der die erste Generation charakterisierte, setzte sich – in Wissenschaft, Literatur, Journalistik und Kunst – in der zweiten und dritten Generation fort, und auf all diesen Gebieten entwickelte sich eine volle Institutionalisierung der kulturellen Organisation und Bestrebungen. In einigen Aspekten, wie etwa der wissenschaftlichen Forschung, übertrafen die zweite und dritte Generation noch die erste.

Doch der genaue Inhalt und die Organisation unterschieden sich naturgemäß in den Hauptgebieten der kulturellen Betätigung im Ausmaß ihrer ideologischen Orientierung und in dem Grad, in dem ein spezifisches Gebiet lokale palästinensische oder israelische Inhalte und Identifikationen entwickelte.

Die »reinen« naturwissenschaftlichen und medizinischen Fächer bekundeten das schärfste universalistische, nichtlokalisierte Bestreben. Auf vielen Gebieten dieser Wissenschaften – von der Agrikultur bis zur Medizin – entwickelte sich naturgemäß eine starke Betonung der Problemwahl von lokalem oder regionalem Interesse, wenn auch diese Betonung im großen ganzen das allgemeine, universalistische Kriterium des allgemeinen wissenschaftlichen Bestrebens im Auge behielt.

In den Geistes- und Sozialwissenschaften war die Situation komplexer. Hier entwickelte sich, hauptsächlich durch die Universität, aber auch unter den Gymnasiallehrern und freiberuflichen Intellektuellen, mancherlei Initiative auf den Gebieten der jüdischen und allgemeinen Studien. Die neue soziale und kulturelle Umgebung verursachte auch viele neue Problemstellungen, die von dem Bemühen um Neudefinition und Umkristallisation der neuen nationalen Tradition stark beeinflußt waren.

Durch diese Orientierungen und viele Arbeiten an der Universität geleitet, entwickelten sich hohe Normen von wissenschaftlichen Bestrebungen und schöpferischer Leistung in vielen dieser Fächer. Einige, wie etwa Bibelstudium, jüdische Geschichte und Literatur, wurden jedoch auch zu Gegenständen eines allgemeineren öffentlichen Bestrebens und Interesses mit etwas abweichenden Traditionen und Orientierungen. Diese offenbarten sich erstens in den weitverbreiteten allgemeinen Betätigungen, die darauf abzielten, in breiteren Teilen der Bevölkerung wissenschaftliche und literarische Betätigung zu verbreiten. Zweitens offenbarten sie sich auch in der bewußten Betonung »nationaler« ideologischer oder volkstümlicher Orientierungen nicht nur als Beweggründe für die Übernahme und Entwicklung wissenschaftlicher Betätigung, sondern auch als mögliche Ziele und Kriterien mit eigener Daseinsberechtigung, Tradition und sogar Organisation.

Diese Orientierungen wurden oft durch »natürliche« Neigungen breiterer Gruppen und Schichten verstärkt und wurden von Intellektuellen mit volkstümlichen Neigungen, die aber institutionell gesehen am Rande standen, und von diversen offiziellen Verfechtern staatlicher Bestrebungen auf diesen Gebieten organisiert.

Die eher sozialistischen oder sektiererischen Siedlungen lieferten eine besondere Untervariante kultureller schöpferischer Leistung, und viele von ihnen begründeten eigene weitverbreitete literarische, erzieherische und publizistische Unternehmungen. Die wichtigsten unter ihnen sind die diversen Seminare, die von den Kibbuzgruppen abgehalten werden, und die Verlage der größeren Kibbuzverbände – »Ssifriat Poalim« von »Haschomer Hazair« und »Ssifriat Hakibbuz Hame'uchad« –, die außer der Übersetzung »fortschrittlicher« Klassiker sich hauptsächlich mit Übersetzungen sozialistischer Literatur befaßten. Eine ähnliche Stellung nimmt »Am-Owed« (der Verlag der Histadruth) ein, dessen Repertoire noch weniger orthodox ist. Im allgemeinen wurde die starke Tradition weitverbreiteter Übersetzungen aus der Weltliteratur fortgesetzt und intensiviert – teils durch diese Verleger und insbesondere durch den »Mossad Bialik« und die Universitätsdruckerei.

In den Sozialwissenschaften führte das Vorherrschen sozialistisch-ideologischer Einstellungen in den zwanziger und dreißiger Jahren zu einer Herabsetzung der Bedeutung aller »wissenschaftlichen« (bürgerlichen!) Sozialforschung und beschränkte sich hauptsächlich auf Statistiken oder Tatsachenberichte, die britischen oder Völkerbundskommissionen unterbreitet wurden. Später, und besonders nach der Staatsgründung, erfolgte eine verhältnismäßig starke Entwicklung auf dem Gebiete der Wirtschaftswissenschaften, Soziologie und Demographie. Zwar setzte sich die starke »soziale« oder »israelische« Vorliebe in der Themenwahl mit Problemen wie Einwandererabsorption oder Struktur von Kibbuz und Moschaw fort, doch wurde ihnen eine allgemeine wissenschaftliche Betrachtungsweise entgegengebracht; diese stieß auf starken Widerspruch von Elementen aus der »ideologischen Bewegung«, deren Ziel auf eine Fortsetzung der Vorherrschaft formaler, sozialistischer Ideologien gerichtet war.

In der Literatur und der Kunst war die Situation naturgemäß viel komplizierter. Das »universalste« nichtlokale Kunstgebiet war das der Musik, das gewißlich kein Randgebiet ist. Hier waren sowohl Konsum als auch Produktion allgemein auf universelle musikalische Schöpfertätigkeit eingestellt, und diese Tatsache wird erhärtet durch das Israelische Philharmonische Orchester mit seiner Reihe von internationalen Dirigenten und seinem eigenen internationalen Repertoire.

Volkstümliche Musik und Volkstänze haben sich natürlich auf diesem Gebiet ebenfalls entwickelt und gedeihen, ebenso wie das Israelische Rundfunkorchester, in vielen anderen Zentren, die zur gleichen Zeit die Tradition klassischer Musik pflegten.

Das literarische Gebiet war hinwiederum sehr verschieden. Hier waren, im Gegensatz zur Wissenschaft und in gewissem Maße zur Musik, keine vollausgebauten institutionellen Organisationen mit bestimmten Normen, die kontinuierliche Beziehungen zu allgemeineren internationalen Institutionen unterhalten konnten. Dieses Gebiet war mehr von lokalen, veränderlichen Kunden und Märkten abhängig. Außerdem war diesem Gebiet aufgrund seines besonderen Charakters beschieden, zum Mittelpunkt einer spezifisch nationalen oder lokalen Schöpfertätigkeit zu werden.

Die Möglichkeiten der Entwicklung und Überschneidung verschiedener Einstellungen und Normen waren hier viel stärker ausgeprägt, und neben einigen der großen Überlieferungen und den kontinuierlichen literarischen Bestrebungen der jüngeren Generation erhoben verschiedenartige, oft mittelmäßige Gruppen Anspruch auf öffentliche und staatliche Unterstützung mit der Behauptung, daß sie den neuen nationalen oder sozialen Geist repräsentieren. Ein ähnlich uneinheitlicher Zustand entwickelte sich in Theater und Oper.

Die universalistischen Orientierungen der wissenschaftlichen und in gewissem Ausmaß der literarischen und künstlerischen Gebiete wurden durch sich stetig erweiternde Beziehungen zu diversen Institutionen im Ausland aufrechterhalten. Reisen und Kontakte in der Form von Stipendien, Gastprofessuren, Beraterstellungen usw. haben seit dem Zweiten Weltkrieg kontinuierlich zugenommen, und die Verbindungen zu wissenschaftlichen Institutionen im Ausland wurden intensiviert und durch eine wachsende Zahl von Besuchern in den Hochschulinstitutionen Israels ergänzt.

In vielen Fällen machten solche Auslandskontakte das wissenschaftliche Personal teilweise unabhängig von der lokalen Umgebung und dadurch weniger empfindlich gegenüber lokaler Druckausübung.

Ein ähnlicher, wenn auch weniger organisierter und regulierter Zustand besteht in bezug auf Literatur und Kunst, wenn hier auch durch verschiedene staatliche Kommissionen und Regierungsmaßnahmen eine Regulierung oder zum mindesten Beeinflussung erfolgen kann.

Kristallisation von Traditionen und Schemata kultureller Beteiligung

Die vorangegangenen Ausführungen bringen uns zur Besprechung der dritten Institutionalisierungsebene auf kulturellem Gebiet – zur Kristallisation von Schemata der kulturellen Beteiligung, des »Konsums« und der Überlieferungen.

Viele Betätigungen, die spezifisch israelisch zu sein scheinen, wurden entwickelt. Einige von ihnen entstanden aus den zentralen kulturellen Überlieferungen der Gesellschaft. Unter ihnen seien die folgenden erwähnt:

Das Studium des Talmuds und der »mündlichen« Überlieferung sind in letzter Zeit besonders bei den religiösen Gruppen, aber auch bei anderen, sehr beliebt geworden. Die beiden wichtigsten Beispiele für derartige Studientagungen sind die »Versammlung für das Mündliche Gesetz« und der »Monat für besondere Studien«, die von einer der größeren Jeschiwahinstitutionen in Bnej-Brak organisiert wurden.

Viele öffentliche Kurse für Bibelstudium und für Geschichte und Archäologie wurden organisiert. Die diversen Kongresse der Gelehrten Gesellschaften des Landes (wie etwa der Archäologischen oder der Historischen Gesellschaft) wurden von Hunderten und gar Tausenden von Menschen besucht, die nicht nur durch wissenschaftliche Wißbegier angezogen wurden, sondern vor allem durch die Suche nach neuen Bindegliedern mit ihrer historischen Vergangenheit.

Hier gelangen wir natürlich zu dem Problem der Einstellung verschiedener Teile der Bevölkerung zur religiösen Tradition. Bevor wir jedoch versuchen, das Problem zu behandeln, sei noch einmal betont, daß es auf dem Gebiet der voll institutionalisierten, orthodoxen Religion nur wenig Neuerung gab, und das Wenige wurde von den meisten offiziellen religiösen Führern das Landes mißbilligend betrachtet, weil es Elemente eines Kulturkampfs enthalte.

Auf diesem Gebiet wird der Einfluß der extremistisch religiösen Gruppe auf das stärkste fühlbar, denn ihre Mitglieder genießen hier die volle religiöse Legitimation. Die Stellung der modernisierten religiösen Gruppen wird durch das Fehlen eines legitimierten Reformjudentums in Israel erheblich beeinträchtigt. In der Debatte zwischen Tradition und Modernisierung wird daher die Tradition im allgemeinen zunehmend kämpferisch und intolerant; und die potentiell zu radikaler Neuerung neigenden religiösen Gruppen und die religiöse Kibbuzbewegung, die die Spitze des radikalen Flügels bildet, haben im letzten Jahrzehnt viel von ihrer Bedeutung verloren.

Bis jetzt waren die orthodoxen Gruppen in den meisten öffentlichen Debatten über religiöse Fragen tonangebend; dennoch sind einige unabhängige, aber bis jetzt unbedeutende Gruppen entstanden, insbesondere in religiösen akademischen Kreisen, die nicht die offizielle Politik der rabbinischen Führer oder der Führer der religiösen Parteien akzeptieren. Die Debatten über religiöse Fragen haben vielfache Auswirkungen sowohl auf das Leben im Land als auch auf die Beziehungen zwischen Israel und der Diaspora gehabt.

So führte zum Beispiel ein Konflikt zwischen dem Ministerium für Religionsangelegenheiten und der Rabbinischen Synode (der rabbinischen Organisation der konservativen Bewegung in den Vereinigten Staaten) in der Frage der Gültigkeit von Heiraten, die von konservativen Rabbinern vollzogen wurden, zur Aufgabe einer von der Synode geplanten besonderen Zusammenkunft in Israel.

Erst in letzter Zeit sind auf diesem Gebiet einige Entwicklungen erfolgt, bei denen die Reformgruppen in den Vereinigten Staaten beträchtlich nachgeholfen haben. Es wurden einige israelische Reformandachtsgruppen gegründet, teils gegen den starken Widerstand seitens lokaler orthodoxer Gruppen. Ein Präzedenzfall für größere Religionsfreiheit wurde geschaffen durch den Urteilsspruch des Obersten Gerichts in einem Prozeß gegen eine örtliche Behörde, die unter dem Druck lokaler orthodoxer Gruppen sich geweigert hatte, einer Reformgruppe einen öffentlichen Andachtsplatz zu vermieten. Dieser Prozeß bestätigte klar das Prinzip der Freiheit religiöser Vereinigung.

Abgesehen von diesen Entwicklungen im religiösen Lager zeichneten sich mehrere wichtige und signifikante Trends in der Einstellung der nichtreligiösen Mehrheit zu religiösen Traditionen ab. So entstand eine zunehmende Bindung an einige religiöse Traditionen, die jedoch keine Zunahme von Religiosität beinhaltete und auch nicht eine Akzeptierung der Orthodoxie bedeutete.

Auf einige der vielen Entwicklungen in dieser Richtung sei hingewiesen. Eine ist die Zunahme des Besuchs der Gottesdienste in den Synagogen, besonders an den Hohen Feiertagen. Eine andere die zunehmende öffentliche Abhaltung religiöser Zeremonien bei den »Rites de passage«: in steigender Zahl finden Beschneidungen, Bar-Mitzwahfeiern, Hochzeiten und Begräbnisse nach vollem religiösem Ritual statt. Vielleicht die auffallendste von ihnen – weil am wenigsten durch öffentliche Konvention notwendig gemacht – ist das Wiederaufleben der Bar-Mitzwah und sogar die Erneuerung der Bar-Mitzwah-Zeremonien. Der Augenschein spricht auch für eine zunehmende Beobachtung gewisser Teile des Sabbatrituals – wie das Anzünden von Kerzen – in vielen nichtreligiösen Häusern.

Die Verteilung dieser Erscheinungen ist natürlich ungleich, und mit Ausnahme von zwei extremen Fällen (der religiösen Gruppen und der Siedlungen des linken Flügels) können sie nicht klar und einheitlich als zu irgendeiner bestimmten sozialen oder kulturellen Gruppe gehörig definiert werden. Neben diesen Betätigungen haben sich neue, mehr periphere Typen kultureller Beteiligung gebildet. Unter diesen ist das verbreitetste und interessanteste Phänomen die Entwicklung volkstümlicher Sportarten von Leichtathletik bis Fußball. Das sportliche Interesse ist in lokalen »Sektoren«- und Landesligen organisiert und weitverbreitet. Trotz des verhältnismäßig niedrigen oder mittelmäßigen Standards vieler dieser Mannschaften besteht ein großes volkstümliches Interesse an ihnen, und sie sind zu Objekten von das ganze Land umfassender Bemühung und Organisation geworden.

Eine andere Tradition ging von den Siedlungen aus und wurde evident in weitverbreiteten folkloristischen Betätigungen (Volkstänzen und Musik) sowie in neuen Interpretationen der hauptsächlichen traditionalen Feste wie etwa der Fruchtlese- oder Erntezeremonien oder in der Schaffung einer neuen Pessach-Ssederzeremonie.

Die orientalischen Juden, die ihre eigenen Traditionen oder eine spezielle Religiosität mitbrachten, stellen in diesem kulturellen Mosaik einen besonders interessanten und bedeutenden Aspekt dar.

Der Einstrom der vielen Einwanderergruppen mit ihren verschiedenen kulturellen Traditionen und die früher beschriebenen Absorptionsschwierigkeiten stellen einen entscheidenden Faktor im zunehmenden Pluralismus des israelischen kulturellen Schauplatzes dar. Das wurde akzentuiert durch die allgemeine Schwächung der Ideologie im Land, die der Annahme einer homogenen Einstellung zu kulturellen Problemen entgegenstand.

Diese entstehende Pluralität der kulturellen Ausdrucksformen zeigt sich in der Vielheit der gesprochenen Sprachen, in Formen der Kleidung (besonders an Feiertagen), in verschiedenen Sprachmelodien des Hebräischen und in den Schemata des kulturellen Konsums. Sie äußert sich auch in der Umwandlung vieler traditionaler Formen sozialer Organisation, im Auftreten »ethnischer« Gruppen und Führer in politischen und kulturellen Angelegenheiten und im Fortbestand von Familieneinstellungen und -bindungen.

Darüber hinaus dürfte sich auf einer tieferen Ebene der Persönlichkeitsorientierungen, an die die Forschung noch kaum gerührt hat, eine große Mannigfaltigkeit persönlicher Einstellungen in Auffassungen von Zeit und Raum sowie in persönlichen Beziehungen entwickeln.

Dieser kulturelle Pluralismus beschränkt sich keineswegs auf die spezifisch »jüdisch-ethnischen« Elemente in den Traditionen der verschiedenen Gruppen oder auf die

Gebräuche ihres täglichen Lebens, denn die Orientierungsdifferenzen zur europäischen Kultur und Tradition sind von gleicher Bedeutung. Hier begannen sich in der vorstaatlichen jüdischen Gemeinschaft und im formalen institutionellen System des Staates in der Hauptsache zwei Ausdrucksarten allgemeinerer kultureller Orientierung zu entwickeln: die eine ost- und mitteleuropäisch und die andere angelsächsisch orientiert.

Diese beiden schwächten die »lateinische« und insbesondere die französische kulturelle Orientierung, die in den älteren sephardischen Gruppen unter der türkischen Herrschaft überwog und nur von einer kleinen intellektuellen Elite voll bewahrt wurde. Nur durch den Zustrom neuer Einwanderer verstärkte sich die Möglichkeit ihrer Wiederbelebung etwas. Doch obwohl sie durch verschiedene Versuche der französischen und in geringerem Ausmaß der italienischen Regierung zu einer Kulturpropaganda in Israel gefördert wurden, stießen sie auf mächtige Gegenkräfte. Eine war die verhältnismäßige Schwäche einer spezifischen intellektuellen Tradition bei diesen Einwanderern, die gepaart war mit der Gleichgültigkeit ihrer stärker artikulierten Elitegruppen. Eine zweite war das Vorherrschen anderer Schemata auf den meisten der wichtigeren institutionellen Gebiete der jüdischen Gemeinschaft. Es kann jedoch kein Zweifel daran bestehen, daß gewisse Veränderungen, wenn auch in beschränktem Umfang, stattfinden, und daß sie beträchtlich zu dem entstehenden kulturellen Pluralismus in Israel beitragen, auch wenn es einstweilen unmöglich ist, ihre Gesamtwirkung abzusehen.

Doch einige Warnungen seien ausgesprochen. Eine ist, daß trotz der natürlichen Betonung der großen Bedeutung oder Verschiedenheit der orientalischen kulturellen Tradition im Vergleich zur okzidentalen oder westlichen Tradition, in jeder einzelnen der orientalischen Gruppen eine viel größere Mannigfaltigkeit besteht, verglichen mit der relativen Homogenität des ost- und mitteleuropäischen jüdischen Kulturkreises in der vorstaatlichen jüdischen Gemeinschaft.

Die Neueinwanderung enthält viele orthodoxe Gruppen aus Osteuropa, die nur wenig Gemeinsames mit der westlichen Kultur hatten, wobei viele der unteren Klassen nur mit den äußeren, peripheren Aspekten dieser Kultur in Berührung kamen, während die assimilierteren Gruppen wenig, wenn überhaupt eine, Beziehung zur jüdischen Kultur hatten. In ähnlicher Weise stellte das orientalische Lager keine homogene Gruppe dar, und es entwickelten sich in ihm vielerlei kulturelle Strömungen.

Ein letzter entscheidender Aspekt in der Entwicklung eines kulturellen Pluralismus in Israel ist die starke Verflechtung sozialer und kultureller Umformungen mit politischen Fragen und die daraus folgende Möglichkeit, daß sie nicht nur zu einem wichtigen Aspekt des politischen Ablaufs auf allen Stufen, sondern auch zu einem kulturellen und ethnischen Mittelpunkt politischer Organisationen und Symbole werden.

Diese Tendenzen führen zu einer Intensivierung der diversen Prozesse sozialer und kultureller Desorganisation, von denen sie genährt werden, und dabei erfolgt eine »Homogenisierung« der verschiedenen orientalischen und westlichen Lager. Einige dieser Probleme werden besser verständlich, wenn wir einige Aspekte der Beteiligung an kulturellen Betätigungen und am kulturellen »Konsum« kurz betrachten.

Probleme der kulturellen Beteiligung und des kulturellen Konsums

Das Gesamtbild des kulturellen Schauplatzes zeigt eine große Heterogenität und Beteiligung an sehr mannigfacher kultureller Betätigung. Auf allen Gebieten des kulturellen Konsums spielten die verschiedenen inneren und äußeren Traditionen, die durch die betreffenden Herkunftsländer oder verschiedene Bildungsstufen bedingt waren, eine wichtige Rolle. Jedoch sichern weder die Mannigfaltigkeit noch das hohe Konsumniveau in der Verbreitung von Zeitungen und in Produktion und Absatz von Büchern durchweg hohe Normen. De facto variiert das Niveau dem Inhalt nach von anspruchsvoller kultureller Betätigung auf hohem Niveau bis zu spießbürgerlicher und provinzieller und bis ganz hinunter zu billiger Unterhaltung und »Massenkultur«; letztere werden verstärkt durch den Zustrom neuer, besonders orientalischer Einwanderer, deren eigene kulturelle Betätigungen weitgehend schroff unterbrochen worden waren.

Bei aller Mannigfaltigkeit von Inhalten und Niveaus zeigt das Allgemeinbild die Vitalität eines relativ hohen kulturellen Interesses, schöpferischer Leistung und Beteiligung mit Möglichkeiten der Erosion dieser Orientierungen und der Entwicklung einer anomischen »Massenkultur«.

Diese Möglichkeit des Wachstums einer anomischen »Massenkultur« wird verstärkt durch das Zusammentreffen der älteren sozialen Struktur mit den diversen Gruppen von Neueinwanderern, von denen viele neue Kulturelemente mitbringen, jedoch einen intensiven sozialen und kulturellen Wandel durchmachen.

Falls dieser Prozeß des sozialen Wandels besser organisiert und weniger spannungsgeladen werden sollte, könnten einige der verschiedenen ethnischen und traditionalen kulturellen Elemente durchaus zu Mittelpunkten für mannigfache neue Untergruppen und Schemata im israelischen kulturellen Mosaik werden.

Schemata von Kulturbeteiligung und Kulturkonsum – Das israelische Zeitungswesen

Eine gute Methode, diesen Entwicklungen nachzugehen, ist die Beobachtung des Wachstums des Zeitungswesens in Israel [85].

Die mannigfachen Anforderungen, die durch das lesende Publikum und die Herkunftsländer der Journalisten selbst gestellt werden, spiegeln sich stark in der Aufmachung der israelischen Zeitung wider. Es gibt hier den journalistischen Stil der mittel- und osteuropäischen Vorkriegspresse, deren Mittelpunkt der Leitartikel bildet mit dem Ziel zu ermahnen, zu kritisieren, anzuleiten und zum Nachdenken anzuregen. Es gibt die Nachrichtenspalten wie in der englischen und amerikanischen Presse, das Feuilleton der schweizerischen und deutschen Zeitungen, die »feste Spalte« der amerikanischen Presse und die fast sensationslüsterne gründliche Berichterstattung der französischen Presse.

Fast alle Zeitungen haben regelmäßig Spalten, die auf eine Verstärkung der Vertrautheit des Lesers mit der hebräischen Sprache – für viele von ihnen eine neue Sprache – abzielen, ferner ausgedehnte Literaturteile. Sportteile sind im Zunehmen begriffen, und Frauenseiten vermehren sich stetig. Trotz der Anfügung dieser

---

[85] Ich folge hier J. Ellemers, »Some Sociological Comments on Mass Communication in Israel«, Gazette, V 7, 1961, S. 89 ff

Unterhaltungsteile hat die Presse ein tiefes Interesse an der Aufrechterhaltung ihres Gewichts als erzieherischer und anleitender Faktor.

Durch seine kontinuierliche Einwanderung stellt Israel einen ständigen Markt für fremdsprachige Zeitungen dar, obwohl im Laufe der Jahre viele Leser zur hebräischen Presse hinüberwechseln. Von den 24 in Israel erscheinenden Zeitungen sind neun in anderen Sprachen als hebräisch. Eine von ihnen ist in arabischer Sprache, eine in englisch (einer der offiziellen Sprachen in der vorstaatlichen Zeit), eine französisch, zwei deutsch und je eine ungarisch, polnisch, rumänisch und jiddisch. Diese Zeitungen sind für Neueinwanderer oder Touristen bestimmt. Den Ton geben jedoch die hebräischen Tageszeitungen an, von denen viele Organe der zahlreichen politischen Parteien in Israel sind, und nur eine Minorität der hebräischen Tageszeitungen befindet sich in Privatbesitz und wird privat publiziert.

Die Zahl der veröffentlichten Zeitungen hängt von der Entwicklung der politischen Parteien ab. So werden zum Beispiel aufgrund des Bestehens mehrerer Parteien innerhalb des Allgemeinen Arbeiterverbands fünf Zeitungen als »Arbeiterzeitungen« bezeichnet. Als sich die »Vereinte Arbeiterpartei« spaltete, wobei der eine Teil den ursprünglichen Namen beibehielt und der andere zu »Achduth Ha'awodah« wurde, erschienen sofort zwei Zeitungen: »Al Hamischmar und »Lamerchaw«. Die »Kommunistische Partei« in Israel unterhält ihre eigene Zeitung, die im Format etwas kleiner ist als die anderen Morgenzeitungen. Auch die religiösen Parteien unterhalten vier Zeitungen, zwei in Jerusalem und zwei in Tel Aviv. Indes gibt es vier Tageszeitungen ohne Parteibindung – eine Morgenzeitung (»Ha'aretz«), zwei Abendzeitungen und eine Sportzeitung.

Die beiden hebräischen Abendzeitungen, »Ma'ariw« und »Jediot Acharonot« haben zusammen eine Auflage von über 130 000, was bei einer Bevölkerung von nur wenig mehr als zwei Millionen und einer Gesamtauflage von nicht mehr als 250 000 aller 24 Zeitungen zusammen als relativ hoch gelten kann. Jede dieser Abendzeitungen hat eine weit größere Leserschaft als andere Zeitungen in Israel, und sie haben auch einen merklichen Einfluß auf die allgemeine Presse. Beide Zeitungen sind unabhängig, keiner Partei angehörig und frei, zu kritisieren, im Gegensatz zu der Morgenpresse, die größtenteils parteigebunden und in ihrer Auffassung sektiererisch ist.

Obwohl es kein erwachsenes Kibbuzmitglied gibt, das nicht eine oder mehrere Tageszeitungen liest, gibt es keine Landeszeitung für die Kibbuzsiedlungen. Ihre Leser werden von der Arbeitertagespresse – »Dawar«, »Lamerchaw«, »Al Hamischmar« usw. – versorgt, die alle besondere Spalten, Abteilungen und Beilagen mit allgemeinen und spezifischen Nachrichten für die Kibbuzbevölkerung und wöchentliche oder monatliche Einzelheiten über den Kibbuz bringen.

Doch das beträchtliche wirtschaftliche und soziale Wachstum von Kibbuzinstitutionen hat die Expansion ihrer »inneren Presse«, die sich durch ihren »Ernst« und ihren schwierigen, auf hohem Niveau stehenden Stil auszeichnet, erforderlich gemacht.

Fünf Zeitschriften für Kinder im Alter von sechs bis sechzehn Jahren mit einer Gesamtauflage von über 50 000 erscheinen jetzt in Israel. Die Zahl der jungen Leser in Israel ist proportional höher als in anderen kulturell entwickelten Ländern.

Es erübrigt sich zu sagen, daß diese Übersicht nicht viel über den differenzierten

Konsum der Kommunikation aussagt, da die heterogene Bevölkerung Israels sehr spezielle Probleme verursacht.

Relativ wenig ist bisher bekannt über den Einfluß der Massenkommunikationsmedien in Israel, und die Einsicht, die aus einer 1955 abgehaltenen Umfrage nach den Rundfunkhörgewohnheiten unter einem repräsentativen Sample der Erwachsenenbevölkerung Israels gewonnen wurde, ist nicht sehr umfassend. Es wurde festgestellt, daß etwa zwei Drittel der befragten regelmäßigen Rundfunkhörer zu den gebildeteren Klassen, den Altansässigen, den Einwanderern europäischen Ursprungs und zu den in Israel geborenen gehörten. Diese selben Kategorien waren auch mehr an aktuellen Programmen interessiert als die Hörer, die aus Ländern des Nahen Ostens und Nordafrika kamen, oder diejenigen, die erst kürzlich in Israel angekommen waren, sowie diejenigen mit geringer Bildung oder die über 60 Jahre alt waren. Es wurde gefunden, daß die regelmäßigen Hörer hauptsächlich aus in Israel geborenen und Menschen europäischer Herkunft, mit Ausnahme der Rumänen, bestanden. 90 % der Kibbuzhörer wiesen regelmäßige Hörgewohnheiten auf – unter der städtischen Bevölkerung waren fast zwei Drittel regelmäßige Hörer, und diese Zahl verringerte sich auf weniger als die Hälfte in Moschaw und Moschawah. Diese Unterschiede nach dem Siedlungstyp lassen sich teils auf das Herkunftsland zurückführen und teils auf die Aufenthaltsdauer der Bewohner in Israel. Sie lassen sich auch aus den Unterschieden in der sozialen Struktur der diversen Siedlungstypen erklären.

Die ideologische Sonderheit der israelischen Gesellschaft

Ein weiteres ernsthaft umstrittenes Gebiet waren die ideologische Sonderheit der israelischen Gesellschaft und der Ausgang von Versuchen, gewisse entscheidende Aspekte der sozialistischen Pioniersideologie zu institutionalisieren.

Auf der ideologischen Ebene war das Zentralproblem, in welchem Ausmaß Israel weiterhin imstande sein würde, eine ideologische Gesellschaft zu bleiben und den vollen Sinn seiner kulturellen Tradition, schöpferischen Leistungen und Identität in einer klar kristallisierten und umrissenen Ideologie zu finden, oder ob es einen derartigen Sinn in anderen Symbolen und Wertsetzungen würde suchen müssen.

In der Debatte, die sich um diesen Fragenkomplex entwickelte, wurde dieses Problem oft als der Niedergang einer Ideologie definiert, der den Verfall der Verpflichtung gegenüber kollektiven Zielen in seinem Gefolge bringt und die Schaffung einer anomischen Massengesellschaft fördert.

Der hauptsächliche strukturell-institutionelle Trend mit direktem Einfluß auf dieses ganze Gebiet war hier, ebenso wie in anderen Bezirken, die zunehmende Differenzierung der verschiedenen Rollen und ihre wachsende Tendenz zu organisatorischer und beruflicher Autonomie.

Anfänglich, in der vorstaatlichen Zeit, wurde starker ideologischer Nachdruck auf die Notwendigkeit gelegt, Kultur als Teil der Pioniersidee zu behandeln, und verbunden damit war die Forderung nach einer Allgemeinbeteiligung an gemeinsamer kultureller Betätigung.

Die meisten anderen kulturellen und kommunikativen Rollen wurden im Sinne von Treue und Pflichten zur Bewegung und ihren Zielen, und Beziehungen zwischen den Bewegungen definiert; und die Berufsorganisation der Schriftsteller und Journalisten definierte ihr Wirken in erster Linie als allgemeine Beteiligung an der kulturellen schöpferischen Leistung.

Der deutlichste Ausdruck dieser Tendenz fand sich in den Siedlungen und im Lager der Arbeiter. Veränderungen in diesem Gesamtbild erfolgten nur sehr allmählich, und eine wachsende Differenzierung und Spezialisierung in den diversen kulturellen Betätigungen und Rollen ging langsam vor sich.

Dieser Wandel war dem nicht unähnlich, der in anderen Berufsgruppen stattfand und der sich seit der Staatsgründung intensivierte. Der Hauptantrieb zum Wandel kam von der zunehmenden Tendenz zur Fachausbildung und von den intensiven Entwicklungen auf technischem und wissenschaftlichem Gebiet.

Das stetige Anwachsen der Zahl der Wissenschaftler in wissenschaftlichen Institutionen, staatlichen Forschungsstellen und in der Industrie beschleunigte diese Entwicklungen, die Ähnlichkeit aufwiesen mit der Entwicklung der neuen »kommunikativen« Rollen wie Journalistik und öffentliche Meinungspflege. Sie alle betonten Fachausbildung und organisatorische Autonomie.

Aber diese Tendenzen zu Autonomie und Fachwissen riefen oft, wie auf dem Gebiet der sozialen Schichtung, Maßnahmen wach, die darauf abgestellt waren, diese Entwicklungen im Einklang mit gewissen kollektivistischen ideologischen Vorschriften zu hemmen oder zu regulieren. Der Kampf zwischen diesen Tendenzen gehört wahrscheinlich zu den wichtigsten Erscheinungen auf dem Gebiet der kulturellen Organisation in Israel und gab den Hintergrund ab zu der Debatte über die ideologische Sonderheit der israelischen Gesellschaft.

Vielleicht war in diesem Rahmen das spezifische israelische Problem von Konservatismus im Gegensatz zu »Neuerung« am stärksten ausgeprägt. Es wurde durch die stetige Lockerung der Bindung an die Ideologie verursacht, und diese hinwiederum war paradoxerweise auf die erfolgreiche Institutionalisierung einiger der implizierten wesentlichen Werte und Symbole zurückzuführen. Zu diesen gehörten eine starke Kollektividentifikation und die weitverbreitete Anerkennung des Pionierideals und der meisten zionistischen Prämissen. Gleichzeitig erzeugte die Anerkennung dieser Werte oft eine gewisse Unduldsamkeit gegenüber voll kristallisierten ideologischen Formulierungen, die selbstverständlich und abgenützt zu erscheinen begannen. Diese Tendenz wurde verstärkt durch die Zunahme von Spezialisierung, Fachausbildung und Betonung technischen Wissens und durch die entstehende Autonomie der verschiedenen Fachleute. Die Verfechter der Ideologie wurden oft als Vertreter etablierter Interessen angesehen, die sich den sozialen Bestrebungen und Interessen der andern widersetzten.

Um diese Probleme ging es bei der Debatte über den Platz der Ideologie in der kulturellen Sonderheit der israelischen Gesellschaft.

Die Ideologie in der kulturellen Sonderheit der israelischen Gesellschaft

Für die beiden extremen Lager existierte das Problem faktisch nicht. Die extremen religiösen Gruppen fanden ihre Lösung in der religiösen Tradition und der aus ihr folgenden Negierung jeder säkularen Ideologie. Allerdings traf diese Haltung nicht auf alle Mitglieder der religiösen Gruppen zu, und besonders nicht auf Mitglieder religiöser Kibbuzsiedlungen.

Für die extremeren sektiererischen Siedlungen und Bewegungen, und besonders für die Elite von »Haschomer Hazair«, bestand die Antwort in der vollen Beibehaltung der »alten« sozialistischen Ideologie. Doch wurde diese Einstellung nicht unbedingt von allen Mitgliedern der Siedlungen akzeptiert, und es entwickelten sich unterschiedliche Einstellungen zu diesem Problem.

Es lag in der Natur der Sache, daß das ideologische Lager artikulierter und vernehmbarer war als das weniger homogene »nicht-ideologische«. Doch einige der Spaltungen, die sich im ideologischen Lager entwickelten, trugen zum Niedergang der Ideologie bei.

Der entscheidende Trennungspunkt unter den ideologisch Eingestellten war die Haltung zum Staat als voller Ausdruck der zionistischen Werte und Bestrebungen. In einem gewissen Grade diente die Lawon-Affäre als Katalysator, der einige der Scheidelinien im ideologischen Lager akzentuierte.

Auf der einen Seite standen diejenigen Ideologen, denen die »älteren« sozialistischen Pionierwerte und mit ihnen die Siedlungen und in gewissem Grade die Histadruth am Herzen lagen. Ihre Kritik galt den Äußerungen der Massengesellschaft – mit ihrer Betonung des Konsums – in der israelischen Gesellschaft. Sie hegten den Glauben, eine Befolgung der Ideologie und fortgesetztes Forschen nach grundsätzlichen ideologischen Lösungen würde eine moralische Kohäsion und die Kontinuität der israelischen Gesellschaft sichern.

Auf der andern Seite standen diejenigen Ideologen, die sich weniger mit derartigen sozialen und kulturellen Fragen befaßten, sondern dazu neigten, die überragende Bedeutung des Staates als Mittelpunkt sozialer und kollektiver Werte zu betonen.

Institutionelle Folgen der ideologischen Tendenzen

Wenn auch in inhaltlicher Beziehung der Kampf um die ideologischen Sonderheit der israelischen Gesellschaft völlig »akademisch« war, so hatte er doch auf institutionellem Gebiet mehrere wichtige Auswirkungen. Hier wurden mehrfache Versuche unternommen, der Organisation des kulturellen Lebens ideologische Schlüsse aufzuzwingen. Auf wissenschaftlichem Gebiet unterstrichen derartige Versuche die »soziale« Funktion der Wissenschaft und die Notwendigkeit, den kollektiven Zielen der Bewegung treu zu bleiben. Von der Literatur wurde erwartet, daß sie den Wertorientierungen und Realitäten der Bewegung als Ausdruck diente.

Ähnlich wurde vom literarischen und wissenschaftlichen Schaffen eine Identifikation mit dem Staat erwartet und der Regierung das Recht zugestanden, die Entwicklung wissenschaftlicher und literarischer Tätigkeit zu leiten.

Eine dritte, mehr volkstümlich-ideologische Orientierung betonte die Bedeutung kultureller Betätigung als Ausdruck des »Volksgeistes«.

Diese Trends waren indes nicht sehr weit verbreitet, und im großen ganzen schienen die Tendenzen zu mehr autonomen kulturellen Organisationen institutionell und ideologisch die Oberhand zu behalten. Stark universalistische Kriterien der kulturellen Leistung und die Mannigfaltigkeit der Orientierungen wirkten etwaigen latenten totalistischen Folgerungen entgegen. In ähnlicher Weise konnte die Verschiedenartigkeit der Orientierungen im ideologischen Lager diese totalistischen institutionellen und ideologischen Folgerungen schwächen.

Darüber hinaus konnten allein durch das Bestehen einer kontinuierlichen Spannung zwischen den verschiedenen ideologischen Orientierungen einerseits und zwischen ihnen und den universalistischen Orientierungen andererseits – vorausgesetzt, daß sie nicht durch Gewährung unbestrittenen institutionellen Vorrangs an die totalistische Orientierung gelöst wurden – Zentralpunkte für kontinuierliche kulturelle schöpferische Leistung und Kristallisation hergestellt werden.

Obwohl diese vielfältigen totalistischen Orientierungen und ihre institutionellen Folgerungen keineswegs vorherrschend waren, durften sie nicht übersehen werden, insbesondere da sie eine gewisse institutionelle Unterstützung seitens der verschiedenen Bewegungen, der industriellen und wissenschaftlichen Institutionen des Staates und bei diversen Gruppen der Beamtenschaft fanden. Unter günstigen Umständen und in Anbetracht der mannigfachen Versuche, die Vorherrschaft des Staates auf anderen Gebieten zu begründen, sowie auch angesichts der wachsenden Abhängigkeit des Hochschulwesens von staatlicher Unterstützung, konnten sie leicht zu einem bedeutenden Faktor in der Lenkung der Entwicklung des israelischen Kulturlebens werden.

Die Stellung des Intellektuellen in Israel: Gesellschaft und Kultur

Die Debatte über die Ideologie berührte ein allgemeineres, die Umrisse der israelischen Gesellschaft und Kultur berührendes Problem – nämlich die Stellung des Intellektuellen in der israelischen Gesellschaft.

Wie bereits mehrfach erwähnt, war die jüdische Gemeinschaft in Palästina ursprünglich eine von Intellektuellen gegründete ideologische Gesellschaft. Durch ihre Beteiligung an der zionistischen Bewegung und an den Pioniergruppen versinnbildlichten diese Intellektuellen die überkommene Rolle des Intellektuellen als Rebell gegen die bestehende Ordnung. Mit zunehmender Entwicklung, Gründung des Staates und wachsender Differenzierung der kommunikativen, wissenschaftlichen und anderen »kulturellen« Rollen war der Standort des Intellektuellen nicht länger klar.

Während nach außen hin die Tradition des Protests ununterbrochen aufrechterhalten wurde – sei es gegenüber der Diaspora, den Briten oder der »kapitalistischen« Gesellschaft im allgemeinen –, war es viel schwieriger, nach innen hin, gegenüber der durch ihre eigene Rebellion geschaffenen Gesellschaft, ihren Standpunkt neu zu formulieren oder zu transponieren.

Kritik an der eigenen Gesellschaft war erschwert durch das Fehlen der Zwangsgewalt zur Mandatszeit, durch die starken, sektiererischen Identifikationen der Pioniergruppen und durch die stetigen äußeren Gefahren. Nur am Rande der Gesellschaft und zwischen den Sektoren stehende Gruppen wie »Brith Schalom« konnten diese gemeinsamen Annahmen angreifen.

Seit der Staatsgründung hat sich die Situation natürlich sowohl vom Gesichtspunkt der strukturellen Stellung der Intellektuellen als auch ihrer Stellung in dem Komplex des kulturellen und öffentlichen Lebens in Israel stark verändert.

Die beschriebenen Trends ließen eine große Vielfalt von intellektuellen Typen entstehen, so etwa den bürokratischen, den fachlichen, den akademischen und den freiberuflichen Intellektuellen, und dazwischen sich überschneidende Fälle.

In bezug auf öffentliche Angelegenheiten gab es die »Konformisten« und die »Kritiker«. Beide lassen sich in mehrfacher Weise unterteilen, sowohl nach der Deutlichkeit ihrer Stellungnahme als auch nach dem Umfang und Ziel ihrer Kritik oder Übereinstimmung – und sie können verschiedenen ideologischen oder politischen Lagern angehören.

Darüber hinaus machten sich nicht-ideologische Intellektuelle bemerkbar, die an allgemeineren Problemen und Werten interessiert waren, ohne sich auf irgendeine ausgesprochene Ideologie festzulegen; ferner eine wachsende Zahl von gleichgültigen Intellektuellen, die an allgemeineren öffentlichen Angelegenheiten nicht interessiert waren und sich auf ihre beruflichen, technischen und bürokratischen Funktionen beschränkten.

Wenn diese wachsende Mannigfaltigkeit von Typen auch der anderer moderner oder im Prozeß der Modernisierung befindlicher Gesellschaften ähnelte, so wurzelten doch manche ihrer Probleme in der spezifisch israelischen Umgebung und besonders im Übergangsstadium einer nur lose verbundenen, aus rebellischen Intellektuellengruppen zusammengesetzten Gesellschaft.

Hier hat die Gründung des Staates die Möglichkeiten und den Bereich der kritischen Stellung der Intellektuellen beträchtlich kompliziert.

Die Staatsgründung wurde zuerst als die Verwirklichung von seit langem bestehenden historischen Bestrebungen, und der Staat selbst als volle Verkörperung der zionistischen Werte angesehen. Identifikationsgefühle, die auf die Bewegungen gerichtet waren, wurden auf den Staat übertragen. In vielen literarischen, journalistischen, künstlerischen und wissenschaftlichen Kreisen wurde der Staat zum Ausdruck dieses großen historischen Ereignisses, und trotz einiger Elemente von »byzantinischer« Sykophantie erfolgten ehrliche Bemühungen, ein großes historisches Ereignis zu verstehen, an ihm teilzunehmen und Wege zu finden, es zu definieren und ihm Sinn zu geben.

Es war unvermeidlich, daß diese Tendenz zur Vergötterung des Staates im Laufe der Zeit und nachdem das Wirken des Staates zur Routine geworden war, ein Gefühl der Leere und moralischen Krise entstehen ließ, das ideologische Erklärungen verlangte und unerfüllt blieb.

Aus diesen vielen Tendenzen entstand der neue ideologische »Konservatismus«, der an der Regierung Kritik übte, jedoch den Pionierwerten noch die Treue hielt. Wenigstens einigen Intellektuellen gab dies eine Möglichkeit, ihren fortgesetzten Protest gegen die bestehende Ordnung mit einer Bindung an andere Aspekte dieser sozialen Ordnung und mit den grundsätzlichen Werten der ursprünglichen ideologischen Rebellion zu kombinieren.

Diese Entwicklung stellte jedoch auch das Problem auf, die intellektuelle Kritik über das rein Ideologische hinaus umzuformen, denn der in der Ideologie enthaltene starke Konservatismus konnte leicht die Entwicklung der nicht-ideologisch festgelegten intellektuellen Kritik zersetzen und Gleichgültigkeit und Zynismus hervorrufen.

Die Schwierigkeiten in der Umformung der ideologischen Trends im Kulturleben machten sich auch bemerkbar in der schwachen Entwicklung eines staatsbürgerlichen Geistes und staatsbürgerlicher Verantwortung in Lokalangelegenheiten, freiwilligen Organisationen und den Beziehungen zwischen öffentlichen Körperschaften und dem allgemeinen Publikum.

Zusammenfassung – Die Entwicklung einer israelischen Identität

Israels kollektive Identität bildete sich aus den vielen weiter oben analysierten Orientierungen und Haltungen. Ihre exakten Abgrenzungen sind noch nicht festgelegt, wenn auch einige Elemente, wie etwa ein starker Lokalpatriotismus, leicht erkennbar sind.

Die meisten Israelis stimmen wahrscheinlich darin überein, daß ihrem Jude-Sein als Teil ihrer Identifikation Bedeutung zukommt, doch es ist schwierig zu wissen, in welcher Weise sie dies als ein grundsätzliches Element in ihrer Identität als Israelis sehen. Bei den meisten aus den älteren Schichten der Bevölkerung besteht grundsätzlich ein stetiges Bewußtsein der Tatsache, daß der Sinn des Israeli- oder Jude-Seins über bloßen Patriotismus hinausgeht und sich auf allgemeinere Werte, Traditionen und Orientierungen bezieht, so schwierig diese auch zu definieren oder zu beschreiben sein mögen.

Doch abgesehen von der exakten Definition dieser israelischen Identität ist einer ihrer überraschendsten Aspekte, daß sie die jüdische Identität nicht mehr in Begriffen einer Minoritätsgruppe oder -kultur definiert. Ein Jude in Israel zu sein schließt nicht die Notwendigkeit ein, seine eigene Identität in Beziehung zu einer Majoritätsgruppe oder -kultur zu definieren, und nicht die Probleme, Ungewißheiten und Ängste, die einen so wichtigen Teil des jüdischen Lebens und der jüdischen Identität in der ganzen modernen Welt ausmachen.

Vielleicht liegt in diesem Aspekt der israelischen Identität ihre wichtigste Neuerung, und dieser Aspekt ruft auch einige der Unterschiede und Schwierigkeiten in der Begegnung zwischen Israelis und Juden in der Diaspora hervor. Außerdem bildet diese Tatsache den Ausgangspunkt für die Orientierung des Israelis zur jüdischen Tradition und zur Herausarbeitung seiner eigenen Identität innerhalb dieser Tradition.

Jede neue Generation und jede neue Einwanderergruppe hat zum Wandel der israelischen kollektiven Identität beigetragen. Sie bewies, hauptsächlich durch Akzentverlagerung und Auswahl in kultureller schöpferischer Leistung und Tradition, ein hohes Ausmaß an schöpferischer Kraft und Anpassungsfähigkeit. Israel ist vielen Problemen und Ungewißheiten entgangen, mit denen andere neue Nationen im Prozeß der Modernisierung ihr Identitätsproblem belastet sehen. Doch es muß mit den Problemen des Provinzialismus und der Zersetzung allgemeiner Werte und Orientierungen fertig werden und auch mit der Möglichkeit, eine spezifisch zionistische Komponente zu schwächen, indem es aufhört, sich mit jüdischen Gemeinden im Ausland zu identifizieren.

Diese kollektive Identität wird jetzt weniger im Sinne einer ausdrücklichen Ideologie aufgefaßt, sondern mehr im Sinne sich kontinuierlich verlagernder Orientierungen und Traditionen.

Die reine Ideologie ist jetzt nur noch ein Teil des kulturellen Gesamtbilds, und ihre Stellung und Bedeutung haben sich stark gewandelt. Die Werte und Symbole, zu denen die aktiveren Teile der Bevölkerung sich bekennen, sind nur zum Teil in ideologischen Begriffen ausgedrückt, und auf allen kulturellen Arbeitsgebieten wachsen die Tendenzen zur Autonomie, zu direkteren Beziehungen (ohne die Vermittlung voller ideologischer Kristallisation) und zu den Werten der Kollektivität.

Das Festhalten an diesen Werten und kollektiven Bindungen zeugt von großer Vitalität und Ausdauer, insbesondere angesichts der vielen Möglichkeiten einer Zersetzung, die verstärkt wurden durch die zahlreichen sozialen Konflikte, für die keine entsprechenden regulativen Normen gefunden wurden. Diese Möglichkeiten wurden notwendigerweise intensiviert durch Gruppen von Neueinwanderern mit geringeren Ausdrucksmöglichkeiten und mit unterschiedlichen Werten und Bindungen, die sich in dem Prozeß von sozialem und kulturellem Wandel und daraus folgender Desorganisation verstrickt hatten.

In diesem Kontext kann die Entwicklung eines bodenständigen israelischen ideologischen Konservatismus einen Beweis von großer Stärke darstellen, doch auch zu einer Zunahme von Zynismus und Gleichgültigkeit führen. Gleichermaßen wurzelt die Möglichkeit einer Zersetzung in dem wachsenden kulturellen Zwiespalt zwischen dem religiösen und dem weltlichen Teil der Bevölkerung.

Zu den Kräften, die einer drohenden ideologischen Zersetzung entgegenzuwirken tendierten, gehörten die elastische Einstellung zu unterschiedlichen Traditionen und das Fehlen einer kulturellen Kluft zwischen verschiedenen Lagern.

Es ist wichtig, hier festzustellen, daß es der sich wandelnden israelischen kulturellen und kollektiven Identität bis jetzt gelang, die neuen Spannungen und Probleme, die sich aus der wachsenden Technisierung und Professionalisierung ergaben, aufzufangen, und daß sie trotz der vielen entstandenen Schwierigkeiten und Spannungen ihre Bindungen an bestimmte Werte nicht gänzlich aufgab. Einige der ideologischen und kollektiven Orientierungen verbanden sich sogar positiv mit dem technischen und beruflichen Aspekt des neuen kollektiven Ideals. So trugen zum Beispiel sowohl die Entwicklung wissenschaftlicher Bestrebungen als auch die ausgedehnten israelischen Hilfsprogramme in Afrika und Asien in gewissem Ausmaß dazu bei, die kollektive Pioniersidee auf Techniker und Akademiker auszudehnen und diese Elemente in die entstehende israelische kollektive Identität aufzunehmen.

In welchem Ausmaß derartige kontinuierliche friedliche Umformungen der israelischen Identität imstande sein werden, den verschiedenen zersetzenden Tendenzen zu begegnen, – das ist vielleicht das entscheidendste Problem, vor das sich die israelische Gesellschaft und Kultur gestellt sehen.

VI. NICHTJÜDISCHE MINDERHEITEN IN ISRAEL

Einleitung

Bis jetzt befaßten wir uns fast ausschließlich mit dem jüdischen Teil der israelischen Gesellschaft. Eine Analyse der Minderheiten beschränkte sich auf den allgemeinen historischen Hintergrund Palästinas, auf die politischen und kulturellen

Beziehungen zwischen der zionistischen Bewegung, der jüdischen Gemeinschaft und der arabischen Bevölkerung in Palästina, auf eine kurze Beschreibung der Abwanderung der arabischen Bevölkerung aus dem Staate Israel im Jahre 1948 und auf eine Verfolgung der Entwicklungstendenzen der arabischen und anderen Minderheitsgruppen auf den diversen institutionellen Gebieten.

Die Probleme dieser Minderheiten und ihre Bedeutung für den Staat Israel werden in diesem Kapitel in etwas größerer Ausführlichkeit behandelt.

Bevor wir uns jedoch an die Analyse der inneren Struktur der diversen Minderheitsgruppen und ihrer Integration in die israelische Gesellschaft begeben, dürfte es sich lohnen, einige grundlegende, mit diesen Prozessen verbundene Tatsachen kurz zu skizzieren.

Die demographische Entwicklung der arabischen und drusischen Bevölkerung

Die grundlegenden demographischen Trends der arabischen Bevölkerung in Israel sind von E. Ben-Amram wie folgt zusammengefaßt worden und basieren auf verfügbaren Daten, einschließlich der Ergebnisse der Volkszählung von 1961 [86].

Im Jahre 1947 zählte die arabische Bevölkerung von Palästina 1 320 000 und betrug 68 % der Gesamtbevölkerung; in dem Gebiet, das heute einen Teil des Staates Israel bildete, wohnten 800 000 Nichtjuden. Als Folge des Kriegs von 1948 wurden indes die Araber zu einer Minderheit, und von der 2 519 700 zählenden Bevölkerung Israels Ende 1964 waren nur 285 400 – oder 11 % – Nichtjuden, hauptsächlich Araber. Obwohl die arabische Bevölkerung seit 1948 um 83 % wuchs – 4 % jährlich –, nahm ihr Verhältnis zur Gesamtbevölkerung ab, was hauptsächlich auf die jüdische Einwanderung großen Maßstabs zurückzuführen ist. Es wird angenommen, daß 1970 die Bevölkerung Israels 3 Millionen betragen wird einschließlich 350 000 Arabern (11,8 %).

Die beiden hauptsächlichen Konzentrationen arabischer Bevölkerung finden sich in Galiläa und entlang der jordanischen Grenze. Geringere Konzentrationen sind in Haifa, Tel Aviv, Jaffa, Ramle, Lodd und im Bezirk Jerusalem. In einigen Gebieten stellen die Araber eine erhebliche Mehrheit der Einwohner dar; in anderen gibt es überhaupt keine Araber. In der geographischen Verteilung der arabischen Bevölkerung hat seit 1948 keine bedeutsame Veränderung stattgefunden, mit Ausnahme eines geringen Ansteigens im Bezirk von Haifa und einer Abnahme im südlichen Bezirk.

Im Jahre 1963 lebten 87 % der Juden in Städten, hingegen nur 25 % der Araber, die nur 3,6 % der gesamten Stadtbevölkerung ausmachen. Diese städtischen Araber bewohnen zwei arabische Städte – Nazareth (27 100) und Schfar-Am (8050), sowie sechs gemischte Städte (31 000). Die 1948 erfolgte Flucht einer großen Zahl von Arabern aus den Städten führte im Vergleich zur Mandatszeit zu einer Abnahme in der Proportion der Stadtbewohner unter den Arabern.

Die arabische ländliche Bevölkerung stellt 41 % der gesamten Landbevölkerung Israels dar und verteilt sich auf 101 Dörfer, hauptsächlich in Galiläa, auf dem Karmel und im Hügelgebiet von Samaria. Im Gegensatz zu früher, als die Haupt-

---

[86] Entnommen aus E. Ben-Amram, Eine demographische Beschreibung der arabischen Bevölkerung in Israel (hebräisch), Hamisrach Hechadasch, Bd. XV, 1965, Nr. 1–2, S. II–IV.

einkommensquelle der Dorfbewohner die Landwirtschaft war, suchen heute viele Dorfbewohner Beschäftigung außerhalb, hauptsächlich in den jüdischen städtischen Zentren.

Die Beduinen leben hauptsächlich im Negew (20 000) und in Galiläa (10 000). Die im Negew sind vorwiegend Zeltbewohner, doch in Galiläa ziehen die Beduinen allmählich in feste Wohnungen.

Im Jahre 1948 hatten nur neun arabische Orte mit 27 % der Bevölkerung eine anerkannte Selbstverwaltung, hingegen 1963 wiesen 54 Orte (aus einer Gesamtzahl von 110) mit 71 % der arabischen Bevölkerung Selbstverwaltungsinstitutionen auf: neun Stadtverwaltungen, 31 Ortsbehörden und 15 Dörfer mit Bezirksbehörden.

Ende 1963 war der Islam die Religion von 192 400 Israelis oder 70 % der nichtjüdischen Bevölkerung. Die meisten Moslems in Israel sind Sunniten, doch nicht alle von ihnen sind Araber. Etwa 83 % wohnen in Landbezirken. Ein Fünftel der arabischen Bevölkerung (53 700) sind Christen.

Es gibt ungefähr 7000 christliche Nichtaraber, von denen die griechisch-katholische Konfession mit 42 % die größte Konfession darstellt. Insgesamt unterstehen zwei Drittel der Christen der Autorität des Papstes. 1961 lebten drei Fünftel der Christen in städtischen Gebieten, hauptsächlich in Nazareth und Schfar-Am.

Die Drusen bildeten 1963 ein Zehntel (27 000) der arabischen Bevölkerung und 91 % von ihnen lebten in Landbezirken.

Sowohl Heirats- als auch Scheidungsraten sind bei den Arabern seit der Mandatszeit gefallen. Der Rückgang in den ersteren kann durch das Verbot der Polygamie und die jüngere Alterszusammensetzung der jetzigen Bevölkerung erklärt werden. Der Zensus von 1961 zeigt, daß drei Viertel der moslemischen und drusischen Frauen unter dem Alter von einundzwanzig heirateten, und die gleiche Proportion von Männern heiratete im Alter von unter 25. Der Rückgang in den Scheidungsraten ist hauptsächlich den Hindernissen zuzuschreiben, die das Gesetz des Staates Israel den Scheidungen in den Weg legt.

Die obenerwähnten Faktoren in Verbindung mit fehlender Geburtenkontrolle erklären das hohe Maß der Fruchtbarkeit bei den arabischen Frauen: 1963 betrug die Durchschnittszahl der von einer arabischen Frau bis zur Erreichung eines Alters von 45–49 Jahren geborenen Kinder 7,6 im Vergleich zu 3,1 bei den Juden. Im Jahre 1964 entfielen auf 1000 arabische Einwohner 49 Lebendgeburten im Vergleich zu 22 bei den Juden. Die Geburtenzahl der Araber ist im Steigen begriffen, wohingegen bei den Juden das Umgekehrte der Fall ist. Allerdings dürften der Kontakt mit der jüdischen Bevölkerung und ein steigendes Bildungsniveau auch bei den arabischen Frauen ein Fallen der Geburtenzahl zur Folge haben.

Die Sterblichkeitsziffer bei den Arabern zeigt eine fallende Tendenz und ist jetzt derjenigen der Juden gleich: sechs per Tausend im Jahre 1964. Parallel hierzu nehmen Totgeburten bei den Arabern ab und betrugen im Jahre 1964 nur 38 per Tausend Lebendgeburten.

Der natürliche Zuwachs (d. h. Geburten minus Sterbefälle) ist infolgedessen bei den Arabern von 34 per Tausend im Jahre 1952 auf 43 per Tausend im Jahre 1964 gestiegen (die Vergleichszahl bei den Juden ist 16 per Tausend).

Als Folge ihrer Alterszusammensetzung enthält die arabische Bevölkerung eine relativ hohe Proportion von männlichen Personen.

Die durchschnittliche arabische Familie zählte im Jahre 1963 sechs Personen im Vergleich zu vier in jüdischen Familien (eine Tendenz zur Einschränkung der Familiengröße ist bei den Juden aus Asien und Afrika, die bisher große Familien hatten, erkennbar).

Nach dem Zensus von 1961 kann die Hälfte der erwachsenen arabischen Bevölkerung lesen und schreiben (Männer: 68 %, Frauen: 28 %), und dieser Prozentsatz wird zweifellos weiter steigen als Folge der erweiterten Bildungsmöglichkeiten. Eine beträchtliche Verbesserung in den Bildungsnormen spiegelt sich auch in der Zahl der Jahre, die arabische Jugendliche in der Schule verbringen.

Entsprechend dem Bericht über die verfügbaren Arbeitskräfte des Jahres 1963 gehörten 47 % der 144 000 über 14 Jahre alten Araber zur erwerbstätigen Bevölkerung des Landes; von diesen waren 60 000 Männer und 9000 Frauen (in der Familienfarm beschäftigte Frauen betrachteten sich offenbar nicht als beschäftigt). Die Arbeitslosigkeit unter den Arabern ist unbedeutend; etwa die Hälfte von ihnen ist außerhalb der Ortschaften, in denen sie wohnen, beschäftigt. Der niedrigere Anteil von Arabern an der Zivilarbeitnehmerschaft (44 % im Jahre 1961 im Vergleich zu 53 % bei den Juden) erklärt sich aus der niedrigen Proportion von Arbeitnehmern unter den arabischen Frauen. Andere Faktoren sind die Altersstruktur und das Bildungsniveau. Der wachsende Bedarf an Arbeitskräften wird wahrscheinlich die zukünftige Beschäftigungsproportion, besonders unter den Frauen, steigern.

Von den beschäftigten Arabern finden sich 94 % in vier hauptsächlichen Wirtschaftszweigen: in der Landwirtschaft (39 %), in der Bauwirtschaft (22 %), in der Industrie (22 %) und in allgemeinen Dienstleistungsbetrieben (11 %). Die Araber stellen 22 % aller landwirtschaftlichen Arbeiter und 18 % aller Bauarbeiter dar. Parallel zu der sinkenden Proportion der seit 1954 in der Landwirtschaft beschäftigten Araber ist der Anteil der in der Bauwirtschaft und Industrie beschäftigten gestiegen. Dieser Wandel ist auf veränderte Tendenzen in der jüdischen Wirtschaft zurückzuführen.

Die Minderheiten innerhalb des sozio-ökonomischen Systems

Die vorangegangenen Daten deuten einige Trends an, die durch den allmählichen Einfluß des Staates Israel auf die arabische Bevölkerung verursacht wurden.

Direkte wirtschaftliche Verbindungen zwischen Arabern und Juden in der vorstaatlichen Zeit bestanden hauptsächlich im Verkauf landwirtschaftlicher Produkte durch die Araber an die Juden, in der Beschäftigung von Arabern durch Juden und in Landkäufen durch Juden. Die Bedeutung dieser Verbindungen für die Gesamtwirtschaft war, insbesondere vom Standpunkt des arabischen Sektors aus, sehr gering.

Die Gründung des Staates änderte diese Situation beträchtlich. Die arabische Bevölkerung fand sich an Umfang auf die Hälfte reduziert (auf 156 000 im Jahre 1948) und politischer Führung und Macht entblößt. Die wirtschaftliche Elite – die städtische Bevölkerung von Haifa und Jaffa – war geflohen. Wirtschaftliche Institutionen lösten sich auf, und die Verbindungen zu den arabischen Ländern rissen ab, als die Regierung des Landes von den Juden übernommen wurde.

Doch mit seiner Begründung übernahm der Staat die Verantwortung eines Wohlfahrtsstaates für seine Minderheiten und war um ihre allmähliche Eingliederung in das Wirtschaftsleben besorgt.

In kultureller und bildungsmäßiger Beziehung stehen die Araber nach allen Kriterien an niedrigster Stelle, kommen sogar noch nach den Neueinwanderern aus Asien und Afrika, die das niedrigste Bildungsniveau unter der jüdischen Bevölkerung aufweisen. Die bildungsmäßige Kluft zwischen Männern und Frauen ist am größten an der Schwelle des Analphabetentums und auf dem Niveau der Volksschulbildung, und sie verengert sich etwas bei Menschen mit höherer Bildung. Die Ungleichheit in der Verteilung der Bildung ist am größten bei den Frauen. Bei den Männern besteht eine negative Verbindung zwischen Bildungsniveau und Alter mit einem scharfen Abfallen des Bildungsniveaus in den Altersgruppen über 45.

Konstitutionelle, kulturelle und politische Grundprobleme der arabischen Minderheit

Um die konstanten Prozesse des Wandels in der arabischen Minorität voll beurteilen zu können, ist es erforderlich, nicht nur die sozio-demographischen Grundtendenzen zu schildern, sondern auch den Rahmen, in dem sie ablaufen.

Ein Zentralpunkt in diesem Problem ist das Verhältnis zwischen der spezifisch jüdischen Orientierung des Staates Israel, der als der Inbegriff zionistischer Ziele aufgefaßt wird, und den universalistischen und säkularen Wahrheiten eines modernen Staates, der auf der Gleichheit aller seiner Bürger basiert und keine volle Identifikation mit irgendeiner religiösen oder ethnischen Gruppe zuläßt. Auf dem rechtlich-konstitutionellen Gebiet herrschten von allem Anfang an universalistische und säkulare Faktoren. Die volle Gleichheit von Bürgern aller Nationalitäten und Religionen war in der Unabhängigkeitserklärung voll verankert.

In ähnlicher Weise wurden allen Staatsbürgern Israels von Anbeginn des Staates volle Bürgerrechte und rechtliche Gleichheit gewährt. Das schloß alle Araber, Drusen usw., die zu der Zeit in Israel wohnten, ein, und auch diejenigen, die später aufgrund der Familienvereinigungspolitik die Zuzugsgenehmigung erhielten. Zusätzlich zu ihren Staatsbürgerrechten erhielten die Religionsgemeinden der Minoritäten besondere Gemeinderechte und Rechtsprechungsbefugnisse auf dem Gebiet des Personenstandsrechts. Die diversen moslemischen, christlich-arabischen und drusischen Gemeinden erhielten volle religiöse Autonomie, und ihre religiösen Institutionen wurden durch das Ministerium für Religionsangelegenheiten unterstützt. Arabisch ist die zweite offizielle Sprache, die in der Knesseth und in Staatsämtern in arabischen Bezirken gebraucht wird. In arabischen Schulen ist es die Hauptsprache, und Hebräisch wird in ihnen von der vierten Schulklasse an als zweite Sprache gelehrt.

Dennoch entwickelte sich eine gewisse Asymmetrie zwischen jüdischen und arabischen (oder allen anderen Minderheits-) Gruppen, die im eigentlichen Wesen des Staates Israel wurzelte. Das wurde ersichtlich aus der Tatsache, daß nach dem »Gesetz über die Rückkehr« die Staatsbürgerschaft allen Juden, die nach Israel kommen wollten, offenstand, für alle anderen Gruppen aber auf diejenigen, die im Lande ansässig waren oder eine besondere Erlaubnis zur Niederlassung erlangten, beschränkt war.

Das allein wäre jedoch, wenn nicht andere Faktoren dazwischengetreten wären, kein zu großes Hindernis zu voller Integration gewesen. Aber die kulturellen Diskrepanzen und vor allem die Komplikationen auf der politischen Ebene führten zu einer problematischen Situation.

Zwar bestand eine volle Anerkennung des Rechts der Minderheitsgruppen auf kulturelle Autonomie, doch es war nicht klar, was unter den Begriff einer solchen Autonomie fiel oder was – außer dem allgemeinen Begriff der gemeinsamen Staatsbürgerschaft – sich zu einem gemeinsamen Zentralpunkt einer israelischen Identität entwickeln könnte.

Die Gründe hierfür waren mehrfach: erstens stand die jüdische Gemeinschaft selbst vor den Problemen der Entwicklung einer neuen kollektiven Identität. Außerdem konnten die parallele Entwicklung der zionistischen und der arabischen nationalen Bewegung die Entstehung einer gemeinsamen Identität nur hindern – auch ohne die feindseligen politischen Einstellungen, die sich später entwickelten. Sogar in denjenigen Kreisen der zionistischen Bewegung (und umgekehrt der arabischen Bewegung), die sich für größeres gegenseitiges Verständnis einsetzten, geschah dies mehr in politischem als in kulturellem Sinn.

Die arabische (moslemische oder christliche) Minderheit hatte keine deutliche kulturelle israelische oder auch nur palästinensische Identität; eine Ausnahme bestand nur auf lokaler, traditionaler Ebene, die Jahrhunderte der Eroberung überlebt hatte. Soweit sich eine allgemeinere Identität unter ihnen entwickelte (und das begann zur Mandatszeit durch Berührung mit der breiteren arabischen nationalen Bewegung und paradoxerweise durch die Integrationsprozesse in Israel), war sie eng mit anderen arabischen Ländern oder Gemeinden verbunden. Das traf allerdings nicht auf die nichtarabischen Minderheiten, insbesondere die Drusen, zu.

Alle diese Möglichkeiten wurden erheblich kompliziert und in einem starken Grade negiert durch die politischen Verhältnisse zwischen Israel und seinen Nachbarn, durch den Zustand einer dauernden Feindseligkeit zwischen ihnen, durch die Weigerung der arabischen Länder, das Bestehen Israels anzuerkennen, und ihre fortgesetzten Drohungen, es zu vernichten. Diese Komplikationen hatten einen offensichtlichen direkten und indirekten Einfluß auf die gesamte Skala der Beziehungen zwischen dem Staat und seinen Minderheiten.

In erster Linie fand sich die arabische Gemeinde selbst in einer ambivalenten Situation gegenüber dem Staate Israel; die israelischen Behörden mußten sich mit den betont negativen Aspekten dieser Ambivalenz auseinandersetzen, und im Anfang tendierten sie vielleicht dazu, sie zu unterstreichen.

Die Ursachen für diese Ambivalenz sind im Grunde einfach. Verwandtschaftliche und ethnische Bindungen oder beginnende nationalistische Orientierungen bildeten eine viel engere Verbindung zu den Arabern jenseits der Grenze, in Ländern, die feindlich gegen Israel eingestellt waren. Mit Ausnahme einiger vereinzelter Fälle von aktiver Teilnahme kleiner arabischer Gruppen, die im Unabhängigkeitskrieg auf jüdischer Seite kämpften, gab es wenig, was eine positive Einstellung zum Staate Israel fördern konnte, und diese Tatsache wurde geographisch verstärkt durch die hohe Konzentration von Gruppen arabischer Bevölkerung in mehreren Grenzbezirken.

Ihre Niederlassungen in unmittelbarer Grenznähe bildeten ein schweres Sicherheitsproblem, das noch verschärft wurde durch immer wieder erneute Grenzverletzungen durch Eindringlinge aus den Nachbarstaaten. Außerdem mußte die Möglichkeit in Betracht gezogen werden, daß ansässige Araber von den feindlichen Staaten zu Spionage- und Sabotagezwecken benutzt würden. Der Einfluß dieser Tatsachen machte sich in den Beziehungen zwischen dem Staat und seiner arabischen Bevölkerung fühlbar und hatte als erstes die Einsetzung einer Militärverwaltung in den Grenzbezirken zur Folge.

Obwohl Sicherheitsgründe die Einsetzung einer Militärverwaltung erforderlich machten, waren ihre Auswirkungen auch auf der rechtlich-konstitutionellen Ebene fühlbar. Ihre Durchführung brachte Einschränkungen in der Bewegungsfreiheit mit sich, die sich zwar prinzipiell auf alle Bewohner dieser Bezirke bezogen, de facto aber hauptsächlich die Araber trafen. Das trug natürlich nicht dazu bei, die Ambivalenz der arabischen Gruppen zu überwinden oder freundliche und »gleiche« Beziehungen zwischen ihnen und den Behörden im täglichen Kontakt zu entwickeln.

Eine weitere institutionelle Neuerung war die Befreiung der meisten Araber (aber nicht der Drusen) vom Militärdienst, um eine Situation widersprechender Loyalitäten zu vermeiden und auch die Sicherheit der israelischen Armee nicht zu gefährden.

Das hätte als Befreiung von einer lästigen Pflicht angesehen werden können, doch es bedeutete auch den Ausschluß aus einem Bereich, der das Wesen der israelischen Staatsbürgerschaft und Identität versinnbildlichte, und darum betonte es die ambivalenten Beziehungen zwischen den Arabern und dem Staat. Allgemeinere Auswirkungen drückten sich in der Verfügbarkeit beruflicher Möglichkeiten aus, denn es entstanden Mißtrauen und Abneigung gegen die Beschäftigung von Arabern, die sich sowohl auf Gebieten bemerkbar machten, auf denen dies aus Sicherheitsgründen gerechtfertigt war, als auch auf solchen, die es nicht direkt betraf. Da diese weitverbreitete Haltung öffentlich nicht voll zum Ausdruck gebracht wurde, war es auch nicht leicht, sie zu überwinden.

Ein besonderer und wichtiger Punkt in diesem Zusammenhang war das Problem der Zulassung arabischer Arbeiter zur Histadruth, die ursprünglich geschaffen worden war, um die Entwicklung einer modernen jüdischen Arbeiterschaft zu fördern; infolge der politischen Feindschaft zwischen den Gemeinschaften war sie eine ausschließlich jüdische Organisation.

Es wurden einige Anstrengungen gemacht, die arabischen Arbeiter in Gewerkschaften zu organisieren, und im Jahre 1932 wurde zu diesem Zweck der »Brith Poalej Eretz-Israel« gegründet. Auch gab es in der vorstaatlichen Zeit eine Anzahl gemeinsamer arabisch-jüdischer Streiks. Doch all das geschah außerhalb des Bereichs der Histadruth.

Bei der Staatsgründung wurde vorgeschlagen, zwei arabische Organisationen an die Histadruth anzuschließen, doch dieser Vorschlag wurde abgelehnt. Die Gewerkschaftsorganisationen der arabischen Arbeiter waren der »Kommunistische Kongreß«, die christliche Organisation »Ar-Rabita« und »Brith Poalej Eretz-Israel«. Im Jahre 1951 vereinigten sich Ar-Rabita und Brith Poalej Eretz-Israel, und Ende 1953 beschloß die Histadruth, einige arabische Arbeiter in ihre Gewerkschaften aufzunehmen. Ein paar Monate später löste sich der Kommunistische Kongreß freiwillig auf. Schließlich faßte die Histadruth im Jahre 1959 den Beschluß, arabische Arbeiter als Mitglieder mit gleichen Rechten aufzunehmen, und bis Mitte 1962 waren etwa 16 000 Mitgliedsbeiträge zahlende Araber der Histadruth beigetreten. Die Ver antwortung für die Behandlung der Gewerkschaftsprobleme arabischer Arbeiter wurde im Jahre 1962 von der Histadruthleitung auf die örtlichen Arbeiterräte übertragen, und die Bereitschaft der Histadruth, den arabischen Arbeitern gleichen Status zu gewähren, vergrößerte sich. Parallel hiermit ging eine Zunahme arabischer Mitglieder in den Versicherungsinstitutionen der Histadruth.

Entwicklungs- und Verwaltungsprobleme

Eine zweite wichtige Kraft im Wandel der arabischen Gesellschaft in Israel war die große Expansion administrativer Dienstleistungen im arabischen Sektor, die sich von der Versorgung mit Krankenkassen und allgemeinen Dienstleistungen zu technischer Unterweisung in der Landwirtschaft und Bereitstellung von Bildungsmöglichkeiten erstreckten [87].

Im Bereich des Gesundheitswesens begrenzten überkommene Einstellungen und mangelnde Vorrichtungen die Gesundheitsversorgung im arabischen Sektor, insbesondere in den Dörfern. Als Folge hiervon mußte das Gesundheitsministerium sowohl die Anfangskosten als auch die laufenden Ausgaben für Gesundheitsprojekte, die seit 1948 zur Ausführung kamen, tragen. In diesen sind enthalten: Gesundheitsversorgungsdienst in 56 Siedlungen, zwei Gesundheitsversorgungszentralen und Entbindungsanstalten, 24 Polikliniken und 30 Beratungsstellen für Mutter und Kind.

Auf dem Bildungsgebiet finden wir, daß vor Einführung des Gesetzes über die Schulpflicht im arabischen Sektor sechzig Volksschulen bestanden. Als das Gesetz in Kraft trat, stieg die Schülerzahl auf das Vierfache, und das Problem des Platzmangels wurde immer akuter. Die Kosten für Neubauten hätten von den Gemeindeverwaltungen getragen werden müssen, und wo es keine Gemeindeverwaltung gab, von den örtlichen Schulbehörden, die vom Erziehungsministerium eingesetzt worden waren. In Wirklichkeit nutzten jedoch die Gemeindeverwaltungen die ihnen für Schulbauten zur Verfügung gestellten Beträge bis 1960/61 nicht voll aus. Heute belaufen sich die Regierungszuschüsse auf wenigstens 50 % der Baukosten eines Klassenzimmers, und in Siedlungen ohne Munizipalstatus werden für jedes gebaute Klassenzimmer IL 2500 gezahlt. Infolgedessen hat jetzt jede anerkannte arabische Siedlung ein Schulgebäude.

Ein weiteres wichtiges Gebiet der Staatszuschüsse betraf die Modernisierung der Landwirtschaft. Staatliche Investitionen in der Landwirtschaft waren vor allem für Ausbildung und Produktionssteigerung bestimmt. Es werden Anleihen gewährt für eine Vergrößerung der Produktionsmittel, und die Erträge sind infolgedessen in den letzten Jahren erheblich gestiegen. Das Landwirtschaftsministerium hat auch langfristige Pläne für arabische Dörfer aufgestellt, doch aus verschiedenen Gründen machen hierbei die Einwohner nicht immer mit.

In Erkenntnis der Notwendigkeit einer Ergänzung der landwirtschaftlichen Beschäftigung begann und finanzierte das Handels- und Industrieministerium die Errichtung einer Kleinindustrie im arabischen Sektor, die sich jetzt mit Hilfe von vorwiegend durch die Israelisch-Arabische Bank verwaltete Spezialfonds ausbreitet.

---

[87] Entnommen aus B. Schidlowsky, Wandel in der Entwicklung des arabischen Dorfs in Israel, (hebräisch), Hamisrach Hechadasch (Der Neue Osten), Bd. XV, 1965, Nr. 1–2, S. 25–37.

Die beiden Hauptfonds für diesen Zweck sind: (1) Der Fonds zur Förderung der Industrie (IL 300 000), der zu gleichen Teilen vom Ministerium und der Bank finanziert wird; aus diesem Fonds wurden 350 Anleihen zur Begründung neuer oder zur Verbesserung bestehender Firmen gewährt. (2) Der Fonds zur Förderung des Handels (IL 300 000), der 325 Darlehensanträge bewilligt hat. Außerdem gewährt das Ministerium größeren Unternehmungen auch direkte Anleihen. Es existiert keine sichtliche budgetäre Begrenzung für zukünftige industrielle Entwicklung, die wahrscheinlich in demselben Maßstab weitergehen wird wie die Entwicklung grundlegender Versorgungsleistungen in den Dörfern.

In diesem Kontext hatten verschiedene öffentliche Arbeiten eine große Bedeutung. Seit der Staatsgründung wurden in arabischen Ansiedlungsgebieten 175 Kilometer Zufahrtsstraßen und Innenwege gebaut, und gegen Ende des Fünfjahresplans wird fast jedes arabische Dorf eine Zufahrtsstraße haben.

Auch diverse Wasserprojekte wurden durch das Landwirtschaftsministerium seit der Staatsgründung in Angriff genommen, und als Folge hiervon wird jetzt Trinkwasser in Rohrleitungen in 90 Dörfer gebracht (und wird demnächst an alle arabischen Orte geliefert werden).

Der Anschluß an das nationale Elektrizitätsnetz wird im allgemeinen von den Einwohnern jeder Siedlung finanziert. Doch die Regierung gewährt für diesen Zweck jedem arabischen Dorf, in dem eine rechtlich konstituierte Munizipalkörperschaft besteht, billige Anleihen.

Bis 1962/63 stellten die verschiedenen Ministerien ihr eigenes Entwicklungsprogramm für den arabischen Sektor nach Gutdünken des betreffenden Ministers auf. Seitdem wurde in Anbetracht der Dringlichkeit derartiger Entwicklung das Budget für den arabischen Sektor verdoppelt, und die Mittel werden jetzt im Rahmen eines Fünfjahresplans bewilligt. Der ursprüngliche Plan sah eine Bewilligung von IL 25 Millionen vor, die später auf IL 33 Millionen erhöht wurde. Die Gesamtinvestitionen im arabischen Sektor einschließlich nichtstaatlicher Quellen sollen für den Zeitraum 1962/63 bis 1966/67 IL 71 Millionen erreichen, im Vergleich zu der Gesamtsumme von IL 9 700 000, die vom Staat im Zeitraum 1957/58 bis 1961/62 investiert wurden.

Von den zu investierenden IL 71 Millionen sollen IL 15,8 Millionen für die Landwirtschaft, 12,5 Millionen für Wohnungsbau, 11,5 Millionen für Wasserversorgung, 11 Millionen für Elektrizität, 7,5 Millionen für Industrie, 6 Millionen für das Bildungswesen und der Rest für Straßenbau, Gesundheitsprojekte und andere Munizipaldienste bewilligt werden.

Die Tatsache, daß die meisten administrativen Dienstleistungen und sogar einige direkte Arbeitsvermittlungsdienste im arabischen Sektor der Militärverwaltung unterstanden, schuf eine ganz besondere Situation, in der dem arabischen Sektor ein großes Maß von staatlicher Verwaltung zuteil wurde, die aber separat und nur ihm bestimmt war. Hierzu zeigten sich zwar einige Parallelen zu der administrativen Situation neuer Einwanderergruppen, aber die spezifischen Zusammenhänge und die geographischen Konzentrationen der Araber waren doch im wesentlichen von verschiedener Art.

All dies und auch die Schaffung eines besonderen Beratungsamts für Minoritätenfragen, das dem Premierministersamt angegliedert wurde, unterstrichen die Geson dertheit der Araber und verstärkten bei ihnen die Gefühle der Ambivalenz und der nur partiellen Beteiligung am Staat. Gleichzeitig bildete jedoch dieses Amt auch einen der Hauptfaktoren, die zu Wandel und Entwicklung führten.

Die Pole des Wandels in der arabischen Gesellschaft

Die oben analysierten Prozesse schufen den grundsätzlichen Rahmen einer Entwicklungsdynamik für die Araber in Israel, einschließlich der Beduinen im Negev, aber ausschließlich der drusischen Gemeinden. Dieser Rahmen bestand aus mehreren grundlegenden, manchmal widersprüchlichen Ausgangspunkten, deren erster der wirtschaftliche war. Obwohl im Anfang der arabische Sektor deutlich von der Wirtschaft der jüdischen Gemeinschaft getrennt war, wurde er verhältnismäßig schnell in den allgemeinen Rahmen einbezogen, wenn auch bis zum heutigen Tag die Landwirtschaft – allerdings stark gewandelt und zu einem gewissen Grad modernisiert – ihre Hauptbasis darstellt. Dieser Wandel wurde beträchtlich verstärkt durch das große demographische Wachstum der arabischen Bevölkerung, das weiter oben behandelt wurde.

Die natürliche Vermehrung der arabischen Bevölkerung bringt uns zum zweiten administrativ-ökonomischen Entwicklungsaspekt, der zu einer starken Konzentration administrativer Dienste für die Araber führte, sowie auch zur Anerkennung ihrer Gleichberechtigung als Bürger und der Pflicht des Staates, sie mit Dienstleistungen zu versehen.

Diese wirtschaftlichen und administrativen demographischen Prozesse führten zum Wandel in den überlieferten Formen der arabischen Gesellschaft, zu zunehmender Modernisierung und stetig wachsenden Bestrebungen im wirtschaftlichen, beruflichen und sozio-politischen Bereich.

An nächster Stelle stand das Problem der Verwirklichung der mannigfachen mit politisch-administrativen Aspekten in Verbindung stehenden Bestrebungen.

Während im wirtschaftlich-administrativen Bereich die Prämissen der Gleichheit, der Versorgung mit Staatsdiensten und der Einbeziehung der Araber in den israelischen Rahmen überwogen, standen auf der politisch-administrativen Ebene die Ambivalenzen der politischen und Sicherheitslage an allererster Stelle.

Somit fanden sich die Araber, und in geringerem Grade die Drusen und andere kleine Gemeinden, in der Position von Minderheitsgruppen, deren überlieferte Lebensweise einem Wandel unterlag und deren Einstellung zu diesem Wandel voller Ambivalenz war infolge der Voraussetzung politischer Gleichheit, die mit potentiell feindseligen national-politischen Tendenzen gepaart war.

Erscheinungen des Wandels in der arabischen Gesellschaft

Zum Verständnis der oben analysierten Probleme ist es erforderlich, die sich wandelnde arabische Gesellschaft in Israel zu betrachten und dabei mit dem Dorf zu beginnen, in dem der größte Teil der arabischen Bevölkerung lebte.

Das traditionale arabische Dorf in Palästina, und später in Israel, wies die meisten allgemeinen Merkmale einer auf Landwirtschaft basierenden Bauerngesellschaft auf. Die innere Zusammensetzung jedes Dorfs war auf wirtschaftlicher und Familienposition gegründet und enthielt viele Großgrundbesitzer, deren Familien manchmal in andere Dörfer hineingeheiratet hatten. Sie umfaßte auch viele kleine Pächter und landlose Bauern.

Gemeinschaftliche Institutionen des Dorfes waren üblicherweise die religiösen und die Selbstverwaltungskörperschaft, die von der herrschenden Regierung – ob türkisch, englisch oder israelisch – vorgeschrieben waren. Durch diese Institutionen wurden die hauptsächlichen Verbindungen zum übrigen Land hergestellt.

Seit den zwanziger und dreißiger Jahren begann unter dem Mandatsregime eine Verbreitung der Schulbildung, die unter israelischer Herrschaft stark beschleunigt wurde, und die Lehrer und einige fortschrittliche städtische Berufsgruppen stellten zusätzliche Verbindungen zu den entstehenden städtischen Zentren und den diversen sozialen und nationalen Bewegungen und Organisationen her.

Im Dorf bestand Konformismus mit den grundlegenden wirtschaftlichen, sozialen und politisch-administrativen Statushierarchien, und in den Familien herrschten die Ältesten. Beteiligung am allgemeineren politischen Leben, etwa an sozialen Bewegungen und Parteien, vermittelten die größeren Familiengruppen; sie organisierten auch die politische Arbeit und stellten das Verbindungsglied zur Zentralregierung dar.

Unter dem Einfluß von Modernisierung, erweiterten Dienstleistungen und demographischer Expansion begann ein Wandel dieser überkommenen Struktur. Waren in diesem Wandel auch einige spezifisch israelische Anklänge enthalten, so war er doch nicht auf die israelischen Araber beschränkt, sondern trat bei den meisten Bauerngesellschaften in einem ähnlichen Übergangsstadium, und besonders auch bei anderen arabischen Bauern, auf.

Infolge der Zunahme von Neureichen unter den Landwirten und des Auftretens von politisch aktiven Einzelpersonen ohne Bindungen an die alte Ordnung traten in diesen der Verlagerung unterliegenden Gesellschaften immer häufiger Krisen auf in der Beziehung zwischen den Hierarchien des Reichtums und dem Status der Macht.

Ein weiteres Phänomen war die zunehmende Loslösung der jüngeren Generation von der Lebensweise der Älteren in bezug auf Religion und allgemeine soziale Einstellung. Diese Loslösung war weitgehend mit der demographischen Expansion verknüpft und mit der Unfähigkeit der überkommenen Struktur, die an sie gestellten gesteigerten Forderungen zu erfüllen.

Außerdem bewirkte die Hebung des Bildungsniveaus, die zu größerem beruflichem Ehrgeiz führte, eine weitgehende Entfremdung der Jungen von ihrem Heimatdorf und der älteren städtischen Umgebung.

Eine der Folgen dieses Wandels war die Entstehung eines entwurzelten landlosen Bauern-Proletariats, das aus denjenigen bestand, die als Tagelöhner in die Städte gingen und die für Wanderarbeiter üblichen Züge entwickelten. Derartige Gruppen hatten die Tendenz, sich in Gebieten zu konzentrieren, in denen Arbeitskräfte am meisten gebraucht wurden. Einige von ihnen wurden mit Hilfe der beruflichen Ausbildungskurse der Histadruth und des Staates zu gelernten Arbeitern, doch die große Mehrheit dieses Wanderproletariats gehörte zu den unteren Kategorien der ungeschulten Arbeiter.

Eine besondere Gruppe bestand aus Jugendlichen, die ohne die Hilfe irgendeiner Institution aus den Dörfern in die Städte – hauptsächlich Jaffa und Akko – strömten und dort in slumartige ökologische Randgebiete gerieten.

Ein anderer Trend war die Entwicklung von »Halbintellektuellen«, die zumeist aus dem israelischen Schulsystem herrührten und zum Teil aus vorhandenen Kernen in Jaffa und Akko, denen das erweiterte Schulsystem zugute gekommen war, verstärkt wurden. Doch auch in dieser Gruppe hatten viele nur teilweise höhere Schulbildung genossen, was einerseits auf die hohe Rate von vorzeitigen Abgängen und Versagern zurückzuführen war und andererseits darauf, daß die Vollendung der gesamten höheren Schule oft wirtschaftlich nicht lohnend erschien.

In der Regel war es für Jugendliche vom Land, die körperliche Arbeit suchten, leichter als für Büroarbeiter, in den Städten Arbeit zu finden. In der körperlichen Arbeit sind Sprache und kulturelle und soziale Herkunft nicht so wichtig, doch in Bürostellungen beeinflussen sie die Eignung entscheidend. Ein arabischer Jugendlicher, der die gleiche formale Schulbildung hat wie ein jüdischer Jugendlicher, kann im allgemeinen nicht mit ihm um eine Büroanstellung im jüdischen Gebiet konkurrieren, auch wenn der Arbeitgeber keine diskriminierenden Gefühle hegt. Die Tatsache, daß, im Gegensatz zu der unpersönlichen Note bei der Anstellung zu körperlicher Arbeit, Büropersonal oft aufgrund von persönlichen Beziehungen und Empfehlungen eingestellt wird, setzt die Aussichten für arabische Jugendliche weiter herab. Ihre Beschäftigung in Büroanstellungen im jüdischen Sektor ist unbedeutend.

Im arabischen Sektor selbst ist der Bedarf an gebildeten Arbeitskräften sehr beschränkt, und da die fachlichen und administrativen Dienste zum Teil vom jüdischen Sektor geliefert werden, bleibt für die arabischen Kräfte nur der Staatsdienst. Doch der arabische Jugendliche, der Anstellung im Staatsdienst im jüdischen Sektor sucht, sieht sich zum mindesten den gleichen Behinderungen gegenüber wie im Privatsektor, denn hier wirken mannigfache politische und Sicherheitserwägungen als Handikap. Darum bleibt für die höheren Stufen der Gebildeten in der Hauptsache das Lehrfach als Beruf übrig, und im Jahre 1961 beschäftigte das Erziehungsministerium 1400 von den 1800 im Staatsdienst beschäftigten jungen Arabern [88].

Spannungen und Unklarheiten in der arabischen Minderheit

Die Integrationsprobleme fanden hauptsächlich in den dynamischen Gruppen der Gebildeten vollen Ausdruck. Sie versuchten, sowohl gegenseitige Unklarheit und Unsicherheit als auch die positiveren Punkte des Fortschritts und Kontakts herauszuarbeiten.

Auf der positiven Seite finden wir ein wachsendes Interesse seitens der Behörden und des allgemeinen israelischen Publikums für die Integrationsprobleme der arabischen Minderheit eine Lockerung der Militärverwaltung, die Entwicklung neuer sozialer und kultureller Zusammenkünfte zwischen Arabern und Juden und eine zunehmende Besorgtheit, wenn solche Möglichkeiten fehlen.

Es war jedoch unvermeidlich, daß die ambivalenteren und problematischeren Aspekte dieser Entwicklungen am stärksten zum Ausdruck kamen. Ähnliche Pro-

---

[88] Diese Analyse folgt Joram Ben-Porath, Characteristics of Arab Labour Force in Israel, Falk Centre for Economic Research.

bleme wie die im wirtschaftlichen Bereich entwickelten sich auch auf politischem Gebiet. Hier werden mehrere unterschiedliche Trends sichtbar[89]. Es besteht die alte »paternalistische« Beteiligung, die in den der »Mapai« nahestehenden Arabischen Listen zum Ausdruck kommt und im wesentlichen ein parlamentarisches Mittel zum Fang arabischer Stimmen mit Hilfe der Staatsmaschine ist. In den meisten Wahlen gibt es zwei oder drei derartige Listen, die die persönlichen und Familienfehden und Gemeindezwistigkeiten ihrer Wählerschaft berücksichtigen. Die angewandten Methoden zum Stimmenfang bestehen in einer Kombination von Druck (oft durch die Militärverwaltung) oder Gunstbezeugungen wie Gewährung von Genehmigungen, Anstellungen, Lizenzen und Landpachten. Die wohlhabenderen Elemente, die viel mit den Behörden zu tun haben, finden es daher für gewöhnlich nützlich zu kooperieren.

Diese Listen sind mehr um die Vermeidung der möglichen Konsequenzen »falscher« Stimmen besorgt, als daß sie von Versuchen zur Änderung des Regimes geleitet würden. Die von ihren Kandidaten verwendeten Slogans sind verschiedener Art: sie können entweder die Bedeutung der Unterstützung der bestehenden Macht unterstreichen; oder sie können judenfeindlich und nationalistisch sein wie etwa »Stimme für dein eigenes Volk (die arabischen Listen), gegen die jüdischen Parteien«. Mit diesen Mitteln zu ihrer Verfügung erhielten diese Listen zwischen der Hälfte und zwei Dritteln der arabischen Stimmen, was ihnen vier bis fünf Abgeordnete in der Knesseth gab.

Weitere Listen sind die der »Kommunistischen Partei« und der zionistischen Linken, insbesondere »Mapam«, wobei allerdings eine Unterscheidung zwischen den beiden gemacht werden sollte. Doch beide können als Kundgebungen des Protests angesehen werden, und es ist durchaus zweifelhaft, ob sie eine wirkliche Beteiligung, sei es auch in der Opposition, am politischen Leben Israels darstellen.

Ein neuer Zug, der in den Wahlen zur Vierten Knesseth erschien, war die »El-Ard«-Gruppe, eine arabische nationalistische Gruppe ohne irgendeine Verbindung zu einer anderen Partei. Diese Gruppe entstand aus der 1958 gebildeten »Arabischen Front«, als die Begeisterung über den syrisch-ägyptischen Zusammenschluß groß war. Zu dieser Zeit schien sich die »Kommunistische Partei« mit den Zielen des arabischen Nationalismus zu identifizieren, und viele ihrer Mitglieder wurden bei einem Zusammenstoß mit der Polizei anläßlich eines von »Mapai« organisierten Ersten-Mai-Umzugs verhaftet. Die »Arabische Front« war von arabischen Kommunisten und nationalistischen Intellektuellen der Mittelklasse gebildet worden. Außer spezifischen Forderungen für die Araber im Innern des Staates verlangte ihr Programm auch das »Recht für die Flüchtlinge, nach Israel zurückzukehren«.

Die »El-Ard«-Bewegung betätigte sich später zeitweise als Untergrundbewegung, und nachdem der Oberste Gerichtshof festgestellt hatte, daß sie grundsätzlich gegen das Bestehen des Staates Israel gerichtet sei, wurde sie aufgelöst[90].

Ein ähnlich ambivalentes und problematisches Bild entwickelte sich auf der soziokulturellen Ebene. Zwar leiteten verschiedene offizielle und halboffizielle Stellen kulturelle Betätigungen und Organisationen ein, doch scheint das Ausmaß, in dem

---

[89] Entnommen aus Y. Washitz, Arabs in Israeli Politics, New Outlook, Bd. 5, Nr. 3, März–April 1962, S. 33–45.
[90] Vgl. The Jerusalem Post, 12. November 1964.

sie von den Arabern akzeptiert wurden, sehr begrenzt, was zweifellos teils auf ihre zweideutige politische Situation und teils auf ihr Mißtrauen gegenüber den Urhebern dieser Pläne und ihre Schwierigkeiten in bezug auf soziale und kulturelle Begegnung zurückzuführen ist.

Diese Ungewißheiten schufen oder verstärkten zwangsläufig bestehende Gleichgültigkeit und intensivierten zweifellos Gefühle der Fremdheit und Zweideutigkeit. Dies hinwiederum führte zu diversen negativen Einstellungen dem Staat gegenüber, die manchmal an Verrat grenzten – wie etwa Kontakte mit den Nachbarstaaten, die sich von »begrenztem« überkommenem Schmuggel über Beherbergung von Eindringlingen und sogar bis zu aktiver Teilnahme an Spionagehandlungen, israelfeindlichen Demonstrationen und extremen politischen Bewegungen wie »El-Ard« erstreckten.

Es ist außerordentlich schwierig, das Ausmaß und die Intensität dieser verschiedenen Orientierungen genau abzuschätzen, zumal die ausgesprocheneren und negativen offensichtlich stärker ins Auge fallen, während die passivere und weniger ausgesprochene Akzeptierung Israels nicht so leicht sichtbar wird.

Eine neuere Untersuchung über arabische Schriftsteller in Israel zeigt, daß die meisten von ihnen eine recht negative Einstellung zu Israel entwickeln und nur gelegentlich positive Orientierungen zum Vorschein kommen [91]. Es gibt indes viele Anzeichen dafür, daß diese positiven Ansichten im täglichen Leben und auch in literarischen Äußerungen im Zunehmen begriffen sind, doch ist es noch zu früh, ihr Ausmaß und ihren Geltungsbereich zu erfassen.

Identitätsprobleme in Israel

Zur Illustration der Probleme, die der Suche nach einer nationalen Identität seitens der Araber in Israel inhärent sind, mögen die folgenden Zitate aus den Schriften von zwei israelischen arabischen Intellektuellen dienen, die zeigen, welche ernsten Bemühungen in dieser Richtung unternommen werden:

»... Nicht alle Folgen der Begegnung mit dem Zionismus waren positiv. Das Zusammentreffen der palästinensischen Gemeinschaften mit der nationalistischen zionistischen Bewegung teilte das Land nach nationalistischen Gesichtspunkten, die über die religiöse Zugehörigkeit hinausgehen. Im Gegensatz zum Libanon, in dem die politische Organisation einen religiösen Charakter annahm, wies die arabische nationale Bewegung in Palästina die Tendenz zu einer christlich-moslemischen Annäherung auf. Die zionistische Bewegung gab den Anstoß und die Gelegenheit für dieses Zusammenleben von feindlichen Religionsgruppen und verkündete das Ende der überkommenen orientalischen Aufteilung nach halboffiziellen ethnischen oder Religionsgemeinden, die sich als unfähig erwiesen, der neuen von den zionistischen Siedlern aufgestellten Herausforderung zu begegnen. Der Schauplatz war bereit für einen Kampf zwischen den nationalen Gruppen in Palästina.

Nach der Gründung des Staates Israel im Jahre 1948 wurden durch die neugeschaffenen Souveränitätsinstrumente europäische Vorbilder gefördert. Die orientalische Kultur, die fast hermetisch von ihrer unmittelbaren Umgebung abgeschlossen war, erhielt einen schweren Schlag. Obwohl die Hälfte der Einwohner des Staates von orientalischer Herkunft war, herrschte europäische Kultur vor, und das wegen des sozialen und politischen Charakters der jüdischen Bevölkerung, wegen ihres Drangs nach Kontakt mit dem europäischen Kontinent und der dynamischen Kraft und Einwirkung der in hohem Maße industrialisierten europäischen Kultur ...

---

[91] Vgl. Abraham Jinon, Einige Aspekte der arabischen Literatur in Israel (hebräisch), Hamisrach Hechadasch, Bd. XV, 1965, Nr. 1–2, S. 57–85.

Es kann festgestellt werden, daß die Gründung Israels die Scheidewand zwischen den Juden aus orientalischen und okzidentalen Kulturen niederriß und die Tendenz hatte, eine die Gesamtheit der jüdischen Bevölkerung des Staates umfassende kulturelle und soziale Einheit zu schaffen. Doch bei der arabischen Bevölkerung ist das nicht der Fall. Die Verkündung des Staates gab der Teilung der Bewohner Israels in Juden und Araber ein offizielles Gepräge und machte für immer Schluß mit dem überlieferten orientalischen Vorbild der Aufteilung in verschiedene Religionsgemeinschaften. Die neue Aufteilung wird durch die verschiedenen Schemata des täglichen Lebens unterstützt. Jüdische und arabische Schulen haben getrennte Lehrpläne, die auf den nationalen Unterschieden basieren. Das arabische Kind lernt Arabisch, Hebräisch und Englisch – in dieser Reihenfolge; das jüdische Kind lernt Hebräisch und Englisch und hat die Wahl zwischen Arabisch und Französisch. Das arabische Kind lernt arabische Geschichte gründlich und jüdische Geschichte nur kurz; das Umgekehrte trifft für das jüdische Kind zu. Es gibt allerdings Fälle von arabischen Kindern, die in jüdische Schulen gehen; aber in Wahrheit sind jüdische und arabische Kinder durch ihre verschiedenen Hauptsprachen – Hebräisch oder Arabisch – voneinander getrennt. Und diese Sprachen teilen auch die Bewohner in zwei verschiedene Nationen und machen dies durch eine separatistische, nationalbewußte Erziehung in verschiedenen Schulen zum Dauerzustand.

Es stimmt zwar, daß in den abschließenden Bildungsstadien, an den Universitäten und manchmal sogar in den Höheren Schulen in gemischt jüdisch-arabischen Städten wie Haifa, Akko und Jaffa, die Mitglieder dieser beiden verschiedenen Nationen sich noch einmal treffen. Aber sogar dann werden unter dem Einfluß des allgemeinen politischen und kulturellen Klimas die jungen Juden und Araber zu Angehörigen verschiedener nationaler Gruppen, die sowohl in bezug auf religiösen Hintergrund als auch allgemeine kulturelle Merkmale weit voneinander entfernt sind.

Wenn diese beiden verschiedenen Gruppen sich treffen, ist das Ergebnis häufig ein Zusammenstoß. Das Gefühl der Fremdheit macht sich sofort bemerkbar. Die arabischen Schüler oder Studenten, die im allgemeinen eine Schule nur für Knaben besuchten (weil die meisten arabischen Eltern sich weigern, ihre Töchter in Koedukationsschulen zu schicken), sind verlegen und fühlen sich unbehaglich in dem Rahmen der Koedukation, die in den meisten jüdischen Lehranstalten die Regel ist. Sie versuchen, sich in die neue jüdische Gesellschaft einzufügen, werden aber meist durch die Isoliertheit der jüdischen Gesellschaft zurückgestoßen.

Die Erzählungen der Jugendlichen, die in Schulen und in der Arbeit mit jungen jüdischen Menschen in Berührung kamen, führt oft zu der traurigen Feststellung, daß dieser Teil der arabischen Bevölkerung der jüdischen Gesellschaft feindlicher gegenübersteht als irgendein anderes arabisches Element. Der junge Araber haßt die jüdische Gesellschaft, weil sie ihn als fremd und anders ansieht und ihn zurückweist, und weil er seinen jüdischen Gegenspieler, der ihm kulturell und intellektuell überlegen ist, beneidet. Er leidet auch unter Minderwertigkeitsgefühlen, weil er aus einer Gesellschaft kommt, die auf einem niedrigeren wirtschaftlichen und kulturellen Niveau steht als der Großteil der jüdischen Gesellschaft. Er kann schwerlich vergessen, daß die arabische Minderheit in diesem selben Land noch vor 15 Jahren die Mehrheit war und Teil einer großen Nation mit einer tiefverwurzelten Kultur, die zwar nach europäischen Maßstäben rückständig sein mag, die sich aber gemäß ihren eigenen Bedürfnissen entwickelte und unter keinem Minderwertigkeitskomplex litt.

Die zweideutige Natur der offiziellen Politik gegenüber den israelischen Arabern liefert diesen jungen Menschen eine emotionelle Rechtfertigung für ihren Haß und ihre Empörung. Sie veranlaßt sie, ihre Haßgefühle gegen die jüdische Gesellschaft dadurch zum Ausdruck zu bringen, daß sie aus Israel fliehen und sich – in emotionellem und paktischem Sinn – den Arabern in den Nachbarländern, die Israel als Staat hassen, »anschließen«. Ein geringerer Grad von Haß bringt einige arabische Jugendliche dazu, extremistischen Gruppen beizutreten. In vielen Fällen führt sie dies in eine kulturelle und politische Sackgasse, in der sie allen Glauben an Worte und Taten verlieren.

Das größte Unglück ist der beträchtliche Niedergang im Denken der beiden Generationen auf beiden Seiten. Die meisten Menschen der älteren jüdischen Generation dachten nicht viel über die Araber nach und nahmen eine recht liberale Haltung gegenüber Angehörigen anderer nationaler Gruppen ein. Im Gegensatz hierzu akzeptieren die jüngeren Israelis im großen ganzen die Stimmung der Presseberichte, die sie lesen, und der Kommentare, die sie zu Hause und in der Schule hören; diese sind nur zu oft chauvinistisch und araberfeindlich. Der junge Jude, der mit den Arabern nicht in Berührung kommt, obwohl er im Zentrum einer arabischen Gegend wohnen mag, hält die Araber für fremdartige und seltsame Menschen. Dasselbe trifft für die arabische Seite zu. Für die älteren Araber stellen die Juden noch immer eine Religionsgemeinschaft dar, die als solche geachtet wurde. (Es sei nicht vergessen, daß sowohl das Christentum als auch der Islam das Judentum sehr hoch schätzen). Obwohl die zionistenfeindliche Propaganda judenfeindliche Gefühle geweckt hat, ist die ältere Generation, die konservativ und religiös ist, in ihrer Haltung gegenüber den Juden als Religionsgruppe positiv geblieben. Sogar die schärfste Kritik der arabischen Haltung gegenüber den Juden in der Mandatszeit wird zugeben, daß Judenhaß auf kleine Schichten politischer Interessen beschränkt war und daß die arabischen Massen im allgemeinen gleichgültig und gemäßigt waren. Um zionistenfeindliche Agitation zu erregen, wurden stets Abgesandte aus den Nachbarländern hereingebracht, die mit Hilfe ortsansässiger Anhänger Terrorherrschaft einführten.«[92]

Ein zweiter Ausdruck des arabischen Standpunkts lautet wie folgt:

»Es bleibt daher die Frage, ob die israelischen Araber sich mit ihrer gegenwärtigen Kultur in die dynamische israelische Gesellschaft einfügen können, oder ob sie eine andere (Kultur) annehmen müssen. Um diese Frage zu beantworten, müssen wir uns in Erinnerung rufen, daß die israelischen Araber neben den üblichen Schwierigkeiten, denen Entwicklungsgesellschaften ausgesetzt sind, unter der zusätzlichen Last der vagen Terminologie von der »nationalen Loyalität zur arabischen Nation« leiden und oft einer Haßpropaganda seitens der arabischen Nachbarstaaten ausgesetzt sind. Außerdem sind die israelischen Araber führerlos, denn diejenigen, die im Ausland den Anspruch erheben, in ihrem Namen zu sprechen, sind das Produkt fremder Regierungen.

Obwohl sich die Wirtschaftslage der Araber seit der Begründung Israels verbessert hat, ist ein verständliches Ansteigen in der Proportion der Wanderarbeiter erfolgt. Der Fünfjahresplan von 1962, der die Entwicklung des arabischen Sektors zu beschleunigen beabsichtigt, wird schwerlich mit dem natürlichen Zuwachs der arabischen Bevölkerung Schritt halten können. Jeder wirtschaftliche Fortschritt muß jedoch von paralleler sozialer Entwicklung begleitet sein, wenn die schädlichen Aspekte der Modernisierung vermieden werden sollen.

Eine Methode der Modernisierung besteht darin, Änderungen von oben zu erzwingen; die andere Methode, den Wunsch nach Wandel zu wecken, und um dies zu erreichen, muß die patriarchalische Struktur der arabischen Familie, in der der Einfluß der Frau geringfügig ist, eine fundamentale Umwandlung erfahren. Ein entscheidender Faktor in dieser Richtung ist die Reform des Bildungssystems. Ferner muß die offizielle Politik gegenüber den Arabern die Abschaffung einer separaten Behandlung für sie einschließen; auf dem Gebiet der Sicherheit müssen Araber, wie alle anderen Bürger, als unschuldig betrachtet werden, solange nicht ihre Schuld erwiesen ist. Es muß eine besondere Anstrengung unternommen werden, um wirtschaftliche Integration herbeizuführen. Schließlich muß eine klare Trennungslinie gezogen werden zwischen der Außenpolitik gegenüber arabischen Staaten und der Innenpolitik gegenüber den israelischen Arabern. Diese Maßnahmen werden in einem beträchtlichen Ausmaß zur Wiederherstellung des Selbstvertrauens der israelischen Araber, zur Hilfe in ihrer sozialen Entwicklung beitragen und sie dadurch zu einer neuen Lebensweise führen.«[93]

---

[92] Aus A. Mansour, The Modern Encounter between Jews and Arabs, New Outlook, Bd. 5, Nr. 3, 1962, S. 59–63.
[93] Zitiert nach einer Zusammenfassung von »Die arabische Gesellschaft in Israel« von R. Bastuni, Hamisrach Hechadasch (Der Neue Osten), Bd. XV, Nr. 1–2, 1965, S. II.

Zusammenfassung: Probleme und Aussichten

Die vorangegangene Analyse zeigt die große Komplexität und die tragischen Elemente in der Situation der Araber in Israel. Nach vielen Maßstäben, denen der wirtschaftlichen Entwicklung, der administrativen Dienstleistungen, des Bildungswesens und sogar der politischen Gleichberechtigung (allerdings mit Ausnahme der Militärverwaltung und der Landenteignung aus Sicherheitsgründen) ist der Standard der israelischen Araber hoch – sicherlich viel höher als der der meisten Minderheiten in arabischen Ländern – und ihr Los wird stetig vebessert.

Allerdings mildert das nicht immer die potentielle Entfremdung und Feindschaft, die in der historischen und politischen Situation wurzelt und teilweise durch die anfängliche Haltung der israelischen Behörden, sowohl auf der administrativen als auch auf der politisch-kulturellen Ebene, gefördert wurde.

Die wirkliche Tragödie dieses Problems liegt in der Tatsache, daß zwar eine verbesserte Einstellung der israelischen Behörden und Öffentlichkeit, die Zusicherung größerer Freiheit und der vergrößerte Umfang des gegenseitigen Kontakts sicherlich manche Aspekte des Problems erleichtern, doch können sie auch, wie in so vielen parallelen Situationen an anderen Orten, eine zunehmende Enttäuschung auf seiten der Araber entstehen lassen.

Natürlich befreit das weder die israelische Öffentlichkeit noch die Behörden von der Pflicht, in bezug auf die Minderheiten die bestmögliche Politik zu verfolgen und die demokratischste Haltung einzunehmen. Doch der Erfolg derartiger Maßnahmen ist in nicht geringem Maße von allgemeineren politisch-historischen und internationalen Umständen abhängig, und insbesondere von den Beziehungen zu den umgebenden arabischen Ländern und ihrer Einstellung zu Israel.

In vielen Beziehungen enthält die Möglichkeit einer volleren und freieren Begegnung zwischen der arabischen Minderheit und der jüdischen Mehrheit wichtige Möglichkeiten nicht nur für politische Vereinbarungen, sondern auch für eine Variierung der Komponenten der israelischen Identität. Die Komplexität und Tragik der Situation liegt in der Tatsache, daß diese Möglichkeiten durch die internationale politische Situation erheblich eingeschränkt werden.

VII. ISRAEL, EINE MODERNE GESELLSCHAFT

Merkmale und Probleme der jüdischen Gemeinschaft in Palästina und des Staates Israel als moderne Gesellschaft

Wir sind ans Ende unserer Geschichte gelangt, wenn natürlich auch die Geschichte selbst ihren weiteren Verlauf nimmt. Nachdem wir eine Übersicht von der historischen Entwicklung der sozialen Struktur Israels und seiner hauptsächlichen institutionellen Bereiche gegeben haben, lohnt sich vielleicht der Versuch, eine Bewertung des Charakters der israelischen Gesellschaft, ihrer spezifischen Merkmale und Probleme und ihrer potentiellen Entwicklungstendenzen zu unternehmen.

Zwei Grundprobleme oder -fragen, die allen modernen Gesellschaften gemeinsam sind, erheben sich auch hier: die erste Frage gilt dem Charakter der spezifischen strukturellen und organisatorischen Merkmale der jüdischen Gemeinschaft in Palästina und des Staates Israel im Unterschied zu denen anderer moderner Gesellschaften. Die zweite Frage betrifft das Ausmaß, in dem diese mannigfachen sozialen Formen die neuen Probleme, die sich aus der kontinuierlichen Entwicklung einer entstehenden Gesellschaft ergeben, bewältigen können.

Wir wollen daher zunächst versuchen, kurz die hauptsächlichen Merkmale der jüdischen Gemeinschaft in Palästina, wie sie sich in ihren formativen Stadien entwickelten, zu rekapitulieren und sie mit denen einiger anderer moderner Gesellschaften zu vergleichen; dann werden wir sehen, wie diese Merkmale ihre Fähigkeit beeinflußten, in ihrem derzeitigen Entwicklungs- oder Modernisierungsstadium mit den neuen, aus der Gründung des Staates Israel herrührenden Problemen fertig zu werden.

Das Ziel der ersten Pioniere war, wie wir sahen, die jüdische Gemeinschaft in Palästina nicht nur zu einer in jeder Beziehung modernen Gesellschaft zu machen, sondern auch zu einer, die umfassendere Werte und eine gewisse transzendentale Bedeutsamkeit verkörpern sollte. Dieses Ziel entstand gewissermaßen aus dem Vermächtnis der traditionalen jüdischen Gesellschaft, in der sich ein brennendes Sehnen nach universaler Sinngebung mit der Realität einer unterdrückten Minorität verband. Solange diese Minorität eine in sich geschlossene Einheit blieb, erzeugte die Spannung zwischen diesem Sehnen und der Wirklichkeit eine beträchtliche schöpferische Kraft in ihrem eigenen Umkreis, und alle Hoffnung auf Anerkennung ihrer universalen Ansprüche wurde in eine ferne Zukunft verwiesen. Als dann die Tore der europäischen Gesellschaft sich – zum mindesten teilweise – öffneten, gelang es vielen ihrer Mitglieder, Eingang zu finden in Gebiete allgemeiner sozialer und kultureller Betätigung, auf denen sie in hohem Maße schöpferisch wirken konnten. Aber gleichzeitig sahen sie sich vor dem Problem, ihre kollektive jüdische Identität zu verlieren und/oder nicht voll in die allgemeine europäische Gesellschaft aufgenommen zu werden.

Die zionistische Bewegung strebte danach, die Möglichkeit zu kulturellem und sozialem Schaffen von universaler Bedeutung im Rahmen einer freien, modernen, auf sich selbst gestellten jüdischen Gesellschaft zu bieten. Aus dieser Verbindung heraus folgten der ungeheure Wert, der sozio-kulturellem Schaffen beigemessen wurde, und die stark elitären Orientierungen. Dieser Wert wurde weiterhin erhöht durch die in Palästina herrschenden äußeren Umstände – die Bedingungen im Land, das Fehlen von Kapitalreserven und geeigneten Arbeitskräften sowie die mangelnde lange Tradition einer geordneten bürgerlichen Gesellschaft.

Vielleicht das hervorstechendste Merkmal der jüdischen Gemeinschaft in Palästina war die Tatsache, daß ihre »Mitte« sich zuerst entwickelte. Ihre zentralen Institutionen und Symbole nahmen feste Formen an, bevor die »Peripherie«, die aus allgemeineren, weniger schöpferischen sozialen Gruppen und Schichten bestand, in Erscheinung trat. Dieser »Mitte«, die mit Hilfe der elitären und auf die Zukunft gerichteten Orientierungen der Pioniersekten aufgebaut wurde, war die Aufgabe zugedacht, die »Peripherie«, die (wie man hoffte) sich durch kontinuierliche Migration entwickeln und erweitern würde, zu durchdringen und zu absorbieren.

Die ideologischen und elitären Orientierungen der ersten Pioniergruppen und die starken transzendentalen Orientierungen und das persönliche Verantwortungsbewußtsein für die Verwirklichung des in der Pioniervorstellung enthaltenen Ideals leitete die anfängliche Entwicklung dieser »Mitte«, ihrer Symbole und Institutionen.

Die Pioniersideologie umfaßte weitreichende Versuche, eine spezifische moderne Struktur zu entwickeln. Diese Versuche verbanden die positiven Aspekte der modernen Technologie mit der Erhaltung grundlegender menschlicher und sozialer Werte und richteten sich insbesondere auf ihre Durchführung auf den Gebieten der wirtschaftlichen und sozialen Organisation. Diese wirtschaftlichen Orientierungen waren indes nicht rein sozial oder ideologisch. Sie waren eng mit nationalen Bestrebungen verbunden und wurden nicht in utopischen Begriffen, sondern vielmehr als wesentlicher Bestandteil des Aufbaus einer neuen Nation aufgefaßt.

Das Zusammentreffen dieser Orientierungen mit den bei ihrer Durchführung in Palästina zur Zeit der ottomanischen Herrschaft und des Mandats zu erfüllenden Aufgaben bildete den Brennpunkt in der Entwicklung der israelischen sozialen Struktur.

Die stillschweigende Voraussetzung der Entwicklung und Aufrechterhaltung eines hohen Lebensstandards für gegenwärtige und zukünftige Einwanderungswellen erforderte eine teilweise Trennung von der vorgefundenen arabischen Wirtschaft.

Zu den grundlegenden Ausgangsfaktoren, die die Verwirklichung dieser Ideale beeinflußten, gehörten der Mangel an angemessenen Kapitalien und Arbeitskräften für primäre Berufe bei gleichzeitigem Vorhandensein eines hohen anfänglichen Bildungspotentials. Dieses letztere sicherte schließlich einen relativ ruhigen Übergang zu einem recht hohen Niveau technologischer Entwicklung.

Diese grundlegenden Erfordernisse zusammen mit der Ideologie der Pioniergruppen verursachten die starke anfängliche Konzentration öffentlichen Kapitals in den wichtigeren Entwicklungssektoren und erlaubten gleichzeitig die kontinuierliche Expansion privater Sektoren. Sie ließen auch die spezifisch israelischen Formen sozio-ökonomischer Organisation (vor allem die Gemeinschafts- und Genossenschaftssiedlungen) und die große Zahl genossenschaftlicher Unternehmungen im städtischen Sektor entstehen, wie sie sich in gewissem Ausmaß auch in anderen sektiererischen und kolonisierenden Gesellschaften fanden. Doch die meisten dieser genossenschaftlichen und kolonisierenden Körperschaften waren in den einheitlicheren Rahmen der Histadruth eingegliedert, und zwar in einem Grad, zu dem es in anderen Ländern keine Parallele gab; diese Tendenz ging somit weit über die anfängliche agrarische Orientierung der ersten Pioniergruppen hinaus. Hier entwickelten sich die wichtigen Merkmale der städtischen sozialen Struktur der jüdischen Gemeinschaft in Palästina. Von größter Bedeutung war der Versuch einer Verbindung einheitlicher organisatorischer Gebilde großen Maßstabs, die für die Durchführung kollektiver Ziele geplant waren, mit den eher totalistischen, geschlossenen Sekten oder sozialen Bewegungen einerseits und den differenzierten, funktionell spezifischen Organisationen andererseits.

Der zweite Aspekt der entstehenden sozialen Struktur der jüdischen Gemeinschaft in Palästina war die starke Betonung der Gleichheit und die Ablehnung der Spezialisierung. Das zeigte sich auf mehrfache Weisen – in der starken Gleichheitstendenz bei der Zuweisung von Entgelten für die hauptsächlichen Berufsrollen und in der Herabsetzung auf ein Minimum der Differenzen zwischen ihnen, ferner in der Annahme, daß der Übergang von einer Rolle zur andern mit Leichtigkeit erfolgen könne.

Ein weiterer Gleichheitsaspekt war der einer allgemeinen Zugänglichkeit der diversen Berufspositionen. Dieser Aspekt wurde indes in den ursprünglichen ideologischen Grundsätzen viel weniger ausdrücklich betont. Das war darauf zurückzuführen, daß im Anfang der Zugang zu diesen Positionen kein Problem darstellte; er wurde durch die verhältnismäßige Homogenität der bildungsmäßigen und kulturellen Möglichkeiten und durch die Abhängigkeit aller Gruppen von äußeren wirtschaftlichen und politischen Mitteln gesichert.

Auf politischem Gebiet erklärt das Zusammentreffen der grundlegenden Ideologien und ihrer Durchführung in der zionistischen Bewegung mit der Realität Palästinas die Entstehung zweier sich teilweise widersprechender und teilweise ergänzender Tendenzen in der politischen Organisation der jüdischen Gemeinschaft in Palästina und später im Staate Israel.

Die erste dieser Tendenzen war die in der sektiererischen und ideologischen Grundlage der Pioniersekten inhärente totalistische Orientierung. Die zweite war der mehr konstitutionelle pluralistische Trend, der einen Teil der föderativen Struktur der jüdischen Gemeinschaft bildete und die totalistischen Orientierungen der sektiererischen Bewegungen milderte und den strukturellen Rahmen schuf für konstitutionelle pluralistische Institutionen und die allgemeineren sozialen Vorbedingungen, die für ihr stetiges Funktionieren erforderlich waren.

Das föderative System erwies seine große Bedeutung für die politische Sozialisierung der diversen Pionier- und Einwanderergruppen in gemeinsamen demokratischen Verfahrensweisen und Symbolen. Außerdem schufen die soziale Struktur und Zusammensetzung der Einwanderergruppen einige der allgemeineren Bedingungen für das stetige Funktionieren einer lebensfähigen pluralistischen Umgebung, insbesondere da die relative Ähnlichkeit in der Herkunft der Einwanderer und die stetige Betonung der nationalen Bedeutung der Einwanderung die Erreichbarkeit verschiedener Positionen sowohl im Privatsektor als auch im Arbeitersektor erleichterte und die Kontinuität und Entwicklung jedes dieser Sektoren sicherte.

Merkmale der jüdischen Gemeinschaft in Palästina und der israelischen Gesellschaft – ein Vergleich mit anderen Gesellschaften

Es dürfte sich an diesem Punkt lohnen, die in der vorangegangenen Analyse enthaltenen vergleichenden Hinweise zusammenzufassen und zu sehen, welche Merkmale die israelische Gesellschaft mit anderen Gesellschaften, in denen sich ebenfalls einige ihrer analytischen Komponenten finden, teilt.

Die israelische Gesellschaft teilt wichtige Merkmale mit einigen nichtimperialistischen Siedlergesellschaften (insbesondere den Vereinigten Staaten und den britischen Dominions): Erstens, eine starke Betonung der Gleichheit, zum mindesten unter den ursprünglichen Siedlergruppen, und hieraus folgend das Fehlen einer starken, erblichen, feudalen, aristokratischen Landeigentümerklasse. Zweitens, die Entwicklung einer starken Konzentration diverser Arten von wirtschaftlicher und administrativer Betätigung in allgemeinen, einheitlichen, organisatorischen Gebilden – mit anderen sektiererischen Siedlergesellschaften. Und schließlich, auch dies gemeinschaftlich mit anderen Siedlergesellschaften, betonte die zionistische Siedlung die Eroberung von Brachland durch Arbeit – was sich in der Ausbreitung produktiver primärer Berufe und in der Erweiterung der Siedlungssysteme und -grenzen ausdrückt.

Ähnliche Verbindungen von genossenschaftlichem Bestreben und wirtschaftlicher Siedlungsunternehmung fanden sich zum Beispiel auch in der Besiedlung von Brachland durch die Mormonen. Auch die Verbindung von Gewerkschaften mit Unternehmertätigkeit auf den Gebieten der Industrie und Finanz fand sich in anderen politisch orientierten Arbeiterbewegungen, insbesondere in Skandinavien und – in geringerem Ausmaß – in England.

Doch die Verschmelzung dieser Züge, wie sie sich in der Histadruth entwickelte, scheint einzigartig zu sein und erklärt sich aus dem politischen Charakter und Ausblick der Histadruth. Das erklärt auch ihre politische Macht, obwohl sie wirtschaftlich gesehen keineswegs der größte Sektor des Landes ist.

Diese Merkmale verwoben sich eng mit anderen Komponenten der israelischen Gesellschaft, wie etwa den sektiererischen oder sozialen Bewegungen, die in der totalistischen Anschauung der Pioniersekten mit ihrer starken inneren ideologischen Kohäsion und in der Institutionalisierung der Ideologie angesichts der zunehmenden sozialen Differenzierung ersichtlich werden.

Im Unterschied zu vielen anderen Sekten zielten die Pioniergruppen von Anfang an darauf ab, Bahnbrecher einer modernen Gesellschaft zu sein. Sie begründeten viele institutionelle Gebilde und Organisationen, die als Vorläufer einer solchen Entwicklung dienen und durch die die allgemeineren Gruppen der jüdischen Gesellschaft am wirtschaftlichen, ideologischen und politischen Leben der jüdischen Gemeinschaft in Palästina teilhaben konnten.

Anders als die meisten modernen und nationalistischen Bewegungen planten die zionistischen Pioniere jedoch weder eine sofortige Machtergreifung noch einen neuen einheitlichen politischen Rahmen. Ihre Hauptsorge galt einer ausgedehnten ländlichen und städtischen Besiedlung, und das allein schwächte die politischen Auswirkungen ihrer totalistischen Orientierungen.

Erst am Ende der Mandatszeit entwickelte sich mit der Intensivierung des äußeren politischen Kampfs eine gewisse Vorstellung von einem selbständigen Staatswesen.

Aus den Elementen der sektiererischen und sozialen Bewegung der jüdischen Gemeinschaft in Palästina entwickelte sich ein weiterer entscheidender Trend – der stark elitäre ideologische Zug, der die Erreichung einer neuen Gesellschaft durch die Verwirklichung eines ideologischen Programms anstrebte.

Hierin ähnelte Israel einigen revolutionären Gesellschaften wie etwa der UdSSR, Jugoslawien oder Mexiko, die versuchten, relativ traditionale Gesellschaften nach einer spezifisch modernen Vorlage zu formen. Doch die innerhalb der zionistischen Bewegung entwickelten Ideologien enthielten mannigfaltigere und verschiedenartigere Elemente als diejenigen von geschlossenen religiösen Sekten oder von revolutionären politischen Bewegungen. Diese ideologische Mannigfaltigkeit wurde beträchtlich verstärkt durch das Nebeneinanderbestehen vieler verschiedener Gruppen innerhalb der föderativen Struktur der jüdischen Gemeinschaft in Palästina, und diese schufen neue institutionelle Kerne mit Orientierungen zu allgemeineren, stärker universalistischen, kulturellen und sozialen Werten hin.

Die israelische Gesellschaft teilte auch viele Züge und Probleme mit anderen Ländern, die eine Einwanderung großen Maßstabs aufwiesen. Sie mußte sich mit kontinuierlichen Einwandererwellen und mit ihrer Eingliederung in ihren entstehenden institutionellen Rahmen befassen. Aber sie entwickelte auch eigene spezifische Merkmale, die in den grundlegenden Motivationen und Orientierungen der Einwanderer und in ihrer starken Betonung nationaler und sozialer Ziele wurzelten.

Wie bereits ausgeführt, waren der israelischen Gesellschaft auch viele Elemente und Probleme eigen, die denen anderer Entwicklungsländer ähnelten. Eine solche Ähnlichkeit konnte auch mit der Errichtung eines neuen politischen Gebildes durch die Elite einer Kolonialherrschaft und die hieraus folgende Umwandlung dieser Elite in eine herrschende Klasse festgestellt werden. Es zeichnen sich aber einige wichtige Unterschiede ab.

Anders als in vielen zeitgenössischen Entwicklungsgesellschaften wurde in Israel der anfängliche institutionelle Rahmen von modernen Eliten und nach modernen Grundsätzen begründet. Diese Eliten verfügten über einen großen Bestand von gebildeten Menschen, die durch Ideologie, Anschauung oder Glauben auf die Schaffung einer modernen Gesellschaft festgelegt waren. Die traditionalen Elemente wurden in diesen Rahmen erst viel später aufgenommen, und der Prozeß ihrer Modernisierung war schneller und intensiver als in vielen anderen erst kürzlich zur Unabhängigkeit gelangten Entwicklungsländern. Außerdem – und auch dies wieder anders als in den meisten neuen Staaten – schuf die Erreichung der Unabhängigkeit keinen scharfen Bruch mit der Vergangenheit, da die jüdische Gemeinschaft in Palästina und die zionistische Bewegung bereits zahlreiche politische, administrative und wirtschaftliche Organisationen entwickelt hatten. Das Gewicht des politischen Bereichs war daher viel geringer.

Israel, die Vereinigten Staaten und die UdSSR – Vergleich ihrer Modernität

Die Kombination der oben aufgezählten Merkmale war fast einzigartig, wie sich aus einem Vergleich mit den beiden wichtigsten Industriegesellschaften zeigen läßt: der Siedlung der Puritaner in den Vereinigten Staaten und der ideologisch orientierten politischen Revolution in der UdSSR.

Einige auffallende Ähnlichkeiten mit diesen Gesellschaften, wie etwa Siedlung durch sektiererische Gruppen in den amerikanischen Kolonien und der starke sozialideologische Nachdruck in Rußland, dürften nicht die wichtigen Unterschiede herabsetzen. Bezüglich der Vereinigten Staaten bestanden natürlich die offensichtlichen Unterschiede in der äußeren Umgebung – die Unterschiede zwischen einem ausgedehnten, spärlich bevölkerten, potentiell offenen Kontinent und einem kleinen, öden, dichtbevölkerten Land, umgeben von anderen Ländern, die den Siedlungsbestrebungen bald feindlich gegenüberstanden und auf diese Weise sofort Sicherheitsprobleme und -erwägungen in die Entwicklung der neuen Gesellschaft einführten.

Doch darüber hinaus gab es auch einige wichtige Unterschiede zwischen den Puritanergruppen und den zionistischen und sozialistischen Pioniersekten. Diese waren – im Unterschied zu den ersteren – meist weltlich, und ihre erfinderischen oder revolutionären Gaben traten nicht gerade auf religiösem Gebiet hervor. Sah sich also die amerikanische Gesellschaft einer kontinuierlichen Säkularisation gegenüber, die zu ihren ursprünglichen religiösen Wertvorstellungen in Verbindung gebracht werden mußte, so war die israelische Gesellschaft fast vor die entgegengesetzten Probleme gestellt. Sie mußte ihre totalistischen weltlichen Ideologien in ein Wertsystem einer differenzierteren und zum Teil de-ideologisierten Gesellschaft umwandeln und sah sich später der Möglichkeit einer Zersetzung dieser Werte durch viele Faktoren – unter ihnen den zunehmenden Kampfgeist der neuerlich wachsenden nicht-zionistischen religiösen Gruppen – gegenüber. Auf sozialem und wirtschaftlichem Gebiet bestand der große Unterschied zwischen den kollektiven Orientierungen und Organisationsformen der vorwiegend zionistischen Gruppen und dem stärker individualistischen Akzent und der individuellen Rekrutierung der amerikanischen Pioniere.

Weiterhin besteht ein großer Unterschied in der Entwicklung und Ausdehnung über die Anfangsphase hinaus. Obgleich es sich in beiden Fällen um Gesellschaften handelt, die Wellen von Einwanderern absorbieren mußten, deren soziale Einstellungen sich von denen der ersten Siedler unterschieden, bestanden grundsätzliche Unterschiede in diesen Problemen und dem Rahmen, in dem sie sich abwickelten. In Amerika war die hauptsächliche gemeinsame Motivation der Neueinwanderer – besonders in der zweiten Hälfte des neunzehnten und zu Beginn des zwanzigsten Jahrhunderts – die Erreichung persönlicher Sicherheit und wirtschaftlichen Fortkommens, wohingegen sie in Israel mehr auf einer gemeinsamen nationalen Orientierung beruhte. Daher wurden in Israel einige der Unterschiede zwischen den neueren traditionalen Einwanderergruppen und den ursprünglichen Siedlern, mochten sie auch kleiner sein als in den Vereinigten Staaten, als von entscheidenderer Bedeutung für die Einheit der Nation angesehen.

Die Unterschiede gegenüber der UdSSR sind noch auffälliger. Zu den Unterschieden im Maßstab und der relativen Rückständigkeit der russischen Gesellschaft trat noch die Tatsache, daß in Rußland die Versuche zur Formung der Gesellschaft nach einer ideologischen Formel von einer sehr geeinten und festorganisierten Elite nach der Revolution und nach der Errichtung des neuen politischen Rahmens unternommen wurden; und daher verstrickten sich dort die Ideologen in der Aufstellung und Aufrechterhaltung eines totalitären Regimes, dem an schneller Industrialisierung eines relativ rückständigen Landes gelegen war.

In der jüdischen Gemeinschaft in Palästina und im Staate Israel erfolgten die Versuche zur Verwirklichung der Ideologie lange vor der Begründung eines einheitlichen politischen Rahmens und betrafen hauptsächlich wirtschaftliche und soziale Gebiete sowie das Siedlungswesen. Die Staatsgründung setzte diesen Prozeß selektiver Institutionalisierung in einer pluralistischen Umgebung fort und schwächte die Wirksamkeit monolithischer Elemente in der ideologischen Orientierung der Elite. Diese Versuche fanden nicht nur in einer pluralistisch-konstitutionellen Umgebung statt, sondern paradoxerweise ließ die Betonung der Pioniersideologie auch Ansprüche auf politischen Einfluß seitens einiger der älteren Pioniergruppen im Gegensatz zu denjenigen des Staates aufkommen, und auf diese Weise wurden die pluralistischen Tendenzen verstärkt. Außerdem waren diese Gruppen verhältnismäßig erfolgreich in der Absorbierung neuer Elemente, die nicht, wie in Rußland, durch Anwendung von Zwang in den neuen zentralen Rahmen eingefügt werden mußten.

Ablauf und Probleme des neuen Entwicklungsstadiums in Israel

Die Unterschiede zwischen den obenerwähnten Gesellschaften und der jüdischen Gemeinschaft in Palästina lassen die spezifischen strukturellen Merkmale der letzteren hervortreten. Sie helfen, die mannigfachen Probleme, denen sich diese Gemeinschaft in dem neuen Stadium ihrer Entwicklung, als der Staat Israel gegründet wurde, gegenübersah, und die Art und Weise, wie sie diese Probleme anpackte, zu beleuchten. In diesem Stadium wurde die Wachstumsfähigkeit der jüdischen Gemeinschaft auf eine schwere Probe gestellt: sie mußte ihre Fähigkeit beweisen, neue Elemente zu absorbieren und neue Arten von Problemen zu bewältigen.

Diese Probleme entwickelten sich aus drei allgemeinen Tendenzen, die die strukturelle Umformung der israelischen Gesellschaft herbeiführten und gewissermaßen das neue Entwicklungsstadium oder die Modernisierung einleiteten.

Die erste war die zunehmende Differenzierung und Spezialisierung auf allen wichtigen Gebieten der Gesellschaft, doch insbesondere auf beruflichem und wirtschaftlichem Gebiet. Sie erreichte ihren Höhepunkt in der »Situation einer Unwiderruflichkeit« in der beruflichen Mobilität – einer Entwicklung, die in gewissem Grade der ursprünglichen Pioniersideologie entgegengesetzt war.

Die zweite Tendenz war die mit der Staatsgründung zusammenhängende Umformung der Elite zu einer herrschenden Gruppe und die daraus folgenden Veränderungen in der strukturellen Einreihung und Orientierung aller anderen wichtigen Gruppen.

An dritter Stelle stand der Einstrom von Neueinwanderern in großem Maßstab, der eine der Hauptquellen für die zunehmende Expansion und Differenzierung der israelischen sozialen Struktur darstellte, aber auch einige der schwersten Probleme für die israelische Gesellschaft mit sich brachte. Hier entwickelten sich Gefahren einer Senkung des Niveaus wirtschaftlicher, technischer und kultureller Leistung und die Möglichkeit der Entstehung einer ganzen Skala von neuen sozialen und kulturellen Spannungen und Konflikten, die zu einer möglichen Spaltung zwischen »Orientalen« und »Okzidentalen« und somit zu einer Schaffung von »zwei Nationen« in Israel führen konnten.

Diese drei zusammenfallenden Tendenzen unterstreichen das Problem des Ausmaßes, in dem die bestehenden Eliten und die »Mitte« imstande sind, die neue erweiterte »Peripherie« in den Rahmen der grundlegenden Institutionen und Symbole aufzusaugen.

Wie in allen anderen modernen oder im Prozeß der Modernisierung befindlichen Gesellschaften, die in ein neues Entwicklungsstadium eintreten oder sich vor neue Probleme gestellt sehen, konnten die Versuche zur Lösung dieser Probleme sich entweder in einer Weise, die das weitere Wachstum der Gesellschaft sichert, oder in einer eher stagnierenden und konfliktgeladenen Richtung entwickeln.

In Israel basierte jede dieser möglichen Entwicklungen auf einer gewissen Verbindung der älteren Ideologien und Institutionen mit neuen Orientierungen und Organisationen.

Dieses Zusammentreffen schuf mannigfache Möglichkeiten, neue, allgemeine, universalistische kulturelle Orientierungen und Schemata sozialer Organisationen zu entwickeln und diejenigen organisatorischen und institutionellen Kerne, die die Träger derartiger Orientierungen waren, in die seit der Staatsgründung entwickelten neuen Organisationen zu integrieren. Umgekehrt konnte eine stärkere Betonung der partikularistischen und vorgegebenen Gebilde entstehen und so die in der Gesellschaft vorhandenen Tendenzen zur Stagnation verstärken und zu der möglichen Niveausenkung sozialer, wirtschaftlicher und kultureller Betätigung beitragen.

Eine Verstärkung derartiger Stagnationstendenzen konnte durch die Umformung vieler sozialer Bewegungen zu engeren Interessengruppen erfolgen, durch die Entwicklung einschränkender Orientierungen innerhalb der Gruppen aus den »älteren« Bewegungen (der Siedlungen, der Histadruth, der politischen Parteien) und durch die Entstehung derartiger Orientierungen in mehreren neuen Sektoren der Gesellschaft, wie etwa den neuen ethnischen und religiösen Gruppen und den diversen Berufsorganisationen.

In den folgenden Abschnitten werden wir kurz die hauptsächlichen Weisen aufzeigen, in denen sich neue Probleme – und diverse Versuche, ihnen zu begegnen – auf den wichtigsten Gebieten der israelischen Gesellschaft entwickelten, beginnend mit demjenigen Gebiet, auf dem diese Probleme gewissermaßen am sichtbarsten sind – nämlich dem politischen.

Probleme auf politischem Gebiet

Ganz allgemein waren die Probleme, vor die die israelische politische Elite sich gestellt sah, denen ähnlich, die sich in anderen modernen oder im Prozeß der Modernisierung befindlichen Gesellschaften entwickelten.

In jedem neuen Stadium der Entwicklung oder Modernisierung erzeugen neue, bis dahin politisch relativ inaktive Gruppen Probleme dadurch, daß sie Forderungen stellen, die eine Neudefinition leitender Prinzipien der politischen Arbeit, Institutionen und Maßnahmen sowie eine Neufestsetzung der Mitte der Gesellschaft notwendig machen. Das erfordert stets auch eine Neuformulierung von Problemen und Dilemmas bezüglich politischer Freiheit und verursacht Spannungen zwischen Legitimität und Leistungsfähigkeit der politischen Ordnung.

Die neue Mitte muß dem Problem ins Auge sehen, in welchem Ausmaß sie dem Druck verschiedener Gruppen widerstehen kann, um in der Lage zu sein, einen lebensfähigen institutionellen Rahmen und neue Prinzipien der Politik oder der politischen Betätigung zu schaffen, ohne gleichzeitig alle wirksame Macht und Legitimation zu monopolisieren und dadurch die Beteiligung der breiteren Gruppen an ihrer Bildung und Arbeit zu verhindern oder einzuschränken.

Oft können diese beiden Möglichkeiten sich in paradoxer Weise verbinden und dadurch sowohl die Leistungsfähigkeit der neuen Elite als auch die verantwortliche Beteiligung der neuen Gruppen an dem neuen komplexen und differenzierten politischen Milieu auf ein Minimum herabsetzen.

Die Fähigkeit der Eliten, eine neue Mitte zu schaffen und sowohl ihre Leistungsfähigkeit als auch ihre Legitimität zu erhalten, hängt in der Regel in nicht geringem Maße von der inneren Kohäsion und den Beziehungen zwischen den alten und neuen Gruppen ab.

Zwar entstehen derartige Probleme in allen Fällen des Übergangs von einem Stadium der Modernisierung zu einem andern, doch treten in jeder modernen Gesellschaft spezifische Züge in Erscheinung.

Das israelische soziale und politische System sah sich vor dem entscheidenden Problem der Aufstellung und Aufrechterhaltung einer wirksamen und legitimen Herrschaft in dem aus dem pluralistischen Gefüge von »vorstaatlichen« Institutionen, Bewegungen und Organisationen hervorgegangenen Staat. Die Legitimation des neuen Staates wurde zu einem wichtigen Problem, das sich in seinen Extremen von der Forderung nach totaler Identifikation mit seinen kollektiven Zielen bis zu der Vorstellung erstreckte, daß der Staat lediglich andere Gruppen oder Sektoren mit Vorteilen versorge. Die Entwicklung und Legitimation neuer lebensfähiger und elastischer politischer Institutionen wurde dadurch stark behindert.

Dieses Problem wurde weiterhin verschärft durch eine Tendenz, die sich auch in vielen neuen oder fundierten, wohlhabenden oder Wohlfahrtsgesellschaften des Westens oder der britischen Dominions findet: nämlich die Umformung von Arbeiterbewegungen zu Interessengruppen im Zusammenhang mit der zunehmenden Bedeutung administrativer Verbote, Bestimmungen und Verhandlungsprozeduren im politischen Gesamtablauf.

Daraus resultierte eine etwas paradoxe Situation. Zwar hatte die Tendenz einer Zentralisierung der Führung den Erfolg, die Autonomie anderer Machtzentren zu reduzieren, doch die Stärke dieser Zentren als »Pressure Groups« erhöhte sich beträchtlich und stellte so oft die Fähigkeit der Führerschaft, wirksame Maßnahmen anläßlich neuer Situationen und Probleme zu treffen, auf die Probe.

Zwei Faktoren trugen zum Anwachsen eines derartigen Drucks auf die politische Führerschaft und ihre mögliche Unfähigkeit, neue, folgerichtige Maßnahmen zu treffen, bei.

Der eine war die halbideologische Legitimation von Forderungen, die in Begriffen älterer, föderativer Werte und Abmachungen gestellt wurden. Das schwächte oft die Einigkeit der Führerschaft, ohne notwendigerweise die Entwicklung anpassungsfähiger oder schöpferischer Machtzentren oder einer realistischeren Auffassung von der Gesellschaft zu erleichtern.

Der zweite Faktor war die verhältnismäßig gelungene anfängliche Absorption der vielen Neueinwanderergruppen – eine Tatsache, die zu verstärkten Forderungen an die herrschenden Gruppen und zu einer potentiellen politischen Abhängigkeit der Führer des Landes von diesen Gruppen führte.

Diese Probleme konzentrierten sich, wie wir sahen, in der herrschenden Partei, Map<u>a</u>i, die diese Stellung durch ihre Mehrheit in der Histadr<u>u</u>th und ihren Rang in der Regierung erreicht hatte.

Map<u>a</u>i und das israelische politische System standen vor dem Problem, die wachsenden neuen Kräfte zu absorbieren und dabei die Kohäsion und Solidarität zwischen neuen technischen, bürokratischen und fachberuflichen Gruppen und der weniger klar abgegrenzten politischen Führerschaft sowie zwischen den verschiedenen Staffeln und Gruppen politischer Führer aufrechtzuerhalten. Diese Probleme berührten die anderen Parteien, indem sie sie zwangen, genügend Druck auf die herrschende Partei auszuüben, damit sie auf neue Probleme einging.

Diese Entwicklungen und Probleme tendierten dazu, nicht nur in der politischen Mitte akut zu werden, sondern auch an der breiteren Peripherie, an der sich ständig neue Machtkonzentrationen und neue Spaltungen mit sehr starken Auswirkungen auf die Mitte selbst entwickelten.

Vielleicht die wichtigste dieser potentiellen Spaltungen war die zwischen »alten« und »neuen« Einwanderern, zwischen den »orientalischen« Gruppen und der »europäischen« Mitte und ihren Gruppen. Hier sah sich die politische Mitte vor dem Problem, ob sie imstande sein würde, neue schöpferische Gebilde zu entwickeln, die diesen mannigfachen Gruppen gemeinsam sein und sie alle umfassen könnten, oder ob sich eine dauernde Spaltung zwischen ihnen entwickeln würde, die zu politischen Ausbrüchen, Konflikten und Zusammenbrüchen einerseits und/oder zu politischer Stagnation und im Gefolge hiermit zu einer Senkung der Leistungsfähigkeit und Legitimation des politischen Systems andererseits führen würde.

Die Auswirkungen der oben analysierten Probleme und Entwicklungen machten sich auf allen wichtigen Gebieten der israelischen Gesellschaft fühlbar – auf wirtschaftlichem Gebiet, im Bildungswesen, in der sozialen Organisation – und auf allen diesen Gebieten unternahm die Elite mannigfache Versuche, mit ihnen fertig zu werden.

Wie wir oben sahen, erfolgte die Inangriffnahme dieser Probleme zuerst durch die stetige physische Erweiterung des grundlegenden institutionellen Rahmens, durch die Vervielfältigung und Aufteilung seiner hauptsächlichen sozialen Organisationen und durch die Aufsaugung neuer Gruppen in diesen Rahmen.

Wenn auch mehrere grundlegende Züge dieser Organisationen durch die drei oben dargelegten Prozesse umgestaltet wurden, so blieben doch einige der hervorstechenden strukturellen Merkmale bestehen. Zu diesen gehörte die Tendenz zu monolithischen Organisationen, in die kleinere, stärker spezialisierte Einheiten eingefügt werden konnten, und zu zentralisierter Fassung von Entscheidungen, wie im Wirken von Regierung und Histadruth offenkundig wurde.

Die Tunlichkeit der Benutzung dieses Rahmens und der vorhandenen Strukturen in der neuen Situation wurde jedoch durch das Auftauchen neuer Probleme auf eine schwere Probe gestellt, und ebenso die Fähigkeit der Elite, die neuen sich in der israelischen Gesellschaft entwickelnden Probleme zu lösen.

Oft untergruben, wie wir sahen, die von der Elite entwickelten Maßnahmen unbeabsichtigt die Existenz- und Arbeitsbedingungen dieser spezifischen Organisationen und stellten die Fähigkeit der Elite, die neuen Probleme zu bewältigen, in Frage – doch gleichzeitig eröffneten sie Möglichkeiten zu neuen Entwicklungen.

Die hauptsächlichen Wirtschaftsprobleme

Auf wirtschaftlichem Gebiet entwickelten sich viele Schwierigkeiten beim Übergang von einem wirtschaftlichen Niveau zu einem andern, insbesondere von einer Wirtschaft, in der der Hauptakzent auf der Aufbringung und Investierung von Kapital zwecks physischer Expansion lag, zu einer Wirtschaft, in der große Investitionen auf die technologische Entwicklung verwendet werden müssen.

Die soziale und wirtschaftliche Struktur der jüdischen Gemeinschaft in Palästina war ursprünglich auf die kontinuierliche physische Expansion von Landwirtschaft und Industrie, sowie auf die Aufbringung und Investierung von Kapital durch kollektive und private Kanäle eingestellt.

Der Zustrom neuer Einwanderer aus Gesellschaften mit niedrigem Bildungs- und technologischem Niveau und die innere Dynamik der Wirtschaft mit ihrem Drang nach höheren Lebensstandards gaben den Anstoß zu der wachsenden Differenzierung und Spezialisierung auf beruflichem und wirtschaftlichem Gebiet. Hieraus folgten die Begründung neuer Unternehmungen und die stetige physische Ausdehnung der Wirtschaft.

In diesem Rahmen stellte die von der Histadruth gewährte partielle soziale Sicherheit eine wichtige Erleichterung bei der anfänglichen Absorption der Einwandererarbeitskraft sowohl in der Landwirtschaft als auch in der Industrie dar, in einem Ausmaß, das wahrscheinlich ohne Parallele in den meisten anderen Entwicklungsländern ist.

Aber diese Maßnahmen reichten nicht aus, um die Erreichung eines neuen Niveaus wirtschaftlicher und technologischer Entwicklung zu sichern, und die Fähigkeit der Elite, sich mit den Problemen einer stetigen Wirtschaftsentwicklung und Differenzierung auseinanderzusetzen, wurde auf eine schwere Probe gestellt.

Die Probleme und Schwierigkeiten entwickelten sich auf zwei Ebenen. Auf der zentralen politischen Ebene wurden sie sichtbar in den vom Staat unternommenen Versuchen, die Gesamtkontrolle über die hauptsächlichen Wachstums- und Entwicklungsprozesse zu behalten und dabei gleichzeitig alle verfügbaren Unternehmergruppen zu benutzen, um die physische Expansion der Wirtschaft zu sichern.

Das verursachte die paradoxe Entwicklung eines starken Aufwallens der Spekulation sowohl im Privatsektor als auch im öffentlichen Sektor und daraus folgend die Versuche seitens der Elite, die Symptome (wie etwa den demonstrativen Konsum), nicht aber die tieferen Ursachen dieser Spekulation zu kontrollieren. Es verursachte auch große Schwierigkeiten, den wachsenden Konsum einzudämmen und die israelische Wirtschaft auf ein technologisches Niveau zu bringen, das ihr Konkurrenzfähigkeit auf dem internationalen Markt sichern könnte.

Auf der Sektorenebene wurzelten die Haupthindernisse zu struktureller Umformung in dem Konservatismus vieler Gewerkschaften, die den englischen ähnelten und nicht die Elastizität der schwedischen Gewerkschaften hatten. Dieser Konservatismus bildete ein Hindernis für die Mobilität der Arbeitskraft und den Fortschritt zu höheren Niveaus technischer und beruflicher Tauglichkeit.

In ähnlicher Weise tendierte die Politik der Regierung zur Entmutigung der Entwicklung eines höheren wirtschaftlichen Spezialisierungsniveaus und relativ neuer Arten von Unternehmern, die unabhängig sein würden von dem Schutz, den ihnen staatliche Subventionen und Zollpolitik am inneren Markt gewährten.

Hier sind auch manche Entwicklungen zu verzeichnen, die eine mögliche Verschwendung von für die wirtschaftliche Entwicklung benötigten Mitteln verursachten. Sie standen im Zusammenhang mit einer stark politisierten Wählerschaft, die einen stetigen Druck zur Steigerung des Konsums ausübte.

Im Gegensatz zu den älteren nichtspezialisierten Rollen, die den Anspruch erhoben, die einzigen legitimen Träger solcher allgemeineren Orientierungen zu sein, wurde es auf all diesen Gebieten entscheidend wichtig, neue oder differenzierte Berufsrollen zu finden und die mehr technischen Aspekte derartiger Rollen mit allgemeinen kollektiven und Wertorientierungen zu verbinden.

Hier wurde auch das Problem der Angemessenheit des Bildungssystems sehr akut, da für die Bedürfnisse einer vielseitigen sozialen Struktur und für eine höhere technische Entwicklung Sorge getragen werden mußte.

Wie in anderen Ländern mit einer starken Tradition in humanistischer, elitärer

Bildung bestand die Tendenz zur Entwicklung eines homogenen Bildungssystems, das eine vorwiegend humanistische Bildung mit relativ wenig Varianten bot. Das schuf eine gewisse Starrheit in bezug auf technologische und fachliche Orientierung und akzentuierte die Notwendigkeit, Wege zu finden, um allgemeine kulturelle Werte mit stärker spezialisierten Aufgaben zu verbinden, bei Ablehnung sowohl eines starren Festhaltens an der allgemeinen Orientierung der vorangegangenen Zeit als auch eines wahllos nur auf die wechselnden, spezialisierten technischen Bedürfnisse eingestellten Systems.

Verstärkt durch die Überbetonung des öffentlichen Dienstes und die Expansion akademischer Bildungsmöglichkeiten konnte dieser Trend zu einer Starrheit des Bildungssystem, zu zunehmenden Engpässen in ihm und zu der möglichen Senkung allgemeiner Bildungsnormen beitragen.

Er half indes auch bei einer Kristallisation der dynamischeren Entwicklungsmöglichkeiten und der Begründung neuer Zentren potentiell schöpferischen Wirkens, insbesondere auf kulturellem, wissenschaftlichem, beruflichem und technologischem Gebiet.

Wandel und Probleme in der sozialen Organisation

Ähnliche Probleme und Dilemmas entstanden auch auf dem allgemeineren Gebiet der sozialen Organisation und Schichtung. Eine zunehmende Differenzierung veränderte die israelische soziale Organisation von Grund auf, vernichtete die relative Gleichheit verschiedener beruflicher Positionen und störte die Statushomogenität. Sie veränderte auch die Grundlagen der Erreichbarkeit verschiedener neuer – und insbesondere höherer – beruflicher Stellungen und schuf neue Spaltungen und Spannungen im Zusammenhang mit diesen Zugangswegen.

Wie in den meisten anderen Ländern unterstrich die verstärkte Bedeutung schulmäßiger Leistungen die Probleme der differenzierten Zulassung zu Bildungsmöglichkeiten und -institutionen.

Die Einführung der allgemeinen Schulpflicht führte zur Absorption von Schichtgruppen, die die sozialen Orientierungen der Urheber des Systems nicht teilten. In diesem Stadium wurde das Bildungssystem zu einem wichtigen Werkzeug der beruflichen Auswahl.

Der entscheidendste Aspekt dieser Probleme war in Israel der »ethnische«, das heißt das Problem der sogenannten orientalischen Gruppen.

Das Problem der möglichen Spaltung zwischen den neuen orientalischen Gruppen und den europäischen Alteingesessenen wurde in allen Bereichen der sozialen Organisation sehr wichtig. Das zeigt sich hauptsächlich in der Tatsache, daß die orientalischen Gruppen dazu tendierten, sich in den niedrigeren Berufs- und Bildungsstaffeln zu konzentrieren. Sowohl das Wirtschafts- als auch das Bildungssystem, die in den ersten Absorptionsstadien großen Erfolg aufwiesen, waren viel weniger erfolgreich im Auffinden von Wegen, um sich über diese Unterscheidung hinwegzusetzen und neue Spezialisierungsniveaus und neue organisatorische Gebilde zu schaffen, die für Alte und Neue, Orientalen und Europäer, gleiche Gültigkeit hätten.

Mit der Möglichkeit, daß ihre Zurücksetzung infolge fortgesetzten Versagens im Bereich des Bildungswesens zum Dauerzustand würde, entwickelte sich in diesen

Gruppen ein Frustrationsgefühl – und zwar nicht am wenigsten in ihren erfolgreicheren mittleren Staffeln.

Dieses Problem ähnelte in gewissem Grade dem Anpassungsproblem traditionaler Gruppen in anderen Entwicklungsgesellschaften an moderne Bildungs- und Berufsaufgaben. Doch in Israel wurde die Schärfe dieses Problems unterstrichen durch den großen Anfangserfolg (im Vergleich zu anderen unterentwickelten oder Einwanderungsgemeinschaften) bei der Absorption traditionaler Gruppen in moderne Umgebungen und durch die gesamte Einstellung der Gesellschaft, die die Verpflichtung zu ihrer vollen Integration und zur Schaffung einer gemeinsamen Nation empfand.

Die Suche nach Lösungen für diese Probleme entwickelte sich, ebenso wie in anderen Gesellschaften, in zwei verschiedenen Richtungen – in Richtung auf zunehmende Elastizität und Ausweitung in der sozialen und wirtschaftlichen Struktur einerseits und auf unlösbare Spannungen und Stagnation andererseits.

Die mehr wachstumsfördernden Maßnahmen standen im Zusammenhang mit der Entwicklung neuer spezialisierter, universalistisch orientierter und organisierter sozialer, pädagogischer und wirtschaftlicher Unternehmungen und Einrichtungen, die die Tendenz aufwiesen, sich über die Unterschiede in den sozialen und ethnischen Gruppen hinwegzusetzen. Die mehr in Richtung auf Stagnation gehenden Möglichkeiten standen in Verbindung mit dem Fortbestehenlassen vorhandener Einrichtungen, in denen das Hervortreten der Unterschiede zwischen diesen Gruppen stärker wurde und gleichzeitig eine Symbolisierung dieser Unterschiede erfolgte. Dies hinwiederum führte zu Versuchen, diese Probleme nicht dadurch zu bewältigen, daß man den relativ zurückgesetzten Gruppen dazu verhalf, die notwendigen Fähigkeiten zu erwerben, um in diversen (alten oder neuen) universalistischen Rahmen etwas zu leisten, sondern hauptsächlich dadurch, daß man die Zugehörigkeit zu gewissen partikularistischen – politischen, ethnischen oder religiösen – Sektoren der Gesellschaft zum Hauptkriterium für die Zulassung zu verschiedenen Positionen und den damit verbundenen Einkünften machte.

Auswirkungen auf Werte und Ideologien und die Kontinuität der israelischen Identität

Alle diese Probleme, so bezeichnend sie für die Fähigkeit der israelischen Gesellschaft waren, sich mit der Ausweitung ihrer Peripherie und mit den Problemen eines neuen Stadiums der Entwicklung oder Modernisierung auseinanderzusetzen, standen in sehr enger Verbindung mit der Umformung des Idealbildes vom Pionier.

Dieses Idealbild verband, wie wir sahen, Askese mit einem In-dieser-Welt-Stehen und einigen allgemeineren, potentiell transzendentalen Eigenschaften, die über jede konkrete Situation und Umgebung hinausreichten. Es enthielt jedoch auch andere, mehr zu Stagnation neigende Orientierungen. Hierin ähnelte es den mit der berühmten protestantischen Ethik verbundenen ideologischen und religiösen Orientierungen und auch vielen anderen ideologischen Orientierungen moderner oder im Begriff der Modernisierung befindlicher Länder.

Auch hier, wie in vielen dieser Fälle, bekundete die anfängliche Ideologie stark totalistische und restriktive Orientierungen, die – wie im Falle der protestantischen Ethik – ursprünglich durch die Institutionalisierung der religiösen oder Pioniergruppen in der allgemeineren sozialen Umgebung auf ein Minimum reduziert und umgeformt wurden.

Aber, ebenso wie in anderen Fällen, konnten hier die eher restriktiven und zu Stagnation führenden Orientierungen in späteren Entwicklungsstadien wieder auftreten oder sich verstärken – insbesondere wenn sie in diverse institutionelle Strukturen eingebettet wurden, die die Tendenz hatten, zu Mittelpunkten etablierter Interessen zu werden und die angemessene Wahrnehmung neuer Probleme einzuschränken und zu behindern.

Da die Anfangsphase der Modernisierung der jüdischen Gemeinschaft in Palästina eine stark ideologische Betonung entwickelte, bezog sich diese Umformung großenteils auf den Übergang von vorwiegend ideologischen Zielen zu konkreten, mannigfaltigeren und realistischeren Zielen, wobei allerdings noch die Bindung an allgemeinere Werte und kollektive Verantwortung bestehen blieb.

In diesem Kontext drehte sich also die Kontinuität des israelischen Wachstums um die Umformung des Idealbildes vom Pionier und der ursprünglichen Symbole seiner kollektiven Identität.

Es wurden viele Versuche unternommen, die konkreten Elemente dieses Pionierbildes neu zu definieren. Bezeichnend ist, daß verschiedene Gruppen die Behauptung aufstellten, spezifische neue Aufgaben und Betätigungen enthielten gewisse Elemente der kollektiven Verpflichtungen des Pioniers. Hierbei handelte es sich um Versuche, derartige Verpflichtungen in der neuen Umgebung aufrechtzuerhalten, auch wenn diese Behauptungen dazu beitrugen, die Idealvorstellung vom Pionier zu verändern und sie unklarer zu machen.

Zur gleichen Zeit entwickelte sich die Möglichkeit der Ausbreitung einer amorphen Massenkultur, und das mögliche Wiederaufleben eines sogenannten Levantinismus und Provinzialismus konnte den allgemeineren kulturellen und sozialen Gesichtskreis beträchtlich schwächen und seine institutionellen Grundlagen und Kerne zersetzen. Das konnte augenfällig werden durch verminderte Ausrichtung nach anderen westlichen Kulturzentren hin, durch Verlust des Kontakts mit anderen jüdischen Gemeinschaften und dementsprechend durch eine Zunahme der engen provinziellen Identität und ein Anwachsen von lediglich als Mittel zu Kollektivverpflichtungen dienenden Orientierungen.

Dilemmas und Probleme in ähnlichem Umfang entwickelten sich um die Symbole der kollektiven Identität herum in bezug auf die Möglichkeit der Absorption neuer Elemente, Traditionen und Orientierungen durch den zentralen symbolischen Bereich der Gesellschaft. Hier entstanden mehrere potentielle Konfliktgebiete, die sehr leicht zu Trennungen führen konnten.

Das erste von ihnen lag im Bereich der weltlich-religiösen Beziehungen. Der Konflikt in diesem Bereich hat sich in letzter Zeit intensiviert, und die wachsende Kampfbereitschaft der religiösen Gruppen kann sehr wohl dazu führen, daß die Elastizität der kollektiven Identität und ihre Fähigkeit, mit modernen Problemen fertigzuwerden, eingeschränkt werden. Ein weiteres Konfliktgebiet bestand zwischen einer Überbetonung der Ideologie einerseits und einer anpassungsfähigeren Festlegung auf allgemeinere Werte andererseits.

Ein drittes Konfliktgebiet lag im »ethnischen« Bereich in der Möglichkeit einer Entstehung von »zwei Nationen«, in der Intensivierung und Symbolisierung der

Spaltung zwischen Orientalen und Europäern und in der Entwicklung dieser Spaltung zu einem wichtigen trennenden Element im Bereich der zentralen sozialen, politischen und kulturellen Symbole.

Im Gegensatz zu diesen einengenden und konfliktgeladenen Möglichkeiten finden wir auch die stetige Expansion und Umkristallisation des israelischen kollektiven Image, seine Fähigkeit, viele neue ethnische, traditionale und moderne (technische und berufliche) Elemente in sich aufzunehmen und die Zentren seines Schaffens neuen Problemen und sich wandelnden Situationen anzupassen.

Zusammenfassung

Die vorangegangenen Seiten brachten eine kurze Zusammenfassung einiger der hauptsächlichen Probleme, vor die sich die israelische Gesellschaft in ihrem gegenwärtigen Entwicklungsstadium gestellt sieht, ihre historischen und soziologischen Wurzeln sowie die verschiedenen Richtungen, in denen ihre Lösung versucht wird.

Alle diese mannigfachen Probleme tendieren dazu, in das eine Zentralproblem zusammenzulaufen, ob die israelische Gesellschaft imstande sein wird, einige ihrer hauptsächlichen Prämissen aufrechtzuerhalten und insbesondere die Erhaltung einer auf sich selbst gestellten modernen jüdischen Gesellschaft zu verbinden mit der Entwicklung einer sozial und kulturell schöpferischen Leistung, die einige Bedeutsamkeit über ihre eigenen Grenzen hinaus aufweist.

Wir sahen, daß viele der Probleme weitgehend zurückzuführen sind auf ein Zusammenlaufen von Erwartungen und Forderungen schöpferischer Leistung einerseits und Entwicklungsbedingungen in einem kleinen Land mit einer Beschränkung in bezug auf Bevölkerung und Mittel andererseits.

Wie wir sahen, faßte diese Gesellschaft sich selbst als »Mitte« auf, die ihre »Peripherie« in großem Maße außerhalb ihrer selbst hat. Wenn auch die Gründung des Staates half, eine zunehmende »natürliche« innere Differenzierung zwischen Mitte und Peripherie zu entwickeln, so versuchte doch die israelische Gesellschaft beständig, ihre »zentralen« und »elitären« Merkmale aufrechtzuerhalten und damit zusammenhängend spezialisierte institutionelle Vereinbarungen, die ihre Festlegung auf die Schaffung einer kulturellen und sozialen Ordnung von allgemeinerer Bedeutsamkeit unterstreichen.

Diese Orientierungen sehen sich jedoch unweigerlich den Problemen gegenüber, die das Wachstum einer modernen, aber kleinen Gesellschaft erzeugt – die geringe Zahl ihrer Bevölkerung kann die Fähigkeit begrenzen, differenzierte spezialisierte Rollen und Betätigungen zu entwickeln und die Mittel aufzubringen, durch die derartige Rollen und Betätigungen aufrechterhalten werden könnten.

Dieses Problem wurde durch die Masseneinwanderung seit 1948 noch akuter. Sie hatte nicht nur eine ausgedehntere, sondern auch eine andersartige Peripherie zur Folge – nämlich viele Gruppen mit relativ niedrigeren bildungsmäßigen und technischen Niveaus. Ihr Druck manifestiert sich in der Entwicklung mannigfacher partikularistischer Orientierungen und Organisationen.

Diese partikularistischen Tendenzen scheinen sich aus drei Wurzeln entwickelt zu haben: Die erste war die traditionale, geschlossene, jüdisch-europäische Gesellschaft, aus der die Hälfte der alteingesessenen Bevölkerung kam. Viele ihrer Merkmale hätten in der palästinensischen Umgebung fortbestehen können, nachdem erst ihr ursprünglicher revolutionärer Eifer gemäßigt und die revolutionäre Ideologie immer mehr zur Routine geworden und institutionalisiert worden waren. Die zweite Wurzel bestand in den parallelen partikularistischen Orientierungen der Neueinwanderer, die sich in der neuen Umgebung in neue Arten von Forderungen einer politischen und sozialen Beteiligung und wirtschaftlicher Entgelte nach partikularistischen Kriterien verwandelte. Aber partikularistische Tendenzen konnten sich, drittens, auch aus den im Grunde elitären Orientierungen der eigentlichen Pioniergruppen entwickeln. Bei ihrer Verwurzelung in kleinen Sekten und sozialen Bewegungen konnten sie sich leicht in relativ enge Interessengruppen und -organisationen verwandeln, die den Anspruch aufzustellen versuchten, die einzigen Träger der der zionistischen Ideologie innewohnenden sozialen und kulturellen schöpferischen Werte des Pioniertums zu sein.

Alle diese Tendenzen konnten natürlich eine Verstärkung erfahren durch die Kleinheit des Landes und seiner Bevölkerung und durch die Versuche, in ihm eine »normale« moderne Wirtschaftsstruktur mit einer differenzierten Rollenstruktur zu errichten.

Aber diese neuen Entwicklungen konnten auch als Ausgangspunkte für neue Richtungen schöpferischer Leistung dienen. Sie konnten an die bestehende Mitte den Anspruch richten, zusammen mit den neuen Gruppen neue Wege zu finden, um mannigfache Kerne sozialer und kultureller schöpferischer Leistung mit allgemeineren universalistischen Orientierungen zu schaffen und zu versuchen, weiterhin die mannigfachen Begrenzungen zu überwinden, die in ihrer Herkunft und in ihrer Umgebung enthalten waren.

Da es infolge des Fehlens geeigneter sozialer Traditionen und Umweltbedingungen fraglich erscheint, ob die israelische Gesellschaft sich wie ein normales kleines oder mittelgroßes modernes Land entwickeln kann, werden diese Probleme für seine Zukunft noch wichtiger und entscheidender. Die israelische Gesellschaft steht jetzt in aller Schärfe vor dem Dilemma, entweder zu einer lokalen stagnierenden Struktur, der es sowohl an innerer als auch an äußerer Anziehungskraft fehlt, herabzusinken oder diese mögliche Stagnation zu überwinden durch Auffindung neuer Wege zur Entwicklung sozialer und kultureller Werte, die über ihre eigenen Grenzen hinaus von gewisser Bedeutsamkeit sind.

Darüber hinaus erhebt sich die schwerwiegende Frage nach dem Ausmaß, in dem es einer sozialen und kulturellen Tradition, die während ihrer ganzen Geschichte starke Orientierungen zu solchen allgemeineren sozialen und kulturellen Werten unterhielt, möglich sein wird, diese unter neuen Bedingungen aufrechtzuerhalten. Wie wir sahen, unterhielt diese Gesellschaft solche Orientierungen als unterdrückte oder abgesonderte Minderheit in einer traditionalreligiösen Gesellschaft und auch, als ihre Mitglieder begannen, in mannigfache Gebiete der Mehrheitsgesellschaft oder -gesellschaften im Verlauf deren Modernisierung Einlaß zu finden. Das Problem, dem sie jetzt gegenübersteht und das den größten Anspruch an sie stellt, lautet, ob sie imstande sein wird, jetzt derartige Orientierungen zu erhalten und zu entwickeln, nachdem sie nicht nur aufgehört hat, in der Situation einer Minderheit verankert zu sein, sondern auch zu einer autonomen modernen Gesellschaft umgestaltet wurde, die ihren institutionellen Rahmen und ihre institutionellen Organisationen innerhalb der Grenzen eines relativ kleinen Landes entwickeln muß.

AUSGEWÄHLTE LITERATUR

I. Grundlegende allgemeine Angaben

Bentwich, N., Israel, New York, E. Benn, 1952.
Central Bureau of Statistics, Statistical Abstract of Israel, Jerusalem, 1949–1966, Nr. 1–17.
Eretz Israel (hebr.), Encyclopedia Hebraica, Tel Aviv, Massada, 1957, Bd. 6.
Jewish Agency for Palestine, Statistical Handbook of Jewish Palestine, 1947, Jerusalem, Jewish Agency, 1947.
Ministry of Foreign Affairs, Information Department, Facts about Israel, Jerusalem, 1963.
Safran, N., The U. S. and Israel, Cambridge, Mass., Harvard University Press, 1963.

II. Historische Entwicklung und institutionelle Struktur der jüdischen Gemeinschaft in Palästina

A. Allgemein

Attias, M., Die jüdische Gemeinschaft in Palästina (hebr.), Jerusalem, Informationsabteilung des Wa'ad Le'umi, 1944.
Bein, A., The Return to the Soil, Jerusalem, The Jewish Agency, 1954.
Breslavski, M., Die jüdische Arbeiterbewegung in Palästina (hebr.), Tel Aviv, Hakibbuz Hame'uchad, 1959–1963, Bd. 1–4.
Chabas, B. und *Schochet, A.* Hrsg., Die Zweite Alijah (hebr.), Tel Aviv, Am Oved, 1947.
Eres, V. (Hrsg.), Die Dritte Alijah (hebr.), Tel Aviv, Am Oved, 1964.
Joseph, B., British Rule in Palestine, Washington, Public Affairs Press, 1948.
Katznelson, B., Gesammelte Werke (hebr.), Tel Aviv, Mapai, 1949, Bd. II.
Peel Commission, Palestine Royal Commission Report, London, 1937.
Polak, A., Die jüdische Gemeinschaft am Ende des Zweiten Weltkriegs (hebr.), Merchawia, Sifriat Poalim, 1946.
Rosenstein, Z., Geschichte der Arbeiterbewegung in Palästina (hebr.), Tel Aviv, Am Oved, 1956, Bd. I; 1966, Bd. II, III.
Ruppin, A., Thirty Years of Building the Country, Jerusalem, Shocken, 1937.

B. Grundlegendes statistisches Material über die Zeit der vorstaatlichen jüdischen Gemeinschaft in Palästina

Government of Palestine, Office of Statistics, Statistical Abstract of Palestine, Jerusalem, 1937–1943.
Gurewitsch, D., Statistisches Buch Eretz Israels (hebr.), Jerusalem, Jewish Agency for Palestine, 1930.

C. Spezifische historische Themen

Arlosorov, Ch., Jerusalemer Tagebuch (hebr.), Tel Aviv, Mapai, 1949.
Attias, M. (Hrsg.), Dokumente des Wa'ad Le'umi: 1915–1948 (hebr.), Jerusalem 1949.
Banai, J., Unbekannte Soldaten: »Lechi«-Einsatz (hebr.), herausgegeben von J. Eldad, Tel Aviv, Chug–Jedidim, 1957/58.
Ben-Gurion, D., Im Kampf (hebr.), Tel Aviv, Ajanot, 1950.

Dinur, B. u. a. (Hrsg.), Geschichte der Haganah (hebr.), Zionistische Bücherei und Ma'archot, 1954–1963, I–IV.
Gil'ad, S. (Hrsg.), Palmach (hebr.), Tel Aviv. Hakibbuz Hame'uchad, 1953.
Golomb, E., Verborgene Kraft (hebr.), Tel Aviv, Mapai, 1950.
Niv, D., Kampfhandlungen des Irgun Zwa'i Le'umi (Nationale Militärorganisation) (hebr.), Tel Aviv, Klausner-Zentrale, 1965.
Schochat, A. und *Storer, H.* (Hrsg.), Aus der Geschichte des Hapoel Hazair (hebr.), Tel Aviv, Twersky, 1935–1939 (13 Bde.).
Zemach, S., Am Anfang (hebr.), Tel Aviv, Am Oved, 1946.

D. Allgemeine Diskussionen über die Hauptprobleme zur Zeit der vorstaatlichen jüdischen Gemeinschaft in Palästina

Arlosorov, Ch., Der Klassenkampf in der palästinensischen Realität (hebr.), Arlosorovs Ausgewählte Schriften, Tel Aviv, Zionistische Bücherei und Ajanot, 1959.
Ben-Gurion, D., Von einer Klasse zur Nation (hebr.), Tel Aviv, Ajanot, 1956.
Merchawia, H. (Hrsg.), Das Volk und die nationale Heimstätte (hebr.), Jerusalem, Druckerei Halevi, 1949.
Ophir, J., Der nationalbewußte Arbeiter. Geschichte der nationalen Arbeiterbewegung in Palästina (hebr.), Tel Aviv, Exekutivausschuß der Allgemeinen Arbeiterorganisation, 1958/59.

III. Staatsgründung

A. Der historische Hintergrund zur Begründung des Staates Israel

Dunner, J., The Republic of Israel, its History and its Promise. New York, Whittlesey House, 1950.
Lehrman, H., Israel, New York, Sloane, 1951.
Sacher, H., Israel: The Establishment of a State, London, Weidenfeld, 1952.
Weingrod, A., Israel, London, Pall Mall, 1965.

B. Die hauptsächlichen Trends des demographischen Wandels

Bacchi, R., Die demographische Entwicklung Israels (hebr.), Riv'on Lekalkalah, II, 8, 1955.
Central Bureau of Statistics, The Jewish Population, 1949–1953, Jerusalem, 1957 (Sonderveröffentlichung Nr. 37).
– Statistical Abstract of Israel, Jerusalem, 1949–1965, Nr. 1–16.
Matras, J., Social Change in Israel, Chicago, Aldine Publishing, 1965.
Sikron, M., Die demographische Struktur der israelischen Bevölkerung sowie ihrer Kinder und Jugendlichen (hebr.), Megamot, VI, 2, April 1955.
– Die Einwanderung nach Israel in den Jahren 1948–1953 (hebr.), Jerusalem, Falk-Institut und Zentrales Statistisches Amt, 1957.

C. Die hauptsächlichen institutionellen Veränderungen im Übergang von der vorstaatlichen jüdischen Gemeinschaft zum Staat

Eisenstadt, S. N., The Social Structure of Israel, in *A. Ross* (Edit.), The Institutions of Advanced Societies, Minneapolis, University of Minnesota Press, 1958.
Eisenstadt, S. N., Adler, Ch., Bar-Joseph, R. und *Kahane, R.,* Die soziale Struktur Israels (hebr.), Jerusalem, Akademon, 1966.

IV. Wirtschaftsstruktur

A. Wirtschaftsentwicklungen zur Zeit der vorstaatlichen jüdischen Gemeinschaft

Horowitz, D., Die palästinensische Wirtschaft in ihrer Entwicklung (hebr.), Jerusalem, Bialik-Institut, 1948.
Hovne, A., The Labor Force in Israel, Jerusalem, Falk Project, 1961.

B. Die Entwicklung des Arbeitersektors

Breiman, S., Die allgemeine Organisation der jüdischen Arbeiter (hebr.), Encyclopedia Hebraica, Tel Aviv, Massada, 1962, Bd. 15.
Dan, H., Auf ungepflasterter Straße: Der Aufstieg von Solel Boneh (hebr.), Jerusalem, Shubin Press, 1963.
Exekutivausschuß der Allgemeinen Arbeiterorganisation, Die Arbeiterschaft, 1959–1962 (hebr.), Tel Aviv, Institut für wirtschaftliche und soziale Forschung, 1963.
Mintzner, G., Die wirtschaftliche Struktur der Allgemeinen Arbeiterorganisation (hebr.), Tel Aviv, Allgemeine Arbeiterorganisation, 1942.
Naphtali, P., Die Arbeitergesellschaft (hebr.), Tel Aviv, Ausschuß für Public Relations, 1956.
Workers' Council of Haifa, Die allgemeine Arbeiterorganisation in Haifa bis 1945 (hebr.), Haifa, 1945.
Zidrovitch, G., Die Arbeiterwirtschaft in Israel (hebr.), Tel Aviv, Am Oved, 1954.

C. Haupttendenzen der Wirtschaftsentwicklung in Israel

Bank of Israel, Bank of Israel Report, Jerusalem, 1955–1965.
– Wirtschaftsentwicklung in Israel (hebr.), Jerusalem, 1960–1964.
Central Bureau of Statistics, The Israeli Economic Scene (Monatsschrift).
– The Labour Force in Israel: Publications of the 1961 Population and Dwelling Census, Jerusalem, 1964, Teil I.
– Israel's National Income and Expenditure 1950–1962, Jerusalem, 1964 (Nr. 153 in der Serie der Sonderveröffentlichungen).
Eisenstadt, S. N., Essays on Sociological Aspects of Political and Economic Development, Den Haag, Mouton & Co., 1961.
– Israel: Traditional and Modern Social Values and Economic Development, Annals of American Academy of Political and Social Sciences, Philadelphia American Academy of Political and Social Sciences, 1956.
Ga'aton, A. L., Wirtschaftliches Wachstum in Israel in den Jahren 1948–1962 (hebr.), Riv'on Lekalkalah, Bd. II, Nr. 41–42, 1964.
Halevi, N., Estimates of Israel's International Transactions, Jerusalem, Falk Project, 1956.
Halevi, N. und *Klinov-Malul, R.,* The Development of Israeli Economy, Jerusalem, Bank of Israel Advisory Council for the Israel Economic and Sociological Research Project in co-operation with the List Institute, Basel, 1965.
Horowitz, D., Wirtschaftstheorie und -politik in Israel (hebr.), Tel Aviv, Am Oved, 1958.
– Die israelische Wirtschaft (hebr.), Tel Aviv, Massada, 1954.
– Am Ende des zweiten Jahrzehnts (hebr.), Riv'on Lekalkalah, V, 19, 1957/58.
– Struktur und Tendenz in der israelischen Wirtschaft (hebr.), Tel Aviv, Massada, 1964.
Lubeli, H., Israel's National Expenditure, 1950–1954, Jerusalem, Falk Project, 1958.
Olitzki, J. (Hrsg.), Histadruth-Jahrbuch (hebr.), Tel Aviv, Exekutivausschuß der Allgemeinen Arbeiterorganisation, 1962/63, 1963/64 und 1964/65.
Patinkin, D., Israeli Economy in the First Decade (engl. und hebr.), Jerusalem, Falk Project, 1957/58 (Bericht Nr. 14).
Rubner, A., Problems of Israel's Economy, Commentary, XXVI, 3, 1958.
Zweig, F., The Jewish Trade Union Movement in Israel, Jewish Journal of Sociology, Bd. I, 1959.

D. Probleme der verfügbaren Arbeitskraft

Ben-Baruch, Y., Changes in the Input of Manpower Quality in Israel, Jerusalem, Bericht der Bank of Israel, 1966.
Horowitz, U. und *Bonné, M.,* Entwicklung der verfügbaren Arbeitskraft in Naturwissenschaften und Technologie in Israel (hebr.), Jerusalem, Nationalrat für Forschung und Entwicklung, 1964.
Klinov-Malul, R., The Profit from Investment in Education, Jerusalem, Falk Project, 1966.

Ministry of Labour, Arbeitskraftplanungsbehörde, Manpower in Israel, Jerusalem, 1964/65 (Jahresbericht).
- Manpower Forecast. The Supply for the Years 1964–1969, Jerusalem, 1964.
- Manpower Forecast, Supply and Demand and Suggestions for a Balance from 1964–1969, Jerusalem, 1964.

E. Landwirtschaftliche Entwicklung in Israel

Ben-David, J. (Hrsg.), Agricultural Planning and Village Community in Israel, Paris, UNESCO, 1964 (Forschungsbericht XXIII über aride Zonen).
Eisenstadt, S. N., Institutional and Social Aspects of Agriculture, Vortrag über Entwicklung und Modernisierung für die Konferenz in Rechowot über umfassende Planung der Landwirtschaft in Entwicklungsländern, August 1963 (vervielfältigt).
Mundlack, Y., Supply and Demand for Agricultural Products in Israel, Jerusalem, Falk Project, 1964.
Weintraub, D. und *Lissak, M.*, Some Social Aspects of Agricultural Settlement in Israel, Ein Untersuchungsbericht, Jerusalem, Soziologieabteilung der Hebräischen Universität, 1960.
Weintraub, D., Yuchtmann, E. und *Weihl, H.*, Report on the Role of the Agricultural Produce in Cooperative Settlements, Ein Untersuchungsbericht, Jerusalem, Soziologieabteilung der Hebräischen Universität, 1962 (vervielfältigt).
Weitz, R., Eine Veränderung der Werte in unserer Landwirtschaft (hebr.), Moląd, XXI, 177–178, Mai-Juni 1963.
Weitz, R. und *Rokach, A.*, Voraussage und Beratung für die Landwirtschaft und Siedlung in Israel (hebr.), Rechowot, Landes- und Universitätsinstitut für Landwirtschaft, 1962.

F. Wirtschaftliche Absorption von Einwanderern

Bar-Joseph, R., Anpassung von Neueinwanderern an Fabrikarbeit (hebr.), Jahrbuch der Histadruth 1965–1966, Tel Aviv, 1966, Bd. II.
- Dimona – The Adaptation of Migrant Workers to Industry, Proceedings of the International Seminar on Migrant Workers in the Industry, Wiesbaden, OECO, 1963.
Cohen, E., Die ökologische Struktur einer Entwicklungsstadt (hebr.), Ein Untersuchungsbericht, Jerusalem, Soziologieabteilung der Hebräischen Universität, 1960 (vervielfältigt).
- Stadtverwaltungsausschüsse in Entwicklungsstädten (hebr.), Jerusalem, Soziologieabteilung der Hebräischen Universität und Öffentliche Kommission für Gemeinschaftsentwicklung, 1962 (vervielfältigt).
- Über das Problem der Sozialpolitik in der Planung der neuen städtischen Siedlung in Israel (hebr.), Moląd, XXII, 195–196, 1964.
Eisenstadt, S. N., Traditional and Modern Social Values and Economic Development, Annals of American Academy of Political and Social Sciences, Philadelphia, American Academy of Political and Social Sciences, 1956.
Shuval, J., Immigrants on the Threshold, Chicago, Atherton Press, 1963.
- Berufsinteressen und elterlicher Druck (hebr.), Megamot, XIII, 1, 1964.
- Occupational Interests and Sex Role Congruence, Human Relations, XVI, 2, 1963.

V. Soziale Organisation und Schichtung

A. Allgemeine Tendenzen in der Entwicklung der Schichtung in Israel

Antonovsky, A., Ideologie und Klasse in Israel (hebr.), Ammot, II, 7, 1963.
- Wünsche und Befürchtungen in Israel (hebr.), Ammot, II, 9, 1963.
Bar-Joseph, R. und *Padan, D.*, Die orientalischen Gemeinden in der israelischen Klassenstruktur (hebr.), Moląd, XXII, 195–196, 1964.
Cohen, E., Auswanderung aus Israel (hebr.), Ein Untersuchungsbericht, Jerusalem, Soziologieabteilung der Hebräischen Universität, 1959 (vervielfältigt).

– Wirtschaftliche Kontraste, wirtschaftliche Gleichheit und Lebensstandard (hebr.), Tel Aviv, Exekutivausschuß der Allgemeinen Arbeiterorganisation, 1963.
Eisenstadt, S. N., The Oriental Jews in Israel, Jewish Social Studies, Bd. XII, 1950.
– The Social Conditions of Voluntary Associations, Scripta Hierosolymitana, Bd. III, 1956.
– Sociological Aspects of the Economic Adaption of Oriental Immigrants in Israel: A Case Study in the Process of Modernization. Economic Development and Cultural Change, IV, 3, 1956.
Epstein, S., Soziale Schichtung in Israel (hebr.), Tmurot, 1962.
Frankenstein, D., Simon, A. E., Rotenstreich, N., Groll, M. und *Ben-David, J.*, Diskussion über das Problem der ethnischen Unterschiede (hebr.), Megamot, II und III, 3 und 4 (Zusammenfassung der Diskussion in Megamot, 1951, 1952).
Hanoch, G., Income Differentials in Israel, Jerusalem, Falk Project, 1959–1960, Bericht Nr. 5.
Matras, J., Some Data an Inter-Generational Occupational Mobility in Israel, Population Studies, XVIII, Nr. 2, 1963.
Ministry of Labour, Abteilung für Arbeitsbeziehungen, Survey on Work Relations and Department Activities, 1964–1965, Jerusalem, Ministry of Labour, Department of Work Relations, 1965.
– Planungsbehörde für verfügbare Arbeitskräfte, Change in Occupational Structure, Jerusalem, 1965.
Joseftal, G., Leben und Werke (hebr.), hrsg. von *S. Wurm*, Tel Aviv, Mapai Press, 1963.
Zloczower, A., Mobilitätsschemata und Statusauffassungen im städtischen israelischen Milieu (hebr.), unveröffentlichte Doktordissertation, Jerusalem, Hebräische Universität, (Konzept) 1967.

B. Entwicklungen im Kibbuz

Bar-Joseph, R., The Pattern of Early Socialization in the Collective Settlements in Israel, Human Relations, XII, 4, 1959.
Cohen, E., Arbeiterzusammenkünfte nach Arbeitszweigen im Kibbuz (hebr.), Hedim, XXVIII, 75, 1963.
– Arbeitsteilung im Kibbuz (hebr.), Ein Untersuchungsbericht, Jerusalem, Soziologieabteilung der Hebräischen Universität, 1956 (vervielfältigt).
– Formen der Institutionalisierung (hebr.), Niw Hakwuzah, II, 3, 1958.
– Kohäsion der Arbeitsgruppen im Kibbuz Arzi (hebr.), Hedim, XXVI–XXVII, 70, 1962.
– Die soziale Struktur des Arbeitsprozesses im Kibbuz des Haschomer Hazair (hebr.), Ein Untersuchungsbericht, Jerusalem, Soziologieabteilung der Hebräischen Universität, im Auftrag des Landwirtschaftsministeriums und des Verbands des Haschomer Hazair, 1964 (vervielfältigt).
– Ein Überblick über die öffentliche Betätigung in der religiösen Kibbuzbewegung (hebr.), Jerusalem, Soziologieabteilung der Hebräischen Universität und Religiöse Kibbuzbewegung, 1964 (vervielfältigt).
– Wandel in der sozialen Struktur der Arbeit im Kibbuz (hebr.), Riv'on Lekalkalah, X, 4, 1963.
– Zuteilung von Verbrauchsgütern im Kibbuz (hebr.), Ein Untersuchungsbericht, Jerusalem, Soziologieabteilung der Hebräischen Universität, 1960 (vervielfältigt).
– und *Lehman, E.*, Die Einstellung zur bezahlten Arbeit im Kibbuz des Haschomer Hazair (hebr.), Hedim, XXIX, 77, 1964.
Etzioni, A., Die organisatorische Struktur des Kibbuz (hebr.), Niw Hakwuzah, VI, 3 und 4, 1957.
– Solidarity Work Groups in Collective Settlements, Human Organization, XVI, 3, 1958.
Orlean, Ch., Der religiöse Kibbuz und seine Entwicklung (hebr.), Tel Aviv, Hakibbuz Hadati, 1946.
Peres, J., Die Generalversammlung der Mitglieder in der Kwuzah (hebr.), Ownajim, 3, 1962.
Sarell, M., Konservatismus und Neuerung in der zweiten Generation im Kibbuz (hebr.), Megamot I, 2, 1961.
– Die zweite Generation in den israelischen Kollektivsiedlungen (hebr.), Jerusalem, Soziologieabteilung der Hebräischen Universität, 1959 (vervielfältigt).

Talmon-Garber, Y., Differentiation in Collective Settlements, Scripta Hierosolymitana, III, 1955.
- The Family in Collective Settlements, Transactions of the Fifth World Congress of Sociology, IV, 1962.
- Die Familie und die berufliche Stellung der zweiten Generation in Kollektivsiedlungen (hebr.), Megamot, VIII, 4, 1957.
- The Family in a Revolutionary Movement in *M. Nimkoff* (Hrsg.), Comparative Family Systems, New York, Houghton, Mifflin & Co., 1965.
- Die Beziehung zwischen Eltern und Kindern in der Kollektivsiedlung (hebr.), Niw Hakwuzah, VIII, 1, 1959.
- Sex-Role Differentiation in an Equalitarian Society, Jerusalem, Department of Sociology, The Hebrew University, 1959 (vervielfältigt).
- Die Familie und die nächtliche Unterbringung der Kinder im Kibbuz (hebr.), Niw Hakwuzah, VIII, 1 (29), 1959.
- und *Cohen, E.,* Collective Settlements in the Negev in *Ben-David, J.* (Edit.), Agricultural Planning and Village Community in Israel, Paris, UNESCO, 1964.
- und *Stup, Z.,* Weltliche Askese: Schemata ideologischer Neuformulierung (hebr.), in *S. Wurm* (Hrsg.), Ssefer Bussel, Tel Aviv, Tarbuth wechinuch, 1960.

C. Entwicklungen im Moschaw

Abramov, S. Z., Moschaw-Owdim – die Geschichte einer sozialen Idee (hebr.), Ammot, II, 7, 1963.
Assaf, A., Die Moschaw-Owdimsiedlungen in Israel (hebr.), Tel Aviv, Ayanot und Tnuat Hamoschawim, 1954.
Eisenstadt, S. N., Essays on Sociological Aspects of Political and Economic Development, Den Haag, Mouton Publications, 1961, 2. Teil.
Koren, J., Hereinholen der Exilierten und ihre Ansiedlung: zur Geschichte der Einwandereransiedlung in Israel (hebr.), Tel Aviv, Am Oved, 1964.
- Der Weg der Moschawbewegung (hebr.), Tel Aviv, Allgemeine Arbeiterorganisation, 1957.
Lissak, M., Einwanderersiedlungen in Krisis und Festigung (hebr.), Ein Untersuchungsbericht, Jerusalem, Kaplan-Fakultät für Wirtschafts- und Sozialwissenschaften an der Hebräischen Universität, 1956.
Weingrod, A., Wandel und Kontinuität in einem Dorf marokkanischer Einwanderer (hebr.), Megamot, X, 4, 1960.
Weintraub, D., Absorptions- und Integrationsprobleme in Einwanderersiedlungen (hebr.), Megamot, V, 3, 1953–1954.
- Sozialer Wandel in Genossenschaftssiedlungen von Neueinwanderern in Israel, Ein vorläufiger Untersuchungsbericht, Jerusalem, Soziologieabteilung der Hebräischen Universität, 1963 (vervielfältigt).
- A Study of New Farmers in Israel, Sociologia Ruralis, VI, 2, 1954.
- und *Lissak, M.,* Problems of Absorption of North African Immigrants in Smallholders' Co-operative Settlements in Israel, Jewish Journal of Sociology, II, 3, 1961.
Weitz, R., Sieben Jahre neuer Siedlung (hebr.), Riv'on Lekalkalah, III, 11, 1955–1956.
Willner, D., Heimindustrie in Einwanderersiedlungen (hebr.), Megamot, VII, 3, 1956.

D. Entwicklungen in den freien Berufen

Adar, L., Mit Statusempfindlichkeit in Verbindung stehende Einstellungen bei Lehrern in Israel (hebr.), Megamot, XII, 2, 1962.
Der akademische Arbeiter (hebr.), Tel Aviv, Hawaad Hapoel, Abteilung für akademische Arbeiter, 1956.
Ben-David, J., Professions and Social Structure in Israel, Scripta Hierosolymitana, III, 1959.
- Der soziale Status des israelischen Lehrers (hebr.), Megamot, VIII, 2, 1957.
Muhsam, H. V., The Supply of Professional Manpower from Israel's Educational System, Jerusalem, Falk Project, 1959.

E. Berufswahl und Mobilität

Adler, C., The Role of Israel's School System in Elite Formation, Transactions of the Fifth World Congress of Sociology, 1962, (vervielfältigt).

Lissak, M., Tendenzen in der Berufswahl der israelischen städtischen Jugend (hebr.), Doktordissertation, Jerusalem, Hebräische Universität, 1961.

F. Die Entwicklung von Lebensstilen und Verbrauchsschemata in der israelischen Gesellschaft

Bank of Israel Survey. The Order of Acquiring Durable Goods, Jerusalem, 1963 (Survey Nr. 20).

Landsberger, M., Changes in the Consumption Habits in Israel 1956/57 – 1959/60, Jerusalem, Bank of Israel Survey, 1964 (Survey Nr. 23).

Leviathan, N., Consumption Patterns in Israel, Jerusalem, Falk Project, 1964.

G. Einwanderung und Einwandererabsorption und die Beziehungen zwischen ethnischen Gruppen

Abbas, A., Von der Zerstreuung zur Hereinholung der Exilierten (hebr.), Schęwet weạm, Juni 1958.

Bar-Joseph, R., Wạdi Salịb: Eine Statusanalyse der nordafrikanischen Einwanderer in Israel (hebr.), Molạd, XVII, 131, 1959.

Berger, L., Dialectics of Immigration and Absorption, The Israel Year Book, Jerusalem, Israel Year Book Publications, 1966.

Cohen, E., Shamgar, L. und Levy, Y., Absorption of Immigrants in a Development Town, Abschließender Untersuchungsbericht, Jerusalem, Soziologieabteilung der Hebräischen Universität, 1962, 2 Bde., (vervielfältigt).

Dulzin, L., New Epoch of Immigration and Absorption, The Israel Year Book, Jerusalem, Israel Year Book Publications, 1966.

Eisenstadt, S. N., The Absorption of Immigrants, London, Routledge and Kegan Paul, 1954; Glencoe, Ill., The Free Press, 1955.

– Communication Process Among Immigrants in Israel, Public Opinion Quarterly, XVI, 1, 1952.

– Conditions of Communicative Receptivity, Public Opinion Quarterly, XVII, 3, 1953.

– Führerschaftsprobleme unter Einwanderern (hebr.), Megamọt, II, 2, 1953.

– Studies in Reference Group Behaviour, Reference Norms and the Social Structure, Human Relations, VII, 2, 1954.

Frankenstein, C., Between Past and Future: Essays and Studies on Aspects of Immigrants' Absorption in Israel, Szold Institute, 1953.

Katz, E. und Eisenstadt, S. N., Oberservations on the Response of Israeli Organizations to New Immigrants, Administrative Science Quarterly, V, 1, 1960.

Lissak, M., Der ethnische Faktor in Einwanderersiedlungen (hebr.), Jerusalem, Ministerium für Erziehung und Kultur, 1959 (Pamphlet über orientalische Gemeinden in der israelischen Gesellschaft).

Patai, R., Israel Between East and West, Philadelphia, Jewish Publication Society of America, 1957.

Rosenfeld, H., Die Einwandererstadt Kirjạt Schmonạh (hebr.), Mibifnịm, XIII, 4, 1947/1948.

Shumsky, A., The Clash of Cultures in Israel, New York, Columbia University, 1955.

Shuval, J., Cultural Assimilation and Tension in Israel, International Social Science Bulletin, VIII, 1, 1956.

– Immigrants on the Threshold, New York, Atherton Press, 1963.

– The Role of Ideology as a Predisposing Frame of Reference for Immigrants, Human Relations, XII, 1, 1959.

– Value Orientations of Immigrants to Israel, Sociometry, XXVI, 1, 1963.

Weihl, H., Schim'on – ein Jemenitendorf in den judäischen Bergen (hebr.), Ein Untersuchungsbericht, Jerusalem, Soziologieabteilung der Hebräischen Universität, 1963 (vervielfältigt).

Weingrod, A., Reluctant Pioneers, Ithaca, Cornell University Press, 1966.
- Die marokkanische Judenheit im Übergangsstadium (hebr.), Megamot, X, 3, 1960.
- Bericht an die Beratungsstelle in Absorptionsfragen (hebr.), Jerusalem, Siedlungsabteilung der Jewish Agency, ohne Jahr (vervielfältigt).
Weintraub, D., Der Einfluß der demographischen Struktur auf die Einwandererfamilie in ihrer Anpassung an die Siedlung (hebr.), Megamot, IV, 2, 1960.

H. Sozialpolitik

Baruch, N., Major Problems of the Development of the Social Service 1965–1970, Jerusalem, Ministry of Social Welfare, 1964.
Central Bureau of Statistics, Survey of Housing Conditions, 1963, Jerusalem, 1965.
Ministry of Social Welfare, Ssa'ad, Jerusalem, 1960–1966.
- Wohlfahrt in Israel (hebr.), Jerusalem, 1965.
National Insurance Institute, Bericht 1954–1959, 1961–1962 (hebr.)., Jerusalem.

VI. Bildungswesen

A. Grundlegendes über das Bildungssystem

Aran, S., Rede an die Knesseth über das Budget des Erziehungsministeriums (hebr.), Bachinuch uwatarbuth, XXXV, 11, 1964 und XXXVI, 12, 1965.
Bentwich, J., Education in the State of Israel, London, Kegan Paul, 1965.
Central Bureau of Statistics, Statistische Angaben für das Bildungswesen (hebr.), Jerusalem (Bericht Nr. 4), 1963.
Even, A., Das Bildungswesen in Israel (hebr.), Divrej Haknesseth, XX, S. 1135–1442 (12.–14. März), 1963.
Golan, S., Collective Education in the Kibbutz, Psychiatry, Journal for the Study of Interpersonal Processes, XX, 2, Mai 1959.
- und *Levi, J.,* Gemeinschaftserziehung (hebr.), Ofakim, XI, 4, 1957.
Greenbaum, A., Report to the Committee on Cultural-Religious Affairs, Jerusalem, American Joint Distribution Committee, 1963.
Merchawia, H., Das Bildungssystem in Israel (hebr.), Jerusalem, Achiasaff, 1957.
- Enzyklopädie des Bildungswesens (hebr.), Jerusalem, Bialik-Institut, 1959–1967 (4 Bde.).

B. Höheres Bildungswesens

Landesrat für Forschung und Entwicklung. Zweijahresbericht 1963–1964 (hebr.), Premierministeramt, Jerusalem, Januar 1965.

C. Wirtschaftsaspekte des Bildungssystems

Baruch, J., Investments in Education and Manpower in Israel, Jerusalem, Bank of Israel Survey, 1964.
Klinov-Malul, R., The Profit from Investment in Education, Jerusalem, Falk Project, 1966.
Muhsam, H. V., Hanoch, G. und *Malul-Klinov, R.,* The Supply of Professional Manpower from Israel's Educational System, Jerusalem, Falk Project, 1966.
Smilanski, M., Die sozialen Aspekte der Bildungsstruktur in Israel (hebr.), Megamot, VIII, 3, 1957.

D. Pädagogische Probleme: Eine Auswahl

Adar, L. und *Adler, C.,* Die Erziehung zu Werten in den Schulen für Einwandererkinder (hebr.), Jerusalem, Pädagogische Fakultät der Hebräischen Universität, 1965.
Adar, Z., Kritik am staatlichen Bildungsprogramm (hebr.), Megamot, VII, 1, 1956.
Adler, C., Die Höhere Schule als ein Auswahlfaktor vom sozialen und erzieherischen Standpunkt (hebr.), Doktordissertation, Jerusalem, Hebräische Universität, 1966.
Arnon, J., Das Experiment von Be'erschewa (hebr.), Hachinuch, XXXV, 2, 1963.

Chen, M., Statistisches Bulletin über die Wahl höherer Bildung durch Absolventen von Volksschulen in Tel Aviv (hebr.), Megamot, II, 4, 1961.
Even, A., Das Bildungswesen in Israel (hebr.), Jerusalem, Ministerium für Erziehung und Kultur, 1963.
Schapira, M. (Hrsg.), Theorie und Praxis im Höheren Schulwesen (hebr.), Jerusalem, Hebräische Universität, 1962.
Schmueli, A., Ein Entwicklungsplan (hebr.), Dawar, 5. Dezember 1963.
Simon, A., Die Schulleistungen von Einwandererkindern in Negew (hebr.), Megamot, VIII, 4, 1957.
Smilanski, M., Reformvorschläge für die Struktur des Höheren Schulwesens (hebr.), Megamot, XI, 4, 1961.
Teweth, S., Der Anfang vom Ende der Gleichheit auf dem Gebiet der Bildung (hebr.), Ha'aretz, 8. Mai 1963.

E. Familienstruktur und Jugendpflege

Adler, C., Jugendbewegungen in der israelischen Gesellschaft (hebr.), Jerusalem, Szold Foundation, 1962.
Ben-David, J., Conforming and Deviant Images of Youth in a New Society, Transactions of the Fifth World Congress of Sociology, Louvain, International Sociological Association, 1962.
– Mitgliedschaft in einer Jugendbewegung und sozialer Status (hebr.), Megamot, XIII, 2, 1964.
Chen, M., Schifenbauer, D., und *Doron, R.*, Einheitlichkeit und Verschiedenheit in der Freizeitbetätigung der Schüler Höherer Schulen in Israel (hebr.), Megamot, XIII, 2, 1964.
Eisenstadt, S. N., Youth Culture and Social Structure in Israel, British Journal of Sociology, II, 1951.
– und *Ben-David, J.*, Inter-Generational Tensions in Israel, International Social Science Bulletin, VIII, 1, 1956.
Kreitler, H. und *Kreitler, S.*, Die Einstellung der israelischen Jugend zu sozialen Idealen (hebr.), Megamot, XIII, 2, 1964.
Lotan, M., Einstellungen und Werte in der Jugendbewegung (hebr.), Beth Berl, 1964.
– Einstellungen und Werte bei Einwanderern in der Jugendbewegung (hebr.), Tel Aviv, Hanoar haowed vehalomed, 1966.
Peres, J., Statistisches Bulletin über die Mitgliedschaft in Jugendbewegungen (hebr.), Megamot, XI, 2, 1961.
– Youth und Youth Movements in Israel, Jewish Journal of Sociology, V, 1, 1963.

F. Jugenddelinquenz

Central Bureau of Statistics, Judicial Statistics, 1963 (Sonderserie Nr. 182).
Milo, A., Statistische Einzelheiten über Jugenddelinquenz (hebr.), Megamot, X, 1, 1959.
Statistisches Bulletin über Slums in Jerusalem, Tel Aviv und Haifa (hebr.), Megamot, XI, 3, 1961.

VII. Politische Struktur und Institutionen

A. Grundstruktur der politischen Institutionen

Akzin, B. et al., Regierungs- und Rechtseinrichtungen in Israel (hebr.), Encyclopedia Hebraica, Tel Aviv, Massada, VI, 1957.
– und *Dror, J.*, Planung im Landesmaßstab in Israel (hebr.), Tel Aviv, Hamidraschah Leminhal, 1966.
Civil Service Commission, Regierungs- und Rechtseinrichtungen in Israel (hebr.), Jerusalem, 1953.
Eisenstadt, S. N., Essays on the Sociological Aspects of Political and Economic Development, Den Haag, Mouton & Co., 1960.

– Le passage d'une société de pionniers a une société organisée: Aspects de la sociologie politique d'Israël, Revue Française de Science Politique, Juli–September 1954.
Freudenheim, J., Die Regierung im Staate Israel (hebr.), Jerusalem, 1960, 3. Aufl.
Israel Government Year Book, Jerusalem, Government Press, 1951–1966.
Janowsky, O., Foundations of Israel: Emergence of a Welfare State, Princeton, Van Nostrand, Bd. I, 1959.
Kraines, O., Government and Politics in Israel, Boston, Houghton Mifflin, 1961.
Seligman, L. G., Leadership in a New Nation: Political Development in Israel, New York, Atherton Press, 1964.

B. Die israelische Rechtsstruktur

Tedeschi, G., Studies in Israel Law, Jerusalem, Hebrew University Press, 1960.

C. Parteienstruktur und Parteiprogramme

Akzin, B., The Knesset, International Social Science Journal, XIII, 4, 1961.
– The Role of Parties in Israel Democracy, Journal of Politics, XVII, 4, 1955.
Antonovsky, A., Soziopolitische Einstellungen in Israel (hebr.), Ammot, I, 6, 1963.
Benari, N., Sozialistischer Zionismus (hebr.), Tel Aviv, Hamerkas Letarbuth Vechinuch (Histadruth), 1950.
Central Bureau of Statistics, Ergebnisse der Wahlen zur Dritten Knesseth und zu den Lokalverwaltungen (hebr.), 1956.
– Ergebnisse der Wahlen zur Fünften Knesseth (hebr.), Jerusalem, 1964.
Gilboa, J., Die Absorptionsfähigkeit der Mapai (hebr.), Ma'ariw, 8. März 1963.
Gutman, E., Some Observations on Politics and Parties in Israel, India Quarterly, XVII, 1, 1961.
Kleinman, M., Die Allgemeinen Zionisten (hebr.), Jerusalem, Institut für zionistische Bildung, 1945.
Lubotzki, Die Revisionisten und Betar (hebr.), Jerusalem, Institut für zionistische Bildung, 1946.
Poles, Rückzug von der Opposition (hebr.), Ha'aretz, 1. September 1961.
– Das Versagen des »Viererklubs« (hebr.), Ha'aretz, 6. Oktober 1961.
Rechew (Landkutsch), S. Haschomer Hazair (hebr.), Ssifriat Poalim, 1955.
Schapira, O., Parteiarbeit in einer Einwandererstadt (hebr.), Ein Untersuchungsbericht, Jerusalem, Kaplan-Fakultät für Wirtschafts- und Sozialwissenschaften an der Hebräischen Universität, 1956.
Wolfsburg, J., Die Bewegungen von Misrachi und Thorah weawodah (hebr.), Jerusalem, Institut für zionistische Bildung, 1944.

D. Allgemeine Aspekte der Histadruth

Gesetz über Anstellungsverhältnisse (hebr.), Divrej Haknesseth, XXIV, 1958, S. 2020–2025 und XXV, 1959, S. 775–795, The Government Press, Jerusalem.
Lawon, P., Werte und Wandel (hebr.), Tel Aviv, Hamerkas Letarbuth Vechinuch, 1960.
Malkin, A., Histadruth und Staat (hebr.), Beth Berl, Ownajim, 1961.
Petach-Revue, Regierung und Gesellschaft (hebr.), Beth Berl, 1958.
– Sozialistische Tendenzen in der israelischen Gesellschaft (hebr.), Beth Berl, 1962.
Tabb, G. J., Ami, G. und *Schaal G.*, Labour Relations in Israel, Tel Aviv, Dvir, 1961.

VIII. Kultur, Werte und Religion

A. Allgemeiner Hintergrund und Probleme

Agudat Israel, Bericht an die Delegierten des Fünften Weltkongresses der Agudat Israel (hebr.), Jerusalem, Informationsdienst der Weltorganisation der Agudat Israel, 1963 bis 1964.

Chasuth. Pamphlete zur Untersuchung der zionistischen Frage (hebr.).
Goldmann, N., Von der Ausrottungsgefahr zur Befreiung (hebr.), Jerusalem, Zionistische Organisation, 1958.
Hechal Schlomo. Von Jahr zu Jahr (hebr.), Jerusalem, 1961/1962–1965/1966.
Institute of Contemporary Jewry. Studies in Contemporary Jewish Life, Jerusalem, The Hebrew University, 1964.
Izhar, S., Die Tage von Ziklag (hebr.), Tel Aviv, Am Oved, 1958.
Jüdisches Bewußtsein (hebr.), Abdruck aus Diwrej Haknesseth in Bachinuch uwatarbuth, Nr. 31–32, 1959.
Kurzweil, B., Wesen und Quellen der junghebräischen Bewegung (hebr.), Tel Aviv, Ha'aretz-Jahrbuch, 1952–1953.
Lewin, I. M., Überlegungen (hebr.), Jerusalem, El Hamakor, 1951/1952.
– Was ist Judentum? Wer ist Jude? (hebr.), Beth Ja'akow, Nr. 5, 1959.
Lufben, J., Ausgewählte Schriften (hebr.), Tel Aviv, Ajanot, 1953–1954.
Meged, M., The Normalization of Israel, Commentary, XXXII, 3, September 1961.
Neturej Karta, Lüftet die Maske (hebr.), Jerusalem, Hammassora Press, 1949–1950.
Patai, R. (Hrsg.), Herzl Year Book, New York, Herzl Press, 1958–1961 (4 Bde.).
Rotenstreich, N., Volk und Staat (hebr.), Tel Aviv, Hakibbuz Hame'uchad, 1965.

B. Zionismus und Nationalismus

Buber, M., Volk oder Nation (hebr.), Jerusalem, Schocken, 1945.
Halpern, B., The Idea of the Jewish State, Cambridge, Mass., Harvard University Press, 1961.
– Zionism and Israel, Jewish Journal of Sociology, III, 2, 1961.
Hertzberg, A., The Zionist Idea, New York and Tel Aviv, Doubleday and Herzl Press, 1959.
Livneh, R., Is Israel a Zionist State? Midstream, II, 1956.

C. Die Umwandlung der Pioniersideologie

Alterman, N., Statt einer Einleitung zu Kinnereth, Kinnereth (hebr.), Ha'aretz, 9. Juni 1962.
Bitman, J., Schickt die Pioniere zur Universität (hebr.), Dawar, 30. November 1942.
Katznelson, B., Latente Werte (hebr.), Tel Aviv, Ajanot, 1954.
Lus, K., Meilensteine (hebr.), Tel Aviv, Tarbuth wechinuch, 1962.
Der Mensch in der Siedlung (Kibbuz-Moschaw) (hebr.), Tel Aviv, Mapai-Druckerei, 1958.
Sprinzak, J., In Schrift und Rede (hebr.), Tel Aviv, Mapai-Druckerei, 1952.
Sakai, D., Kurze Themen (hebr.), Tel Aviv, Dawar, 1956.

D. Formen der Kulturtätigkeit: Geistige Arbeiter und Kommunikation

Avinoa, L. (Hrsg.), Pergamente des Feuers (hebr.), Tel Aviv, Verteidigungsministerium, 1952–1961 (3 Bde.).
Ben-Porath, J., Geistige Arbeiter in Israel (hebr.), Jediot Acharonot, 9., 16. und 30. März 1962.
Ellemers, J. E., Some Sociological Comments on Mass Communication in Israel, Gazette, VII, 1, 1961.
Nonkonformismus – das Wesen des geistigen Menschen: Ein Symposium (hebr.), Kescheth, I, 2, 1959.
Öffentlicher Ausschuß für Kultur und Kunst, Zwei Jahre Arbeit (hebr.), Jerusalem, Ministerium für Erziehung und Kultur, 1962.
Schmueli, A., Der Wandel in der Literatur und im Status des Schriftstellers (hebr.), Mosnajim, VIII, 5–6, 1959.

E. Entwicklungsaspekte von Feiertagen, Theater und Folklore

Ben-Sakai, T., Das israelische Theater auf der Suche nach seinem eigenen Weg (hebr.), Ma'ariw, 3. Januar 1964.
Donewitz, N., Veränderter Feiertag (hebr.), Ha'aretz, 24. April 1964.
Kadman, G., Volkstänze in Israel (hebr.), Kamah, Jerusalem, Jüdischer Nationalfonds, 1952.

F. Wandel auf religiösem Gebiet: Fragenkomplex und Schwierigkeiten

Fishman, A., The Religious Kibbutz Movement: The Revival of the Jewish Religious Community, Jerusalem, 1957.
Goldman, E., Religious Issues in Israel's Political Life, Jerusalem, Jewish Agency, 1964.
Hamodia (Zeitung der Agudat Israel).
Hasbarah Druckerei, Buch des religiösen Israel (hebr.), Tel Aviv, 1954.
Hazofeh (Zeitung der National-Religiösen Partei).
Hechal Schlomo, Von Jahr zu Jahr (hebr.), Jerusalem, 1963/1964, 1964/1965, 1965/1966.
Lebovitz, Y., The Crisis of Religion in the State of Israel, Judaism, II, 3, Juli 1953.
Maimon, C. L. J., Die Wiedererrichtung des Sanhedrin in unserem wiederbegründeten Staat (hebr.), Jerusalem, Kook Institute, 1961.
Misrachi und Hapoel Hamisrachi, Das Volk Israel wird sehen und urteilen (hebr.), Jerusalem, 1958.
Neturej Karta. Der Vorhang wird aufgezogen (hebr.), Jerusalem, o. Jahr.
Schearim (Zeitung der Poalej Agudat Israel).
Weiner, H., Church and State in Israel, Midstream, VIII, 1962.

IX. Minderheiten

Assaf, M., Die Zukunft arabischer Bildung in Israel (hebr.), Hamisrach hechadasch, III, 3 (II), 1952.
Bacchi, R., Demographie der moslemischen, christlichen und drusischen Bevölkerung (hebr.), Encyclopedia Hebraica, Tel Aviv, Massada, Bd. VI, 1957.
Ben-Amram, E., Demographische Beschreibung der arabischen Gemeinden in Israel (hebr.), Hamisrach hechadasch, XV, 1–2, 1965.
Ben-Chananiah, J., Die achmadische Gemeinde (hebr.), Hamisrach hechadasch, VIII, 3 (26), 1957.
Benor, J. L., Arabische Bildung in Israel (hebr.), Hamisrach hechadasch, III, 1, 1954.
Ben-Porat, Y., Characteristics of the Arab Labour Power in Israel, Jerusalem, Falk Project, 1967.
Beratungsamt für arabische Angelegenheiten, Arabische und drusische Siedlung in Israel, Premierministersamt, 1963.
Blank, C., Die Drusen (hebr.), Jerusalem, Beratungsamt für arabische Angelegenheiten, Premierministersamt, 1958.
Central Bureau of Statistics. Moslems, Christians and Druzes in Israel, Jerusalem, 1964 (Veröffentlichung Nr. 17).
Cohen, A., Arab Border Villages in Israel, Manchester, Manchester University Press, 1965.
Harel, H., Janwach – ein Drusendorf in Galiläa (hebr.), Jerusalem, Beratungsamt für arabische Angelegenheiten, Premierministersamt, 1959.
Jinon, A., Einige Aspekte der arabischen Literatur in Israel (hebr.), Hamisrach hechadasch, XV, 1–2, 1965.
Lisch, A., Gemeinderechtsprechung der Drusen in Israel (hebr.), Hamisrach hechadasch, XI, 4 (44), 1961.
– Religiöse Rechtsprechung der Moslems in Israel (hebr.), Hamisrach hechadasch, XIII, 1–2 (49–50), 1963.
Liskovsky, A., Die arabischen Flüchtlinge – Israel heute (hebr.), Hamisrach hechadasch, X, 3 (39), 1960.
Mansour, A., The Modern Encounter between Jews and Arabs, New Outlook, V, 3, 1962.

Maos, M., Die Lokalverwaltung in den arabischen Siedlungen (hebr.), Hamisrạch hechadạsch, XII, 1961–1962.
Marx, E., Beduinen im Nẹgew (hebr.), Hamisrạch hechadạsch, VII, 1957.
– Die soziale Struktur der Nẹgewbeduinen (hebr.), Hamisrạch hechadạsch, VIII, 1957.
Rosenfeld, H., The Arab Village Proletariat, New Outlook, V, 3, 1962.
– The Determinants of the Status of Arab Village Women, Man, Art. 95, Vol. LX, 1960.
– Faktoren, die den Status der Frau im arabischen Dorf bestimmen (hebr.), Hamisrạch hechadạsch, IX, 1–2 (33–34), 1958–1959.
– From Rural Peasantry to Rural Proletariat and Residual Peasantry: The Economic-Occupational Transformation of an Arab Village, in *Manners, Robert A.* (ed.), Process and Pattern in Culture, Essays in honour of Julian H. Steward, Chicago, Aldine Press, 1964.
– Soziale Planungsprobleme in einem arabischen Dorf (hebr.), Megamọt, XI, 4, 1961.
– Trennungs- und Teilungsprozesse in der erweiterten Familie im arabischen Dorf (hebr.), Megamọt, VIII, 4, 1957.
– Sie waren Bauern (hebr.), Tel Aviv, Hakibbụz Hame'uchạd, 1965.
– Wage, Labour and Status in an Arab Village, New Outlook, VI, 1, 1963.
Schamir, S., Wandel in der Führerschaft des Dorfes Ar-Rameh (hebr.), Hamisrạch hechadạsch, XI, 4, 1961.
Schidlowsky, B., Wandel in der Entwicklung des arabischen Dorfes in Israel, Hamisrạch hechadạsch, XV, 1–2, 1965.
Schimoni, J., Die palästinensischen Araber (hebr.), Tel Aviv, Am Ovẹd, 1947.
– Die Araber in Erwartung des israelisch-arabischen Kriegs, 1945–1946 (hebr.), Hamisrạch hechadạsch, XII, 3 (47), 1962.
Washitz, Y., Arabs in Israeli Politics, New Outlook, V, 3, 1962.

SACHREGISTER

Absatzorganisation, landwirtschaftliche 46, 176 f.
Absorption s. Einwanderer
Achduth 36
Achduth Ha'awodah 57, 175, 185, 289, 295 f., 304, 309, 319, 325, 327, 349, 350, 352, 354, 356, 357, 380
Aden, Einwanderer aus 79
Afghanistan, Einwanderer aus 66
Afrika 21, 107 f., 113
  Einwanderer aus – 66, 77, 125, 133 ff., 164 ff., 214, 274, 280, 282, 307, 390, 391
Afuleh 47
Agudat Israel 224, 242, 251, 253, 292, 295 f., 297, 309, 336, 359
  Schulsystem der – 253
Ägypten 125, 399
  Einwanderer aus – 66, 227, 228, 346
Akademiker, akademische Gruppen 186, 192, 193, 194, 226, 340, 355, 356
  s. a. Intellektuelle
akademische Berufe 180, 186, 196, 257, 259
akademische Bildung 15, 265, 279, 415
  s. a. Hochschulbildung
Akko 398, 401
aktivistische Gruppen und Tendenzen 183, 196, 351
Aleppo, Einwanderer aus 66
Algerien, Einwanderer aus 79
Alijah
  Erste – 25, 29, 30 ff., 149, 150, 151, 236, 366
  Zweite – 29, 32 ff., 41, 46 f., 51, 55, 60, 90, 149, 150, 151, 236, 366
  Dritte – 29, 41 ff., 64, 90, 150, 151, 152, 366
  Vierte – 29, 41 ff., 54
  Fünfte – 30, 48 ff., 60, 159
  s. a. Einwanderungswellen
Alijah Chadaschah 58, 290
Allgemeine Zionisten 58, 59, 242, 290, 291, 295, 296, 304, 319, 326, 334, 336, 337, 338, 349, 351, 352, 370
Alliance Israélite Universelle 26
Alter Jischuw 25, 26, 40, 42, 66, 225, 228

Altersversorgung 110, 214
  s. a. Sozialfürsorge
Ambivalenz (arabische) 12, 392, 393, 396, 398, 399
Analphabetentum 391
Anglo-Palestine Company (später – Bank) 31, 39
Anleihen 106, 120, 126, 127, 130
anomische Situationen 189, 198 f., 362
Araber 11 f., 13, 18, 31, 49, 50, 51, 53, 56, 59, 62, 73, 74, 75, 76, 175, 243, 293, 324 f., 338, 352, 372, 388 ff.
  in der israelischen Politik 293, 399
arabische Arbeiter 31, 175, 393
arabisches Dorf 325, 396 ff.
arabische Familie 402
Arabische Front 399
arabische Intellektuelle 398, 400
arabischer Nationalismus 12, 49, 392, 399
arabische Parteien 293
arabische Sprache 74, 380, 391, 401
arabische Staaten 11 f., 13, 76, 338, 392, 400, 402, 403
Arbeit, körperliche 28, 171, 172, 180, 190, 193
Arbeiter 39, 55, 131 ff., 139 f., 160, 390, 404
  geschulte – 7, 14, 15, 128, 140, 144, 145, 160, 167, 191, 196, 272
  ungeschulte – 119, 167, 191, 397
  s. a. Industriearbeiter; arabische Arbeiter
Arbeiterbewegung, -gruppen, -klasse 29, 47, 50, 54, 55, 59, 62, 64, 65, 155, 218 f., 360, 407, 412
Arbeiterparteien 58, 218, 226, 338
Arbeiterpioniere 44 ff., 57
Arbeitersektor s. Wirtschaftssektoren
Arbeiterzeitungen 380
Arbeitsbeschaffung 143, 172, 205
Arbeitsbeziehungen 16, 189, 192, 193–198
Arbeitslosigkeit 15, 44, 125, 128, 134 f., 138, 172, 213, 228, 390
Arbeitslosenversicherung 110, 215
Arbeitsministerium 119, 129, 201, 280, 300, 302
Arbeitsstreitigkeiten s. Streik
Arbeitsvermittlung(sämter) 36, 119, 136, 222, 299, 320

Archäologie 35, 370, 375 f.
aride Gebiete 175, 227
Armee, Israelische Verteidigungs- 13, 82, 86, 161, 185, 201, 205, 210, 220, 299, 319, 322, 360, 393
    Erziehungsarbeit der – 254, 255 f., 323
Ar-Rabita 393
Aschdod 205, 345, 346, 354
Aschkelon 353
aschkenasische Juden 26, 69, 164, 221, 227, 228
Asien 21, 107 f., 113
    Einwanderer aus – 77, 133 ff., 164 ff., 214, 274, 280, 282, 390, 391
Assefat Haniwcharim 42
Assimilation 21, 33, 51, 79
Atomenergiekommission 300
Aufforstung 38, 81, 136, 201
Aufklärung s. Haskalah
Auflehnung, revolutionäre Ideologie 1, 5, 8, 20, 27, 28, 34, 259, 275, 384, 385, 407, 419
Ausfuhr 15, 88, 118, 121, 124 f., 126, 127, 128, 130, 142
Ausfuhrprämien 126, 127
Außenpolitik 16, 42, 71, 76, 243, 327, 338, 402
Auswanderung 28, 30, 31, 32, 44, 273
Autonomie
    berufliche und fachliche – 157, 162, 188, 192, 196, 232, 381
    kulturelle – 382, 387, 392
    politische – 43, 71, 202
Awodah 36

Babylonier 66
Balfour-Deklaration 29, 32, 41, 67
Bank von Israel 117, 148, 305
Bankwesen 40, 48, 65, 87, 91, 101, 102, 107, 141, 161, 217, 394 f.
Bath-Jam 85
Bauwirtschaft 44, 49, 86, 87, 96, 97, 101, 102, 105, 106, 107, 141, 157, 167, 196, 199, 201, 390
Beduinen 288, 389, 396
Be'erschewa 205, 226, 345, 346
Benjamina 47
Berufe, Berufsgruppen 142, 162 f., 168, 169, 180 f., 188, 189, 200, 210, 215, 216, 217, 219, 220 f., 231, 334, 344, 355, 397, 405, 407
    s. a. Facharbeit, Fachberufe; freie Berufe
Berufsausbildung 119, 136, 201, 203, 207, 276, 279 f.
    s. a. landwirtschaftliche Ausbildung
Berufsberatung 201, 203, 255

Berufsniveau, niedriges, der orientalischen Gruppen 68, 211
Berufsorganisation 14, 60, 62, 64, 70, 192, 193 ff., 200, 236, 237, 382, 411
Berufsschule 253, 254, 265–270, 279 ff.
Berufsumschichtung 58, 201
Betar 50, 243
Beth-Alfa 45
Betriebsleitung, Zentrale für 143
    s. a. Managergruppen
Bevölkerungsverteilung 85 f.
Bevölkerungszunahme 77, 78, 86, 108, 139, 146, 161
Bibelstudium 366, 370, 373, 375
Bibliothek 31, 248
Bibliothekarschule 257
Bildungs- und Erziehungswesen 7, 38, 39, 40, 42, 62, 67, 74, 76, 86, 120, 129, 161, 166, 200, 210, 211, 216, 219, 220, 221, 231, 250 ff., 258, 263–285, 319, 350, 394, 402, 403, 413, 415
    der jüdischen Gemeinschaft in Palästina 235–250
    im Kibbuz und im Moschaw 173, 239 ff., 255
    in Palästina, Umformungen zur Mandatszeit 237 f.
    religiöses – 224, 225, 252 f., 318, 370 f.
    im Staate Israel 250–285, 414 f.
Bildungsniveau 68, 135, 139, 163, 166, 168, 205, 206, 211, 216, 218 f., 222, 228, 274, 279, 284, 391, 397, 413, 418
    s. a. Erwachsenenbildung; Hochschule; orientalische Kinder und Jugendliche im Bildungswesen; Schule
Bilu 30, 31
Bnej Akiwah 242, 261
Bnej Brak 85, 375
Bnej Brith 372
Bnej Israel 310 ff., 316
Boden, Nationaleigentum am 46, 90, 91
Bodenpachtpolitik 91 f.
    s. a. Keren Kajemeth
Bodenspekulation 145, 198, 199
Brigade, Jüdisch-palästinensische 49, 157
Brith Poalej Eretz-Israel 393
Brith Schalom 59, 384
Britisches Mandat s. Mandat
britischer Einfluß 73
Bruder Daniels Staatsbürgerschaft 313 f.
Buchara, Einwanderer aus 66
Budget 94, 95, 117 ff., 124, 126, 127
    persönliches – im Kibbuz 171
    des Wohlfahrtsministeriums 214
Bulgaren 206

Sachregister

Büroarbeiter 14, 100, 156, 398
Bürokratie, Bürokratisierung 80 f., 82, 92, 138, 140, 176, 186, 188 f., 203, 208, 209, 302 f., 325, 361, 362, 364

Chaluz 35, 55, 219
Chassidismus 224
Chedera 29, 31, 353
Cheruth 179, 290, 291, 304, 308, 312, 319, 326, 334, 336, 338, 343, 347, 349, 351 f.
Chewrat Hachscharat Hajischuw 39, 90
Chewrat Owdim 56, 57, 106 f., 115 f.
Cholon 85
Chowewej Zion 29
Christen 288, 309, 315, 389, 392, 393, 400, 402

Dagania 37, 44
demographische Angaben
 über die jüdische Bevölkerung 77 ff., 85, 134
 über nichtjüdische Minderheiten 388–390
Demokratie 3, 177, 329, 363, 403, 406
 direkte – 171
demonstrativer Konsum 6, 164, 190, 218, 414
 s. a. Verbrauchssteigerung
Deutsche, Deutschland 21, 30, 64, 241, 242 (Fußn.), 247, 313, 318, 327, 341, 354
deutsche Wiedergutmachungszahlungen 130, 293
Diamantenindustrie 88, 99, 107
Diaspora 20, 25, 27, 33, 42, 44, 50, 54, 55, 58, 90, 156, 201, 360, 370, 371, 372, 376, 384
Dichotomievorstellung von der Gesellschaft 229, 230
Dienst an der Gemeinschaft 62, 181
 an der Partei 186
Dienstalter 63, 190, 193, 232
Dienstleistungen, administrative, öffentliche 94, 100, 102, 124, 126, 140, 320, 335, 396, 397, 403
Dienstleistungsbetriebe 95, 101, 106, 141, 390
Dienstleistungsfunktionen 142, 172, 177
Differenzierung
 berufliche – 162, 168 f., 171, 172, 216, 414 f.
 des Einkommens 143, 155, 157, 196, 216, 306, 336, 338
 soziale und wirtschaftliche – 5, 8, 19, 20, 63, 66, 83, 91, 145, 149, 150, 153, 155, 158 f., 160 ff., 171 f., 176, 185 ff., 190 f., 206, 223, 227, 232, 263, 299, 348, 381, 410, 419

Dimona 205
Dissidenten 72 f., 291
 s. a. Irgun Zwa'i Le'umi; Lechi
Dominions, britische 26, 212, 406, 412
Drusen 389, 391, 392, 393, 396
Durchgangslager s. Ma'abarah

Egged 56
Eheschließung 221, 309, 311, 315 f., 318, 376, 389
Einfuhr 15, 48, 118, 125, 127, 128, 130 f., 142
Einkommen 19, 190, 216, 217, 221, 223
 s. a. Differenzierung des Einkommens
Einkommensteuer 118, 120
 s. a. progressive Besteuerung
Einwanderung 10 f., 27, 42, 44, 48, 49, 50, 53, 54, 55, 63 f., 76, 77, 108, 134 f., 408
 Absorption der – 4, 5, 10, 11, 14, 23, 27, 44, 58, 59, 63 ff., 79 ff., 95, 103, 112, 121, 125, 136 ff., 139, 171, 174 ff., 188, 189, 200–212, 213, 226 ff., 247, 261 ff., 302, 306 f., 331 f., 344, 356, 374, 377, 412, 414, 415 f.
 Anpassungsschwierigkeiten in der Absorption der – 64, 68, 206
 »illegale« – 30, 49, 50
 Motivation der – 24, 48, 61, 66, 67, 79, 82, 212, 409
 Produktivierung der Einwanderer 136 ff.
 soziale Sicherheit der Einwanderer 137
 s. a. Entwicklungsgebiete; Entwicklungsstädte; Führerauswahl in Einwanderergruppen; Subkulturen von Einwanderern
Einwanderungsbeschränkungen 49, 72
Einwanderungsländer, andere 23, 406 f.
Einwanderungswellen 10, 21, 23, 24, 25, 26 ff., 29 ff., 41, 63, 79 f., 125, 403, 408, 409
 s. a. Alijah
Einwanderungszertifikate 55, 57
Ejn Charod 44
Ekron 30
El-Ard 399, 400
Elektrizität 86, 87, 196, 395
Elektrizitätswerke 43, 95, 102
Elendsviertel 67, 159, 199, 226, 228, 278, 307, 398
elitäre Einstellung, Elitegruppen 1 f., 6, 23, 25, 32, 36, 46, 61, 63 f., 68, 69, 129, 152, 154, 155, 157 f., 161, 170 f., 178, 183, 185–192, 200, 206, 207, 216, 222, 302 ff., 324 f., 340, 342, 346, 378, 383, 404, 407 bis 414, 418 f.
Endogamie 67
England 73 f., 407, 414

englische Sprache 52, 73, 74, 280, 321, 366, 380, 401
englischsprachige Länder, Einwanderer aus -n -n 227, 228
Entwicklungsgebiete 121, 200, 202, 203, 205, 226, 230, 331, 350
Entwicklungsländer, Vergleich mit anderen -n 23, 408, 414, 416
    Beteiligung an Unternehmungen in anderen -n 107 f., 113
Entwicklungspolitik und -probleme 190, 201, 306, 394
Entwicklungsstädte 85 f., 202, 227 ff., 346
Erster Weltkrieg 27, 29, 32, 41, 237
Erwachsenenbildung 237, 239, 248, 254 f.
erwerbsfähige Bevölkerung 131 ff., 141
Erziehungsgesetz 250 f.
    s. a. Schulpflicht
Erziehungsministerium 194, 251, 265, 275, 278, 282, 300, 370, 394, 398
Esra, Hilfsverein der deutschen Juden 38
Esra, Jugendbewegung der Agudat Israel 241, 242
ethnische Probleme und Spannungen 7, 52, 201, 204, 210, 211, 220 f., 225 f., 229, 279, 307 f., 415, 417 f.
    s. a. orientalische Gruppen; orientalische Kinder und Jugendliche im Bildungswesen; partikularistische Orientierungen; Vorgegebenheitskriterien
ethnische Führer 207 ff., 332 f.
ethnische Gruppen 10, 156, 207 ff., 215, 219, 226 ff., 333, 350, 355, 377, 400, 411
ethnische Identifikation, Selbstidentifikation 52, 53, 278
ethnische Listen 345 ff.
ethnische Symbole 207, 211, 347
Etzel (Abkürzung für Irgun Zwa'i Le'umi - s. d.)
Europa 32, 242 Fußn., 248, 400
    Einwanderer aus - 77, 164 f., 274
Exekutive 299, 362 f., 364
»Exodus« 49
Extraterritorialität, rechtliche 179, 233, 361
Extremismus 211, 305, 336, 401

Facharbeit, Fachberufe 135, 145, 165, 167, 190, 192, 217, 223
Fachgruppen 7, 162, 188, 191, 192, 193, 194, 334
fachliche Ausbildung 182, 193, 194, 210, 228, 382

Familie 206 f., 210, 234 ff., 245 f., 258
    arabische - 402
    erweiterte - 332, 397
Familienarbeit im Moschaw 175 f.
Familienfarm 146, 147
Familiengröße und Entlohnungssystem 63, 190, 192
Finanzwesen 64, 86, 87, 95, 97, 102, 336, 407
    s. a. Steuer- und Finanzpolitik
Flüchtlinge
    arabische - 73, 108, 388, 390, 399
    jüdische - vor der Naziverfolgung 27, 63
föderative Abmachungen 331, 335, 337, 344, 363
föderative Struktur, 39, 60, 66, 73, 76, 159, 160, 188, 224, 368, 406, 407
französische Kulturpropaganda 378
französische Sprache 31, 74, 321, 366, 380, 401
freie Berufe 28, 32, 58, 64, 100, 121, 170, 185, 186, 208, 217, 218, 340, 373
freiwillige Vereinigungen 62, 155, 158, 182 ff., 231, 362
Freiwilligkeit des politischen Systems 5, 43, 72, 179
Führerauswahl in Einwanderergruppen 207 ff., 332

»Gachal« 16, 291, 321 Fußn., 349, 351, 352, 353, 356
Gadnah 256
Galiläa 36, 39, 85, 205, 388, 389
Gdud Ha'awodah 36, 44, 45, 56
Gedera 30, 31
gegenseitige Hilfe 46, 177, 207, 239
Gemeindewahlen 288, 344, 345 ff., 353 f.
Gemeinschaftssiedlung 65, 106, 158, 405
    s. a. Kibbuz
Gemischtwirtschaft 29, 43, 87 f., 104, 146 f., 175
Genossenschaften 2, 43, 62, 65, 91, 93, 106, 109, 176 f., 199 f., 232, 361, 407
Genossenschaftssiedlung 2 f., 4 f., 37, 46, 64, 65, 92, 155, 177, 244, 405, 407
    s. a. Moschaw
Georgien 66
Geschichte 11, 25, 35, 248, 366, 373, 375, 385, 401, 403
Gesundheitsfürsorge 38, 42, 57, 111, 118, 120, 122, 201, 204, 213, 222, 227, 394
Gesundheitsministerium 213, 354, 394
Gesundheitswesen 38, 39, 40, 86, 129, 319, 361, 394

Gewerkschaften 6, 55, 65, 136, 137, 157, 192, 195, 196, 203, 223, 242, 292, 336, 339, 361, 393, 407, 414
Giwatajim 85, 354
Gleichberechtigung, politische 396, 403
Gleichheitsideologie 3, 7, 120, 121, 143, 146, 154, 171, 177, 188, 189, 190, 192, 204, 216, 239, 405 f.
Gleichheitsvorstellung von der Gesellschaft 229 f.
Griechenland 66
Grundrechte, politische 82
Gymnasiallehrer 192, 194, 249, 281 ff., 373

Ha'awodah 39
Habimah 366
Hachscharah 28, 55
Hadassah 111, 213
Haganah 42, 43, 49, 50, 72, 155, 157, 184, 292, 299, 361
Hagschamah 326
Ha'ichud Hachakla'i 175
Haifa 43, 85, 163, 199, 205, 225, 226, 307, 315, 354, 388, 390, 401
Hakibbuz Ha'arzi 45, 175, 242
Hakibbuz Hame'uchad 45, 175, 374
Halachah, halachisches Gesetz 309 f., 313, 315 ff.
Hamischtar Hechadasch 294, 305, 324, 326, 343
Handel 30, 32, 65, 86, 87, 97, 102, 118, 121, 141, 164, 190, 196, 217, 226
Handelsbilanz, Defizit der 15, 124, 130, 148
Handwerk 30, 95, 96, 100, 139, 206, 226
Hanoar Haowed 261
Hanoar Hazioni 242
Haolam Haseh (Partei) 294, 343, 351, 353
Haowed Hazioni 175, 242
Hape'ulah Haschemit 294, 343
s. a. Semitische Liga
Hapoel Hamisrachi 58, 59, 175, 224, 242, 292, 296
Hapoel Hazair 34, 36, 39, 57
Haschomer 34, 36
Haschomer Hazair 45, 242, 245, 289, 374, 383
Haskalah (Aufklärung) 21, 51, 366
Hassneh 43
Hatenuah Hame'uchedet 242
Hebräisches Gymnasium 38
hebräische Sprache 3, 35, 38, 51, 52 f., 155, 254, 275, 280, 366, 368, 379, 391, 401
Hebräische Universität 237, 248 f., 251, 256 f., 267, 329, 368, 373
Hechaluz 29, 47

Hereinholen der Exilierten 82, 122, 203, 305, 360
Herzlija 47, 85
Herzlija-Gymnasium 38, 236
Hierarchie der Berufe 180 f., 220, 223
hierarchische Vorstellung von der Gesellschaft 229 f.
s. a. Status
Higher Arab Council 41
Histadruth (Allgemeiner Arbeiterverband) 3, 4, 5, 36, 43, 46, 55 ff., 62, 65, 71, 80, 89, 92, 106 ff., 111, 112 ff., 118 f., 123, 128, 136, 143 ff., 157, 179, 188, 191, 192, 194 ff., 199, 201, 203, 222, 248, 254, 292, 294, 299, 302, 304, 306, 320, 328 f., 331, 336 f., 338 f., 345, 349, 355, 361 f., 374, 383, 393 f., 397, 405, 407, 411, 412 ff.
  als Arbeitgeber in der Industrie 89, 143, 195 f.
  arabische Arbeiter in der – 393 f.
  Wahlen zur –, 1965 351 f.
Hitachduth Ha'ikarim 175
Hochschulbildung, Hochschule 14, 174, 237, 248 f., 251, 256 ff., 272 f., 283 f., 384
Hochschullehrer, Organisation der 194
Hochschulstudien, Rat für 283
Horowitzbericht über Löhne und Gehälter 193 ff.

Ichud 59
Ichud Esrachi 58
Ichud Hakibbuzim Vehakwuzot 175, 289
Identifikation, soziale 68, 220, 386
Identifikationssymbole 149
Identität, kollektive israelische 1, 10 f., 12 f., 14, 17, 35, 61, 369 ff., 386 f., 392 f., 400, 403, 404, 416 f.
ideologische Orientierungen 1, 3, 8, 13, 20 f., 27, 35, 38 ff., 44 ff., 52, 53, 69, 82, 89–92, 121, 122, 151 ff., 154, 177, 183, 188 ff., 201, 203 f., 213, 231, 242, 248, 275 f., 286, 326, 332, 356, 360 ff., 365 ff., 369 ff., 374, 381–387, 404 ff., 408, 409, 416 f.
Indien, Einwanderer aus 310 f.
Individualismus 69, 76, 409
Industrialisierung 104, 161, 249
Industrie 5, 15, 28, 29, 30, 43, 44, 48, 56, 65, 86–90, 93, 95–107, 140 f., 196, 203, 206, 217, 336, 350, 382, 390, 395, 407
Industriearbeiter 156, 157, 167
Industrielle 170, 180, 218
Industriellenverband 47 f., 119, 128, 195, 290
Inflation 15, 48, 121, 123, 124 ff., 128 f., 139, 148, 190

Integration,
  politische, der Minderheiten 391, 398
  soziale 67, 68 f., 82, 177, 204, 277 ff., 416
Intellektuelle 11, 14, 27, 33 f., 44, 53, 59, 184, 330, 343, 373, 384 f., 398, 400
Interessengruppen, -verbände 76, 192, 199, 255, 412
Inter-Generationen-Kontinuität 156
Inter-Generationen-Mobilität 156, 163, 219
Intra-Generations-Mobilität 156
Investitionen 15, 106, 123, 125 f., 127 f.
Irak, Einwanderer aus dem 79, 345 f.
Irgun Zwa'i Le'umi (abgekürzt Etzel) 50, 72, 291, 319, 334
Islam 389, 402
Israelisches Grundbesitzamt 91, 109 Fußn.
Israelisches Institut für Technologie s. Technion
Israelisches Philharmonisches Orchester 374
italienische Kulturpropaganda 378

Jaffa 26, 31 f., 37, 316, 388, 390, 398, 401
JCA (Jewish Colonization Association) 31
Jemen, Jemeniten 37, 66, 67, 79, 206, 317
Jerucham 353
Jerusalem 25 f., 32, 34, 38, 49, 54, 67, 85, 155, 225 f., 236, 243, 345, 353, 380, 388
Jeschiwah 155, 224 f., 252 f., 317, 375
Jeschiwahschulen 225, 253
Jessod-Hama'alah 30
Jewish Agency 41 f., 53, 54, 62, 75, 80, 108, 109, 112, 147, 161, 185, 200 ff., 222, 254, 277, 292, 294, 297 f., 302, 312, 331, 372
jiddische Sprache 52 f., 380
Jischuw 2, 19 Fußn., 25
  s. a. Alter Jischuw
Jisre'elebene 43, 47
Jordanien 318, 388
Judäa 36, 39
Judentum, jüdisches Bewußtsein 8, 10, 22, 33, 309 f., 313 f., 366 f., 370, 371, 386
  s. a. kulturelle Betätigung und Entwicklung
jüdische Gemeinschaften außerhalb Palästinas oder Israels 8, 10, 11, 14, 17, 25, 249, 386, 417
Jüdischer Nationalfonds s. Keren Kajemeth
Jugend, Organisation der Arbeitenden – 242
Jugend, Jugendliche 70, 119, 234 ff., 397 f.
Jugendalijah 201, 202, 237, 238, 247 f., 250, 255, 276 f.
Jugendbewegung 28, 45, 62, 70, 157, 158, 178, 184, 237, 239, 240 Fußn., 241–247, 250, 255, 258 ff., 334
  und Familie 245 f.
  religiöse – 225, 242

Jugenddelinquenz 67, 245, 260, 261 f.
Jugendpflege 236 f., 244, 246, 258, 260 f., 262
Jugoslawen 206, 407
Justizwesen 42, 73, 75, 200, 287 f., 297, 299 f., 316 f., 362 f.
  s. a. Oberster Gerichtshof; Rechtsanwälte; Richterschaft

Kabbalah 25
Kalender, jüdischer 367
»kanaanitische« Bewegung 11, 370, 371
Kapital 30, 39, 44, 55, 92, 139
  öffentliches, »nationales« – 2, 44, 46, 54, 65
  privates – 54, 56, 58, 173
Kapitalaufbringung, -bildung 55 f., 142
Kapitaleinfuhr, ausländische Kapitalanlagen 126 f., 128, 198, 218
Kaschruth 315, 316
Keren Hajessod 54, 331
Keren Kajemeth 38, 46, 54, 90, 91, 292
Kfar Chassidim 47
Kfar Jecheskel 46
Kfar Saba 354
Kibbuz 37, 43, 44 f., 50, 56, 61 f., 81, 87, 103, 106, 147, 150, 152, 157, 161, 170 ff., 175, 178 f., 180, 185, 200, 218, 225, 233, 243, 244, 247, 276, 289, 327, 331, 334, 337, 340, 360, 362, 374, 380 f.
  Bildungs- und Erziehungssystem im – 174, 237, 238, 239 ff., 255
  Familienleben im – 173 f.
  Industrieunternehmungen im – 143, 173
  Lohnarbeit im – s. Lohnarbeit
  religiöser – 14, 51, 224, 376, 383
Kindergarten 38, 204, 240 Fußn.
kirchliche Gerichtshöfe 288
Kirjat Gat 226
Kirjat Schmoneh 226, 353
Klan 209, 332 f.
Klassenstruktur 216 ff., 229 f.
Kleinindustrie 226, 394
Kleinsiedlungen 81
Knesseth (Parlament) 75, 148, 214, 250, 287 f., 294, 299, 308, 309, 312, 314, 319, 324, 326, 344, 351, 355, 391, 399
  s. a. Wahlen zur Knesseth
Knesseth Israel 42
Koalition, Regierung durch 16, 294, 297, 325, 329, 347 ff., 351, 354 f., 364
Kollektivismus 39, 46, 70 f., 72, 76, 80, 179
Kollektivsiedlung 2, 37, 45, 87, 218, 242 f.
  s. a. Gemeinschaftssiedlung; Genossenschaftssiedlung; Kibbuz; Kwuzah

Kollektivwerte, -ziele 3, 62, 66, 69, 161, 178, 186, 188, 337, 360 f., 383, 405
Kommunalverwaltung in der Mandatszeit 42
Kommunistische Partei 290, 293, 295 f., 312, 319, 324, 347, 350, 351, 352, 380, 399
  Neue Kommunistische Partei 293, 351, 352
Kommunistischer Kongreß 393
Konservatismus 4 f., 6, 16, 17 f., 57, 71, 275, 338 f., 348, 349, 354, 355, 356, 362, 382, 385, 387, 414
Kontinuität im politischen System 299, 304, 305, 330 ff., 338 ff., 348, 354, 358 ff., 383, 416 f.
Krankenkassen, -versicherung 57, 111, 122, 201, 215, 218, 222, 232, 320, 336 f.
Kredit 92 f., 109
Kreditexpansion 124, 148
Kreditpolitik 117, 121, 126, 128
Kreuzfahrerherrschaft 25
kulturelle Betätigung und Entwicklung 365–387
  s. a. Bildungs- und Erziehungswesen; Hochschule, Hochschulbildung; Judentum, jüdisches Bewußtsein; Schulbildung; Schule
kulturelle Renaissance 28, 249, 365 ff.
kulturelle Unterschiede und Konflikte 205 ff., 239, 336, 376
Kunst 373, 374, 375
Kupat Cholim 43, 111, 194, 215, 222, 291, 306, 331
Kupat Poalej Eretz Israel 36
Kurden 66
Kwuzah 37, 45, 175
Kwuzat Ha'emek 44

Lachisch 204
Landenteignung 325, 403
Landkaufbeschränkung 49, 72
Landwirtschaft 5, 30, 39, 49, 86, 87 f., 90 f., 96 f., 101 ff., 112, 121, 140, 141, 146 ff., 157, 161, 167, 175 f., 180, 196, 200, 201, 206, 227, 257, 272, 350, 390, 394 f., 396, 414
  Planung in der – 146 f.
  Produktivität der – 147 f.
landwirtschaftliche Ausbildung 26, 31, 251, 276, 277, 282
landwirtschaftliche Siedlung 26, 27, 28, 29, 31, 35, 45 f., 48, 50, 80, 87, 91, 137, 149, 150, 174 f., 201, 227, 407
Lateinamerika 26, 212
Lawon-Affäre 291, 327 ff., 337, 341, 344, 345, 350, 362, 383

Lebenshaltungskosten, -index, -zulage 110, 121, 126, 128, 190, 192, 306
Lebensstandard, Lebensstile 22, 57, 64, 93, 96, 123, 125, 128, 148, 159, 163 ff., 180, 190, 213, 215 f., 217, 220, 222, 227, 340, 405, 413
Lechi (Stern-Gruppe) 50, 72, 291, 319
Legislative 299, 363
Lehrbücher 366 f.
Lehrer (Volksschul-) 181 f., 194, 236, 237, 247 f., 281, 283, 398
  als Pionier 38, 62, 152, 158, 182, 236, 247
Lehrermangel 281 ff.
Lehrerorganisationen 194, 236, 283
Leistung, Leistungsorientiertheit 232 ff., 249, 279, 325 f., 374, 384, 411, 413, 418, 419
Levinski-Lehrerseminar 38
Liberale Partei 179, 290, 291, 295 f., 304, 312, 349
Liberaler Block 334
Liberalisierung, Wirtschaftspolitik der 15, 117, 126, 305, 336, 339
Liga gegen religiösen Zwang 318
Linksgruppen, -parteien 51, 185, 289 f., 293, 336 f., 338, 364
Literatur 366, 373, 374, 375, 379, 383
Lodd 388
Lohnarbeit in Kibbuz und Moschaw 88, 172 f., 175, 178
Löhne und Gehälter s. Horowitzbericht
Löhne, Lohnsteigerungen 48, 128, 135, 148, 190, 192, 195, 336
Lohnpolitik 62 f., 118 f., 121, 123, 125 f., 128, 143 f., 189, 191 f., 198, 223, 306
Lokalverwaltung 71, 73, 176, 177, 237, 353 f.

Ma'abarah 81
Ma'arach 289, 293, 295 f., 351, 352, 353, 355 f., 357
Machanot Haolim 242, 243, 245
Macht
  im politischen und sozialen Bereich 35, 64, 69, 70, 75, 81, 153, 154, 155, 159, 160, 180, 183, 188, 189, 195, 196, 198, 204, 209, 222, 229, 298 f., 304, 332, 334 f., 338 f., 399, 407, 412
  wirtschaftliche – 230, 340
Madrich 248
Mafdal (Abkürzung für National-Religiöse Partei – s. d.) 175, 354
Magdiel 47
Magschimim 47
Maki (Abkürzung für Kommunistische Partei – s. d.) 321 Fußn.
Makkabi 242

Malben 111, 213, 254
Managergruppen, Management 7, 14, 92, 143, 161 f., 172, 173, 340
Mandat, Mandatsregierung 32, 41 f., 44, 47, 49, 75, 90, 93 f., 112, 118, 151, 154 ff., 158 f., 288, 297, 320, 367, 384, 389, 397, 402, 405, 407
  Bildungsinstitutionen zur Mandatszeit 237 f.
  Entwicklung der jüdischen Gemeinschaft zur Mandatszeit 50–74
Mapai 3, 57, 123, 175, 195 f., 242 f., 289, 293, 294 ff., 303 f., 308, 317, 319, 324 f., 326 ff., 332, 334, 336 ff., 339 f., 342 ff., 345 f., 347 ff., 350–358, 362, 364 f., 370, 399, 412
Mapam 175, 185, 242, 289, 293, 295 f., 304, 312, 319, 321 Fußn., 324, 327, 346, 351 f., 354 ff., **371, 399**
Marbek 316
Marokko, Einwanderer aus 66, 79, 227, 228
Masseneinwanderung 54, 76 f., 79, 103, 106, 108, 124, 125, 130, 134, 160, 174, 186 f., 227, 271, 274, 284, 377, 410, 418
Massengesellschaft 21, 381, 383
Massenkultur 379, 417
Massenmedien 19, 381
Merchawia 37
Mekorot 56
Mexiko 407
Militär 12 f., 170
Militärdienst 161, 203, 225, 254, 317, 393
Militarismus 323, 324, 372
Militärverwaltung 324 f., 393, 395, 398 f., 403
Minderheit, jüdische, unterdrückte 404, 419
Minderheiten, nichtjüdische 12, 86, 296, 315, 387–403
Min Hajessod 350
Misrachi 47, 58, 59, 224, 292, 296
Misrad Ha'awodah 36
Mitteleuropa 21, 47, 74, 242 Fußn., 247, 378
  Einwanderer aus – 73 f., 88
Mittelstand, -klassen 37, 55, 67, 217 ff., 244, 245
Mobilität
  der Arbeitskraft 6, 144, 414
  Berufsmobilität 82, 139, 156 ff., 162 f., 264, 280, 410
  politische – 16, 347, 355, 357
  soziale – 64, 160, 182, 205 f., 207, 216, 218, 220, 221, 223, 228, 229, 232, 238, 247, 347, 355
  s. a. Inter-Generationen- und Intra-Generations-Mobilität

Modernisierung 20, 96, 162, 394, 396 f., 404, 408
Moghrabiten 66
Monokultur 31, 43, 88
Monopol
  der Histadruth 223, 306
  politischer Parteien und Bewegungen 233, 331
  der Transportgenossenschaften 115 f., 199, 232
Mormonen 407
Moschaw (Moschaw Owdim) 37, 43, 45 f., 50, 56, 61, 81, 87, 103, 106, 112, 147, 150, 152, 161, 171, 174 ff., 178 f., 180, 200, 201, 202, 204, 207, 223, 225, 233, 238, 239, 244, 276, 289, 331, 332 f., 340, 351, 362, 374, 381
Moschawah 43, 47, 87, 150, 180, 225, 244, 381
moslemische Gerichtshöfe 288
moslemische Institutionen 309
moslemische Minderheit 389, 392, 400
moslemische Studien 74

Nachal 178, 256
Nahalal 37, 46
National-Religiöse Partei 251, 258, 292, 295, 304, 309, 310, 312, 316, 325, 346
  s. a. Mafdal
NATO 341
Naturwissenschaften 257, 272, 366, 373
Nazareth 293, 388, 389
Negew 327, 388, 396
Netivot 353
Netto-Inlandsprodukt 96, 97, 101, 102, 104, 106, 107
Neturej Karta 224, 292
Nichtjuden s. Minderheiten, nichtjüdische
Nordafrika, Einwanderer aus 206, 227, 228, 307, 346
Notstandsarbeiten 201, 203, 210, 228, 307
Nuw 176 f.

Oberrabbinat 52, 69, 224, 311 f., 316 f.
  s. a. Rabbinat
Oberster Gerichtshof 179, 288, 313, 316 f., 342, 399
öffentliche Arbeiten 55, 81, 94 ff., 108, 136, 141, 157, 201, 395
öffentlicher Dienst 14, 164, 184, 195, 198, 226, 415
öffentliche Meinung 17, 43, 50
öffentlicher Sektor s. Wirtschaftssektoren
öffentliche Unternehmung 93, 95, 97, 106 ff., 112, 114, 191
öffentliche Versorgungsleistungen 94, 95, 101, 102, 107

Oper 375
orientalisch-arabische Studien 74
orientalische Gruppen 7, 14, 26, 50, 63, 66 ff., 74, 139, 159, 164, 169, 174 f., 177, 201, 204, 206, 211 f., 219 ff., 226, 228, 239, 267, 284, 307, 369, 377, 378 f., 410, 413, 415
orientalische Kinder und Jugendliche im Bildungswesen 265–280
orientalische Kultur 400, 401
Orthodoxie, religiöse 11, 14, 47, 51, 224 f., 310, 315, 370, 376
Österreich-Ungarn 33, 34
Osteuropa 21, 47, 74, 242
    Einwanderer aus – 43, 64, 73 f., 206, 212, 227 f., 334, 336
Ottomanisches Reich 2, 32, 33, 66, 67, 288

Palmach 157, 243, 319
Parlament s. Knesseth
Parteien, politische 4, 27, 44, 155, 183, 200, 202, 203, 232, 288–297, 320, 332, 333–340, 397, 411
partikularistische Orientierungen 7, 232 f., 279, 365, 411, 416, 418 f.
    s. a. Vorgegebenheitskriterien
Peel-Kommission 49, 71
persische Einwanderer 66
Personenstandsangelegenheiten 309, 315 f., 391
Petach-Tikwah 26, 29, 34, 38, 47, 354
Pfadfinderbewegung 45, 242 f.
philanthropisches Siedlungswerk (Baron Rothschild und JCA) 30 f.
philanthropische Vereinigungen 155, 183, 224, 259
Pionierbewegung 5, 14, 54, 66, 151 f., 170, 359, 360 f.
Pioniergruppen 1, 2 f., 4, 13, 22 f., 28, 29 f., 35 f., 39, 40 f., 43, 44 ff., 50, 57, 69 f., 73, 80, 93, 149, 152, 154, 157 f., 170, 178, 219, 236, 365, 384, 404 ff., 419
    Sektierertum der – 35, 40, 57, 59, 149, 150, 361, 374, 384, 405 ff.
Pioniersideologie 8, 24, 27, 35 f., 38, 46, 48, 55, 59, 93, 151–154, 162, 178 f., 181, 185, 186, 188 f., 193, 201, 215, 218, 235, 236, 241 f., 244, 248, 258, 264, 275 f., 342, 372, 382, 405, 409, 410, 416 f.
    asketische Elemente in der – 35, 146, 170, 190, 416
    Institutionalisierung der – 61–71, 76, 157–159, 161, 407, 416 ff.
Pionierwerte 178 f., 224, 343, 362, 383, 385
Planung 93, 95 f., 103 f., 123, 124, 146 f., 202, 227

Pluralismus 3, 17, 32, 53, 74, 219, 377, 406, 409, 412
Poalej Agudat Israel 175, 292, 295 f., 346, 354
Poalej Zion 34, 39, 289
Polen
    jüdische Zentren in – 25, 29 f., 79
    Einwanderer aus – 227, 228
Politisierung
    des Bildungssystems 249 f., 285
    der öffentlichen Ämter 140, 142
Polygamie 389
Prawer-Kommission 281
Preiskontrolle 125
Preismanipulation 148
Preisstabilisierung, -stabilität 15, 122, 125, 128
Preissteigerung 109, 124, 125, 128
Presse, Pressedienst 14, 300
    Tageszeitungen 379 f., 402
    Zeitschriften 26, 36, 366
Privatsektor s. Wirtschaftssektoren
Produktivität der Wirtschaft 104, 140, 143–148, 171 f.
    Absorptionspolitik und – 136 ff.
    erwerbsfähige Bevölkerung und – 131 ff.
    Wirtschaftspolitik und – 145 ff.
Produktivitätsinstitut 112, 143
progressive Besteuerung 120, 192, 232, 336, 338
    s. a. Steuer- und Finanzpolitik
Progressive Partei 290 f., 295 f., 304, 319, 334, 336 f., 340, 349, 370
Provinzialismus 13, 367, 386, 417
Puritaner 408

Ra'anana 47
Rabbinat 180, 309, 315 ff.
    s. a. Oberrabbinat
Rabbinatsgerichte 288
Rafi 16, 175, 289, 293, 350 f., 352–357
Ramatajim 47
Ramat-Gan 85, 258, 345
Ramle 388
Rechawiah-Gymnasium 236
Rechowot 31, 47, 249
Rechtsanwälte 62, 180, 182, 217, 226
    Verband der – 182
richterliche Gewalt 287 f., 297
Richterschaft 182, 288, 326
Rechtsgruppen 336, 338, 349, 353, 364
Reformjudentum 315 f., 376
Reifeprüfung 163, 219, 251, 255, 265, 266, 280
Religion 14, 27, 51 f., 224 f., 308–318, 335 f., 370 f.
    Staat und – 308 f., 315–318

religiöses Bildungswesen 224, 225, 252 f., 318, 370 f.
religiöse Gruppen und Parteien 292, 295 f., 304, 308, 319, 334, 346, 352 ff., 371, 376 f., 383, 400 ff., 407, 409, 411, 417
religiöse Institutionen 315 ff., 367
religiöse Tradition 3, 335, 366 f., 369 ff., 376 ff.
Renaissance
  kulturelle – 28, 249, 365 ff.
  Streben nach nationaler und sozialer – 23
  Wiederbelebung der hebräischen Sprache 3, 35, 51, 52 f., 366, 368
Rentabilität 147, 148, 172
revolutionäre Ideologie s. Auflehnung
Revisionisten 50, 54, 59, 73, 243, 291
Rischon-le-Zion 29, 30, 47
Rosch-Pinnah 29
Rückkehr, Gesetz über die 313, 319
Rückständigkeit 221, 228, 409
Rumänien, Einwanderer aus 29, 79, 227, 228
Rundfunk 300, 381
Rußland 25, 29, 30, 33, 34, 64, 407, 408 f.

Sabbat 17, 233, 315, 318, 354, 367, 377
Sabbatgesetz 315
Safed 25, 26
Samaria 39
Scharon 47
Schfar-Am 388, 389
Schichtung s. soziale Organisation und –
Schulbildung 162, 169, 174, 181, 207, 232, 397, 398
Schule 26, 27, 31, 32, 40, 70, 82, 118, 178, 201, 204
  arabische – 391, 394, 398
  Höhere – 173, 237, 238, 242, 245, 247, 249, 251 ff., 265–272, 273, 279, 280, 401
  religiöse – 224, 250 ff.
  Volksschule 38, 109, 237, 238, 251 ff., 265 ff., 268, 269, 279 f., 391
  vorzeitige Abgänge aus der – 239, 265, 269
  s. a. Berufsschule; Kibbuz, Bildungs- und Erziehungssystem im; landwirtschaftliche Ausbildung
Schulgeldstaffelung 265 f., 278
Schulpflicht 109, 251, 281, 394, 415
Schulreform 280 f.
Schulsystem 251 ff., 265–272
  vier Trends im – 62, 224, 237, 238, 241, 250, 299, 320, 341
  zwei Normen im – 266, 278 f.
Schurat Hamitnadwim 183, 294, 342
Sdeh Boker 327

Sechstagekrieg 1, 9 ff., 15 ff.
Seminar, erziehungswissenschaftliches 249, 374
Semitische Liga 324
  s. a. Hape'ulah Haschemit
separatistische Tendenzen 192, 224
Sephardim 26, 66, 67, 69, 73, 204, 227, 308, 378
Sicherheit, politische 9, 12, 13, 14, 18, 53, 76, 126, 174, 320–325, 364, 372, 392 f., 396, 402, 403, 408
Sicherheitsverordnungen 320, 324 f.
Sichron-Ja'akow 29, 30
Siedlungsämter und -organisationen 65, 174, 176, 188, 200 ff.
Siedlungswesen s. landwirtschaftliche Siedlung; philanthropisches Siedlungswerk
Sinaifeldzug 125, 126
Skandinavien 407
Slums s. Elendsviertel
Solel Boneh 43, 56
Sonderbehandlung, -bezüge, -rechte s. Vorzugsbehandlung
Souveränität, politische 5, 49, 286
soziale Bewegung 24, 27, 39, 44, 155, 360, 361, 397, 405, 407
soziale Gerechtigkeit 22, 120, 361
soziale Organisation und Schichtung
  in der vorstaatlichen jüdischen Gemeinschaft 149–159
  im Staate Israel 160–234, 405, 413, 415 f.
sozialer Wandel 20, 32, 43, 66, 77 f., 188, 204 ff., 246, 263, 355, 379, 387, 396 f., 402
Sozialfürsorge 42, 109 ff., 155, 159, 161, 201, 212 ff., 223, 227 f., 257, 336
sozialistische Orientierungen 17, 39, 44, 45, 151, 161, 175, 188, 218, 354, 355, 374
  s. a. Gemeinschaftssiedlung; Pioniersideologie
Sozialpolitik 118, 120, 129, 143, 144, 185 ff., 188, 189, 191, 200 f., 211, 212 ff., 218, 232, 285, 336, 341 f.
Sozialprodukt 87
  s. a. Netto-Inlandsprodukt
Sozialversicherung 56 f., 65, 93, 110, 288, 306
Sozialwissenschaften 257, 373, 374
Spanien 25, 227
Spannungen und Konflikte 193, 202, 207, 208, 209 ff., 220, 221, 223, 225, 412, 416
Spartätigkeit 126, 146
  Wohnungssparprogramme 109
Spekulation 6, 109, 137, 139, 145, 190, 192, 288

Spezialisierung 3, 5, 6, 7, 63, 69, 82, 147, 153, 159, 161, 171, 172, 173, 176, 232, 257, 382, 405, 410, 413, 414, 416, 418
Sport 377, 379
Sprachenkampf 38, 52
Ssabre 74
Staatsbeamte 193, 194, 226
Staatsbürgerschaft 391, 393
  des Bruders Daniel 313 f.
Staatseingriffe in das Wirtschaftsleben 93 ff., 104, 119, 121, 126, 306, 339
Staatsgründung 41, 71, 72 f., 75 ff., 84 ff., 160 ff., 385, 400, 404, 409, 410
Staatskontrolleur 145, 198, 287, 297
Staatspräsident 286, 287, 297, 326
Staatssektor s. Wirtschaftssektoren
Stabilität
  der Wirtschaft 124, 128 f., 188, 195, 345
  des politischen Systems 349
  s. a. Währungsstabilisierung
städtischer Sektor 31, 47, 48, 56, 65, 149, 150, 201, 238, 405
Statusorientierungen 7, 14, 68, 76, 152, 153, 156, 158, 162 f., 170, 180–184, 207, 215 bis 220, 222 f., 228–233, 397, 415
  s. a. elitäre Einstellung, Elitegruppen
Steuer- und Finanzpolitik 117 f., 120 f., 144, 146, 191, 222
  s. a. Finanzwesen; progressive Besteuerung
Straßenbau 43, 94, 136, 395
Streik 119, 128, 192, 194, 195 ff., 199, 345, 393
Subkulturen
  von Einwanderern 210 f., 221
  Jugendlicher 263
Subventionen 6, 15, 104, 106, 107, 110, 113, 115, 118, 120, 121 f., 126 f., 146, 148, 179, 414
Südamerika 107 f.
Symbole 8 f., 61 f., 72, 178, 188, 201, 286, 382, 416
Synagoge 204, 228, 377
Syrien 399

Talmud 366, 371, 375
Tangier, Einwanderer aus 79
Technion, Israelisches Institut für Technologie 53, 226, 248, 256 f., 267, 368
Teilung Palästinas 49, 75, 293
Tel-Aviv 29, 37 f., 43, 47, 85, 157, 199, 205, 225 f., 236, 258, 316, 354, 356, 380, 388
Tel-Aviver Universität 258
Tempel, Erster und Zweiter 366, 370
Textilindustrie 43, 48, 88, 93, 99, 107

Theater 366, 375
Thorah 242
Tiberias 44, 67
Tnuwah 176
Touristik 77, 380
Tradition
  jüdische – 1, 17, 20, 21, 22, 27, 370, 372
  Konflikt von – und Modernität 3, 52, 366, 367, 368, 376
Traditionalismus, Traditionsgebundenheit 3, 21, 23, 25, 26, 31, 32, 52, 67 f., 79, 177, 205 ff., 220, 224, 228, 404, 407 f., 418
Transportgenossenschaften 56, 65 f., 115 f., 199
Tunesien, Einwanderer aus 79
Türkei 66

Übersetzung ins Hebräische 374
Uganda 33
Ulpan 172 f., 254
Unabhängige Liberale Partei 291, 296, 321 Fußn., 349, 351 ff., 356
Unabhängigkeit
  politische – 53, 72, 75 ff., 408
  wirtschaftliche – 48, 53, 95, 121, 123, 125, 129, 305 f., 337, 339
Unabhängigkeitserklärung von 1948 308, 391
ungarische Einwanderer 228
ungarische Sprache 380
Ungleichheit des Einkommens 168 f., 218
UJA – United Jewish Appeal 331
United Committee of Palestinian Workers 36
universalistische Orientierung 7, 13, 38, 232, 279, 337, 375, 419
Universität 27, 53, 226, 273, 401
Unruhen
  politische – 30, 49, 56
  soziale – 200, 210
Unternehmertum 6, 92 f., 138 ff., 340, 414
Unterstützung, wirtschaftliche 213 f.
Urfa, Einwanderer aus 66

Verbrauch (Konsum) 6, 15, 123, 126, 130 f., 138, 163 ff., 170 f., 190, 215, 216, 221, 362, 383, 414
Verbrauchssteigerung 146, 148, 190, 305
Vereinigte Staaten von Amerika 26, 30, 32, 54, 74, 77, 79, 130, 148, 165, 212, 218, 274, 315, 376, 406, 408 f.
Vereinte Religiöse Front 292
Verfassung 287, 302, 319
Verkehr und Nachrichtenübermittlung 42, 86 f., 95, 97, 100 ff., 106, 107, 141, 196

Verlage 366, 374
Verleumdungsgesetz 320 f.
Versorgungsleistungen 81, 137, 213, 232
Verstaatlichung 306, 336 f.
Verteidigung
   jüdische – im vorstaatlichen Palästina 39, 42, 49, 50, 53, 60, 70
   illegale oder halblegale Organisationen der jüdischen – 34, 36, 42, 43, 64, 70, 155
   im Staate Israel 15, 118, 120, 124, 126, 155, 247, 323, 364, 372
Verteidigungsarmee, Israelische s. Armee
Verteidigungsministerium 300, 317, 323, 329, 349
Verwaltungsdienst 75, 161, 165, 300 ff., 325
Völkerbund 42
Volkseinkommen 86 f., 94, 97, 105
Vollbeschäftigung 48, 124, 128 f.
Vorgegebenheitskriterien 19, 82, 145, 149, 151, 159, 215, 221, 223, 229 f., 231 ff., 279, 365, 411
Vorzugsbehandlung 70 f., 112 f., 121, 179, 198 f., 201, 232, 360 f., 363, 399, 412

Wa'ad Le'umi 41 f., 54, 62, 237, 243, 287, 297
Wadi Salib 210, 226, 306 f., 345
Wahlen zur Knesseth
   1949–1965 293, 294, 324, 338, 341, 343, 344, 353
   1965 289, 291, 294, 345, 349–358
Wahlergebnisse 1949–1965 295 f.
   s. a. Gemeindewahlen; Histadruth, Wahlen zur
Wahlsystem 287, 326, 338, 350
Währungsabwertung 113, 117, 124, 126, 128, 345
Währungspolitik 117, 121
   s. a. Inflation
Wanderarbeiter 397, 402
Weißbuch von 1939 49
Weizmann-Institut der Wissenschaften 257
»Wer ist Jude?« 309 f., 318
Westeuropa 21, 30
   Einwanderer aus – 88, 212
Westufer des Jordans 12
Wirtschaftsentwicklung
   im vorstaatlichen Palästina 86–93
   im Staate Israel 5, 6, 10, 15, 93–148, 154, 160, 163, 189 ff., 413 f.
Wirtschaftskrise 30, 44

Wirtschaftspolitik 15 f., 76, 94, 116–129, 143, 144 ff., 189, 190, 218, 222, 339 f., 341 f., 362
   Neue – (1952–1954) 124, 125
   (Zweite) Neue – (1962) 126 ff., 345
   Ideologie und – 145–148
   s. a. Liberalisierung; Produktivität; Stabilität der Wirtschaft; Unabhängigkeit, wirtschaftliche; Währungsabwertung
Wirtschaftssektoren 71, 102, 106 ff., 116
   Arbeiter- oder Histadruthsektor 55, 58 f., 70, 91, 92, 112–116, 150 f., 153, 155 f., 191, 199 f., 337, 339, 405, 406
   öffentlicher oder Staatssektor 6, 95, 106 ff., 112, 114, 145, 190 f., 193, 200, 222, 414
   Privatsektor 2, 6, 47 f., 50, 55, 58 f., 69 f., 92, 106 f., 112 f., 145, 150 f., 152, 153, 156, 164, 190, 217, 222, 337, 339, 398, 405, 406, 414
Wirtschaftsstruktur 84–116
Wirtschaftswissenschaften 374
Wohlfahrtsministerium 129, 213, 214, 276, 300
Wohnungsbau 56, 81, 95, 106, 108 f., 201, 395

Zahlungsbilanz 15, 95, 125, 128
Zentralisation 123, 172, 195, 361, 412
Zentrumsparteien 290, 364
Zionismus 224, 359, 360, 371, 400, 406 ff.
Zionistische Bewegung 1, 20, 27, 29, 33, 51, 67, 71, 74, 90, 151, 203, 243, 336, 359, 360, 366, 371, 392, 400, 404, 406 ff.
zionistische Ideologie 21, 52, 151, 249, 286, 419
Zionistischer Kongreß 59, 371
Zionistische Organisation 29, 32, 33, 34, 37 f., 39, 40, 41 f., 46, 47, 53, 54, 55 f., 57 ff., 73, 75, 91, 212, 237, 294, 297 f., 299, 359, 361, 372
Zitrusausfuhr 32, 88, 128
Zitrusindustrie 47, 48
Zitruspflanzervereinigung 290
Zitrusplantagen 88, 104
Zitrusvermarktungsausschuß 112, 113
Zollpolitik 6, 15, 94, 104, 113, 118, 126, 414
Zukunftsorientiertheit 35 f., 39, 42, 153, 160, 404
Zwangsanleihe 125
Zwangsspargesetz 127
»zwei Nationen«, Gefahr der Entstehung von 10, 201, 410, 417
Zweiter Weltkrieg 42, 48, 49, 88, 247, 313
Zypern 49